Mr. RUZHDI GURRA

FJALOR FRAZEOLOGJIK DHE IDIOMA SHQIPE

Enciklopedi gjuhësore

Crescent Books

Copyright © **2024 Ruzhdi Gurra**
nga
Crescent Books
Portland, OR - ShBA

Autor:
Mr. Ruzhdi Gurra

Korrektimi:
Yaseena Gurra; Sona Çela

Recenzimi:
Adem Pasha Shuaipaj

Dizajni dhe arti grafik:
Elipse Productions

©Të gjitha të drejtat janë të rezervuara.
Ky libër mund të kopjohet pjesërisht
për përdorim personal dhe jofitimprurës.
Kjo rekomandohet për qëllime promovuese të librit
apo edhe për afirmim të kulturës së leximit në
përgjithësi. Por, nuk lejohet riprodhimi, transmetimi
apo kopjimi i këtij libri në tërësi pa lejen
paraprake nga autori.

Përmbajtja

Hyrje 5
Rreth fjalorit 8
Mirënjohje dhe falënderime 9

A	13	N	429
B	29	NJ	446
C	96	O	449
Ç	110	P	456
D	129	Q	491
DH	171	R	507
E	177	RR	514
Ë	184	S	525
F	187	SH	537
G	213	T	555
GJ	237	TH	566
H	257	U	573
I	291	V	579
J	296	X	591
K	301	XH	593
L	355	Y	596
LL	385	Z	598
M	391	ZH	603

Reth autorit 605

HYRJE

Me ndihmën e Krijuesit të Gjithësisë, për kënaqësinë e lexuesit tim të nderuar, këtë radhë u bë e mundur që të sjellim këtë Fjalor frazeologjik e idiomatik në një variant krejt ndryshe, shumë interesant e tërheqës, mbetemi me shpresë se çdokush do të gjejë vetveten në të duke ngelë i kënaqur.

Më parë ka qënë emërtuar *Fjalori Dragostunjës*, në shenjë respekti për vendin dhe popullin e cila akoma vazhdon, ndërsa në variantin e ri me kërkesë të kohës, është titulluar *Fjalor Frazeologjik dhe Idioma Shqipe* përsëri me nëntekstin 'Enciklopedi Gjuhësore', përderisa është një vëllim akademik që mbulon të gjitha fushat kryesore të gjuhës së folur, në vende dhe periudha të ndryshme kohore sipas rendit alfabetik.

Përmban kryesisht shprehje frazeologjike, idioma apo zhargone të cilat ofrojnë një gjuhë të mirëfilltë popullore, sipas vendit dhe kohës, të kaluar nëpër sita të ndryshme, sidomos të termave por dhe të nëntermave të kësaj fushe, ku i gjejmë të ndërlidhura apo gërshetuara në fjalorin e përditshëm, gjë të cilave, u jemi përqasur në atë mënyrë, që lexuesi të shohë atë pjesë të gjuhës që ka pësuar zhdukje.

Për të dalë nga rreziku i vetë kënaqësisë, duhet sqaruar se kjo punë nuk është as e para dhe as e fundit nga punët e bukura që bën njeriu sotëm, bota në ciklin e saj kohor ka njohur njerëz të mëdhenj, do të sjellë të tillë, i ka përcjellur, ne jemi vazhdimi saj, ecim të qetë, pa kryenaltësi, flasim, flitemi, sqarojmë, sqarohemi, duam dhe na duan, ndërkohë vazhdojmë në traditën tonë unike, qënësia Shqiptar na bën me krahë.

Ky fjalor është shkruar në mërgim, pikërisht në Filadelfia të Amerikës. Ajo që dua të shpreh unë personalisht, është se shumë mesazhe përcillen çdo ditë e kohë, pse po firon Gjuha Shqipe, pse po përdoren fjalë të huaja pa qënë nevoja, duke i artikuluar ato si çështje mode.

Gjuha nuk është modë, përkundrazi ajo është një etni më vete që njeh përkatësinë e një populli ne një vend te caktuar, sidomos sot pas rënies së Murit të Berlinit komunist, gjuha tek ne vazhdon të mbetet një domosdoshmëri për mbijetesë. Pra ky Fjalor krahinor, në tërësi është një libër komunikimi por dhe studimi sipas disiplinave akademike, gjë e cila për me tej mbetet punë e specialistëve linguistikë.

Në këtë vëllim plot fjalë të rralla, frazeologji dhe idioma që keni ndër duar, ju do të ndeshemi me një gamë të gjerë të natyrës tyre sintaksore dhe morfologjike, të pabotuara më parë, pra është material vetëm mbledhje apo grumbullim në tërësi. Ka më shumë idioma dhe frazeologji, pak zhargone dhe fjalë të rralla.

Ajo që dua të shtoj, populli krijon dhe shpreh fjale sipas profesionit që ka, duke qënë nën emocione të caktuara, gëzimi apo mërzitjeje. P.sh Kovaçi thotë: *Rrihet hekuri sa është i nxehtë..* - dmth çdo gjë bëhet shpejt e mirë. Ndërsa bujku thotë; *Kau mirë shihet pas dite;* dmth njeriu puntor shihet deri sa të mbarojë puna. Blegtori thotë; *Qengji mirë pi dy nëna-* dmth fjale urti përherë është në fitim. Ndërtimtari shprehet; *M'u bë* çekiç *para syve-* dmth dikush që të mërzitet e as të shqitet kur ke një punë te caktuar për të bërë. Tani këto shprehje e idioma bëhen popullore dhe përdoren nga gjithkush.

Idioma, si element marrë ne vete është një frazë, dy apo me shumë fjalë, që kuptimi nuk merret nga fjalët përbërëse dhe individuale që mbushin idiomën, për shembull- ''shkon për kovë pusi' dmth artikulohet një gjendje, situatë, që dikush apo diçka kalon i nëpërkëmbur. Pra nuk flasim as për kovën dhe as për pusin, por flasim si përplaset kova pas mureve të pusit deri sa të mbërrijë te ujët.

Ndërsa Frazeologjia është masa integrale, diverse dhe organike që mbështjell kulturën gjuhësore të një vendi zone apo rajoni që brenda saj përmban frazën, idiomën, kombinimin e fjalës, proverbin , për shembull; *Ke lënë dyqanin hapur*- shprehje kjo ose tallëse, ironike, humoristike, thumbuese e cila thuhet një personi që ka harruar pantallonat pa mbërthyer.

Shumë shpesh në këtë Fjalor ju do të ndesheni me fjalë të padëgjuara ndonjëherë më parë, që janë nënvizuara si 'Fjalë të rralla, nismë kjo e kahershme e Institutit të Histori- Leksikologjisë Shqipe nën drejtimin e të ndjerit Prof. Androkli Kostallarit.

Ato fjalë kanë gjetur vend në popull, të cilat populli me to krijoi shprehjet frazeologjike, si për shembull fjala 'argat' (turke) por populli thotë: Mos i shti má <u>argat</u> muhabetit : dmth mos e zvarrit një bisedë, mos i jep të shtyrë, mbaroje aty ku është.

Gjithashtu në këtë Fjalor të Disiplinës Frazeologjike, do të jeni në gjendje të shihni diferencën rurale të artit shprehës, pasi këtu shihni veçantinë leksikore, në shumë raste tingulli zanor nuk anon as nga gegërishtja dhe as nga toskërishtja, por me një dialekt të butë elbasanas.

Në shumë fjalë do të vëreni që ato kanë një apostrof mbi të, (tingull zanor i brendshëm), që do të thotë se ashtu është e folura e Shqipërisë Veri-Lindore si përshembëll germa e vogël e shtypit *'a '* në dialektin zonal del *'á '*. Folja jam në vetën e tretë në njëjës bëhet 'është. Në zonë e më gjerë shqiptohet 'ásht. Si p.sh. ásht mirë të vish një natë për darke, apo *Më* ásht *bá derr'* filani para syve etjerë. Ose shohim dendur që shkronja 'V' reduktohet pak a shumë sikur është germa angleze W, p.sh. fjala *'ve'* del ue, ose fjala *'vetë'* del *uetë* e tjera. Në shumë raste shohin reduktimin e bashkëtingëllores *'Ng"* në ? këtu nuk kemi asnjë variant përqasësh morfologjik të leksikut të shqipes.

Siç do ta shihni dhe vetë gjatë leximit, ky libër me anën e shprehjes gjuhësore sjell pak humor lokal, traditë e zakon, pak këngë e folklor. Fillimet e kësaj pune të vështirë por dhe interesante, kanë fikur e ndezur gjatë rrugës me vite të tëra shumë motive emocionale, kohore, shoqërore, pse jo dhe politike.

MR. RUZHDI GURRA

RRETH FJALORIT

Unë them me plot bindje se ky fjalor do t'i shërbejë nxënësit, gjuhëtarit, politikanit, tregtarit, profesorit, të huajit, filosofit, fundja do t'i shërbejë dhe këtij amerikanit që kërkon të mësojë idiomat dhe proverbat shqipe. Do t'i shërbejë atij që e do gjuhën shqipe me shpirt, do t'i shërbejë atij që e ka thënë fjalën, do të shërbejë atij që sheh emrin e vet apo të prindit të vet që kanë kontribuar në këtë Fjalor. Duhet qartësuar publiku se ky Fjalor i Shprehjeve Frazeologjike dhe Idiomave Shqipe nuk bën konkurrencë, është i tipit unik, ka natyrën e vet biologjike, pranon gabimet, sugjerimet.

Do t'i shërbejë në falënderim Zotit- tek e fundit- përderisa këtu është derdhur me dekada një thesar gjuhësor teologjik për të faqebardhësuar një popull. Ky Fjalor tek e fundit ka ardhur dhe si rezultat i besimit, gjë e cila secili prej jush do ta vërejë nga fjala në fjalë nga faqja në faqe. Më vjen mirë që ky material voluminoz është parë nga specialistë të Gjuhës Shqipe si Prof.doc Valter Memisha të tjerë.

Së fundmi kërkoj ndjesë dhe të falur, pasi s'ka njeri pa gabime, por ajo që dua te theksoj, janë disa shprehje që tingëllojnë pak jo të mira nga estetika gjuhësore, unë u jam munduar që t'u ruhem sa më shumë, por meqë dhe ato janë pjesë leksikore, mendoj që në gjuhëtari ndërtojnë atë pjesë që duhet të përfshihen me kujdes. "Ky Fjalor Frazeologjik dhe Idiomave Shqipe", përmbush ëndrrat e mia për t'u bërë ky libër, ku unë me plot vullnetin tim personal pasqyroj dashurinë dhe respektin për popullin dhe vendin tim.

Qofshi të lumtur. Respekte.

MIRËNJOHJE DHE FALËNDERIME

Familjes time të shtrenjtë

Me dashurinë më të madhe për ju, shpreh mirënjohje plot admirim për mbështetje tuaj morale dhe familjare.

Hava, bashkëshortja ime dashur. Ishit ju, pa u bë ky libër. netët e vona të miat në punë, deri në agim, ju i pritët me qetësi prej fisnikeje, andaj përherë dashuri dhe respekt reciprok ndërmjet nesh.

Selim dhe Nermina Al Salam, djali im dhe nusja djalit; tek ju nuk mungoi asnjëherë kureshtja që a do mund t'ia dal në anë. Por me emrin e Zotit ia dola, bëra të pamundshmen, kur dritat e dhomës time ishin të ndezura mes nate, ju e dinit që babi është duke shkruar.

Bebi Amir i gjyshit, që sapo ka dalë në jetë, zemrën na e ka vjedhur. Jasina dhe Adem Pasha, Shuaipaj: Dhe ju "mezi i keni pritur fasulet të zihen"... Dua të bëj pak shaka, se vërtet kurioziteti juaj shkonte deri atje, sa unë duhej t'ua thosha fjalë për fjalë kuptimet e disa idiomave.

Tixh dhe Beb, të voglat e mia që edhe pse jeni të lindura në Amerikë, krejt ju fëmijët e mi e flisni, shkruani dhe lexoni bilës dhe ta analizoni gjuhën e bukur shqipe. Babi juaj është shumë krenar me ju, ju e doni atdheun e prindërve tuaj, babi u ka dërguar disa vite ta mësoni gjuhën shqipe në atdhe, ju e doni flamurin kuqezi.

Falënderoj jashtë mase mikun tim dhe të Gurrajve në përgjithësi, zotëria Skënder Shuaipaj, së bashku me zonjën e tij, zonja Dallëndyshe Shuaipaj. Të emigruar dekada më parë nga Markati i Sarandës, u vendosën familjarisht në Çikago të Amerikës, krijuan biznese, punuan shumë, aktivistë të pashoq ndaj kauzës shqiptare, me humanizmin e tyre të pashoq, me plot dëshirë e qef, u bënë sponsor të këtij materiali në rang kombëtar. Zoti ua shtoftë jetën, shëndetin dhe qesen. Rrofsh e qofsh krushku im i nderuar, Skënder Shuaipaj.

FJALOR FRAZEOLOGJIK DHE IDIOMA SHQIPE

Enciklopedi Gjuhësore

-A-

Á/á; -folje. Kjo germë me apostrof në shumë raste kryen funksionin e foljes 'është' në vetën e tretë njëjës. Psh,Në vend të pyetjes 'kush është'? bëhet pyetja :-kush á? Ose 'mirë është të bëhet.: thuhet :- mirë á të báhet, e shumë raste të tjera që kanë të bëjnë me këtë folje. Kjo zanore tipike hundore i referohet së shumti dialektit Gegnisht, i cili e bën të rëndësishëm por dhe shumë të vlefshëm veçorinë e të folurit nga shumë zona të vendit.

Abdes,/-i/-et, fjalë e rrallë;- Quhet procesi ritual i pastrimit të gjymtyrëve që bëjnë besimtarët e besimit Islam para faljes së namazit, apo këndimit të Kuranit etj... P.sh, "Merr abdes e hajde falu'. Abdesi të fisnikëron.

Po me abdes;- d.m.th., i kujdesshëm, i gatshëm, i rregullt.. P.sh, ''Mos e kini fare merak Dinin, se ai përherë po me abdes u qëndron gjërave'.

Sa me abdes;- d.m.th., me kujdes të tepruar, sa gati duhet t'i qëndrosh dikujt apo diçkaje. P.sh., 'Sa me abdes duhet që të rrish ty Malo, përnjëherë të ngelet hatri';- Ose,'Sa me abdes duhet që t'i qëndrosh këtij të bekuar qumështi, se ky menjëherë derdhet në zjarr'.

I u prish abdesi;- d.m.th., i ngeli qejfi, hatri. P.sh., me shaka, 'Po këtij ku iu prish abdesi kështu që rri buzët varur?'

Abdes m 'abdes, d.m.th., i fortë nga organizmi. 'Ju dolët i fortë o burri dheut, abdes më abdes, vajte e hiç nuk u ngushtove të dalësh jashtë'.

T'i rrish me abdes hoxhe, (shaka);- d.m.th., t'i qëndrosh gati dikujt se mos i ngelet hatri. P.sh., 'Kolës duhet t'i rrish gjithnjë me abdes hoxhe, se për hiçasgjë i ngelet hatri'.

Me abdesin e babës;- d.m.th, të qenët pasiv në veprimet e veta, e të qenët krenar ndaj atyre që shkuan P.sh, 'Kjo ara po nuk u punua, ju djem, nuk prodhon asgjë, se kanë thënë të vjetrit që nuk shkohet në xhenet me abdesin e babës (pra nuk ka prodhim po nuk u punua.)'

Prish një abdes;- d.m.th., ripërtërij pastrimin pas një procesi biologjik.. P.sh, "Ju djem rrini pak këtu sa të prish daja një abdes dhe erdha e, pastaj vazhdojmë rrugën së bashku'.

E prishi abdesin, (shprehje emocionale);- d.m.th., e ndyu gojën, i/e hëngri fjalën, nuk iu durua më. P.sh., 'Foli sa foli më në fund, e prishi abdesin burri botës'.

Adbes'hane,/-ja- (turqisht);- vendi ku merret abdes, ose në disa ndërtesa quhet dhe vendi ku lahen njerëzit e shtëpisë, dush publik.

Qenka bá si adbes'hane;- d.m.th., të papastër. P.sh., 'Ç'ma paskeni bërë këtë shtëpi si adbes'hane moj grua, presim dhe miq sonte e marrtë djalli e marrtë?!'

Adbes'hane hesapi;- d.m.th., keq e më keq, një punë apo marrëveshje.. P.sh, "S'ke çfarë thua, abdes 'hane hesapi, vajti puna'.

Lesh abdes'haneje;- keq, paqartësi nga mënyra dhe sjellja. P.sh., 'Kola kishte vajtur vetë t'i kërkonte cucën Malos për djalin e m'ta kishte bërë punën lesh abdes'haneje'.

Lesht' e abdes'hanes;-fyerje. P.sh, 'Çfarë i bëri,-asnjë gjë nuk i bëri-me nder leshtë e abdes'hanes i bëri!'

I vinte era adbes'hane;- d.m.th., i/e papastër. P.sh., 'Ç't'i afroheshe asaj pranë vëlla, asaj i vinte era adbes'hane?!'

U qelb abdes'hania;- ironi, d.m.th., prishet rregulli, sistemi familjar apo shoqëror. P.sh., 'Mirë e ke, po nuk e sheh që u qelb abdes'hania?'

Ma ka gojën abdes 'hane;, d.m.th., gojë pis.. P.sh., ', 'Mos u merr shumë me Gubin, se ai për nder adbes'hane e ka gojën në disa raste'.

Adem-i;- Njeriu dhe profeti i parë në botë. P.sh., 'Ademi alejselam. Nga brinja e Ademit u krijua Hava'.

Që n 'kohën e Adem!;- d.m.th., diçka shumë e hershme. P.sh., 'Unë flas për sot, e ju më çoni në kohën e Hazretit Adem!'

Si moll'n e Ademit;- d.m.th., që duhet mbajtur sekret. P.sh.,

'Këtë muhabet duhet ta mbani si mollën e Ademit, se po doli fjala në rrugë, nuk është mirë'.

Ju bijtë e Ademit;- d.m.th., porosi. P.sh., 'Zoti porositi në Kuran;- O ju bijtë e Ademit- mos shkaktoni dëme mbi tokë, se është njëri prej mëkateve më të mëdha.

Adet,/-i

Sa i báni adetin;- shprehje kalimtare, d.m.th., sa për sy e faqe. P.sh., 'I hodhi pleh arës sa ia bëri adetin, prandaj nuk mori asnjë kalli misër'.

E do adeti;- d.m.th., e do puna, kështu janë rregullat.. P.sh, "Kështu e do adeti ti djalë, e kur të nisësh nishanet e nuses të kesh kujdes- i tha babai të birit pa u vënë re nga të tjerët'.

Sa për adet;- shprehje kalimtare. P.sh., 'Erdhi Kola me të shoqen për vizitë sa për adet dhe ikën me të shpejtë se kishin punë'.

Ngel si adet;- d.m.th., si zakon, nuk ndryshon. 'I ka ngelur si adet Kolës, përherë flet me veten e vet i shkreti'.

Katund e adet, pazar marifet;- d.m.th., 'Çdo vend ka zakonet dhe traditat e veta. P.sh., 'E kështu more djalë e ka kjo punë, katund e adet pazar marifet-tha plaku dhe vazhdonte të thithte llullën e duhanit'.

Aç-mbaresë;- që është i pangrënë, barkun bosh. P.sh, 'Jam aç e nuk mundem të ndez cigare. Sot gjithë ditën kam qenë aç'.

E ka syrin aç;- d.m.th., ka nefs. (shaka për beqarët". 'Mos e nga djalin se e ka syrin aç, ai prandaj vjen vërdallë'.

Të le aç;- d.m.th., pa gjë, të mashtron. P.sh., 'Mos u lidh shumë pas Dilos, se të le aç për zotin'.

E ka gomarin aç;- (Shaka), është në nevojë. Për dikën (beqar) që shkon pas femrave. 'Mirë thua ti po e ka gomarin aç burri botës'.

Syrin aç se ngop as deti;- shprehje afirmative,-mos qofsh i uritur. P.sh, 'I dhanë të hajë sa të donte, por syrin aç se ngop as deti, (vazhdonte nëna të thoshte), sa asnjëherë nuk m'u hoq nga mendja ajo fjalë.

Açlliku;- ndaj, d.m.th., të qenët aç. 'E kanë nga açlliku delet, prandaj i zuri jonxha'.

Sa t'thyesh açllikun;- d.m.th., ha diçka më parë. P.sh., 'Fut diçka në gojë sa të thyesh açllikun, ti

Malo, e pastaj nisu për në fshat'.

Açik

Mik or mik, më rri açik;- d.m.th., mos më ha në besë, mos luaj nga fjala. P.sh, 'I thonë fjalës mik or mik më rri açik- tha plaku i fisit duke parë nga të tjerët vërdallë'.

Njeri i açikët në bisedë;- d.m.th., i hapur, i qartë e bukur, grua e açikët, burrë i açikët, muhabet i açikët. P.sh., 'Kam qejf të bisedoj me ty se je shumë njeri i açikët. Libër i açikët'. 'Pëlhurë e açikët'. 'Mot i açikët sot', d.m.th. pa re e mjegull.

Adet

Sa për adet- d.m.th., sa për të mbyllur gojën.. P.sh, 'Ishte Kola dhe Matia këtej sa për adet. **Ia báni adetin-** shaka. d.m.th., punë shkel e shko.. P.sh, 'Po e çova Malon me prashit, ai ia bën adetin misrit dhe vjen në shtëpi.

Fshat e zanat qytet e adet;- d.m.th., sekush ka rregullat e veta. P.sh.. Ti Gupi mos fol ashtu, se fshat e zanat, qytet e adet e ka kjo punë.

Ajar/-i;- në akordim, në nivelin e duhur, që e ka zërin e mirë e të shtruar gjatë këndimit të një kënge, ose një ilahie fetare.

Ia gjeti ajarin;- shprehje baraspeshë, d.m.th., ra atje ku duhej të binte. P.sh., 'Shumë kohë ndenji duke kurdisur telat e çiftelisë, përfundimisht ia gjeti ajarin Aga Rexhep'.

Fjala me ajar e kryet pa zarar;- d.m.th., përkujdesje. P.sh, 'Mirë thua ti, por i thonë një fjale 'fjala me ajar e koka pa zarar'- tha Dilua duke qeshur'.

Ajet-i /-et;- një fjali e çdo sureje të Kuranit. P.sh., 'Më lexo disa ajete kuranore'. 'Ky ajet qenka shumë interesant', 'Surja El-Fatiha, ka shtatë ajete'.

Ajkë,/-a

Nuk e ha kosin pa ajkë;- shprehje indikative negative, që është per dikend tepër nazeli e mendjemadh. P.sh., 'Ki kujdes me shefin e ri, se ky që erdhi tani mesa na kanë thënë, nuk e ha kosin pa ajkë'.

Ajka e ajkës;- shprehje emocionale pozitive, e mira, i miri i të mirëve. 'Kishte gjetur djali një nuse që ishte ajka e ajkës, po i thoshte Matia Kolës ndërsa ishin duke pirë kafen në sallon jashtë'.

Me ajkë bejkash, shprehje ironie, d.m.th., i rritur me gjithë të mirat, i përkëdhelur. P.sh'. Mirë e ke ti, po ai djali Kolës është i rritur me ajkë bejkash, prandaj e ka me zor punën'.

Akull/-i

N'akull;- shprehje indikativë pa asgjë, pa kokërr leku në xhep. P.sh, 'Kam mjaft ditë që s'kam gjetur punë e kam mbetur në akull nga paret.

E vuri n'akull;- d.m.th., në lojë, në tallje. P.sh, ', 'Aq qe puna sa e vuri në akull, dhe pastaj Malo nuk ndalej më së qeshuri'.

Defter aklli;- d.m.th., pa asgjë pas vetiu. P.sh, ', 'U hyri shiu brenda në shtëpi e i la defter akulli njerëzi'.t 2-që nuk di gjë fare. P.sh, ', 'Dhe ju që shkoni e pyesni Kolën për mend?- po Kola është defter akulli për vete.?!'.

E bán akull;- d.m.th., që kanë shumë uri, e mbaruan diçka. P.sh, 'Miqtë e bënë akull tepsinë e baklavës. Ose, 'Hynë delet në jonxhë dhe e bënë akull'.

Alif,/-i;- shkronja e parë e alfabetit arab.

Nuk di asnjë alif;- d.m.th., i pazhvilluar.. P.sh, 'Kë keni vënë të parë ashtu, po ai nuk di asnjë alif ?!

As alif, as zarif- tallje, as mënjanë. P.sh, 'Mos e le këtë punë as alif as zarif, mbaroje, dhe hajde më thuaj'.

Alifmatrak/ -u-/ e;- sillet si emër, por dhe si mbiemër figurativ, i trashë, i pashkollë, që ja fut kot gjatë bisedës. P.sh, 'Ky Kola qënka alifmatrak fare, nga vajtët dhe e zgjodhët dhe kryetar?!'

Alif-beja;- Abetarja e alfabetit arab. 'Kur të vij këtej na sill një alifbe për fëmijët'.

Ta knon hoxha alifbenë;- shprehje nervozizmi, d.m.th., ta rregulloj qejfin. P.sh, 'Mos u mërzit fare ti, se ta këndon hoxha ty alifbenë, e atëherë mos kemi llafe bashkë'.

As dhe një alif-be;- d.m.th., pa asnjë klasë shkollë.. P.sh, 'Rrapi nuk di asnjë alif be more burra, si e paskeni vënë të parin e fshatit, këtë s'e kuptoj?'

Alejhiselam;- fjalë e rrallë. Gradë që u është dhënë njerëzve të mëdhenj të fesë, profetëve pa përjashtim. 'Muhamedi alejselam', 'Isai alejselam', 'Musai alejselam', 'Ibrahimi alejselam'.

Alejhi selatu ueselam;- Fjalë e rrallë. Shprehje graduese, thuhet vetëm kur përmendet profeti Muhammed. P.sh, 'Ka thënë profeti Muhammed Alejhi selatu ueselam, mësoni qoftë vetëm një fjalë nga dijenia ime'.

Alem,-i /bota.

Allahu alem;- d.m.th., diçka e paditur, enigmatike. P.sh, 'Vetëm Allahu alem e di se si do të vejë kjo punë'.

Në qyng t 'alemit;- shprehje superlative, d.m.th., në cep të botës, shumë i mençur. P.sh, 'Si të shkosh në qyng të alemit, natyrisht do të mësosh diçka.

Hem alem, hem kalem;- d.m.th., ka dijeni dhe autoritet në shoqëri. P.sh, 'Unë e di që ti je hem alem hem kalem prandaj erdha tek ti që të qaj një hall me rëndësi'.

Allah,/-u

Allah Qerim;- d.m.th., diçka e paditur. P.sh, 'Alla Qerim se kur do të shihemi më'.

Allahu ekber;- fetare, d.m.th., Zoti është i madh. P.sh, 'Allahu ekber ç'po na dëgjojnë veshët'.

Allahume Amin;- shprehje paqësore e pranuar.- d.m.th. 'O Zot ashtu qoftë'.

As Allahu, as baba Fetahu;- ironike, çështje e ngatërruar keq, një punë, një gjendje shpirtërore. P.sh, 'As Allahu e as baba Fetahu nuk e merr vesh më se si u bë kjo punë'.

Allah h'allah;- shprehje, emocionale, kur ndodhi diçka papritmas. P.sh, 'Allah h'allah si qenka shembur i gjori fshat nga tërmeti. Ose, erdhi një stuhi që Allah h'allah desh e na mori frymën'.

Që Allahu na ruajtët;- d.m.th., diçka për të ardhur keq, një frikësim, një person, një kohë apo situatë. P.sh, 'Lena kishte marrë një burrë që Allahu na ruajtët prej tij 2- Kishte ai Kola një qen që Allahu na ruajtët 3- 'Ka ardhur një kohë more bir që Allahu na ruajtët'.

N'diç Allahun;- shprehje përgjëruese, d.m.th., në ke shpirt, në ke din e iman.. P.sh, 'Në diç Allahun mos më lodh se kam mjaft hallet e mia- tha im atë, e kokën ulur u largua duke thithur cigaren si përherë. Në diç Allahun më le rehat'.

Gënjen (rren) dhe Allahun;- d.m.th., shumë mashtrues i tmerrshëm. P.sh, 'Si more i besova atij dhe unë, kur dihet se ai rren dhe Allahun'.

Allahu Alem;- shprehje e paditur. P.sh, 'Allahu Alem e di se si do të vejë kjo punë. Ose, Allahu Alem i di të fshehtat, e ju djem mos u merakosni shumë'.

Allah rahmet;- shprehje lutëse që thuhet kur dëgjon se ka vdekur dikush. P.sh, 'Si more të paska vdekur nëna, Allahu rahmet se unë nuk e kam dëgjuar'.

Ja Allah;- d.m.th., lutje. P.sh, 'Ja Allah na ndihmo në këto kohë trazire, ngushtice, mjerimi, halli, sëmundje, Ja Allah përveç teje tjetër s'ka'.

Për Allah;- shprehje lutëse, për besën që ke. P.sh, 'Mos e ngacmo atë njeri për Allah.

Allah na ruaj;- shprehje alarmuese i/e prapë, mizor, i keq, apo e keqe. 'Ka ardhur një kohë që Allah na ruaj tha Matia ndërsa ishte në magje duart në brumë'. 'Koha qenka sot që Allah na ruaj. Kishte një qen ai Dilo që Allah na ruaj, të hante tinëz'.

Secili për vete, Allahu për të gjithë;- shprehje indikative negative, thuhet kur dikush lakmon vetëm për vete. 'Kështu e ka kjo punë, secili për vete Allahu për të gjithë'.

Allahu e baba Fetahu;- d.m.th., e paditur. P.sh, 'Se si do të shkojë kjo gjë, veç Allahu e baba Fetahu e di'.

Pash Allahun;- shprehje betuese dhe lutje shoqërore. P.sh, 'Pash Allahu mos e bëj atë punë. Pash Allahun ma thuaj se më ngeli merak. Pash Allahun hajde një natë për darkë'.

Rán Allahut (Zotit) me gurë;- d.m.th., në gjendje shumë kritike. ' Nuk e di pse ishte bërë Kola ashtu sikur i kishte rënë Allahut me gurë.!?' 2- Shprehje mbrojtëse. P.sh, 'Unë nuk i kam rënë Allahut me gurë që të vuaj në këtë mënyrë!'

Sa duron Allahu;- d.m.th., që është shumë zemërgjerë. P.sh, 'Sa duron Allahu, me qenë do ta kishte shembur botën me kohë nga ligësitë tona'.

Allah t'qofshim falë; -d.m.th., Ti je Mëshirues dhe Mrekullues. P.sh, 'Allah të qofshim falë që na gëzove me një djalë të vogël'.

Allahile;- d.m.th., me Zot- po ta them me Allahile këtë gjë, më beso Allahile ku ishe sot?!

Me Allahile xhan;- d.m.th., nga del shpirti. 'Po ta them me

Allahile xhan- tashti ndaç' më beso ndaç jo'.

Allagaxhup;- fjalë e rrallë, d.m.th., veprim i rrëmbyeshëm. P.sh, 'U ngrit allagaxhup nga gjumi dhe me të shpejtë shkoi në punë'.

Është martuar allagaxhup;- d.m.th., e ka marrë nusen me të rrëmbyer. Psh, 'Kola e ka marrë nusen allagaxhup, prandaj ruhet ashtu'.

Flet allagaxhup;-- iron., d.m.th., flet sipas interesit të vet.. P.sh, 'Ti mos fol ashtu allagaxhup se ne ta marrin vesh ku e ke ti fjalën'.

Allagaxhupthi;- ndajf., d.m.th., me të ngutur. P.sh, 'U ngrit Malo allagaxhupthi prej gjumit dhe nuk dinte se çfarë fliste'.

Allçak-/e-/u;- mbiemër. D.m.th., që është i metë nga mentë e kokës. P.sh, 'Sa allçak qenka i shkreti'. Ose, 'Mos i vini re shumë Rrapit se allçak ka lindur e allçak do të vdesë'.

Agjërim/-in.

Është me agjërim;- d.m.th, në qetësi absolute. Njeri i botës askete. I urtë, i avashtë në bisedë. 'I qartë, i saktë. Xha Aliu kur fliste përherë dukej si ai që është përherë në agjërim'.

Agjëron hánë m 'hánë;- tallje, d.m.th, e ka me të shkrepur punën, sipas qejfit. P.sh, 'Kola ashtu e ka përherë, si ai që agjëron hënë më hënë, andaj mos i ngelni shumë në qafë'.

Ájt/-ur/-et/ , ënjtur.

Na ájti;- dikush, shprehje indinjate, d.m.th., na mërziti- na çmendi. P.sh, 'Shyqyr që iku se na ájti me përralla e me rrena'. 2- kokëfortë. 'Na ájti me gjithë atë kokë të pa marrë vesh që ka mbi supe'.

E paske ájtur;- shaka, d.m.th, që e ka gruan shtatzënë. 'Pse e mban fshehur ti Kolë, e nuk na tregon, po ti e paske ájtur nusen?!' 2- shprehje acaruese, që e ka mërzitur dikën me gënjeshtra. P.sh, 'Kështu si po dëgjoj prej teje, ti Malo e paske ájtur mbrëmë Kolën keq'.

Akshám,/-i;- koha e sapo perëndimit të diellit, njëkohësisht e faljes së mbrëmjes për besimtarët myslimanë. P.sh, 'Po falin burrat akshamin Sapo hyn dielli falet akshami'.

Kau mirë njihet n 'akshám;- d.m.th, një njeri që nuk pushon së punuari. P.sh, 'Sa herë u kam thënë unë se si kau mirë njihet në aksham'

Akshám zamán;- shprehje religjioze, d.m.th, kohët e fundit të botës. P.sh, 'Me këto që na dëgjojnë veshët e shohin sytë, ore biri im është aksham zaman- thoshte Kola sa herë dëgjonte diçka jo të pëlqyeshme'.

Pasi falet akshámi;- shaka, d.m.th, që i vijnë gjërat në jetë me vonesë. P.sh, 'Kola është martuar pasi falet akshami prandaj i ka fëmijët kaq të vegjël'.

I bánte sytë aksham;- d.m.th, jo seriozisht. 'Rrapi e mori planin e punës për sot, ama sytë i bënte aksham duke parë vërdallë'.

Në akshám sa dola hana,/ Një haber ma çoi nána,/ dil o djalë jashtë te thana,/po vjen nusja me mevlána./ (E bukur e mirë e shenjtë si engjëll)

(Këngë e vjetër popullore).

Pa t'zánë akshámi;- d.m.th, menjëherë, kohë, ose në kohën e dukur. 'Dua ta martohesh pa të zanë akshami po deshe të kesh fëmijë të rritur'- po i thoshte Matia djalit dje në drekë.

Mos t' zántë akshámi;- shprehje mallkimi. P.sh, 'Ç'më bëre more Kolë që mos të zëntë akshami, tha Matia mbushur sytë në lot e duke parë jashtë nga dritarja sikur priste dikë që t'i japë dritë shpirtit të saj të mugulluar'.

Ti báj sytë akshám;- d.m.th, të qëlloj me flakërime syve. P.sh, 'M'u largo që këtej se t'i bëra sytë aksham t'i bëra'.

Pa u fal akshámi;- shaka, d.m.th, me ngut. P.sh, 'Nuk martohet djali apo vajza pa qenë në kohën e duhur'. P.sh, 'Po prit moj Matia njëherë prit, se nuk martohet djali pa u fal akshami- thoshte një plak në lagjen tonë'.

Pa u fal akshámi; Hyri nusja në shtëpi, si vetimë u përnda záni,/ Zot o Zot sa bukuri./ (Popullore).

Pilaf pas akshámit;- d.m.th, me shumë vonesë, i/e pabesueshëm. 'Kësaj i thonë muhabet (pilaf, kaçamak) pas akshamit ti Kolë, andaj më mirë mos fol fare'.

Akshám e harám;- d.m.th, pa prokopi. Thuhet kur një njeri punon shumë, por nuk ia sheh leverdinë.

Puna akshámit, qejfi shejtánit;- d.m.th., pa hajër e prokopi. P.sh, 'Sa herë u ka thënë baba more djem, që puna e akshamit është qejfi shejtanit'.

Akshám hesapi;- d.m.th, kohët

e fundit të universit, kohë e para kijametit. 'Pse ndodhin këto gjëra more biri im, ju mos u mërzitni- është aksham hesapi- u tha babai një natë fëmijëve 'ndërsa ishin ulur pranë oxhakut të zjarrit .

I u bá surrati (sytë) akshám;- shprehje emocionale. U nevrikos, i erdhi turp, i erdhi inat. P.sh, 'Kur dëgjoi që e kishin vënë në lojë, iu bë surrati aksham e u turr drejt tyre'.

Pazar pas akshámi;- shprehje irracionale, punë pa prokopi. P.sh, 'Mjaft më more vëlla, se kjo që bën ti, është pazar pas akshami'. 2- flet kot, këput e hudh pa lidhje. P.sh, 'Ajo që thoshte ai, ishte pazar pas akshami'.

Si pazari pas akshámi;- mospërf., diçka tepër e vonuar. P.sh, 'Kjo martesa e tij qe si pazari pas akshami, po hajde më, pre një vesh e hy ndër shokë'.

Akrep/-i m

Çerdhe akrepash;- vend i rrezikshëm për të jetuar. Psh Si vajti kjo punë, këtu u bë çerdhe akrepash tashti- tha Dulla

I hynë akrepat;- shprehje afirmative, dikush që është nevrikosur apo, që i ka hipur inati. P.sh, 'Lëre atë tani se i kanë hyrë akrepat, e më vonë shko e bisedo'.

E ka pickuar akrepi;- shaka, d.m.th, i zemëruar. P.sh, 'Nuk e dimë se nga e kishte pickuar akrepi, erdhi dhe na u zbraz neve'.

Ia nguli akrepat;- d.m.th, i hyri në sevda një vajzë. 'E pashë unë Kolën që ia nguli akrepat Matisë'.

Vaj akrepi;- shprehje indikative, d.m.th, ilaç për një punë të zorshme. P.sh, 'Kola qe vaj akrepi për atë punë, tjetër kush nuk e bënte'.

Alet/i;- vegël.

I dolën aletet;- shaka, thënie tërthore indikative, d.m.th, që ka harruar zinxhirin e pantallonave hapur. 'Gupi po ecte rrugës, pa e ditur që i kishin dalë aletet jashtë'.

Alet milet;- shprehje impresionuese, popull i habitshëm. P.sh, 'Kam parë e s'kam parë, por ata ishin alet milet në këtë faqe të dheut. 2- Popull i vyeshëm, punëtorë dhe të sjellshëm. P.sh, 'Kinezët janë alet milet- tha Kola dhe doli jashtë kafenesë'.

S'i punon aleti;- shaka, d.m.th, nuk bëhet më për burrë. 'Gjoka ka vajtur tek mjeku se kohët e fundit nuk po i punon më aleti me nder jush'.

Me alet n'dorë;- shprehje tërthore negative, d.m.th., me penisin në dorë,. P.sh, 'Një njeri që rri tërë ditën me alet në dorë, nuk ke çfarë pret gjë të mirë prej tij'.

Alet e lanet;- shprehje impresionuese, dikush që është komik në tregimin e gjërave. 'Po ti qenke alet e lanet more burri dheut- i tha Kola me të qeshur Malos, ndërsa ishte duke gdhendur një bisht sëpate'.

E ka si alet;- d.m.th, si ves, zakon, traditë, apo veti të tijën.. P.sh, 'Kola e ka si alet që i luajnë sytë kur flet, prandaj mos ia merrni për keq'.

Aleti madh;- d.m.th, diçka jashtë imagjinatës. P.sh, 'Aleti madh qenka kjo autokombajna'. Ose, 'Ka hyp aleti madh, e nuk lodhet më njeriu si më parë'.

Akull/-i

E vuri n 'akull;- d.m.th, e talli jashtë mase. P.sh, "Folën sa folën pastaj e vuri në akull burrin e botës'.

Dorën akull;- d.m.th, koprrac. P.sh, 'Vajtëm te stani dhenve, por Gupi e kishte dorën akull e, nuk na dha një gotë dhallë'.

Sikur ka akllin nër shalë; -ironi. P.sh, 'Nuk e kuptoj pse hidhej ashtu Matia sot, sikur kishte akullin ndër shalë?!'

Kalë n'akull;- d.m.th, dikush që shkon viktimë, buzë e me hundë. P.sh, 'Kola vajti kalë në akull, sepse lëshoi besë në Matinë'.

T've n' akull;- d.m.th, të tall, të vë në lojë. P.sh, "Të vë menjëherë në akull po nuk e pate mendjen se çfarë thotë'.

M'u ba, barku, zemra, shpirti akull;- d.m.th, u frikësova jashtë mase. P.sh, 'Shkela një gjarpër pa dashje dhe m'u bë shpirti akull'.

Akull akull, pordha shakull;- shaka, d.m.th., kur vjen era me borë vërdallë sa të merr frymën. P.sh, 'Sot qenka moti akull akull e, pordha shakull'.

Alltan -i /-et;- veshje e zbukuruar me ar e stoli nusërie.

Nuk t'ra alltáni;- tallje, d.m.th, nuk të ra vlera e morali. P.sh, 'Pse të thashë unë ashtu, ty nuk të ra alltáni bre burrë'.

Ia báni alltánin;- shprehje kundërthënëse. Ia punoi dikujt qindin... 'Më duket se Kola mbrëmë ia bëri alltanin Rrapit, kur ishin duke folur'.

Ta pjerdh alltánin;- shprehje

tallëse, që të le në rrugë. P.sh, 'Me Rrapin mos u lidh shumë, se ai ta pjerdh alltánin shpejt'.

E ngriu n'alltán;-shprehje superlative, d.m.th, i bëri pajë të madhe për martesë. 'Vetëm një vajzë i dha Zoti Matisë, ama e ngriu në alltan e shkreta'.

Alltán djalë;- shprehje impresionuese, d.m.th, i pashëm, por dhe trim. Kishte Kola një djalë që falë Zot, alltan djalë ishte'.

Nuk i blehej alltáni;- shprehje superlative, që ka syrin lart. P.sh, 'Fola me Malon, por atij nuk i blihej alltáni bre burri dheut'.

E shet nalt alltánin;- d.m.th, e mban veten shumë lart. 'E kisha për rrugë Lekën dje, por ai shumë lart e shiste alltánin, jam habitur'

Aman! *(pasth.)*

Kur më shkoje malit moj amán aman,/ plase zemrën djalit, si të qe bostan,/si të qe bostán, plase zemrën djalit,/

oh amán amán, moj hána pas e malit./(Këngë e moçme grash).

S'di amán e dermán;- shprehje, indikativë negative, i pashpirt. 'Kijeni kujdes shkaun, se ai nuk di çështë aman e derman'.

Që për amán;- d.m.th, që këndon apo sillet shumë bukur. 'Ajo kishte një zë që për aman. ose kishte një nuse që për aman'.

Zë për amán e sy për dermán;- shprehje ironike, që këndon bukur, e në pamje s›bën fare. P.sh, 'Zë për aman e sy për derman ke o Kolë, u tall Maloj aty nga fundi dasmës'.

Si turku pa amán;- (iman) d.m.th, e duhur, e nevojshme. P.sh, 'Kot nuk kanë thënë që kafja pa duhan është si turku pa aman'

Amanet,/-i;- bisedë. Nën ruajtje. Dëshira apo porosia e fundit që lë njeriu para vdekjes. 'E kam amanet nga babai këtë fjalë'.

E ha amanetin me bukë;- shprehje pabesie;-dikush që nuk mban besë.. P.sh, "Ta hanë amanetin me bukë si këta njerëz nuk më kanë parë sytë'.

Amanetin se tret as dheu;- shprehje urtësie, d.m.th, besën apo fjalë. Kur merr diçka nën ruajtje e kujdes, duhet ta ruani si sytë e ballit, se amanetin s'e tret as dheu.

Me kandar të amanetit;- d.m.th. shumë i saktë i drejtë. P.sh, 'Mos e ki merak fare Malon, se ai i sheh gjërat me kandar të amanetit'.

Amanet nga Perëndia;- shprehje kujtues,;-një mall a send shumë i çmuar. 'Besën, moralin e kemi amanet nga Perëndia more bir'.

Mbante n'dorë, çelësat e amanetit;- d.m.th, i ndëshkuar nga jeta por dhe kokëfortë. 'Edhe pse ishte bërë pishman për atë që kishte bërë, ai përsëri i mbante çelësat e amanetit në dorë'

Amel-i;- emër, dmth, qëllimin, punën, zemrën, mendjen. Psh, ;Erdh me amel të mirë', Ose, 'E prishi amelin, dmth, u bë pishman'.

Më ha ameli;- d.m.th, diçka e dyshimtë. P.sh, 'Më ha ameli që kalin na e vodhi Rrapi'.

Anadoll/-i;- 'Grua prej Anadolli'. 'Këngë Anadolli'. 'E folur Anadolli'.

Hane Stamboll, hane Anadoll;- shprehje tallëse. P.sh, 'Ku flas unë e ku më del ti', 'Kësaj i thonë hane Stamboll, hane Anadoll'.

Laskuriq (pispiruq) Anadolli;- shprehje ironizuese, njeri i paturp. edepsëz. P.sh, 'Ik ore andej, laskuriq Anadolli'.

I mat sendet me sahat 'n e Anadollit;- d.m.th, trashë e trashë, pa u kushtuar vëmendje apo interes. P.sh, 'Sa herë të kam thënë që mos i mat sendet me sahat të Anadollit'.

Hala me Anadollin;- d.m.th, njeri i vonuar në martesë, në fjalë po në diçka të njëjtë. P.sh, 'e ohu ha- Ti je akoma me Anadollin dhe unë humb kohë me ty'.

Anadollçe;- ndaj., fjalë e rrallë. Që flet turbullt, pa u marrë vesh. P.sh, 'Mos na fol anadollçe se na çave veshët'.

Ahiret,/-i'- fetare. Bota e pasosur.

Dynja e ahiret;- shprehje përkujtuese. P.sh, 'More bir po dynja e ahiret asht kjo botë', (thuhej kur vdes dikush). P.sh, 'Po dynja e Ahiret asht kjo jallane e shkretë, kush e gëzoi që do ta gëzojmë ne.?!'.

Si për dynja e për ahiret;- d.m.th, person mirëbërës. P.sh, 'Bujaria është shpërblim si për dynja e për ahiret, thoshte nëna përherë'.

Arabçe;- ndajfolje, fjalë, bisedë

Kafe arabçe;- d.m.th, kafe të zezë, pa sheqer. 'Na bëj një kafe arabçe'. 2-'Grua e zezë, tepër e zezë, si kafe arabçe ishte e gjora, por zemrën e kishte sa të mirë'

Mos na fol arabçe;- shprehje

tallëse, fol që të kuptojmë. P.sh, 'Mos na fol arabçe o burrë, se nuk të marrim vesh fare'. Çorbë arabçe;- shprehje tallëse, d.m.th, e prishi krejt, çorbë arabçe e bëri krejt muhabetin e nuk kishte burrë nëne që e merrte vesh'.

Nuk flas arabçe;- shprehje qartësuese. 'Unë nuk flas arabçe, që ju nuk më merrni vesh- tha mësues Kameri- duke parë nga klasa pak i nevrikosur'.

Ia futi arabçe, (qesim);- shprehje tallëse. 'Kot, foli sa foli, pastaj ia futi arabçe e s'kishte bir nëne që e kuptonte Kolën'.

Argëz-a/-at;- komedinë druri që mbanin rrobat e ruajtura granitë nëpër fshatra. 'Bëra një argëz tek ustai, argëz prej dru arre'.

Si e mbajtura n 'argëz;- shprehje, shaka, një femër apo nuse shumë e mirë dhe e kujdesshme. P.sh, 'Kishe qejf ta shikoje vajzën e Malos, si e mbajtura në argëz dukej'.

Mos ia hap argzën;- shprehje përkujtuese;-është fjala për sekretet. P.sh, 'Fol ti me këdo, por mos ia hap argëzën gjithsekujt'.

Barkun argëz;- d.m.th, durimtar, gojë ëmbël. P.sh, 'Si nuk iu prish qejfi njëherë atij burri, ama barkun argëz m'a kishte i bekuari'.

Argëz pa fund;- d.m.th, shumë i mirë. P.sh, 'Po ti qenke për t'u mbajtur në një argëz pa fund more bir!'

Ardh/ ur.

Kos i ardhur- d.m.th bylmet i sjellë nga qumësht në kos. P.sh. Hëngrëm një përshesh me kos të ardhur që dhe sot e kam në gojë.. 2- Kos i ardhur qënka ky djalë- d.m.th shumë i mirë në sjellje.

A të kanë ardhur mjeshtrit ?- shaka pyetsore (Kosovare) d.m.th. a po i ndjen nga pak shenjat e pleqnisë. (mjeshterit supozohet se janë, lenia e veshëve, sytë, fuqia, etj.

Ari,/-u/-njtë.

E hángër teln' e ariut;- d.m.th, kapur mat. P.sh, 'Kola që kur u kap duke vjedhur, ma hëngri telin e ariut në hundë nga policia'.

Si ariu n 'legen;- tallje, d.m.th, është në hall. (Sikundër që mësohet të kërcejë këlyshi ariut në një legen të nxehtë, ku i zoti tij i bie dajres dhe ariu kërcen ngase i digjen putrat e këmbëve). P.sh, 'Ka mjaft kohë që Kola hidhet si ariu në legen, por nuk dihet arsyeja'.

Si piça ariu;- tallëse, d.m.th, flokë pa krehur. P.sh, 'Ç'mi paske bërë ata flokë sot, si piça ariu moj bijë!?'.

Arrë/-a

Çan arra;- tall., d.m.th, flet marrëzira. P.sh, 'Si nuk u mërzite njëherë moj grua duke çarë arra gjithë ditën?!'.

Arrë gungë;- tallje, d.m.th, njeri i pa marrë vesh. P.sh, 'E po të jetë tjetri arrë gungë vetëm ty Kolë kam parë- i tha Matia duke qeshur'.

Nuk çahet arra me bythë;- ironi, d.m.th, duhet mjeti favorshëm që të kryhet një punë. P.sh, 'Duhet punë, mend, e fuqi që të fitohet diçka, ndryshe nuk çahet arra me bythë'- u tha Merko djemve një ditë.

Një arrë pak, dy bájnë rrak;- d.m.th, pavendosmëri. P.sh, 'Nuk e di si të veproj, një arrë pak, dy bëjnë rrak, dhe nuk e di si të veproj'.

Si arrë krymshë;- d.m.th, sjellje të dobët, por dhe smirëzi. P.sh, 'Si arrë krymshë e ke atë zemër o Lulush, e habitem si nuk ndryshon'.

Arrë stambollije;- fjalë e rrallë, lloj arre kokërr madhe qe çahet fare lehtë. P.sh, 'Kam ca arra stambollije', 'Fidan arre stambollije'.

Arrë stambollije;- shprehje kënaqësie. P.sh, 'Nuk ia hodha sytë mirë, por pashë që ma kishte syrin arrë stambollije'.

Rrugës malit kur më vije,/ti moj arra stambollije,/vetes táne i bán hije,/si një yll që natën bie./ (Këngë grash nëpër dasma, dikur).

Asëll;- ndajfolje, veçanërisht, pikërisht, vendosmëri. P.sh, 'Asëll asëll po e deshe drejt ti Kola ka të drejtë', ose, 'Të jesh asëll, ti shkon dhe e mbaron atë punë për mua. 3- 'Asëll desh i rashë se ma pruri shpirtin te buza'.

Asv;- shkurti i termit, Alejhi selatu Ve selam Paqja dhe, shpëtimi i Zotit qoftë mbi të (ju). P.sh, 'Ka thënë profeti Muhammed Alejhi selatu ve selam', ose 'Asv'.

Ashiku/-ëtȝ;- turqisht, ai që do, dashuron, lakmon në dikë apo diçka. Në bektashizëm, ashik quhet ai person që sapo ka shfaqur dashuri dhe interes për të qenë në tarikatin bektashian, i iniciuar nga 'babai'.

Unë në ty jam bárë ashik,/ti moj dardha në belik,/mu më ke të dashur mik,/ti moj nuse plot qesik. (Këngë dasmash, që këndonin gratë tona dikur).

Atëbotë;- d.m.th, në botën e përjetshme, Ahireti.

Ka vajt zbath n'atëbotë;- shprehje definicioni, d.m.th, supozohet se ka vdekur me mëkate. 'Ne nuk e dimë se si, por kemi frikë se Dulla ka vajtur zbath në atë botë, megjithatë Zoti është falës i madh'.

Flet si n'atëbotë;- shprehje tallëse, si e ëma e Zeqos majë thanës. P.sh, 'Po ti mos fol si në atëbotë o burri dheut'- tha Can Koburja me të qeshur.

Axhami;- fetare, që është i vogël ose i pazhvilluar. Fëmijë axhami, akoma axhami. Fig., d.m.th, akoma bën veprime prej fëmije.

Axhami nga mendja;- d.m.th, që bën veprime jo të pëlqyera. 'Gupi po axhami ngeli nga mendja i gjori'.

Axhamillëk;- u,/-qe;- të qenët axhami. P.sh, 'Po ç'janë këto axhamillëqe kështu, more njerëz?'.

-B-

Baba/-i

Hy Baba;- uratë e dervishëve. P.sh, 'Bën dervishi, hy baba'.

Hem baba hem pasha;- d.m.th, asgjë nuk mungon. P.sh, 'Hem baba hem pasha e paske rrojtjen o Kolë vëllai'.

Qull babai;- fjalë e rrallë, gjellë e bërë me miell të fërguar në gjalpë, duke i shtuar copa mishi ose mëlçi të grira, çorbë. Një gjellë e shijshme për miq të veçantë. P.sh, 'Oh oho Qull baba paskemi sontc'.

Për qull babai;- (ironi), d.m.th, i plakur. P.sh, 'Unë e dija për më të ri Dilon, por ai ishte bërë për qull babai'.

Nuk ia merr hoxha babait;- ironi, d.m.th, nuk zihet vendi i tjetrit. P.sh, 'Prit more djalë njëherë, se nuk ia merr hoxha babait, dëgjo mua se jam më i vjetër'.

Ca të babait, ca të ustait; - d.m.th, që mban anë. P.sh, 'Nëse do të drejtosh si duhet, ashtu mirë, por jo ca të babait e ca të ustait'.

Gjithkush s'báhet baba;- d.m.th. ka diferencime. P.sh, 'Me tërë atë shkollë që ka ai, jo gjithkush bëhet baba, këtë ta keni të qartë'

Ja baba, ja myhyp; -d.m.th, ndaje shapin nga sheqeri. P.sh, 'Ja baba ja myhyp- kështu si flet ti askush nuk të merr vesh'.

Nuk i ha babai gorricat;- (shaka), d.m.th, atë koqe ulliri, d.m.th, nuk gënjehet lehtë. P.sh, 'Sa kam parë unë para teje more djalë, po si ha babai gorricat jo!'

Hajt babë për qafë Kërrabë;- d.m.th, i shkathët, i guximshëm. P.sh, 'Sapo i hipi makinës, dhe hajt babë për qafë Krrabë, e nuk u pa dy herë me sy'.

Gjen babë e nánë;- d.m.th. çfarë i duhet të gjallit. 'Sa të hyje në Amerikë qe pak vështirë, pastaj gjeje babë e nënë'.

Bab';- si pjesëz që lidh një

ose dy momente emocionale, interesante, të mahnitshme, të frikshme, etj.

Ku shkon re bab?;- d.m.th, ku të shpie mushka, nuk je në vete?. P.sh, 'Ku shkon re bab, nuk e sheh që bie shi me të madhe'.

Hajde bab' hajde;- d.m.th, një çudi, një e papritur. P.sh, 'Kishte marrë një nuse ai Kola, hajde bab' hajde'.

Hajde babë t'rrëfej kufijtë;- shprehje ironie, d.m.th, kur të tregon diçka ai qe nuk di për vehte.. P.sh, 'Matia po i tregonte Malos se si të fliste me mikun, Malo u nxeh, dhe ia bëri:-Kësaj i thonë hajde bab të rrëfej kufijtë ti Mati, e më mirë bëj punën tënde se këto gjëra unë i di vetë'.

Baballik/-u;- një shumë e caktuar të hollash, që duhej të jepte dhëndëri ose familja e tij përkundrejt nuses që do të merrte. 'Merrnin baballik', 'Kaq është balliku në anët tona'.

Baballik njeri, ose baballëk burrë; -d.m.th, njeri që nuk prish qejf me askënd. P.sh, 'Me Selon kishe qejf të punoje, shumë baballëk burrë ishte'.

Gjete mik për baballëk?;- ironi, d.m.th, gjete xhami ku të falesh.

'Pse ke unë do të gjesh ti mik për baballëk?'.

Baç/-i;- fjalë e rrallë, d.m.th, babai shtëpisë, që thirret me respekt nga fëmijët. P.sh, 'Më tha baçi që hajdeni sonte andej për darkë'. 'Baçi jonë sonte ka ditëlindjen'.

Ja baçin, ja kulaçin;- d.m.th, bëj njërën prej të dyve. P.sh, 'Kështu mos më rri duar lidhur, ja baçin ja kulaçin i thonë fjalës'.

T'ka baçi, biç;- shaka, të ka për zemër. P.sh, 'Mos u mërzit se të ka baçi biç ty- i tha Kola djalit me të qeshur'.

Hem baçin, hem kërbaçin;- d.m.th, që i bën të dyja. P.sh, 'Për atë ju kam thënë disa herë se ai ka hem baçin hem kërbaçin'.

Baft, /-i, bisedë, fat, kësmet.

Shtiu tafti bafti;- d.m.th, jo në shenjë, si me pahir, të dalë ku të dalë. P.sh, 'Kola shtiu tafti bafti por ama lepurin e zuri'.

Flet tafti bafti;- shaka që flet jerm, ia fut kot. 'Mos i beso shumë fjalëve të Palit, se ai gjithmonë flet tafti bafti'.

I pa bafti;- bisedë, d.m.th, i pafat, i pa kësmet. P.sh, 'Po si t'ia bëj unë i pabaftit tashti?!' Ose, 'I pabafti ti ç'ke për të hequr sonte prej babës', 'E pa bafta vajzë, çfarë burri të keq që kishte marrë!'

Bajram/-i;- fetare, lokale. Barám, emër i dy festave kryesore të besimit mysliman, Bajrami i Madh, ose Fitër Bajrami dhe, Bajrami i Vogël, ose Kurban Bajrami. P.sh, 'Dukuni andej sonte kemi bajram'.

Shkoi për kurban barám;- d.m.th, shkoi si sqapi te kasapi. 'Unë mendova ndryshe por ai shkoi për kurban Bajram më duket'.

Ka le për barám;- shaka, d.m.th, lindur për qejf. P.sh, 'Ke lindur për bajram ti shoku im, prandaj vazhdo'.

E ka barám gjithë vitin;- d.m.th, në terezi. P.sh, 'Ai e ka bajram gjithë vitit, e nuk e prish terezinë fare'.

Qesh si barám;- shaka, d.m.th, qesh pa të keq. P.sh, 'Genti një fjalë e dy, e qeshte si bajram'.

Nuk falet barámi i vogël para t 'madhit;- d.m.th, nuk martohet i vëllai vogël, para të madhit.

Barám më barám;- d.m.th, në të rrallë. 'Sala duket këtej bajram më bajram, se mosha tani ka bërë të vetën'. Ose Kola e ka qef punën Bajram më Bajram. Ç'ha turku për barám;- d.m.th, pritje të mirë. P.sh, 'Ishim nga Sela për darkë e na pritën, çfarë ha turku për bajram'.

Po bájnë barám;- shaka, d.m.th, po përqafohen, po puthen. P.sh, 'Lëreni të qetë se po bëjnë bajram, të rinj janë'.

Hajde për barám, se do t'ia bëjmë bám;- shaka, d.m.th, na urdhëroni. P.sh, 'Çfarë të them unë tjetër, ti hajde një natë për bajram se qameti u bëftë, do t'ia bëjmë bam'.

Bakall-/i;- gjym i vogël prej bakri, që marrin abdes burrat e vjetër. P.sh, 'Më sill pak atë bakall moj bijë'.

Ishte sa një bakall;- ironi, d.m.th, shtatshkurtër, grua apo burrë, vajzë apo djalë. P.sh, 'Kishte Kola një grua sa një bakall, por gojën shpuzë'.

Vlon si bakalli n'prush;- tallje, d.m.th, llafazane. P.sh, 'Po çfarë ka ajo grua që vlon sot ashtu si bakalli në prush?!'

Nuk futet bakalli n'brekë;- d.m.th, send që duket. P.sh, 'Fshihe ti sa të duash, kur thonë nuk futet bakalli në brekë'.

T 'pafsha te Ure e Bakallit;- mallkim, d.m.th, të pafsha rrugëve. P.sh, 'Kështu si ma bëre ti mua, të pafsha te Ur' e Bakallit o Rrapi, a dëgjove, dëgjova thuaj?!'.

Bált/-ë,/-a/-at

Baltë e Zotit (Perëndisë);- d.m.th, e pranuar, e mirëseardhur. P.sh, 'Mos talli ashtu me nusen e re, se baltë e Zotit është more birtha nëna'.

Si kasolle balte;- d.m.th, që i bën gjërat rrëmujë, pa rregull e sistem. P.sh, 'Sa herë të kam thënë që mos m'i bën gjërat si kasolle balte se më çmende'.

Baltë, baltë, por gojën mjaltë;- shaka, d.m.th, ezmere në të parë, por ama e zonja për gjithçka. P.sh, 'Ashtu thoni ju për të, baltë, baltë, ama gojën mjaltë'.

Kali i çaltë, por s't'le n 'baltë;- shaka, d.m.th, mos shiko gunën por shiko punën. 'Kur thonë kali çaltë, por s'të le në baltë ajo gruaja e Zeqos'.

Si baltë;- d.m.th, bukë e pa pjekur dhe e zezë. P.sh, 'Ne e hëngrëm se kishim uri, ajo ishte si baltë e bekuara'.

I hidhej balta pas bythëve;- shprehje tallëse, d.m.th, ikën me vrap prej frike. P.sh, 'Veç ta shikoje Likën kur turrej, i hidhej balta pas bythëve copa copa'.

Baq,/-i;- ushkuri i brekëve, lidhësi. 'Lidhe baqin, se të ranë brekët', 'U futa baqin brekëve dhe i shtrëngova'.

I shkon baqi nëpër kám;- d.m.th, jo i moralshëm. P.sh, 'Mos u merr me atë njeri se nuk e shikon që i shkon baqi nëpër këmbë'.

Sikur e ka n' baq t'brekëve;- d.m.th, e ndjek një e keqe pas. P.sh, 'Kolën e ndjek ujku pas, sikur e ka në baq të brekëve'.

Iu këput baqi;- d.m.th, dështoi ai muhabet. P.sh, 'Mos ma kujto më se iu këput baqi asaj pune o Dullë'.

Është pa baq;- tallëse, d.m.th, që nuk mban fjalë. P.sh, 'Mos i zër shumë besë Gupit, mua më duket që është pa baq fare'.

Morr n' baq;- tallëse, d.m.th, dikush që të përcjell nga vete e çfarë bën. 'M'u bë morr në baq ai njeri sot, e nuk pata mundësi të mbaroj asgjë'.

Si baqi me shtatë neje;- shaka, d.m.th, dikush që mundohet të bëjë diçka, por nuk mbaron dot asgjë. P.sh, 'Unë e shikoj që ti do që të bësh diçka, por për momentin më dukesh si një baq me shtatë neje.

Ku iu shkel baqi?!;- ironi, d.m.th, ku është problemi?!. P.sh, 'Po Gupit ku ia shkel baqi mbrëmë në darkë?!

Bark,/-u

S'mund ta mbajë n'bark;- d.m.th, punon për një agjenci të ndryshme. P.sh, 'Mos rri shumë me Kolën se ai s'mund ta mbajë në bark, e kam frikë se vete e të raporton në polici'.

Dha bark;- d.m.th, që është gati në të rrëzuar, një mullar, një mur. P.sh, 'I hyri shiu murit vite me radhë e tani dha bark e po bie'. Ose 'Mbështille mirë barin pas drurit, se po të jep bark mullari'.

I ka hy dreqi n'bark;- 1- llupës, p.sh., 'Rrapi ha sikur i ka hy dreqi në bark, andaj bëni mjaft gjellë'. 2- zemërzi, ose që flet pas shpine. P.sh, 'Gupit i ka hy dreqi në bark- andaj mos ia merrni për të keq çfarë flet'.

U ecën barku ;- d.m.th, vazhdimësi të pandërprerë. P.sh, 'Kolajve u ecte barku shumë atë kohë, dhe mburreshin me djemtë e tyre 2- keq, që kanë diarre. P.sh, 'Deleve sot u ecte barku prej njomësirës që hëngrën dje' 3-Ose dikush që është ftohur. P.sh, 'Kam dy tre ditë që më ecën barku e duhet të shkoj te doktori'..

Barkuqe-ja-/et;- fjalë e rrallë, kërpudhë që del herët në pranverë dhe vonë në vjeshtë nëpër livadhe, kryesisht kur ka shira të mjaftueshme. P.sh, 'Mblodha disa barkuqe dhe na i piqni', 'Delet u shqepën duke ngrënë barkuqe'.

Barut,/-i

E báni barut;- d.m.th, e bëri tym, e dogji në dasmë, ose e prishi fare. P.sh, 'Deri nga gjysma e bisedës nuk qe keq, pastaj e bëri barut fare'. I ra zjarri kasolles së dhive dhe e bëri barut.

Ishte kashtë e barut;- d.m.th, i shkathët e i zoti gojës. P.sh, 'Kam parë e nuk kam parë, por ai djalë ishte kashtë e barut i tëri'.

U bë barut;- d.m.th, u dogjën për ujë, u bënë misrat barut sivjet. Ose i ishte bërë duhani si barut në kuti e, nuk lidhej dot cigarja.

T'ja digjie barutin n'gojë;- d.m.th, e fshtirë, e sertë. P.sh, 'Bleva një mushkë javën që shkoi në pazar por ishte t'ja digjje barutin në gojë'.

Mos e ngatërro barutin me Maksutin;- shaka, d.m.th, mos i përziej gjërat, jepu kuptimin e duhur çdo fjale. P.sh, 'Deri këtu qe mirë ti djalë, e tashti mos e ngatërro barutin me Maksutin'

Barrehe/-ja/-et;- d.m.th. çekan i madh për nxjerrje gurësh

E ka kryt barrehe? -ironike, d.m.th, i pa marrë vesh, shumë i prapë. P.sh, 'Mos harxho kohë kot me Rrapin, se barrehe e ka kryet'.

Kry barrehe;- shaka, kokëmadh dhe i pa marrë vesh. P.sh., 'Erdhi ky kry barreja tani dhe hajde dëgjoje'.

I ra me barrehe;- d.m.th, e gjuajti fort me fjalë. P.sh, 'Malo i ra me barrehe Kolës në mbledhje, andaj Kola rrinte sot si i zemëruar'.

E do me barrehe;- d.m.th, me të keqe, e do t'ia thuash disa herë. P.sh, 'Është i rëndë Gupi nga goja, andaj e do me barrehe që ta bësh të ndalojë'

Barrtim,/-i;- punë, detyrë e marrë.. P.sh, 'Mori një barrtim që nuk e kryente dot'. Ose, 'Mos iu fut atij barrtimi se zor është'

Barrtoj,/-em- uar;- d.m.th, vënë në vështirësi, në siklet, në hall. P.sh, 'Nuk desha të barrtoj shumë por po pate mundësi do më japësh pak lekë hua'.

Qánke barrtuar;- d.m.th, je harxhuar, ke bërë bukë të madhe

Nuk barrtohem;- fig., d.m.th, nuk kam gajle, nuk kam turp fare, se kam për gjë. P.sh, 'Unë vete në zyrë dhe ia them ndër sy', 'Gupit e nuk barrtohem fare'.

Barrule,/-j;- dume, nje lloj enë prej druri që përdoret si masë matje drithi. 'Tri barrule grurë', misër' apo fasule' etj.

Kokë barrule;- tallje, njeri kokëmadh, por dhe i pa marrë vesh. 'Erdhi ky kokë barrulja tani dhe hajt e dëgjoje'.

S'di barrulja sa e ka barkun;- d.m.th, që është i pangopur. P.sh, 'Unë i shtrova të hajë e të pijë, por kur di barrulja sa e ka barkun'

Bashkë,/-a;- deng leshi sa qeth një dele.

Si bashkë leshi;- treguese definitive, grua shushkë. P.sh, 'Matia e gjora shkonte si bashkë leshi dorë më dorë, të gjithë e merrnin nëpër këmbë'.

As bashkën e leshit;- d.m.th, që është në gradën e fundit të pleqërisë. P.sh, 'Gjyshi i shkretë ishte sa gjallë kur thonë, as bashkën e leshit se ngrinte më".

Si qeni n 'bashkë;- tallje, dikush që fle pa u ndier, ngrohtë e butë.

P.sh, 'Kur e pashë Gentin që flinte si qeni në bashkë, nuk e ngacmova se më erdhi keq ta lëvizja'.

I ka pjellë gjeli n'bashkë;- shaka, që e ka punën në terezi. P.sh, 'Vërtet hoqi keq më parë, por tani i ka pjellë gjeli në bashkë Malos e, nuk po ndihet më'.

Hala e ngre bashkën e leshit;- shaka, për një të moshuar, d.m.th, akoma bën seks,. P.sh, 'Ashtu thoni ju për Salën, por ai hala e ngre bashkën e leshit'.

Ta tjerr mirë bashkën;- ironi, d.m.th, i poshtër. P.sh, 'Mos u bazo shumë në punën apo fjalën e Rrapit, se ai ta tjerr mirë bashkën, e pastaj ti del si rruar qethur'.

Furkë e bashkë;- d.m.th, e kompletuar, e sojmë, për një femër. P.sh, 'Kërkoje vajzën e Metës nuse për djalin, se mua më duket furkë e bashkë ajo vajzë'.

Sa një bashkë leshi;- d.m.th, shumë i lodhur nga sëmundja. P.sh, 'Vajta ta shoh Kolën në spital, por ai i gjori dukej sa një bashkë leshi'.

Bat,/-i;- lojë që luhet me dy veta ose më shumë, duke mbajtur njërën dorë nën sqetull, e tjetri të qëllon, nëse e gjen se kush të bie, atëherë ndërron rolin. 'Po luan bat', 'hajde të luajmë pak bat se është ftohtë'.

Bánin bat;- d.m.th, të harlisur. 'Kishin hyrë kuajt në misër e po bënin bat nëpër arë'.

Bat e fut;- d.m.th, fut e bjer. P.sh, 'Po hyre në lojë apo një mesele, kjo punë e ka bat e fut, mos prit të ndihmojë kush'.

Bájnë bat;- shaka, dhe rrihen dhe qeshin. P.sh, 'Çunat ishin duke bërë bat sot në oborr, kush e kush t'ja merrte shoqit. 2- 'Sallma, lopët bën bat nëpër arën me misër'.

Batakçi/ njeri i keq, Burrë batakci

Batakçillik- mb dmth jo e mirë jo e pëlqyer. Psh Vajtët dhe u përziet në një batakçillik sa turp kush e dëgjonte.

Batall;- një mall a diçka tjetër lënë jashtë dore, pa kujdesje, i/e pa përdormë, i/e ngathët, përtac. P.sh, 'Mos i thuaj Kolës për asgjë se ai shumë batalli madh është'. Ose, 'Arë apo livadh batall'.

Te druri çatall, ngeli ara batall;- shaka me ironi, një femër që ka ngelur pa u martuar fare, ose e ve,. P.sh, 'Kësaj pune i thonë te druri çatall ngeli ara batall'

Si kali batall;- ironi ose shaka,

për një person që ecën rëndë apo shtrembët. P.sh, 'E pata në punë sot Kolën, por ai si kali batall tërë ditën nëpër arë'.

Bazuben,/-i/- ët (fetare);- fjalë e rrallë, lutje kuranore në tip broshure të dorë shkruara nga një titullar i fesë Islame për shërimin e magjisë, syrit të keq, e për mbarësi shëndeti pune e familje. P.sh, 'Filani shkruan bazubenë të mirë', 'Qenka për bazuben kjo lloj sëmundje etj'.

Ma kishte të pamit si bazuben;- d.m.th, shumë e bukur, për një femër,. P.sh, 'Kishte një cucë ai Malo si bazuben ma kishte të parët'.

Qánka bá për bazuben;- ironi, d.m.th, shumë keq i paske punët. P.sh, 'Po ti qenke bërë për bazuben more njeri, mos më fol më tutje'.

Ta knon lala bazubenin;- d.m.th, ta punoj unë qindin. P.sh, 'Ashtu si na e bëre ti neve, mos ki merak se ta këndon lala ty bazubenin'.

Ia qënisi bazubenin;- tall., d.m.th, ia mori nderin një femre. P.sh, 'Mirë ja bëri Kola që ia qëndisi bazubenin Nrikës se vetë e kërkoj, ajo e tallte rrugë më rrugë'.

Ve dorë n' bazuben;- shprehje urdhërore, d.m.th, betohu?!. P.sh, 'Ve dorë në bazuben që nuk ma ke vjedhur kalin'.

Be,/-ja/-të

E ka benë si bukë e djathë;- d.m.th, betohet vend e pa vend, kohë e pa kohë. P.sh, 'Mos i beso dhe aq shumë Limit, se ai e ka benë si bukë e djathë'.

Për t'ia bárë benë;- d.m.th, i djallëzuar. P.sh, 'Po ku flitej me të, po ai ishte për t'ia bërë benë'.

Ia ka bárë benë;- d.m.th, që të hakmerret. P.sh, 'Mos i daltë para sysh se im shoq ia ka bërë benë Cuf Lazes'.

E ha benë me bukë;- d.m.th, mashtrues, gënjeshtar, i pabesë, shpirtkeq,. P.sh, 'Dhe unë që besoj atë, mirë ma bën, sikur nuk dihet që ai e ha benë me bukë'

Bán be n' djalin, por ta vjedh kalin;- i tmerrshëm, që bën çfarë i sheh syri. P.sh, 'E dëgjova një copë herë dhe shpejt e kuptova se ai ishte njëri nga ata që bën be në djalin, vete e ta vjedh kalin'.

Be e rrufe, e bythën n'thënjill;- d.m.th, mashtrues. P.sh, 'Bënte be e rrufe me bythë në thëngjill, por të gjithë ia dinin avazin'.

S'lidhet beja për baqi;- d.m.th, fjala duhet mbajtur. P.sh, 'Sa herë u kam thënë more çuna se nuk lidhet beja për baq të brekëve'.

E ka zánë beja;- d.m.th, e ka zënë haku dikujt ose diçkaje. P.sh, 'E takova sot Kolën e ma mori mendja në sekondë që e ka zënë beja e të jatit'.

Me be ta ul hanzën përdhe;- d.m.th, dikush tepër mashtrues. P.sh, 'Mos u merr shumë me Salën , se ai është ai Salë që me be ta ul hënzën përdhe, e ti nuk e merr vesh fare.'

Bedel,/-i/-ë/-ëts;- ai që shkon në vend të një tjetri në ushtri, ose në punë të detyruar kundrejt një pagese;-pagesë që jepej në vend të shërbimit ushtarak ose të punës së detyruar.

E hëngri për bedel (karamuçë);- d.m.th, shkoi për dhjamë qeni. P.sh, 'Fajin e kishte i vëllai, por Sala i gjori e hëngri për bedel prej të vëllait'.

Ja bedel ja nizam;- të dyja nuk shkojnë bashkë, d.m.th, bëj njërën. P.sh, 'Po ti ja bedel ja nizam o burri dheut, se shtëpia duhet mbajtur'.

Bedua,/-të;- mallkim.

Mall me bedua;- d.m.th, me mallkime. P.sh, 'Përherë na thoshte babai që mall me bedua mos na sillni në shtëpi'.

Bedua e jetimit;- d.m.th, që nuk ka mbajtur drejtësi në diçka që i është besuar. P.sh, 'Rrapi ka beduanë e jetimit, prandaj nuk i ecën mbarë shtëpia'.

I ka beduatë me thes pas shpinë;- d.m.th, e ndjekin të këqijat ngado që vete. P.sh, 'Sa herë të kam thënë unë që ai e ka beduatë me thes pas shpine'.

Bedua të vjetra;- mallkime, haqe, që nuk e marrin dot vehten si nga malli e shëndeti. P.sh, 'Sa keq na vjen për Gjelajt, por thonë se kanë bedua të vjetra.'

Behar,-i;- stina e verës.

Gdhirë si behar;- d.m.th, buzagaz e fytyrë qeshur. P.sh, 'më vjen mirë që të shoh se qenke gdhirë si behar sot'.

E ka gojën zog behari;- thotë gjithnjë fjalë të mira. P.sh, 'sa qejf e kisha atë njeri, se e kishte gojën zog behari'.

Behar vjeshte;- shaka, kur dikush ka një fat të dytë si në martesën e vonë. P.sh, 'Behar vjeshte qe për ty kjo gjë, e me trashëgime.

Behar m' behar;- kohë pas kohe, një herë në të rrallë. 'Mos na ec behar m 'behar, por pak më shpesh'.

Behar t'baftë Zoti;- d.m.th, shumë ngrohtë. 'Sot koha qenka behar të bëftë Zoti'.

Behar i bgárë;- shaka, kur nje ditë e ngrohtë mes dimrit, ose kur marrin vjeshtat ngrohtë. P.sh, 'Behari i bgërë qenka dita sot'.

Behone,/-ja,/ -et;- ves, huq, dobësi, mangësi, probleme etj.

Ásht kalë me behone;- njeri si dru i shtrembër e që nxjerr probleme. P.sh, 'Ti po deshe bën tregti me Dullën, por kalë me behone është Dulla'.

Lopë me behane;- njeri që të bën nder e pastaj ta përflet nderin. P.sh, 'Ti kërkoji para hua Dullës, por ai si lopë me behone është, e këtë ta them se të kam mik e shok'.

Behone vjetër;- shaka, muhabeti shkuar, bisedë e lënë pas dore. P.sh, 'Ti mirë bën që ma kujton, po behone vjetër është ajo punë' 2- Shtëpi e shkatërruar nga moti e vjetërsia. P.sh, 'isha sot nga ajo behonia vjetër, e çatia i kish rënë për tokë'.

Rreket me behone- d.m.th, me fjalë të kota. P.sh, 'Akoma me behone rrekesh o burri dheut?!'

Bekare,/-ja;- kaptina e dytë në Kuran. Këndon suren Bekare. Surja Bekare ka 286 ajete.

Bektashi-,u/-nj;- një të fesë Bektashiane, pasues i bektashizmi. 'Teqeja e bektashinjve në Ballenjë të Martaneshit'.

N'qofsh bektesh, hajt merre vesh; -shaka, d.m.th, nëse je i mençur, jepi drejtim kësaj çështjeje. P.sh, 'Kështu si u bënë punët n 'qofsh bektesh, hajt merre vesh'.

Bekuar,/-i,/-e;- bisedë fetare. Që ka marrë bekimin, i shenjtëruar i veçantë.

I beku qoftë Allahu;- Lutje që s'ka tjetërsim. P.sh, 'Dhe me gjithë vuajtjet e mëdha që kaluan, i bekuar qoftë Allahu, djali m'u shërua'.

I bekumi;- për shiun. P.sh, 'Futi delet brenda se po bie ky i bekuari me të madhe, pastaj hapua derë e vathës e le të dalin'.

Po vjen i bekumi;- thuhet kur vjen muaji i agjërimit. P.sh, 'Ja po vjen ky i bekuari, e Zoti na e pranoftë me mëshirën e tij'.

Për këtë muaj të bekum;- betim për këtë ramazan. P.sh, 'Për këtë muaj, t'i kam sjellë paratë disa muaj më parë, por ti paske harruar fare'.

Bekuar qofsh more Zot;- shprehje habitore; P.sh, 'Nusja e djalit qe shumë sëmurë, por bekuar qofsh ti more Zot, ajo tani ndihet më mirë'.

Nga i kullot t' bekumet- tallje, d.m.th, ku e ke mendjen. P.sh, 'Disa herë kam që ta përsëris e ju nuk e di se nga i kullotni ato të bekuara'.

Belçike/-ja;- pushkë e vjetër turke. 'Belçike e mbajtur mirë'.

Donte belçiken n'lule të ballit;- njeri shumë i prapë, i pa marrë vesh. P.sh, 'Po ai donte belçiken në lule të ballit, o burri dheut?!'

Me belçike n'brez'- d.m.th, ka hasëm. P.sh, 'Pali nga shkon tashti, me belçike në brez del jashtë?'. 2)- gjithmonë i gatshëm në muhabet me burra. P.sh, 'Prit ta mbaroj unë njëherë fjalën e ti mos më rri me belçike në brez ashtu. 3- nevrik gjatë bisedës në familje apo shoqëri. P.sh, 'Ti sillesh si me belçike në brez, e mezallah se na le neve të flasim'.

Belçiken po ngrehur;- njeri seksoman. 2) - i rrinte mendja vetëm te një gjë. P.sh, 'Nuk kishte burrë nëne, që ia ndërronte mendjen, se atij i rrinte belçikja po ngrehur'.

Nuk ia ha belikja;- h.m.th, nuk ia zë syri një diçka ta bëje. P.sh, 'I thamë disa herë, por atij siç duket nuk ia ha belçikja'.

Nuk i shtie belçikja drejt;- tallje. 1- Nuk është i zoti për diçka. 2- Shaka, i sapomartuar. 'Tares thanë se nuk i shtie belçikja drejt, prandaj i iku nusja'.

E mbush belçiken nga gryka;- d.m.th, budalla, flet kot. 'Po sa herë të kam thënë o burri dheut, që Pali e mbush belçiken nga gryka'.

Iu zbraz belçikja n'dorë;- d.m.th, iu zbulua gënjeshtra aty për aty. P.sh, 'Nuk vajti gjatë dhe i u zbraz belçikja n'dorë, e ai, nuk e patë ju se si u bë, spec i kuq në fytyrë'.

E mbush belçiken me gogla;- d.m.th, injorant, i trashë, ia fut në tym. P.sh, 'Po si nuk the njëherë një fjalë për t'u mbajtur mend o burri dheut, po gjithmonë e mbush atë të shkretë belçike me gogla'.

Do bythë belikja;- ironi d.m.th, që të përballesh me armikun, duhet përgatitje ushtarake, por dhe trimëri. 'Mirë thua ti me tënden, po kur vjen koha e luftës, do bythë belçikja o djalë, nuk i thonë shaka'.

Beti;- që ka me shumicë. 'Kumbullat sivjet kanë bërë beti'.

Pa betin me sy;- d.m.th, vdekjen. P.sh, 'Populli Kosovës panë betin me sy prej serbit. **Beti paske qán;-** d.m.th, shumë i pa marrë vesh.. P.sh, 'Po beti paske qenë bre shok, sa shumë të lutur që dashke'.

Bgáj,/-ava/-uar

Mos e bgáj gojën;- d.m.th., mos fol fjalë të ndyra. P.sh, 'Ti Pal mos e bgáj gojën ashtu se nuk është mirë'.

U bgára;- d.m.th, bëmë fjalë e shamatë. P.sh, 'Sot u bëgëra me Kolën fare kot, pa qenë nevoja'

Grua e bgárë;- d.m.th, e dalë dore, imorale. Apo dhe; Mashkull i pëgërë' etj.

Sa për të bgárë gojën;- d.m.th, gojë pistë. ' Ti Rrapi ankohesh se nuk fole sa deshe, por fole sa për të bëgárë gojën e shkove'.

Ka bgárë, ajo lopë, dele apo dhi ;- dmth ka ikur ajo kohë që mendon ti. P.sh. Mirë thua ti, po ka bgare ajo lopë që bënte atë qumësht ?Q!

2- Kur dështojnë bagëtitë të voglin e tyre. 'Kishte bgárë lopa'. 'I bgári pela'. 'Sivjet bgánë dhitë nga dimri i fortë'.

Bgári ai muhabet;- d.m.th, nuk u realizua diçka, dështoi. P.sh, 'Mirë thua ti, por bgári ai muhabet'.

Belih, (ndajfolje e vjetër);- haptas, qartë. 'Bënte belih, d.m.th, dukej qartë një gjë'.

Bán belih dielli me mjes;- d.m.th, duket një send qysh herët se si ka për të dalë. P.sh, 'Mos ma lavdëro Malon, se bën belih dielli me mëngjes'.

Bán belih nga sytë;- d.m.th, i zgjuar. 'Për Kolën mos më fol, se ai bënte belih nga sytë'.

Bán belih sa bán muu;- transparente, duket qartë se po gënjen. P.sh, 'Akoma dyshoni në atë punë, po a nuk e patë se bënte belih sa bënte mu (d.m.th. si lopa).'

Sa për belih;- d.m.th, pak, shumë pak, fare pak, sa zë dora, e i vogël, shumë e imët. P.sh, 'më dha një grusht miell sa për belih'. Ose 'Nusja ishte e mirë por sa për belih'.

Besbelih;- ndajfolje. 'Natyrisht Besbelih, do ta vuajmë se s'kemi se çfarë të bëjmë", ose, 'Unë ia bëra hyzmetin arës, po ajo besbelih, nuk qëlloi në kohën e vet'.

Besbelih kjo kohë ka ardhur;- d.m.th, që nuk mund ta ndryshojmë rrjedhën e ngjarjeve. P.sh, 'Unë se desha djalin të më bëhej ashtu, por besbelih kjo kohë ka ardhur'.

Belik/-e

Ngeli si shtëpi belike;- një grua që e përdorin të gjithë. P.sh, 'S'ka faj ajo e gjora, se ajo ngeli si shtëpi belike, e të gjithë rrasen brenda kur i zë shiu'.

I meti ara belik;- një gruaje që i vdes burri, ironi. 'Gjynah së gjorës i mbeti ara belik'.

Në malin belik, mos shtjer gjynelik;- mos u ngatërro me punët e shtetit. P.sh, 'Vetë me këmbët tua re brenda, se kot nuk thonë pleqtë se në malin belik mos shtjer gjynelik'.

N 'rrugën belik, të gjithë dalin të zotët;- p.sh, 'Aty ku ka sherr e shamatë të gjithë të japin mend'.

Beraqavers, fetare;- faleminderit. P.sh, 'Beraqavers sivjet morën goxha drithë'.

Nuk di ç' është bereqaversi;- mosmirënjohës. P.sh, 'Mos prit shumë prej Gupit se ai nuk di se çështë bereqaversi'.

Bereqet,-e m sh, et;- drithërat e bukës.

Me bereqet qoftë;- me hajër e me këmbë të mbarë, për nuset apo djalin kur e martohen. P.sh, 'Të trashëgoheni e me bereqet qofshi'.

Nuk iu pa bereqeti;- d.m.th, shkoj si shurra e pulës, nuk iu pa vlera. P.sh, 'Pati goxha para por nuk iu pa bereqeti fare'.

Ta pjerdh bereqetin;- për keq... Njeri që gjithmonë lakmon në të keqe, ka gojën e keqe. P.sh, 'Mos ma sill atë njeri me vete se ai ta pjerdh bereqetin, është shumë ters'.

Paçin shnet e bereqet;- d.m.th, të kenë mbarësi. P.sh, 'I paske qethur delet, paçin shëndet dhe bereqet inshalla'.

Allahu u dhántë bereqet;- d.m.th, urim i përgjithshëm, në bukë, miqësi, martesë etj. P.sh, 'Allahu u dhëntë bereqet në këtë sofër që shtruat', 'Allahu u dhëntë bereqet në martesë', etj.

Punë pa bereqet;- nuk ia vlen të bëhet apo të shkohet. P.sh, 'Sa herë u pata thënë që punë pa bereqet është ajo gjë, e ju nuk mësuat asnjëherë'.

Bereqeti duket qysh n 'lámë;- çdo gjë duket në fillim, nuk duket kallauz. P.sh, 'Ty faleminderit që po ma thua, por ama bereqeti duket qysh në lamë'.

Beribat/-e;- i çrregullt e i shkatërruar (edhe si emër).

E báni lakrorin beribat;- e prishi fare një punë, e shkatërroi krejt, e përleu, e ndoti. P.sh, 'Deri diku Sela qe mirë, pastaj e bëri lakrorin beribat, shumë keq'.
Beribatshëm/-me (i, e);- i pa përmbajtur, të rrëshqet nëpër duar, i shkathët. 'Fëmijë i beribatshëm', 'Grua e beribatshme'.

Beriha/-ja;- bisedë, zhurmë, thirrje, e folur të gjithë përnjëherësh.

Turru pas berihasë;- dikush që hidhet pas diçkaje, pa ditur se ç'mund të ndodhë më pas. P.sh, 'Kësaj i thonë turru pas berihasë, se asgjë nuk nxore në vijë'.

Ia dha (vuri) berihanë;- d.m.th, tallje, vënie në lojë, ose e përzunë nusen e djalit me të keqe, i vunë berihanë nga shtëpia.

Si qeni pas berihasë;- d.m.th, hidhu kot pas shumicës, kuturu. P.sh, 'kësaj i thonë hidhu si qeni pas berihasë, se asgjë nuk nxjerr në dritë'.

I vuri berihanë, por gjeti belanë;- e vuri dikë në lojë por kur iu përgjigj nuk kishte nga të shkonte.

Ke për t'ia dëgjuar berihanë;- d.m.th, rënien apo shkatërrimin, dikujt apo diçkaje. P.sh, 'Mos u mërzitni se shpejt keni për t'ia dëgjuar berihanë kësaj';- 'Mos u mërzitni se keni për t'ia dëgjuar berihanë Gupit ju'.

Sa për beriha;- sa për sy e faqe, sa për të bërë zhurmë,. P.sh, 'U duk sa për beriha pastaj nuk u pa më nga vajti'.

Ku ka beriha mos báj amin;- d.m.th, kur ka mosmarrëveshje, mos u pajto me njërën palë pa qenë tjetra prezent.

Besë/-a

Sa me m'dhanë shtatë besa'- d.m.th;- 'Nuk i besohet më Dullës vallahi sa me më dhanë shtatë besa'.

Besë ki e besë mos zij;- e vjetër. P.sh, 'Dëgjo babën ti këtu, besë ki e besë mos zij', 'Biro, besë ki e besë mos zij-kështu si kanë ardhur kohët'.

Burrin e man besa, e murin e bájnë brezat;- d.m.th, besa është në kontest. P.sh, 'Kot nuk kanë thënë të vjetrit që burrin e mban besa e murin e mbajnë brezat'.

Mase ka qeni besë;- d.m.th, që të zhgënjen. P.sh, 'Unë kam folur me të disa herë, por mbase ka qeni besë aq ta mban dhe ai fjalën, tha Malo'.

Besa ásht gjysma e imanit;- besimit, d.m.th, pa besim nuk ka asgjë. P.sh, 'Ti mund të bësh gjithçka, por kur thonë ti djalë, besa është gjysma e imanit, prej aty fillon gjithçka'.

Bërdëllimë/-a;- që është e madhe me trup, (për femrat), por dhe e trashë. 'Erdhi kjo bërdëllima', 'Ecën si bërdëllimë'.

Na futi bërdëllimën;- dikush apo diçka, na çmendi, na merakosi shumë. 'Erdhi dhe kjo lufta dhe na futi bërdëllimën'.

I vuri bërdëllimën;- dikujt apo diçkaje, bisedë. D.m.th, 'E përzuri gruan, e ndoqi nga aty ku ishte një person apo një grup njerëzish'. P.sh, 'Gupi e kapi mat gruan disa herë, më në fund i vuri bërdëllimën'.

Bërdëlluar;- që nuk është normal, jo i rregullt me shoqërinë, i nxituar. P.sh, 'Sa i bërdëlluar që je more vëlla?'. I pashtruar, për një kafshë. P.sh, 'Kalë i bërdëlluar', 'lopë e bërdëlluar'.

Bërdilë,/-a/- at;- çdonjëri nga të dy drurët midis të cilëve vihet krehri në vegjë, tezgjah 2) -e trashë, budallaqe, lopë bërdilë, grua bërdilë.

Shalë bërdilë;- tallëse për grua, apo kafshë shalë gjatë. P.sh, 'Erdhi kjo shalë bërdila tani dhe na çau veshët'.

Nuk i pushoi bërdila;- tallëse, njeri llafazan. P.sh, 'Po si nuk i pushoi bërdila gjithë natën atij njeriu, çudi kam parë'.

I vuri bërdilën;- e dëboi, e përzuri me forcë. 'I vuri bërdilën gruas se e gjeti me dikë tjetër', 'Netës i vunë bërdilën Gjelajt, se vetë e kërkoi'.

Vëri bërdilën (llozin) derës;- mbylle gojën. P.sh, 'Vëri bërdilën derës se na çmende o burri dheut'.

Ia theu bërdilat;- e çnderoi, e kapi me zor. P.sh, 'Të gjithë e dinë atë se asaj ia ka thyer bërdilat Hamdi Trëndafili'.

Për ta ngarku me bërdila;- d.m.th, i trashë, i mërzitshëm,. P.sh, 'Po të jetë njeriu për ta ngarkuar me bërdila, vetëm Pal Marazin kam parë unë'.

Bërdilë mbi bërdilat;- shaka,

d.m.th, kërcunj mbi karthia. P.sh, 'Kështu bërdilë mbi bërdilat nuk shkon kjo punë o shoku im, sa herë do që të them'.

Bërmaç-/i, (Brumaç)

E báni bërmaç me lakra, hithra;- shaka, kur ngatërrohet keq diçka, një punë apo një problem. P.sh, 'Nga vajti e solli kokën, se sa erdhi, e bërë bërmaç me lakra'.

Nuk dinte t'bájë as bërmaç;- d.m.th, e ngathët. P.sh, 'Nuk e di se nga e solli djali këtë nuse, por ajo nuk dinte të bëjë një bërmaç mavria'.

Bërmaç me arra;- d.m.th, shumë mirë, e dëshiruar, e lakmuar, e dashur. P.sh, 'Po ku ka më mirë se kështu, po kjo është bërmaç me arra more bir'. Ose Bërmaç me arra janë djali me nusen.

Ia hanë breshkat bërmaçin;- tallje, d.m.th, një femër jo aq e zonja. P.sh, 'Mirë, more bir mirë, po asaj së gjorës ia hanë breshkat bërmaçin në torbë'.

Mori erë bërmaç;- d.m.th, doli ashiqare çdo gjë. P.sh, 'Kaq qe puna, mori erë bërmaç, e fshij duart'.

Ai qaf bërmaç;- sharje, d.m.th, një burrë të padëshiruar, dembel dhe llafazan. P.sh, 'Sa erdhi ai qafë bërmaç dhe ne dolëm që andej shumë shpejt, se nuk durohej'.

Të konte me bërmaç;- d.m.th, grua gojëmbël dhe e dashur. P.sh, 'Po ajo të konte me bërmaç, sa plakë e mirë që ishte nëna Safi'.

Bërmaç qeni;- d.m.th, një send i padëshiruar, ose një femër jo e bukur. P.sh, ' Bërmaç qeni na e paske gatuar drekën sot', ose, 'Ajo qenka bërmaç qeni more bir, nga vajte dhe na e solle këtë grua në shtëpi'.

Bërsi/-a/-t;- mbeturinat e farave të disa bimëve ose të frutave të disa pemëve, pasi këto shtypen e shtrydhen për të nxjerrë lëngun, bërsi rrushi, bërsi ulliri etj.

Ia báni brinjët bërsi;- d.m.th, e rrahu shumë keq. P.sh, 'ka dy ditë që nuk vjen në punë se ia bëri i shoqi brinjët bërsi'.

Nuk ka musht nga bërsitë;- d.m.th, nuk vjen gjësend e mirë nga dikush që ka falimentuar me kohë. P.sh, 'Sa herë ua kam thënë që nuk ka musht nga bërsitë, e ju akoma shkoni dhe i luteni Salës'.

Ishin bárë bërsi;- d.m.th, grindur, dërrmuar, e shamatuar. P.sh, 'Gupi dhe Merkua, ishin bërë bërsi, sa për njëqind vjet nuk duan të flasin më me njëri tjetrin'

Bërthamë/-a/-at

I kanë dalë, lujtur, shkarë bërthamat;- tallëse, është çmendur, është bërë totalisht budalla/qe. P.sh, 'Po ty mos të kanë dalë bërthamat more burrë?!'

Nuk i fryhen bërthámat;- d.m.th, alkoolist. P.sh, 'Jepi sa të duash raki ti atij, e atij kurrë nuk i fryhen bërthamat'.

Mendje dy bërthámash;- d.m.th, i cekët. 'Ti bëj si të duash, por mendje dy bërthamash është kjo punë'.

Dy bërthámá tru; -d.m.th, i cekët. P.sh, 'Po ti as dy bërthama tru nuk paske, o djalë!'

Bërxhik,/-u,/-ë,/-t;- gjatësia nga maja e gishtit të madh, deri te maja e gishtit tregues, kur këta janë të hapur.

Ishte sa një bërxhik;- shaka, njeri, grua apo burrë, a fëmijë shumë i vogël. P.sh, 'Gruaja e Kolës sa një bërxhik ishte, ama shumë e ndershme'.

Ta maste kryt me bërxhik;- 1- shumë koprrac, 2- shumë i mençur. P.sh, 'Mos prit gjë më tepër prej Rrapit, se ai ta mat kryet me bërxhik'.

S'matet ara me bërxhik;- çdo gjë, do veglën dhe mënyrën e saj. P.sh, 'Mirë e ke ti po nuk matet ara me bërxhik-kanë thënë të vjetrit'.

Bërxhiku po bërxhik ngelet;- shaka. D.m.th, që nuk mundet më. P.sh, 'E çuan djalin në stan me dele sivjet që ta marrë pak vehten, por bërxhiku po bërxhik mbetet, jepi sa të duash'.

Një bërxhik nër bisht;- d.m.th, shumë afër,- shaka. P.sh, 'Po një bërxhik nën bisht është o burri dheut, dhe me ti ma bën aq të madh'.

Dy bërxhik mbi dhe;- burrë/ grua, shaka, shumë të vegjël, por problematikë. P.sh, 'Gruaja e Kolës dy bërxhik përmbi dhe është ama shumë punëtore'.

Ja kalon bërxhiku pllámës;- shaka, kur më i vogli del më i mençur se i madhi, ose kur e ha mallin dalëngadalë e nuk shtie në të'.

Bërryl,/-i (brryl).

I futën bërrylat;- d.m.th, u zunë e bënë shamatë. P.sh, 'Ata ishin mirë për një kohë, por pastaj i futën bërrylat njëri tjetrit'.

I ra brinjës me brryl;- d.m.th, bënë fjalë dhe u ndanë. 'Sa i ra brinjës me bërryl, aty u ndanë me njëri tjetrin'.

Përveshi mángë e brryla;- d.m.th, iu fut një pune me fyt e zell të madh. P.sh, 'Sela përveshi mangë e bërryla e për gjysëm ore, i doli arës në qosh'.

Hahen me brryla;- d.m.th, grinden, shahen. P.sh, 'Kola me Sulën përditë hahen me bërryla, s'e dimë se ç'dreqi u ka hyrë ndërmjet'.

I bán brryl dhe dreqit;- d.m.th, tepër i shkathët në djallëzi, dredharak. P.sh, 'Malo po qe për atë gjë, i bën bërryl dhe dreqit'.

Ishte bá si brryl sobe;- tallëse, i kthyer në mes, i plakur. 'Nuk e kisha parë prej kohësh, por ai ishte bërë si bërryl sobe i shkreti'.

U bá brryl e bylbyl;- d.m.th, dehur. 'Ishte bërë tapë Kola, ishte bërë bërryl e bylbyl e nuk dinte se ç'fliste'.

Janë brryl m'brryl;- ia mbajnë krahun njëri tjetrit. P.sh, 'Kola me Malon janë bërryl më bërryl përherë, dhe mirë e kanë se kush rroj dhe e gëzoj këtë botë'.

Çau me brryla;- zë një pozitë të lartë, duke mënjanuar a duke dëmtuar të tjerët. P.sh, 'Kola çau me bërryla, deri sa u bë drejtor ndërmarrje'.

T'ha me brryl;- është dredharak, tepër i djallëzuar. P.sh, 'Mos rri afër Merkos, se ai të ha me bërryl, ashtu e kanë atë marifetin e jetës'.

Duart deri n'brryla;- d.m.th, i gjetur fajtor. Gupi i kishte duart deri në brryla me atë çështjen e vjedhjes në ndërmarrje, andaj e dënuan aq shumë'.

Ia futi sa një brryl;- d.m.th, e largoi me dinakëri, e dëmtoi rëndë. P.sh, 'Rrapi ia futi sa një bërryl Gupit kësaj radhe'.

Gjuan n'brryla- d.m.th, flet me kunja. Psh, 'Ti Male ç'paska ashtu sot që gjuan në brryla?!'.

Bëzáj jokal,/-ta -tur;- lokale, bzáj, nxjerr zë, them diçka, i thërres, i flas. 'Bëzaj gruas të dal pak jashtë'. 'Nuk më bëzari (bëzani) të vij dhe unë në dasmë'.

Nuk bzánte si nuse kaurri;- shaka. Kur dikush është zënë me faj e nuk hap gojë. P.sh, 'Po ai ç'kishte sot që nuk bëzante, si nuse kaurri?'

Kësaj i thonë rri e mo' bzáj;- d.m.th, kur nuk ke se çfarë ti bësh dikujt po diçkaje. P.sh, 'Po të zuri kadiu me dorë, i thonë fjalës rri e mos bëzaj'.

Bëzhdile,/-a/-et;- të fshirat që mbledhim me fshesë, plehra, lëmishte.

Ka bá bëzhdile;- d.m.th, ka bërë

faj, duhet të dënohet. P.sh, 'Më tha gjykatësi që ka bërë shumë bëzhdile e nuk ka se çfarë të bëj'. 2) Shumë fjalë jo të mira.

Si bëzhdile n'sy;- d.m.th, e ka shumë inat,. P.sh, 'Mos i thuaj gjë aman Kolës, se e ka si bëzhdile në sy Merkon, se sa ta shohë do bëjnë fjalë dhe kush i dëgjon'.

U bá bëzhdile botës;- d.m.th, ngeli nëpër botë duke ndihmuar. P.sh, 'Ai i gjori nuk kujtohet për vete e tij, por u bë bëzhdile botës, ku gdhihet nuk ngryset'.

Herrin bëzhdilat e njëri tjetrit;- d.m.th, rrejnë njëri tjetrin, ia bëjnë qejfin njëri tjetrit, kalojnë kohën. P.sh, 'Si ore gjithë ata burra tërë ditën herrin bëzhdilet e njeri tjetrit në kafe?!'

Nuk ka kush ia herr bëzhdilet;- d.m.th, nuk ka me kë kalon kohën. P.sh, 'Ishte i mërzitur plaku i gjorë e fliste pa pushim, se nuk ka se kush ia herr bëzhdilet'.

Tall bëzhdilet;- d.m.th, ngrysin kohën. P.sh, 'Puno aty mos tall bëzhdilet, se u bë vonë'.

Gjen bëzhdilja bëzhdilën;- d.m.th, gjen kapaku tenxheren. P.sh, 'Të gjorët, kishte gjetur bëzhdilja bëzhdilën, dhe ashtu po e kalonin kohën'.

Hiq bëzhdile, fut bëzhdile;- shaka, d.m.th, hiq të keqe e merr po të keqe. P.sh, 'Hiq bëzhdile e fut bëzhdile qe kjo puna ime me këtë mushkë që bleva'.

Po heq bëzhdilet;- tallje, ironi, po pastrohet. P.sh, 'Mos e trazo Merkon, se po heq bëzhdilet, sa ka një vit pa u larë'.

Mban bëzhdilet e dynjasë;- d.m.th, galet e botës. P.sh, 'Sa herë i kam thënë tim shoqi, por ai mban bëzhdilet e botës sikur ua ka për borxh'.

S'báhet mullar me bëzhdile;- d.m.th, nuk ka hajër prej dikujt apo diçkaje që shihet se sa vlen me të parë'.

Moj Qamile mos na sill bëzhdile;- shaka, mos bëj shaka, ose mos na njih me ndonjë vajzë jo të mirë. P.sh, "Pa vërdallë për nuse, po kësaj i thonë, 'Oj Qamile, mos na sill bëzhdile'"

Ka bëzhdilen n'sy;- d.m.th, ka faj, ka gisht, ka dorë në diçka jo të mirë. P.sh, 'Merkua dukej që ka bëzhdilën në sy andaj sa filloi muhabeti i vajzës Kolgjinit'.

Nuk i hyn bëzhdile mrena;- d.m.th, kujdeset vetë për gjithçka. 'Djalin e madh nuk e kam merak shumë, se atij nuk i hyn bëzhdile brenda'.

S'du má bëzhdile;- d.m.th, kam hallet e mia e nuk kam nevojë të dëgjoj tuajat. P.sh, 'Ore a merr vesh ti apo jo xhanëm, s'dua më bëzhdile dhe pikë'.

Biçak,/-u/-ë,/-qet;- thikë e vogël me presë, që hapet e mbyllet në një dorezë druri.

I báni këmbët biçak;-vdiq e shkoi. P.sh, 'Kur vajti ai atje i kishte bërë këmbët biçak lopa, i kishte bërë këmbët biçak, kishte ngordhur'.

Si briri biçakun;- tallëse, d.m.th, dikujt që i ikën gruaja,. P.sh, 'sa herë i patëm thënë që të ketë kujdes, e tani e la si briri biçakun'.

E ka kokën (gojën) biçak;- edhe nevrik, por dhe i mënçur. P.sh, 'Me atë nganjëherë ke qejf të rrish, se e ka gojën biçak'.

I kapën biçaqet;- d.m.th, u grindën keq për diçka. P.sh, 'Për disa kohë ishin për bukuri pastaj i kapën biçaqet nusja me djalin'.

Biçki,/-a/-të;- thikë e lëkurëpunuesve, me presën të përkulur si hark 2) Kurvë, femër e keqe. P.sh, 'Po vjen kjo biçkia'.

Na u bá si biçki;- një diçka e mërzitshme. P.sh, 'Kjo Matia sot na u bë si biçki para syve'.

Iu ngreh biçkia;- shaka për djemtë që u çohet penisi. P.sh, 'Gupit iu ngreh biçkia e shokët filluan ta tallin'.

Biçkia gjen biçkinë;- për keq, kurva gjen kurvën. P.sh, 'Pse mërziteni ju, pse thonë që biçkia gjan biçkinë'.

Bidón,/-i/-ë/-ët

Vari bidonat;- tallëse, mos ia vër re shumë. P.sh, 'Hajt mo vari bidonat atij, e mos ia vër fare veshin'.

I hiqte bidonat zvarrë;- shaka tallëse. Për një grua që i ka gjitë apo vithet e mëdha, por dhe e përdalë. P.sh, 'Nuk e patë që ajo i hiqte bidonat zvarrë ?.

Si mish bidoni;- bisedë, lodhur jashtë mase. P.sh, 'Gjithë jeta i vajti të gjorit si mish bidoni'. (Nënkuptohet mishi i dashit apo diçkaje tjetër të leshtë apo të dhirtë, që zihej në bidon alumini nën presionin e avullit.)

Si bidon i shpum;- një person që nuk pushon së foluri, por që ka dhe zërin e lartë e të ngjirur. P.sh, 'Po si nuk pushoi gjithë kohën si bidon i shpuar i gjori'.

Bjeri bidonit;- ironike. D.m.th, fol e mos pusho gjithë ditën.

'Tashti që të iku gruaja ty, tashti bjeri bidonit po deshe tërë ditën e gjatë'.

Bíg/-ë,/-a/-at;- dru a diçka tjetër që mbaron me një degëzim më dysh.

Ajo biga e mullarit;- Tallëse. Grua e hollë dhe gjatë, por e mërzitshme. P.sh, 'Kur filloj ajo biga e mullarit të flasë, s'kishte zot që ta dëgjonte'.

Janë shkop e bigë;- kanë një palë mendje të dy. P.sh, 'Për ata nuk mërzitem fort xhanëm se ata janë shkop e bigë' 2)- ose bythë e brekë, të një mendimi e karakteri.

T'i bán mustaqet bigë;- shaka, ...mish i dhjamosur. P.sh, 'Kishte therur Kola një sheleg që t'i bënte mustaqet bigë'.

I báni (i ngriti) kámët bigë;- mospërfillje, vdiq ose hëngri fiq e vdiq. P.sh, 'I dha sa i dha, deri në sabah, pastaj i bëri këmbët bigë i gjori'.

I bán (i ngre, i mban) veshët bigë;- përgjon me vëmendje të madhe, i bën veshët pipëz. P.sh, 'Nuk ke si bën dy llafe në shtëpi, se ime shoqe i bën veshët bigë'.

Ra n'bigë;- d.m.th, nisi të dyshonte, ra në mëdyshje. Por dhe vajti si sqapi te kasapi. P.sh,

'Dredhoi sa mundi por në fund ra në bigë'.

Ia shtiu, (ia futi) koqet n'bigë;- e vuri në gjendje shumë të vështirë, e zuri keq, e kapi mat. P.sh, 'U desh ca kohë të vinte vërdallë, por më në fund Gupit ia shtinë koqet në bigë'.

Bilah/-i;- fetare, d.m.th, me emër të Zotit. P.sh, 'E fillon punën me bilah, se bet Vallahi bilahi që të dua shumë'

Bilbil/-i/-a/-at;- krahasim për organin mashkullor, për djemtë. **E preu bilbilin;-** d.m.th, e bëri synet djalin. 'Malo ia preu bilbilin djalit sot'

U ndreq e u bá bilbil;- ra në rregull, në kushte normale. P.sh, 'E ndreqi, radion, televizorin, makinën dhe e bëri bilbil'.

Si bilbil gjyzari;- d.m.th, do ta bësh diçka me një këmbë, ta detyrosh. P.sh, 'Mos më ngul këmbë ashtu, se si bilbil gjyzari ke për të më ardhur'.

E ka gojën (zërin, mendjen, syrin) bilbil;- i shkathët në shumë gjëra. P.sh, 'Malos mos ia qani hallin, se Malo e ka gojën bilbil, po qe për atë punë'.

Si bilbil n'erë;- mbeti fare pa asgjë, as miq e shokë, as mall e pasuri. P.sh, 'U ra zjarri të shkretëve dhe mbetën si bilbili në erë'.

Me bilbil n'dorë;- tall., d.m.th, pa asgjë. P.sh, 'U ra zjarri e i la me bilbil në dorë'.

Ia rrofsh bilbilin;- shaka, i marsh të keqen. P.sh, 'Ati ia rrofsh bilbilin ti, se është djalë azgan'.

E la bilbil;- d.m.th, me gisht në gojë, ia mori të gjitha. P.sh, 'I iku gruaja Salës dhe e la bilbil burrin e botës'.

Bilét/-ë,/-a/-at

Aq e pati biletën;- d.m.th, aq e pati të shkrojtur jetën që të jetonte. P.sh, 'Deshën akoma ta kishim nënën gjallë, por aq e pati biletën'.

Iu dogj bileta;- dikush që e humb një shans. P.sh, 'Nuk ka më shanse ai të martohet, iu dogj bileta që kur refuzoj vajzën e filanit'.

Biletë njëdrejtimëshe;- largimi përhershëm. P.sh, 'Gupi ia dha biletën njëdrejtimëshe gruas, se e kapi me dikën tjetër'.

Biná,/-ja/-të;- ndërtesë, themelet e një ndërtese.

Biná e ziná;- e vjetër, keq e më keq. P.sh, 'Do të vijë një kohë kanë thënë të vjetrit, që vetëm bina e ziná do të ketë në kohën para Kiametit'

Ngriti një biná, çmendi një dynjá;- dikush që e reklamon të tijën me forcë. P.sh, 'Ngriti Kola një bina, ama çmendi tërë një dynja duke ua ngritur në qiell'.

Hodhi sevdanë sa prishi bináne;- d.m.th, prish çdo gjë, ai që digjet e piqet pas një femre. P.sh, 'Mirë që e deshi aq shumë, por ai sa hodhi sevdanë, na prishi dynjanë more bir'.

Nuk iu gjet rrënjë e biná;- d.m.th, u zhduk fare nga sytë, humbi pa lënë gjurmë. P.sh, 'E kërkuam kalin nëpër pyll, por nuk i gjetëm rrënjë e bina'.

Të shun derë e bina;- d.m.th, njeri i pabesë. P.sh, 'Kurrë se kisha menduar që ai të shuante derë e bina'.

I vuri bináne pas bythe;- d.m.th, shpifi, trilloi diçka kundër dikujt padrejtësisht. P.sh, 'Mirë se e përzunë, por i vunë dhe binanë pas bythe'.

Ta ngre binanë n'krah;- d.m.th, të vjedh e të shfaros. P.sh, 'Ruaju Kolës, se ai ta ngre binanë në krah'.

Goxha bir binaje;- d.m.th, një

send apo fjalë e rëndë. P.sh, 'Si e the atë goxha bir binaje fjalë more bir, nuk e kuptoj?!'. 'Kishte blerë Kola një lopë goxha bir binaje, e qumësht nuk kishte hiç'.

Binar,/-i/-ë,/-ët.

Doli treni nga binarët;- shaka, d.m.th, dikush që devijon nga fjala. P.sh, 'Kështu se si e shoh unë, po më duket se i paska dalë treni nga binarët Merkos'.

Ta bán shtresën pa binarë;- d.m.th, të mashtron, të lan e të lyen. P.sh, 'Kishte një marifet ai sa, ta bënte shtresën pa binarë'.

S'më hyn n'binar fare;- d.m.th, nuk ma mbush mendjen. P.sh, 'Mirë thua ti po mua nuk më hyn në binar fare'.

Nuk ásht n'binar fare;- d.m.th, nuk është në rregull, ka gabuar në diçka, ose mban anësi në një çështje. P.sh, 'Ky djalë nuk është në binar fare se kështu nuk veprohet'.

Binjak,/-e

Binjakë janë po vëllezër s'janë;- d.m.th, ndryshe nga njëri tjetri në veprime. P.sh, 'Mos më trego se i kam parë vetë ata, binjakë janë po vëllezër s'janë'.

Si kta dy gishta binjakë;- (dy gishta të ngjitur, d.m.th, Shumë afër). P.sh, 'Mendjet e tyre janë si këta dy gishta binjakë'.

Po m'shtyn si erë binjake;- shaka, po më hedh nga mali në kodër, më dredhon. P.sh, 'Unë desha të bëjmë një fjalë si burrat, kurse ti po më shtyn si erë binjake kodër më kodër'.

Bir/-i.

Vajti djall e bir;- d.m.th, u bë çdo tentativë. P.sh, 'Vajti puna djall e bir, e si përfundim nusja nuk erdhi më'.

Bir kurve?!;- bisedë, p.sh, 'Bir kurve, me gjithë mend e thua?', 'Të jem bir kurve se ju gënjej'. 'Bir kurve, po nuk më erdhe sonte për darkë'.

Ishte bir kurve;- d.m.th, i shkathë, por dhe i prapët. 'Sala ishte bir kurve, po qe për atë punë'.

E mbante si birin e njerkës;- d.m.th, e trajtonte një person ndryshe nga të tjerët. P.sh, 'Nuk kam se çfarë ti bëj atij, ai vetë e mban si birin e njerkës'

Bismilah; -emri i Zotit.

Sa për bismilah;- shumë pak.

'Mori sa për bismilah', 'Fjeti sa për bismilah'.

I /e zánë pa bismilah;- d.m.th, që nuk ka mbarësi, fëmijë ters. P.sh, 'Nuk e di se ç'kanë që hidhen ashtu, si fëmijë i zanë pa bismilah'.

Bismilah e lugën mrena, ose bismilah e lugën n'qull;- d.m.th, menjëherë, shaka, njeri i ngutur. P.sh, 'Po ti more djalë, jo bismilah e lugën mrena, po prit dhe pakëz'.

Ja këndoj bismilahinë;- keq., d.m.th, ia punoj qindin, e rrahu e zhdëpi. P.sh, 'Kishte kohë që e gjurmonte, po dikur e gjeti në një cep dhe ia këndoj bismilahinë'.

Bismilah jarabi shyqyr;- shaka, d.m.th.jo me ngutje. P.sh, 'Ha bukë, jo bismilah jarabi shyqyr se ke rrugë për të bërë. ose filloje një punë e mbaroje, jo bismilah jarabi shyqyr, d.m.th. mos e lër në gjysmë'.

Nisu me bismilah;- d.m.th, me këmbë të mbarë. P.sh, 'Po shkon të kërkosh nuse për djalin, ama nisu me bismilah'.

Vajt si buka pa bismilah;- pa iu ditur vlera e rëndësia. P.sh, 'Në fillim e nisën mirë punën, por pastaj vajti si bukë pa bismilah'.

Bishë,/- a/-at;- kafshë e egër grabitqare.

Si bishë pylli;- ironi, njeri që sillet ashpër në jetën e përditshme. P.sh, 'Nuk kam kohë të merrem me të- më kupton- ai është si bishë pylli'.

Ra bisha n'kope, i derdhi plëndësat përdhe;- d.m.th, dikush që prish një gëzim, një dasmë. P.sh, 'Po tani çfarë të bësh, ra bisha në kope e të derdh plëndësat përdhe'

Si bisha n'kafaz;- një person i tërbuar, i egërsuar. P.sh, 'Po jo ashtu more bir si bisha në kafaz, se nuk e kanë ashtu punët?!' **U bënë bishë e pishë;-** tall., u egërsua shumë, u tërbua nga zemërimi. 2 fig. Njeri apo grup njerëzish shumë mizor. P.sh, 'Jetuan atje për një shekull, por si erdhi komunizmi, që u bënë bishë e pishë, e dolën që andej'. **Ç'kemi o bishë!;-** shaka, thuhet në raste respekti, dashurie, apo vlerësimi. P.sh, 'Ç'kemi andej o bishë. Sa mirë q'u dukke o bishë. Hajde bishë hajde?!

Sytë pishë e, kámët bishë- shaka. dikush tepër i shkathët në sendet. Psh Kam parë e s'kam parë por djalë si aji sytë pishë e këmbët bishë rrallë se gjen.

Bisht,/-i/-a/-at

Mustaqe bisht kali;- burrë që i ka mustaqet e verdha dhe të drejta, por që njihet dhe për person nervoz. P.sh, 'Sapo erdhi ai mustaqe bisht k se ke rrugë për tali, çdo gjë ndryshoi tmerrësisht'.

Ciu iu ciu, ja mustaqe miu;- shaka por dhe tallje. 'Ja ciu ciu ciu erdhi dhe mustaqe miu, e asgjë nuk ndryshoi'

Kapet për bisht t'gjelit;- kapet për gjëra të kota, jo reale. P.sh, 'Dhe ti o burri dheut, kapet burri për bisht të gjelit?!'

Rri si qeni 'bisht;-shaka. 'Njeri që nuk bashkohet me tjerët, jo i socializuar'.

Na e báni si bisht kunglli;- diçka, na e tregoi e na e stërholloi shumë, e si përfundim asgjë nuk u muar vesh.

Nganjëherë dardha e ka bishtin para;- gjërat janë si të vijnë. P.sh, 'Mirë e ke ti more bir por nganjëherë dardha e ka bishtin para'

Të kon me bisht t 'lugës;- dredharak, dhe të do edhe të gënjen. P.sh, 'Ki pak kujdes prej atij se mesa kam parë unë ai të kon me bisht të lugës'.

I ka sytë me katër bishta;- dredharak në fjalë e vepra. P.sh, 'isha disa kohë në punë me të, por të them si burrat ai kishte sytë me katër bishta'.

N'bisht t 'pallës;- në fund, as që merakosej fare për asgjë. 'Djali për sa kohë që ishte ushtar, ishte në bisht të pallës dhe as që mësoi të përdorte armën'.

Nga ata t 'bishtit t 'urës;- d.m.th, arixhinj, ose endacak. P.sh, 'Po nuk e pe më parë këtë djalë moj bijë po ky i shkreti qenka si ata të bishtit të urës'.

Nuk ásht as për ballë as për bisht;- nuk ia vlen për asgjë. P.sh, 'Këtë mik që gjeta unë nuk është as për ballë as për bisht.

Me bisht e veshka;-, me respekt e nderime. E priti mikun me bisht e veshka.

Bisht e veshka ásht muhabeti mirë. (Bisht e veshka në zonat veri-lindore janë shenja të mishit të deles apo dhisë që liheshin kryesisht për miqtë e ri gjatë një fejese apo martese. P.sh, 'Bëri bukë e ujë, e bisht e veshka për krushqit'.

E solli me bisht e veshka;- me gjithë të mirat e respekt. 'Miku ishte i mirë por dhe ai e solli ama me bisht e veshka '.

Pa bisht e pa kry;- tepër e sëmurë. P.sh, 'Hidhej vajza e gjorë sa andej këtej si pula pa bisht e krye.'

E zu dreqi (n) (për) bishti;- i morën punët shumë ters. P.sh, 'Po nuk shkoi gjatë, sa erdhi shefi i ri, atë sikur e zuri dreqi për bishti'.

Mbeti n'bisht;- shaka, njeri që nuk ka karar në diçka, nuk zë vend në një punë apo muhabet. P.sh, 'Burri botës mbeti në bisht sa andej këtej e ju bëni llafe?!'

Erdh'me bishtin para;- d.m.th, erdhën pa rregull në një gosti apo takim, nga këmbët kryet. P.sh, 'Ashtu si erdhën ata me bishtin para, domosdo që ashtu do të priteshin'.

U bá bisht e krye;- d.m.th, palë të një mendimi apo pune jo të mirë. P.sh, 'I kemi thënë disa herë djalit por ai u bëj bisht e krye me djalin e Kolës, dhe prandaj ngjau kjo gjë'.

Nxjerr bisht pas bishti;- telash pas telashi. P.sh, 'nuk ka burrë nënë që ia mbush mendjen dhe rri e nxjerr bisht pas bishti'.

Kur t'drejtohet bishti gomarit;- tallje. P.sh, 'atëherë të besoj unë ty, kur të rrijë drejt bishti gomarit'.

I bán bisht (diçkaje) i shmanget, i dredhon;- P.sh, 'Nuk e kam aq qejf atë për punë e muhabet atë njeri se ai i bën bisht gjithçkaje'.

E báni bishtin palë;- përçmim, vdiq, ngordhi. P.sh, 'I dha sa i dha tërë natën, e kur vajtëm në mëngjes, e kishte bërë bishtin palë'. 2) Për një grua apo vajzë dembele. P.sh, 'I dhamë atë punë ta bënte, por ajo e bëri bishtin palë tërë ditën dhe nuk e çau kokën fare'.

Bán be për bisht t'sorrës;- keq., mashtrues i madh. P.sh, 'Ai bën be dhe për bisht të sorrës, kaq i rrezikshëm ishte ai'.

Iu fut bishti nër shalë;- përçmim, u tremb shumë keq. P.sh, 'Kur i thamë kështu e ashtu, ai zgurdulloi sytë sa thua iu fut bishti ndër shalë'.

Má i rand bishti se sqepari;- thuhet kur del i vogli, apo diçka tjetër më i rëndësishëm mbi të madhin, apo mbi diçka më të rëndësishme. P.sh, 'Fola me Salën për punën e vajzës, por nuk e linte djali, dhe kur e pashë që më i rëndë ishte bishti se sa sqepari, e lash fare atë muhabet'.

Ia kreh bishtin me sqepar;- Shaka, i bën lajka apo merr me të mirë dikë, pastaj kthehet dhe e fyen apo e shfrytëzon. P.sh, 'Shko po deshe pas Rrapit, se ai ta kreh bishtin me sqepar'.

I dha një kafe me bisht;- d.m.th, e qerasi mirë, 2) I dha para nën dorë. P.sh, ' Aliu i dha një kafe me bisht shefit, prandaj e bënë përgjegjës sektori'.

Mblidhen bisht pas bishti;- (të dikujt), keq, lidhet ngushtë me dikë, i bën qejfin, mbajnë anën e njëri tjetrit. P.sh, 'Kështu e ka kjo punë shkon e lidhet bisht pas bishti'.

E mblodhi bishtin si dreqi;- e uli hundën, pasi i doli shkëmb. 'Kur pa se nuk çahet, e mblodhi bishtin si dreqi'.

Ngriti bishtin sfurk ;- keq., u bë gati për të sulmuar dikën. P.sh, 'Veç ta shikoje kur e ngriti bishtin sfurk terma, por shyqyr që u ndodhëm ne afër se ai deshi ti binte burrit të botës'.

E shkeli n'bisht (dikujt);- i cenoi tjetrit një të drejtë, e bëri të hidhet përpjetë nga zemërimi. Psh. Mos i vini faj Maties ju, se atë dikush e ka shkel në bisht se kot nuk flet ajo.

Ngeli si bishti qenit;- gjithmonë kërriç,- njeriut që nuk i rregullohet buza. P.sh, 'Mos ia vini shumë re atij, se ai atë punë ka prandaj ngeli si bisht qeni gjithmonë'.

Ngeli si qeni bishtcung;- d.m.th, i përveçëm në shoqëri e kudo, i pashoqërueshëm. P.sh, 'Vetes ia bëri, prandaj ngeli tani si qeni bisht cung rrugëve'.

Vetëm bishtin e ka mángët;- d.m.th, shumë i trashë. P.sh, 'Ti më flet për Kolën, e ai vetëm bishtin ka mangët'.

Si rri rriqra në bisht;- dikush që është shumë i lëvizshëm. P.sh, 'Po ty more djalë nuk të rri rriqra në bisht fare, se na ke lodhur shumë'.

Ia mban gomarin për bishti;- shaka, ka dikë që kujdeset, apo serviloset.. P.sh, 'Kolës ka kush ia mban gomarin për bishti ndaj flet ashtu'.

Kush e mban gomarin për bishti?;- pyetësore, d.m.th, nuk ka kush tjetër që të ndihmojë. P.sh, 'Kola po thoshte;- 'Kush e mban gomarin për bishti?'-vetëm i zoti'.

Bisht ka e bishta nxirr;- shaka, dikush që mbahet me të madh. P.sh, 'Ne e njohim mirë Salën, ai bisht ka e bishta nxjerr'.

Dy gisht nër bisht;- shaka, d.m.th, shumë ngjitur, më afër, farë e fis, pak më poshtë. P.sh, 'Dhe dy gisht ndër bisht rri, se mirë je'. 'Ishin dy gisht ndër bisht me njëri tjetrin'.

Me bishtin lagur;-d.m.th, zhgënjyer, i mundur, i përulur e i turpëruar. P.sh, 'Gupi erdhi bishtin lagur te shtëpia, ngase nuk ia dhanë postin që kërkonte'.

Bisht lëkundur/ me, (bisht-luajtur), i/e përdalë; imoral/e. P.sh, 'Rrapi kërkoi një nuse për djalin, por ajo cuca e Zeqit shumë bisht lëkundur ishte, prandaj e lanë'.

Bishtas (ndajfolje);- në bisht **Shkojnë pak bishtas**;- amorale, ndjekin njëri tjetrin në punë jo të mira. P.sh, 'Ki pak kujdes ata se ka disa kohë që shkojnë pak bishtas'.

I ka ránë ndërbishtja;- shaka për një femër që ecën hapti, dupti. P.sh, 'Po ajo çka që ecën ashtu sikur i ka rënë ndër bishtja'. Ose dikush që rri zemëruar për pak kohë.

Nuk ke parë bishtkuq me sy;- shaka, beqar/e. P.sh, 'Mirë e ke ti moj gocë se akoma nuk ke parë bishtkuq me sy'.

Biskáhem/-et;- kurdiset, ngrefoset nga inati, qan fëmija, shtriqem. P.sh, 'Çfarë ka djali që biskohet ashtu?!'. 'Biskáhet nga inati, më shumë se sa ka hall, (për fëmijët)'

Bishtuku,/-e; organi mashkullor i djemve, (i dhemb bishtuku).

Ia prenë bishtukun;- shaka, d.m.th., e bënë synet. P.sh, 'Ata të Malos, ia prenë bishtukun djalit të vogël mbrëmë'.

Si kandil bishtuk;- shaka, mashkull shtatvogël. P.sh, 'Po ku e gjete këtë burrë moj bijë, si kandil bishtuk qenka i shkreti'.

Biz;- ndajf., mënyrë loje me dy a më shumë veta, duke goditur me pëllëmbë fshehurazi njëri tjetrin, që ka nxjerrë dorën prapa nën sqetull.

Lujnë biz;- treguese, bëjnë shaka, tallen, kalojnë kohën. P.sh, 'Kanë gjithë natën që luajnë biz me Gupin, e ai i varfri nuk merr vesh, e qesh me ta'.

Bat e biz;- qesh e ngjesh, duke folur e duke ia ngjeshur. P.sh, 'Nuk shkon kjo punë kështu bat e biz, se ndryshe deri në sabah nuk mbarojmë punë'.

Bizátë;- ndajf., vetëm e për vetëm, me qëllim, drejt për së drejti. P.sh, 'Erdha bizatë për ty', 'Po vinte bizatë për këtë lajm', 'Erdhi bizatë për të thënë se e kishte fejuar djalin' etj.

Blaq- ndajf- dmth nuk mundej ose nuk donte ta mbaronte dicka. P.sh Kola nuk ia bëri blaq fare sot, çau e iku në shtëpi.

Ble,/-j/-va,/ -rë

Ia bleu mendjen;- transparente, d.m.th, ia kuptoj qëllimin. P.sh, 'Vajza ia bleu mendjen më parë, dhe nuk ra viktimë e tij'. 2) d.m.th, e tërboi, harboi në dashuri. P.sh, 'Ajo ia bleu mendjen tim biri dhe ai u harbua pas saj'.

Ia bleu qefinin;- emocionale, d.m.th, ia kuptoi qëllimin. 'Malo ia bleu qefinin asaj pune e, nuk e zuri më me dorë'.

Ja i blemi ja i lemi;- shprehje rrëfyese, d.m.th., qoftë nusja apo djali, dikush duhet ta drejtojë familjen. P.sh, 'Ja i blemi ja i lemi, dikush duhet të drejtojë, se kështu nuk kalon jeta'.

Qoftë nga i lemi, jo nga i blemi;- shaka, qoftë e mira prej njeriut të shtëpisë jo nga i huaji.

S'ka të blemë;- superlative, që është shumë i mirë, i dashur. P.sh, 'Po vajtëm në ekskursion sikur thamë, s'ka të blemë sa mirë që do t'ja kalojmë'.

Blétë,/-a/-ë(t)

Si bleta plot;- d.m.th, me shumë të mira. P.sh, 'Durimi është i vështirë, por kur ai vjen, është si bleta plot'.

Nuk i dalin bletët n'rregull;- shaka, kur dikujt nuk i dalin hesapet ashtu si i bën. P.sh, 'Mirë thua ti, ashtu mund të jetë, po atij asnjëherë nuk i dalin bletët në rregull'.

Si bleta majë shkëmbit;- i padobishëm (për njerëz. P.sh, 'Po ç'e do hairin e tij, po ai është si bleta majë shkëmbit more bir!'

I ka ik bleta n' mal t'thatë;- nuk është në të, i ka ikur mendja;. P.sh, 'E hu ha atij i ka ikur bleta në mal të thatë, e s'kam nge të merrem me të'.

Ia mblodhi bletët;- d.m.th, e mblodhi mendjen, u martua. P.sh, 'Tani i mblodhi bletët e po rri rehat' 2- Rakia e fortë. P.sh, 'Ja futi nja dy gota dhe ia mblodhi bletët'.

I rrinë bletët po n'lule;- i venë punët mirë. P.sh, 'Qani hallin e tij ju, atij i rrinë bletët po në lule'

I báftë Zoti bletë;- urim, për qengjat dhe kecat e vegjël. P.sh, 'Ti bëftë Zoti bletë, po shumë të mirë i paske qëngjat'

Të ngrántë goja mut blete;- shaka. 'Me ata dhëmbë që paske vënë ti tani, veç të ngrëntë goja mut blete'.

Zgjoi aty, por bleta ikur;- tall., për dikë që flet kodra pas bregut. P.sh, 'Mirë e ke ti, zgjoi është aty por bleta ka ikur'.

Mu ngjit pas si rriqër blete;- d.m.th, kur të mërzitet një person. P.sh, 'Po mu ngjit pas si rriqën blete e gjithë ditën më çmendi'.

Bletë s'ka por mjaltin e ha;- shaka, punën nuk e do, por do që të hajë. P.sh, 'Kola është interesant, si puna e asaj që bletë s'ka por mjaltin e ha'.

Blózë,-a/-t

E kishte shpirtin, zemrën, blozë;- d.m.th, njeri shpirtkeq. P.sh, 'Mos më fol për të se kam parë vetë që e kishte zemrën blozë'.

Ah moj shkozë, mos zënç blozë;- d.m.th, mos bëfsh hajër e prokopi. P.sh, 'Në atë vend që u internuan ishte 'ah moj shkozë mos zënç blozë'.

Lëshonte blozën përdhe;- afirmative, dikush që demanton diçka me forcë, çirrej, bërtiste. P.sh, 'Nipi i vogël, sa hyri në supermarket, pa atje një lodër, dhe fillojë të lëshojë blozën përdhe, që e dua se e dua'.

Bá blozë;- d.m.th, nga fytyra, krahët, trupi etj.- Kishte qenë e sëmurë e ishte bërë blozë. 2- Ishte mërzitur nga diçka që i kishte ndodhur, e kishin rrahur e dërmuar.

U binte bloza n'sahán;- emocionale, negative, të varfër ekonomikisht. P.sh, 'Ishin njerëz të ndershëm, po ashtu u binte bloza në sahan të mjerëve ama.'

Digjet bloza e oxhakut;- emocionale pozitiv, d.m.th, ugur, mbarësi. P.sh, 'Kështu kanë thënë pleqtë që po të digjet bloza e oxhakut të vjen një e mirë'.

Nuk manë shumë blozë;- shaka, nxehet shpejt. P.sh, 'Ki pak kujdes kur flet me të se ai sikur nuk mban dhe aq shumë blozë'.

Të hedh blozë syve;- mashtrues, të hedh hi syve. P.sh, 'Gupi për gjithçka të hedh blozë syve, të them ki kujdes'.

Blúaj

I bluan ashpër mulliri;- d.m.th, e ka gojën e rëndë. P.sh, 'Ki pak kujdes me Rrapin, se atij i bluan pak ashpër mulliri nganjëherë'.

Mulliri bluan, misër s'ka në kosh;- d.m.th, dikush që flet pa ndalur, por në fakt asgjë nuk kuptohet. 'Unë e shoh që mulliri bluan, misër nuk shoh në kosh'- i tha Kola duke ia shkelur syri Malos.

Si i blumi nër gur;- emocionale, d.m.th, i shkatërruar ekonomikisht 2- i keqpërdorur, i persekutuar. 'Kur erdhi Malo nga burgu, dukej si i bluari nën gur'.

Bluhet me vetveten;- shprehje emocionale, që është i zemëruar por nuk e shfaq. P.sh, 'E kam parë disa kohë Kolën që bluhet me vetveten, po nuk e di se çfarë halli ka?!'

T'rruante e t'bluante;- e shëndetshme, ishte i ri dhe i fortë, shaka. 'Ju më thatë që Malo është i vjetër e plak, por ai akoma të rruante dhe të bluante'.

I bluante mulliri çmos;- tall., apo ironi. Kur dikush është i uritur dhe nuk fshtis asgjë çfarë të japësh për të ngrënë. P.sh, 'Jo jo, nuk bëri Gupi naze fare, atij të gjorit i bluante mulliri çmos'.

O bluaj, o cyt zjarrin;- sugjeruese, bëj njërën, ose këtë-ose atë. P.sh, 'Qyl nuk ka, o bluaj o cyt zjarrin'- i tha Kola, Matisë ndërsa ajo po dilte në oborr t'u shtinte pulave.

Bluar nga krimbat;- kur një bagëti ka ngordhur dhe kur gjendet, vetëm krimbat duken. P.sh, 'Kërkova disa ditë nëpër pyll, e kur e gjeta kalin, atë e kishin bluar krimbat'.

Nuk i blun guri poshtëm;- shaka afirmative;-nuk lind më fëmijë. P.sh, 'Ashtu thua ti, por siç duket Matisë nuk i bluan më guri i poshtëm'.

Bluan si mulliri Kaprrit;- tall., dikush që veç flet e nuk ndalet. P.sh, 'Kur fillon të flasë ai, mos tento fare ta ndalosh, se ai veç bluan si mulliri kaprrit'.

Nuk ma blun mulliri;- shaka. Kam stomakun e dobët, dhe nuk mund të ha çdo gjë. P.sh, 'Mirë e ke ti o, mua nuk ma bluan mulliri more bir'. 2- Nuk ma kap më mendja. 'Tashti që jam në moshë, nuk ma bluan mulliri si një kohë'

Blujti (shtiu) një bukë miell;- 1.- imorale,-dikush që shkon me ndonjë grua të huaj. P.sh, 'Më duket se e blujti një bukë miell ai sonte?!' 2- Një që vjedh diçka. P.sh, 'Nuk doli keq jo, dhe ai e blujti një bukë miell e shkoi me vrap'.

Blun e s'gatun;- sipërfaqësore, (dikush) e nis një punë, por nuk e çon deri në fund. P.sh, 'Sa kohë kam që e njoh atë, por ai ka një zakon të keq që bluan e s'gatuan, ai është problemi me Kolën'.

Bluhet nër vete- shprehje nervoze. D.m.th. dikush që nuk ka aftësi shprehje ndaj diçkaje, dhe e bluan mendjen me veten e vet.. P.sh, 'Ç'paska Matia që bluhet ndër vete ashtu sot?! Kush e di?!"

Bodrúm,/-i/-e
Ishte bodrum përbrenda;- shpirtzi, shpirtkeq. P.sh, 'Mos iu çil aq shumë atij, se ai ishte bodrum përbrenda'.
Verë e mbajtur në bodrum;- mall, apo njeri shumë cilësor. P.sh, 'Rri afër Kolës, se është verë e mbajtur në bodrum ai'.

Bójë,/-a/-ra
Ia tregon boja peliçen;- duket dielli qysh në mëngjes. 'Mos u merr shumë me të se atij ia tregon boja peliçen more djalë'.
I doli boja mulicit;- d.m.th, u zbulua se kush ishte;-i iku vlera;- humbi emrin e mirë;-u bë bajat;- s'ka pikë turpi, i plasi cipa. P.sh, 'Kur i doli boja mulicit, u bë për të plasur'.
I dha një dorë bojë;- d.m.th, e zbukuroi nga jashtë për të fshehur thelbin e vërtetë. P.sh, 'Ai atë fytyrë ka, i dha një dorë bojë tjetër dhe vazhdoi punën'.
I a nxori bojën;- d.m.th, ia zbuloi fytyrën e vërtetë para të gjithëve, e turpëroi para publikut. 'Kola ia nxori bojën Gupit në mbledhje, se ia solli shpirtin te hunda'.

Ishte si nër dy bojra;- d.m.th., grua, nuse apo vajzë ezmere. P.sh, 'Ishte si ndër dy bojra,por shumë e bukur'.
Ishin boja bojës;- të përafërta, gra të ngjashme, rroba të njëllojta. 'Nënë e bijë, ishin boja bojës në trup e në të parë'. 'Këto dy fustane, janë boja bojës vetëm lulet u ndryshojnë'.
T'raftë boja;- mallkim. D.m.th, u turpërofsh.. P.sh, 'Ç'më bëre moj bijë që të raftë boja të raftë.
Ta lshon bojën përtokë (përdhe) iron. njeri i lig, që flet pa patur turp e respekt. Psh Ika prej Gupit se ai ta lëshonte bojën përdhe për hiçasgjë.

Bókë,/-a,/-at;-
bregore e zhveshur e gurishtë, bokërimë.
E báne bokë;- iron., d.m.th, e katranose fare, e prishi nji plan apo bisedë. P.sh, 'Mos se bokë e bëre fare kur the ashtu'.
S'ásht n'bokë t'madhe;- d.m.th, nuk është dhe aq i varfër sa tregohet. P.sh, 'ashtu qahet ai por nuk është në bokë të madhe ai jo, se e njohim mirë.'
Ngrohet n'bokat;- dembel i madh. P.sh, 'Nga mos të jenë pa bukë ata kur i ati tyre ngrohet gjithë ditën nëpër bokat'.

Korr n'bokë t'botës;- flet kot më kot. P.sh, 'Nga t'i besosh Rrapit kur ai përherë korr në bokë të botës'.

Si gomarët n'bokë;- shaka, duke u kapur e rrokur tërë ditën. P.sh, 'Punoni pak o djem, jo ashtu si gomarët në bokë gjithë ditën'

Bóllë,/-a,/-at

Nxjerr bolla nga goja;- keq., thotë mbroçkulla a fjalë të turpshme. P.sh, 'Po kjo Matia, përditë nxjerr bolla nga goja xhanëm, si nuk i vjen turp'.

I ka hy bolla n'bark;- ironi, d.m.th, ka sherr e dreqni. 'Nuk e shikon Salën se i ka hyrë bolla në bark'.

Sikur ka bollat n'bark;- tall., i pa ngopur. P.sh, 'Dulla sikur ka bollat në bark, mezallah se të ngrihet nga sofra'.

Iu bá bollë nëpër kámë;- iu ngjit nga pas deri sa e realizoi dëshirën. P.sh, 'Ajo cuca e tij iu bë bollë nëpër këmbë tim djali, deri sa e bëri për vete'.

Ngrohen si bollat n'diell;- kur njerëz apo kafshë rrinë përkarshi diellit, ose kanë ftohtë, ose janë të sëmurë. 2- dembelë. P.sh, 'Po ato dreq grash çfarë kanë sot që ngrohen si bollat në diell?'

Nderë si bollat n'diell;- ironi, për një person apo grup njerëzish dembelë. P.sh, 'I lashë dhe i gjeta nderë si bollat në diell'.

Të dridhet si bollë nëpër duar;- dikush që është tepër dredharak në muhabete, të rrëshqet. P.sh, 'Me atë ke zët të bësh dy fjalë, se menjëherë fillon e të dridhet si bollë nëpër duar'.

Atje ku ndiqen bollat;- ironi, vend i varfër dhe shkretëtirë. P.sh, 'Vajte e martove vajzën atje ku ndiqen bollat'.

I përpiu bolla leprin;- shaka. Kur një viç pi qumështin në legen menjëherë. P.sh, 'Sa ja hodhi gruaja qumështin viçit, ai e përpiu si bollë' 2- Njeri që ka oreks të pa përmbajtur. Kur ha Neba bukë duket se e përpiu bolla lepurin.

U báfsh si bollë ;- mallkim, për një frymor që nuk ngopet. 'U bëfsh bollë u bëfsh, që nuk u ngope ndonjëherë (për një viç, kec që veç pi qumësht pa u ndalur)'.

M'u bë si bollë shtëpie;- dikush apo diçka, m'u mërzit. P.sh, 'Nuk kam si ta heq sysh e vajti m'u bë si bollë shtëpie'.

Si bollat n'pranverë;- njeri me dy faqe. P.sh, 'Ati nuk i merret vesh fare muhabeti o burri dheut, e ndërron lëkurën si bollat në pranverë'.

Si bolla për fyti;- keq., e pa veten pisk në një muhabet apo çështje. P.sh, 'Kur e pyetën se a e ke vrarë ti apo jo, atëherë Gupit iu mbështoll si bolla për fyti, uli kokën e nuk nxori fjalë'.

Të daltë bollë n'varr;- keq, mallkim, i vuajtsh në jetën e varrit. P.sh, 'Ky është haku dhe malli im, e ty të daltë bollë në varr që na e more me përdhunë'.

Si bollë e vrame;- i sëmurë tërë kohën nga reumatizma, apo nga diçka e paditur. P.sh, 'Sot qenkësh si bollë e vrame, e mezi u ngrita nga shtrati'. Ironi;- 'Po ti ç'më rri si bollë e vrame ashtu sot?!'

Nuk e ha bolla bollën;- qeni qenin. P.sh, 'Mirë thua ti Kolë, po nuk e ha bolla bollën'- kanë thënë të vjetrit.

Të hyn bolla n'shtëpi;- kur të vjen një e keqe, apo e papritur. P.sh, 'Kjo u bë sikur të hyn bolla në shtëpi- e ke frikë të futesh brenda'.

S'i tregon bolla këmbët e veta;- njeri tinëzar, ose shumë i mbyllët. P.sh, 'Sa e kam shikuar unë atë, por meazallah, s'i tregon bolla këmbët e veta'.

I doli lëkura bollë;- lodhje e madhe, ose sëmundje lëkure. 'Kolës i doli lëkura bollë, e mezi që siguron bukën e gojës'.

Bombë (lok., bumje/-a/- et

Si (bumje) bombë;- tall., d.m.th, e fortë, e bëshme. P.sh, 'Ashtu thua ti për të, por ai kishte një nuse bombë, që zor se ia merrte kush'.

Ia vuri bumjen nër peliçe;- keq, ia punoi rrengun, ia la kopilin në derë. P.sh, 'Deshi ai apo nuk deshi, ata ia vunë bombën nën peliçe dhe u zhdukën '.

I plasi bumja nër shalë;- i doli në shesh qëllimi pa e arritur (për diçka të fshehtë e të keqe). P.sh, 'Zoti është i madh, e patë se si i plasi bumja ndër shalë vetvetiu'.

I kishte ngritur bumjet terma;- shaka me ironi, një femër që i ka ngrehur gjinjtë përpjetë. P.sh, 'Sa doli nga shtëpia e saj, u pa që i kishte ngritur bumjet terma dhe ikte nga kryet kambët'.

Ma ka kryet si bumje;- i pa marrë vesh, kokneç. P.sh, 'Nuk e sheh që ma ka kryet si bumje, ai e nuk merr vesh'.

Donte bumjen;- ironi, njeri ose vend i tmerrshëm. P.sh, 'Mënyra se si fliste greku para syve tonë, donte bumjen e ta zhdukje nga faqja e dheut'.

Hodhi një bumje tymuese;- bëri shumë zhurmë e shamata për diçka, por si përfundim asgjë nuk bëri. P.sh, 'Miku erdhi mbrëmë gjithë nerva e tensione, hodhi një bumje tymuese, e si përfundim doli e iku pa na dhënë dorën'.

Si bumje frangu;- dikush i shkurtër, por truplidhur. P.sh, 'Kujdes me Dajën, se është si bumje frangu ai e të hedh poshtë për dy sekonda'.

Bórë,/-a,/-ërat.

Kishte ránë bore parë;- shaka, që është thinjur shpejt. P.sh, 'Unë kujtova se nuk ishte plakur aq shpejt, por atij i kishte rënë (vdora)bora e parë'.

Më vjen si bora n'maj;- që të tremb fillimisht, por pastaj kalon shpejt, nuk zgjat. P.sh, 'Kur po prisja haberin për të fejuarin e djalit, në fillim më erdhi si bora në maj, por shyqyr kaloi shpejt'.

Kujto borën e vish gunën;- kujto qenin e bëj hazër shkopin. P.sh, 'Kësaj i thonë kujto borën e vish gunën, se sa e kishim në gojë'.

Mbjell qepujka nëpër (vdorë) borë;- shaka, ia fut kot, flet si kodra pas bregut. P.sh, 'Ashtu si thonte ai ishte sikur ai që mbjell qepujka nëpër vdorë'.

Bora n'mal, ti mërdhif n'vërri;- shaka. Njeri që frikësohet shumë shpejt për hiçasgjë. P.sh, 'Ehuhaa, ti ja bën bora në mal e mërdhi në vërri'.

Rrallë ze bora kryma (krimba);- shaka, ndodh që gabon dikush. P.sh, 'Ajo që thua ti, mund të ndodhë-por rrallë zë vdora kryma'.

Dhe krymi nër borë ka rriskun e tij;- shaka. Çdo kushi, ka kismetin tij. P.sh, 'I keq, i keq, por pse thonë se dhe krymi nën vdorë ka rriskun e tij'.

Bori,/-a,/-të (lokale, buri)

Nuk iu mbyll boria;- tall., d.m.th, që flet pa pushim. P.sh, 'Nuk e di se çfarë pati Rrapi sot, por nuk iu mbyll boria tërë ditën' 2- fëmijë që qan. P.sh, ' Nuk iu mbyll buria këtij fëmije sot'

Nuk i punon boria;- shaka, ju ka ngjirur zëri, është me grip. P.sh, 'Nuk mundet të flasë se nuk i punon boria sot aq mirë'.

Borxh,/-i,/-et

Nuk ia kam për borxh;- d.m.th, nuk i kam asnjë hak, nuk i kam bërë padrejtësi. P.sh, ' Kolës nuk kam asnjë borxh, nuk e kuptoj se pse m' u përgjigj aq ashpër'.

Ma bëri borxh;- d.m.th, më detyroi që t'i rikthehem sipas sjelljes së tij. P.sh, (mirë) 'Aq mirë më priti me të ngrëna e të pira sa ma bëri borxh' 2-keq;-'Ma bëri borxh ta qëlloj se kishte një gojë të fëlliqtë'.

I dola (i dul) borxhit (nga borxhi) (dikujt);- e bëra detyrën ndaj tij, e paralajmërova në kohë. P.sh, 'Unë i dola borxhit, tani çdo gjë varet prej tij'.

Ai (ajo) ka për borxh;- d.m.th, është në gjendje, mund të bëjë diçka. P.sh, 'Kur atë e zë inati, ajo ka për borxh që ta hajë me dhëmbë copa copa'.

I vajti várrit (dheut) me borxh;- vdiq me borxh. P.sh, 'Mjerë për të se i vajti varrit me borxhe, e Zoti pastë mëshirë në të'.

Një borxh sot, një siklet mot;- d.m.th, lum kush e lan borxhin në kohë, se sa më shumë të kalojë koha, aq më i rëndë bëhet. P.sh, 'Biro laje borxhin sa më parë, se si kanë thënë të moçmit, një borxh sot është një siklet për mot'.

Hoxha ta lan xhenazen, po jo borxhin;- qartësuese, d.m.th, kryej vetë detyrimet personale. P.sh, 'Ti Kolë, hoxha ta lan xhenazen, por jo borxhin, andaj mblidhe mendjen dhe rregulloju me shokun'.

Një pulë sot, një borxh për mot;- d.m.th, borxhi tjetrit duket i vogël në fillim, por bëhet barrë e madhe më vonë. P.sh, 'Ki kujdes me shokun, se një pulë sot, bëhet një borxh për mot'.

Ma báni borxhin daulle, poç;- d.m.th, ua tregon të gjithëve. P.sh, 'Mirë o mirë, unë e dija që ia kam borxh disa lekë, por dhe ai ma bëri borxhin daulle ama'. 2) Diçka të pakapërcyeshme, 'Unë i keq në borxh, por dhe ai ma bëri borxhin poç ama'.

Kur s'ke borxh hyj qefil;- ironi, zhgënjim total kur hyn garant për dikë. 'Kur s'ke borxh, hyj qefil, i thonë kësaj punës time me Rrapin, mirë ma bëri, si unë që do të hyja garant për të'.

Borxhli,/-u/-nj-/të

Nuk ia ngjan borxhliu borxhliut;- d.m.th, ndryshojnë gjërat, nuk janë si njëherë njësoj. P.sh, 'Mirë xhanëm, unë të kuptoj shumë mirë, por si i thonë fjalës, nuk ia ngjan borxhliu borxhliut'.

Te agai mos qofsh borxhli;- d.m.th, te i pasuri që është koprrac, mos shtrij dorë. P.sh, 'Nga e keqja i vajta në derë, po kot nuk thonë që te agai mos qofsh borxhli'.

Mos i shko Zotit borxhli;- fetare, d.m.th, bëji detyrimet e zbatoji rregullat e sheriatit, se për ndryshe do të ndëshkohesh nga Perëndia. P.sh, 'Fale namazin në rregull e mos i shko Zotit borxhli, djali im'.

Mjerë borxhliu i skëterrës;- fetare. Ndëshkimet që e pasojnë atë që merr borxh dhe nuk e lan nga kokëfortësia. P.sh, 'Kur të vihet gjërat në kandar në prezencë të Allahut, atëherë mjerë borxhliu i skëterrës'.

E keqja t'bán borxhli n'derë të hasmit;- d.m.th kurë s'ka rrugëdalje. p.sh, 'Mos qoftë njeriu i varfër se e keqja të bën borxhli në derë të hasmit'.

Borzilók,/-u,/-ët

Kokerr borzilok n'majë;- shaka, dikush i lehtë nga mendja dhe nga veprimet. P.sh, 'Unë bëra shaka, po ku e dija unë se ai qënka kokërr borzilok në majë?!'

Borzilok, n 'argëz;- për një femër apo nuse që mbahet mirë. P.sh, 'Kishe qejf t'i rrije afër nënës time, era borzilok në argëz i vinte'.

I merr erë hithrës për borzilok;- Njeri i padjallëzuar, që shkon viktimë. P.sh, 'sa herë ia kam përsëritur, por ai bën nga bën dhe i merr erë hithrës për borzilok'

Bostán,/-i,/-et

Ma báni (ta bán) shpirtin bostan;- inat, që mërzit shumë e të rëndon me llafe. P.sh, 'Desha që ti bija se ma bëri shpirtin bostan ma bëri, por shyqyr që ishte ky shoku aty dhe më mbajti dorën'.

T'i qëron lëkurat e bostanit;- llupës. P.sh, 'mos e kij gajle tim shoq se ai t'i qëron lëkurat e bostanit për dy sekonda'. 2- Njeri i keq, vjedhës dhe tinëzar. P.sh, 'mos i rri fort afër atij se ai t'i qëron lëkurat e bostanit'.

E báni kokën si bostan;- shaka, i qethur tullë. P.sh, 'Vajti tek berberi e ai, ia bëri kokën si bostan'.

U bá lëkurë bostani;- njeri pa vlerë. P.sh, 'aq e ka puna, po u bë njeriu si lëkurë bostani, hiqu prej atij'.

Ti qëron bostan, ai të heq bëzhdilet;- d.m.th, mirëdashës. P.sh, 'Ti Kolë mos fol ashtu për Malon, se fundja ti qëron bostanin e ai të heq lëkurat, këtë ne e shohim?'

Mos ta hajë tjetri bostanin;- mos ta marrë nderin, erzin. P.sh, 'Ki kujdes me shoqërinë, e mos ta hajë tjetri bostanin'.

M'ishte bá si bostan lopësh;- tallje, trashur e dhjamosur. P.sh, 'Kur e pashë që më ishte bërë si bostan lopësh, më doli nga qejfi fare'.

Bostanxhi,/-u/-njtë;- ai që shet bostan, apo ai që kultivon bostan në arë.

Mos i trego bostanxhiut farat;- mos ia trego tjetrit atë që ai e di. 2- Mos ia nxirr të palarat dikujt që nuk e meriton.

Bostanxhiut mos i shit bostan;- të mençurit, mos i shit mend. P.sh, 'Ajo bisede e tij s'më pëlqeu fare, se kot nuk thonë bostanxhiut mos i shit bostan'.

Bostanxhi për bostanxhi;- barasvlerës. P.sh, 'Kjo punë ti Kolë, vajti bostanxhi për bostanxhi'.

Bosh,/-e

E ka zgjuan bosh;- tallëse. Është budalla, idiot, ose plakur. P.sh, 'Mos u merr me të se ai ka kohë që e ka zgjuan bosh'.

Unë bosh e ti bosh, nuk e di kush rri përposh;- shaka, të dy mbahen lart, po nuk dihet kush do ti bëjë punët e rëndomta'.

I vajti pushka bosh;- d.m.th, nuk iu dëgjua fjala aspak,. P.sh, 'Iu lut shumë për vajzën që t'ia jepte nuse për djalin, por siç u pa i vajti pushka bosh'.

Dora bosh s'ka uratë;- fjalë e urtë, d.m.th, shembull- 'Bëj diçka për shoqërinë Kolë vëllai, se dora bosh s'ka uratë'- i tha Malo rrugës për fshat.

Bosht,/-i,/ -et

Dridhet si boshti para furkës;- flet pa vend ose kur nuk i takon. P.sh, 'Po ku i rrihet Malos pa folur, ai gjithnjë dridhet si boshti para furkës'.

E di boshti pse dridhet;- gjithsekush, e di vetë hallin e tij, apo saj. P.sh, 'Mos u fut shumë në hallet e tjetrit se pse thonë që e di boshti pse dridhet'.

Boshti dridhet por furkës s'i ndahet;- shaka. Njeriu edhe pse vuan prej dikujt, ai prapë se prapë, nuk heq dorë nga dikush që e do'.

E dredh dynjanë n'bosht;- keq., njeri shumë intrigant. P.sh, 'Sa inat e kisha se ai e dridhte dynjanë në bosht'.

Boshti muhabetit, (fjalës);- bisedë. P.sh, 'Ti Kolë, gjithë boshti muhabetit është që ti duhet të ndërrosh rrugë, se njerëzit po ankohen ndaj teje'.

Bótë,/-a,/-ët

Doli n'botë e nxori sytë;- ironi, d.m.th, u zhduk. P.sh, 'Nuk e di si vajti ajo punë, por djali saja sa doli në botë e nxorri sytë'.

E çon kallajxhinë pas bote;- d.m.th, mashtrues i madh. P.sh, 'Mos u merr shumë me të, se ai e çon dhe kallajxhinë pas botës'.

Peshon botën n'kanar;- koprrac i madh. P.sh, 'Vajta te Meta që ti kërkoj ca para borxh, por ai, ehe, peshon botën në kandar'. 2- d.m.th, merren me llafe e thashetheme. P.sh. Isha një natë për darke te Gjetaj, ata si familje peshonin botën në kandar tërë natën'. 3- I saktë me njerzit. P.sh, 'Me të kishe qejf të bisedoje e të rrije se ai peshonte botën në kandar'.

Báhet bota pus;- më erdhi turp dhe inat. P.sh, 'Si nuk i erdhi turp dhe nxori ato fjalë që unë sa i dëgjova, m' u bë bota pus'.

Jasht kanarit t'botës;- d.m.th, s'merr vesh nga jeta, nga bisedat apo mënyrat. P.sh, 'Biseduam gjerë e gjatë me 'të, por mesa vërejta unë, ai ishte jashtë kandarit të botës'.

Kjo ásht bota n 'katra rrota;- d.m.th, kjo është jeta që jetojmë, ky është realiteti, ky është fakti. P.sh, 'Mos u bëj shumë merak, se çfarë dëgjon sot nuk do ta dëgjosh nesër, kjo është bota në katra rrota'- tha Selami dhe shkoi.

Botë ku rafsha, mos u vrafsha;- (dikush) nuk mërzitet kurrë e për asgjë, i ka në terezi punët 2- i njomë, ose i pafajshëm në sjellje (për fëmijët). P.sh, 'Mos u nxeh prej tij, se ai botë ku rafsha mos u vrafsha e ka'.

Áshtë prapa botës e, para rrotës;- nuk është i zhvilluar, nuk merr vesh se ç 'ndodh me rrezikun. P.sh, 'Sa herë i kemi thënë që të ndryshojë veten e punët, por vallahi, ai është prapa botës e para rrotës gjithnjë'.

E fut botën n'pus, (në poç);- llafazan. P.sh., 'Kola kur nis e flet për partinë e tij, e fut botën në pus, e ashtu vazhdon deri sa ngryset'.

E merr botën hundë e sy;- d.m.th, zhduket. P.sh., 'Ai ishte djalë me sedër, e në një farë mënyre e mori botën hundë e sy e nuk u pa më se nga vajti'.

Iu prish bota e iu bá pekmez;- nerden, shprehje mospërfillëse, s'ka ndodhur ndonjë e keqe e madhe. P.sh, 'Po pastaj ç'u bë?!- iu prish bota e iu bë pekmez ah?!'

Ka parë botë me sy;- dikush që ka shëtitur në shumë vende të botës, është i kulturuar, di se ç' është jeta. P.sh, 'Nuk i mbaronte bisede atij njeriu bre, po nejse ai ka parë botën me sy gjallë dhe ka të drejtë që flet me aq pasion'.

E ka váne botën n 'katër rrotlla;- shaka, dikujt që i ecën fati vetvetiu. 1-P.sh, 'Mos u merrni me fatin e Kolës, se ai e ka vënë botën në rrotulla dhe veç rri e shikon'.

Kjo botë jallinë;- fetare, d.m.th, e përkohshme, e pa rëndësishme. P.sh, 'Mos u gënjejë kjo botë djem-u thonte babi i tyre, se kjo botë është jallane'.

Iku nga kjo botë jallane;- dikush që vdes. P.sh, 'Rrojti sa rrojti, por përfundimisht iku nga kjo botë jallane'.

Kjo botë (dynja) është tul e dhjamë, lum ai që e di me ngranë;- fetare, sjellje e urtë, bëj mirë të gjesh mirë'.

Hángri (botën) dynjanë me dhamë;- u lodh shumë për një gjë apo diçka. P.sh, 'E mbaroi më në fund shkollën, po ama hángri botën (dynjanë) me dhambë'. Është botë që vete vjen;- Këshilluese, d.m.th., e rrumbullakët. 'Jini të sinqertë në atë çfarë bëni apo flisni Kola po i thoshte Malos dje, se ishin kapur në diçka', 'O Malo, është botë që vete e vjen'.

Bózë,/-a

U bá dhalli bozë;- u trazuan keq punët, e humbi qeni të zonë. P.sh, 'Mirë ishim ashtu si qemë, e tani u bë dhalli bozë'

E báni bozë;- kur dikush e humb rëndësinë nga përsëritja e shpeshtë. P.sh, 'Foli aq shumë e gjatë sa e bëri bozë'.

Boza e fortë plas poçin e vet;- d.m.th, e zeza e vetvetes. P.sh, 'Nuk i kishim e faj ne, po pse thonë që boza e fortë, plas poçin e vet'.

As bozë as blozë;- për asgjë. P.sh, 'Ti Kolë, nganjëherë nuk je as bozë as blozë, andaj më le rehat- i tha Matia- e doli jashtë që t'u hidhte pulave misër'.

Bránë;- vegël pune bujqësore që tërhiqej me qe ose kuaj, për të lesuar arën e mbjellë.

E báni bránë arën;- keq., e prishi

një muhabet apo i dha një tjetër kuptim. P.sh, 'Kujtova se do të thoshte diçka, por ai e báni branë fare arën'.

Ásht si bránë;- i pa marrë vesh, i trashë, dyst i di gjërat. P.sh, 'Po ti nuk e pe se po të qëllon tjetri, sa branë që je o burri dheut'.

I bán bránë shavarit;- argëtuese, dikush që ia fut katundit. P.sh, 'Ti Malo përherë i bën bránë shavarit e kurrë nuk të marrim vesh'.

Brávë,/-a,/ -at

Nuk e mbylli bravën;- d.m.th, nuk e mbylli gojën, shumë llafazan. P.sh, 'Si nuk e mbylli bravën njëherë o burri dheut, gjithë natën na shurdhoi veshët'.

I ngeci çelsi n 'bravë;- shaka. Kur dikush është i dhënë shumë pas seksit. P.sh, 'Duhet punë more djalë, jo si atij që i ngeci çelësi në bravë'.

I vuri bravën;-d.m.th, e mbylli, e kyçi gojën. P.sh, 'E morën në hetuesi disa herë, por ai i vuri bravën' 2- nuk lind më, shaka). P.sh, 'Matia i vuri bravën, njatë cucë bëri, e tjetër më hiç'.

Mos e le derën pa bravë;- shaka, d.m.th, kujdes nusen. P.sh, 'Mirë, mirë, por kot nuk kanë thënë që mos e lër derën pa bravë'.

Brava e zezë, ama çelsi i mirë;- shaka. Kur një femër e zezë i dalin fëmijët e bardhë. P.sh, 'Mos thoni ashtu se, brava e zezë por ama çelësi ka qenë i mirë'. Ásht bravë e fortë;- shaka, një femër që ka lindur shumë fëmijë. P.sh, 'Mos e shih ashtu të vogël ti, se është bravë e fortë ajo vallahi'.

Brázdë,/-a,/-at.

S'ka gjá n'brazdë;- d.m.th, nuk po shkon diçka ashtu sikur qe parashikuar. P.sh, 'Disa herë u kemi thënë të ndryshojnë rrugë e mendim, por mesa shihet si njëri tjetri nuk kanë gjë në brazdë'.

U ranë qetë n'brazdë;- u morën vesh me njëri tjetrin. P.sh, 'Për disa kohë s'kanë shkuar mirë, por si duket tani u ranë qetë në brazdë'.

I erdh' mëzati n'brazdë;- shaka, dikujt që i zbret inati. P.sh, 'Ndenji ca kohë i zemëruar, por pastaj i erdhi mëzati në brazdë'. Ásht ká që s'bán brazdë- (dikush) nuk di të drejtojë diçka. P.sh, 'Jo, jo, atë mos e vini të parë, se me sa kam parë unë ai është ka që nuk bën brazdë fare'.

I ranë bythët n'brazdë;- shaka. S'ka nga t'ia mbajë më. P.sh, 'Tani ta shohë Gupi që i ranë bythët në brazdë, se çfarë thosha unë nuk më dëgjonte'.

Brazda brazda;- shaka. Dikush që është qethur me shkarravina kokës. P.sh, 'Nuk donte te qethej te unë, por vajti dhe e bëri kokën brazda brazda te një berber që askush se di'.

Veç ec pas brazdës;- vetëm mbaj pas të tjerëve dhe bëj si të tjerët. P.sh, 'Ti biri im, mos u ndaj nga shokët, veç ec pas brazdës dhe çdo gjë ka për të qenë në rregull'.

Me një kámë n'brazdë;- shaka, afër vdekjes. P.sh, 'Mos i ngel në qafë më atij bre burrë, nuk e shikon se është me një këmbë në brazdë'.

Bredh

Bredh hu më hu;- femër e përdalë. P.sh, 'Brodhi hu më hu e pastaj erdhi përsëri te burri i parë'.

Áshtë njeri i bredhur;- d.m.th, që ka parë botë me sy. P.sh, 'Dëgjoja fjalën atij burri se është njeri i bredhur e prej tij mëson shumë'.

Brodhi nga ment;- trutë, u çmend fare, u hazdis. Shaka. P.sh, 'Po ajo qe mirë e uruara, pse brodhi kështu nga mendtë?!'.

Bredhç nga karajfilja;- d.m.th, u çmendsh. P.sh., 'Uh ç'më paske bërë more djalë që bredhç nga karajfilja, bredhç'.

I brodhën bletët nga zgjoi;- doli mënç, ose u inatos shumë. P.sh, 'Foli sa foli në rregull, pastaj i brodhën bletët nga zgjoi, e nuk kishte bir nane që e dëgjonte'.

Ka bredhur dreqin dhe t'birin;- shaka, ka parë gjithçka. P.sh, 'Kola ka bredhur dreqin e të birin e mos ia merrni shumë për të madhe'.

Mos bridh per sorra;- këshilluese, ji i qartë, i qetë, konciz. P.sh, 'Ti Kolë mos bridh per sorra ashtu, po na thuaj ç'të bëjmë?'

Bredh nga t'bredhç ila vdekë. Dmth çdo send në botë ka barazimin në fund me vdekë. Psh. Kola ka bredhur botën, ama bredh nga të bredhësh ila vdekë. (ila- shpjeguar tek germa I.

Breg,/-u

Hudhej breg em'breg;- d.m.th, tinëzar, nuk i qëndron bisedës dhe fjalës. P.sh, 'Gjithherë sa flisja me të për muhabetin e tokës, ai hidhej breg më breg, e asgjë nuk mbarohej'.

Flet kodra pas bregu;- urtësore, e sjell fjalën anës e anës, ja fut kot, në ty. P.sh, 'Për çfarë pyesja unë e çfarë përgjigjej ai, do të thoshte fol si kodra pas bregut'.

Unë në breg ai n'shteg;- mosmarrëveshje. Kur nuk ia del mbanë një pune apo një bisede. P.sh, 'Dhashë e mora me të për disa orë, e unë në breg e ai në shteg, kështu dolëm e ikëm'.

Nuk nxjerr kalë n'breg (dikush);- nuk është i zoti, nuk ia del dot një pune. P.sh, 'Mos u kapni pas atij se ai deri më sot, nuk ka nxjerrë kalë në breg, ndoshta nxjerr me ju'.

Ta bán bregun midis fushe;- njeri që mashtron në mënyrë të habitshme. P.sh, 'Mos u beso shumë fjalëve të tij se ai shejtan ta bën bregun midis fushe, e dil prej andej pastaj'.

Ka ca brigje t'kalojë;- shaka, ka dhe disa vite të jetojë. P.sh, 'Mos u mërzitni- tha doktori- ka dhe ca brigje të kalojë, çdo gjë duket mirë për momentin'.

Akoma e ha bregun;- shaka, që është i ri dhe i fortë. P.sh, 'Plak, plak thoni ju por ai akoma e ka bregun Kola'.

Ulej bregu para saj;- shaka, shumë e bukur. P.sh, 'Kishte marrë një nuse i uruari që ulej bregu para saj kur shihte atë'.

E di bregu ç' është stuhia, furtuna;- të keqen e di, vetëm ai që e ka kaluar. P.sh, 'Mirë thoni ju, por e di kodra se ç' është stuhia'.

Ulu breg të shoh malin;- jo respektuese. P.sh, 'Kësaj i thonë ulu breg që të shoh malin', i thoshte Kola Malos ndërsa ishin në kafene duke diskutuar për diçka.

Brej,/-ta,/-tur;- njësi foljore.

I bren bytha;- d.m.th, lëvizshëm ose ka dëshirë të luaj shumë. P.sh, 'Po rri more bir njëherë rehat, sa të bren bytha xhanëm?!'. 2- vetë e kërkoi. P.sh, 'Ne i thamë që mos ngatërrohet me ta disa herë, por atij vetë i breu bytha, dhe tani qan e bërtet'.

Bren dhámët si gomaricë;- tall., kur një femër lakmon diçka të paligjshme, seksuale. P.sh, 'Po ajo çka që i bren dhëmbët si gomaricë, ashtu sot'.

T'bren me dhámë;- dikush shumë i ashpër dhe vandal. P.sh, 'Ki kujdes kur të flasësh me të, se ai të bren me dhëmbë, po të diktoi'.

Po t'brejti, shko e kruaje-; tall., vetëflijim. P.sh, 'Kësaj i thonë po të brejti shko e kruaje, nuk bëhet lojë me ariun'.

Brente dhamët n'grazhd;- tall.,

d.m.th, s'kishte asgjë për të ngrënë. P.sh, 'Punoi disa kohë në pyjore, e tani po brente dhëmbët në grazhd me të shoqen'.

Sa për t'brejtur dhámët;- diçka shumë pak. 'Vajta dhe i kërkova pak miell hua, e ai më dha sa për të brejtur dhëmbët'.

Bren gozhdë;- d.m.th, që ka mërdhifur. P.sh, 'Kola po bren gozhdë qysh kur ia shembi tërmeti shtëpinë'. 2- I izoluar, 'Malo ka gati dy vjet që bren gozhdë atje në burg'.

Brekë,/-t

Me brekë n'dorë;- pa as gjësendi pas vetiu. P.sh, 'U ra zjarri e ngelën me brekë në dorë'.

Si pordha nëpër brekë;- tallje. Dikush që nis diçka e nuk mbaron asgjë. P.sh, 'Dukej që sillej si pordha nëpër brekë, e ma mori mendja që prej tij s'ka asgjë'.

Nuk e kam n'brekët;- ironi, nuk e kam fshehur asgjëkund. P.sh, 'Nuk e di se çfarë kërkoni, po unë atë nuk e kam në brekët xhanëm;.

Ka macen n'brekë;- shaka. Dikush që nxehet keqas. P.sh, 'Po ai çfarë kishte ashtu sot, që hidhej përpjetë sikur kishte maçin në brekë?!'

Për baq të brekëve;- ironi, sa kam ngjitur. P.sh, 'Çfarë kërkon more bir se ma mërzite, po dreqin e çelësit nuk e kam për baq të brekëve?'

Brekë shpuar;- shaka, dikush që lëshon gazra jashtë mase. P.sh, 'Po ai ishte brekëshpuar i uruari'.

Me brekë n'dorë;- keq., imoral. Mos i rrini afër atij aq shumë, se ai tërë ditën me brekë në dorë e gjen, i pa ndrojtur, pa rezerva. P.sh, 'Kolën ashtu e ke përherë me brekë majë shkopit, ta thotë llafin copë'.

I dhjeu-(i zheu) brekët tall, dmth u tmerrua. Psh Sa pa arushën Rrapi i dhjeu brekët, iku duke bërtitur.

Do bytha brekë;- sqaruese. P.sh, duhen mjete që të realizohet diçka. P.sh, 'Ti Malo mirë e ke fjalën, por në disa raste do bytha brekë, se ndryshe s'ke si bën'.

I zgjidhi brekët;- frik., d.m.th, e dha veten menjëherë, nuk u përmbajt, nuk e mbajti sekretin dhe fjalën, besën etj. P.sh, 'Sa e morën në burg i zgjidhi brekët menjëherë. Sa u takua me shokët, i zgjidhi brekët'.

Ka dreqin n'brekë;- shaka dhe ironi. Dikush që ka një siklet të madh dhe vjen vërdallë duke kërkuar diçka. P.sh, 'E pashë që bënte sikur kishte dreqin në brekë, po nuk kisha mundësi fare ta ndihmoj'.

Brenda;- ndajfolje, (lokale, mrena)

Mrena e ke;- ironi, d.m.th, vazhdo, mirë e ke, po ne nuk ta varim. P.sh, 'Mrena e ke shoku brigadier, ashtu do të bëhet'.

Ra mrena n'qull (me këmbët e tij);- bisedë, ra plotësisht në një gabim, e pësoi keq, ra në dashuri. P.sh, 'Bëri nga bëri ra mrena në qull me këmbët e veta'.

I hyri dreqi mrena (diçkaje);- e kuptoi, e mori vesh siç duhet, e njohu mirë thelbin e saj. P.sh, 'Ndenji pak e pastaj i hyri dreqi brenda, e nuk kishte burrë nane që e ndalonte'.

E kanë mrena përmrena;- me veten e tyre, me njëri tjetrin. P.sh, 'Mos u ndërhyj fare, se e kanë brenda përbrenda, vetë i zgjidhin ato punë'.

Ka mizën mrena;- d.m.th, ka hile. P.sh, 'Mos u ngut, se kjo gjë me sa shoh unë, ka mizën brenda'.

Ra mrena;- dikush, ra në burg. P.sh, 'Kemi marrë vesh që Gupi ra mrena- dini gjë ju apo jo?'. 2- shaka, dmth., nuk e kuptoi hilen. P.sh, 'Sa i urtë ishte i shkreti, ra mrena menjëherë'.

Fut shejtanin mrena;- dikush tepër ngatërrestar. P.sh, 'Matia fut shejtanin mrena, po qe për atë punë'.

Bréngë,/-a,/-at;- femër e shëmtuar por dhe llafazane. P.sh, 'Kjo Matia, sa brengë që është xhanëm!'

Vërdallë një brengë;- diçka e dyshimtë, një dhimbje. P.sh, 'Vajta bëra një vizitë sot te mjeku, se ka mjaft ditë që më sillet vërdallë një brengë'.

Brengë e keqe;- femër e ligë, por dhe e shëmtuar. P.sh, 'Po çfarë ka sot që sillet si brengë e keqe këtej nga ne Tall, dhe ironi, për një burrë që s'ka burrëri'.

S'ka se kush ta heq brengën;- s'ka se kush ta qan hallin. P.sh, 'Mirë thua ti more bir, ashtu mund të jetë po sot s'ka se kush ta heq brengën'.

U ra brenga (bagëtive), u ra çalosa;- P.sh, 'U bëri vaksina në pranverë, po atyre u ra se u ra brenga'.

I kishte dalë brenga n'fyt;- keq.,

sëmundja e gushës, dikujt. P.sh, 'Të gjorit i kishte dalë brenga në fyt e mezi fliste'.

Mos ma lëndo brengën;- mos mi kujto vuajtjet. P.sh, 'Mjaft më e mos ma lëndo brengën të lutem'. **Ç'brengën ke?;-** pyetsore tangjente. P.sh, 'Ç'brengën ke -hë fol -iu hakërrye Kola së shoqes kur ajo do të shkonte të bëjë pazarin'

Bréshër,/-ri,/ at

Si shiu me breshër;- tërë nerva e zhurmë. P.sh, 'Po ky ç'pati që na erdhi si shiu me breshër kështu'.

Breshri mbi breshër;- keq., kur vjen e keqja, hapi derën. P.sh, 'Nuk na u hoqën ndonjëherë këto bela, por ngelëm breshër mbi breshër'.

E báni breshër;- e dërrmoi, e copëtoi diçka. Ra një shi dhe e bëri breshër dushkun në mal, misrat në arë etj.

U qamë nga shiu e ramë n'breshër;- nga një e keqe, në tjetrën. P.sh, 'Ne thamë se sot ishte më mirë kështu, po u qamë nga shiu e ramë në breshër'

Breshëri,-/ a

Ja futi një breshëri t'fortë;- shaka. Dikush që lëron gazra me forcë nga poshtë. P.sh, 'Dikur ia futi një breshëri të fortë, sa u desh të ndërrojmë vend'.

Ia ka me breshëri;- shaka, fjalët, shakatë, romuze. P.sh, 'Mos e ngacmo Malon fort se i ka me breshëri ai dhe ec e ndaloje pastaj'.

Breshkaq/e;- ironizuese, fjalë e rrallë, frymor i dobët nga shëndeti. P.sh, 'ky djalë qenka si breshkaq i gjori', 'Erdhi ajo breshkaqja e filloi të na shiste mend'.

Breshkë,/-a/-at.

E kërkon si breshka gozhdën;- e kërkon vetë të keqen. P.sh, 'Ne i thamë të mos vinte andej, po kur i thonë fjalës, e kërkoi si breshka gozhdën'.

Si breshka nëpër plisa;- dikush që në jetë shkon rrukthi dukthi. P.sh, 'Gjithë jetën shkoi si breshka nëpër plisat'.

I hanë breshkat n'torbë;- që është tepër e ngadaltë, e ngathët, e humbur, e vogël. P.sh, 'Nuk është nuse ajo për djalin tënd, asaj i hanë breshkat n'torbë çfarë flet ti?!'

Breshka se le ferrën;- ironike, njeriu ngado të vejë, shtëpia e tij i duket e ëmbël. P.sh, 'Mirë thua ti, por nuk breshka se lë ferrën kollaj'.

I ka hyp breshkës e ti prit Stambollin (dikush);- ironi, ecën a punon shumë ngadalë. P.sh, 'E huha, Malo i ka hipur breshkës,ti shko e prit Stambollin po deshe ?!'

Edhe breshka i ka qejf dardhat e buta;- gjithsekush e dëshironi të mirën. P.sh, 'Pse keq e ka?! Gjithsekush i ka qejf dardhat e buta'.

Prit breshko, të vijë behari;- shaka ironike, duhet kohë që të bëhet diçka. P.sh, 'Unë them martohu tani djali im, e ti më thua prit breshkë, të vijë behari'.

Si garroq breshke;- që është kurriz dalë. P.sh, 'E njoha menjëherë se e kishte kurrizin si garroq breshke'.

Ra breshka n'gropë;- shaka. Mezi që e merr veten. P.sh, 'Punoi tërë një jetë burri dheut, përsëri ra breshka në gropë'.

Bretkós/-ë,-a,/-at

E shqeu si bretkosë;- d.m.th, inat, zemërim, nxehje. 'Gupin e shqeu gomarin si bretkosë, se i hëngri bukën'.

Si bretkosat n'gjol;- fëmijët që ngelin gjithë kohën në ujë. P.sh, 'Dilni more bir prej andej se ngelët si bretkosat në gjol gjithë ditën'.

Ec bretkosa, ec e mos pusho?;- iron., d.m.th, kur nuk ecën puna, fjala, miqësia apo shoqëria. P.sh, 'Kështu u bë kjo punë tashti, ec bretkosa ec e mos pusho'.

Gjol bretkosash;- punë e zhytmë. P.sh, 'Po ç'e paske bërë këtë kopsht more fëmijë, si gjol bretkosash'.

Brez,/-i,/-at

I futi një brez, (brezore);- ha pak bukë. P.sh, 'Rri sa të rrish, futi një brez dhe hajde pastaj'.

Sikur e ka n'brez;- ir., për dikë që e ka përgjigjen te goja. P.sh, 'Po ti sikur e ke në brez, o burri dheut'.

Me revole n'brez;- shaka, i gatshëm kurdoherë, për çdo veprim. P.sh, 'Mos e ki merak Noken, se atë e ke gjithmonë me revole në brez'.

Murin dhe burrin e mbajnë brezat;- çdo gjë ka një bazë që e mban që të mos shembet. P.sh, 'Të kuptova deri në fundit muhabetin tënd, por murin dhe burrin e mbajnë brezat'- kanë thënë të moshuarit.

Si brez prej myje;- dikush që nuk ndërron mendje dhe mban besën.

P.sh, 'Me të atë nuk je keq, se si brez myje e ke për çdo punë'

Bri,/-ri,/-rët

Budalla me brirë;- ironi. Më shumë se budalla, por dhe kokëfortë. P.sh, 'Ore po paska qenë budalla me brirë, e mezallah se më hiqet'.

I ra një bri;- shaka, d.m.th, i ngeli hatri për diçka. P.sh, 'I foli i ati, prandaj i ra një bri e nuk flet'.

Me dy brirët përpara;- shaka, dikush që e fillon një punë me inat e me vrull të madh. P.sh, 'Veç pak u desh që ta shtyje Kolën, pastaj ia fillonte punës me dy brirët përpara'.

I futi një bri;- shaka dhe ironi, dikush që prish një muhabet apo diçka për pesë para spec. P.sh, 'Deri atëherë punët e fejesës së çupës nuk qenë aq keq, veç kur vjen Nokja, i fut një bri të mirë dhe e hudhi me bythëpërpjetë lidhjen miqësore'.

I hanë brirët si viçit n'trirët (fëmijët);- kërkon të grindet, apo dikush që bën naze për diçka. P.sh, 'Nuk e di se çka ashtu sot që i hanë brirët si viçit në trirët, ndoshta do disa shuplaka bythëve'.

S'ka brirë viçi;- ironi. Nuk është i zoti për atë punë që ja keni ngarkuar, duket vetiu, është e qartë. P.sh, 'Mirë thoni ju, po s'ka brirë viçi për më tej'.

Mprehur brirët;- dy vetë a më shumë që janë gati të zihen, ose po grinden keqas. P.sh, 'Nuk e di se ç'kanë, por shoh se i kanë mprehur brirët si për qerbela'.

Ia nguli brirët n'plëndës (idiot, injorant);- dikush që prish një plan apo muhabet. P.sh, 'Ku dreqin vajtët dhe ia treguat atij gjithë planin, nuk e patë se vajti e ia nguli birin mu në plëndës?!'

I ve shytës brirë;- ironi. Njeri që i stërmadhon gjërat, mashtrues apo tip tregtari. P.sh, 'Fola pak me Noken, por ai shejtan i vë shytës brirë dhe hajt e shko më tutje po deshe'.

Nuk ke për t'nxjerrë brirë;- e tallur ironike, (sillet në analogji djalli me brirë), d.m.th, nuk ke për t'u bërë i veçantë. P.sh, 'Hajde çohu tashti nga të ngrënët, se nuk ke për të nxjerrë brirë 2- 'Hë tashti si të shkojë fjala, ke për të nxjerrë brirë?'

Brinjë,/-a,/ -ët.

Më ranë brinjët, kërbishtet;- lodhje, rraskapitje. P.sh, 'Kam kaq vite që më ranë brinjët sa në punë, sa në shtëpi'.

Rrinin brinjë m'brinjë;- d.m.th, që duhen. P.sh, 'Ishte për ti pasur zili Gjelajt, ata i rrinin brinjë më brinjë njeri tjetrit. 2- keq, d.m.th, që urrehen. P.sh, 'Kishin kohë që i rrinin brinjë më brinjë njeri tjetrit, se për çfarë nuk dihet'.

N'at brinjë bie, n'at brinjë çohet;- shaka, dikush që nuk ndërron rrugë, mendje, apo mënyrë. P.sh, 'Matien ashtu e ke, në atë brinjë bie në atë brinjë çohet'.

Të mbaje brinjët me dorë;- shumë komike. P.sh, 'Kola, dashur pa dashur, të bënte të mbaje brinjët me dorë 2- Zemërim. 'Do të rrah more djalë që të mbash brinjët me dorë'.

Gruaja ásht nga brinjë e burrit;- fetare, Havanë e krijoi Allahu nga brinja e Ademit. P.sh, 'Gruaja është nga brinjë e burrit, prandaj kujdesu dhe mbaje si pjesën tënde të trupit'.

E qasi brinjën për muri;- hidhëruese, vdiq e shkoi. P.sh, 'Vuajti goxha murg plak, më në fund e qasi brinjën për muri'.

Si brinje shtremët;- fetare, tangjente. Jo e drejtë, me qëllim poshtërimi. 'Matia u soll me Kolën si brinja e shtrembër. Kola këtë rast nuk kishte faj'.

I numëroheshin brinjët;- 1- i dobësuar në kulm. P.sh, 'Kur doli nga burgu i numëroheshin brinjët'. 2- 'Kali ishte aq dobësuar këtë dimër, sa i numëroheshin brinjët.

Brinja foli vetë;- fetare, d.m.th, e vërteta doli në shesh. P.sh, 'Nuk u desh më argumente prej të dyve, si Malos e Matisë, se u pa, brinja foli vetë'.

I theu koc e brinjë;- d.m.th, e shkatërroi dikën keq, materialisht dhe moralisht. P.sh, 'Aq qe puna sa filloi t'i merret djali me pisllëqe, i theu koc e brinjë të atit'. **Na theve brinjët;**- ironi, na mbushe me gënjeshtra. P.sh, 'Po mos tani se na theve brinjët o Gupi, ke tërë ditën dërr dërr'.

I zbërtheu fije e brinjë (dikujt);- keq, e rrah fort. P.sh, 'Sa e pa se kush ia vidhte arën, Nokja e kapi dhe ia zbërtheu fije e brinjë'.

I zbuti brinjën;- shaka, dikush që sapo është martuar. P.sh, 'Mos e ngacmo djalin e gjorë, se i zbuti brinjën nusja'.

Si derrit, brinjë m'brinjë;- ironi. Kur sulmon dikën dhe e mund keqas me fjalë gjatë një muhabeti. P.sh, 'Priti sa priti dhe më në fund ia mbajti si derrit, brinjë më brinjë'.

I ra dik e për brinjë;- sipërfaqësore, pa ndrojtje e frikë. P.sh, 'Kola i ra dik e për bri fjalës, pa iu dridhur qerpiku syrit dhe mirë bëri, e dinim mirë...".

E ha brinjën;- treguese afirmative, dikush, akoma bëhet për burrë;-akoma i fortë dhe i fjalës. P.sh, 'Mos ia qaj hallin tim shoqi ti, se ai e ha akoma brinjën'- tha teze Mitja dhe iku në dhomën matanë.

E mori për brinjësh;- Treguese, neglizhencë, që nuk e kupton fjalën se ku e ke dhe hidhet përpjetë'. P.sh, 'Unë nuk ia pata me ndonjë qëllim të keq, por Nokja e mori për brinjësh dhe kërceu përpjetë sikur e pickoi një akrep'.

Brisk,/-u,/-qet.

Si me brisk;- shaka, tallëse. Nuk e la të bënte asgjë më tutje. P.sh, 'Sa bëri Nokja të thotë diçka, Malo ia preu si me brisk, e Nokja pa ç'pa u ul në vend'.

M'rrove, t'rrova, brisku i berberit;- baraspeshë, nuk fitoi asnjë, as më ke, as të kam. P.sh, 'Dhe kështu puna djalë i mirë, shko tani. Kjo punë kështu e ka, më rrove të rrova, brisku i berberit'.

Të preska brisk;- treguese, qartësuese, shumë ftohtë. P.sh, 'Apapa, sot të preska brisk moti'.

Qánka ba brisk;- shaka, dikush rruar e pastruar për të vajtur në dasmë. P.sh, 'Kola qënka bërë brisk e po niset, ti thua që ai nuk po vjen?!' 2- dehur, apo nevrikosur.. P.sh, 'Gupi qënka bërë brisk sot.

Nuk ia vinte briskun fare;- negative, dembelizëm, moskokëçarje. P.sh, 'Ne i thamë që të mos shkonte andej, por ai nuk i vuri briskun fare se çfarë thamë ne, dhe si përfundim iku'.

Merre briskun;- ironike, sugjeruese. P.sh, 'S'ke asgjë se çfarë të më bësh, unë kujtova për diçka tjetër, por po qe për atë punën merre briskun e hajde, se këtu më ke'.

Në teh t'briskut;- transparente, negative, diçka shumë keq, gati për të mos ngritur kokë më. P.sh, 'U ra zjarri atyre të Kolajve dhe shkuan në teh të briskut'.

E bán brisk;- treguese afirmative, kur delet e hanë një lëndinë apo shavarishtë deri në rrënjë nga uria. P.sh, 'Ndenjën gjithë ditën aty sa e bënë shavarin brisk'.

Brumbull,/-i,/-jt (lokale, brumull)

Si brumlli nëpër plisa;- shaka 1- Njeri i vogël me trup, por që tenton të bëjë diçka me gjithë pamundësinë e vet. P.sh, 'Mirë që ai, po nuk e patë që ai shkon si brumbulli nëpër plisa- e nuk mundet?!

Po i lëviz brumlli;- shaka, kur djemtë e ri janë në kohën e pubertetit. P.sh, 'E shikoj që vjen vonë në darkë, e po i lëviz nga pak brumbulli, por është mosha e tyre'.

Si brumlli n'qyp;-tall., dikush që lexon apo këndon me zë të mbytur. P.sh, 'Po ti ç'ke që bën si brumbulli në qyp', i tha mësuesja Nokes-se aji mezi po i shqiptonte fjalët.

Si brumull bajgash;- urryese, d.m.th, njeri që merret me punë të liga. P.sh, 'Po ti ngele si brumbull bajgash tërë jetën more njeri, nuk dimë se çfarë të bëjmë me ty?'

Si brumujt nëpër ara;- shaka, kur fëmijët shkonin të mblidhnin kallëzat e grurit nëpër arë pas autokombajnës. P.sh, 'Dikur u lëshuan si brumbujt nëpër ara dhe nuk lanë asnjë kalli gruri për tokë".

Nxori brumulli fletë;- d.m.th, erdhi pranvera, ngrohu koha. P.sh, 'Filloi brumbulli të nxjerrë fletë, do të thotë se pranvera është afër'. Fig., mori fjala dheun. P.sh, 'Aq e pat sa nxori brumbulli fletë, e pastaj hajt e dëgjo gojët e botës'.

Ka brumullin n'brekë;- shaka, njeri që ngutet në mënyrë të tmerrshme. P.sh, 'Po ti pse bën sikur ke brumbullin në brekë o burri dheut, kjo punë mbaron shpejt e pa u ngutur'.

Brúmë,/-i

Iu thartua brumi;- zemëruese, dikujt i ngeli hatri apo nuk i erdhi mirë. P.sh, 'Ne nuk i thamë asgjë të keqe, por atij menjëherë iu thartua brumi dhe iku e s'u pa më me sy'.

U thartua brumi;- zemëruese, por dhe indinjuese, u prish një miqësi, shoqëri. P.sh, 'Kola shkonte shumë mirë me Malon, e nuk e dimë se nga u thartua brumi e, tani ka kohë që nuk flasin më, por mesa duket kjo gjë shkon sipas brumit'.

Si pas brumit;- treguese absolute, sipas racës, pas gjenezës. P.sh,

'Duket sipas brumit ai –ajo- që nuk do t' na fëlliqë'. P.sh, 'Qëkur e kërkuam nuse për djalin, e dinim se ajo dukej sipas brumit se do të jetë nuse mirë'.

E kapi, zuri me duart n 'brumë;- denigruese, e kapi mat. P.sh, 'Ndenji disa kohë duke e përgjuar, po më në fund e kapi me duart në brumë'.

Bismilah e n'brumë;- shaka qetësuese, dikush që sapo martohet, atë natë, menjëherë kryen marrëdhënie me nusen e tij. P.sh, 'Po ti more burri i dheut, bismilah e në brumë, as nuk tu prit hiç?!'
2- dikush që të ulet në sofër pa e ftuar fare- shaka. 'Kola i shkoj Malos drejt e në brumë, e Malo pa vërdallë e filloi të qeshë'.

Brumë i hajrit;- Natyrshmëri, njeri, mall që ia vlen. P.sh, 'Ajo që thua ti Kolë, është brumë i hairit, e për tjetër gjë, nuk ma merr mendja'.

Brumë pa bismilah;- ironi treguese negative, njeri që sjell vetëm prapsira në shtëpi apo shoqëri. P.sh, 'Nuk ma mbush mendjen për atë, se ai më duket shumë brumë pa bismilah'.

Brýdhët (i, e) Dardha e brydhët bie nën dardhë;- sendin e mirë e merr ai që ndodhet afër. P.sh, 'Kot mundohesh ti prej fshatit, pse thonë që dardha bie nën dardhë këtu në qytet'.

Si meleq i brydhët;- njeri shumë i dashur dhe i paqtë. P.sh, 'Kola ishte si meleqe i brydhët, kishe qejf të bisedoje me të.

Mollë e brydhët ku qe mrámë, Kam kërku për ty dynjanë. Pyta babë e pyta nánë, Ika shkova mentë më lanë. Moj aman aman. (Këngë granishë, e vjetër, Dragostunjë)

Búall,/-i/-jt, (lokale, bull)

Si bull bataku;- treguese, injoruese, mezi del nga një situatë. P.sh, 'Shumë kohë ka që merret me atë punë, e ngeci si buall bataku e s'mund po del prej andej'.

Kur t'bájë bulli vezë;- shaka, kur të këndojë qyqja nga bishti. P.sh, 'Po po, ke për ta marrë atë vajzë për nuse, kur të bëjë bualli vezë'.

Si lëkurë bulli;- keq, që nuk turpërohet dhe, as i bëhet vonë. P.sh, 'Me Gupin mos u kap se ai e ka lëkurën si lëkurë bualli, e asnjëherë nuk pendohet'.

Hall me buaj e hall me qe;- problematike, kur ngec njeriu midis dy gjërash, ose të has sharra në gozhdë, as andej as këtej. P.sh, 'Nuk di si t'ia bëj çështjes së Kolës, hall me buaj e hall me qe është puna tij'.

Kur t'hyjë bulli n'vesh;- ironi, kurrë nuk ka për të ndodhur. P.sh, 'Ajo që po thua ti, është si të thuash, kur të hyjë buall në vesh, atëherë do të bëhet?!'.

Ta bán vezën bull;- superlative treguese, që i zmadhon sendet pa qenë nevoja. P.sh, 'Kola kur flet duhet që ta kesh pak kujdes, se ta bën vezën buall, e ti nuk e kupton fare'.

Rrun bujtë; tall dmth nuk bën asgjë prej gjëje. Psh. Meqë më pyete për Malon, Maloj rruan buajt më kanë thënë.

Bub,/- i

Ç'báni qen e ç'báni bub;- d.m.th, ironike. aty aty janë. P.sh, 'Ti pse mërzitesh për ata, ç'bëri qen e ç 'bëri bub, njësoj është'.

T'i rrushë lesht e bubit;- keq, me nder ti heqësh leshin nga poshtë. P.sh, 'Ja po ta them ndër sy, e ti të më rruash lesht e bubit'.

Si bubi pas zagarësh;- sugjeruese, urryese. Që ndjekin njëri tjetrin në sende jo të ndershme. P.sh, 'Mos më fol ore aman, se si bubi pas zagarësh ngelën gjithë kohën'.

Lef si bub;- tallëse, dikush që flet, e kurrë nuk ndalet, fjalë koti.. 'Ky Rrapi ka kohë që leh si bub, e kush nuk ia thotë të ndalet'.

Bubareq,/-i;- fjalë e rrallë fetare d.m.th. Zoti. P.sh, 'Si ta ketë folur ai bubareq'. 'Të faltë bubareqi ty të faltë, sa njeri i mirë që qënke'. Ose, 'E di bubareqi se si do të shkojnë punët'.

Buburrec,/-i,/-ët.

Filluan ti lëvizin buburrecat;- shaka, filloi të inatosej. 1- filloj të ndihej për burrë (për djemtë e rinj). P.sh, 'Sa bëri Nokja të flasë, Kolës filluan ti lëvizin buburrecat' 2- Kanë filluar të lëvizin buburrecat djalit, por tani kjo është e natyrshme.

Ec ec, buburrec;- shaka, d.m.th, kur nuk ecën puna fare. P.sh, 'Kësaj i thonë ec e ore burrec dhe ne ngelën gjithë ditën pa bërë asnjë kokërr leku'.

Bucelë,/-a,/-at.

Futja duqin bucelës;- shaka. Mos lësho gazra se na mbytët. P.sh, 'Bëni ç 'bëni atje, futjani duqin bucelës se po shkon mik e na turpëroni, u tha Kola djemve kur ishin duke u nisur'.

Bërë Zoti bucelë;- treguese, e

sinqertë, d.m.th, që nuk shteronte fare. P.sh, 'Bleva një lopë ti Kolë në pazar, po e kishte bërë Zoti bucelë të uruarën'.

Prish bucela e báj bucela;- baraspeshë negative, njeri që nuk nxjerr dot një punë me krye, ose nuk bën asgjë, dembel. P.sh, 'Po pyete për Gupin, ai prish bucela e bëj bucela, është tërë kohën'.

Búcë,/-a,/-at.

Si qeni pas buçës;- d.m.th, njerëz imoralë, pa farë drejtimi. P.sh, 'Mos më fol për ata, se gjithnjë ata si qentë pas buçës kanë shkuar'.

Buçurit,/- ur/- fjalë e rrallë, zë që lëshon një ka i patredhur kur rend pas një lope, ose kur kruan brirët pas trungut apo rrënjëve të një druri'. 'Buçurisin qetë', 'Nuk ndalon së buçurituri'.

Buçuritem;- vetvetore, d.m.th, flas nën hundë, jo qartë. P.sh, 'Nuk e di se ç'kam sot që buçuritem kështu, nuk e kuptoj?'

Buçkoja;- që është faqe fryrë.

Buçko faqe dërrase;- ironike, ai që mendon se di shumë gjëra. P.sh, 'E po ishte një buçko faqe dërrase Rrapi, që nuk ia gjeje dot shokun'.

Na, more buçko;- ironi, dmth, dëgjo këtu more idiot? P.sh, ' Naa, more buçko, ku vete ti ashtu pa na pyetur neve?!'

Budalla,/-qe

Shejtan budalla;- shaka dhe ironi. Dhe i mençur dhe i djallëzuar. P.sh, 'E po të jetë tjetri shejtan budalla kështu, nuk më kanë parë sytë'.

Sa t'mendohet i mençuri, budallai mbaroj punë;- kush shpejtoi, fitoi. P.sh, 'Ehuhaa!- Kështu si thua ti, sa të mendohet i mençuri, budallai ka mbaruar punë!'.

Budallallik me thes;- d.m.th, kot e përtej së kotës. P.sh, 'Kjo gjë që pashë prej tij, ishte si të thuash budallallëk me thes'.

Buf,/-i,/-ët

E di dhe bufi;- është e ditur me kohë. P.sh, 'Kujtova se çfarë do t na thoshe, po këtë gjë e di dhe bufi por i nderuar'.

Faqe buf;- i shëndoshë dhe i bukur. P.sh, 'Sapo e pashë atë faqe buf, menjëherë vërejta se ai dinte ta mbante veten mirë'.

Si ato orët me buf;- shaka, (orët kineze), dikush që sheh sa andej këtej, por është dhe i vëngër. P.sh,

'Po ky ç'mi bën sytë si ato orët me buf, tërë kohën?!'

Buf pulash;- ironike, dikush që në dukje duket i mençur, por sjelljet janë jo korrekte. P.sh, 'Po ai ç'ngeli ashtu si buf pulash, e nuk po lëviz fare?!'

Mos t 'marrtë bufi mësysh;- shaka. P.sh, 'Paske një djalë moj nuse, që mos ta marrtë bufi mësysh'.

Bujar/ i,/-a

Dora e bujarit dhe pushka e trimit;- transparencë, aty ku do të rrjedhë, do të pikojë. P.sh, 'Pse thonë që dora e bujarit dhe pushka e trimit nuk mbahen?'.

Femër bujare;- ironi dhe tallje, që shkon me të gjithë. P.sh, 'Po sa grua bujare që është e uruara, asnjë nuk kthen mbrapsht'.

Bujari në gradë shehidi;- fetare. Aq e rëndësishme është bujaria në faqe të Perëndisë, sa e ka klasifikuar me atë që vritet shehid në luftë.

Dhe bujar dhe saraf;- të dyja nuk shkojnë bashkë, shaka. P.sh, 'Bëj njërën tani, dhe bujar dhe saraf këto nuk shkojnë bashkë'.

Bujashkë,- a, -at.

Nxir (nxjerr) bujashka;- treguese transparente, nxjerr yçkla. P.sh, 'Kola ka kohë që nxjerr bujashka, po nuk e dimë ku e ka problemin'.

Ta nxir bujashkën nga syri;- d.m.th, që të gjendet në çdo lloj rasti e nevoje. P.sh, 'Malo është mik që ta nxir bujashkën nga syri vallahi'.

Si bujashkë;- ashpërsi, vrazhdësi, neglizhencë. P.sh, 'Sa e zura prej dore, pashë që duart i kishte si bujashkë nga të ftohtit'. 2 –'Kur flet Rrapi, si bujashkë i ka fjalët' 3- Gupi e la gruan si bujashkë e shkoi në drejtim të paditur.

Bán kala me bujashka- tall flet gjepura, pa lidhje. Psh Po ky bën kala me bujashka kështu?

Bukalere,/- ja,-et;- fjalë e rrallë. Dhjamë bagëtie pasi shkrihet në enë në zjarr, hiqet dhe lihet të ftohet derisa të ngrijë formë buke e rrumbullakët, bukalere dhjami ose bukalere djathi, bukalere fiqsh.

Si bukalere;- d.m.th, e bukur, e pastër, e ndershme. P.sh, 'Matia qe si bukalere kur qe vajzë, por tashti i ka disa vite mbi supe'.

Búkë,-a/ -ët

I bie bukës me këmbë;- neglizhencë, bukëshkalë. Psh, 'Mos i bjer bukës me këmbë, se e mira të thyen qafën'.

Si buka që ha;- sigurtësi, pa asnjë dyshim. P.sh, 'Këtë ta kesh të sigurt, si buka që ha se do ta mbaroj'.

Unë me bukë e ti me gurë;- ironi, d.m.th, unë me të mirë e ti me të keq. P.sh, 'Kjo nuk shkon kështu unë me bukë e ti me gurë'.

Bukë e krypë e ç'na ka ndih' Zoti;- transparente, koherente. P.sh, 'Urdhëroni të hamë, bukë e kryp e ç'na ka ndih Zoti'.

Bukë e vjetër;- shprehje treguese, shok apo mik prej kohësh. P.sh, 'Neve mos na nga, se ne jemi bukë e vjetër'.

Ha bukë veç;- treguese afirmative, d.m.th, tepër i mirë dhe i mrekullueshëm. 'Për Noken mos më fol, se Nokja ha bukë veç'.

Ha bukën e turkut bán duanë e kaurit;- d.m.th, njeri me dy faqe. P.sh, 'Rrapi ashtu ka qenë përherë, ha bukën e turkut bëj duanë e kaurit'.

E ka si bukën e djathë;- transparente treguese, një fjalë apo një punë. P.sh, 'Kola të sharën e ka si bukë e djathë, prandaj mos i vër re dhe aq shumë'.

Ndërruan bukë;- afirmative, ndërruan nishanet e nuses. P.sh, 'Sot ishin ata të nuses së djalit këtej se ndërruam bukë'.

Me bukë n'gojë;- veprore, konsulentë, që është dreqi vetë. P.sh, 'Po ai donte vrarë me bukë në gojë, se na la tërë natën gojën hapur'. Veprore negative, 'Rrapi do vrarë me bukë në gojë për atë dëmin që u shkaktoj Kolajve'.

Buka nuk báhet baltë;- transparente, sugjeruese, d.m.th, nuk duhet shkelur haku dhe prona e tjetrit. P.sh, 'Djem kini kujdes së buka nuk bëhet baltë me cilindo qoftë'.

Të zántë buka qafën, fytin;- dëshirore negative. P.sh, 'Unë të kam qenë në të drejtë, e ty të zëntë qafën buka ime që më shpabese'.

Ka ardhur n'bukë;- d.m.th, në moshën dhe kohën e vet. P.sh, 'Vajza ka ardhur në bukë të vet dhe duhen hapur sytë për ta sajuar gjëkundi'.

Iu mykën bukët;- treguese komike. Nëse një femër hipte në gomar, thuhej i myken bukët kur të martohet. P.sh, 'Ka hipur gomarit ajo, prandaj iu mykën bukët'.

Qënka si bukë;- afirmative e dëshiruar, d.m.th, hëna pesëmbëdhjetë. P.sh, 'Kur dola të ikja pashë që hëna ishte bukë 2- nuse shumë e pashme. P.sh, 'Ajo nuse e Kolës qenka mashalla si bukë'.

Njëqind gozhdare bukësh;- treguese, baraspeshë, shumë i vjetër. P.sh, 'Pashë që po fliste me një burë njëqind gozhdare bukësh, dhe nuk e ngava'.

Për at' bukë;- betim, imponuese. P.sh, 'Për at bukë do të vij atje të rrah (nëna- fëmijëve)'.

Vajtën (erdhën) me bukë;- d.m.th, kur lind një fëmijë shkojnë njerëzit e nuses dhe farë e fisi me byrek, se ka lind nusja. P.sh, 'Kolajt mbrëmë erdhën me bukë dhe e kaluam shkëlqyeshëm'.

Bukós,/-a;- fjalë e rrallë, kur ngec diçka, buka në fyt, tymi në oxhak. P.sh, 'M'u bukos buka në fyt'. 2- Kur oxhaku nuk e tërheq tymin si duhet. 'U bukos oxhaku, u bukosën tubat e stufës'.

Iu bukos oxhaku;- shaka, d.m.th, kollitet nga duhani. P.sh, 'Mos e nga të gjorin se iu bukos oxhaku dhe mezi po merr frymë'.

Ma bukosi;- d.m.th, tepër i bezdisshëm. P.sh, 'Nuk pata se s'bëja se ma bukosi shumë keq, prandaj i rashë'.

Bulçí,/-a,/-të

Tár faqe e bulçi;- d.m.th, i nxehur. P.sh, 'Kur e pa që erdhi tërë faqe e bulçi, ajo nuk i tha as një gjysmë fjale Kolës'.

Bulçi tokë;- treguese, një copë tokë i nxjerri si xhep anash. P.sh, 'Punoje atë bulçi tokë dhe hajde lart'.

Varur bulçitë;- shaka, ishte zemëruar. P.sh, 'Kur erdhi e pashë që i kishte varur bulçitë se si duket i kishte foluri ati'.

Të daltë me gjithë bulçi;- mallkim. 'Nuk kam se çfarë të them tjetër, por haku im të daltë me gjithë bulçi'.

Volli me tár bulçitë;- shprehje ironie 'Volli me tërë bulçitë te shefi, ngase iu zu vendi punës'.

Rri me bulçi;- shaka, d.m.th, turi varur. 'Psc Kola na rrika me bulçi sot, çfarë ka bërë vaki?!'

Bulë,/-a,/-at

Nuk i la bulën;- afirmative, d.m.th, e thau krejt. P.sh, 'Malo e ngriti shtamën në krye e nuk i la bulën'.

As dhe bulën;- d.m.th, e tharë komplet. P.sh, Isha sot pas visë së malit, por nuk kishte as bulën e ujit'.

Ka lëshuar fiku bulë;- shaka,

kur djemtë e ri vijnë në moshën e tyre. P.sh, 'Hë more djem, ka filluar fiku bulën, hala apo jo?!'.

E qëlloi në bulën e bardhë;- shaka, e bëri për vete, d.m.th, kreu marrëdhënie seksuale. P.sh, 'Mirë thua ti, po ai e qëlloi në bulën e bardhë dhe u zhduk'.

I shkonin lotët bula bula;- emocionale, qante me të madhe. P.sh, 'Kur erdha në shtëpi, e gjeta djalin që i shkonin lotët bula bula'.

Ishte bulë e djalit, vajzës;- shumë të hijshëm, për mashallah. P.sh, 'Fshini sytë se qenka bulë e djalit, u tha Kola fqinjëve'.

Bulmet,/-i,/-rat.

Ai stan, at' bulmet ka;- d.m.th, çfarë të mbjellësh do të korrësh. P.sh, 'Sa herë u kam thënë që ai stan, atë bulmet ka'.

I zuri bulmeti kryma;- transparente, ironi, që nuk lëviz nga vendi. P.sh, 'Po hajde more djalë shpejto, se të zuri bulmeti krimba'.

Nuk iu pa as ysmeti dhe as bulmeti;- emocionale, njeri i pa hajrit- që nuk i duhet askujt. P.sh, 'Pse më pyet për Noken, atij nuk iu pa as ysmeti dhe as bulmeti more bir'.

Nuk i zë kollaj bulmeti kryma;- sugjeruese, që është i shkathët në fjalë e punë. P.sh, 'Po atij nuk i zë kollaj bulmeti kryma, e nuk e di se si ndodhi sot'.

Bulmeti Zotit;- dashuruese, njeri dede. P.sh, 'Mos e shani Matinë, se bulmeti Zotit është dhe ajo e varfra'.

Iu qelb bulmeti n'kade;- afirmative dikujt, d.m.th, i dolën të palarat jashtë. P.sh, 'Aq e ka ajo punë, po u qelb bulmeti në kade, shko e hidhe në përrua pastaj'.

As për stan e sa për bylmet;- Baraspeshë, njeri jo i hajrit. P.sh, 'As për stan e as për bylmet nuk e ke atë, unë kështu të them'.

Bylmetsëz;- treguese, njeri i pa vlerë, njeri i keq. 'Sa bylmetsëz ishte, i gjori Rrap'.

Bullédër,/-ra,/ -rat

Qafë bulledër;- shaka, ironi, njeri që e ka qafën e trashë, por dhe i palarë. P.sh, 'Epi të hajë dhe largoje atë qafë bulledër prej andej'.

Shet (pret bulledra) bulledra;- tallje, flet kot.. P.sh, "Dhe ti Kolë mos na shit bulledra tashti se nuk ta kemi ngenë'.

Burgji,/-a,/- tëş- vidhë

Ia mlodhi burgjitë;- d.m.th, ia shtrëngoi hesapet. P.sh, 'Nuk punoi për shumë kohë, por sa u martua nusja ia mblodhi burgjitë djalit e tani s'ka burrë nëne qe e ndalon më'.

Ka një burgji e gjysmë mangët (dikush);- shpërfillje, është si budalla. P.sh, 'Mirë o mirë, po u dëgjoj, por për mua ai ka një burgji e gjysmë mangët se?'!

Ia grasatoi burgjitë;- shaka, kreu marrëdhënie seksuale. P.sh, 'Unë e pashë me sytë e mi, sapo i grasatoi burgjitë dhe iku me vrap andej nga përroi'.

Vinte burgji vërdallë;- treguese, ose vërdallë si burgji, kishte një siklet. P.sh, 'Nusja e djalit ishte në të rëndët e vinte vërdallë burgji, derisa e dërguan në spital'.

Veni burgjinë tezeş;- shaka, shtrëngoje bythën dhe puno. P.sh, 'Unë kështu të them që vëri burgjinë tezes dhe futu punës'.

Burgjia e ka punën;- tallje, d.m.th, bytha, ajo pas duhet shtrënguar. P.sh, 'Mirë thua ti, po burgjia e ka punën'

Kujdes burgjinë se e këput;- shaka, d.m.th, Mos u lodh aq shumë, se të bie bretku. P.sh, 'Ore djalë- kujdes burgjinë se e këput, se punë e rëndë është ajo?!'

Burrë,/-i,/-at

S'ka burrë e njeri;- thuhet kur vjen një mysafir, e grania vetëm janë. P.sh, 'Me gjithë qejf të kishin futur brenda, po s'ka burrë e njeri, dhe nuk mundemi'.

S'ka burrë e gjysëm nëne;- s'ka njeri (që t'ia dalë në krye një pune), shaka. 'Po këtë punë s'ka burrë e gjysëm nane, që e mbaron ore, jeni në vete ju apo jo?!'.

M'u bá burri i nënës e baba gjallë;- e kam halë në sy, e urrej së tepërmi. P.sh, 'Për atë mos më fol të lutem, se po më duket burri nënë e babën gjallë'.

Ishte bá për burrë;- d.m.th, ka rënë në moshë seksuale. P.sh, 'Ishte bërë për burrë dhe po lahej e gjora me ujë të ftohtë'.

S'të bán për burrë fareş;- nuk të respekton fare, nuk ta var fare, të injoron. P.sh, 'Kam bezdi ta takoj Noken, se nuk të ban për burrë fare'.

Një burrë e gjysëmş;- shaka, më shumë se çmendoni. 'Kola është një burrë e gjysëm për nder, prandaj mos ma ngitni'.

Bush,/-i,/-et

Hanin me lugë bushi;- ironi,

akoma me të vjetrën, pa zhvilluar. P.sh, 'Vajta te ata për vizitë, por ata akoma hanin me lugë bushi'.

Rrinte si bush;- d.m.th, i hutuar, duke parë vërdallë. P.sh, 'Po ti ç'më rri si bush ashtu po hajde fillo punën'.

Bushi vogël, po lepri madh;- shaka, nusja e vogël, por djalin për mashallah.

Si ata t'bushit;- d.m.th, në gjendje të egër. P.sh, 'Kur i pashë për herë të parë m'u dukën si ata të bushit për nder'.

Butuk,/-e, (Fjalë e rrallë);- kec i vitit të dytë

Pa qánë butuk, nuk báhesh sqap;- shaka, ka radhë puna, pa qenë çun, nuk bëhesh burrë.

Qeth si butuk;- shaka, qethur me sharra e varra. P.sh, 'Vajti te një berber koti dhe ishte qeth si butuk'.

Si butuku pas dhive;- shaka, kur një djalë i ri shkon pas grave të moshuara. P.sh, 'Po ky çfarë ka sot që kërcen si butuku pas dhive ashtu?'.

Hidhet si butuk;- tallje, d.m.th, sillet vërdallë. P.sh, 'Po ky Rrapi ç'paska kështu që u hedhka si butuk sot?!'

Buti, (fjalë e rrallë);- që është ënjtur keq, fryrë përpjetë. P.sh, 'E kishte dorën buti të kuqe, ishte buti nga faqja prej dhëmballe, e pickuan bletët dhe e bënë buti nga sytë'.

Butllik;- fjalë e rrallë, që është e butë dhe e ngrohtë, butllik vjeshte. 'Sivjet pranvera ka marrë shumë butllik'.

Ra në butllik;- shaka, u rehatua me shtëpi dhe punë, ose sapo janë martuar. P.sh, 'Kola ra në butllik e nuk po ndihet më'.

Buxhak,/-u,/-ët

Nuk báhet oxhaku buxhak;- fjalë e vjetër. P.sh, 'Është xhins i mirë Nokja, nuk bëhet kollaj oxhaku buxhak'.

Buzë,/-a,/-ët

I bán buzët turiç;- (diçkaje) nuk e pëlqen, i bën naze. P.sh, 'Pse i bën buzët turiç ashtu e nuk ha bukë?'.

M'plasi buzën;- ironike, më mërziti jashtë mase. P.sh, 'Më plasi buzët më plasi ky djalë, se nuk më ha ushqimin'.

Na u tha buza rreshkë;- është tronditur shumë, është prekur thellë, apo marrë malli shumë. P.sh, 'Na u tha buza rreshkë, kur ma arrestuan burrin para syve të fëmijëve'.

Melhem për buzë;- e dëshironi shumë diçka, por s'mund ta ketë. P.sh, 'Po ai ishte melhem për buzë, po ku e gjen tani se?!'

Fshij buzët e thuaj jarabi shyqyr;- ha bukë dhe falëndero Zotin. P.sh, 'Ti djalë pasi të ngrihesh, fshij buzët dhe thuaj jarabi, shyqyr (falëndero Zotin)'.

I fshiu buzët;- vdiq e shkoi. P.sh, 'Nokja i shkretë i fshiu buzët nga kjo dynja me kohë'.

I ka buzët në qumësht;- shaka, sapo është martuar. P.sh, 'Mos e ngacmo djalin, se i ka buzët akoma në qumësht'.

Qesh me buzë e veshë;- shaka, dikush që qesh shumë dhe pa shejtanllëk. P.sh, 'Kur fliste Nokja- qeshte me buzë e veshë i gjori'.

I vajti buza pas qafe;- dikush që flet shumë e nuk e kuptojnë. P.sh, 'Më vajti buza pas qafe me këta fëmijë, po mezallah se marrin vesh'.

I doli ajo e buzës;- sëmundja e keqe që të ha. P.sh, 'Mos më pyet për të se i doli ajo e buzës dhe nuk besoj se e ka të gjatë'.

I vari buzët një pash;- një pëllëmbë, u mërzit a u zemërua shumë, u pezmatua. P.sh, 'Kur i thashë që nuk të marr me vete, ajo i vari buzët një pëllëmbë poshtë'.

Ia luajti buzët;- d.m.th, i dha një sinjal pak fshehurazi. P.sh, 'E vura re që ia luajti buzët së shoqit dhe ai, menjëherë u ngrit të shkojë'.

Vajti për të kuq buzësh;- shprehje tërthore, që ka vdekur. P.sh, 'I dha sa i dha plaka e shkretë dhe më në fund, vajti për të kuq buzësh'.

Të frynte me buzë;- mospërf., d.m.th, dukej nga të pamit që nuk e kishte me gjithë zemër. P.sh, 'Kur e pashë në të frynte me buzë, nuk i thashë gjë fare për të më ndihmuar'.

Buzëplas e viranuar;- shprehje emocionale negative, si mos më keq. 2- që ka hequr shumë, i shumëvuajtur, i djegur për diçka. P.sh, 'E gjeta dhe e lashë buzëplasur e viranuar të gjorën nënë'.

Buzëplasja;- fjalë e rrallë, sëmundje që u bie kafshëve të trasha. 'U ra buzëplasja'.

Buzi/-u, (fjalë e rrallë);- emër qeni. P.sh, 'Hajt buzi del para dhenve tani Buzi, hajde të hash gjellë', 'Mos na ha buziu', 'Zinxhiri buziut'.

Buzo;- shkurtim i emrit të qenit, 'buzi'. P.sh, 'Buzo, hajt këtu!', 'Buzo, na buzo!'

Buzuk,/-u,/-ët

I bie buzukut e karadyzenit;- tallëse, që flet kot, i bie legenit. P.sh, 'Ka kohë që i bie buzukut e karadyzenit, po kush ja ka ngenë që ta dëgjojë'.

Byku;- kashta e grurit

E báni byk e kashtë;- diçka apo dikë, prish, shkatërron, zhduk. P.sh, '.Sa e zuri Kola në gojë, e bëri byk e kashtë krejt muhabetin dhe, askush nuk fliste më'.

Ia mori era bykun;- shprehje indikativë, d.m.th, i ikën dhe ato dy para mend që kishte. P.sh, 'Ajo pak ishte mendjelehtë, po dhe këta nuk e afruan, e asaj menjëherë ia mori era bykun'.

Byku i Kumarës e are e Selim Sharës;- shprehje tallëse, punë që kurrë nuk e mbaron. P.sh, 'Ti thua byku Kumarës e arë Selim Sharës, po kush nuk ia ka gjetur fundin kësaj gjëje'.

Si mullar byku;- shprehje treguese pozitive, që është trashur e dhjamosur shumë. 'Po ti ç'më je bërë si mullar byku kështu moj e uruar?'

Ishte byk;- d.m.th, shumë dobët nga gjendja ekonomike. 2- Ishte shumë i trashë. 'Rrapi ishte byk nga shtëpia e, këtej na shet mend' 3- Pa asnjë dhëmb në gojë. P.sh, 'Kola ishte byk nga goja e mezi hante bukë i gjori'.

Býlb/e,/-ja,/-et;- shaka, njeri i zgërlaqur', 'Hajde bylbe hajde'.

I ishin varur bylbet;- shaka, i kishin rënë herdhjet në lëkurë. P.sh, 'Tashti si iu varën bylbet, bën ashtu, se më parë nuk mbahej'.

Si bylbe;- shprehje tallëse, ecën si bylbe, flet si bylbe. 'Më rrinte në qoshe si bylbe e, nuk e tha një fjalë'.

Bylyk;- u vjetërsua, që ka arritur një moshë të caktuar.

Ka rán n'bylyk;- d.m.th, ka rënë në vaktin e tij, moshën e tij apo saj. P.sh, 'Martoje vajzën se ka rënë në bylyk të vet'.

Një bylyk;- d.m.th, një shumicë e madhe. P.sh, 'Ata ishin një bylyk krushq pas nuses', ose, 'Ju qenkeni një bylyk burra, nëse keni mundësi, më ndihmoni pak ju lutem'.

Njëherë n'bylyk;- d.m.th, dikur, në lashtësi. P.sh, 'Njëherë në bylyk, ashtu flitej këtej nga ne, por tashti ka ndryshuar e folura'.

Byrek,/-u,/-ët (lokale, byrek)

Me mish e byrek;- transparente, njeri gojë ëmbël dhe bujar. P.sh, 'Sa herë që vete te Kola për miqësi, ai qysh te dera të pret me mish e byrek'.

Ma piqje byrekun, djegur e papjekur;- shaka e moçme, ngutje në punë e fjalë. P.sh, 'Mirë o mirë të kuptova, po ti ma piqje byrekun, djegur e pa pjekur, si në herën e parë'.

Erdhën me byrek;- d.m.th, për gosti. P.sh, 'Krushqit erdhën me byrek, se ka lindur nusja e djalit një bebe të vogël'.

Byth/ë,/-a,/-ët (lok., bythë).

Si bythë kusie;- shqetësim, mërzitje, nga diçka e papritur. P.sh, 'E takova Noken sot tek tregu, ishte bërë bythë kusie i shkreti, nga vdekja e djalit në aksident'.

Se rruan bythën;- d.m.th, nuk çan kokë, i pa kujdesshëm fare, i pasur etj. P.sh, 'Foli Kolës gjithë ditën ti po deshe, ai se rruan bythën fare', ose, 'Malo kishte mallë e gjë e se rruante bythën për asgjë'.

Shëndet e bythët e forta;- relative, kohore, shaka. 'Hajt Kolë mos u mërzit, shëndet e bythtë e forta, kësmet çfarë ka bë zoti deri nesër'.

Ve bythën n'thnjill;- d.m.th, betohem për dikë, hyj garant. P.sh, 'Po, për Kolën e vë bythën në thëngjill, se Kola është burri ndershëm'.

Secili ruan bythën e tija;- nënkuptohet, çdo familje apo fis ruan interesat e veta. P.sh, 'Nuk ka asgjë të keqe në këtë rast, çdo njeri ruan bythën e tija dhe s'ka kujt i ngelet hatri'.

I bon bytha fuq fuq;- ka frikë shumë, nuk i besohet asgjë. P.sh, 'Po atij i bën bytha fuq fuq more djem, nga keni vajtur dhe e keni marrë me vete'.

T'i rruash me nder bythën;- ironi, s'ke se çfarë ti bësh diçkaje apo dikujt. P.sh, 'Atij kërçepi ti rruash bythën ti, sa i fortë e me nyje që është'.

Ka gurn'e mullirit pas bythe;- shaka, dembel i madh. P.sh, 'Po çou more dheut dhe puno, po ti sikur ke gurin pas bythe more njeri'.

Shko kris bythën;- d.m.th, largohu mos na mërzit. P.sh, 'Shko re kris bythën andej, se na çave veshët'.

Bytha, bythë të bën;- keq, dmth kur dikush merret gjithë kohën me diçka jo normale. P.sh, 'Kot nuk thonë të vjetrit se bytha bythë të bën po ndenjtë me pijanecët '.

Sa i mori bytha frymë;- tallje, sa e mori pak veten, sa u rrit, apo u mëkëmb. P.sh, 'Kur ishte i dobët nuk bëzante, tani sa i mori bytha frymë, hidhej përpjetë'.

Sikur bythën n'thnjill;- ironi, që nuk i besohet më. P.sh, 'Sikur bythën në thëngjill ta veshë ti, kurrë nuk të besoj'.

Atje ku shkulet gozhdë me bythë;- keq, i arrestuar, kur je në biruce. P.sh, 'Mos se të çova atje ku shkulet gozhdë me bythë'.

Nuk e báj gojën bythë;- d.m.th, nuk flas gjepura. P.sh, 'Unë kështu po ju them, e gojën nuk e bëj bythë'.

E ngriti bythën përpjetë;- 1- ironi, shkoi e vdiq. 2- u inatos. P.sh, 'Ishte shumë kohë në pushtet e përfundimisht, e ngriti bythën përpjetë e shkoi'. 2- Sa mori vesh se nuk e zgjodhën në kryesi, ngriti bythën përpjetë e iku me vrap'.

T'shem me bythë- tall. Për nje femër budallaqe. Psh, Ik ore andej, po ajo të shemb me bythë, nuk e shikon.?!

Një dorë n'zemër e tjetrën te bytha;- tallëse, këtej të respekton, andej të shan. P.sh, 'Ai përherë kështu e ka bërë me të tërë, një dorë në zemër e tjetrën te bytha'.

M'ta bëri byth arapi;- d.m.th, e prishi, e shkatërroi, se përfundoi një punë. P.sh, 'I dha sa i dha përfundimisht m'ta, bëri byth arapi e, u zhduk'.

Ka bythën e shtrenjtë;- d.m.th, është koprrac i madh. P.sh, 'Sa bythën e shtrenjtë që e ke o burri dheut, po liroi pak çmimet se na grive?!'.

Bárë gojën bythë;- tallje, pa asnjë dhëmb brenda. P.sh, 'Nuk mund ti hante koret e bukës, se e kishte bërë gojën bythë. 2- E folur e ndyrë. P.sh, 'Aty e paske bërë gojën bythë ti, dhe kjo nuk më pëlqen'.

Pjerdhin byth m'byth;- Që janë të dy palët, një karakter. P.sh, 'Mos i nga ata, se të dy pjerdhin byth më byth'.

Di bythën' e dreqit;- shaka, d.m.th., di gjithçka. P.sh., 'Ky fëmijë ditka bythën e dreqit'

Pyte bythën;- d.m.th, sigurohu. P.sh, 'kur ta marrësh një diçka përsipër, pyete bythën mirë'.

Sheh bythën' e botës e harron t'vetën (tijën);- 1- Rend pas grave të botës. P.sh, 'Po ai ç 'flet ashtu, nuk e dimë ne që ai sheh bythën e botës e harron të tijën. 2- Mban botën në gojë për të keq, pa përmendur të tijat. P.sh, 'Na çave veshët dërr dërr, sheh bythën e botës, harron të tijën'.

Mendon se bota ásht bythë.- Shprehje imorale. Kur dikush mendon se të gjithë janë të njëjtë si personi folës. P.sh, Rrapi mendon se krejt bota është bythë,'.

Shkul gozhdë me bythë;- shprehje kërcënuese, vuajtje. P.sh, 'të bën të shkulësh gozhdë me bythë'. Ose e burgosën. P.sh, 'E futën atje ku shkulen gozhdë me bythë'.

Kërkon për bythë viçi;- tallëse, kërkon atë që s'është, qofte te daja. P.sh, 'Ti Kolë mos kërko bythë viçi tashti, se nuk ta kemi ngenë'- tha Malo dhe doli jashtë në oborr.

Hapet bythësh;- shprehje tallëse, dikush që mburret pa pasur asgjë pas vetiu. 'Gupi hapet bythësh sikur ka gjysmën e botës, e kur i shkon në shtëpi, s'ka një karrige ku të vesh bythën'.

I mshteti bythët për gardhi;- dmth, u dorëzua, është plakur. P.sh, ' Ishte kur ishte Gupi, tashti i mbështeti bythët për gardhi'.

Bythcifund;- shaka, dikush që lëshon gazra pa ndalur. P.sh, 'Ore, po paska qenë bythcifund o burri dheut?!'. 2- Shaka për fëmijët që i kanë mollaqet e vogla. P.sh, 'Ku je ti more bythcifund i nanës, sa mirë të rrinë pantallonat'.

Bythëcingël/-a,/-at;- shaka, femër me mollaqe të vogla. P.sh, 'Erdhi kjo bythëcingla'.

Bythëcingol;- mashkull me mollaqe të vogla, por që sillet dhe si homo. P.sh, 'Ik andej ore bythëcingol, nuk ngele ti t'ma tregosh mua?!'.

Bythëkërriç/-e;-ironi, dikush që i ka mollaqet e vogla apo të thara. P.sh, 'Puno o bythëkërriç e mos u sill vërdallë ashtu' 2- dikush që i bën hile punës. P.sh, 'Sa bythëkërriç që ishte në punë, zor se ai gjeje shoqin'.

Bythëlopë;- femër që i ka mollaqet e mëdha, por kryesisht, që është dembele. P.sh, 'Thirri asaj bythëlopës të vijë këtej', 'Sa bythëlopë që ishte e shkreta'.

Bythë luajtur;- ironike, d.m.th, person që nuk qëndron në fjalë. P.sh, 'Sa bythëlujtur që je more burri dheut?'

Bythëpulë,/-a

Sikur ka ngrënë bythëpule;- dikush që nuk i pushon goja asnjëherë. P.sh, 'Po si nuk iu ndal goja Kolës një minute xhanëm, sikur ka ngrënë bythë pule tërë ditën e gjatë'.

Bythmadh/e;- burrë apo grua me vithe të mëdha. P.sh, 'Sa bythmadhe qenka e gjora'.

Bythërrezhdë/a;- që është i varfër por dhe llafazan. 'Mos ia vër re asaj, se bythrrezhdë ka qënë tërë jetën e saj'.

Bythgëzhmaq;- shprehje tallëse, burri plak që i tërheq bythët zvarrë. P.sh, 'Sa bythgëzhmaq që është i shkreti'.

Bythërriqën;- ironi, burrë ose grua që i ka bythët e vogla. P.sh, 'Ik moj bythërriqër, mos na mërzit shumë', 'Erdhi kjo bythërriqra'.

Bythpotiskë;- që është dembel, llafazan dhe imoral. P.sh, 'çou moj bythpotiskë dhe puno diçka'. 2- Delet kur u ngrijnë bajgat nga pas. 'Ktheji pak ato bythpotiska, se po ikin'.

Bythëqyp;- shaka. Që ka bythët e mëdha, por dhe dembel. P.sh, 'Na more bythqyp- tha labi-këtej është rruga dhe jo andej'.

Bythëgjyryk;- shprehje tallëse. Dikush që ka frikë shumë. P.sh, 'Sa bythgjyryk që je more i shkretë?!'.

Bythëshpuar;- pandershmëri. Njeri që nuk mban fjalën, apo sekretet. P.sh, 'Mos i beso shumë atij, se më duket si shumë bythëshpuar'. 2- Keq. Ai që mund të jetë pederast. P.sh, 'Erdhi ky bythëshpuari', 'Mos u merr me atë bythëshpuar'. 3- Njeri që lëshon gazra nga poshtë pa kontroll. P.sh, 'Sa bythëshpuar që qënke more burri dheut!?'.

Bythëzbuluar;-... ka fjetur bythëzbuluar. Me shaka thuhet, kur dikush sheh ndonjë ëndërr të keqe dhe e tregon me emocione. P.sh, 'Mos u mërzit djali im, se ke fjetur bythëzbuluar'.

Sheh ándrra bythëzbuluar;- d.m.th, dikush që flet në tym, hava, pa asnjë bazë. P.sh, 'Nuk kishe se si t'i besoje Gupit, dukej se shihte ëndrra bythëzbuluar'.

Bythuk- em;- dikush që ka shumë frikë. P.sh, 'Sa bythuk që je more burri dheut?!'. 'Erdhi ky bythuku'.

Bytym;- ndajfolje, fjalë e rrallë, d.m.th, ti dhe askush tjetër. P.sh, 'Bytym ti u bëre sebep, që na u nda nusja nga djali'.

Bytymtë,/-i/e;- njeri që nuk mbaron punë, i avashtë, por dhe i vrazhdët. P.sh, 'Sa i bytymtë që është dhe ai Rrapi, sa t'i nxjerr thinjat'.

-C-

Cáf,-i;- lehja që bëjnë zagarit pas lepujve apo dhelprave. P.sh, 'ky qen di të cáfi mirë'.

Cáf e cáf, pas një lepuri;- bisedë, përherë të njëjtin avaz. P.sh, 'Nuk shkon kjo punë, cáf çaf pas një lepuri?!'.

Ia cáfën bishtin, kryet;- d.m.th, e zhdukën pa nam e nishan Rrapin, me sa duket 'ia cáfën bishtin, qëkur shkonte në atë gruan e botës'.

Sikur të cáfësh;- ironike, d.m.th, sikur të pëlcasësh. P.sh, 'Kjo punë nuk bëhet sikur të cafësh ti, shoku im i dashur'.

Cák/ë,/-a,/-at;- trastë e vogël;- qese;-

E hángri cakën e bukës;- d.m.th, u plak, ka ardhur koha të shkojë. P.sh, 'Im shoq vetëm ankohet nga kyçet, po këtë se kupton ai që e hëngri cakën e bukës'.

Një cakë miell;- d.m.th, vetëm pak të fola. P.sh, 'Unë një cakë miell të thashë, e ti e more shumë për të madhe'.

Ia hanë breshkat bukën n'cakë;- i pa zoti, ose e pa zonja. P.sh, 'Sa e vogël që ishte ajo e gjora, sa dhe breshkat ia hanë bukën në cakë'.

Llafin e gjatë mbaje n'cakë;- mos e hidh fjalën me paramendim. 'Mos u ngut, sa herë të kemi thënë more bir që llafin e gjatë mbaje në cakë'.

M'u bë, ose iu bë, cakë pas bythe;- dikush që të mërzit për diçka duke të ndjekur kudo derisa të marrë atë që kërkon. 'Ky fëmijë m'u bë cakë pas bythe, deri sa i dhashë një çamçakëz'. Ose, 'Pse me ndjek kështu si cakë pas bythe?!'. (Dikush që të ndjek veprimet dhe punët tuaja fshehurazi).

T'a kam n'cakë;- d.m.th, si të mirën dhe të keqen, ta mbaj mend. P.sh, 'T'a kam në cakë për punën e spiunllëkut që më bëre'. 'Ta kam në cakë e nuk të harroj, kur më dhe para hua kur mu sëmur djali'.

E mbushi cakën;- 1- fëmija kur ndyhet 2-shaka dikush që trembet shumë. P.sh, 'Sa i doli ariu përpara, Nokja e mbushi cakën' (brekët).

Të shkopit e të cakës;- d.m.th, si arixhinj. 'Bolshevizmi ishte teori e shkopit dhe e cakës- thoshte sa herë xhaxhai im'.

Sikur e ka djallin, dreqin n'cakë;- ironike, d.m.th, që kërkon vetëm sherr e grindje. P.sh, ' Gruaja e djalin tim, sikur e ka djallin në cakë, vetëm shamata i dëgjohet prej së largu'. **Coke;-** fjalë e rrallë, d.m.th, puqe dorën me mua. P.sh, 'Coke këtu se mirë ia bëre'.

Cok/-em/-ur;- që grindem me dikë lehtë, flasim me kunja apo shenja,. P.sh, 'Qenke shok për t'u cokur'.

U coku muhabeti;- d.m.th, ranë në shoqëri. P.sh, ' Malos i coku muhabeti me Kolën dhe përditë bashkë i sheh'.

Ia coku n'fjalë;- d.m.th, e rëndoi keq. P.sh, 'Malo e coku keq Kolës dhe ai u ngrit e iku i zemëruar'.

Cokë/-a;- lojë fëmijësh që luhet symbyllas. 'Luanin coka në oborr të shkollës'.

Ia la cokën;- d.m.th, ia hodhi tjetrit në një punë apo shkëmbim fjalësh. P.sh., 'Kola ia la cokën Malos dje, kur po flisnin për sportin'.

Ia la cokën në derë;- d.m.th, turpin ose dëmin. P.sh, 'Nusja ia la cokën, e iku andej nga kishte menduar'.

Sa për cokë;- d.m.th, sa për të mbyllur gojën, sa për sy e faqe, ose sa për të mbyllur punë. P.sh, 'Ti na ftove në dasmë, sa për cokë qe ajo punë'.

Bëri ca coka;- d.m.th, ishte për vizitë nëpër kushërinj për festën e Bajramit. P.sh, 'Dulla bëri ca coka shpejt e shpejt, se kishte për të ikur'.

Cákërr;- ndajfolje. Bisedë, që e mban bishtin përpjetë, ikën lopët bishtin cakërr përpjetë zabelit prej mizash'.

Dhi e zgjebme, bishtin cakërr;- ironi, person i pavlerë dhe fodull. P.sh, 'Ore po na mërziti kjo dhia e zgjebur bishtin cakërr me tërë ato fjalë të mëdha'.

E ngritën bishtin cakërr;- shaka, u nxehën, u fyen. Dikush që ikin nga një gosti i zemëruar. P.sh, 'Nuk e di se çfarë patën, veç kur i shikoj që e ngritën bishtin cakërr e shkuan'.

Cakërr nga kryet (kokë);- tallëse, d.m.th, mendjelehtë. P.sh, 'Mirë e ke ti, po të mos ishte cakërr nga kryet'.

Bishtin cakërr- d.m.th, që zhduket pa lënë gjurmë, e trembur, e trishtuar.. P.sh, 'Bishtin cakër nusja, ikën për gjithë natën te njerëzit e vet pa i thënë gjë askujt'.

Cakërr/-oj,/- óva,/- úar;- që hap sytë vërdallë, sa andej këtej. P.sh, 'I cakërronte sytë si dreqi', ose 'desh m'i cakërroj sytë kur e pashë për herë të parë'.

Cakór/-e,/-ja,/-et;- sëpatë e vogël, latore

Del si cakorrja para spatës'- si kulaçi para bukës. P.sh, 'Ti mos dil ashtu si cakorrja para sëpatës gjithnjë, se nuk ta kemi borxh'.

Capínë,/-a,/-at;- shkop i gjatë me hekur të kthyer në majë, për të tërhequr zvarrë trupat e drurëve, heqëse.

E báni hundën capinë;- shaka, u nxeh e iku me inat. P.sh, 'Ne nuk i thamë asgjë, por ai e bëri hundën capinë e shkoi'.

Ásht capinë e keqe /ai /ajo;- pozitiv. Person që është shumë tamahqar, mbledhës për shtëpi. P.sh, 'Ou, e njoh atë fare mirë, sa capinë e keqe që është'.

Ia futi capinën;- shaka, e gjeti një vajzë dhe u fejua me të. P.sh, 'Vërtet i bëri disa vite por më në fund ia futi capinën njërës dhe hyri ndër shokë'.

Car,/-i,/ -ët;- historik, titull perandorësh apo mbretërish në disa shtete sllave.

Ishte car për vete;- d.m.th, i zoti dhe i shkathët. P.sh, 'Ashtu thua ti, por ai ishte car për vete'.

I shet qiqra carit;- tregon gjepura. P.sh, 'Po ti i shet qiqra carit, tani këtu me mua?!'.

Caradak;- fjalë e rrallë, lakuriq. 'E gjeta caradak në krevat', 'flinte caradak'. 2- fëmijë i vogël por trazovaç.

Plak caradak; shaka, do t' kapim në dajak, se e ke bá hak;- lojë e hershme fëmijësh, duke rendur në rreth pas njëri tjetrit.

Cará;- i është ngritur përpjetë, fryrë.

2- i ënjtur. P.sh, 'I ishte bërë krahu cáro përpjetë nga grethët'.

U bá cará në qoshe;- dikush që vjen mik dhe harron të ikë. 2- dikë që e ke bezdi.

E zuri caránin;- ironi, shkoi e

vdiq. 'Dhe ky e zuri caranin e vet sot'

U fry e u bá cará;- dikush që nxehet keq e, nuk lëshon pe. P.sh, 'Nuk kishte burrë nëne që e ulte poshtë, se u fry e u bë cará'.

Ceka preka;- ndajfolje, përherë duke u grindur, majë më majë, i ndjek të tjerët për t'i prekur ose shkojnë ceka preka me njëri tjetrin. **Është burrë me ceka preka;-** njeri nervoz që duhet t'i rrish gati për gjithçka. P.sh, 'Gjithmonë e kam pasur bezdi të bisedoj me të, se ai është burrë me ceka preka'.

Cék/-ë,/-a ;- pjesa më e mirë, sipërfaqja, maja, 'ceka e gjellës'.
Ka ngrënë cekën e qumështit;- shaka. Prandaj është i bukur dhe i mençur. P.sh, 'Po ky djalë sikur ka ngrënë cekën e qumështit xhanëm?!'

Centrál,/-e
Nuk ka lidhje me centralin;- shaka (kosovare), dikush që nuk hyn në lidhje me bisedat në shoqëri. Pak i ngathët. P.sh, 'Unë fola disa kohë me të, por ju betohem se ai nuk kishte aspak lidhje me centralin'.

Cep,/-i,/-at.
E bán cepa cepa;- (dikujt), përpiqet t'ia hedhë në bisedë, intrigant. P.sh, 'Ti Kolë pse e bën cepa cepa muhabetin, bjeri drejt se burrat ashtu e kanë'.

E ka marrë me cep t'yrit;- e ka marrë inat, nuk do t'ia shohë sytë. P.sh, 'Matia e ka marrë në cep të syrit të shoqin, se përnatë vjen në shtëpi i dehur'.

E ka rrashtën me cepa;- shaka, njeri që është shumë kokëfortë. P.sh, 'Mirë e ke ti, po të mos e kishte rrashtën me cepa Rrapi'.

Cepëz;- fjalë e rrallë, rrush kokërr vogël, i bardhë dhe shumë i ëmbël. 'Rrush cepze', 'Te cepza në fund të arës'.

Cérgë,/-a/-at;- qilim ose mbulesë e ashpër leshi.
Sa hodhën cergë;- d.m.th, sapo ka krijuar familje më vete. P.sh, 'Djali me nusen sa hodhën cergën e re këto ditë'.

I zunë sytë cergë;- i zuri derën, iu ngjit, iu qep. P.sh, 'Po këtij djali i zunë sytë cergë që i është qepur asaj vajza ashtu!?'

Sa u zuri brumi cergë;- sa vuri njëfarë pasurie, u mëkëmb. P.sh, ' Dilos, sa u zuri brumi cergë, i vdiq i ati të ngratit'.

I kanë vënë (i kanë zënë) cergë sytë;- i janë zënë sytë, është verbuar, nuk e sheh mirë gjendjen rreth e rrotull.

Nuk mbahet muti nën cergë;- nuk mbulohen të këqijat, se atyre u del era. P.sh, 'Mbuloje ti sa të duash, pse thonë se nuk mbahet muti nën cergë'.

Cëmroj,/-yer;- folje kalimtare. d.m.th.kur dikush nxehet apo zemërohet shumë, për dikë apo diçka. P.sh. 'Ishte cëmryer me nusen e djalit, sa s'kishte ku të vejë më'.

Mos ia cëmro plagët;- d.m.th, mos ia kujto të ligat. P.sh, 'Të lutem mos ia cëmro plagët, se mjaft ka të sajat që kur i vdiq djali'.

Cerr,-i/-et-/-Zool çerr.

Ka filluar ti lëvizë cerri;- shaka, kur djemve u vjen mosha e pubertetit. P.sh, 'S'kanë faj, se sa u ka filluar të lëvizë cerri nga pak'.

Cíc/ë,/-a,/-at (sisë).

M'u bá si fëmija samës për cicë;- dikush që të mërzitet shumë. P.sh, 'Nuk mu hoq ky Kola, tërë ditën nga pas, mu bë si fëmija s'ëmës për cicë'.

T'mbyt m'cicë;- ironike., femër e përdalë. P.sh, 'Po ajo të mbyt me cicë more, nga vete e ngatërrohesh me të?!'

Nuk vinte cicë n'buzë;- për fëmijën, që është tepër i sëmurë. P.sh, 'E dërguam te mjeku, se ai nuk vinte cicë në buzë'.

E thith si cicë;- ironi, dikush që nuk e heq duhanin nga buza. P.sh, 'Si nuk u helmua xhanëm, tërë ditën e thith si cicë'.

Cic míc,/-i'- lojë me nëntë gurë, që i lëvizin mbi një fushë me tre katrorë të ndërprerë me vija në mes, nëntësh.

Nuk kalon koha me cic mic;- me t'u tallur apo sjellë kot rrugëve. P.sh, 'O Kolë, hajde në punë se nuk kalon koha me cic mic'.

Cíf-ël,/-a,/-lat;- copë e vogël, e hollë ose me majë të mprehtë, që shkëputet nga një send i fortë;- cifël guri (xhami);-cifël druri spicë;-cifël predhe.

Ka marrë cifël puna (spicë) (diçka);- ka marrë të krisur, ka nisur të prishet. P.sh, 'Deri diku qe mirë në fjalë, tani ka marrë cifël puna për nder'.

E ka cifël ndër sy;- e ka inat, bezdi dikën. P.sh, 'Mos i fol Nikës për të, se e ka cifël në sy'.

Ia ktheu ciflat surratit;- (sikur gurë gdhendësi kthen daltën nga jashtë dhe ciflat godasin tjetër kënd) Kjo thuhet në ato raste kur i përgjigjet dikush dikujt me të njëjtën monedhe. P.sh, 'Duroi sa duroi, më në fund ia ktheu ciflat surratit sa e bëri të largohet menjëherë'.

Ishte bá si cifël (nga mentë);- shaka, tharë e dobësuar deri ku s'ka të shkojë më. P.sh, 'Nuk kishte ku të zinte dora fare, se ajo ishte bërë si cifël nga puna fizike 2- e lehtë nga mendja. P.sh, 'Pleqëria i ka këto gjëra e, të bën si cifël nga mentë'.

Cifún/d,/-i,/-et;- gyp në fund të lugut të mullirit, që çon ujin me forcë mbi fletët e rrotës.

I a nxori cifunin (diçkaje);- e prishi një punë, (dikujt), u zu keq, s'la gjë pa i thënë. P.sh, 'Ama nuk i la gjë pa thënë, sa i a nxori cifundin'.

I doli duqi cifunit;- u prish, nuk ndreqet më. P.sh, 'Sa ishim me pronat tona ishim mirë, tashti që na i mori shteti, i doli duqi cifundit e prite ku do të dalë'.

Do cifun muhabeti;- do kuptim fjala. P.sh, 'Që thatë ju djem se do cifund muhabeti!'

E shpoj cifunin;- dikush që ngacmon në fjalë e muhabet. P.sh, 'Nokja e shpoi cifundin, e prej aty shpërthyen të gjithë në shaka e muhabet'.

Iu ngushtua cifuni;- shaka, që nuk mundet të hajë lirshëm. P.sh, 'Im shoq sapo është operuar nga stomaku dhe tani, i është ngushtuar cifundi' (është fjala për gurmazin).

Fund e cifun bisedë, d.m.th keq e më keq. P.sh. Fund e cifund vajti ajo punë, asnjëri nuk ndalonte, deri sa arritën të ndahen si burrë e grua.

Cigare,/-ja

Sa ndërruan (dogjën)nga një cigare;- pak, shumë pak kohë. P.sh, 'Miku erdhi sa ndërruan një cigare dhe menjëherë u ngrit e shkoi'.

Nuse prej cigarje;- e mirë dhe e sjellshme. P.sh, 'Nusen e kam të vogël, por si prej cigarje më është nëpër shtëpi'.

Me cigare n'vesh;- d.m.th, kot e vërdallë, pa bërë asgjë-. P.sh, 'Po nuk rri burri tërë ditën me cigare në vesh xhanëm?!'

S'është bá për cigare;- shaka. Nuk është rritur akoma djali.

P.sh, 'Ti do që ta martosh djalin moj motër, po ai akoma nuk është bërë për cigare'.

Nuk pi macja cigare;- shaka, kur dikush kërkon të bëjë atë që nuk e bën dot. P.sh, 'Sapo futi gotën rakisë në gojë, ia plasi e vjella, e njëri prej burrave tha se nuk pi macja cigare bre sa herë u kam thënë'.

As dhe një cigare duhan;- d.m.th, asnjë farë ndihme. P.sh, 'Prej shtetit as dhe një cigare duhan nuk e kemi marrë'.

Cíkmë,/-a,/-at'- acar

E pa bythën cikmë;- d.m.th, e pa veten keq. P.sh, 'I duk kollaj të punonte në llaç tërë ditën, po sa filloj e pa bythën cikmë dhe e la punën e iku'. **Cikmë e zezë;-** kur koha është jashtë zakonisht e ftohtë. P.sh, 'Sot qenka cikmë e zezë përjashta. 2- grua e pështirë. P.sh, 'Obobo, ajo qenka cikmë e zezë për të shoqin'.

Na futi cikmën e zezë;- flamën, zgjeben. P.sh, 'Mjaft më me ato fjalë more bir, se na futët cikmën e zezë'.

Cikmë e zezë mes beharit;- njeri shumë i egër që edhe në kohë të mira, ta vështirëson punën. P.sh, Isha ca kohë me Nikon, po ai ishte cikmë e zezë mes beharit more burra'.

Mos e merr vallen me cikmë;- mbaje muhabetin shtruar. P.sh, 'Kur të shkosh te vjehrri yt për herë të parë, mos e merr vallen me cikmë, se fillojnë e të tallin ore shejtan'.

M'rri zemra cikmë;- diçka ndjen. P.sh, 'Nuk e di se çfarë kam moj motër, po sot më rri zemra cikmë, e runa Zot fëmijët nga të jenë'.

Cilifuq,/e;- fjalë e rrallë, që është e ngushtë nga fundi dhe e zgjeruar nga lart. Për rroba veshjeje përdoret më shumë. P.sh, 'Këta pantallona qenkan cilifuqe nga poshtë', ose 'xhaketë cilifuqe paske blerë'

Bythë cilifuq;- shaka. Që nuk ja mban shumë të punojë. P.sh, 'Shko more andej, bythë cilifuq, s'ta mban fare të punosh'.

Cinë, cin, (për cilën);- zhargon i zonës. D.m.th. cili, cila, Psh. Me cinë (cin) erdhe, me cinë (cin) shkove.

Cing;- mbiemër. Në buzë të diçkaje. Psh Mos rri në cing të shpellës, (shkallëve murit) se bie poshtë. **2-** plot e përplot, mbushur me majë, një enë me miell sheqer apo diçka të qëndrueshme, Psh.

Nëna e mbushi sahanin cing me miell dhe ja dha komshijes. Mbushe tasin cing me sheqer, kafe dhe sille këtu.

Nuk báni cing me gojë;- d.m.th nuk tha asgjë se u gjet fajtor. Psh Rrapi nuk bëri cing me gojë kur e kapën mat me filanen.

Me të bá zemra cing;- d.m.th të hidhet përpjetë nga qefi, gëzimi. Psh Kur vete në mal me dele, dhe sheh ato pllaja është si me ta bërë zemra cing.

E mbushi me cing;- ironi d.m.th e kërkoj vetë belanë, e mbushi kupën. Psh. Hiç mos u ankohuni për djalin se e mbushi me cing, e sot nuk të duron kush.

Varur për cing;- d.m.th në gjendje të dobët ekonomike. P.sh. Beqa edhe pse është varur për cing mezallah se e jep veten.

Cingël,/-a;- shkop i shkurtër, të cilin fëmijët e goditin me një shkop më të gjatë.

Luan cingla;- d.m.th, e sjell rrotull e tallet me dikë. P.sh, 'Nuk e shikon se ai luan cingla me të shoqen, vetëm e për vetëm ta bëjë të qeshë'.

Hidhet si cingël;- 1- e lehtë, e pamend. P.sh, 'Ne i thamë të bëjë këtë gjë, e ajo hidhet si cingël nga ana tjetër'. **2-** që del para në muhabet. P.sh, 'Ti mos m'u hidh mua ashtu si cingël se fundja, aq gjë e dimë dhe neve'.

Cingël nëpër kámë;- dikush apo diçka që të ngatërron për një gjë. P.sh, 'Sa herë desha të vij për vizitë, por një vajzë e djalit mu bë cingël nëpër këmbë, e meazallah se munda të vij'.

Cingla e keqe t'nxjerr sytë;- ironi. Puna e keqe është e zeza e të zot. P.sh, 'Kot nuk thonë që cingla keqe të nxjerr sytë dhe, ju vajtët e ratë me këmbët tuaja brenda'.

Cingël për cingël;- sy për sy, fjalë për fjalë, pyetje dhe përgjigje. P.sh, 'Dikur filloi një muhabet cingël për cingël dhe asnjëri meazallah se lëshonte pe'.

Cingla mingla;- tallje, d.m.th, që merret me fjalë koti. P.sh, 'Se ç'i ke këto cingla mingla kështu, nuk të kuptoj fare', ose 'Nuk merret burri me cingla mingla, se nuk ka as lezet'.

Cingëlaq,/-e;- e mbaruar, që është i dobët e i fishkur. 'Dhi cingëlaqe', 'Burrë cingëlaq'.

Ik ore cingëlaq;- sharje. Dikush që të mërzit me fjalë. P.sh, 'Pusho more cingëlaq, se na çave veshët na çave'.

Cingónë,/-a/-at;- vegël muzikore, curle.

Me daulle e me cingonë;- d.m.th, me të madhe. P.sh, 'Si e deshe ti që ta thotë ai me daulle e me cingonë ah?!'.

I báni veshët cingonë;- shaka, që kërkon të zhbirojë diçka. P.sh, 'Ne e pamë që i bënte veshët cingonë, po asnjërit nuk na shkoi mendja se ai diçka kishte'.

Iu fry cingona;- tallëse. Njeri i pacipë, iu ngrit penisi. P.sh, 'Iu fry cingona e nuk i shihnin sytë më'.

Si pestili para cingonës;- person jo i duhur në vendin e duhur. P.sh, 'Kur doli si pestili para cingonës, ajo qe kulmi i takimit me të'.

I fishkëllen cingona;- shaka, që ka frikë shumë. P.sh, 'Mirë e ke ti, po atij i fishkëllen cingona po të ecë vetëm gjatë natës'.

Fryji me cingonë te bytha;- shaka dhe ironi. P.sh, 'Bëji hyzmet burrit sa e ke të fortë, se po u plak fryji me cingonë te bytha, se meazallah se ngrihet më!'

Me cingonë n'dorë;- keq, imoral. P.sh, 'Kam parë e s'kam parë, po kështu njeri tërë ditën me cingonë në dorë, vetëm atë kam parë'.

Cipë,/-a

Aq e ka sa t'plasë cipa;- d.m.th., sa të ikë turpi. P.sh, 'Dil e bërtit në pazar kur shet petulla, sa aq e ka sa të plasë cipa, pastaj nuk të vjen bezdi më'.

Cipë e plasmë;- d.m.th, shumë i/e dobët në karakter. P.sh, 'Ku ke parë ti ndonjëherë, që cipa e plasme të bëhet gjë e mirë'.

Sa i vuri një cipë sipër;- d.m.th, pak, shumë pak. 'Ra një borë, sa i vuri një cipë sipër dhe ngriu për tërë natën'. 2- i vuri kapak muhabetit. P.sh, 'Qe burrë i mençur ai, sa i vuri një cipë sipër, iku pa bërë fjalë'.

I vunë një farë cipe;- d.m.th, një farë kore muhabetit. P.sh, 'Nuk po ndihem më ka ca ditë që i vunë një farë cipe'.

Si për cipë t'qepës;- d.m.th, që kalon një situatë tepër delikate. P.sh, 'Shpëtoi nusja nga operacioni, si për cipë qepës, e shkreta'.

Cirk,/-u,/ -qet;- shfaqje me akrobatë.

Luan cirk;- që nuk rri në një vend, që tallet. P.sh, 'Ne ia treguam gjithë muhabetin se si qe puna, por ai ka gjithë kohën që na luan cirk, e nuk e marrim vesh ku është puna'.

Qe cirk puna e tij;- d.m.th, e kënaqshme, e habitshme. P.sh, 'Ndryshe mendonim ne, e ndryshe pamë sa cirk qe puna e tij'.

I bán cirk;- e lodh, e sjell vërdallë. P.sh, 'Djali im ka një fëmijë të vogël që i bën cirk gjithë ditën'.

Cirka cirka;- me shumë cirka e pikla, fustan cirka cirka, faqet cirka cirka.

I shpëtoj cirka cirka;- tallëse, lagu veten nga frika. P.sh, 'Gupi sa pa ariun, i shpëtoi cirka cirka nëpër shalë'.

Círk,/-ë,-/-at;- gjerbët e çatisë.

Nuk i la cirkën;- e thau, e piu me fund. P.sh, 'E ngriti shishen në kokë e nuk i la cirkën'.

Ruhej nga cirkat;- nga fjalët, thashethemet. P.sh, 'E pashë që ruhej shumë nga cirkat prandaj ia besova atij atë punë'.

Burri zë cirkat e çatisë;- mbaron hallet, kryen punët, burri është shtylla e shtëpisë. P.sh, 'çfarë thua moj grua, po burri i zë cirkat e shtëpisë, e kush tjetër pastaj?!'.

Pikë pikë cirka e bán gropë- dalë ngadalë e me durim, bëhen punët. P.sh;-'Ti mos u ngut, i them sa herë Nikës, se pikë pikë cirka dhe e bën gropë'.

Cironkë/;- Zool, peshk i vogël i ujërave të ëmbla

U ngjall cironka;- shaka, u shëndosh shumë. P.sh, 'Kur ishte e vogël qe e dobët, por tani u ngjall cironka'.

Var cironkat n'pe;- është shumë kurnac. P.sh, 'Po pse ku të jep gjë ai more djalë, po ai var cironkat në pe, a s'e keni parë vetë?!'

Iu ngjallën cironkat;- shaka, filloi ti lëvizë gjaku. 'Në fillim nuk dukej gjë fare (nusja), po hë dalëngadalë, iu ngjallën cironkat'.

Nuk fryhet ariu me cironka (ariu me miza);- do shumë punë, përkujdesje e sakrifica. P.sh, 'Hajde more aty, se nuk fryhet ariu me cironka'.

Cisternë;- enë e madhe metali.

Erdhën këto cisternat;- shaka për lopët Xhersi. P.sh, 'Sa erdhën këto cisternat, na e zhdukën jonxhën fare'.

Nuk e kam me cisternë?!;- ironi, nuk e mbush në çezmë!. P.sh, 'Po ti kujdes dorën në vaj moj grua, se nuk e kam me cisternë!'

Cjap,/-i

Shkoi si cjapi te (lugati)

kasapi;- ra në dorën e dikujt nga naiviteti tij. P.sh, 'I thamë disa herë të ketë kujdes, po ai me të thënë të drejtën, shkoi si cjapi te lugati'.

Nuk më duket cjap për mbarë;- mospërfillje, nuk mund ta bëjë punën që i është ngarkuar. P.sh, 'Ju e caktuat atë të parin tuaj, po me të thënë të drejtën, mua nuk më duket cjap për mbarë'.

Ishte bërë cjap;- shaka, ngrirë e bërë kallkan nga të ftohtit. P.sh, 'Sa dolën jashtë e morëm rrugën, atëherë pamë që vendi ishte bërë cjap'. 2- i nevrikosur, i xhindosur. 'Kur erdhi im shoq nga puna, ishte bërë cjap nga mërzia, se e kishin larguar nga puna'.

Hidhet si cjap;- keq, imoral. 2- nxehet shpejt, mburret pa qenë nevoja. P.sh, 'Po ai çfarë ka që hidhet si cjap ashtu sot?'

Si cjapi me një koqe;- tallje, keq. Dikush që ecën pas femrave, por nuk bën gjë. P.sh, 'Mos ia keni merakun atij, se ai është si cjapi me një koqe'.

U lëshuan cjapin dhive;- keq., imoral, i morën gratë e nuset në aksion e u lëshuan cjapin dhive'.

I vinte era si cjapit harok;- ironi, dikush që lyhet e livandoset, që të tërheqë vëmendjen e femrave. P.sh, 'Nuk e pe se i vinte era si cjap harok kur kaloi pranë?'.

Cjapthi;- ndajfolje, duke u hedhur a duke qëndruar mbi këmbët e prapme. 'Hajde luajmë cjapthi', 'Fëmijët loznin cjapthi e po kënaqeshin në dhomën matanë'.

Copa copa;- ndajfolje, copë-copë, në pjesë të shkëputura prej njëra- tjetrës, jo njësh. 'E ndau copa-copa', 'E bëri copa-copa'. 2-fig., bisedë, herë mirë e herë keq. - Si ia çon? -Ja ashtu, Copa-copa.

Copak/-u/-e/;- fjalë e rrallë, d.m.th, gjysmak njeri. 'Erdhi ky copaku tashti'.

Copë copë;- ndajfolje. 1-në shumë pjesë të ndara, në shumë copa. 'E theu copë-copë'. 2- mbaresë, i copëtuar, i grisur. 'Me rrobat copë-copë'.

E bëri copë-copë;- e dërrmoi, e dëmtoi rëndë, e shpartalloi. P.sh, 'Ajo vdekja e djalit, e bëri copë copë'.

Ia tha copë;- d.m.th, pa ngurrim. 'Kola ia tha copë, Matisë se e do'.

Burrë e copë;- d.m.th, që ka zotnillik. P.sh, 'Se je burrë e copë erdha e po të them ty, ndryshe u kisha thënë dhe tjerëve, por unë zgjova juve'.

Cule,/-ja$_1$;- shtresat e mbulesat për të fjetur, zhele.

I ngriti culet;- d.m.th, iku nga i shoqi. P.sh, 'Matia ka kohë që i ngriti culet nga i shoqi, por akoma flasin me njëri tjetrin'.

Cúle cule;- i veshur keq. P.sh, 'Pse je veshur kështu cule cule, sikur ke ngelur rrugëve'.

Cullúfe,/-ja/-et;- tufë flokësh të dredhur mbi ballë.

Cullufe verdhë;- ai që ka flokët e kuq. 'Sa cullufe verdhë që qenka'.

More djalë cullufe verdhë, mbaje dorën m'u te pjerdh;- shaka. Kur një djalë martohej i ri. 'Kësaj i thonë more djalë cullufe verdh, mbaje dorën mu te pjerdh'. Kur prishej një bisedë apo fejesë apo diçka tjetër.

Cung,/- u/- e/-gjet;- kërcu blete. P.sh, 'Sa cungje blete ke sivjet?'

E ka dorën cung;- d.m.th, kurnac. ' Kola e ka dorën cung kur vjen për të dhënë dikujt diçka'.

U bá cung;- ngriu nga të ftohtët, u bë dru, ose u pi. P.sh, 'Ndiz zjarrin me të shpejtë, se qenka bërë cung burri botës', ose, 'thirri Malos të vijë brenda, se u bë cung jashtë'.

Doli para cungut;- e mohoi diçka, që e kishte pranuar më parë ose që duket qartë. P.sh, 'I fortë Kola për nder, doli para cungut e nuk e prishi terezinë fare'.

Si qen bisht cung;- d.m.th, që rri veçuar nga shoqëria, jo i socializuar. P.sh, 'Hajde rrimë këtu së bashku, pse rri atje si qeni bishtcung'.

Sa cung je more burri dheut;- d.m.th, sa i pa marrë vesh, i trashë. P.sh, 'Kam një copë herë që të flas, po ti sa cung qenke more burri dheut?!'

Bjeri cungut të ngjojë bungu;- bëja të qartë dikujt. P.sh, 'Kësaj i thonë, bjeri cungut të dëgjojë bungu'.

Curr,/-e, (edhe si emër);- që i ka veshët të vegjël ose të prerë.

Ia curri veshët;- d.m.th, e hëngri ujku delen. P.sh, 'asaj ia curri veshët dhe ti vete dhe flet tashti?!'

Cuq;- pasthirrmë, bisedë, fjalë e rrallë, pa shqiptim, vetëm me mbledhje të buzëve. 'Nuk e ka me cuq kjo punë, por duhet bërë medoemos'.

Cyle/-ja

I bie cyles me një grisë;- flet kot, nuk e dëgjon njeri. P.sh, 'Po pusho njëherë o njeri, me një grisë i bie asaj dreq cyleje'.

Cyle dyjare;- d.m.th, shaka e muhabet pa ndërprerë. P.sh, 'Mbrëmë te Malo, cyle dyjare e kaluam'.

Cyt (cys)/-a,/ -ur;- 1- Që prek me dorë, ngacmoj, trazoj, nget me fjalë.

Të cyt atje ku të dhemb;- flet me kunja, ose djallëzi. P.sh, 'Ti Malo përherë të cyt atje ku të dhemb'.

Ku më ha mua e ku më cyt ti;- d.m.th, nuk merremi vesh në fjalë. P.sh, 'Kemi dy orë bashkë, ku më ha mua e ku më cyt ti Kolë tani'.

Mos e cyt qenin ke bishti;- d.m.th, mos e ngacmo tjetrin atje ku nuk dëshironi. P.sh, 'Ti Kolë mos e cyt qenin ke bishti, se pastaj të kthehet'.

Na cyti në llaf;- d.m.th, na ngacmoi. P.sh, 'Ishte Gupi këtej pranë e na cyti në llaf'.

Bajga ka zánë cipë, ti vete e cyt;- një sherr apo inat që ka shkuar, fillon dhe e ngacmon përsëri.

Shumë cyt pas cucash;- dikush që shkon pas femrave. P.sh, 'Ti djalë shumë cyt pas cucash, po një ditë do të biesh në hundëlesh'.

Zjarrin po s'e cyte s'ndizet;- d.m.th, bëhu aktiv. P.sh, 'Mirë e ke ti Matia që thua ashtu, po nganjëherë zjarrin po se cyte nuk ndizet'.

Po e cyte, ngjoi pordhët;- d.m.th, po e ngacmove tjetrin, prit përgjigjen pastaj. P.sh, 'Sa herë të kemi thënë more bir që po e cyte tjetrin, dëgjoi pordhët pastaj, mos u largo'.

A do cysësh urët apo do shtishë dhive? – dmth cilën anë do të mbash, ose trego, çfarë do të bëjmë, do të rrimë apo do të ikim, a diçka e për afërt. (Vjen kjo shprehje nga një tregim popullor ku në një shtëpi jetonin dy vëllezër, i pari shumë dembel por i djallëzuar, e tjetri puntor i drejtë si meleqi. Kur vinte koha e dimrit dhe bora shkonte në çati, vëllaj madh ia bënte të voglit;- A do të cytësh urët- do me thënë do të luash prushin e zjarrit me mashë, por vëllai vogël nuk e dinte se çdo të thotë fjala ;me cyt urët, e përherë thonte, Jo jo unë do të shkoj t'u shtie dhive në hajat. Dhe kjo punë solli krejt anekdotën e sipër treguar.

Cëmryer,/-eva;- d.m.th, zemëruar. P.sh, 'Pse qenke cëmryer kështu', 'Kush të ka cëmryer?'

Cëmrim;- fjalë e rrallë që ka marrë të cëmryer. P.sh, 'Ç'është ky cëmrin kaq i madh kështu?'

-Ç-

Çábull,/ -i;- fig., rrëmujë, i bëri sendet çábull e pastaj u zhduk. 'Erdhi ky çábulli i vogël e na i theu gotat, për fëmijët që prekin çdo gjë nëpër shtëpi.

Po kërkon për çábull;- për sherr e shamata, mos kërko këmbë për gjemb,. P.sh, 'Po pate ardhur për mik ,rri si mik, se mesa shoh unë ti kërkon për çábull m 'duket.

Pruni(solli) çábull;- d.m.th, erdhi diçka e re që po na shqetëson, sistem, rregull, urdhër etj. P.sh, 'Ata ishin mirë më parë po siç duket erdhi nusja e pruni çábull, e ata nuk po munden më'. Çáblli çábllën pill (pjell);- d.m.th, e keqja pjell të keqen. P.sh, 'Po mos more djemtë e babës, u kam thënë me qindra herë, jo kështu se çáblli çábllën pjell'.

Ja çábulli, ja kaprulli;- ironike. Ose do të ndryshojë situata, ose do të shembet fare. P.sh, 'Kështu sikur ka marrë koha, ja çábulli ja kaprulli do ka për të ardhur.

Çabëz/-a/-at;- vegël prej hekuri që rrëmih tokën gjatë vaditjes së perimeve.

I hudh (hedh) çábzat;- tallëse, d.m.th, këmbët. Për ndonjë person që ecën shatra patra. P.sh, 'Nuk e sheh si çabëz e po rrëzohet?'.

I dolën dhëmbët si çabëz;- (prej nepsit), dikush që ka uri e sa shikon një ushqim, nuk përmbahet dot. P.sh, 'Sa pa mishin e pjekur i dolën dhëmbët si çabëz të shkretit'.

Drejtoi pak çábzat, (pa zanoren ë);- d.m.th, rregulloi fjalët se je duke folur pa kuptim. P.sh, 'Ti djalë i mirë, drejtoi pak çábzat, se nuk po të biem në fije'.

Nuk i rrinë çábzat rehat;- shaka, duart nuk i rrinë, nget, ngacmon, cyt. P.sh, 'Kushedi sa herë i kam bërtitur këtij çuni, po mezallah se i rrinë çábzat rehat'. 2- vjedh, ka dorë.

Ia kalon çábzat shatit (qyrekut);- shaka, ia kalon i vogli të madhit, e pakta së shumtës, e keqja së mirës. P.sh, 'Mirë e thua tii, po ashtu dalëngadalë ia kalon çábëza shatit'.

Nuk i pushuan çábzat;- shaka, nuk iu mbyll goja, llafazan/e. P.sh, 'Ishim te Kola për drekë se na kishte ftuar, por asaj gruas tij nuk i pushuan çábzat një minutë'.

Ia futi çábzat mrena;- d.m.th, tallëse, ia theu dhëmbët. P.sh, 'I ra kali me shqelm sa ia futi çábzat mrena'.

Çádër/-a/-at

U bám (ose u bánë) si ata të çadrave;- d.m.th, arixhinj, pa bukë, ujë e çati mbi kokë, rrugëve të botës. 'Sapo u dogj shtëpia, ata të shkretët u bënë si ata të çadrave, e nuk e morën dot më veten'.

Na bánë si ata të çadrave tek Rrapat e Kolës;- ironike. Na i morën çdo gjë, bagëti e toka e dyqane. 'Sa hyri komunizmi, erdhi e na bëri të gjithëve si ata të çadrave te Rrapet e Kolës'.

Unë të jap çadrën, ty të lag shiu;- shaka. Unë të ndihmoj, ti nuk je mirënjohës. P.sh, 'Ti bëj si të duash, por unë përherë të jap çadrën e, ty të lag shiu'.

I u ngrit çadra (ombrella);- shaka, iu ngrit penisi. P.sh, 'Ishte ndër hije e flinte e, dikur iu ngrit çadra e gratë lëvizën që aty'.

Ta mban çadrën/ dikush/ për diçka;- d.m.th, ta mban anën, të ka kujdes. P.sh, 'Ke mikun në pushtet ti, që ta mban çadrën, andaj bën ashtu'.

Ta jep çadrën kur është diell e, ta merr kur është shi;- shoqëri, apo person me interes. P.sh, 'Mos u lidh shumë pas tij ose asaj, se ta jep çadrën kur është diell e ta merr kur bie shi'.

Çadër ka, por shiu e lag;- d.m.th, i pavëmendshëm në gjërat e ditës, i pakujdesshëm. P.sh, 'Sa herë ia kemi përmendur që të ketë kujdes, ai është si puna e atij që çadër ka, por shiu e lag'.

Çaf çaf/ ndajf., shaka;- shpejt e shpejt. P.sh, 'Hajdeni çuna, goca, luani kambët/ duart/ çaf çaf, se na zuri darka'.

Çajre (t);- livadh me bar.

E ka ngránë çajren me kohë, ai/ajo;- d.m.th, është goxha në moshë. P.sh, 'Mos i thuaj gjë më atij për asgjë, se e ka ngrënë çajren e vet ai/ ajo'.

Ha n'çajren (livadhin) e komshive;- d.m.th, vjedh, kurvëron, bën sende jo të pëlqyera. 'Ty djali mirë të duket ai, por ai shumë ha në çajren e komshive, këtë ta dish'.

U lëshua/n sallma nëpër çajre/livadh;- d.m.th, nuk respektuan më kufi e rregull. P.sh, 'Ai fisi i tyre të lëshohet sallma nëpër çajre, andaj kini pak kujdes me t'a - u tha Sala çunave para se të shkonin.

Secili e ruan çajren e vet;- nderin, gruan apo burrin e vet, shtëpinë apo fisin. P.sh, 'Mirë thua ti Dajo, po këtej nga ne, secili e ruan çajren e vet'.

Mbinë si kërpudhat mes çajres;- dikush apo diçka, menjëherë, papritur. P.sh, 'Unë sapo i hoqa sytë nga dhentë, kur ujqërit mbinë si kërpudhat mes çajres'.

Ia futi kosën çajres (shavarit);- shaka kur dikush martohet sefte. 'Mos e ngitni Kolën, se ai mbrëmë ia futi kosën çajres, e është i lodhur'.

Çaj,/-va/-çarë

Çan dërrasa pa sëpatë;- d.m.th, flet kot së koti. P.sh, 'Si nuk u lodh o burri dheut, gjithë ditën çan dërrasa pa sëpatë ai njeri?'.

Me gojë t'çan me dorë t'lan;- d.m.th, i bën të dyja, hem i mirë dhe hem i keq, si lopa që ta derdh qumështin. P.sh, 'Nuk e di se ç'të them për atë vëllanë tënd, ai me gojë të çan, e me dorë të lan'.

Çanë nga kambët kryt;- ikën të trembura nga egërsirat. P.sh, 'Ato të shkreta dele, njëherë u panë me sy, pastaj çanë nga këmbët kryt'. (lokalizëm).

Ásht si ta çash katërsh;- është shumë i/e shëndoshë, e/i ngjallur P.sh, 'I dhanë të bëjë një punë të lehtë, por ai mezi lëvizte vendit, është si ta çash katërsh'.

Na çau bythën na çau;- d.m.th, mospërfillje, na mërziti shumë keq me gjepura. P.sh, Isha me Kolën në punë sot, ama me nder na çau bythën na çau'.

Na çau (shurdhoi) veshët;- ironi. Dikush që nuk pushon së foluri, por pa lidhje. P.sh, 'Si nuk pushoi një minutë o burri dheut, na çau veshët dërr dërr'.

Çakaçuke,/-ja,/-/et;- vajzë e parregullt, e lëvizshme. P.sh, 'Sa çakaçuke je moj bijë', ose, 'Mos u hidh e përdridh ashtu si çakaçuke'.

Çakall,/-i /- ënjtë.

Dashin e ha ujku e çakallit i ngel emri;- shaka, kush e bën e kush e pëson. P.sh, 'Ehuhaa, dashke ti tashti ta gjesh se kush, pse thonë pleqtë se dashin e ha ujku, çakallit i ngel emrin'.

Dhám çakall;- që si ka dhëmbët drejt por me të këmbyer. P.sh, 'Pusho re dhëmb çakall se na shurdhove veshët'.

Pulën e ha skilja, çakalli i mpreh dhámët;- d.m.th, kur dikush hyn ndërmjetës për dikën për nuse, e si përfundim e merr vetë. 'Mirë e ke ti llafin, po kot s'kanë thënë të vjetrit që pulën e ha skilja (dhelpra) e çakalli i mpreh dhëmbët'.

Ore djalë o dhambçakall,/Unë e shoh, që ke një hall./Ma thuj hallin ta mbaroj,/Se leu dielli dhe prenoj). (Këngë gazmore e kënduar nga gratë e fshatit tonë, nëpër dasma).

Çakallthi;- fjalë e rrallë, që ecën, flet, ha, me rrëmbim. P.sh, 'Mos fol ashtu çakallthi, se nuk të kuptojmë'.

Çakáll,/ -e,/ -ja,/ -et

I bie po një çakalleje;- (dikush) flet të njëjtin gjë përherë. P.sh, 'Si nuk u mërzite o burri dheut, i bie vetëm një çakalleje përherë'.

Mos të fustë ai/ ajo në çakalle;- d.m.th, nuk të lë pa ta vënë një bisht. P.sh, 'Ki kujdes kur të kalosh kësaj ane, se gratë tona mos të futshin në çakalle!'

Moj Alore dhamb çakalle,/ Merri gratë e ze një valle,/ Zene vallen me dy krerë,/ Bloza poshtë le të bjerë .(Ali Karamuça).

Çakmak,/ -u,/ -qet

Çakmak e báftë Zoti;- d.m.th, të shpejtë e të saktë, për një fëmijë, grua, por edhe kalë apo mushkë. 'Ishte çakmak, e bëftë Zoti e bëftë'.

Ka çakmakun n'brez;- d.m.th, ta jep përgjigjen aty për aty. P.sh, 'Kur të flasësh me të ki kujdes se ai çakmakun në brez e ka'.

Ma ka kryt si çakmak;- i pa marrë vesh. P.sh, 'Sa herë i kam thënë atij djali, por ai ma ka kryet si çakmak'.

Nuk i ndezi çakmaku;- shaka, nuk i shkoi fjala. P.sh, bëri të pamundurën për ty, por kësaj radhe nuk i ndezi çakmaku'. 2- Nuk lindi fëmijë. P.sh, 'Kur nuk do, nuk do,- tha i moçmi- nuk i ndez çakmaku'-dhe shkoi.

Çalë.- çalaman/e,/

Oj komb çala ja ke lala,/Dot rrëfej si knon gjinkalla.Si këndon do ta rrëfej,/Unë të them hajde këtej.(E vjetër, Ali Karamuça**)**.

Çallmë,/-a,/ -at;- mbulesa e kokës, që mbajnë hoxhallarët.

T'i shkoj çallma qoshe m 'qoshe;- shaka. P.sh, 'Do ti futin një dru të mirë e, ti shkoj çallma qoshe m 'qoshe, se nuk durohet më'.

Nuk ásht' çallmë për at' qoshe;- nuk është dhe aq me vlera, aq i respektuar. P.sh, 'Unë e njoh para teje Salën, ja ku po ta them se ai nuk është çallmë për at qoshe'.

E shtron çallmën n'derë xhamisë;- i varfër nga vakti. P.sh, 'Kishte shkuar deri në atë pikë sa e shtron çallmën n'derë xhamisë'.

Nuk ia ngjan çallma çallmës;- janë ndryshe sendet (si nga dituria/pasuria). P.sh., 'Mirë thua ti i dashur, ashtu mund të jetë, por nuk ia ngjan çallma çallmës'.

I ndërruan (përzien) çallmat;- 1) u grindën, bënë shamata. P.sh, 'Në fillim qenë mirë, pastaj fap i ndërruan çallmat. 2) shaka, u martuan. P.sh, 'Mjaft pritën, tashti le ti përziejnë çallmat'.

I rroftë çallma se kryet shkoj;- ironi, dikush që shet mend, por në fakt është për të mësuar për vete. P.sh, 'Sulës i rroftë çallma, se kryt shkoj qysh atë ditë kur bëri fjalë me prindërit'.

Çallti,/-a,-të (bisedë);- mjet, mënyrë apo formë për të bërë diçka në jetë, apo përpjekja për të ndihmuar dikë. P.sh, 'Çalltia duhet ju djem, se pa çallti nuk rrohet'. Ose, 'çalltitë të mbajnë në formë, e të mbajnë gjallë, se pa çallti nuk të vjen send në sofër'.

Çalltis,/-a,/ -ur;- d.m.th, punoj, orvatem. 'Hë çalltis bre burrë, bëj diçka se ngelën vend numëro!'. 'Kishin çalltisur mirë ata, andaj nuk e vrisnin mendjen shumë'.

Çalluke,/-ja;- fjalë e rrallë, e pa mend. P.sh, 'Femër çalluke', 'Erdhi kjo çallukja'

Çanak,/-u,/-ët

E di barku çka çanaku'- Sinonim. E di vorba se çka brenda. P.sh, 'Mirë thua ti, por e di barku çka çanaku'.

I thyen çanakët;-tall. d.m.th. bënë fjalë, u grindën. P.sh, 'Në fillim e nisën si burrat muhabetin, pastaj i thyen çanakët'.

I ve gishtin çanakut;- të shpërlan, të vjedh, të zhduk. P.sh, 'Mos u merr me atë njeri - o burrë- i tha e shoqja Kolës, se ai i vë gishtin çanakut'.

T'i pjerdh çanakët;- dikush që është nevrik. P.sh, 'Mos u merr kot me të se ai për një send të vogël t'i pjerdh çanakët'.

Çap/i/ a, (zagar).

Pjerdh si çapi pas lepurit;- dikush që ja fut kot muhabetit. P.sh, 'Asnjëherë nuk fole si burrat, vetëm se pjerdh si çapi pas lepurit'.

Njëherë gjeti çapi leprin;- njëherë ndodh ajo gjë gafil, në njëqind një. P.sh, 'Mirë e ke ti, por njëherë gjeti çapi lepurin në gjumë, jo gjithnjë'.

Lef si çap;- dikush që flet kot së koti, pa lidhje. P.sh, 'Hë re pusho ti, na çave veshët, lef si çap pa pushim'

Çapariz /em/ur;- dmth trazoj, trazuar. E kam mendjen të çaparisur sot, Mos na çaparis punët por shko nga ke punë.

Me ta çapariz mendjen;- shaka, d.m.th, diçka shumë e mirë, e pëlqyer, e shijmë. Psh Kishte ai Kola një vajzë që me ta çapariz mendje ishte. Ose Paske gatuar një drekë që me ta çapariz mendjen qënka.

Iu çaparisën dhitë;- tall., d.m.th e humbi si Xhafa simiten. P.sh Në fillim nuk ke keq, pastaj iu çaparisën dhitë.

Çaparis si pula n'gjiriz;- tall., dikush që flet pa lidhje. Psh Po si nuk të pushoj ajo gojë sot o Kolë, ngele duke çaparis si ajo pula në gjiriz.

Çapraçik;- sytë, dhëmbët të këmbyer.

Mos fol çapraçik;- d.m.th, fol me rregull dhe etikë. P.sh, 'Ti do të shkosh mik atje, po mos fol çapraçik, se do të tallen me ty'.

Çapraz;- ndajfolje

Çapraz njeri;- d.m.th, i ashpër, i padëgjueshëm. P.sh, 'Shumë kohë u mora me të, por sa çapraz njeri që është, ju nuk u besohet'.

Mos i bán misrat çapraz;- d.m.th, ki rregull e qetësi në punët. P.sh, 'Dëgjo çfarë të thonë e mos i bëj misrat çapraz, kur të vijë radha jote'.

Çapraze,/-et;- dy pafta prej sermi ose bronci, që mbanin dikur gratë në kraharor, ose në brez, për zbukurim. 'Bleu një brez me çapraze për nusen e djalit'.

Ia theu çaprazet;- keq., d.m.th, kapi një femër me zor. P.sh, 'Mesa u mor vesh, thonë që ia theu çaprazet. 2- i foli ashpër dikujt, i bërtiti djalit/vajzës, ose e qëlloi me shuplakë.

Leni (lëri) çaprazet ke yt atë;- d.m.th, lëri nazet, romuzet, shakatë, numrat etj. 'Mos m'i trego mua ato numra'. P.sh, 'Hajt ti hajt, leni çaprazet ke baba jot-se kam lindur para teje unë'.

Shtat' lek një çapraze;- shaka, ra fuqia, ekonomia, ra nderi e dinjiteti. P.sh, 'Nuk e sheh se shtat lek një çapraze ka shkuar puna'.

Ka shumë çapraze;- tall shet mend, flet dokrra. Psh. I mirë është Kola, por nganjëherë ka shumë çapraze, e kjo më çmend mua.

Nalt e mban çaprazen;- ironi, grua qibare. P.sh, 'Asaj s'mund i flisni me gojë ju, se ajo nalt e mban çaprazen'.

Ti moj nusja plot çapraze,/Që më ecën naze naze,/Nazet tua ç'i merr era,/Kam tre orë që pres te dera. (Këngë grash e moçme kënduar me valle).

Çarçaf,/-i/ -ët

T'bâfsha çarçaf t'bâfsha;- shaka. Kur dikush ka mani në një femër. P.sh, 'Vetëm po nuk të shtiva në dorë, të bâfsha çarçaf ty të bâfsha'.

E báni çarçaf;- d.m.th, e shfarosi krejt. P.sh, 'Kishte rënë ujku ndër dele dhe i bëni çarçaf'.

T'vufsha n'çarçaf;- mallk., vdeksh inshallah. P.sh, 'Ç'më bëre more bir, të vufsha në çarçaf të vufsha'.

Ia shori (çjerr) çarçafët;- keq, e çnderoi. P.sh, 'Mirë thua ti, por Kola ia çori çarçafët dhe u zhduk pa rënë drita'.

Njeri pa pikë çarçafi;- pa turp, pa din e iman. P.sh, 'Të jetë burri pa pikë çarçafi, atë kam pa unë'.

Ma ka llapën sa një çarçaf;- person llafazan, që s'mban fjalë. P.sh, 'Mos rri shumë me Salën, se ai ma ka llapën sa një çarçaf'.

E mbështollën me çarçaf;- të vdekurin, e qefinosën. 'E lau hoxha xhenazen dhe e mbështolli me çarçafin e fundit, pastaj ia falën xhenazen'.

Si i lami n'çarçaf/tabut;- dikush shumë i sëmurë, në pikën e frymës fundit. P.sh, 'Vajta ta shoh mikun por ishte si i lami në çarçaf'.

I zheu (zhyt) nusja çarçafët;- tall, dikush që trembet shumë. 'Më thanë që Kola është trim, por kur doli arusha, atëherë i zheu nusja çarçafët'.

Nuses së mirë i duken çarçafët n 'tel;- shaka. P.sh, 'Mos na e lavdëro shumë Salën, se si i thonë një fjale, nuses mirë i duken çarçafët n 'tel'.

Çatall,/i,-je;- bigë.

Hem çatall e hem batall;- përtac. P.sh, 'Të jetë burri hem çatall e hem batall, vetëm Gjinin kam pa'.

Ke druri çatall, ngeli ara batall;- shaka. Kur një grua ngel e ve, thonin ashtu në humor. P.sh, 'Mos bëni shaka, se ke druri çatall, ka ngelur ara batall, e gruaje botës ka hall'.

Ngeli si rrap çatall;- shaka, dikujt që i ikën gruaja. P.sh, 'Nuk qe aq i zoti sa ngeli si rrap çatall tashti, e shikon vërdallë'.

Çati,/-a/-të

Çati e plátë;- d.m.th, që nuk e kullon ujët, ngase nivelimi është bërë keq.

Janë çati e gjánë (gjerë, madhe);- d.m.th, familje ose fis i madh. P.sh, 'Unë i njoh Kolajt prej kohësh, posi jo, janë çati e gjerë ata'.

E di zotnija ku rrjedh çatia;- secili i di vetë hallet e veta. P.sh, 'Mirë e ke ti, po i thonë fjalës e di zotnia ku rrjedh çatia'.

Iu bë çati/ dikujt/ diçkaje;- mbrojtës, ruajtës, kujdestar. 'Atyre u vdiq i ati, por xhaxhai i tyre u bë çati për ta'. 2- 'Ka ai të holla sa të duash, por u bëhet çati e nuk të ndihmon fare'.

Nuk rri çatia pa qepra;- shaka. Do bazë bisede, do argument. P.sh, 'Mirë do të ishte ashtu sikur thua ti, por nuk rri çatia pa qepra, ka thënë i moçmi'.

Bën shtëpi po s'u ve çati;- shaka, dikush që korr e nuk lidh. P.sh, "Kola të mirë e kishte djalin, por veç se ai bën shtëpi, po s'u vinte çati djali, ai qe problemi'.

I vuri çati;- d.m.th, kapak muhabetit, e gjeti fjalën e duhur. P.sh, 'Foli gjatë Kola në mbledhje, por më në fund i vuri çati, pastaj shkuam'.

Çati më çati, si macja për mi;- tallëse. Dikush që rend pas femrash. P.sh, 'Nuk e sheh çati më çati si macja për mi, pastaj vete ha dru'.

Ndërroj çati;- d.m.th, ndërroi banim. P.sh, 'Ata kanë banuar këtu disa kohë pastaj ndërruan çati e shkuan'.

T'i thyn tjegullat e çatisë;- d.m.th, i ashpër, i egër, i padëgjueshëm. P.sh, 'Mos i fol shumë Kolës se ai menjëherë ti thyen tjegullat e çatisë'.

I ra çatia mrena, (brenda);- d.m.th, iu prish plani, i doli sekreti. P.sh, 'Shumë kohë nuk u ndie Kola, por pastaj kur i ra çatia mrena e u bënë faqja e zezë'.

Çatrafil- d.m.th, i/e vëngër. Sy çatrafil, flet çatrafil, shkruan çatrafil.

Çatrafilas;- anës, tërthor, pjerrtas, jo drejtpërdrejt. 'Mos më fol ashtu çatrafilas mua. se nuk ta kam ngenë'. 'Ecën çatrafilas nga të pirët'.

Çaush,/ -i,/-at;- lloj rrushi i bardhë kokërrmadh, cipëhollë që piqet herët në pranverë. P.sh, 'U poq çaushi e dil ndonjë ditë andej'.

Iu poq çaushi;- shaka, d.m.th, është bërë djali për martesë. P.sh, 'O Kolë, iu poq çaushi çunit, po martoje tani'.

Çaushët e mirë i hanë bletët para;- shaka, d.m.th, sendin e mirë, e merr ai që është më afër. P.sh, 'Shumë ia pati lakminë asaj cuce, po pse thonë se çaushët e mirë i hanë bletët para'.

Çeço,/-ja;- shprehje popullore
Si Çeço në këmbë të kalit;- urdhërore, menjëherë. P.sh, 'Ti do të vish si çeço në këmbë të kalit, por nuk e kuptoj pse kundërshton xhanëm'.

E bëri Çeço;- e rrahu, ose i bërtiti keq. P.sh, 'E pa i ati cucën me atë djalin dhe e bëri çeço e bëri'.

Nuk ha Çeço përshesh;- I veçantë. P.sh, 'Kujdesohu mirë për Kolën, se i thonë fjalës, nuk ha Çeço përshesh'.

Çeço vdiqe rehat, koka poshtë e bytha lart;- ironi, d.m.th, vdekje pa nder e respekt. P.sh, 'Kësaj i thonë tamam, o çeço vdiqe rehat, koka poshtë e bytha lart'.

Çéhre,/-ja/ -et;- fytyra.
Si ngeli çehre për njeri;- d.m.th, u turpërua. 2-shumë i sëmurë. P.sh, 'I folën në mbledhje më sa si ngeli çehre për njeri'.

I ndrron çerja si narden kumllash (çehre);- d.m.th, u tremb, u shtang, u frikësua, u skuq. P.sh, 'Kur Kola pa arushën, i ndërroj çehrja si narden kumbulle'.

Çekiç,/ -i,/ -ët
U ngul si çekiç;- d.m.th, nuk lëviz nga vendi. P.sh, 'Ndërsa i ati i fliste djalit, ai u ngul si çekiç e nuk lëvizte nga vendi, sikur ta vrisje'

Nuk ha çekiç fare;- nuk ha pykë, d.m.th, i pagdhendur, i pa marrë vesh. P.sh, 'I fola shumë, por ai nuk ha çekiç për atë punë'.

Do çekiç puna;- d.m.th, do të rrahur një çështje. P.sh, 'Mos u nxitoni kur t'i tregoni Kolës se çfarë halli keni, se nganjëherë ju djem do çekiç puna'.

Vajt bisht çekiçi;- d.m.th, si sëpata pa bisht. P.sh, 'Në fillim Sala u duk djalë punëtor, por pastaj vajti bisht çekiçi, se ra në sipërmarrës të keq'.

Iu bë çekiç pas qafe;- d.m.th, mërzitje, hall, problem. P.sh, 'Filloi të pijë alkool jashtë mase, sa iu bë çekiç pas qafe dhe i mori kryt'.

Çekiçi sa ka bishtin, aq kësmetin;- fatin, shaka. 'Unë vërtet ndërtoj shtëpitë e botës, por ama çekiçi sa ka bishtin, aq kismetin, i thonë një fjale'.

Çel/ -a,/ -ur

Ka çel Iftari;- d.m.th, ka ardhur koha e darkës për ta prish agjërimin. P.sh, 'Pini ujë djem se ka çel iftari'.

Ka kohë që i ka çel iftari;- shaka, d.m.th, nuk agjëron. 'Burrit tim -tha Dilja- ka kohë që i ka çel iftari'.

Nuk çel gjeth pa ardh behari;- d.m.th, çdo gjë do kohën dhe momentin e vet. P.sh, 'Ju djem mos u ngutni, se nuk çel gjeth pa ardh' behari- kanë thënë të vjetrit'.

I ka ngel dyqani çelë;- shaka.d.m.th, që ka harruar zinxhirin e pantallonave hapur.

Nuk çel bar e gjeth;- fetare. P.sh, 'Ju mos thoni e mendoni ashtu, se pa urdhrin e Zotit, nuk çel bar e gjeth- u tha nëna djemve të saj, në ditën e Bajramit'.

Çelemelas;- lojë fëmijësh, symbyllas

Nuk shkon çelemelás;- d.m.th, nuk mbahet fshehur një send që shpejt do të shihet. P.sh, 'Ti kërkon nuse për djalin, por kjo punë nuk shkon çelemelás, na thuaj dhe neve që të ndihmojmë'.

Nuk luajmë çelemelás;- d.m.th, e kemi marrë seriozisht këtë punë;. P.sh, 'Natyrisht që mbaroi shpejt projekti, ne punojmë e nuk luajmë çelemelás këtu.

Bëjnë çelemelás;- shaka, d.m.th, kur dy të rinj dashurohen. P.sh, 'Mos i ngitni ata se bëjnë çelemelás, se nga qejfi e kanë'.

Çelës,/ -i/ -at

Ia gjet çelsin;- d.m.th, mënyrën, anën, apo njeriun e duhur. P.sh, 'I dha sa i dha Kola, më në fund ia gjet çelsin'.

I dorëzoi çelësat;- bisedë, d.m.th, vdiq. P.sh, 'Daja qe mjaft kohë sëmurë, kur një ditë i dorëzoi çelësat'.

Çengel,/-i/-ët

U bá çengel n'krrabë;- d.m.th, u dobësua shumë. P.sh, 'E mbajti disa ditë lopën të sëmurë, derisa u bë çengel në krrabë, pastaj e therën'.

T'ja nxjerrësh me çengela;- d.m.th, zor të komunikosh me të. P.sh, 'Tërë ditën të rrish me të, sikur t'ia nxjerrësh me çengela fjalët'.

T'a nxjerr me çengela;- d.m.th, me të fortë, me zor. 'Ai ta nxjerr fjalën me çengela, prandaj kini pak kujdes'.

Çdo berr, varet për çengel t 'vet;- bisede, d.m.th, secili paguan vetë. P.sh, 'Sot do të hamë së bashku në restorant, por çdo berr varet për çengel t 'vet'.

Çérdh/-e,-ja/- et

Ua prishi çerdhen;- d.m.th, ua prishi rregullin, sistemin. P.sh, 'Ata ishin mirë për shumë kohë, por erdhi një sistem tjetër dhe ua prishi çerdhen'.

Bán çerdhe;- d.m.th, bën hall, është i zoti, i gjindshëm. P.sh, 'Mos ia qani fare hallin Kolës, se Kola bën çerdhe kudo'.

Në çerdhet e vona, fle bolla mrena;- d.m.th, mos u vono në diçka që ke nisur. P.sh, 'Martoje djalin se i thonë një fjale, që në çerdhet e vona, fle bolla mrena'.

Çerek,/-u/ ët;- një e katërta pjesë e një mase të caktuar.

I rri sahati dymbëdhjetë pa një çerek;- d.m.th, nuk e prish terezinë për asgjë. P.sh, 'Salës i rri sahati përherë dymbëdhjetë pa një çerek, andaj mos u shqetësoni shumë'.

Ta mat kokën me çerek;- d.m.th, koprrac, i ngushtë në marrëdhëniet njerëzore. P.sh, 'Mos rri shumë me Kolën, se në disa raste, ai ta mat kokën me çerek'.

Sa një çerek leku;- shaka, d.m.th, s'ka vlerë fare. P.sh, 'Mos i thuaj për asgjë Nokes se ai vlen sa një çerek leku e ka mendjen'.

Çerekë çerekë, mbushet dumja;- d.m.th, pak nga pak, shtohen gjërat. P.sh, 'Mos u ngut ti djali im, se çerekë çerekë, mbushet dumja plot, e pastaj do të rehatohesh'.

Një llafe, tre çerekë;- shaka, d.m.th, që flet rrallë e me përtesë. P.sh, 'Kola një llafe tre çerekë e ka, ama kur flet, të mbërthen në llaf'.

Çerék,/-e,/-ja/-et;- e vjetër, masë drithi prej njëzet e katër okësh (rreth dyzet kilogram).

Ia kalon dumja çerekes;- d.m.th, e vogla të madhes. P.sh, 'Nëse merr dimri i gjatë, ia kalon dumja çerekes ke fuçia e miellit'.

Nuk ia fryn kush çereken;- tallëse, d.m.th, barkun. P.sh, 'I bëra goxha bukë për të ngrenë, por atij nuk ia fryn kush çereken'.

Nuk i rashë n'çereke;- d.m.th, nuk e kuptova. P.sh, 'Ai po fliste, por unë nuk i rashë fare në çereke'.

Çerep,/-i/-ët;- enë prej balte, në të cilën pjekin bukën

Sikur ka çerepin n' zjarr;- d.m.th, diçka shumë të ngutshme. P.sh, 'Kola, kur nis një punë, është sikur ka çerepin n' zjarr, 2- Ishte duke pyetur këdo për grua, sikur kishte çerepin në zjarr i gjori.

E di krista ç'asht çerepi;- d.m.th, ai që është më afër, ia di rëndësinë diçkaje. P.sh, 'Mirë thua ti për tjetrin, por sa i nxehtë është çerepi, e di vetëm krista'.

I báni buzët çerep;- d.m.th, u zemërua. P.sh, 'Sa i tha Kola djalit që nuk do të shkosh sot në qytet, djali i bëri buzët çerep e filloj të qajë'.

Çermenikë;- zonë veri perëndimore e Librazhdit.

Çermenikë e për matanë;- fjalë e urtë popullore, d.m.th, mirë e shkuar së mirës. P.sh, 'Ama këndoi një këngë, Çermenikë e për matanë'.

Çermenikë e përmatanë,/*Erdhi syrbi gjet belanë,/*
Po kërkonin Hasananë.Hasanai i kish hyp kalit,/Mori rrugën vrik prej malit,/Me i tregu qejfin kralit.

Çervenakë e Çermenikë;- shaka, kur mblidhen një grup njerëzish, ose pazar, ose një dasmë pak e rrëmujshme. P.sh, 'Qenkan mbledhur Çervenakë e Çermenikë sot'.**Çorapkuq Çermenike;-** shaka. Dikush që ka veshur çorap të kuq/ burrat kryesisht. P.sh, 'Qënke bërë si çorapkuq Çermenike'.

Çervenakë;- zonë e Mokrës së Sipërme, banor Çervenake, Malet e Çervenakës.

Po u nxi çervenaka, moti do të prishet;- shaka, kur dy veta fillojnë e flasin me zë të lartë. P.sh, 'Unë u thashë që ti ulnin zërat se turp është, por po u nxi Çervenaka, moti do të prishet'.

Qënka nxirë si Çervenakë;-

P.sh, ' Po ajo Matia, pse ishte nxirë ashtu sot si Çervenakë, ku e kishte hallin?!'

N' Çervenakë erdhi haberi,/Se përposhtë po vjen asqeri./Një asqer, një turk hasham (turk, i egër) Që s'ka dinë e s'ka iman. (Këngë e dëgjuar nga Xhevdet Blloshmi, New York, 1991).

Çetele,/-ja/ -et;- e vjetër. Vegël ku mblidhej peri gjatë tezgjahut.

Mezi e futi në çetele;- d.m.th, me zor ia gjeti rastin. P.sh, 'Eci sa eci vërdallë, mezi e futi në çetele, pastaj nuk qe vështirë puna'.

Nuk hyn n'çetele;- d.m.th, nuk bën, nuk pëlqehet. P.sh, 'Kjo që thua ti shoku im, nuk më hyn në çetele fare'.

Çezmë/-a/ -at

Të jep ujë n' shtatë çezma;- d.m.th, të mashtron, të gënjen, të than. P.sh, 'Mos i beso atij, se ai të jep ujë në shtatë çezma'.

T'çon n' çezme, të bi pa ujë;- d.m.th, i djallëzuar. P.sh, 'Nuk kam ndenjur shumë kohë me Gjinin, por më kanë thënë se Gjini të çon në çezmë e të bije pa ujë'.

Mos pi ujë n'çezmën belik;- d.m.th, mos fut hundët, aty ku s'të takon. P.sh, 'Ti djalë mos pi ujë në çezmën belik e, thua pastaj pse më urrejnë'.

Turbullon ujt' e çezmës;- ironi, d.m.th, rri kot, sorollatet. P.sh, 'Çfarë bën yt shoq moj Gane- e pyetën gratë e lagjes,- e Gania ua ktheu si me shaka, 'Turbullon ujt' e çezmës- njatë bën'.

Mu në çezmën tënde,/ Shatë sylynjarë,/Bjermë sy të shoh,/Çin (cilën) të puth më parë. (Këngë grash e vjetër, që këndohej valle me të kërcyer butë, e më të hedhur).

Çiç/i fëmi;- ujët e hollë.

Ia báni çiçin;- shaka, ironi, d.m.th, nuk punoi fare, ose nuk respektoi rregullat e bisedës. P.sh, 'E thirrën Kolën që të na ndihmonte, por ai ia bëri çiçin punës' 2- 'Ama dhe ti ia bëri çiçin fare, me atë fjalë që the.

Çiflig,/-gu/-gje

Nuk je n 'çiflig tyt eti;- d.m.th, ki respekt dhe edukatë për një pronë tjetër. P.sh, 'Po ti ha sa të duash arra, ama mos kujto se je në çiflig të tyt 'eti këtu'.

Ban çiflig n'arë belik;- shaka, d.m.th, të tall apo ta hedh me fjalë e kunja. P.sh, 'Me Gjinin ki kujdes, se ai për një sekondë, ban çiflig n'arë belig, e ti se merr vesh fare'.

Çift,/- i

I báni këmbët çift;- shaka, d.m.th, vdiq e shkoi. P.sh, 'Rroj sa rroj, një ditë i bëri këmbët çift e shkoj'.

Nuk ia gjen çiftin;- superlative, d.m.th, nuk ja gjen shoqin apo shoqen. P.sh, 'Ishte aq e bukur sa zor ia gjeje çiftin'. (R. Hajrizi)

Sa për çift të saja;- d.m.th, sa për nder të saj, sa për bukurinë që ka. P.sh, 'Sa për çift të saj të kam unë në qafë, se nuk mund e gjen më të bukur' (R. Hajrizi.) Çift për çift;- d.m.th, sy për sy, këmbë për këmbë, nuk ia linin mangët njëri tjetrit. P.sh, 'U kapën me njëri tjetrin e shkuan çift për çift'.

Si bán dy çift;- d.m.th, moskuptim. P.sh, 'Ndenja goxha kohë me Noken, por dy fjalë si bëmë çift në bisedë'.

Si uku (ujku) çift;- d.m.th, shumë të rrezikshëm për dikë. P.sh, 'Kini kujdes nga ata djem, se kohët e fundit po duken si uku çift nëpër fshat'.

Çiftatek;- lojë popullore. P.sh, 'Hajde e bëjmë me çiftatek, kujt i bie radha'.

Luajnë çiftatek;- shaka, d.m.th, tallen, nuk punojnë, rrinë kush t'ia hedh shoqi shoqit. P.sh, 'Sa herë u ka folur babai, por çunat luajnë çiftatek gjithnjë'.

Çifte/-ja;- armë gjuetie.

Nuk mbushet çiftja nga gryka;- shaka, d.m.th, nuk fillohet së prapthi. P.sh, 'Sa herë të kam thënë more djalë, se nuk mbushet çiftja nga gryka, por ti s'më dëgjove mua'.

Barut për çifte;- shaka, fjalë e rëndë dhe e ashpër. P.sh, 'Ju folët me Kolën, por fjala juaj qe barut për çifte, andaj ai u zemërua e shkoi'.

Bá barut e çifte;- kur misrat në verë, thahen për ujë. P.sh, 'U futa pak ujë arave, por ishin bërë barut e çifte e, s'ma merr mendja, se ujët do të bëjë efekt'.

Nuk ia vret më çiftja zogun;- shaka, d.m.th, i pamundshëm nga seksuale. P.sh, 'Ishte kur ishte ajo punë, tashti nuk ia vret më çiftja zogun Palit'.

Çifteli,/-a/-të

Bjeri çiftelisë o djalë;- d.m.th,

situatë e paqartë. P.sh, 'I folën shokët Kolës një copë herë, por kësaj i thonë, bjeri çiftelisë o djalë'.

Çifut/-i/- ët
Si çifuti me gjysmën e lekut;- koprrac i madh. P.sh, 'Shkova i kërkova Kolës pak para hua, por ai u soll me mua si çifuti me gjysmën e lekut'.
Si çifuti për të shtunë;- d.m.th, dembel i madh. P.sh, 'Ngele si çifuti për të shtunë o burri dheut, po dil e puno diçka'.

Çika-çika;- ndajfolje
I shkoi shurra çika çika;- d.m.th, u tremb jashtë mase. P.sh, 'Sa doli arusha majë bregut, Xhemës i shkoj shurra çika çika në pantallona'.

Çikrik,/-u/-ët.
Ta nxjerr shpirtin me çikrik;- d.m.th, që s'të ndahet, i bezdisshëm. 'Ky njeri ta nxjerr shpirtin me çikrik'.

Çile-ja/ et;- shkul penjsh të leshtë për tezgjah. P.sh, 'Sot bëra dy çile shajak'. 'Kjo çile s'është ngjyer mirë'.

Çingë/-a/-at;- qen femër, jo shumë e madhe me trup. 'Çinga ka pjell shtatë këlysh të vegjël sivjet'. 2- ose grua me huqe. 'Mos u sill ashtu si çingë e keqe'.

Çingë pazari;- ironi, femër e përdalë. 'Ajo Ndrika ishte një çingë pazari që nuk i gjendej shoqja'. **Çingaq/-i;-** fjalë e rrallë. Mashkull, që sillet si femër e përdalë. 'Erdhi ky çingaqi e na mërziti barkun'.

Çirak,/-u /-ët
Të nxjerr çirak;- mospërfillëse, d.m.th, bën sikur të nxjerr nga situata. P.sh, 'Posi posi, erdhe ti e na nxore çirak'. 2-të vjedh keq. P.sh, 'Ti të nxjerr çirak për dy sekonda, e nga të marr në punë unë ty?!'.
I zoti e jep e çiraku jo;- d.m.th, kur i pari i vendit, bie dakord në diçka e, dikush nuk pajtohet. P.sh, 'E po është habi e madhe- tha Kola- i zoti e jep e çiraku thotë jo- e ashtu i nxehur doli jashtë'.
Një kasolle me shtatë çirakë;- shaka, aty ku komandojnë të gjithë. P.sh, 'Sa kam qeshur kur i pashë se ishin vërtet një kasolle me shtatë çirakë e, nuk e merrte vesh i pari të fundit'.
Rri çirak;- nusja kur nusëron. 'Ishte e vogël me trup dhe e bukur

e, u rrinte si çirak prindërve të burrit'.

Mos hy çirak;- shaka, mos shko kollovar. P.sh, 'Disa herë i thamë mos hy çirak në shtëpinë e botës, por Kola bëri si i tha koka vet'.

Çitjane/-et

Mace n'çitjane;- d.m.th, dikush që ngutet për një punë. P.sh, 'Ngadalë moj grua, mos u hidh ashtu sikur ke macen në çitjane'.

Shtatë kut çitjane;- shaka, veshur trashë e trashë. P.sh, 'Sot qenka për t'u veshur me shtatë kut çitjane, se ftoftë shumë qenka'.

Çitjane m 'kërkove çitjane të solla,/*Moj lule beharit malin e kërkova,/Mu në mes të bahçes trëndafilin mbolla,/Moj lule beharit unë për ty këndova.*(Këngë grash e moçme kënduar avash dhe me valle të butë, tipike Dragostunje).

Çivi,/-a/-të;- menteshë

Leri çivitë;- shaka, d.m.th, lëri dënglat. P.sh, 'Ti lëri çivitë o burrit dheut e hajde, se nuk të lusim më'.

Çizme/-ja

Qafë çizme;- tallëse, d.m.th, i pa marrë vesh. P.sh, 'Erdhi ky qafë çizmja e na mërziti barkun'.

Mësuar me çizme qafës;- d.m.th, nuk i bën më përshtypje nënshtrimi. P.sh, 'Edhe pse i folën atij, nuk i bëri më përshtypje, se si duket, është mësuar me çizme qafës, prandaj'.

Çoban/-i

Sa një mut çobani;- ironi, d.m.th, i/e vogël. P.sh, 'Kishin një nuse sa një mut çobani, por shumë punëtore'.

Qull çobani;- d.m.th, as shije as pamje. P.sh, 'Ku e paskan gjetur atë nuse, si qull çobani qenka e uruara'.

Çobançe;- ndajfolje

Ja çobançe, ja hajvançe;- d.m.th, i parregullt. P.sh, 'Ti njërën bëj, ja çobançe ja hajvançe, se mjaft na lodhe'.

Qull çobançe;- d.m.th, na bëj pak bukë shpejt e shpejt. P.sh, 'Ne jemi për rrugë e ti nëse mundesh, na bëj një qull çobanke neve'.

Çoku, ndoshta;- ndajfolje

Çoku vjen e çoku shkon;- d.m.th, e paditur, e panjohur. P.sh, 'Nuk bëhet kjo punë me çoku vjen e çoku shkon, se koha nuk na pret'.

Çokla- guralecë;- lojë e moshës

fëminore. 'Gocat po lozin çokla'. 'Të munda në çokla pesë herë'.
Çokël nga mendtë;- mospërf., mendjelehtë, që nuk zë karar kollaj. P.sh, ' E po të jetë gruaja e botës çokël nga mendtë si Matia, nuk kam parë'.
Nuk bëhet shtëpia me çokla;- d.m.th, duhet marrë seriozisht një punë. P.sh, 'Mirë thua ti, po nuk bëhet shtëpia me çokla'.
Pazar çoklash;- d.m.th, që s'ia vlen, harxhim kohe. P.sh, 'Pazar çoklash qe ajo gjë sot me Kolën'.
Sikur luajnë çokla;- d.m.th, flasin por nuk merren vesh. P.sh, 'Ju mos bëni sikur luani çokla, por lidhni fjalë e shkoni secili në punë të vet'.

Çokolonjë/-a;- fjalë e rrallë; femër e leshtë. 'Sa çokolonjë je, moj bijë!?'.
Hem çokolonjë, hem bibilonjë;- d.m.th, hem qerose, hem fodulle. P.sh, 'Nuk shkon ashtu, hem çokolonjë hem bibilonjë, këtë ta them unë një këtu'.

Çorap,/-i /-ët

E báni çorap;- d.m.th, e bëri rrëmujë, lesh e li. P.sh, 'Unë i besova atij më shumë, por dhe ai e bëri çorap e shkoj'.

I vesh çorapët s'prapthi;- d.m.th, nuk ka mbarësi në punë e jetë. 'Po ti sikur i vesh çorapët së prapthi more burri dheut!?'
Ia bán veshët si çorap të dhirtë;- d.m.th, i bën kritika të forta. P.sh, 'Nuk mori vesh me të mirë, derisa ia bënë veshët si çorap të dhirtë, mbasandaj nuk tha gjë më'.
Çorapi i parë përherë digjet;- shaka, kur vajzat e reja fillojnë të bëjnë triko. P.sh, 'Mos u bërtit bija e nënës, se çorapi parë përherë digjet'.
Ku iu shkel gjalmi çorapit?;- tall., d.m.th, ku qe halli, sebepi ku i ngeli hatri. P.sh, 'Po Salës ku iu shkel gjalmi çorapit ashtu, që iku pa na dhënë dorën?'.
I ndërruan çorapët;- d.m.th, u grindën për sende të kota. P.sh, 'Në fillim qenë mirë, hëngrën e pinë e nuk shkoj shumë, i ndërruan çorapët me fjalë të liga'.
I heq çorapët rrëshqanthi;- d.m.th, i parregullt, jo sistematik. P.sh, 'Si shkon dhe ja beson Rrapit gjithë atë punë, nuk e shikon se ai i heq çorapët rrëshqanthi'.
Të hante çorapët;- d.m.th, aq në gjendje të dobët ekonomike ishte. P.sh, 'Ashtu si ishte bërë Rrapi, të hante dhe çorapët i gjori'.

Ia shkeli gjalmin e çorapit;- d.m.th, e ngacmoi me fjalë. P.sh, 'Kola ia shkeli gjalmin e çorapit Malos, e pastaj bënë fjalë'.

Çorba/-ë

U bá çorbë qeni;- d.m.th, ngatërresë pa shkak e arsye. P.sh, 'Mirë se u nda me të shoqin, por u bë çorbë qeni puna kur ajo e akuzoi për tradhti'.

Mbahu lugë se çorba shkoi;- shaka, d.m.th, kur diçka mbaron shpejt. P.sh, 'Kësaj i thonë, mbahu lugë se çorba shkoj- tha Malo në nxitim e sipër'.

Si çorbë qeni;- e shëmtuar. P.sh, 'Dhe fjalë paska, por dhe si çorbë qeni qenka në të parë'.

I trazon n'çorbë;- d.m.th, bën imoralitet. 'Ky Gjini më duket se i trazon në çorbë asaj fqinjës matanë rrugën'. 2- iron, flet vend e pa vend. Psh Ti Malo mos trazo në çorbë ashtu se nuk janë përherë punët njësoj. 3- i hyn në hak dikujt. P.sh Ajo vjehrra i trazon në çorbë djalit, se ata të dy duhen fort.

Mban lugën n 'çorbë;- shaka, d.m.th, llupës i madh.. P.sh, "Andaj është bërë njëqind kile, se e mban lugën po në çorbë'.

Çuk/-et;- folje kalimtare. (godas). Fjalë e rrallë, që i bie me diçka sipër, ia çuk kokën me gurë. 'Arra do çuk pra të thuhet'.

Ia çuku kámët;- d.m.th, i bërtiti, i foli fort. P.sh, 'Baba ia çuku këmbët Dullës dhe ai kërkoi falje'.

Sikur të çukësh kámët;- mospërfillje, d.m.th, sikur të kapësh qiellin. P.sh, 'Sikur ti të çukësh këmbët, ajo punë nuk bëhet'.

Çuk ti po deshe;- ironi, d.m.th, kokëfortë, fol sa të duash, ai nuk ndërron rrugë. P.sh, 'Çuk ti po deshe, po nuk pate punë tjetër, Merko do të bëjë të vetën'.

Do çuk pak;- shaka, do pak të lutur. P.sh, 'Malo do çuk pak, se ashtu e ka qejf, pastaj të dëgjon'.

Nuk ha të çuk;- d.m.th, nuk ha pykë. P.sh, Isha tërë ditën me Rrapin, por ai nuk hante të çuk fare'.

Çukë/-a,- at

Dele çukë;- d.m.th, pa brirë. Mile delen çukë e hajde brenda.

Si dele çukë;- një femër e urtë dhe punëtore. P.sh, 'Ishte si dele çukë murga, e nuk ndalonte gjithë ditën duke pastruar shtëpinë'.

Çymët;- që është në dy bojëra, aq gri, as e zezë. 'Bojë e çymët', 'Paske ngel e çymët kjo triko'.

Rrinte çymët;- shaka, ngrysur, me vetulla. P.sh, 'Kola rrinte çymët sot ,nuk e dimë se si i ka punët i gjori'.

Çymak/-e/-qet;- që ka marrë ngjyrë jo të pëlqyer. P.sh, 'Kjo triko paska ngelur si çymake, kur e lava', 'Sa çymaqe qënka koha sot, më duket se më vonë do të ketë shi', 'Nxirri ato çymaqet prej kazanit se mjaft u zien'.

Çun-i-at,/*Lum e lum si un,/ ka ba nusja çun./Ka ba nusja çun,/Ma t'mirin n 'katund./* (Ninullë djepi, që këndonin nënat tona dikur për nipin e vet).

Punë npër punë, báni nusja çunë;- shaka, d.m.th, dy punë apo sende në të njëjtën kohë. P.sh, 'Dorja hem punonte, hem vazhdonte shkollën e natës, kur thonë punë nëpër punë, bëri nusja çunë'.

Çupë/-a/-at;- bimë kacavjerrëse që rritet në kopsht, që në krye lëshon fruta tip kungulli me fara brenda. 'Sivjet kam gjithë ata çupa në kopsht', 'Merre çupën e mbushe me dhallë'.

Çupë për mrena;- grua apo burrë i leshtë. P.sh, 'Nuk e sheh që është çupë për brenda, nga vete e i thua për atë punë'.

Çupë pa fara- tall, person i leshtë, ose që nuk mendon aspak në punën e dhënë. Psh. E po të jetë djali kështu çupë pa fara, kështu nuk më kanë parë sytë?

E mbushi lopa çupën;- d.m.th, erdhi pleqëria. P.sh, 'Mirë thua ti që jam akoma i ri, por ama e mbushi lopa çupën'.

Ta mbush çupën, por ta derdh kupën;- d.m.th, herë njeri i mirë, herë i keq. P.sh, 'Ky Kola aty ta mbush çupën, e aty ta derdh kupën'.

Çyç, ose çyçe;- burrë apo grua që e ka hundën e shtypur në majë. P.sh, ' Sa çyç qënka ky njeri, si për gjynah'.

Çyryk/- e;- që është zgavër për brenda, dru çyryk, dhëmballë çyryke.

Çyryk nga ment;- d.m.th, budalla, trap. P.sh, 'Nuk e shikon që është çyryk nga mentë, e ti vete e ngulesh në muhabet'.

E la çyryk;- dmth të zhgënjyer, të befasuar. P.sh, 'Kur i tha se nuk të dua, e la çyryk cucën e botës'.

-D-

Dac/-i /- atE di daci kur vjen miu;- d.m.th, mos u ngut në një punë, se çdo gjë e keqe ka diçka që e largon. P.sh, 'Ju nuk keni pse të mërziteni pse të foli rëndë, se si i thonë fjalës, e di daci kur vjen miu'.

Nuk ásht dac që gjun për mi;- shaka, nuk ta mbush syrin për një punë të caktuar. 'Mirë e ke ti Malo që thua ashtu, por ky usta që solle, nuk është dac që gjuan për mi'.

Nuk ka daci sy për qabe;- e vjetër. Nuk ta ngop syrin në një punë apo fjalë. P.sh, 'Fola me Malon për punën e cucës, por sipas fjalëve, u duk që nuk ka daci sy për qabe'.

I bán sytë si daci n'plánc;- d.m.th, ka frikë-shaka. 'Po ti ç'ke që i bën sytë si daci n'plánc, po hajde të ikim se vajti vonë'.

Sikur ka dacin n' bark;- d.m.th, njeri që s'mban fjalë. P.sh, 'I tregova diçka Malos, por ai o burri dheut, sikur ka dacin n' 'bark, e nuk mundi të duroi më, ua tregoi të gjithëve'.

Ndiqen si dacat;- shaka, d.m.th, kur ngjitesh për fjalësh kot së koti. 'Po ju çkeni që ndiqi si dacat kështu, po lëre tjetrin të shkojnë në hall të vet se mjaft na mërzitët'.

Dac për mi;- ironi. Njeriun e duhur. 'Tamam dac për mi kishe gjetur në atë rastin e djeshëm, sa kam qeshur kur e dëgjova'.

Mos na qit dacin pi barku;- d.m.th, më le rehat. P.sh, 'Unë kam një qind halle e të lutem mos na qit dacin prej barku se s'ta kam vaktin' (kohën).

Ra daci n'petlla;- tall., d.m.th, hyri kollovar. 'Oh oho Malo,i ra daci n'petlla e nuk po ndihet më'.

Nuk i ha daci petllat;- ironike, d.m.th, nuk i intereson. 'Sa herë të kemi thënë që nuk i ha daci petullat, ti vete dhe e lut përsëri'.

Nuk ásht dac që run për petlla;- d.m.th, i ndershëm, i besueshëm. P.sh, 'Me atë djalë kam besim, se duket në sy që nuk është dac që ruan për petlla'.

E di daci ku fle miu;- d.m.th, dikush ka dijeni për diçka sekrete. P.sh, 'Pse mërziteni ju për këtë punë, e di daci ku fle miu dhe mbaroi puna'.

Daha;- fjalë e rrallë, dmth, më mirë. Psh, 'Sonte kemi fasule për darkë, por të kishte pak mish brenda daha më mirë do të ishte'. (dmth një avancë me lart).

Daha, daha;- ndajfolje, shkallë sipërore e diçkaje në bisedë. Daha daha qënka ajo, ai. Psh., 'Kishte marrë Malo një nuse për djalin, që ishte daha daha'. Ose, 'Prit ti se ka dhe më, daha daha'. Këto shprehje vijnë relativisht sipas gjendjes emocionale të personit dhe situatës shoqërore.

Dajak

Shkun dajak për dajak;- d.m.th, jek e jek, kry për kry, fytas. 'Pasi shkuan dajak për dajak, i lanë fjalët e u ndanë'.

Dajakun e do i madhi, llafet i ha i vogli;- d.m.th, kur qelbet peshku nga koka. 'Mirë e ke ti që flet ashtu por dajakun e do i madhi, e llafet i ha i vogli'-ka thënë xha Beqa.

Dajaku ka dalë nga xheneti;- d.m.th, disiplina. 'Vajti halla e u futi ca shpulla qafës çunave, kot nuk thonë që dajaku ka dalë nga xheneti e, atëherë ata pushuan'.

Dajakun s'e do, po t'amlin e ha;- shaka. 'Jo more dajakun s'e do, po t'amlin e ha- u tha Malo djemve të tij që nuk donin të shkonin në mal për dru'.

Si i rrafmi n 'dajak;- lodhur e rraskapitur. P.sh, 'Ishin bërë si i rrafmi n 'dajak, ndaj u hapa derën dhe i futa brenda rrugëtarët'.

I báni këmbët dajak;- shaka, vdiq. 'I dha sa i dha i shkreti plak, e më në fund, i bëri këmbët dajak'.

Daj/-a

Dajë dajë, qeleshen me majë;- 'Kësaj i thonë dajë dajë qeleshen me majë, andaj rri urtë aty e mos fol kodra pas bregut'.

Dajë me uzdajë;- d.m.th, njeri i nderuar, i mire, i qetë. P.sh, 'Ama dajë me uzdajë e kishe ti Kolë, Malon'.

Po vjen daja nga Kavaja;- shaka. për dembelët 'Po, po, mos u bëj merak ti, se po vjen daja nga Kavaja, e ta sjell ai bukën', çou aty e puno se turp është?!

Ia kalon halla dajës;- tallje, d.m.th, ia merr i vogli të madhit, budallai të mençmit. 'Kështu sikur e shoh unë punën këtu, ia kaloka halla dajës, e më mirë mos fol fare'.

Dajakun e do daja, për të ngranë e ha tezja;- shaka. 'Kur s'ke se çfarë të bësh është gjë tjetër, por në këtë rast, dajakun e do daja, për të ngrënë e ha tezja'.

Çun për dajë;- d.m.th, shumë i mirë. 'Rrofsh more bir, se vërtet çun për dajë qenke'.

Nip për dajën, pushkë e varme;- fjalë e urtë. 'Pse thonë që "nip për dajë është pushke varme", kështu që unë nuk kam pse të bëhem merak fare'.

Daj o krushk, mos pirdh si mushk;- shaka, kur i lutesh dikujt për diçka e ai bën sikur nuk do. P.sh, 'Ne të thamë disa herë që të shkoje ti për krushk, e ti nuk deshe, tashti dajë o krushk mos pirdh si mushk'.

Daja krushk e dajica krushkë;- shaka, dy veta në një qoshe nuk rrinë. 'Jo jo kështu nuk bën, daja krushk e dajica krushkë, nuk shkon kjo punë, andaj ndani vetë hesapet tuaja'.

Pesë cent daj;- ironike, diçka pa vlerë, pa rendiment. P.sh, 'Ama dhe ti, për pesë cent daj paske gjetur, e vjen e na shet mend'.

Ku e djeg qulli dajën;- d.m.th, ja di të fshehtat. P.sh, 'Ti mirë thua me tënden, po ku e djeg qulli dajën, vetëm unë e di se kam ndenjur me të disa kohë'.

Di daja t'i presë vijat;- ironi, ka mundësi dhe zotësinë e duhur. P.sh, 'Mos u mërzit ti për atë gjë, se di daja t'i presë vijat'.

Ta kno daja kongën táj (ty);- tetovare. 'Ta qan lala piten, nuk ke nga të më fshihesh', 'Këtu do jemi, unë dhe ti bashkë, një ditë ta kno daja kangën táj'.

Daja e nis vallen, halla vazhdo kájkën,;- tetovare, çdo send e ka me rend e vijë. P.sh, 'Mirë de ashtu le të jetë, ama daja e nis vallen e halla e vazhdon këngën'.

S'ka kush e ve dajën n'kalin qorr;- d.m.th, nuk guxon ta talli kush. 'Çfarë më tregon dhe ti, proçka, për atë punë s'ka kush e ve dajën në kalin qorr'.

Mos ia ngjo pordhët dajës;- d.m.th, shiko punët tuaja, ec në rrugën tënde. P.sh, 'Bëj ashtu sikur që e di vetë, e mos ia ngjo pordhët dajës, se populli atë punë ka'.

Daja pjek kulaçin, nipçja ha kërbaçin;- kush e bën e kush e pëson. P.sh, 'Të gjithë e dinin meselenë e tyre kur vajtën në gjykatë, por kot nuk thonë se daja e pjek kulaçin, e nipçja ha kërbaçin'.

Ta qan daja(lala) piten ty;- shaka, tani që më re në dorë, ta rregulloj qejfin. 'Mos ki merak se po qe për atë punë, ta qan daja piten ty'.

Dajën pyete për mend, jo për dhen;- gjej personin e duhur. P.sh, 'Mirë thua ti që të bëj ashtu, por një fjalë popullore thotë që dajën pyete për mend, jo për dhen, e unë këtu gabova'.

Daja kërriç e koqe hiç;- mendjemadh e fodull. 'Kësaj i thonë, dajë kërriç e koqe hiç'.

Dajë për qoshe;- d.m.th, shumë me vlera. 'Ama dajë për qoshe qenka?'. 2-Ose ironi. 'Ama, dajë për qoshe paske gjetur'.

Dajë për qoshe e hallë prej groshe;- shaka, kur sendet shkojnë kontroversë. P.sh, 'Ama dajë për qoshe e halle prej groshe vajti puna sot në atë mbledhjen e kryesisë.'

Mos ja shkrif pushkën dajës;- lere tjetrin të flasë, ki respekt. 'Po prit more djalë i mirë, mos ja shkrif pushkën dajës, se na vajti goja pas qafe'.

Daja ta gjen nusen e halla ta zbret prej kalit;- d.m.th, dy gjëra të mira, vijnë atëherë kur nuk e pret. 'Sa herë të kemi thënë more djalë, mos u ngut, se daja ta gjen nusen dhe halla ta zbret prej kali, kur do Zoti'. 2- keq, i pari të ndihmon e i dyti të rrëzon. P.sh, 'Mirë e ke ti që thua ashtu, se kot nuk kanë thënë të vjetrit që daja ta gjen nusen e halla ta zbret prej kali'.

Pyte (pyete) dajën sa shkon grosha;- pyet më parë se të bësh diçka. P.sh, 'Mos u ngut në bisede o ti djali im- i tha Malo djalit-më parë pyete dajën sa shkon grosha pastaj shih e bëj'.

Ka shku daja për kërçypa (karthia);- shaka. P.sh, 'Ehu ha! Derisa të vish ti prej mali, ka shku daja për kërçypa, d.m.th, ka kalua koha'.

Dajë që e ha fikun n'majë;- me kimet dikush. P.sh, 'Kur të flasësh me Kolën, ki pak kujdes se Kola është dajë që e ha fikun në majë, e nuk mban pluhur në vesh'.

Dajës jepi cop'n e vogël, se të madhen e merr vetë;- d.m.th, tregoi vetëm kryeradhën. P.sh, 'Nuk merr vesh njeri nga ato që thua ti, por dajës jepi copën e vogël, se të madhen e merr vetë'

Darje

Bjeri kaj herë dajres për rrethi;- d.m.th, ndrysho muhabet. P.sh, 'Kam disa kohë që të dëgjoj, po ti bjeri dajres nga një herë dhe për rrethi o burri dheut, se na çmende'.

I bie dajres nji avazi;- që të mërzit përherë një bisedë. P.sh, 'Nuk munda të rri më atje, se ai Kola i bie dajres një avazi, dhe u bë e padurueshme situata'.

Ishte bá si lëkurë dajre (daulle);- dobësuar. P.sh, 'E mora kalin nga mali, por sivjet ishte bërë si lëkurë dajreje nga thatësira'.

Mos i trego dajrexhiut, çfarë është dajrja;- bisedë. P.sh, 'Mos i jep mend dikujt që është i mençur'. 'Mirë xhanëm, dhe ti pranojnë disa gjëra, por në disa raste ti mos i trego dajrexhiut se çështë dajrja'.

Arixhi për dajre;- njeriu i duhur në kohën e duhur, shaka. P.sh, 'Ama arixhi për dajre paske gjetur për këtë punë, se Kola përherë di t'i dalë në qosh kësaj pune'.

Hidhu o ari pas dajres;- shaka, d.m.th, hidhet pas berihasë. P.sh, 'Prit- i tha Malo djalit,- Nuk e shikon se Gupi është hidhu ariu pas dajres?! Mos u nxito, se i duruari i fituari'.

Si dajre(daulle) shpuar;- tall., njeri që llomotit pa pushuar asnjë çast. 'Nuk pushoi Gamilja tërë ditën si dajre e shpuar nëpër oborr'.

Hem dajre, hem stringë;- pak sarkazëm por d.m.th. që i bën të gjitha. P.sh, 'Hahaha- qeshi Kola- nusen e djalit e kemi hem dajre hem stringë, nuk lë punë pa kryer'.

Dal,/-ur.

Dalë, dalur;- d.m.th, e ardhur, apo e lindur. P.sh, 'Nga ke dalë ti moj bijë, se nëna nuk po të njeh?!'. (thuhet për një nuse të sapoardhur). Ose, 'Matia kishte dalur te Osmëria si cucë, e ishte martuar te Zogolli'.

Ja meta, ja dola;- bisedë, d.m.th, me ngutje, me rrëmbim, me zor të madh. P.sh, 'S'e ka ja meta ja dola, kjo gjë, por pak më me ngadalë. Kola kur i hyn një pune e ka ja meta ja dola'.

Ja doli dhe njëherë;- d.m.th, shpëtoi nga një sëmundje apo nga një ngatërresë me ligjin. P.sh, 'Dulla ja doli dhe njëherë, kujtuam se do të na ikte njëherë e përgjithmonë'.

Nga dolëm, s'mund të hyjmë;- d.m.th, kur shpërthen një panik, apo një problem madhor. P.sh, 'Ju bëni si të doni, por ne nga dolën s'mund të hyjmë dhe pikë'.

Si i dalë rrathësh;- ironi, dikush që vepron si i çmendur. P.sh, 'Ky Merko pse flaska sot si i dalë rrathësh, kështu nuk e kuptoj?!'

Dáltë/-a/-at

I ngeli daltë në zemër, (në shpirt);- u ndje shumë i fyer. P.sh, 'Kur i tha Malo Kolës që dje më hëngre arën me dhitë tuaja, Kolës i ngeli daltë në zemër se nuk pati kohë që t'ia kthente, por dhe faj s'kishte'.

I vu daltë e kazmë;- d.m.th, prish një miqësi apo shoqëri. P.sh, 'Nuk e dimë nga ishte fryrë Malo- po me gjithë atë zemërim që kishte o vuri daltë e kazmë punës e shkoi'.

Ja drejtoi daltën syve;- d.m.th, ja bëri me qëllim muhabetin që të largohej. P.sh, 'Kur e pa që i zoti shtëpisë po e ruante me qëllim Malon, kur po skaliste qoshet e shtëpisë, e drejtoi faqen e gurit nga i zoti shtëpisë dhe ciflat i shkonin nga sytë'. Kur dikush të flet me kunja. P.sh, 'Nuk e duroi dot më Kolën, pastaj ia drejtoi daltën syve'.

Si dalta ustait;- shaka, të njëllojtë. 'Për atë punë ata ishin si dalta ustai, ndaj e kalonin mirë'.

Ia nguli daltën;- 1- i hodhi fjalë të rënda. P.sh, 'Kola sa pa që Malo ia nguli daltën, nuk foli fare duke e lënë Malon të habitur'. 2- imoral, e përdori seksualisht. P.sh, 'Aq pati keq ai sa ia nguli daltën pastaj nuk pyeti më për të'.

Dallavere/-ja

Një kosh me dallavere;- tallëse, njeri që flet shumë e për lumë. 'Edhe ky një kosh dallavere paska, më keq se ai më parë'.

Erdhi kjo dallaverja;- shaka, vajza ose mbesë e lëvizshme. 'Erdhi kjo dallaverja e babës, tashti e do të kënaqem'.

Dalldashak;- fjalë e rrallë, lakuriq. P.sh, 'Ishte dalldashak e doli në ballkon, si i luajtur mendsh'.

Dállgë/-a/-ët

Si të marrë dallga;- d.m.th, si të vijë puna, situata. P.sh, 'Kola u mundua për të mirën tënde, por kjo nganjëherë është si të marrë dallga'.

Dallga shtyn e era fryn;- keq e më keq. P.sh, 'Kur dallga shtyn (politika) dhe era fryn (situata), hapi derën ka thënë i vjetri'.

Di ai t'a presë dallgën;- i zoti për çdo gjë, i mençur. 'Mos e ki merak Kolën fare, se di ai ti presë dallgët'.

Jepi një dallgë dhenve;- d.m.th, ndryshoje pak bisedën. 'Jepu një dallgë dhenve, le radhë dhe për të tjerët të flasin'.

Dallgë e shkumë, mot ma shumë;- kur mjelin dhentë. P.sh, 'Ka marrë një verë e mbarë sivjet, dallgë e shkumë e mot ma shumë'.

E ha dallga;- d.m.th, e hanë fjalët. P.sh, 'I gjori Malo, sa e ha dallga përherë kur del në qytet për të blerë diçka'.

Vallja mori dallgë, nusja shkund qesikët;- tallëse, nuk e merr vesh qeni të zonë, moskokëçarje. P.sh, 'Aty kam parë unë që vallja mori dallgë, e nusja shkund qesikët- se të tërë qeshnin pas çdo bisede'.

Dallkaúk,/-e

Hem kopuk hem dallkauk'- që i bën të dyja. P.sh, 'Hiqu more atij se ai hem kopuk, hem dallkauk', është.

I shet dallkaukut arra;- tallet ose e mashtron. 'Kolën kam parë unë që i shet dallkaukut arra, e nuk kuptohet fare'.

Hem uk, hem dallkauk;- punëtor por dhe hileqar. P.sh, 'Kolën të gjithë e marrin për punë se hem uk hem dallkauk është, kur ja do puna'.

Dallkaukllëqe/-sh/-et 'Ç 'janë këto dallkaukllëqe kështu more djem?', 'Lëri dallkaukllëqet'.

Damahush;- ndajfolje, fjalë e rrallë, që është shpërndarë gjithandej. Qenka damahush kashta nga era.

Sikur e kanë damahush qentë;- diçka që është shpartalluar keq. P.sh, 'Paska hyrë derri në misër e qenka bërë ara sikur e kanë damahushur qentë'.

Sa i damahushur që ásht;- d.m.th, i pa përqendruar. P.sh, 'Nisa të flas me Malon për vajzën e tij, nuse për djalin e Kolës, mirëpo sa i damahushur që është more burri dheut, ëh?!'

Si dhi e damahushme;- sa andej këtej. Shaka. P.sh, 'Ti gruaja ime e dashur ec pas meje, e mos shiko si dhi e damahushme, se bota të mashtron'.

Vjen uku e i damahush pulat;- ironike, d.m.th, vjen dikush që të mashtron. P.sh, 'Po nuk e pate mendjen, vjen ujku dhe i damahush pulat, kur thonë, ti djali im'.

Damalúk,/-u/-ët;- fjalë e rrallë. d.m.th. njeri i shkurtër e i trashë. 'Është damaluk ai e ki kujdes se të rrëzon'.

Do damaluk puna;- do forcë, do mund. Shaka. 'O djalë, do damaluk nusja, jo përralla pas akshami'. Ose, 'Do damaluk puna, nuk bëhet për hatër'.

Ia damaluku lesht;- kreu marrëdhënie seksuale. P.sh, 'Ti thua sa andej këtej, Kola ia damaluku leshtë'. 'Mirë thua ti, po Kola më duket ia damaluku leshtë pa u ndier, e shkoi'.

Iu ngrit damaluku;- shaka, i u ngrit penisi. 'Mos i vini faj djalit se i ri është, iu ngrit damaluku, e pastaj ç'u bë?'.

Damaluk nga krytë (kryet), trashaluq nga bytha;- d.m.th, budalla. P.sh, 'Habitem si rri me atë njeri që duket ashiqare që është damaluk nga krytë e trashaluq nga bythët'.

Damar,/-i /-ët

Janë një damar;- d.m.th, njësoj në pamje e karakter. P.sh, 'Mos më fol për Malon e Kolën, se një damar janë'.

I ka plasur damari (delli) i ballit (i marres);- keq., d.m.th, nuk ka më turp nga asgjë, i ka plasur cipa. P.sh, 'Mos rri shumë me atë djalë, se atij i ka plasur damari i ballit'.

I kërceu damari;- d.m.th, u nxeh keq. P.sh, 'Malos i kërceu damari e nuk dinte se ç 'fliste, kur pa që lopa i kishte ngordhur nga jonxha'.

Mos i rafsh n 'damar;- d.m.th, mos i rafsh ndër duar. P.sh, 'Kujdes nga ai njeri, se atij po nuk i erdhi sipas tekave të tij, mos i rafsh në damar, se ai të copëton me fjalë'.

Iu skuqën damarët;- shaka, inati. P.sh, 'Sa e pa që iu skuqën damarët e la aty dhe iku me vrap'.

Nji damar prej derri- tall., për dikë që herë pas here shpërthen në britma e të shara. P.sh I mirë është Kola, por nganjëherë ka një damar prej derri që aman o zot.

Damlla/-ja

Nuk bie damllaja (rrufeja) në hale;- keq., ironi. 'Hajt mos u bëj aq merak për Kolën, se nuk bie damllaja në hale, kanë thënë pleqtë e një kohe'.

Si i ngrënë prej damllës;- d.m.th, shumë i lodhur e i sëmurë. P.sh, 'Vajta dhe e pashë Salën në spital, por ai murgu ishte bërë si i ngrënë prej damllës'.

U ra damlla e pulave;- ironi, d.m.th, u zhdukën papritur. P.sh, 'Po këta ç'i gjeti kështu, pësuan sikur u ka rënë damlla e pulave'.

Dangall/-ët;- fryrë, bërë kacek.

U shtri dangall;- ra i dehur për tokë. P.sh, 'Piu sa piu e në fund u shtri dangall në dysheme deri të nesërmen'.

U pi thiu e u bë dangall;- hëngri a piu jashtë mase. P.sh, 'U pi thiu e u bë dangall, pastaj fliste mbarë e prapë'.

E la dangall;- d.m.th, e la shtatzënë dhe shkoj. P.sh, 'Pas një viti martesë, e la dangall gruan dhe iku nga kryt kambët'. 2- e vrau derrin. P.sh, 'I futi nja dy plumba dhe e la dangall derrin në zabel.

Dangalle kjo botë;- d.m.th, që nuk ka ngopje. P.sh, 'O djali nënës- po i thoshte Maria Kolës- dangalle është kjo botë, andaj me ngadalë merri sendet'.

Dhe dangalle dhe rrangalle;- mospërfillje, e dhjamosur dhe e ngathët. P.sh, 'Kishte gjetur djali një grua, që murga ishte dhe dangalle dhe rrangalle'.

Dardhë/-at

Kush rri nën dardhë, ha kokrrat e buta;- fjalë e urtë, dmth, kush është më pranë një sendi apo diçkaje, do të fitojë. P.sh, 'Kola i doli për hajër që e priti vajzën e Markut të rritet e të martohet me të, pse është fjala që kush rri nën dardhë ha korrat e buta'.

E ka dardha bishtin prapa;- d.m.th, shihet përfundimi i një sendi. P.sh, 'Malo u martua me dashuri pa dëshirën e prindërve të gocës, e tashti dardha e ka bishtin prapa, të shohim se si do t'i shkojë puna'.

Ia hanin breshkat, dardhat n 'torbë;- shaka, d.m.th, e vogël, e pamundur. P.sh, 'Djali qe martuar me një vajzë nga fisi i tyre, por asaj korbës ia hanin breshkat, dardhat në torbë'.

Kërkon dardha n'shnre;- d.m.th, kërkon qiqra në hell. P.sh, 'Kolës i thamë të gjithë që ajo nuse nuk bëhet për ju, mirëpo ai kërkon dardha në Shëndre'.

Kërkoj për dardha e i sollën kumbulla;- d.m.th, tjetër për tjetër. P.sh, 'Mirë bëri Besimi që e përzuri gruan, ata të gruas e gënjyen, ai kërkoi për dardha, por i sollën kumbulla'.

Dhe ariu i ka qejf dardhat;- d.m.th, të gjithë e duan të mirën. P.sh, 'Mos thoni që Kola është i pafuqishëm, se dhe ariu i ka qejf dardhat e buta'.

I ha gorricat për dardha;- d.m.th, i pavëmendshëm, i leshtë. P.sh, 'Kolën gjithë ditën e rrente e shoqja, e ai i shkreti i hante gorricat për dardha'.

Darë/-sh/ -ët.

Ia futi (vu) darët;- e trodhi kalin, sqapin apo dashin. P.sh, 'Ata kishin një kalë që të hante me dhëmbë, por si i futi darët, kali u zbut'.

Se mbanin as dárt e kalit;- d.m.th, i fortë por dhe i çmendur. 'Kur e vuri përposhtë Merkon, atëherë panë se atë nuk e mbanin më as darët e kalit'.

Si me dárë;- d.m.th, me zor, me mundim, ose ngurronte. P.sh, 'I nxirrte fjalët si me dárë, se kishte frikë të shoqin se mos e rrihte'.

Darî/-a/të;- fjalë e rrallë, dhurata të cilat i sillte nusja e re ditën e martesës me vehte, për njerëzit e burrit. 'Nusja e Sheres kishte sjellë goxha darî'. 'I ndanë darîtë herët në mëngjes'.

Kto janë darîtë;- d.m.th, këto janë ato që kërkonit, ose kjo është nusja dhe dhënderi. P.sh, 'Mos u lodhni shumë duke pyetur e shikuar sa andej këtej, këto janë darîtë, në daçi i pëlqeni e në daçi jo'.

T'bie për darî;- bisedë, d.m.th, që të bie për pjesë, fat, kësmet. P.sh, 'Ky qe fati fat yt djali im, kjo të ra për darî e tashti nëna nuk ka se ç'të bëjë'.

I ndanë darîtë;- ironi, d.m.th, i ngatërruan lugët, bën sherr e shamatë. P.sh, 'Kola me Malon ishin mirë për disa kohë, e një ditë se ç 'patën, nuk u mor vesh, veçse ama i ndanë darîtë e nuk i flasin njëri tjetrit më me gojë'.

Ç›na ke sjellë darî?;- d.m.th, ç 'është haberi. P.sh, 'Hë Merko, çfarë na ke sjellë darî sot që erdhe me kaq të ngutur?!'

Dasmë,/-a/-at

Dasmë u bá e nuse hiç;- d.m.th, shumë zhurmë për hiçasgjë. P.sh, 'Të gjithë e mirëpritën se do të bëhej festë në qytet, e asgjë s'u pa, pra thotë populli dasmë u bë po nuse hiç'.

S'bâhet dasmë pa nj 'lug krypë;- d.m.th, dhe e mira e kërkon diçka të kundërt që të dalë kuptimi. P.sh, 'Mirë thua ti që në fshat jetohet më lehtë, por s'bëhet dasma pa një lugë krypë ka thënë i moçmi'.

Si dasmë xhindesh;- d.m.th,

rrëmujë e madhe, gurgule;. P.sh, 'Kur dilnin fëmijët në pushimin e gjatë, si dasmë xhindesh kërciste oborri shkollës'.

Le dasmën e numëron pleshta;- ironi, lë një punë të rëndësishme dhe merret me një punë të parëndësishme e jo të ngutshme. P.sh, 'Ohu ha- ja bëri Malo djalit të tij kur u prish me nusen- tashti si le dasmën, numëro pleshtat ti biri babës'.

Kush kurdis dasmë, e kush nxjerr tabut;- d.m.th., halle halle kjo botë. P.sh, 'Mirë e ke ti fjalën, po në këtë botë, kush kurdis dasmë, e tjetri nxjerr tabut, andaj më lër rehat të kam rixha'.

Dasmën e bájnë komshinjtë, llafet i hanë argatët;- shprehje e vjetër, asnjëherë nuk të lë bota pa ta vënë një bisht pas. P.sh, 'Kola u mundua shumë i gjori, por pse thonë që dasmën ta bëjnë komshinjtë- e llafet i hanë argatët'.

Dasmë me lugë n'brez;- shaka, d.m.th, s'ka, gati çdo gjë. P.sh, 'Nuk ka dasmë me lugë brez, andaj shtroju punës ti djali im'.

Dy dasma, një pilaf;- tall., d.m.th, nuk ka dy të mira njëherësh. 'Ti kërkon dy dasma një pilaf, po ashtu nuk ka ti djali im'- po i thoshte Kola një ditë djalit të vet.

Me krrabë n'dorë drejt mes dasme;- shaka. Person që nuk do të lutur, 'Pa i thënë askujt, pa pritur e kujtuar Kola po qe për atë punë të vjen me kërrabe n'dorë drejt mes dasme, e s'është se pyet ty fare'.

Dasmën e bájn qorrat, vijnë e hanë horrat;- d.m.th, kush e bën e kush e gëzon. P.sh, 'Kot nuk kanë thënë të vjetrit që ,dasmën e bëjnë qorrat, e vijnë e ta hanë horrat'.

Sa dasmë aq shëndet;- urim kur martohet dikush. 'O Malo, sa dasmë aq shëndet të keni në martesën e djalit'.

Të hamë dasmën e madhe;- urim. P.sh, 'Djali vogël t'ju rrojë o Kolë, e Hasanit ti hamë dasmën e madhe'.

Si (ai me nder) në dasmë;- shaka, dikush, i pa përgatitur, pa vegla në punë. P.sh, 'E po kështu nuk vihet në punë si (ai me nder) në dasmë?'.

Dasma rru e qeth, dhándri mbeti ngreh;- d.m.th, kur i ikën nusja dikujt. P.sh, 'Mirë thonë ata, por dasma rru e qeth, e dhëndri mbeti ngreh, prandaj rrini urtë e shihni punën tuaj'.

Dasma, dy i marton dyqind i tërbon;- d.m.th, kur ka shumë zhurmë, për hiç asgjë. P.sh, 'Nuk u mor vesh asgjë në këtë mbledhje, si dasma që dy i marton e dyqind i tërbon u duk'.

Dasmë shtrojnë të tárë, zor me pastru tavat;- shaka, d.m.th, duket kollaj puna e botës. 'U nxeh Kola me brigadierin, po dasmë bëjnë të tëri i thanë Kolës, po zor me pastru tavat'.

Lugën n'brez e drejt në dasmë;- dikush që hyn si fanti spathi. P.sh, 'Mos u lidh shumë me Sheron, se ai lugën n'brez e drejt në dasmë ta bën përherë'.

Ra uku e báni dasmë;- d.m.th, ra ujku ndër bagëti e theri sa mundi. P.sh, 'Kola tha që ra ujku mbrëmë ndër dele e bëri dasmë'.

Një ditë dasmë e ohoho, një jetë luftë e obobo?!;- shaka, dmth kur dikush për hiç asgjë e djeg jorganin. Psh Musta kështu e ka pasur qëmoti, një ditë dasmë e ohoho, një jetë luftë e obobo.

Dashi/-deshtë

Dashi ulet, ku rrinë deshtë;- d.m.th, dy njerëz të mirë gjejnë shoqi shoqin. P.sh, 'Nuk e kam merak atë gjë unë, se dashi ulet ku rri dashi, kanë thënë të vjetrit'.

Dash me kmon e kmona s'ndihet;- shaka;- . dikush që zgjidhet i parë e, fjala nuk i shkon. P.sh, 'Sula është dash me këmborë, e ajo djall këmborë si ndihet'.

Dashi mban kmonën, cjapi tund bëzhdilet;- kur dikush zgjidhet i parë e dikush tjetër vendos. P.sh, 'Në atë fshat, këtë kemi parë ne, që dashi mbante këmborën e cjapi tundte bëzhdilet'.

Vajt si dash kurbani;- ai, të cilit i ngarkohet faji i të tjerëve. P.sh, 'Nuk pati faj Kola në atë gjë, por i gjori vajt si dash kurbani, se nuk pati kush ta mbrojë'.

Dash për dash;- kokë më kokë. 'U grindën keq, u kapën dash për dash, Kola me Malon e, veç ti shihje sa qyfyre'.

Dashin shyt e cysin tárë;- d.m.th, të dobëtin e ngasin të gjithë. 'Mirë e thua ti, po dashin shyt e cytin të gjithë, prandaj rri e mos fol'.

Si dash hundë kërrut;- d.m.th, që e ka hundën e madhe dhe të kthyer. P.sh, 'Nuk e pe që ishte si dash hundë kërrut, andaj fliste nëpër hundë'.

Po u hodh dashi n'lumë, dhentë i ke n'anën tjetër;- shaka, d.m.th, duhet një shtytës që të hidhet i pari në diçka, se për të tjerët pastaj nuk është problem'.

I shkon pas si dash dervishi;- d.m.th, që e do shumë. 'Djali Kolës i shkonte përherë gjyshit pas, si dash dervishi'.

Si dash e rrurëz;- d.m.th, shkojnë në pajtim të plotë. P.sh, 'Djali me nusen më shkojnë si dash e rrurëz e ke qejf ti shohësh'.

E qeth shelegun për dash;- d.m.th, i rrafshon njerëzit, pa marrë parasysh dallimet, interesat etj. P.sh, 'Kola përherë e qeth shelegun për dash, nganjëherë mirë e ka'.

Dash për dele;- d.m.th, djalë i sojmë, shaka. 'Të ka nena dash për dele ty, e rritu bëhu si pëllumb'.

I ve dashit mollt e kuqe;- e ngre dikë lart, e lavdëron jashtë masc. P.sh, 'Kur flet Malo për djalin e tij, menjëherë i ve dashit mollt e kuqe, ne e kuptojmë, por nuk i themi gjë se e kemi hatër'.

Avash avash, u bá shelegu dash;- ironi, d.m.th, duhet kohë dhe durim. P.sh, 'Ju s'keni pse të nguteni, se i thonë një fjale, avash avash, bëhet shelegu dash'.

Dy desh nuk shkojnë dhánti;- d.m.th, dy veta nuk bëhen të parë. P.sh, 'Ne themi të zgjedhim Kolën për kryetar, se dy desh nuk shkojnë dhánti në këtë gjë'.

Ia trodhi dashit koqet;- d.m.th, bëri një punë të zorshme. P.sh, 'I mori shumë kohë ta mbarojë, ama më në fund, ia trodhi dashit koqet'.

Si dashi me një koqe;- tall., mashkull që nuk zë karar me gratë. P.sh, 'U bëre si dashi me një koqe o shoku, nuk po të bëjnë hajër gratë'.

Si dashi bythë përpurth;- lavdërohet pa qenë e saktë. P.sh, 'E njohim mirë Salën të gjithë, edhe pse hidhet si dashi bythë përpurth, ai akoma nuk e di që ne tallemi me të'.

Dash, brirë një pash;- burrë i pashëm. 'Kishte lezet ta shihje Kolën, dash brirë një pash dukej prej së largu'.

Unë kërkova dashin, ti m'sjell shelegun;- d.m.th, keqkuptim. P.sh, 'Më the që e mbarove porosinë time, unë të kërkova dashin, ti më paske sjellë shelegun, sidoqoftë..'

Zemërohet (mërzitet) si dashi prej koqeve t 'veta;- d.m.th, dikush që shti sebep e mërzitet për diçka jo të rëndësishme. P.sh, 'Hajt more Kolë dhe ti tani, mos u mërzit si dashi prej koqesh t 'veta, se çdo gjë mirë do të bëhet'.

Si delet dashit n'vjeshtë;- d.m.th, që i shkojnë dikujt pas. P.sh, 'Po ato ç 'kanë ashtu që i shkojnë pas Kolës, si delet në vjeshtë'.

Daulle,/-ja/ -et

Për ká bien kto daulle;- d.m.th, për kë janë këto fjalë. P.sh, 'Kemi kohë që dëgjojmë fjalë, por nuk e dimë për kë bien këto daulle'.

Një daulle dy purtekë;- d.m.th, me të këmbyer fjalën, me të hedhur, të mjegullt për t'a kuptuar. P.sh, 'Ashtu e ka Malo muhabetin përherë, dy daulle një purtekë'.

Daullja bie për njerzit me veshë;- d.m.th, mësim merr ai që ka mend në kokë. P.sh, 'Kushedi sa herë ia kemi thënë Kolës të ketë kujdes, por daullja bie për ata që kanë veshë, jo për shurdhët'.

Ishte bámë rryp daullje;- shaka, d.m.th, tharë e dobësuar. P.sh, 'Gupi, kur doli nga spitali, ishte bërë si rrip daulleje, por më vonë e mori veten'.

Kush pagoi daullen e kush báni kërcimin;- shprehje pyetsore. Dmth si u mendua të ishte në fillim e si doli në fund. Psh. Në votime u mendua që do të fitonte Kola,e në fund dola Sala, e kjo vjen kush pagoi daullen, e kush bëri kërcimin.

U ngrefos (ngeh) si topuz daullje;- shaka, që nxehet pa qenë nevoja. 'Sa e dëgjoj që e kanë transferuar, Kola u ngrefos si topuz daulleje e vajti drejt në komandë që të ankohet'.

Po bien daullet, çudisin dynjanë;- d.m.th, kur flitet keq për dikë. P.sh, 'Po bien daullet çudisin dynjanë e ti përsëri të njëjtin avaz'.

Sot kjo motre vogël po marton vëllanë,/Po marton vëllanë, aty ka sevdanë,/

Sot kjo motre vogël dhanërr bën vëllanë,/Po marton vëllanë aty ka sevdanë. (Këngë e moçme kënduar në valle të butë).

U bánë daulle;- ironike, ngordhën delet, lopët nga jonxha. 'Hëngrën aq shumë jonxhë të njomë, sa u bënë daulle të shkretat'.

Hem daulle hem tellall;- keq., d.m.th, që i bën të dyja, hem vjedh, hem tregon. P.sh, 'Merko është hem daulle hem tellall, prandaj kini pak kujdes kur jeni me të'.

Daullja n'kodër, pisgët n'arët madhe;- d.m.th, tjetër gjë të them unë e tjetër gjë bën ti! P.sh, 'Ehu ha, ti thua daullja në kodër, piskët n 'arët madhe'.

Si daulle e çarë (e shpuar);- keq., d.m.th, diçka pa vlerë dhe që nuk hyn më në punë;-njeri llafazan, që flet shumë e s'mban asgjë. P.sh, 'E po të jetë gruaja si daulle e çarë, vetëm Nrikën kam parë?'

I vunë daullen;- d.m.th, e vunë në lojë, e tallën para të gjithëve. P.sh, 'Kolës i vunë daullen e ai s'pati rrugë tjetër veçse të largohet'.

Hem daulle, hem purtekë;- d.m.th, që i bën të gjitha vetë. 'Nisurin se kam merak fare unë, se ai hem daulle, hem purtekë, është për atë punë'.

Tri daulle një purtekë;- d.m.th, shkel e shko. P.sh, 'Nuk prashitet ara kështu ti bir, tri daulle një purtekë e, hajde dil në qosh. 2- dikush që flet kodra pas bregut. 'Malo tri daulle një purtekë flet përherë, prandaj mos ia merrni për të madhe'.

T'raftë daullja m'tapuz;- d.m.th, vdeksh, mallkim. P.sh, 'Të raftë daullja me topuz ty inshallah ,se na e nxive jetën me gjithë këto budallallëqe'.

Daullja daulles s'ja ngjan;- shaka. P.sh, 'Thua ti për Kolën që ia kalon Malos, po dhe daullja daulles s'ja ngjan'.

Na i báni (veshët, trutë, kryet) **daulle;-** na mërziti, na lodhi me broçkulla. P.sh, 'Tërë ditën llaka llak, na i bëri veshët daulle'.

Hudhe kámën pas daulles;- d.m.th, shko pas shumicës. P.sh, 'Hidhe këmbën pas daulleje ti Kolë, se ndryshe ske ç'i bën'.

Háne daullja, háne topuzi;- tall., që nuk merr vesh. 'Unë flas me ty e ti hane daullja, hane topuzi'.

Rryp daullje;- d.m.th., i trashë, i pavëmendshëm, budalla, i pa marrë vesh. P.sh, 'Shko re andej rryp daullje, mos na shurdho veshët'.

U lag daullja- tall dmth nuk shkon një plani sikur mendohej. Psh Mirë ashtu do të ishte sikur thua ti, por u lag daullja e nuk kishte mundësi më tej.

Daulle pagume- tall, dmth, kur dikush flet në favor të dikujt. Psh, 'Ne e shikojmë që je daulle paguar ti, e neve mos na hidh hi syve'.

Kur çohet fukarai me kërcy shpohet daullja- dmth., sa bën dikush që ta marrë pak fuqinë ekonomike, diçka jo e mirë i del përpara dhe ia prish planet. Psh Bëri Kola i gjorë çmos, por pse i thonë që kur çohet fukarai të kërcejë shpohet daullja, i vdiq gruaja të shkretit Kolë.

Dava/-ja/ -të

E fitoi davanë, por ja pa belanë;- d.m.th, doli i fituar, por në fund ia pa sherrin. P.sh, 'Kola e fitoi davanë me gruan, por ja pa belanë se i mori shtëpinë'.

E humbi davanë për pesë pare spec;- d.m.th, nuk ia arriti qëllimit, dështoi, nuk pagoi nën dorë. P.sh, 'Kola e humbi davanë për dy pare spec, se dorën e pati të shtrënguar'.

Davanë ta sheh kadiu, florinjtë ti merr krushka (njerka, vjerra);- d.m.th, ai që ta kurdis sherrin të merr dhe paret. P.sh, 'Malo ishte tepër i stresuar, se i ati po i thoshte që ki kujdes, se davanë ta sheh kadiu, por ama florinjtë ti merr krushka, e këtë ai nuk arriti që ta kuptonte'.

Dava kurvash;- d.m.th, punë e kotë, punë e ndyrë. P.sh, 'Ç'më flet pash Zotin për to, dava kurvash, tërë ditën dërr dërr'.

Davaja do nge, e gjyqi do pare;- d.m.th, çdo gjë do kohën dhe momentin e vet. P.sh, 'Davaja do nge i thoshte Kola djalit e gjyqi do pare, andaj ki kujdes'.

Po se leve qerren, s'fiton dava;- d.m.th, po nuk dhé diçka ryshfet, nuk fiton. P.sh, 'Ke hapur gjyq më thanë, por më thoshte përherë gjyshi që po se leve qerren, nuk fiton dava'.

Dava ditësh, orësh minutash- d.m.th, shumë shpejt. P.sh, 'Dava ditësh dhe vjen djali nga ushtria e do ta martojmë.

Def

Nuk i bán syri def (tërrt);- d.m.th, trim. P.sh, 'Samos nuk i bën syri def e ja tha kryetarit të gjitha ndër sy'.

Si t'i bájë mendja def;- d.m.th, si t'ia shkrepë, si t'ia japë. P.sh, 'Unë i fola shumë, por djali është si t'i bëjë mendja def'.

Defa-defa;- fjalë e rrallë, pjesë pjesë. P.sh, 'Krushqit erdhën defa defa në dasmë', 'Fëmijët erdhën defa defa sot prej shkolle'.

Janë nji defa;- d.m.th, një moshe, kanë lindur për një vit. P.sh, 'Fëmijët e tyre ishin një defa'.

Është n 'defa t 'vet;- d.m.th, ka rënë në moshë të pubertetit. P.sh, 'Djali është në defa të vet, tashti e po rri natën me shokë'.

Deftér/-i-ët.

E shkroi n'defter t'gjyshit;- d.m.th, e harroi fare, shaka. 'Aha, më duket porosinë time e shkrove në defter të gjyshit ti'.

E shkroi n 'defter t 'bakallit;- shaka, d.m.th, nuk u interesua fare. P.sh, 'Tri herë i thashë Kolës për të ardhur këtej kur të ikë në Pazar, por ai e shkroi në defter të bakallit punën time'.

Ashtu shkruajnë defterët;- d.m.th, nuk po e them unë, ashtu shkruajnë defterët. P.sh, 'Ti Kolë mos u nxeh me mua, po ashtu shkruajnë defterët, ashtu po të them'.

Ka dalë nga defteri;- d.m.th, prishur moralisht. P.sh, 'Mos u merr me ta moj bija ime, se ata kanë dalë nga defteri qëmoti'.

Hap defterët e Lom Qorrit;- d.m.th, bazohu diku, shiko ku është e drejta. P.sh, 'Ti mos m'u drejto mua ashtu, sikur unë e kam fajin, ti hap defterët e Lom Qorrit, atëherë flasim bashkë'.

E mbylli defterin me t' zezë;- d.m.th, vdiq i turpëruar. P.sh, 'Kushedi sa herë i patëm thënë, por vetë deshi dhe e mbylli defterin me të zezë'.

S'e ve má as n 'defter t 'bakallit;- d.m.th, s'e përfill, s'i kushton vëmendje, s'e merr parasysh. P.sh, 'Ashtu si ja bëri Malo Kolës, Kola se ve më as në defter të bakallit Malon, sikur ti japësh dynjanë'.

Iu lagën defterë;- d.m.th, u turpërua, bëri diçka jo sipas rregullave. 'Kolës iu lagën defterët që kur shkonte me gruan e Nikës, e pastaj ndërmarrja e dëboi nga puna'.

Ja mba fenerin, ja shkruj defterin;- bëj diçka. 'Ti djali im ja mbaj fenerin ja shkruaj defterin, se kështu si e ke nisur ti nuk kalon jeta'.

Ja shkruajnë defterët;- ja përdorin gruan. P.sh, 'Ka vite që Merkos ia shkruajnë defterët, por ai i gjori s'ka se ç'të bëjë'. 2- ka dikën që e ndihmon. P.sh, 'Mos u mërzit për Malon ti, se Malos ja shkruajnë defterët të afërmit e vet në ministri'.

Defter n 'akull;- shaka, që s'ka asgjë pas vetiu, as mend, as pasuri, as familje. P.sh, 'Merkos i kanë vdekur të gjithë të gjorit, andaj është defter në akull e mos ja merrni për zë madhe'.

Degë/-a/- ët.

Hidhet si macja (ketri) degë m 'degë;- d.m.th, i pakapshëm në bisedë, dredharak. P.sh, 'Nuk e sheh Malon që hidhet si macja degë më degë e s'ka burrë nëne që e kap në fjalë'.

Ka ránë nga degë e fikut;- d.m.th, ka provuar njëherë të keqen. P.sh, 'Mirë e ke ti, po Kola ka rënë nga dege fikut e tashti nuk e provon më'.

T'hedh degë m 'degë;- d.m.th, dredharak. P.sh, 'Fola me Kolën disa herë, mirëpo ai të hedh degë më degë o burri dheut e meazallah se bie përmbys'.

Kapet pas degësh, si macja për brekësh;- niset jo nga hallka kryesore, por nga gjërat e dorës së dytë. P.sh, 'Kur ia do puna Malos, kapet për degësh, si macja për brekësh'.

Është lis me dega shumë;- d.m.th, ka miq e shokë. P.sh, 'Zoti ia ka bërë kësmet Kolës, shihet se është lis me dega shumë'.

Si mollë e mbushur degë më degë;- d.m.th, shumë e bukur, por dhe punëtore. P.sh, 'Kishe qejf ta shihje nusen e Kolës, si mollë e mbushur degë më degë'.

I shporrën me rrënjë e me degë;- d.m.th, zhdukje totale. P.sh, 'Ua gjetën ilaçin minjve dhe i zhdukën me rrënjë e degë'.

E njeh rrënja degën;- kanë ngjashmëri me njëri tjetrin. P.sh, 'Ata nuk e dinin që ishin fis, por e njeh rrënja degën dhe u poqi llafi bashkë'.

Ia numëroj me rrënjë e me degë;- d.m.th, shau shumë rëndë.

P.sh, 'Kola u grind me Malon e ky i fundit ia numëroj me rrënjë e degë'.

Është tri koqe n 'degë;- d.m.th, i papjekur, ose i ngutur. P.sh, 'Ki kujdes me Malon, se nganjëherë ai është tri koqe n 'degë'.

Vret degë em' degë;- d.m.th, e hedh fjalën larg a larg. P.sh, 'Biri im, kur të rrish me Malon, ki pak kujdes se aj vret degë më degë e, zor për ty ta kuptosh'.

Ishte si degë dushku;- d.m.th, person jo shumë i zhvilluar. P.sh, 'Ku e kishte gjetur Malo atë grua more aman, ajo murga ishte si gjethe dushku, turrej sa andej këtej e gjë hiç'.

Bën mullar me dega qarri;- d.m.th, siç po fliste Kola sot në mbledhje, kësaj i thonë ekzakt bëj mullar me dega qarri'.

Degë e defa;- dmth, grupe të ndryshme, të shpërndarë. Psh Ç'u bë ky popull kështu degë e defa nuk e marr vesh.

Deh/-a/-ur

Rakinë e pi burri, shkon e dehet nusja;- shaka, d.m.th, kur dikush flet e qesh e të tjerët nxehen e rrihen. P.sh, 'Kësaj i thonë ekzakt, rakinë e pi burri, nusja shkon e dehet'.

Deh e bá për gazep;- tall., d.m.th, i pirë jashtë mase. P.sh, 'Rrapi ishte dehur e bërë për gazep mavria, shkon dhe pshurr pantallonat tek miku i ri'.

Flet si i demi- shaka dmth kur dikush flet pa lidhje. Psh Ti mos fol ashtu si i demi, se nuk ka lezet.

Dele-/ja

Delen e urtë e mjel mëhalla;- d.m.th, të mirin e përdorin të gjithë. P.sh, 'Kola i urtë i shkreti, si ajo delja urtë që e mjel mëhalla'.

Numroj delet pra hy mrena;- d.m.th, sigurohu në fjalë. P.sh, 'Po i thoshte Malo djalit kur po shkonte në dasmë;- O Kolë-numëroi delet pra hy brenda, se vallahi kanë për tu tall me ty gjithë natën'.

E di delja kur prishet koha;- shaka, d.m.th, ka parashikime të moçme. P.sh, 'Ju flisni nganjëherë fare kot, e di delja kur prishet koha, e jo ju'.

Edhe delja e njeh malin;- shaka, d.m.th, kushdo e di të mirën. P.sh, 'Ti mos na trego neve ç'të bëjmë, se dhe delja e njeh malin, le më ne'.

Dele bardhë, dele zezë;- tall., d.m.th, po një avaz. P.sh, 'Ama na shurdhove veshët gjithë natën, dele bardhë dele zezë'.

Dy dele treqind pare;- d.m.th, ka shtrenjtësi. P.sh, 'kanë vajtur sendet dy dele treqind pare e ,nuk kapet gjë me dorë në Pazar'.

Dele e bëftë zoti;- d.m.th, e urtë, e sjellshme. P.sh, 'Nusja e Kolës ishte dele, e bëftë Zoti'. 2- i/e pa marrë vesh, i dhjamosur. P.sh, 'Foli ti sa të duash, po dele e bëftë zoti'.

Si delet (dhentë) e qerosit;- d.m.th, dikush që do të pasurohet pa punë. P.sh, 'Dhe qerosi kur po mbytej, ashtu u tha shokëve, hidhuni se paska dele këtu poshtë e ata, u mbytën si delet e qerosit ngeli fjala'.

Dy dele treqind pare,/Del moj nuse merr një valle,/Del moj nuse merr një valle,/Dhe na i hiq nja njëqind halle.

Qeth si dele;- me shkalla. Tallje. P.sh, 'Kishte vajtur Kola te berberi e ishte qeth si dele'.

Si delja pas dhive;- d.m.th, që rend pas berihasë. P.sh, 'Ama dhe ti mos rend si delja pas dhive ashtu, se nuk bën'.

Si delet (dhentë) pas ukut (ujkut);- turmë e pa civilizuar. P.sh, 'Nuk i sheh se akoma votojnë si delet (dhentë) pas ujkut'.

Ka pi qumësht deleje;- Shaka, dikush i trashë, por pak i leshtë. P.sh, 'Mirë e ke ti, po Kola ka pirë qumësht deleje, andaj duket ashtu'.

Bërë koka si dele;- d.m.th, thinjur. P.sh, 'Kisha kohë pa e parë Kolën, po i qenka bërë koka si dele, të gjorit'.

As dele as dash;- d.m.th, as mish as peshk, dy gjëra të paqarta. P.sh, 'Ndaje fjalën e mos e lër as dele as dash, ashtu'.

Që dele t'báft Zoti-

1- njeri i urtë e puntor. Psh Kishte ajo Matia një burrë që dele të bëftë Zot.

2- dmth jo shumë e zonja. Kishte ai Kola një vajzë që dele të bëftë Zoti. Ironike.

3- një popullsi e pa zhvilluar. Psh. Dele të bëftë Zoti, nuk dinin ku është kutia e votimit. Ose, Klasa e katërt B ishin dele të bëftë Zoti.

Dell/-i

Ishte dell i gjallë;- i trashë, budalla. P.sh, 'Disa kohë kam punuar me Kolën, por ishte dell i gjallë i gjori'.

Iu fry delli;- d.m.th, iu ngrit penisi. P.sh, 'Shih e shih vërdalla nga cucat dhe iu fry delli'.

I ra n 'dell;- d.m.th, e fyeu keq, ose, i ra pikës. P.sh, 'Kur i foli për nderin e gruas, Kolës i ra në dell dhe shumë u nervozua, sa desh e qëlloi'.

M'u kput për delli;- Mallk., d.m.th, m'u hiq qafesh. P.sh, 'Pash Zotin, m'u këput për delli se më çmende sot, gjithë ditën nuk ndalove njëherë'.

U pa nga delli;- d.m.th, u duk nga paraqitja, nga sjellja, keq. P.sh, 'U pa nga delli që Rrapi do t'ia punonte gruan Merkos'.

Ka dell t 'mirë;- d.m.th, ka nuhatje për diçka. P.sh, 'E dërgova djalin të studiojë kanton, se ka dell të mirë në muzikë'.

Dem/-i/-at.

Demi njihet nga brirët;- d.m.th, nga paraqitja. P.sh, 'Mos më fol për Rrapin, i thonë që demi njihet nga brirët, çfarë demi është'.

As dem as ká;- d.m.th, bëje njërën. P.sh, 'Ti ndaje fjalën, jo ashtu, as dem as ka!?'.

Kërkon lopa dem (ká);- tall., d.m.th, kërkon për burrë. P.sh, 'Unë e pashë që kërkon lopa dem, por nuk i zgjata më muhabet, u çova e ika'.

Dembel (lok. demel)

Për demel, njihet Stambolli;- d.m.th, për diçka njihet dikush tjetër. 'Ti mos na fol për të aq shumë, se për dembel, njihet Stamolli'.

Sa shtatë demela bashkë;- d.m.th, shumë përtac. P.sh, 'Kolën e ke sa shtatë dembelë bashkë e mos i thuaj për asgjë'.

U çunë demelat e shembën gardhin;- d.m.th, kujdes kur ndodh diçka e papritur. 'Pra ti thua, u çunë dembelët e shembën gardhin, apo jo Kolë!?'

Një lek, një demel;- shumicë sendesh pa vlera. P.sh, 'Vajta sot nga pazari, një lek një dembel e gjeje'.

Ra zjarri, u pa demeli;- d.m.th, u pa kush ishte kushi. P.sh, 'Vajti gjatë ajo punë e tyre, më në fund ra zjarri e u pa dembeli'.

Kokrra e demelit;- d.m.th, nuk i gjendet shoku për dembelizëm. P.sh, 'Kam pare e s'kam parë, ama Kola, kokrra dembelit ishte, o burra'.

Më demel se demeli;- d.m.th, kulmi i dembelizmit. P.sh, 'Po më dembel se dembelin s'ke ku gjen në botë, përveç Merko Aliut'.

Deng/-u

Nuk hyn dynjaja n 'deng;- d.m.th, që s'ka të ngopur. P.sh, 'Po ti me karar more djalë, po i thoshte Malo djalit, nuk hyn dynjaja në deng!?'

Qánka deng;- d.m.th, shtatzënë. P.sh, 'Mashalla e Urime o Kolë, nusen e paske deng'.

I bári barrët deng;- d.m.th, iku nusja. P.sh, 'Nuk duroi dot më e një ditë i bëri barrët dend e shkoi e gjora'. 2- Vdiq. 'Rroj baba sa rroj, por një ditë i bëri barrët deng dhe ai'.

E mban vetë dengun;- d.m.th, mos ia qaj hallin. P.sh, 'Po ti prit more djali im, e mban vetë Kola dengun'.

E mbushi dengun (kupën);- d.m.th, e dëbuan. P.sh, 'E duruan shumë e më fund, e mbushi dengun dhe e larguan'.

Ishte fryrë deng;- d.m.th, inatosur deri në fyt. P.sh, 'Kola ishte fryrë deng e nuk dinte çfarë fliste'.

Secili e ka një deng;- d.m.th, një problem. P.sh, 'Ti mos thuaj ashtu, se sot në këtë ditë secili e ka një deng të vetin'.

Dengu i botës, duket i lehtë;- ironi, d.m.th, puna e huaj, nënvleftësohet. P.sh, 'Ashtu ka qenë dhe mbetet se dengu botës duket i lehtë'.

Ta ve dengun te dera;- d.m.th, të ndalon, apo ta vështirëson diçka që nuk dëshironi. P.sh, 'Ajo Matia përherë ia vë dengun te dera Malos, e ai i gjori s'ka ç'të bëjë më tej'.

Derdh/-et/-ur.

Iu derdh përsipër;- d.m.th, iu shkarkua, pa qenë nevoja. P.sh, 'Në këtë rast Kola nuk kishte faj, por Matia iu derdh përsipër'.

Ç'ka u derdhtë, mos u mbledhtë;- d.m.th, ajo që ishte thënë për të dalë, le të dalë. P.sh, 'Mos u mërzitni -tha mixha Sylë- çka u derdhtë mos u mbledhtë- kanë kësmetin e vet dhe egërsirat'.

Derdh e mledh;- d.m.th, jep sa andej këtej. P.sh, 'Derdh e mbledh unë e llogaritë po në një qafë më dalin'.

Derë/-a

Çel nji derë xheneti;- d.m.th, gëzim jashtë mase. P.sh, 'Sot që na ke ardhur për vizitë, sikur ke çel një derë xheneti, more im bir'.

Çil një derë e mbyll një tjetër;- d.m.th, ,dembelizëm i theksuar. P.sh, 'Epo të rrinë burrat çil një derë e mbyll një tjetër si ju- tha Matia-nuk më kanë parë sytë'.

Hap derë (dyert);- d.m.th, presin për ngushëllim. P.sh, 'Kola ka tre ditë që ka hap derë e njerëzit nuk pushojnë'.

Po erdh e keqja, hapi derën;- d.m.th, gjë që s'mbahet më. P.sh, 'Kur u ndodhën njëra pas tjetrës të këqijat, nëna u ngrit e tha;- 'Po erdh' e keqja hapi derën, se ajo do ta bëjë atë ç'ka për të bërë'.

E ka derën hapur (çelur);- d.m.th, vepron lirisht, nuk ka pengesë për të ecur përpara. P.sh, 'Mos më pyet më mua për asgjë, e ke derën hapur çdo kohë'.

Dy kamerë në nji derë;- d.m.th, dy të mira ose dy të këqija në të njëjtën kohë a në të njëjtin vend. 'Kjo që ndodhi sot, është tamam ajo fjala, dy kamberë në një derë'.

Lyp për derë e daj për shpirt;- që është shumë bujar, edhe atë që e lyp e ndan me të tjerët. 'Kola është lyp për derë e ndaj për shpirt, gjithë sa mbahet mend'.

Burrë për derë;- d.m.th, nga një mashkull çdo shtëpi. P.sh, 'Kërkohet në aksion, burrë për derë'.

Hyn për derë e del nga dollapi;- d.m.th, person ose fenomen që nuk mbahet. P.sh, 'po qe për muhabet, të hyn për derë e të del për dollapi, ashtu e ka marifetin e vet ai'.

A ka derë e shtëpi;- d.m.th, a prisni miq?. P.sh, 'Dikush thirri jashtë oborrit;-A ka derë e shtëpi'- pastaj baba u ngrit dhe u hapi portën.

E nxjerr nga dera, të hyn për dollapi;- d.m.th, dredharak,. P.sh, 'Kolën e nxjerr nga dera e ai të hyn për dollapi, po qe për ato punë'.

Ia tregoi derën e oborrit (dikujt);- keq., e përzuri, e nxjerr jashtë, nuk e qas më në shtëpi. P.sh, 'Pasi u ngritën zërat, Gupi ia tregoi derën e oborrit Rrapos, e aty mbaroi çdo gjë'.

Tund derën;- mospërf., d.m.th, vret kohën. P.sh, 'Malo ka vite që tund derën, e këtej vjen dhe na shet dëngla sikur se ç'është!'

Ia zuri derën me shkarpa (dikujt);- d.m.th, kësmeti keq. P.sh, 'Kolës ia zuri derën me shkarpa ajo gruaja e dytë që mori'.

Kur djalli s'ka ç'të bëjë, tund derën;- d.m.th, rri kot e bëj kot. P.sh, 'Kola është si puna e djallit që kur s'ka punë shkon e tund derën'.

Dervish/-i;- fetare, murg i sektit bektashian.

Ka lënë mjekër për dervish;- shaka, dikush që përton të rruhet. P.sh, 'Kola ka mjaft ditë që ka lënë mjekër për dervish'.

E mban si dash dervishi;- d.m.th, që kujdeset shumë për dikë apo diçka. P.sh, 'Gjyshi e mbante nipçen si dash dervishi, ngado që vente'.

Hy baba dervish;- d.m.th, jo me të lutur. P.sh, 'Kjo punë s'e ka hy baba dervish, por duhet mund e djersë'.

Dervish o dervish, mos ha mish se të prish;- shaka, d.m.th, mos u bëj shumë merakli ndaj diçkaje. P.sh, 'Kur nuk ke, i thonë fjalës, o dervish mos ha mish se të prish'.

Po nuk hëngre mish, mos u vish dervish;- shaka, po nuk qe i zoti për një punë, mos i hyj. P.sh, 'Më ke thënë disa herë për një vend pune, por dëgjo i thonë fjalës, po nuk hëngre mish, mos u vish dervish, andaj mos të ngelë hatri'.

Hiq e zhvish, po një dervish;- d.m.th, po i njëjti person, i njëjti mendim, e njëjta gjellë. P.sh, 'E dëgjuam Kolën gjithë ditën, hiq e zhvish po një dervish qe ajo punë, po hajt nejse má?!'

Të bekoftë baba dervishi;- shaka. P.sh, 'Hë ty të bekoftë baba dervishi, sa i mirë qenke'.

Dervish 'hane;- vendi ku rri dervishi. 'Po flinte në dervish 'hane', 'Doli nga dervish'hania'.

Si dervish 'hane;- shaka, pak rrëmujë. P.sh, 'Ma paske bërë shtëpinë si dervish 'hane, o burri dheut'.

Dervishk/-ë/-a/-at;- fjalë e rrallë, kërpudhë që rritet herët në pranverë, dhe në vjeshtat e vona. 'Mblodha ca dervishka sot', 'Dhentë, shumë i pëlqejnë dervishkat'.

Derr/-i/ -at.

Derri do derrin, ose derri derrin do;- ironi, e keqja del me të keqe. P.sh, 'Mos iu përul Rrapit fare, se derri do derrin që të largohet'.

Derr e kishte bá Zoti;- keq., d.m.th, të vështirë, i pa marr vesh. P.sh, 'Të gjithë i folëm Gupit që të mos sillej ashtu, po atë derr e kishte bá Zoti e, mezallah se na dëgjoi'.

Gërmon si derri për këlkaza;- d.m.th, dikush që zhbironi vend e pa vend. P.sh, 'E pashë Kolën që gërmonte si derri për këlkaza'.

Si derri n 'gjiriz;- d.m.th, që fut hundët vend e pa vend. P.sh, 'Nuk e kuptoj xhanëm o Kol, pse sillesh si derri në gjiriz, se nuk të ka lezet'.

Saçme për derr;- d.m.th, e goditi me fjalë që s'kishte nga t'i luajë bythët. P.sh, 'Ama saçme për derr qe ajo fjala jote sot ti Kol, kur po flisje me Gupin'.

Derri do plumb e plumbi do tret;- d.m.th, çdo send e ka një pagesë, një vështirësi. 'Dakord, dakord- shtoi Malo qetë qetë,- dihet që derri do plumb, por ama plumbi do tretur, e ju këto nuk i báni hesap'.

Nuk e ha derri derrin;- tall., d.m.th, nuk e ha i keqi të keqin. P.sh, 'Të kam thënë disa herë moj grua që nuk e ha derri derrin, e ti më thoshe që jo'.

Fut derr n 'thes;- d.m.th, me nxitim, pa ditur gjë, pa e parë ose pa e njohur fare dikë a diçka, qorras. P.sh, 'Nuk shkon kjo punë fut derr në thes e vrapo'.

Pëlcet derri;- d.m.th, shumë vapë. P.sh, 'Sot pëlcitka derri çuna, kini kujdes'.

Pëlcet derrin;- d.m.th, aq kokëfortë dhe i pabindur. P.sh, 'Ai burri jot pëlcet derrin, po i thoshte Lola me shaka një ditë Dritës'.

Nuk i thirret derrit dajë;- d.m.th, të keqit mos iu përul. P.sh, 'Ashtu si na e bëri Kola neve, nuk i thirret derrit dajë'.

Do t'i thuash derrit dajë;- bisedë, d.m.th, kur nuk ka rrugëdalje. P.sh, 'Nga e keqja do ti thuash derrit dajë, se rrugë tjetër s'ka'.

Derrçe, ndajfolje;- furishëm, vrullshëm, që e merr me të madhe, punuan derrçe, vrapuan derrçe, i kishte hyp një inat derrçe.

I futi një bukë derrçe;- d.m.th, u ngop mirë. P.sh, 'Rrapi i futi një bukë derrçe e pastaj mori udhën për në mal'.

Dërkim;- d.m.th, me shumicë- bie shiu dërkim po merr çadrën se lagesh.

Dërr dërr;- dikush që të shet dëngla. P.sh, 'Mos na shit mend ashtu dërr dërr gjithë ditën se, kush mos na di se kush je"!'

Dërr dërr e gërr vërr;- pasthirrmë, d.m.th, kur ta bezdis dikush apo diçka. P.sh, 'Sot gjithë ditën nën makinë kam ndenjur, dërr dërr e gërr vërr e ma në fund, u ndez'.

Deti

U bá deti kos, lugë për të s'ka;- d.m.th, i pafat në jetë. P.sh, 'Për Kolën deti u bë kos e lugë për të s'ka, ngeli beqar i varfri'.

Det e lumë;- d.m.th, të shëndetshme. P.sh, 'Vajta në fshat e bereqetet ishin, det e lumë'.

Báje t'mirën hudhe n'det', po se diti peshku, ta dijë Zoti vetë;- Ti vazhdo bëj mirë, se ka shumë vetë bukëshkelës, po ty Zoti do të shikojë'.

Nuk i hyhet detit n'kam (në këmbë);- d.m.th, kur dikush nis një punë që nuk mund të bëhet, ose që është jashtëzakonisht e vështirë. P.sh, 'Sa herë i kemi thënë Malos që nuk i hyhet detit në këmbë, por ai nuk na dëgjoi neve'.

E ka syrin n'detë;- ironike, d.m.th, i pangopur. P.sh, 'Hiqu more Rrapit, se ai syrin n'detë e ka, se ngop gjë atë'.

S'matet deti me filxhan;- d.m.th, koprrac. P.sh, 'O Guba, s'matet deti me filxhan o burri dheut, sa interesant që je'.

Báni vrimë në det;- mospërf., d.m.th, asgjë nuk mbaron. P.sh, 'Çfarë bëri Kola, bëri vrimë në det', atë bëri'.

Ka ránë me kry n'detë;- shaka, sapo është martuar. P.sh, 'Mos ma nga djalin, se ka rënë me krye në det mbrëmë'.

Ta shet dhe detin;- d.m.th, shumë mashtrues. P.sh, 'Mos i beso shumë Rrapit, se ai nganjëherë ta shet dhe detin e ti s'merr vesh gjë fare'.

Ç'ka s'ka n'deti;-ironi habitore, d.m.th, çuditë dhe habitë që dëgjon e shikon sot. P.sh, 'Kur thanë se si po shkojnë punët në Kosovë, Aga Rexh, u ngrit e tha;- Po de po, ç'ka s'ka n'det?'.

E pret detin me thikë;- d.m.th, që flet pa ndaluar. P.sh, 'Ore po ky djalë e pritka detin me thikën për zotin'.

I bie detit n'not;- d.m.th, që flet pa lidhje. P.sh, 'Kola nganjëherë i bie detit në not, e mos ia merrni për t'madhe'.

E xir nga fundi detit;- d.m.th, që bëj të pamundurën. P.sh, 'Për ty Kolë unë e nxjerr nga fundi detit dhe ta jap hakun'.

Kthen detin nga vetiu;- d.m.th, që s'ka të ngopur;- . P.sh, 'Hiqu more prej Guros, se ai e kthen detin prej vetiu përherë'.

Bereqetet det';- d.m.th, të mbara. P.sh, 'O Malo, bereqetet det i paske sivjet, mashalla'.

Devër/i- fjalë e rrallë, d.m.th, koha, periudha, situata, epoka

Bëri devër koha;- d.m.th, ndryshoi sistemi, mënyra e jetës, ndryshoi ekonomia etj... P.sh, 'O Salë, ka bërë devër koha, nuk është më ashtu sikur e dimë unë dhe ti'.

Devër kiamet;- d.m.th, shumë shpejt po ndryshojnë gjërat, që do të thotë, kiameti është afër. 'Eh more bir, devër kiamet është kjo gjë, vetëm Perëndia e di se si do të shkojnë gjërat'.

Kishte bërë devër;- d.m.th, kishte ndryshuar komplet. P.sh, 'Ajo vajza e Kolës, sapo u martua, kishte bërë devër fare, a e keni parë?'

Dexhalli/- ët;- sipas besimit Islam, dexhalli është një krijesë që do të u paraqitet njerëzve para fundit të botës, duke bërë gjëra jashtë imagjinatës njerëzore. Një tjetër version thuhet që është kjo etapë kohore kibernetike, në të cilat po kalon njerëzimi si rezultat i shpikjeve dhe shfaqjeve në internet. P.sh, 'Kur të duket dexhalli mbi dhe', do të jetë shumë afër fundi botës'.

M'u bë dexhall;- d.m.th, dikush që ta prish jetën. P.sh, 'Na u bë dexhalli te koka sot ky Gupi'.

Del si dexhall;- d.m.th, del e ecën natën. P.sh, 'Po ky ç'ka që del si dexhall rrugëve kështu?'

Dëkoj/-uar;- rënia nënvete që pëson mashkull nga herdhjet. 'Ky dash ose cjap qenka dëkuar.

U dëkua në punë;- d.m.th, u robtua jashtë mase. P.sh, 'U dëkua në punë burri botës e në fund, nuk mori asgjë'.

U dëkua muhabeti;- d.m.th, mori kah jo të mirë, u prishën për hiçasgjë. P.sh, 'Deri nga gjysma qenë mirë fjalët, pastaj u dëkua muhabeti e nuk kishin të ndalur fjalët nga të dyja palët'.

Kush dëkohet e kush bán dasmë;- d.m.th, kurrë nuk u gjet e sakta. P.sh, 'Kështu e ka kjo jetë, kush dëkohet, e kush bën dasmë'.

Arë e dëkume;- d.m.th, e shqyer nga shirat apo lëvizja që pëson toka. P.sh, 'Kjo arë qenka e dëkuar e askush nuk e paska vënë re'.

Dëkim/i;- të qenit i dëkuar. 'Gupi nga dëkimi që pësoi, ndenji disa kohë pa ardhur në punë'.

Dëllinjë/-at

M'u ngritën flokët dëllinjë;- d.m.th, që trembesh shumë. P.sh, 'Kur pashë ujkun që doli para dhenve, m'u ngritën flokët dëllinjë'.

Dllinja e vogël, mban leprin e madh;- d.m.th, kontrast. P.sh,

'Nusen e djalit e morën në derë jo të dëgjuar, po kot nuk kanë thënë të vjetrit, që dëllinja vogël, mban lepurin e madh'.

Ksaj i thonë, mshifu pas dllinjës;- d.m.th, kalo kohën kot. P.sh, 'Kola bëri sikur punonte e kësaj i thonë, mshifu pas dëllinjës, kur erdhi të marrë të hollat'.

*Pushkën prej dëllinje,/Plumbat kakërdhie,/ Leprin s'un e zije,/ Pushka báni bam,/Qeni báni ham,/Gjujtari n'hamam.(*Tregime humoristike për fëmijët*).*

Kërcet si thëngjill dllinje;- d.m.th, nxehet shpejt, vend e pa vend. P.sh, 'Xheva kërcet si thëngjill dëllinje, sa i përmend gomarin që ngordhi'.

Prush dllinje;- tallje, d.m.th, që nuk të ngroh me fjalë. P.sh, 'Ky Kola si prush dëllinje i ka këto fjalë përherë'.

I futi një tym dëllinje;- d.m.th, një zhurmë apo sy jo të këndshëm. P.sh, 'Gupi i futi një tym dëllinje muhabetit dhe nuk u pa më me sy'.

Dllinje vogël lepri madh;- shaka. Kur dikush që ka fat të madh e të menjëhershëm. Kola u martua mbrëmë, e dëllinje vogël lepuri madh që kjo punë.

Dërkim;- mbiemër, që bie, vazhdon pa pushim. 'Sot bie shiu dërkim prandaj merrni çadrat me vete'.

I shkonin lotët dërkim;- dmth, ndjeu dhimbje nga diçka emocionale, ose trupore. P.sh, 'Nuses djalit i shkonin lotët dërkim ngase i vdiq i ati'.

Dërrasë/ -a/- at, (drrasë)

Si i lami n'drrasë;- d.m.th, shumë i dobësuar. P.sh, 'Kur erdh Kola nga burgu, dukej si i lami në dërrasë, e pastaj pak nga pak e mori veten'.

Qánka drrasë;- d.m.th, që nuk ka mësuar. P.sh, 'e ngrita Kolën në mësim, por ai qenka dërrasë sot'.

Çan drrasë pa pykë;- d.m.th, që flet pa lidhje. P.sh, 'Palit mos ia vër shumë veshin, se ai përherë çan dërrasa pa pykë'.

Nuk shkel n'drrasë t'kalbët;- d.m.th, i kujdesshëm në bisedë. P.sh, 'Sala nuk shkel kollaj në dërrasë të kalbët kur flet'.

Mos i shih drrasat, shihi dyshemenë;- d.m.th, mos i shiko gunën, por shikoi punën. P.sh, 'Matisë mos i shih dërrasat ti, shihi dyshemenë'.

Një drrasë e gjysëm burrë;- d.m.th, që i hahet muhabeti. P.sh, 'Është një dërrasë e gjysëm burrë, pra mos iu largo'.

E vuri n'drrasë të kalbta;- d.m.th, e mashtroi. P.sh, 'Kola nuk ka patur dorë, por Malo e vuri n' ato dërrasa të kalbta'.

Ka mbetur n'drrasë;- d.m.th, është hutuar fare. 'Kola ka mbetur në dërrasë, andaj mos ia merrni për keq'. 2- Pa një lek në xhep. P.sh, 'Merko ka mbetur në dërrasë fare mavria, kush ka mundësi le ta ndihmojë pak'.

Në drrasë t'vorrit;- d.m.th, shumë keq nga ekonomia. 'Ka ngelur burri i botës në dërrasë të varrit, andaj hajde ta ndihmojnë të gjithë nga pak'.

T'pafsha n'drrasë t'vorrit;- mallk., d.m.th, vdeksh. P.sh, 'Ashtu si ja bëre sime bije, të pafsha në dërrasë të varrit të pafsha'.

Ka lujt nga dërrasat;- ironi, d.m.th, është çmendur. P.sh, 'Ashtu si e pamë ne Rrapin, vetëm se ka lujtur nga dërrasat, ndryshe nuk është e mundur'.

Ta báfsha dërrasën e vorrit ;- sharje. P.sh, 'Pse ma bëre ashtu, ta bëfsha dërrasën ta bëfsha'.

T'merr dhe drrasat e varrit;- d.m.th, që vjedh jashtë mase. P.sh, 'Nuk i besohet Rrapit kollaj, ai të merr dhe dërrasat e varrit kur ia do puna'.

Nuk shkel n'drrasë t'kalbta;- d.m.th, nuk gabon kollaj. P.sh, nuk shkel në dërrasa të kalbura kollaj, po sot nuk e di si qe puna?'.

Dëvren;- mallkon. P.sh, 'Nuk e di se ç'ka Matia që dëvren sot gjithë ditën'.

Dëvrim/ yer;- njeri i dëvryer. Lere atë dëvrim se nuk është mirë.

Sikur e kanë dëvryer pulat;- tall., d.m.th, nuk i ecën mbarë fare. P.sh, 'Këtë Merkon, sikur e kanë dëvryer pulat xhanëm, asnjë ditë nuk u pa i qetë'.

Dielë

Të djelë e ka përherë;- dembel, d.m.th, që nuk punon fare. P.sh, 'Kola të djelë c ka përhcrë, andaj mos e mërzitni fort'.

E filloj t'djelën, e vazhdoj t'djelën, e mbaroj t'djelën;- shaka, d.m.th, nuk e nisi fare. P.sh, 'Kola punën e filloj të djelën, e vazhdoj të djelën, e mbaroj të djelën dhe arën, e mbuluan ferrat'.

Hajde t'djelën, se do qethë lala pelën;- shaka, d.m.th, të jep fjalën e pastaj ndrron mendje. P.sh, 'Si unë që të zë besë ty, ti je si puna atij që tha- hajde të dielën se do qethë lala pelën'.

E fal xhumanë për t'dielë;- mbrapsht çdo gjë. P.sh, 'Po ndenje me njerëz koti natyrisht e fal xhumanë për të djelë'.

Daj xhelë o daj xhelë,/ Na trego çfarë ke mbjellë,/Sot e djelë nesër e djelë,/Un qershiat i kam vjelë! (Lojëra për fëmijët, herët).

Diell/-i, (lokale, dilli)

Doli me bythë n'dill;- keq., imoral, d.m.th, u pa botërisht në turpin që bëri. P.sh, 'E mbajtën kopilin mbuluar për shumë kohë, por kur dolën me bythë n'dill, nuk dilnin më përjashta nga turpi botës'.

E kthen bythën, nga ásht dilli;- d.m.th, njeri interesaxhi. P.sh, 'mos i zër shumë besë Kolës, se ai e kthen bythën nga është dielli'.

S'mlohet dilli me shoshë;- e vjetër, d.m.th, nuk mbulohet e vërteta me gënjeshtra. P.sh, 'Fol ti sa të duash mirë për Rrapin, se nuk mbulohet dielli me shoshë'.

Duket dilli qysh me mjes;- d.m.th, çdo gjë shihet në shikim të parë. P.sh, 'E mori Rrapin për një punë, por u duk dilli qysh me mjes, që ai s'ishte për atë punë'.

T'shet dhe dillin për petlla;- mashtrues i madh. P.sh, 'Gupi të shet dhe dillin për petlla, po qe puna për xhep të vet'.

Ngroh në një dill e ndenjur në një hánë;- d.m.th, njëlloj nga mendja, karakteri e dëshira. P.sh, 'Po pyete për Rrapin e Gupin, ata janë ngroh në një dill e ndenjur në një hánë, po qe për atë punë'.

E nxori me byth n'dill;- d.m.th, e la pa asgjë. P.sh, 'Sa erdhi kolektivizimi i bagëtive, Amilin e nxorën me byth n'dill'.

U bá dill;- d.m.th, kujdesje jashtë mase. 'Sa erdhi nusja e Kolës në atë shtëpi, ajo u bë diell për të gjithë'.

Ti moj nuse q'erdhe mramë,/Ly me dill e kref me hánë,/Ke lán bab e ke lán nán,/ Plot qesiku m'lu me kánë. (Kjo këngë e moçme këndohej nga granitë tona nëpër dasma).

Dik-pjesëz;- fjalë e rrallë Dragostunje. P.sh, 'Rruga ishte dik për teposhtë', d.m.th, e varur thikë. 'Kola iku dik për terma me trastën në shpinë', 'Ec dik e drejt se atje përpara e ke'.

Dik për dik;- ballë për ballë. 'Vinte ariu dik për dik meje pa u shqetësuar fare'.

I bie lumit dik për dik;- shprehje foljore;-pa frikë e gajle. P.sh, 'Kolën se kam merak unë fare, ai i bie lumit dik për dik, po qe puna për shoqërinë'.

I shkon derrit dik për dik;- ironi, d.m.th, i pakujdesshëm. P.sh, 'Po ti ki pak kujdes more djalë, në punë e shoqëri, mos i shko derrit dik për dik, se derri të çan'.

Dikat;- fjalë e rrallë, që kujdeset shumë. 'Kola i bën shumë dikat punës', 'Bëju dikat fëmijëve sa të rriten'.

Ja ka hatrin dhe dikatin;- d.m.th, dikujt apo diçkaje. P.sh, 'Fola me Malon për atë vajzën e vogël të Kolës, se ai ja ka hatrin dhe dikatin Malos'.

Dimër/-ri/- rat.

Na e rrofsh për verë, se dimrit mban ngrohtë;- tallje, d.m.th, kur dikush nuk të mbaron punë sipas premtimit. P.sh, 'Gupi na e rroftë për verë, për atë punën që na premtoi, se dimrit na mban ngrohtë'.

Ishin bá dimër;- d.m.th, dobësuar e varfëruar. P.sh, 'Vajta dhe i pashë delet në stan, po ato të shkreta ishin bërë dimër nga thatësira', ose, ' Vajta pak nga Kola, por ishin bërë dimër fare sivjet'.

Dimri s'di përralla;- d.m.th, i

ftohtit të mbledh. P.sh, 'Vishuni mirë ju djem, se dimri s'di përralla'.

Dimri ha culet e veta- shaka. Dmth, në dimër hahet gjithçka e mbledhur gjatë verës e vjeshtës. Psh, 'Mos na lut fare që të hamë, pse thonë se dimri ha culet e veta'.

Din/i ;- besim, fe, besë.
Për hak të dinit;- d.m.th, që flet të saktën, të vërtetën pa konflikt interesi. P.sh, 'Aliu ishte burri urtë shumë, e çdo send e fliste për hak të dinit'.

S'paska din e iman;- shaka, kur një dhallë është shumë i hollë e pa yndyrë. 'Na solli Kola një dhallë pa din e iman'.

Për dinin;- betim. P.sh, 'Për dinin që ke, mos e ngacmo atë njeri', ose 'Për dinin që kam do të vij atje e të heq ca shpulla qafës'

As din as iman;- d.m.th, njeri shpirtlig, që bën poshtërsia. P.sh, 'As din as iman nuk ka Gupi, andaj ki kujdes nga ai'.

Direk/-u/-ët
Bie direkut të ngjojë dera;- që flet anash e anash. P.sh, 'Malo, kur flet me shokët, përherë i bie direkut, të dëgjojë dera'.

Ngriu e u bá direk;- d.m.th, acar, i ftohti madh. P.sh, 'Ngriu toka e u bë direk e mezi ecej mbi të'.

Erdhi direk;-d.m.th, apostafat, me paramendim, enkas. P.sh, 'Kjo letër ka ardhur direk për ju'.

Dit/-ë/-a/-ët
Ia báni sytë ditë;- bisedë, d.m.th, e qëlloi fort me pëllëmbë. P.sh, 'Rrapi ia bëri sytë ditë Gupit me shpulla e ai pastaj Gupi u ngrit dhe ia bëri sytë ditë Rrapit.

Punë ditësh;- d.m.th, diçka e përafërt, shumë shpejt do të vijë, do ndodhë. P.sh, 'Shkoi dimri, tashti punë ditësh dhe vjen vera'.

Nuk hyjnë ditët n 'thes;- d.m.th, pse ngutesh. P.sh, 'Ti pse ngutesh moj bijë, nuk hyjnë këto të shkreta ditë në thes'.

E bán natën ditë;- d.m.th, bën të pamundurën. P.sh, 'Kola ditën natë, e bën për Matien, veç ajo të jetë mirë'.

Djál/-ë/-i
Dalëngadalë, báni nusja djalë;- shaka, d.m.th, punët e mira bëhen urtë e butë. P.sh, 'Ti mos u ngut se si i thonë fjalës, dalëngadalë bëri nusja djalë'. *Ti mor djali pa martu,/ Shit sahatin merrëm mu,/ Jo sahatin nuk e shes,/Ja do t'marr ja do t'vdes.*

Në sabah këndon bilbili,/Sa i vogël tranafili,/Tranafili vesë vesë,/Ja do t'marr ja do t'vdes.

Në sabah këndon kumrija,/ Ti mi lujte ment e mija,/ Or ti djali pa martu,/Shit qostekun merrëm mu.Un qostekun nuk e shes,/Ja do t'marr ja do t'vdes.(Këngë e kërcyer nga granitë nëpër dasma).

Hajde djalë hajde;- d.m.th, në moshën më të bukur të jetës. P.sh, 'Hajde djalë hajde, sa mirë i paske punët'.

Djathë/-i/-rat

E ka kryp djathin;- d.m.th, e ka në terezi. P.sh, 'Kola e ka kryp djathin, prandaj nuk flet fare'.

Bukë e djathë;- d.m.th, pak dobët nga vakti. P.sh, 'Hani bukë o miq, se bukë e djathë e zemër t'bardhë, ka thënë i vjetri'.

Si bukë e djathë;- d.m.th, në majë të gjuhës. P.sh, 'Kola e ka bukë e djathë punën e çobanllikut', ose, 'Dulla e ka si bukë e djathë të sharën'.

S'rri djathi dhenve n 'lëkurë të qenve;- d.m.th, nuk ka mundësi që i miri të rrijë te të këqijtë. P.sh, 'Dëgjoni mua, u thoshte Malo djemve, nuk rri djathi i dhenve në lëkurë të qenve, andaj mu hiqni qafe me ato fjalë'.

Iu krym djathi;- d.m.th, u vështirësuan sendet. P.sh, 'I dha Rrapi sa iu krimb djathi, po nuk doli ashtu sikur ai deshi'. 2-Pyetësor, d.m.th, ku qëndron puna?. P.sh, 'Po atij ku iu krimb djathi. tashti që rri buzët varur?!'

Djathi i hollë/ (holluar);- fjalë e rrallë lokale, dhallë me kripë që lihet të kullohet për disa ditë, e trashtina në fund bëhet fërgese. P.sh, 'Na sill ca djathë të hollë', 'Speca me djathë të hollë' etj.

Djeg

I dogji fort;- d.m.th, nuk i erdhi aspak mirë. P.sh, 'Kur i thanë Kolës se e kanë spiunuar, atij i dogji fort'.

Ku të ha e ku të djeg;- d.m.th, fund e majë. P.sh, 'Nuk i la gjë pa thënë, ku të ha e ku të djeg', ose, 'i ra me grushte, ku të ha e ku të djeg'.

Djeg e pjek;- d.m.th, në gjendje të varfër. P.sh, 'Po ata ishin djeg e pjek more vëlla, nuk e di se çfarë u pëlqeve ti atyre'.

Ku t'djeg ty;- pyetësor, d.m.th, ku e ke hallin. P.sh, 'Ku të djeg ty që thua mos shko te Malo për darkë?'

As djeg, as pjek;- ironike, d.m.th, as mish as peshk. P.sh, 'Kështu as djeg as pjek, mos e lërë fjalën, por çoje deri të fund që të jesh i besuar'.

I dogji keq;- d.m.th, i erdhi shumë rëndë. P.sh, 'Kolës i dogji shumë keq që e akuzove për vjedhje'.

Dill që s'të djeg;- tall., dikush që s'ta mbush mendjen për asgjë. P.sh, 'Diell që nuk të djeg, qënka ky djalë, por po e deshi vajza, le ta marrë'.

Salep e pite, po të dogj qite;- shaka, d.m.th, ka të mira në këtë gjë, por ka dhe jo të mira.. P.sh, "Kësaj i thonë salep e pite, por po të dogj qite, kanë thënë të mençurit'.

Djegac/-i/-e/-em;- që është i dobët dhe i tharë. 'Erdhi ky djegaci', 'Ç'ka kjo *djegacia që qan?*'. 2- Si mb., vajzë djegace, lopë djegace, d.m.th, e dobët. 'Vinte pas si djegace, por e lezeçme në muhabet'.

Djep,-i/-et

Si i përkundmi n' djep;- d.m.th, si fëmijë. P.sh, 'Po ti mos fol si i përkundmi në djep more Kolë, se nuk ka hije kështu!'.

Ma mirë djepi bosh, se shejtani mrena;- bisedë, d.m.th, kur të del një fëmijë jo i hajrit, apo një shok e mik i keq. Psh. Kështu si po shkojnë punët, më mirë djepi bosh se shejtani brenda -ka thënë populli.

T'kam përkund n' djep;- ironike, d.m.th, të kam rritur unë, je i vogël ti të më tregosh mua. P.sh, 'Ti mos ma trego mua atë send, se unë ty të kam përkund në djep e ti tashti na shet mend'.

Me djep e me shpërgánj;- d.m.th, shumë i keq. P.sh, 'Po ky njeri qenka si i mallkuari me djep e me shpërgënj, po çështë kjo hata me të kështu?!'

Sikur ke lugatin n' djep;- d.m.th, diçka shumë të zorshme. P.sh, 'Po ti pse ngutesh ashtu more shoku im, sikur ke lugatin në djep, me ngadalë e ka kjo punë'.

Dobec-i/-at;- fjalë e rrallë, veshje e leshtë që hidhet pas krahëve përkohësisht. Psh, 'Vesha dobecin se ishte ftoftë'. 'Më humbi dobeci' etj.

M'u bá dobec pas bythe- ironi, kur dikushi të mërzit keq duke mos t'u ndarë. P.sh. Kjo Matia m'u bë dobec pas bythe sot, nuk m'u nda një sekond.

Ia shkunën dobecin- tall, d.m.th e rrahën. P.sh Ia shkundën dobecin dhëndërrit se filloj të shikonte vërdallë.

I mur dobeci flakë;- tall., d.m.th, u nxeh. Psh, 'Po ky ç'pati që i mori dobeci flakë kështu?'.

Veç dobecin ka;- shprehje ironie, d.m.th shumë në varfëri. Psh. Nuk e sheh që ai veç dobecin ka, e ti thua që t'ia japin vajzën për grua.

E djeg dobecin;- shaka d.m.th, nuk e bën mendjen qeder. P.sh, 'Kola vërtet nuk ka shumë të ardhura, por kur vjen puna e djeg dobecin'.

Ha dobec;- dmth, përtaci, nënvleftësim, lënie pas dore. 'Lulja nuk e prashiti kopshtin fare këtë verë, e ai asgjë nuk i dha, e kësaj i thonë ha dobec'. 'Po nuk i krasite rrushtë i thonë fjalë, ha dobec'.

Dollap/-i/-in

E hapi dollapin;- tall., d.m.th, po qan, flet shumë. P.sh, 'E hapi dollapin djali në djep e mezallah se pushon'. 2- 'Ky Kola e hapi dollapin e s'di të ndalet'.

As derë as dollap;- d.m.th, pa asgjë brenda. 'Nuk kishin as derë as dollap ata njerëz, e nuk e di si rronin'.

Hy nga dera e dil nga dollapi;- ironi, d.m.th, që nuk i qëndron fjalës. 'Ti Kolë, tashti mos e bëj hy nga dera e dil nga dollapi, se bura jemi e kemi karakter të bisedojmë'.

E çau dollap;- d.m.th, e shpërtheu. P.sh, 'Ariu e çau dollap Murgjinin në stan'.

Dórë/-a

Lánë n'dorë t'Zotit;- d.m.th, në fatin e vet. P.sh, 'Ne e kemi lënë në dorë të Zotit tashti, çfarë qe për t'u bërë nga ne, ne e bëmë'.

E di dora dorën;- d.m.th, njihen me njëri tjetrin. P.sh, 'Mos u thuaj për asgjë, se e di dora dorën'.

Janë një dore;- d.m.th, fëmijë të një moshe. P.sh, 'Fëmijët e tyre janë një dore e ishte zor ti dalloje kush është kushi'.

I dridhet dora purtekë;- d.m.th, që është shumë koprrac. P.sh, 'Teze Matia kush shkon te kadja e tëlyenit i dridhet dora purtekë'.

Dorën drapër- shaka, dmth, që është tepër koprrac. Psh. Hajde lëviz pak kur të shkosh te kadja e djathit, e jo dorën drapër se nuk ka lezet.

Drapër,/-ri/-rinj

Nuk futet drapri n'thes;- d.m.th, nuk ka si mbulohet gënjeshtra.

P.sh, 'U mundua Gupi ta mbulojë dëmin, por nuk futet drapri më thes, të gjithë e panë'.

U bá për drapër;- tall, dmth pa qeth e pa rruar. Psh. M'u bë mjekra për drapër e s'kam kohë që të rruaj.

Janë t'drapër e çekanit;- shaka, d.m.th, janë proletarë, stalinistë. P.sh, 'Ata të fshatit lart, janë të drapër e çekanit, ndërsa këta të poshtmit, diçka më ndryshe'.

Drekë,/-a/-ët

Kur vijnë dhentë për drekë;- d.m.th, pak a shumë merrej si njësi kohore, nga mes ditë. P.sh, 'Ti hajde njaty kur vijnë dhentë për drekë, se te shtëpia më gjen'.

Mos t'zántë dreka e darka;- Mallkim. P.sh, 'Ç' na bëre more njeri, që mos të zëntë dreka e darkë, mos të zëntë jarabi'.

Ku ha drekën, nuk ha darkën;- bisedë, dmth, rrugëve të botës. Psh. Ah- djali im more mik, ku ha drekën nuk ha darkën.

Kjo shtëpia plakës mbulu me purteka,/Çou moj bije nanës se të zuri dreka,/ (Këngë fshati).

Dreq/-i

Si për dreq;- dmth, nga nxitimi, mosdija e pasojës. Si për dreq dhe unë nga vajta dhe i tregova Rrapit se ka bërë djali aksident me makinë.

Pill dreqi dreqin;- tall., d.m.th, nga i keqi lind i keqi. P.sh, 'Ti thua që Gupi ka djalë të mirë, po ta them unë, që pjell dreqi dreqin janë babë e bir'. 2- E keqja sjell të keqen, kur një punë s'të vete mbarë. P.sh, 'Pill dreqi dreqin qe kjo puna sotme, sa rregullonim njërën, prishej tjetra'.

Sikur e ka çfry dreqi nga hundët;- d.m.th, njeri shumë i bezdisshëm. P.sh, 'Po ky Lulashi qenka sikur e ka shfryrë dreqi nga hundët, more njerëz?!'

Një dreq shkon e një dreq vjen;- d.m.th, një drejtues i keq ikën nga detyra e të tjetër akoma më i keq vjen. P.sh, 'Na thanë që iku Gypi dhe erdh Rrapi, një dreq shkon e një dreq vjen, kjo punë'.

Si i biri i dreqit;- d.m.th, që rri mbështjellë e shikon ku të bëjë keq. P.sh, 'Po ti ç'më rri ashtu si i biri dreqit, vetëm pret kush të gabojë e t'u gjuhesh përsipër'.

Dreq për dreq;- d.m.th, diçka që vete keq e më keq. P.sh, 'Thanë që u ndërrua sistemi, por dhe këta që erdhën, dreq për dreq janë'.

Si ti vije dreqit brirë;- d.m.th, egërsim në kulm. P.sh, 'Kola u nxi, si ti vije dreqit brirë, kur i thanë je pushuar nga puna'.

Mos ma nxirr dreqin prej barku;- d.m.th, mos më irrito, mos më bëj të kallëzoj çdo gjë. P.sh, 'Unë po të them mos ma nxirr dreqin prej barku, se shumë po ma bën borxh me fjalë'.

Sa shtatë dreqër bashkë;- d.m.th, shumë i bezdisshëm. P.sh, 'Të jetë njeriu sa shtatë dreqër bashkë, veç Rrapin kam parë unë'.

Si me ra n'vesh t'dreqit;- d.m.th, një lajm i rremë, i keq që hapet rrufeshëm. P.sh, 'Kur thanë se ra zjarr në Bungajë, si me ra në vesh të dreqit u përhap lajmi'.

Shkoj nëpër gojë t'dreqit;- d.m.th, lajm që shkon nëpër gojë të liga. P.sh, 'Mirë thua ti, po shkoj nëpër gojë të dreqit, nji Zot e di pastaj'.

Sikur ka dreqin n 'bythë;- d.m.th, që bërtet e shan kot së koti. P.sh, 'Po Malo, ç 'paska sot sikur ka dreqin n 'bythë bërtitka'.

Dreqi fle, ti shkon e zgjon;- sarkazëm, d.m.th, i keqi se ka mendjen, ti shkon dhe ja kujton. P.sh, 'Po rri more bir rehat xhanëm, dreqi fle ti shkon e zgjon dhe, hajde dëgjoi pordhët pastaj'.

Zoti ta jep, e dreqi ta merr;- d.m.th, shkon dëm për faj tëndin apo të një fenomeni tjetër. P.sh, 'Kësaj i thënkan që, Zoti ta jep e dreqi ta merr'.

Dreqi kur s'ka ç'bán, lun derën;- ironi, d.m.th, kur dikush të pengon në diçka të mirë. P.sh, 'Po de po, të kuptoj hallin tënd, kësaj i thonë nga ne, kur dreqi nuk se çfarë të bëjë, vete dhe luan derën, d.m.th, të pengojë njerzit kur hynë e dalin'.

Dreqni/-a;- tersllëk, i prapët, me shumë sherr. P.sh, 'Sa dreqni paska ky fëmijë zot na ruaj', ose, 'Për dreqni u shkoj puna'.

E ka dreqninë me rránjë;- d.m.th, shumë i prapë, hileqar. P.sh, 'Kur të rrish me Kolën, ki kujdes se dreqninë me rrënje e ka ai'.

E ka dreqninë me ferra;- shumë i/e djallëzuar. P.sh, 'Mirë, po gjete ti, se Gupi me gaxharreça e ka dreqninë'.

Dritë/-a/- at

Dritë e báftë Zoti;- d.m.th, një person apo send shumë i vyer. P.sh, 'Dritë ta beftë Zoti djalin o Kolë, se shumë i mirë ishte'.

Dritë me dritë;- kur dikush vonohet apo gjithë natë për gjumë. 'Kola dritë me dritë mbrëmë s'vuri gjumë në sy nga dhëmballa'.

Ta fik dritën;- keq., dikush të merr në qafë, të vret. P.sh, 'Mos u merr me Rrapin, se ai për shpirt ta fik dritën, po ka frikë nga ligji'.

I mbajte dritën!?;- mospërfillje. 'Pse i mbajte dritën ti Marisë, që thua se shkon me tjerë!?'.

Dru (pjesore);- ndofta, ndoshta, fjalë e rrallë, ndoshta tipike në Dragostunjë. P.sh, 'Dru vjen sonte për darkë, se kemi një mik me rëndësi', 'Dru e bën Kola këtë punë', 'Dru bëhet e mundur', 'Nesër dru vij, sot jam i zënë' etj.

Dru/-ri/-njtë

Hëngri dru, si gomari n 'duhan;- keq., e kanë rrahur e shqepur. P.sh, 'Kur e kapën Gupin duke vjedh, hëngri dru i gjori, si gomari në duhan'.

Dru më dru e hu më hu;- dikush që nuk rri rehat. P.sh, 'Po ti çke që hidhesh ashtu dru më dru e hu më hu, rri njeriu njëherë në vend!?'.

I vunë drurin;- d.m.th, e rrahën, e dëbuan. P.sh, 'Kur e kapën Rrapin me një grua të huaj, i vunë drurin sa vetë e di ai', ose, 'I vunë drurin nuses, se ishte e përdalë '.

Dimri pa dru, si plaku pa gru;- fjalë e urtë. P.sh, 'Mos të zëntë dimri pa dru e pleqnia pa grua, se zahmet është'.

Drugëz,/-a/-sh

E bánte kryt si drugëz;- d.m.th, që kërkon të zhbirojë gjithçka. P.sh, '.Nuk e pe Malon se e bënte kokën si drugëz duke parë vërdallë'.

Si pushonte drugza;- d.m.th, llafazan. P.sh, 'Kolën kam parë unë që mos ti pushojë drugëza gjithë ditën e gjatë'.

Ka shku për drugza;- shaka, ka vdekur me kohë. P.sh, 'Merko ka vite që ka shkua për drugëza e ti hala se ditke?'.

Duá/-ja/-të;- fetare

Bëj duá d.m.th;- ji mirënjohës dikujt. P.sh, 'Bëj duá xhaxhait që e ke në qeveri, pa ty të dimë ne sa i zoti je'.

I ze duaja;- d.m.th, i shkon fjala. P.sh, 'Shko njëherë andej nga Malo ti, se atij i ze duaja për këto punë'.

E ka zánë duaja(dikujt);- d.m.th, e ka zënë mallkimi. P.sh, 'Mitin e ka zënë duaja e të atit, se nuk e dëgjonte fare'.

Dúa,/-do;-

Kur do, do, tha samarxhiu;- d.m.th, kur i vjen kësmeti çdo gjë bëhet'. (Vjen kjo shprehje nga një tregim popullor, ku thuhet se një burrë i dobët nga vakti, vete dhe i kërkon mbretit të vendit pak ndihmë. Urdhëron mbreti dhe i japin të varfrit një patë të pjekur plot florinj brenda, por pa ia treguar se çfarë ka brenda, me qëllim që kur ta hajë patën me fëmijët të gjeje florinjtë dhe të gëzohet. Gjatë rrugës në kthim i varfëri takon një samarxhi tjetër që kishte dhe ky një patë të skuqur, por më të madhe se e tija.

-A i ndërrojmë- thotë i pari të dytit- se kam një tufë fëmijë- e kjo pata juaj qenka më e madhe

-Dakord -thotë samarxhiu, merr patën, vete në shtëpi dhe e ha, por kush sheh që brenda kishte florinj ja bën;- -Kur do, do- se ka me të fortë kjo punë.

S'i do bytha;- ironi, d.m.th, përton ose ka diçka hile brenda. P.sh, 'I thashë Mitit të ma ndërrojë këtë pelerinën ushtarake, por atij nuk i do bytha e nuk ma ndërroi'.

Duduk/-u/ -ët;- fjalë e rrallë, burrë i shkurtër e i trashë. P.sh, 'Qenka duduk nga trupi Kola', 'Ecte si duduk'.

Duhan,/-i

Ndërruan nga një duhan;- d.m.th, bënë pak muhabet. P.sh, 'Erdhi Kola mbrëmë këtej e ndërruam nga një duhan, shpejt e shpejt'.

Dumullik;- fjalë e rrallë, d.m.th, mirë e bukur, gaz e hare, pa asnjë kleçkë brenda.

I shkonte fustani dumullik;- d.m.th, rreth pas belit. P.sh, 'Kur hyri nusja e Kolës në valle, i shkonte fustani dumullik, për bukuri'.

U shkonte muhabeti dumullik;- d.m.th, rreth e shtruar, me të ngrëna e të pira. P.sh, 'Sapo hapa derën e konakut, pashë që u shkonte muhabeti burrave dumullik'.

I shkonte tymi dumullik;- d.m.th, pinte duhan pa shuar. P.sh, 'Xhema ishte ulur pas një dëllinje dhe i shkonte tymi dumullik përpjetë'.

Dushk/ -u / -qet

U bán dushk;- d.m.th, u thanë, u dogjën, P.sh, 'Sivjet nuk ka rënë shi fare e u bënë misrat dushk'.

U bán dushk e kashtë;- d.m.th, u grindën keq. P.sh, 'Kola me Malon dje u bënë dushk e kashtë, e nuk e dimë ku qe problemi'.

Dushk e kashtë, e kurrë bashkë;- d.m.th, martuar, por pa u marrë vesh. P.sh, 'Mirë more burë mirë, shtoi Maria, dhe kjo jetë dushk e kashtë e kurrë bashkë, kështu nuk kalohet, apo jam gabim?!'

Dushk për gogla;- d.m.th, të barabartë. P.sh, 'Vajtën dushk për gogla, Kola me Malon'.

Krushk o krushk, të kam si dushk;- shaka, miqësi e mirë dhe e sinqertë. P.sh, 'O krushk, të kam si dushk, sa shumë të dua'.

Të hudh në dushk;- të tallë. P.sh, 'Mos rri gjatë me Malon, se ai të hedh në dushk e ti se merr vesh hiç'.

Dushkajë/ dushkojë;- vend, pyll që ka shumë dru dushku. 'Sot isha nga dushkoja', 'Gjeth dushkoje'.

Duvák/-u

I ve duvakun;- d.m.th, e mbulon një çështje. P.sh, 'Vëri duvakun kësaj pune, shkoni e mos u ndjeni'.

Ja vuri duvakun, ja hoqi kapakun;- shprehje urdhërore, d.m.th, bëj njërën. P.sh, 'Ti Kolë ja vëri duvakun punës, ja hiqi kapakun e mos i lodh njerëzit ashtu'.

Duket nga duvaku;- d.m.th, nga paraqitja. P.sh, 'Paske marrë nuse të mirë për djalin, se duket nga duvaku'.

Nuk ka kry për at' duvak;- nuk e meriton (për granitë thuhet). P.sh, 'Ti ma lavdërove cucën e Kolës, por ajo nuk kishte krye për at' duvak'.

Dyfek/-u/-ët

I ngeli dyfeku pykë- keq., tall., penisi i ngritur. P.sh, 'Po ty të ngeli dyfeku pykë tërë ditën, si është puna me ty?'. 2- Fjala pa thënë. P.sh, 'Kolës ia ndërprenë fjalën disa herë e atij, i ngeli dyfeku pykë'.

As për mish e as për dyfek;- që nuk vlen më, ose i plakur ose i sëmurë. P.sh, 'Daj Meta nuk është më as për mish e as për dyfek'.

Iu zbraz dyfeku nër duar;- 1- i doli sekreti pa dashje. P.sh, 'Kola nuk mendoi ashtu, por iu zbraz dyfeku ndër duar gjatë bisedës. 2- shaka, që ejakulon para kohe. 'Malo po tregonte se si i ishte zbraz dyfeku ndër duar natën e parë të martesës, e të gjithë qeshën'.

Ásht për mish e byrek, jo për pushkë e dyfek;- shaka. P.sh, 'Hoxha jonë është për mish e byrek, jo për pushkë e dyfek'.

Dyllë/-i

I vuri dyllin derës;- d.m.th, e mbyllën, e shkuan. P.sh, 'Kolajt qenë mirë këtu, por i vunë dyllin derës e shkuan në Itali'.

I vu dyllin gojës;- d.m.th, nuk foli më. P.sh, 'Rrapi i vu dyllin gojës kur e kapën mat'.

I vu dyllin;- d.m.th, kurrë nuk lindi. P.sh, 'Dyzet vjet ka që është martuar, e siç duket i vu dyllin'.

U bë dylli verdhë;- d.m.th, u tremb shumë. P.sh, 'Kola kur pa arushën që doli nga shpella, u bë dylli verdhë'.

Dyrdyl.i- fjalë e rrallë, dmth, i fortë, muskuloz. Dërdyl djalë. Dërdyl të paska fal zoti .Erdhi ky dërdyli tashti dhe ta shkul lisin me gjithë rrënjë.

Dërdyleshë/a- femër e fortë, që lind fëmijë të shëndetshëm. Nuse dërdyleshë paskeni marrë o Malo.

Dërdyl nga mushkat, tall. dmth, trap, i trashë por që nuk nxe mend. P.sh. E po te jete tjetri dyrdyl nga mushkat si Rrapi s'me kane pare syte.

Dyst/-rrafsh

E ka rrafsh e dyst;- dikush, e ka në terezi punën. P.sh, 'E ka rrafsh e dyst Kola hesapin, pse mos shkojë në plazh!?'

Dyst e shtru;- d.m.th, që i kanë të gjitha sendet në terezi. P.sh, 'I kanë dyst e shtruar sendet, pse të mërziten'.

S'áshte dyst dynjaja;- ironi, d.m.th, çfarë të bësh do pësosh. P.sh, 'Mirë, ti bën tënden, por kjo botë s'është e dystë, një ditë do të bëhesh pishman'.

E gjeti dyst;- shaka, u shtrua drejt në sofër. P.sh, 'E gjeti dyst Kola e nuk u desh fare ta lutje për të ngrënë'.

Dyst e n 'gju;- d.m.th, muhabet i mirë, këndonin dhe kërcenin. P.sh, 'Ishte dyst e n' gju, ishte gjynah t'ua prishje terezinë', (përdoret dhe për bagëtitë kur shtrohen të hanë në livadh), 'u shtruan delet dyst e gju'.

E di dynjanë, botën, dyst;- tall., d.m.th, që se vret mendjen shumë. P.sh, 'Kam qejf me ty Malo, se ti e di dynjanë dyst e hiç nuk merakosesh'. 2- 'ëmijët. Janë të vegjël ata, e dinë dynjanë dyst.

Dystoj/ova/uar;- folje kalimtare. Rrafshoj një kodër a diçka me majë. Dystoj tepsinë e miellit,

Ia dystoj turinjtë (hundët);-

d.m.th, i ra fort me pëllëmbë. Kola u nxeh keq dhe ia dystoi hundët djalit, se kishte bërë faj'.

I dystuan llafet- dmth., ranë në ujdi pas një mosmarrëveshjeje. Psh, 'Në fillim e nisën keq bisedën por nga fundi sikur i dystuan llafet'.

Dysh/-i

Nuk bánte një dysh;- jo i/e mirë në sjellje, nuk vlen asgjë. P.sh, 'I thashë Kolës të ketë kujdes me Malon;- po sjellja e tij nuk bën një dysh, 2- 'Vërtet ajo cucë nuk bënte një dysh, e ti ma lavdërove për nipin'.

Bárë dyshë;- d.m.th, përkulur, kërrusur'. Plak me kurrizin dyshë', 'Ishte kthyer dyshë nga sëmundja'.

E theu dyshë;- d.m.th, nuk punoi fare, ndenji kot, dembel. P.sh, 'Kola vajti në mal për bar, por e theu dyshë e asgjë s'kishte mbledhur', ose, 'Ama sot e theve dyshë e asgjë nuk bëre'.

Ja báni veshët dyshë;- d.m.th, e rrahu dikë. P.sh, 'Kola ia bëri veshët dyshë Gupit, se ashtu e kërkoi'.

Nuk ta bán fjalën dyshë;- njeri i kulturuar, fëmijë i dëgjuar. P.sh, 'Sana nuk ta bën fjalën dyshë e i bën punët tak tak, si një e madhe'.

Dyshek,/-u/-ët

Bárë dyshek;- thuhet për lopët dhentë dhitë, d.m.th, të ngopura mirë. P.sh, 'Dyshek qenka bërë dhentë, po silli tashti te stani që ti mjelim'.

E báni për dyshek (dikë);- e rrahu keq, sa nuk qëndron dot më këmbë. P.sh, 'Kola e bëri për dyshek Gubin, se shumë ja solli në majë të hundës'.

Dyzen,/-i

I ka punët n 'dyzen;- d.m.th, jeton mirë. P.sh, 'Për Malon mos u mërzitni fare, ju se ai i ka punët në dyzen mesa pamë ne'.

Ia gjeti dyzenin;- dikujt apo diçkaje. P.sh, 'Kola ia gjeti dyzenin Malos dhe u vajti miqësia mbarë, gjithë jetën'. 2- Puna qe e rëndë, por Rrapi ia gjeti dyzenin dhe ashtu e mbaroi'.

Ka dyzen, por ka dhe karadyzen;- shaka, ka mirë por ka dhe më mirë. P.sh, 'Ti Kolë mos ngul ashtu se si i thonë fjalës, ka dyzen por ka dhe karadyzen'.

Dyzet;- fetare, dita e dyzetë pas vdekjes së dikujt, darka a dreka që shtrohet me këtë rast. 'I bënë të dyzetat nënës, babës' etj.

Pyet dyzet vetë e bán si di vetë;- shaka, më në fund vetë vendos. P.sh, 'Kështu e ka kjo punë o Kolë, pyet dyzet vetë e në fund bëj si di vetë'.

Dyzet tërrt mërrt, ka thënë turku;- shaka, po kaloi mosha e dyzetë, fillon e bie fuqia. P.sh, 'Ehe, u mundova shumë, po dyzet, tërrt mërrt e ka puna'.

T'ngránsha t'dyzetat;- shaka, vdeksh. P.sh, 'Oh të ngrënsha të dyzetat more Malo, sa më trembe kur the ashtu'.

T'i knoftë hoxha t'dyzetat;- shaka, por dhe ironi. P.sh, 'Oh ty të këndoftë hoxha të dyzetat, sa më trembe dje kur më the që kalin tënd e ka ngrënë ariu në mal'.

-DH-

Dhall/-ë,/-i Ta bán mendjen (kokën, kryt, trurin) dhallë;- të ngatërron, të shpërqendron. P.sh, 'Kola ta bën mendjen dhallë, kur fillon e flet për dhentë e tij'. Ose, dikush që flet shumë por pa lidhje;- 'Foli Malo nja pesë orë të mira, sa mendjen na e bëri dhallë, e gjë nuk morëm vesh'.

Si dhallë pa kryp;- grua e bajatshme. P.sh, 'Si dhallë pa kryp dukej e gjora, pa kujdes fare për veten'.

Dhe dhalli do kryp;- tall., muhabeti do një fare shije. 'Mirë more Kolë, mirë, po i thonë fjalës, dhalli që është dhallë, do pak kryp që të ketë shije'.

Ta shet dhallin për mjaltë;- mashtrues. 'Ki kujdes nga Malo, se ai ta shet dhallin për mjaltë sy për sy e, ti nuk e merr vesh fare'.

Kërcen si pleshti n'dhallë;- dikush që nevrikoset shumë shpejt e për kot. P.sh, 'Po ti çke që kërcen si pleshti në dhallë!?'- i thanë shokët Malos pas mbledhjes.

I ra pleshti n 'dhallë;- d.m.th, i ngeli hatri. 'Maties, sa i foli e ëma, i ra pleshti n 'dhallë murgës e doli duke qarë'.

S'ja ha qeni dhallin;- i zoti, por dhe i djallëzuar. P.sh, 'Kolës s'ja ha kollaj qeni dhalltin, por kësaj radhe nuk e di ç'e gjet'.

Nxjerr tlyn prej dhallit;- koprrac i madh. P.sh, 'Gupi do me nxjerrë tëlyen prej dhallit, po nuk mundi kësaj here'.

Sa hahet një sahan dhalli;- d.m.th, shpcjt c me ngut. P.sh, 'Hasani qe këtej, sa hahet një sahán dhalli e shkoj menjëherë'.

Dhalli zbardh Shkumbinin;- d.m.th, bulmeti të mban gjallë. P.sh, 'Rri të gri nëna një sahan dhallë, se dhalli zbardh Shkumbinin, more bir'.

Trazon dhallë;- rri kot, fut sherr 1-'Kola trazon dhallë sot, se ska ç'të bëjë'. 2- 'Mos trazo dhallë, kur nuk ke punë tjetër'.

Ta shet dhalltin, por ta merr

mjaltin;- d.m.th, të jep diçka të lirë e pa vlerë, e të merr sendin e çmuar. P.sh, 'Ata Kolajt përherë ta shesin dhalltin, por ama ta marrin mjaltin, pa u marrë vesh fare'.

Njherë bi miu n'dhallë;- shaka, njëherë ndodh e keqja, pastaj nxihet mend. P.sh, 'Që kur qe ajo punë, njëherë bie miu në dhallë, pastaj nxë mend po deshe'.

Dhallanik-/u/ ët;- fjalë e rrallë. Miell misri përzier me lakra, spinaq, apo lëpjeta e gjalpë e dhallë e piqej në saç. P.sh, 'Po piqte një dhallanik'.

Dhe/-u / -rat

Nuk ngre dhé;- shprehje mospërfilëse, nuk çon peshë, s'ka rëndësi. P.sh, 'Nuk ngre shumë dhé ajo çështja Kolës, por si do t'ia bëjmë Malos?!'.

I bán hije dheut;- mospërf., sa rron kot, ose rron me turp. P.sh, 'Rrapi i bën hije dheut kot, më mirë të kishte vdekur'.

Sa i bán hije dheut;- rron me zor, me sëmundje e varfëri. P.sh, 'E takova Gupin sot te posta, vetëm sa bënte hije dheut se ngushtë i kishte punët i ngrati'.

U bá dhé e s'e nxu toka;- u zhduk pa nam e nishan. P.sh, 'Nuk e dimë nga vajti, u bë dhé e s'e nxu toka m 'duket'. 2- aq turp i erdhi. P.sh, 'Kur i thanë Kolës që ke vjedhur, ai u bë dhé e s'e nxu toka'.

S'na e murn dhenë n'krahë;- d.m.th, nuk u bë hataja. P.sh, 'Po ti pse bërtet kështu more bir, s'na e morën dhenë në krah.

Prat' dhé;- betim. P.sh, 'Për at dhé, nuk e kam gjetur'. 'Për at dhé, erdhi djali nga ushtria' .Për atë dhe s'të rrej.

I ra dheu buzës;- d.m.th, vdiq. P.sh, 'Baba, ka disa vjet që i ra dheu buzës e ata e kujtojnë me mall'.

Kur t'i bjerë dheu buzës;- d.m.th, kur të vdesë. P.sh, 'Kola do të bëhet pishman kur t'i bjerë dheu buzës, se deri tashti nuk është kujtuar'.

E ngriti kërpudha dhénë;- keq., iu ngrit penisi. P.sh, 'Sa e ngriti kërpudha dhenë ai u çua që andej se turp i erdhi'. 2- i erdhi të kryejë nevojën personale urgjentisht. P.sh, 'Sa e pa që e ngriti kërpudha dhenë, Kola ja shkeli vrapit për në banjë'.

I vafsha dheut për s'gjalli;- betim. P.sh, 'Ju po më akuzoni për diçka, por unë i vafsha dheut për së gjalli, se kam hile'.

Sikur kishte ngrënë dhé;- d.m.th, shumë i dobësuar. P.sh, 'Nuk ma besuan sytë kur e pashë Kolën, sikur kishte ngrënë dhé dukej'.

Kur të báhem gur e dhé;- d.m.th, kur të vdes. P.sh, 'Më doni sa jam gjallë, se kur të bëhem gurë e dhé, nuk më duheni më'.

Sikur ha dhé;- d.m.th, diçka pa shije. P.sh, 'Kjo buke sot, e bekuara, qenka sikur ha dhé.

Dhé i gjallë;- d.m.th, lodhur e ngrirë nga trupi. P.sh, 'Sot qenkam dhé i gjallë e mezi u drejtova.

E ndoqi dhé më dhé;- Iu vu pas për një problem. P.sh, 'Kola e ndau të shoqen por ajo ama e ndoqi dhé më dhé'.

Dhen/-të

I ndërruan dhentë;- shaka, bënë fjalë. P.sh, 'Kola me Malon, sot m 'duket se i ndërruan pak dhentë'.

Si stan pa dhen (bylmet);- d.m.th, pa rendiment. P.sh, 'Ata punonin shumë, por nga ana tjetër si stan pa dhen dukeshin'.

Nuk i dalin dhentë tamám;- shaka, nuk ka të ngopur. P.sh, 'Kolës përherë nuk i dalin dhentë tamam, kur vjen puna e rrogës'.

Ene dhentë e dinë beharin;- ironi, d.m.th, të mirën e di gjithkush. P.sh, 'Dakord dakord edhe dhentë e dinë beharin, po unë gjetkë e kisha fjalën'.

Si dhia nër dhen;- i veçuar nga shoqëria. P.sh, 'Po Gupi, pse rrike si dhia ndër dhen kështu?'

Kur t'qethen dhentë lara;- asnjëherë. P.sh, 'Po po, do të bëhemi të pasur kur të qethen dhentë lara, tha Kola në ikje e sipër'.

Nuk i dalin dhentë;- shaka, nuk i del llogaria. P.sh, 'Malos nuk i dalin dhentë, vete dhe i flet së shoqe's.

Si dhentë e Qerosit;- shaka, dikush që ka mall, por nuk ia sheh bereqetin. P.sh, 'Ajo puna jote Kolë, ngjan si dhentë e qerosit, që vajti i hodhi në lumë për më shumë'.

Si dhen (dele) të ndukura;- keq, të dobësuara por dhe pa rregull. P.sh, 'Gratë punonin tërë ditën në qilizmë e dukeshin si dhen të ndukura, të gjorat'.

Dhëmb/-i/ -ët (lokale- dhám

Sa t'kruje (kruaje) dhámët (dhëmbët);- diçka pak ose shumë pak. P.sh, 'Na kishte bërë Matia një lakror, sa të kruaje dhëmbët'

Me dhám e ha;- d.m.th, e mbys,

se kam për gjë fare. P.sh, 'Atë punë me dhëmbë e ha, e nuk dorëzohem'.

S'ka dhám (dhëmb);- ironi, ska mundësi. P.sh, 'Ai ska dhem, se po qe për shpirt të vret'.

Ti numëronte dhám e dhëmallë;- keq., koprrac. 'Kur filloje të haje bukë, Gupi ti numëronte dhëmbë e dhëmballe;-2- Ose, nuk të linte të ligë pa të thënë.

Ia numroj nër dhám;-1-ja tha ashiqare. P.sh, 'Kola nuk pati gajle fare, ia numëroj ndër dhëmbë Rrapit e shkoi. 2- e vrau. 'Malo ia numëroj ndër dhëmbë Rrapit, se ia solli shpirtin maje hundës'.

T'ia numroje nër dhamë;- d.m.th, njeri shumë i lig. P.sh, 'Që t'ia numëroje ndër dhëmbë, vetëm Gupin kam parë unë'.

Ia tregoj dhámët;- keq, e frikësoi, e largoj, i bërtiti. P.sh, 'Sa ia tregoj Kola dhámët Gupit, ai nuk bëzani má e shkoj n 'punë t 'vet'.

U poqën dhámët n' fund govaçit (për qentë);- d.m.th, s'kanë gjë më për të ngrenë. Tall., 'Po ata ç'patën që u grindën ashtu, apo u poqën dhëmbët n' fund të govaçit'

Tjetri ha kumlla (kumbulla) ty të pihen(mpihen) dhámët;- problemi është i tjerëve, ti bën debat kot. P.sh, 'A nuk u lodhët pash zotin me politikë, tjetri ha kumbulla, ty të mpihen dhëmbët'.

Ia futi dhámët n'gojë;- e rrahu keq, e qëlloi me grushte. P.sh, 'Kola u nxeh u bë tym e ia futi së shoqes dhëmbët në gojë'.

Dhemb stërdhëmb, ha mutin tem;- keq., shaka fëminore kur fëmijët kafshonin gjuhën pa dashur. Dhe e dyta kur lozinin në oborr apo rrugë, P.sh, Dhemb stërdhëmb, ha mutin tem'- dhe, vrap kush mund ta prekë tjetrin me dorë që ta pasojë te tjetri.

Dhëndër/-ri/ -urët

Mos i dil dhanrrit ke dera;- shaka, kur djali gdhin ditën tjetër të martesës. P.sh, 'Mos i dil dhëndërrit ke dera, se sot të shqelmon ai'.

Dy dhanurrë këpusin zgjedhën;- d.m.th, që shkojnë mirë. P.sh, 'Kola po lëvdonte djemtë e një ditë duke qesh u tha: 'Dy dhëndurë këpusin zgjedhën o djem, prandaj rrini bashkë'.

Dhánti/-a-/të;- një bagëti e imët ose e trashë, që sjell daja kur martohet nipi. 'Po vjen daja me dhánti'. 'Dhantia e dajës, qe e mirë'.

Dhi/-a. Pësoi si dhia shytë, që vajt për brirë;- shaka, d.m.th, që kërkon qiqra në hell. P.sh, 'Matia pësoi si dhia shytë që vajti për brirë, andaj qan e ankohet.

Pse i bán sytë si dhia shytë;- tall., d.m.th, që habitet, pse zgurdullon sytë ashtu. P.sh, 'Ti pse i bën sytë si dhia shytë, kur sheh gratë e botës?'

I bán sytë si dhi e pjekme;- shaka, kur habit në diçka. P.sh, 'Ti Kol pse i bëje sytë si dhi e pjekme dje, kur po haje bukë?'.

Si dhi me nji bri;- tall., njeri që nuk pajtohet me askënd. P.sh, 'Matia si dhi me një bri ka qënë përherë, andaj mos ia vini re shumë'.

Ku di dhia ç'ásht tagjia;- mospërf., dikush që nuk ia di së mirës. P.sh, 'Dhe unë që flas me ty, harxhoj kohë, ku di dhia çështë tagjia'.

Dhinë e urtë e mjelin tánë;- shaka, të urtin e sjellin të gjithë vërdallë. P.sh, 'Mos talli me Kolën ashtu, se Kola është si dhia urtë që e mjelin tanë'.

Si plaka me dhinë;- tall., dikush që lëvdohet para kohe. P.sh, 'Po mosni ashtu se keni për të mësuar si plaka me dhinë në mars, që iu lut prillit'.

Oj dhi xik xeba, çeli deg mullëza;- d.m.th, humbje kohe. P.sh, 'Nuk është kjo punë, oj dhi xik xeba çeli deg mullëza, por duhet punë'.

Si dhitë n'rrasë t'krypës;- tall., kur zihen e grinden për hiçasgjë. P.sh, 'Nuk e kuptoj pse zihi si dhitë n'rrasë t 'krypës xhanëm?.

Aq pazar i bájnë dhitë;- d.m.th, aq di, aq kupton. P.sh, 'Aq pazar i bëjnë dhitë Likës, ju mos e mërzitni ashtu?'.

Hof oj dhi për cjap;- keq., grua jo e ndershme. P.sh, Hof oj dhi për cjap qënka kjo puna e Tinës.

Ka kismetin, sa dhia bishtin;- njeri pa fat. P.sh, 'Matia ka kismetin sa ka dhia bishtin, andaj nuk i ecën martesa'.

Dhjes/-va,/-rë

Shtatë herë dhjet e njëherë flet;- që gënjen jashtë mase. P.sh, 'Rrapi shtatë herë dhjet e njëherë flet, andaj mos ia merr për të madhe'.

Dhjeu hajatin;- shaka, që trembet jashtë mase. P.sh, 'Kur pa arushën, Kola desh e dhjeu hajatin'.

Për ti dhjerë qeleshen (ksulën);- tall., pa burrëri. P.sh, 'Cakut është për t'ja dhjerë qeleshen, se përherë gënjen'.

U dhje nusja n'kalë;- tall., d.m.th, u prish plani, u zbulua qëllimi. P.sh, 'Vajtën që ti grabitnin vajzën, por u dhje nusja në kalë, ngase më parë i kishin diktuar'.

Sikur e kishte dhjerë i ati;- tallëse që i ngjan shumë i biri të atit. 'Kur pashë Kolën, m'u duk ekzakt sikur e kishte dhjerë i ati këmbë e krye'.

Kur dhjet, bërtet;- gjë e gjëzë, pushka. P.sh, 'Kush e gjen gjë e gjëzën, kur dhjet, bërtet?'.

Ha ku dhjesin bletët;- shaka, që ka mjaltë. P.sh, 'Të njoh unë ty, ti je ai që ha ku dhjesin bletët'.

U dhje n'brekët;- d.m.th, u frikësua jashtë mase. P.sh, 'Kola desh u dhje në brekët, kur i thanë se kanë ardhur që të arrestojnë'.

-E-

Ec/-iEcën si i dhjemi n'brekë (shprehje tangjente);- shaka, diku që ecën ngadalë ose tërheq këmbët zvarrë. P.sh, 'Mos ec ashtu si i dhjerë në brekë, se do të qeshë bota me ty. 2- Me turp, i zënë në faj. P.sh, 'Gupi ecte si i dhjerë në brekë, kur i thanë se ke shkuar me filanen'.

Ec re mbushu;- shprehje vendimmarrëse, urdhërore definitive. 'Ec re mbushu aty, mos na çaj kryt (kokën)'.

Ec má;- shprehje urtësore, kështu u bë, kështu ndodhi, do ta pranojmë si ti vijë. P.sh, 'Kola bëri aksident, po ec má shyqyr që e mori makina të ligën'.

Ec moj qorre, se e ke malore;- shaka, shtyje ta shtyjmë. P.sh, 'Kësaj i thotë ti Kolë, ec moj qorre se e ke malore-po i thoshte Malo me të qeshur'.

Ec bretkosa, ec e mos ndalo;- shprehje paralele. P.sh, 'Më mirë është ec bretkosa ec e mos ndalo, se ndryshe rrugë tjetër s'ka'.

Do lyer karroca, qerrja, rrota që t'ecë;- shprehje korruptive apo urdhërore pasive. P.sh, 'Po i thoshte Kola Malos dje te kafja;- Do lyer qerrja o Malo që të ecë, ndërsa Malo ju kthye;- Mirë e ke ti po ku t'i gjej paratë unë se?'

Ecën si mi gjema;- shprehje pasive, shaka, d.m.th. avash nga përtacia. P.sh, 'Sot Gupi ecka si mbi gjemba, siç duket nuk ka fjetur mirë'. 2- Ka kujdes në shprehje. 'Kur flet Kola me Matien, ecën si mbi gjemba, se ajo është shumë e ndjeshme'.

Sikur ecën mi vezë;- analoge, që ecën ngadalë e hutuar. P.sh, 'Po ti moj bijë, pse ecën ashtu sikur je mbi vezë, se më çmende sot'.

Ecën për mua(ty, atë, ata);- shprehje qartësuese, d.m.th. dikush që kërkon diçka për interesin tënd, të holla, ndihmë ushqimore, apo nuse për ty ose dikën tjetër. P.sh, 'Ka kohë Kola që ecën për Malon, po meazallah se po gjen nuse', ose, 'A të eci për ty apo jo?'.

Eca n'mal e t'gjeta n'fushë;- dmth, shumë lodhje fizike apo mendore për diçka të kollajtë. Psh' 'Po nuk dijte dhe nuk mësove, kështu si puna ime shkon që eca në mal e të gjeta në fushë me Malon'.

Egër/-i,/ e

Si mushkë e egër;- kulminante, e pashtruar, e pabindur (për një frymor, femër apo mashkull). P.sh, 'U soll me Kolën si mushkë e egër'.

Egj/ër/-ra'/ri E zu egjri;- tall- që sëmuret pa qënë nevoja,. 'Malon sot e ka zënë egjri e më tha që s'po vjen në punë'. 2- dikush që xhindoset kot së koti. P.sh, 'Kolën e kishte zënë egjri qysh me mjes e, mos i flisni shumë'.

Hiqe egjrën pa t'zánë arën;- urdhërore, e aplikuar, d.m.th, largoje të keqen, pa t'u afruar. P.sh, 'Gupi po i thoshte djalit sot që largoje egjrën pa t'zanë arën, ndërsa i biri nuk e kuptoi fare ku qe fjala'.

Me egjër, të fshehta kulminante;- keq., fjalë me kunja, që thumbon. P.sh, 'Sa me egjër i ke ato fjalë more Kolë, po i thoshte Maloj sot në mëngjes'.

Sa pa egjër, bisedë, drejtë për së drejti;- 1-që është pa shejtanllëk. P.sh, 'Sa pa egjër është Kola, çfarë t'i thuash i beson i ngrati'. 2- bisedë e çiltër, 'Unë e di që Rrapi është fare pa egjër, ndaj i besoj atij'.

Ndaje egjrën nga gruri;- shprehje gjykatsore, shapin nga sheqeri. P.sh, 'Ti Kolë ndaje egjrën nga gruri me Malon, pastaj na njofto'.

S'e ndan egjrën nga elbi;- vet përmbysje, paqartësi në mendime, konfuz në vetvete. P.sh, 'Gupi ka kohë që s'e ndan egjrën nga elbi, por ne nuk i kemi dhënë aq rëndësi, se pleqëria bën të sajën'.

Elb/-i

Plasi si mushka pi elbit;- tall., dikush që vdes duke pirë. P.sh, 'Kushedi sa herë i patën thënë Kolës që ta lërë rakinë, por plasi dreqi si mushka prej elbit'.

Bukë elbi;- gazmore e hidhur, fukarallëk. P.sh, 'Nuk kishin as bukë elbi në sofër'. 2-gazmore, 'Nusje Kolës, atë ditë që shkarkoj si bukë elbi i dukeshin faqet'. 3- 'Rrapi është rritur me bukë elbi, andaj është i shëndetshëm'.

Ta shet elbin, pa ránë n 'tokë;- d.m.th, shumë i shkathët nga goja, ta merr fjalën nga goja. P.sh,

'Kola ta shet elbin pa rënë n 'tokë, prandaj kini pak kujdes'.

Iu bá elbi për drapën;- urtësore, d.m.th, erdhi koha për martesë. P.sh, 'Cucës së Kolës, iu bë elbi për drapër, andaj e kanë kërkuar shumë veta për nuse'.

Nuk ásht elb që të qelb;- d.m.th, është shoku apo miku i mirë. P.sh, 'Malo nuk është elb që të qelb, andaj më shkon muhabeti me të'.

E ka korr elbin;- Shprehje urtësore, d.m.th, e ka kripur djathin, i ka punët në terezi. 'Kola e ka korr elbin, andaj shëtit kudo'. 2- d.m.th, është në moshën e pleqërisë. P.sh, 'Sela e ka korr elbin, tashti mos i bini më në qafë'.

Korr elb pa drapër;- shprehje qesharake, flet pa lidhje. P.sh, 'Gupi korr elb pa drapër kur pihet, kështu mos ja merrni për t'madhe'.

Mos i hyj nëpër elb;- shaka urdhërore, d.m.th, mos ja prish radhën dikujt. P.sh, 'Kola po flet, ndërsa ti Malo mos i hyj nëpër elb'.

Emër,-ri/ -rat

T'i vejë emër;- shprehje tallëse. Kjo idiomë e ka origjinën nga arusha dhe dhelpra me mjaltin, ku dhelpra për t'ia ngrënë mjaltin arushës, çdo mëngjes i thoshte asaj;- Unë po shkoj një çikë në fshat se ka lindur një fëmijë që ti ngjis emrin;-ndërsa shkonte tinëz dhe i hante mjaltin arushës. Figurative;- 'Ka ardh Kola ti vejë emër', d.m.th, e kemi për darkë, 'Po shkon Malo, ti vejë emrin'.

M'u nërroftë emri;- d.m.th, betohem. P.sh, 'M'u ndërroftë emri që do të rrah, se po ma bën borxh'. 'M'u ndërroftë emri që se kam marrë unë çantën tënde- u betua Kola'.

T'u nërroftë emri;- mallk., vdeksh inshalla. P.sh, 'Tu ndërroftë emri moj bijë ç'më bëre! T'u ndërroftë emri e mos ti pafshim më sytë inshalla'.

Veni një emër (kalimtare veprore);- d.m.th, nxito pak, kalo radhën. 'Ti Malo, vëri një emër si të duash muhabetit dhe hajde ikim, se vonë u bë'.

Ti do me emër e mbiemër!?'- ironike, d.m.th, me të shqiptuar. P.sh, 'Kola u nxeh dhe i tha gruas së tij që ishte duke gatuar', 'Ti e do me emër e mbiemër tashti, se çfarë u tha në mbledhje!?'

End/ -a,/ -ur

T'i en trutë;- marramendje

brendësore, dikush apo diçka që të mërzit tej mase, i ngatërruar i avashtë, i paqartë. 2- 'Ky misri sot ti endka trutë, si e paska bërë era'. 3- 'Kur fillon Kola të flasë, ti end trutë me ato përrallat e tij të famshme me mbret'.

Enen si mizat (bletët);- paralelizëm shpërthimor, dikush që rend poshtë e lart e, gjë nuk mbaron. P.sh, 'Ç'kanë këto gratë e fshatit që enden si mizat kështu xhanëm, se po na habitin?'.

Si i enur nga krytë;- marramendje superlative, keq, torollak, flet pa lidhje. P.sh, 'Si i endur nga kryet m'u duk ky Kola sot, nuk e di ç'pati'.

Enur gjithë ditën;- shprehje mospërfillëse, nuk ka bërë asgjë prej gjëje. 'Kola ka endur gjithë ditën sot, e prap thotë se jam shumë i lodhur'.

M'u en goja;- lodhëse determinuese, d.m.th, më shtiu goja lesh, d.m.th, lodhje pa rendiment. P.sh, 'Mua m'u end goja duke të shpjeguar, e ti akoma vjen e më pyet të njëjtën gjë'.

Enur fund e majë;- zor të besohet, tallje, i /e çmendur. P.sh, 'Ky Gupi, si i endur fund e majë po më duket sot'.

Sikur e kanë enur xhint;- krahasuese, ironike dmth që nuk ka rehat e qetësi në diçka. P.sh, 'Ç'ka ky Malo sot që vjen lart e poshtë, sikur e kanë endur xhindet'.

Ene;- shprehje zonale për lidhësen 'edhe' p.sh.. Ene ti do vish. Unë ene gruja do vijë., Merri ene fëmijët. Në shumë raste e shikojmë të përdoret vetëm 'Ne" p.sh.. Ne ti hajde, Ne ti shko. Pra kudo që përdoret lidhësja 'edhe' shprehja 'ene' dhe 'ne' janë përherë të pranishme në këtë lloj zhargoni.

Enë,-a/-ët

S'ka enë fare;-ironike, d.m.th., nuk ka durim, s'ka qetësi. 'Çudi, kjo gruaja e Nolit ska enë fare e gjora, e menjëherë nevrikoset'.

I thyn enët;- shprehje afirmative, u grindën keq. P.sh, 'Kola dhe Malo i thyen pak enët sot, nuk e di ku qe sebepi'.

Kërkon enë;- shprehje ndihmëtare, rrugëdalje, mbështetje morale. P.sh, 'Ti po pate mundësi, ndihmoje pak Malon sot, se shoh që po kërkon enë, përndryshe mos e mbaj në gojë'.

Vjen t'kallajisë enët;- shprehje përçmuese, tallëse. Dikush që ka uri e vjen të hajë. P.sh, 'Rrapi vjen çdo herë të kallajisë enët, se s'ka kush i gatuan. 2- dikush që vjen sa të kryejë marrëdhënie seksuale e shkon. P.sh, 'Kola vjen në shtëpi sa të kallajisë enët, pastaj prap shkon në minierë'.

Erë,-a/ -/rat.
I ra n'erë;- d.m.th, iu gjet ana. P.sh, 'Kola i ra në erë, kush ia kishte marrë paratë'.
Nuk dua t'ia ngjoj erën;- shprehje paralele, bezdi, vjellje. P.sh, 'Kola kishte ngrënë aq shumë banane, sa nuk guxonte që t'ja dëgjojë më erën', ose, 'Mos më fol më për Rrapin, se nuk dua as erën t'ia dëgjoj më'.
Sikur t'vjen pas ere;- shprehje nervoze që të mërzit. P.sh, 'Ky Gupi, sikur të vjen pas ere, gjithë ditën ke bytha të rri'.
I ra pas erës;- relative, e zgjuar, pas thënieve të njerëzve. P.sh, 'Kola i ra pas erës dhe e gjeti mallin që i kish te humbur'.
Si era me breshër;- i nevrikosur, superlative, dikush që vjen rrëmbyeshëm. 'Gupi erdhi si era me breshër sot në mëngjes e filloi duke u çjerrë'.
Sipas erës që vjen;- krahasuese, e pafajshme sipas ngjasave, të dhënave, sipas realitetit. P.sh, 'Kola sot në mëngjes te kafja po thonte;- Sipas erës që vjen, mut ka për të qënë situata politike'.
Dhe erën e vet urren;-- realistike, abrash. P.sh, 'Mos ia vini shumë re Kolës, se ai nganjëherë dhe erën e vet urren'.
I ka marrë bytha erë;- ironizuese, mosmirënjohës, që e ka kapur veten. P.sh, 'Malos i ka marrë bytha erë tashti e nuk të flet me gojë'.
I mban erë veç bythës së vet;- qetësore pranuese, shikon veç punët e tij. P.sh, 'Kola, i mban erë veç bythës vet e nuk përzihet me llafet e botës'.
Ku niqen skifterat në erë;- e frikshme të pranohet, d.m.th, ku s'ka asgjë. 'Kola kishte ndërtuar një shtëpi ku ndiqen skifterat në erë, e unë fare s'ja pëlqeva'.
Si erë e butë;- hetimore, asnjanëse, shaka që të hyn dikush pa u ndjerë. P.sh, 'Të vjen si erë e butë në shtëpi e ti se ke mendjen fare'.
Do t'ja ngjosh erën;- d.m.th, shumë shpejt do të bëhet publike. 'Do t'ja dëgjosh erën çështjes së Rrapit me Gupin që u kapën duke vjedhur'.
Kush na e prishi erën;- tall., d.m.th, kush na fendi. P.sh,

'Fëmijë, kush na e prishi erën, le të dalë jashtë, i tha mësuese Matia klasës'.

Si ere keqe;- d.m.th, që gjendet kudo. P.sh, 'Po ky nga na mbiu këtu si ere keqe'. 2- që zhduket sa çel e mbyll sytë. P.sh, 'Njëherë u pa me sy, e u zhduk si ere keqe'.

Err

U err Çervenaka;- treguese komike, shaka, kur nevrikoset apo zemërohet dikush. P.sh, 'Qënka errur Çervenaka sot, i tha Kola Matisë duke e parë në bisht të syrit e gati t'ja shpërthente së qeshurit'.

Ju errën sytë;- ironi, d.m.th, e bëri një gjest jo të mirë. P.sh, 'Rrapit iu errën sytë, shkoi e kapi gruan e botës në mes të ditës'. 2- që ka shumë uri, 'Ju errën sytë dhe hëngri bukë, derisa e volli'.

Eshkë/-a

Eshkë qoftë, beku Zoti;- krahasuese, shaka, kur një bukë është tharë e bërë dru. P.sh, 'Kola kishte blerë dy bukë, por ishin eshkë, qoftë beku Zoti qoftë'.

Unor e eshkë;- tall., paqëtore, relaksuese, kur dy veta nuk shkojnë mirë me njëri tjetrin.

P.sh, 'Matia me Kolën, unor e eshkë i ke përditë'.

Nuk i ndezi eshka(dikujt);- e paimagjinueshme, nuk i eci, nuk i shkoj fjala. P.sh, 'Kola u mundua shumë që t'ia bënte për nuse Malos, cucën e Matisë, por nuk i ndezi eshka kësaj here'.

Më jep eshkën, ta ndez dritën;- d.m.th, më jep rastin që të ndihmoj, më jep shansin. 'Kola u mërzit me Malon, kur ky i fundit nuk pati durim, ndërkohë Kola qetë qetë ia ktheu;- Malo, të lutem më jep eshkën ta ndez dritën, po ti s'më le të marr frymë fare o burri dheut!?'

Ka dalë për eshka;- shaka, d.m.th, ka dalë pyllit, ka ikur në drejtim të paditur. P.sh, 'Kur e pyetën Matinë ku është Kola sot, ajo u përgjigj buzën në gaz. 'Kola ka dalë për eshka sot, andaj mos e pritni'.

Eshtër/-ra.

Ha tul e dhit eshtra;- shprehje pësore aktive, kur dikush bie nga e mira në të keqe, si rezultat i keqpërdorimit të detyrës. P.sh, 'Kur mësuan se Gupi u dënua me burg, njerëzia thanë;- E po kjo është ha tul e dhit eshtra tashti, me gjithë atë burg'.

Vetëm eshtrat;- pak superlative, dikush shumë i sëmurë. 'Vajtëm ta shohim Gupin, po vetëm eshtrat kishte i gjori'. 2- e ngrënë komplet. 'Kalin e kishte ngrënë ujku, e vetëm eshtrat i kishte lënë'.

Ka një eshtër n'gojë;- ironike, d.m.th, dikush që ka një pozitë apo detyrë dhe shumë i përgjërohet asaj. P.sh, 'Kola ka një eshtër në gojë që kur e bënë kryetar e ju thoni tani, jo andej jo këtej'.

Ethe/et.

M'i shtiu ethet;- ndëshkuese, personale, diçka që të frikëson keq. P.sh, 'Djali sot mi shtiu ethet, kur më tha që kishte bërë aksident'.

Ethe Gushti;- mosbindje konstruktive. Ndodh kur dikush ta vështirëson jetën, punën, situatën. P.sh, 'Ama ethe gushti m'u bëre sot duke më bërtitur gjithë kohën pa asnjë shkak'.

E kapën ethet e gushtit;- dëftore shaka, e ka kapur paniku. P.sh, 'Kur i thanë Kolës se do ta prishin shtëpinë, të gjorin e kapën ethet e gushtit, e qante si fëmijë'.

Jam n'ethe;- merakosje direktive. P.sh, 'Jam në ethe, deri sa të më lajmërohet cuca që mbërriti mirë'.**Ásht si ethe butë;-** shprehje intriguese, qe ta bën diçka pa u ndiere kuptuar.. P.sh, 'Ki pak kujdes atij Malos, se si ethe butë është ai nganjëherë '.**Me t'i shti ethet;-** d.m.th, i vrazhdët. P.sh, 'Kur flet ky Gupi, sikur me t'i shtirë ethet është'.

-Ë-

Ëmbël/a, (Ámla-lok)

Dardhat e ámla i ka qejf dhe ariu;- drejt., përpara, d.m.th, kushdo e dëshironi të mirën. P.sh, 'Kur i thanë Kolës se të kemi gjetur një nuse të bukur, a të pëlqen apo jo, ai qeshi e tha;- Dardhat e ámla i ka qejf dhe ariu'.

Ta pifsha kafen e amël;- gazmore, d.m.th, të pifsha dollinë. P.sh, 'Hë ty ta pifsha kafen e ámël sa më gëzove me këtë lajm që më the o burri dheut'. 2- Salë zotësisë tënde, 'He ty ta pifsha kafen e ámël sa mirë e the këtë fjalë e, kurrë s'kam për ta harruar'. **Ámël amël;-** relaksuese, butë e butë, dalëngadalë. P.sh, 'Ti Kolë mos u ngut në llaf, ashtu amël amël bëhen punët e mira'. 2-d.m.th, preje një rrobë me ngadalë. P.sh, 'Haje amël amël me gërshërë, derisa ti dalësh në qosh'.

Nuk hahet (përcillet) prej s'ámli;- d.m.th, nuk ka si bëhet më mirë. P.sh, 'Kjo që po më thua ti Kolë vëllai, nuk hahet prej s'ámli, djali hem lirohet nga ushtria e hem martohet'.

Ëmë/-a (ama- lok)

Si e áma e bija;- skenë e hapur njëlloj, një sjellje, një karakter. P.sh, 'Kur po më flisje për Matinë, kujtova, si e ëma e bija, s'ka kujt ti ngjajë'.

Si e âma e dreqit (për një femër);- drejt për drejt, që tregohet e varfër, që vishet keq. P.sh, 'Po ti Matie ç'më je bërë si e ama e dreqit ashtu?'.

Áma bletës;- Mbretëresha, fjalë e rrallë. P.sh, 'Kjo është âma bletës', 'Ka ikur e áma, ndaj ngordhi bleta'.

Si bletët pa ámë;- një familje apo shoqëri, që shihet e çoroditur. P.sh, 'Nuk e di pse sillen si bletët pa amë, siç duket një problem e kanë'.

Kur janë tri shtama, kush ásht e áma?;- gazmore, gjë a gjëzë e vjetër për fëmijët e shkollave fillore, d.m.th, përgjigja është asnjëra prej tyre, pra provim psikologjik'. Figurative;- Kur janë tre motra të ngjashme kush është më e madhja prej tyre. P.sh, 'Unë e shoh që janë tri shtama po nuk e di kush është e ëma'.

Si e áma Zeqos majë thanës;- tall., dikush që flet kodra pas bregut, pa lidhje, pa logjikë. 'Ti Malo mos fol pash zotin si e ëma e Zeqos majë thanës, se askush nuk po të merr vesh'.

Në t'ámët visë (vijë uji);- afirmative, d.m.th, atje ku buron ujët e futet në kanal për të vaditur fshati. P.sh, 'Ujët qe shembur në t'ámët visë dhe vajtën disa ustallarë të rregullojnë murin mbajtës'.

Halli ásht n' t'ámët visë;- d.m.th, në krye të punës, fjalës, a bisedës. Psh, 'Ti Malo, halli është në támët visë e jo këtu në konak sonte-, tha Kola me zë pak të ngritur, mori kutinë e duhanit e doli në derë e iku nxitimthi'.

Ëndërr,/-a/-rrat (lokale, andrra)

Shef andrra me sy çelë;- shaka, iluzionistë, dikush që paramendon diçka të parealizueshme. 'Kola sheh ëndrra me sy çelë, kur tha se do të na ngrenë pensionet këtë vit'.

Mos t'daltë n'ándërr;- shaka, d.m.th, shumë i frikshëm, dobësuar apo mplakur. P.sh, 'Mos të daltë në ëndërr ashtu si ishte bërë i varfri', ose, 'Si qënke bërë ti mos më dalsh n'ëndërr'.

Gomar n'ánërr;- tall., komike, dikush që beson apo shpreson se po fiton edhe pse është në humbje totale. P.sh, ' gomar në ëndërr qe ajo puna e Kolës me kumarin.

Se ka pa as n'ánërr;- befasuese shaka;- shumë i mirë, që ka vlerë të madhe. P.sh, 'Kola kishte veshur një kostum të bukur që as në ëndërr se ka parë i varfri.

As në ánërr as n'zhgjánërr;- abstrakte as këtej as andej. P.sh, 'Kola kur fliste sot në mëngjes dukej as në ëndërr as në zhgjëndërr.-2 ose bëj njërën nga të dyja. P.sh, 'Ashtu thuaj jo as në ëndërr as në zhgjëndërr.

Daltë ánrra e hajrit;- fetare, kulminante. Thuhet kur dikush do që të tregojë ty ëndrrën që ka parë natën që shkoi. P.sh, 'E dëgjova ëndrrën tënde more djali im e inshalla dalte ëndërr e hajrit.

Ëndje/-et (lokale ána)

Ja ka ána;- keq., ironizuese, d.m.th, ja ka qejfi, me kuptim, seksin e kundërt. P.sh, 'Kolës shumë ia kishte anda, prandaj nuk i ndahej Matisë'.

Dhe ariut, i ka ána dardhat e buta;- ironi, gjithsekush e pëlqen të mirën. P.sh, 'Ajo që thua ti Kolës dihet me kohë, se dhe ariu i ka qejf dardhat e buta, por ja, s'mundet'.

O të keqen nána,/Po ti pati ána,/ Hajde prap nesër mrama... (Shaka krahinore kur dikush lakmon në diçka pas, si tepër normës).

Anë/a;- ngarkesa që bëhet një kafshe samari. 'Anët e kalit', 'Bëj anët e tjerë'.

Si t'ma kesh ánën;- d.m.th, si të dojë kokrra e qejfit. P.sh, 'Unë këtu jam, ti si ta kesh ánën hajde!'

Nuk e man ánën;- tall., d.m.th, nuk qëndron në fjalë, bisedë. P.sh, 'Merko nuk e mban anën kollaj, po kini kujdes' (Merret në analogji një gomar apo kalë, që sa herë bën ta ngarkosh ai ta hedh anën tjetër).

Ënjt/-a-/ur (ajt-lokale)

Na ájti;- ironike, dikush na mërziti, na lodhi. P.sh, 'Na ájti Kola deri sa i gjetëm nuse dhe e martuam djallin'.

E paske ájtur nusen;- shaka relative, d.m.th, e paske shtatzënë gruan. P.sh, 'Mos more Kolë ç'na paske bërë kështu, e paske ënjtur nusen'.

I ájti támlat (tëmblat);- tall., u pi, u deh tapë. P.sh, 'Piu Gupi raki, sa i ënjti tëmbla mirë e mirë, pastaj nuk dinte se çfarë fliste'.

-F-

Fá/-va/-rë...;- fjalë e rrallë, fryrë, zmadhuar, ngopur, ngjeshur etj. P.sh, 'U fá fuçia e lisit në krua'. 'U fánë rrathët e fuçisë', 'Më janë fá damarët e qafës'.

Iu fánë trutë, koka;- d.m.th, u deh në alkool. 'Gupit iu fanë trutë e pastaj nuk dinte se ç' fliste.

Qenka fá, (fárë) nusja;- shaka. d.m.th, ka mbetur shtatzënë. P.sh, 'O Kolë, të qenka fá nusja, prandaj mos u largo shumë'.

Nuk i fáhet koka;- ironi, d.m.th, që nuk merr vesh. P.sh, 'Këtij Rrapit nuk iu fá që nuk iu fá koka nga këto budallallëqe'.

U fá moti;- d.m.th, gati në të zënë shiu, bora. P.sh, 'Ju po shkoni nga rruga e malit, por kujdesuni se është fá koha e kam merak mos u zë ndonjë stuhi.

Na fáni;- d.m.th, na mërziti tej mase. P.sh, 'Ishte Rrapi këtej sot e na fáni kokën me pallavra bolshevike'.

Fabrika/-ë,-/ -at

Fabrikë t'baftë zoti;- shprehje superlative, njëri pas tjetrit. P.sh, 'Matisë i dha zoti një tufë fëmijë, fabrikë t'baftë Zoti'.

Si me fabrikë;- shprehje tangjente, një masë e prerje, një pamje. 'Matisë i kishte fal zoti ata fëmijë si me fabrikë, t 'qofsha falë'.

Faj,-/i/ -et

Faji u bë nuse e s'e mori kush;- ironi. 'Pse thonë që faji u bë nuse e s'e mori kush- shtoi Kola kur djali tij edhe pse qe fajtor, fajin ja hodhi motrës vogël'.

Një qerre faj;- shprehje superlative. P.sh, 'Rrapi edhe pse kishte një qerre faj, mundohej t'i largohej'.

Fajde,/-ja/-t.

Si send me fajde-;- shprehje shpërfillëse, shkoi dëm. P.sh, 'Kola e bleu një kalë, ama si send me fajde i iku'.

Sa fajde bán;- shprehje

shpërfillëse. 'Sa fajde bën, sado që ti Kolë ta ndihmosh Malon, prap ai keq është' (d.m.th, nuk çon peshë.)

S'i bán má fajde;- d.m.th, nuk pranon asgjë. P.sh, 'Vëllait i ra trupi fare e asgjë nuk i bën më fajde, asnjë ilaç'.

Fajdeli;- d.m.th, i vlefshëm, bar fajdeli, ushqim fajdeli.

Njeri fajdeli;- shprehje respektuale. P.sh, 'Kola është njeri fajdeli, andaj silluni mirë me Kolën'.

Fal,/ -a,/ -ur

Si mall i falur;- shprehje shpërdoruese. 'Kolës ia morën kalin për punë, ama ja përdorën si mall i falur' (që nuk ia di vlerën, kimetin).

Falet hánë m 'hanë;- shprehje neglizhuese. 'Dembel Rrapi, falet hënë më hënë nga përtesa'.

Ka shkuar të falë vitrat;- shprehje inkurajuese. 'Kola ka shkuar të falë vitrat te Malo, e vjen shpejt- tha Matia ndërsa ishte me duar në govatë'.

Për t'i fal vitrat;- shprehje keq ardhëse, i shkundur nga vakti. 'Kola ishte bërë për t'i fal vitrat, qëkur humbi punën'.

Fal e nuk jep;- shprehje konfuze, ka dëshirë të falë por ngurron. P.sh, 'Gupi ashtu thotë përherë, por ai fal e nuk jep asnjëherë për vehten e tij'.

Falja e sabahut më afër Allahut;- fjalë e urtë, kush i bën gjërat në kohë, sheh leverdi. P.sh, 'është martuar herët, dhe mirë bëri, pse thonë, falja e Sabahut më afër Allahut!?'

Gjete kishë ku t'falesh;- shprehje mospërfillëse, jo në vendin, njeriun apo sendin e duhur. P.sh, 'Ama dhe ti Kolë gjete kishë ku të falesh, sikur nuk e di që Gupi është koprrac i madh!?'

Gomari i falur, ti e sheh nga leshi;- shprehje kontradiktore. P.sh, 'Ti Kolë mos u bën tuhaf tani, Malo po të jep dorën, ti po bën si ai që të fal gomarin e ti e sheh nga leshi'.

Të fala me thasë;- shprehje gazmore, kur të duan shumë. P.sh, 'Nga Kola keni të fala me thasë,- i tha Matia Malos - kur vajti tek i vëllai'.

Të falat bjeri vetë;- shprehje inteligjente, d.m.th, dukuni një natë për darkë. P.sh, 'Kola tha të falat bjeri vetë, ti Malo, tashti bëj si të duash'.

S'ngopet barku me të fala;- shprehje humoristike. P.sh, 'O Kolë, s'ngopet barku me të fala- ironizoi Malo- a na ke sjellë diçka në trastë!?'.

Të fala pas sorrash;- shprehje emocionale tallëse. P.sh, 'Kola tha të falat bjeri pas sorrash, se ti asnjëherë nuk i ke vajtur për vizitë atij'.

Nuk pritet kok'e falur;- fjalë e urtë, d.m.th, atë që e ke falur, mos e ndëshko më. P.sh, 'Ty Kolë të kam thënë disa herë që nuk pritet kok' e falur, por ti akoma vazhdon në tënden, megjithatë bëj si të duash'- tha Malo gjak nxehur.

Falemindert e gurin n 'trastë;- shprehje ironizuese. P.sh, 'Nuk ka falemindert e gurin n 'trastë ti Malo, por po erdhe për darkë hajde se qejfin do të na e bësh shumë'.

Nuk di qeni faleminderit;- shprehje keq ardhëse. P.sh, 'Gupit i ndihmuan në mal për dru, por ku di qeni faleminderit.'

Fall,-i/ -et

Si ato që shtien fall (arixheshkat);- shprehje qesharake. P.sh, 'Matia ishte bërë si ato që shtien fall, e kur doli para Kolës, e trembi për qamet'.

Nuk shtie fall!?;- shprehje pyetsore. P.sh, 'Unë nuk shtie fall, se do të vijë goca sonte apo jo, tha Malo duke parë nga Matia, gati në të shpërthyer e qeshura'.

I ra falli;- shprehje fatlume, qe me fat. P.sh, 'Kolës i ra falli të shkojë krushk për nusen e nipit'.

Të shtie fall n 'vesh;- shprehje intimiduese. P.sh, 'Matia sikur të shtie fall në vesh, vetëm ajo e bind Kolën'.

Shtie fall me bëth n'thëngjill;- shprehje tallëse, që betohet e stërbetohet. P.sh, 'Matia shtie fall me byth në thëngjill, e ju shkoni e besoni'.

Të shtie fall syve;- shprehje interaktive, të huton. P.sh, 'Ajo Matia sikur të shtie fall syve xhanëm, sa e shkathët që është dreqka'.

Faqe/-ja

Po i pëlcisnin faqet;- shprehje direkt, shumë i shëndoshë. P.sh, 'Kola kur erdhi nga ushtria, po i pëlcisnin faqet'.

Të ra në njërën faqe, ti kthe dhe tjetrën;- shprehje durimtare. P.sh, 'Mirë mo Kolë mirë, të kuptova, por në disa raste të ra tjetri në faqe, ti kthe dhe tjetrën, se vetë do vijë ai që të kërkojë falje'.

Pastë faqen e vet;- shprehje kallëzore negative;-d.m.th, mos pastë të dytë. P.sh, 'Ai Gupi pastë faqen e vet se si ja bëri ashtu Kolës'.

Faqoll,/-e (sipas FGJSH);- bagëti e leshtë me larë të zezë më faqe. P.sh, 'Dash faqoll', 'Ku është bejka faqolle?'

Farefis,/-i

Farë e fis degë e lis;- shprehje ngazëlluese;-të gjithë, pa marrë parasysh. P.sh, 'Kur pati Kola dasmë, erdhën ata të Matisë me farë e fis, degë e lis e, u bë një gëzim i pa përshkruar'.

Fár/-ë,/-a/-at

Dalsh fare;- shprehje mallkuese, u çmendsh, u tërbofsh, vdeksh. P.sh, 'O ti dalsh fare, se s'na le mend në krye'.

Si farë e hithrës;- shprehje urryese, një familje, fis apo shoqëri e përdalë, që shkaktojnë probleme. P.sh, 'Erdhi kjo ideologji e huaj e, vajti u shtua si farë hithrës'.

Farë qeni;- shprehje imponuese, urryese. P.sh, 'Të jetë tjetri farë qeni, vetëm Gupin kam parë unë'.

Ta dhjefsha (pjerdhsha) farën;- shprehje sharje. P.sh, 'Ta dhjefsha farën tënde, i tha Kola Gupit, ndërsa ishin duke u grindur për një kufi toke'.

Fare e huaj;- shprehje urryese. P.sh, 'Sa erdhi kjo fare huaj, e prishi rendin shoqëror në vend e kudo'.

Farëmali;- fjalë e rrallë, lloj misri i bardhë kokërr vogël, që kultivohej vetëm në zonat malore'. P.sh, 'Sivjet e mbolla arën Farëmali'.

Farëvogël;- lloj misri i bardhë ose i verdhë, kokërr vogël, që mbillej vonë në pranverë e piqej herët në vjeshtë, misër farëvogël.

Nuse farëvogël, që sillet si gogël;- shprehje respektuale e komike. P.sh, 'O Kolë, ke marrë një nuse farëvogël që sillet si gogël',- tha Matia duke vënë buzën në gaz.

Fárkë,/-a/-rat

Si ata t 'farkës;- shprehje keq ardhëse, (d.m.th, si jevgjit), pa asgjë në shtëpi, të varfër. 'Sa erdhi kjo fare huaj, na e bënë vendin si ata të farkës'.

Punon n'farkë;- shprehje tallëse, indirekte. Dikush që është i ndotur në rroba. P.sh, 'Kola punoka në farkë, me sa shihet'.

Njihet pas farkës;- shprehje treguese, d.m.th, pas sojit. 'Nuk e pyeta për emrin, njihej pas farkës se i kujt ishte'.

I zënë n'farkë;- shprehje, humor, që u bie veglave muzikore. P.sh, 'Ky djali jot ti Kolë, sikur është i zënë në farkë, ashtu duket'.

Fasadë,/-a/sh

Sa për fasadë;- shprehje kalimtare, sa për të thënë që diçka po bëhet ose po flitet. P.sh, 'Mos u beso shumë zënkave të politikanëve, se për fasadë e kanë' (jo seriozisht).

I ra fasada;- shprehje zhgënjyese. P.sh, 'Gupit i ra fasada menjëherë, kur djali tij tha se e kishte lënë punën'.

Ngre fasadë;-shprehje krenarie. 'Kola ngre shumë fasadë, kur vjen puna e gruas së tij'.

Fasule,/-ja

Ka ngránë fasule qorre (groshë);- shprehje reklamuese negative. (d.m.th, shet dëngla). P.sh, 'Rrapi ka ngrënë fasule qorre sot më duket, që po na çan kokën me atë çunin e tij'.

Farë fasulje;- shprehje nervoze. P.sh, 'Na u bënë këta Kolajt si farë fasulje e nuk po na largohen!'

Si fasulja n'vorbë;- shprehje shpërfillëse. P.sh, 'Po këta të Malos, ç'kanë që bëjnë si fasulja në vorbe sot, nuk e kuptoj!?'

Nuk ua ha qeni fasulen;- shprehje krenarie, të zotët, të fortë, punëtorë. P.sh, 'Kolajve nuk ua ha qeni fasulen, por qe puna për tregti'.

Ku hante gjeli fasule;- shprehje krenarie. P.sh, 'Matia e martoi vajzën në një familje ku gjeli hante fasule'.

Nuk ha qeni fasule;- shprehje ironie, denigruese, nuk bëjnë, që s'janë të punës e të gojës. P.sh, 'Të kam thënë disa herë o Kolë, që nuk ha qeni fasule, ti shkon akoma dhe i lut Markajt'.

Si dhentë n'fasule;- shprehje me shaka. P.sh, 'ti mos rrëmbehu kështu si dhentë në fasule, se ka akoma rrugë për të bërë'- u tha Kola fëmijëve të klasës në ekskursion.

Iu poq fasulja;- 1-shprehje qesharake, d.m.th, u bë vajza për martesë. 'Iu poq fasulja cucës së Kolës, ndaj u martua shpejt 2-shprehje hidhëruese, për dikën që është plakur e po vdes). 'Po, po, iu poq fasulja gjyshit, një ditë asaj rruge jemi të tërë'.

Ndan fasulen n'gjysmë;-

shprehje qartësuese. P.sh, 'Kur Kola merr pushkën e shtinë, e ndan fasulen për gjysëm, për këtë të garantoj'.

Ka ngránë fasule(groshë);- shprehje tallëse (dikush që lëshon gazra nga poshtë pa ndalim). P.sh, 'Ky Kola sikur ka ngrënë fasule sot, na çmendi'.

I ha fasulet me gjithë bishta;- shprehje tallëse. P.sh, 'Malo i ha fasulet me gjithë bishta, e mos kujtoni se i bën naze ushqimit.'

Fat/-i

Puno fatkeq e ha barkdreq;- shprehje zhgënjyese. P.sh, 'Kur nuk ke mend në kokë, puno fatkeq e ha barkdreq, e ka kjo punë'- tha Kola në ikje e sipër.

Fat e bat;- shprehje e vetmisë. P.sh, 'Kola jetonte fat e bat i shkreti, qëkur iu shemb shtëpia'. 2- si t'i vijë, si ta sjellë rastësia. P.sh, 'Fat e bat, e ka kjo punë.

Fatefat;- fjalë e rrallë, shprehje nxitimthi. 'Hë luaj duart moj bijë, fatefat e ka kjo punë, jo gjithë ditën se ç'po bëj'.

Pret fatin me kalë;- shprehje pasigurie. P.sh, 'Ti moj bijë pret fatin me kalë të bardhë i tani, ç'pret, gjej një burrë e martohu'.

I qesh fati;- shprehje fatlume. P.sh, 'Kolës më në fund i qeshi fati, edhe pse priti shumë kohë për këtë ditë'.

Faturë/- at

Puna ásht kush pagun faturat;- d.m.th, kush përgjigjet. P.sh, 'Mirë e thua ti që të bëjmë dasmë, puna është kush paguan faturat'.

Ja la faturën n'dorë;- d.m.th, ia ngeci. P.sh, 'ia la faturën n'dorë Kolës, sa e pa që nuk po i shkonte plani tij'.

Fatur/-ój (shprehje foljore)

Ia faturon Salës;- shprehje dhelpërake, dikujt ja ngeci, ja la dopio gjashtën në dorë, ose kopilin në derë. 'Rrapi ia faturon Salës të gjitha, por ne e dinim që Sala nuk është fajtor'.

Fe/-ja

As besë, as fe;- shprehje zhgënjyese. P.sh, 'Gupi nuk ka as besë as fe po qe për at' punë'.

Nuk ma çon feja;- shprehje disiplinore, nuk ma lejon ndërgjegjja. P.sh, 'Ti Kolë bëj si të duash, mua nuk ma çon feja ashtu'.

Mbase ka qeni fe (besë);- shprehje mosbesimi. P.sh, 'Kur vjen çështje e lëshim besimit te dikush për diçka e ai të tradhton. P.sh Mbase ka qeni fe, aq ka dhe Gupi juaj aty në lagje'.

Për din' e fe;- shprehje betimi. P.sh, 'Për dinë e fe, se u kam hile mile në atë punë', ose 'Për dine e fe, do rrimë sonte për darkë'.

Për fenë që ke;- shprehje përbetuese. P.sh, 'Për fenë që ke mos e ngacmo, mos e prish, mos bëj ashtu, mos fol ashtu' etj...

Ndryshe feja, ndryshe ferexheja;- shprehje qartësuese. P.sh, 'Ti Kolë. ndryshe shihesh nga feja, e ndryshe nga ferexheja'- tha Malo duke qeshur.

E ndryshon fenë, si hoxha ferexhenë;- shprehje jo bazike. P.sh, 'Rrapi po qe puna për dollarë, e ndryshon fenë ai hoxha ferexhenë, atë e di unë si buka që ha'.

S'ka fe pa atdhe;- shprehje qartësore. P.sh, 'Dakord, dakord jam me ju, ama s'ka fe pa atdhe, sikur s'ka atdhe pa fe'- tha hoxha sot në xhami.

Pash fenë që ke;- shprehje lutje. P.sh, 'Pash fenë që ke, sonte do rrimë për darkë o Kolë, se na ka marrë malli'.

Ia lujti fenë'- dmth, e çoi diçka deri në fund, pa lodhje, dmth s'le gjë mangët. P.sh. punoi arën për një ditë sa ia luajti fenë. Ose, 'E rrahu sa ia luajti fenë'.

Mos qoft kush n'fet tij;- dmth, mos pastë shok, (për prapsira flitet). 'Ndenja shumë kohë në punë me Merkon, por mos qoftë kush në fet tija, aq burri lig që ishte'.

Fend-a,/ur, (lokale'- fenë).

Fenur e përfenur;- shprehje treguese negative (ngatërruar ndërvete). P.sh, 'Nuk i shikon Kolajt e Malajt se janë fenur e përfenur bashkë për shumë vite'.

Feni bukët;- shprehje hidhëruese. 'U iku nusja Kolajve dhe ua fendi keq bukët'.

Feni dhenë;- shprehje alarmante tallëse. P.sh, 'Kola feni dhenë kur i doli arusha para'.

Bukë fenur;-shprehje qartësuese, negative. P.sh, 'Nuk e sheh Nrikën sa bukë fendur që është e ngrata".

Kush ia ngjon fenët;- shprehje qartësuese, d.m.th, kush ia ka ngenë. P.sh, 'Lere kush ia dëgjon fendët Malos pash zotin, kur ze e flet '.

Mos fen si qen;- d.m.th, mos na gënje. P.sh, 'Ti Merko rri aty e mos fen si qen, se të njohim ne ty shumë mirë se kush je?!'

Ngjon (dëgjon) fenët;- shprehje shpërfillëse. P.sh, 'Mjaft dëgjova fendët tuaja', (d.m.th, budallallëqet tuaja) 2- I rri gati për çdo gjë. P.sh, 'Kola shumë ia ngjon fendët gruas tij, se e le pa bukë ajo'.

Si fena (pordha) nëpër brekët;- shprehje përçmuese, që sillet vërdallë e nuk mbaron punë. P.sh, 'Ti mos u sill si fenda nëpër brekë, po merr e bëj diçka'- i bërtiti Kola çunit vet.

Fen e ftohët;- shprehje përçmuese, d.m.th, person që nuk çan, nuk mbaron punë. P.sh, 'Meti shumë fenë e ftohtë ishte kur ra puna që të hakmerret'.

Fendosë/a;- lloj kërpudhe derri që nuk hahet.

Erdhi kjo fendosa;- tallje, femër e dhjamosur dhe budallaqe. P.sh, 'Erdhi kjo fendosa dhe po na shet mend tashti'.

Fener,/-i

I mbajte fenerin;- d.m.th, ishe ti dëshmitar i çështjes. P.sh, 'Pse ti i mbajte fenerin Matisë, që thua se është grua e përdalë?'

Hapi fenerët;- shprehje urdhërore, d.m.th, shiko më parë. P.sh, 'Ti hapi fenerët moj bijë, mos ec ashtu qorras'.

Si kullë feneri ;- shprehje, përmendëse, d.m.th, merru me një punë. P.sh, 'Mos më rri ashtu në këmbë si kullë feneri, po merr e bëj diçka'.

Me fener në dorë;- shprehje, informuese, d.m.th, medoemos. P.sh, 'Kola me fener në dorë e ka kërkuar atë punë, mezi e gjeti!'

Ta fik fenerin;- shprehje informuese negative, d.m.th, djallëzor. P.sh, 'Mos rri shumë me Gupin, se ai ta fik fenerin për nder, pa asnjë keqardhje'.

I fiku fenerin;- shprehje, informuese keq ardhëse, d.m.th, ia nxiu jetën,. P.sh, 'Kolës ia fiku fenerin Matia' (d.m.th, i vdiq, ose bën divorc).

Si poç feneri;- shprehje qetësuese. P.sh, 'Mashallah, si poç feneri mi kishte faqet ajo e vogla e Matisë'.

Férrë,-/a-/at

Ferrë pas bythe;- d.m.th, të mërzit. P.sh, 'O Kolë, na u bërë ferrë pas bythe sot, na u bëre'.

Nuk t'i qëron ferrat;- shprehje jo premtuese. P.sh, 'Mos ja beso Malos atë punë, se ai nuk ti qëron ferrat fare'.

Ferrë me dy krerë;- shprehje

mërzitëse. P.sh, 'Kjo Matia si ferrë me dy krerë të bëhet nganjëherë'. Një punë, një shqetësim, bezdisje, që nuk mbaron e nuk të shqitet. P.sh, 'Na u bë si ferrë me dy krerë kjo sëmundje', (ose kjo punë). 3- Që e ka djallëzinë të theksuar. P.sh, 'Ky Kol Legata, si ferrë me dy krerë të rri mbi kokë e mezallah se të largohet, pa ta punuar një rreng'. Ç 'báni ferrë, ç 'báni rrodhe;- shprehje njëtrajtësore, d.m.th, si njëri, si tjetri. P.sh, 'Si Kola si Malo, ç 'bëri ferrë e ç 'bëri rrodhe'.

Ferrë nisi e ferrë bitisi;- shprehje keq ardhëse, d.m.th, që nuk e gjeti veten asnjëherë, me vuajte gjithë jetën. P.sh, 'Ky Kola i shkretë, ferrë e nisi e ferrë e bitisi jetën'.

U shkul ferra, doli lepri;- shprehje hulumtuese, d.m.th, u pa gjithçka. P.sh, 'Mori shumë kohë, ama sa u shkul ferra doli lepuri, u pa se kush ishte atdhetar i vërtetë- tha Kola pasi ra sistemi monist.

Ta nxjerr ferrën, por ta mbyll derën;- shprehje qëllimkeqe. P.sh, 'Gupi vërtet ta nxjerr ferrën, por ama ta mbyll derën kur i do bytha'.

Ferrë vajti, ferrë doli;- shprehje argumentuese, që nuk mëson asgjë, nuk nxë mend. P.sh, 'Rrapin e dërguan në shkollë të lartë, por i gjori, ferrë vajti e ferrë doli'.

Mbjell ferra;- shprehje ironike, ka vdekur, është në burg, ose nuk punon asgjë. P.sh, 'Rrapi ka vite që mbjell ferra, e ti më pyet si është me shëndet'.

Një deng me ferra;- shprehje ironizuese, asgjë, pa vlerë. P.sh, 'Më pyeti për Gupin çfarë burri është, një deng me ferra është' 2- asgjë prej gjëje. P.sh, 'Çfarë na solli Kola prej fitimi!? - një deng me ferra, atë na solli'.

S'i zinte ferra send;- dmth, aq në papasje ishte, apo ishin. Psh. Kur vajta për vizitë që t'i shoh, u habita se nuk u zinte ferra asnjë send nëpër shtëpi.

Ferravi;- fjalë e rrallë. 1- Sillet si mbiemër;-që të lodh, të bezdis, që ia përsërit, ose të zgjat në bisedë, që do të dijë çdo gjë deri në fund. P.sh, 'Mjaft më tani, ç'më pyet ashtu ferravi sikur do ti vësh emrin', 'Sala e donte ferravi që ta kuptonte bisedën se ndryshe ishte e pamundur', Ose, 'ia tha ferravi gruas, mirëpo ajo prap bëri të njëjtin gabim'.

Ferravi-a/-të;- sillet dhe si emër në shprehjet argëtuese, tallës,. P.sh, 'Erdhi kjo ferravia tashti dhe hajde fol', 'Mos u merr me ferravia, se do të tallin bota pastaj', ose, 'Malo shumë qejf i ka ferravitë, por mos ia vini shumë veshin'.

Féstë,-/a/ -at

Ka bám festë;- shprehje, ironizuese negative. P.sh, 'Paska rënë ujku ndër dele e paska bërë festë '(dasmë).

Bájn festë;- shprehje komike. P.sh, 'Fëmijët bëjnë festë sonte, se nuk është baba në shtëpi'.

Fëmijë/-a/ -ët (lokale, fmi)

T'prish fmit;- shprehje acaruese pabesie, d.m.th, të merr nderin familjar. P.sh, 'Kujdes me atë Rrapin, se ai për zotin, po ta gjeti rastin, të prish fëmijët'.

Dy herë fmi;- shprehje urtësie. P.sh, 'Mos ja vini re Kolës, pse thonë që plaku bëhet dy herë fëmijë'.

Fmi e lashë e fmi e gjeta;- Shprehje njëtrajtësie, d.m.th, asnjë ndryshim. 'Gupin fëmijë e lashë, fëmijë e gjeta dhe tani në pleqëri të gjorin'.

Punë fmish;- shprehje dobësie. P.sh, 'Mos u grindni ashtu si punë fëmijësh, i bërtiti Matia Kolës kur po grindeshin me Malon' 2- shprehje jo cilësore. P.sh, 'Si punë fëmijësh e paske bërë këtë byrek oj grua'- tha Kola duke qeshur.

Fërtoma,/ë/ -at

I vu fërtoma;- d.m.th, e ndëshkoi. P.sh, 'Kola i vu fërtomat Rrapit, dhe i tha mos të shoh më me sy' 2- e përzuri gruan ose burrin, e dëboi nga shtëpia. P.sh, 'Malo i vu fërtomat djalit të shkojë në punë'.

T 'pafsha n 'fërtomë;- shprehje mallkuese, vdeksh. P.sh, 'T 'pafsha në fërtomë të pafsha si ma paske bërë arën, o kry derr- i bërtiti Matia djalit'

Me fërtoma n 'krah;- shprehje tërthore, negative, hajdut. P.sh, 'Rrapin e ke me fërtomë në krah sa vjen darka'

E hurit ene fërtomës;- shprehje amorale. P.sh, 'Mos u merr shumë me Matien, se e hurit dhe e fërtomës është shtriga'.

Si gomari n 'fërtoma;- shprehje tallëse. 'Rrapi vinte si gomari në fërtomë, po se gjeti dot fjalën' 2- shprehje, urdhëruese. P.sh, 'Ju djem pse vini vërdallë ashtu si gomari në fërtomë, po shkoni atje dhe punoni'

Do fërtoma t'lagta;- shprehje këshilluese përmbarimi. P.sh, 'Gupi do ca fërtoma të lagtë kurrizit, atëherë shkon e punon ai'.

Ku e lidh fërtomën;- shprehje inteligjente, ku e ka fjalën. P.sh, 'Ti Kolë e di ku e lidh Malo fërtomën, apo ashtu hiç!?'

Fërtomë me nyça;- shprehje tallëse, injorancë. P.sh, 'Ky Gupi, fërtomë me nyçë paska qënë o burrit dheut'.

Do fërtomën qafës;- shprehje urdhërore negative. P.sh, 'Ti Kolë nganjëherë do fërtomën e lagët qafës, se nuk merr vesh me të mirë'.

Than, tjerr, fërtoma;- shprehje tallëse, papunësi, pensionist, ose vdekur. P.sh, 'Rrapi ka kohë që than fërtoma, e ti më pyet si e kalon me punë!?'

E pengon fërtoma;- shprehje ironizuese. P.sh, 'Ti Kolë pse ecën ashtu apo të pengon fërtoma!?'

S'e mban fërtoma;- shprehje superlative, i egër, i abrashët. P.sh, 'Kur nxehet Malo, s'e mban fërtoma se mban'. 2- i/e madhe, shëndoshë. P.sh, 'Kola kishte marrë një nuse që se mbanin fërtomat'.

Fërtomë npër kâm;- shprehje shqetësuese, hall, problem. P.sh, 'Fërtomë nëpër këmbë, e kam atë hallin e djalit'. 2- shprehje qortuese. P.sh, 'Mos na u bëj kështu fërtomë nëpër këmbë, se na çmende'.

Fërtomë dhie;- shprehje nënvleftësuese. P.sh, 'Hë mos u tremb shumë, se Kola fërtomë dhie është. (nuk mban inat, ose i dobët nga vakti.

Figúr/ë,/-a/ -at

Ku je o figurë;- shprehje qetësuese, pozitive. P.sh, 'Ku jo o figurë, se na thave sytë'

Shef figura me sy hapët;- shprehje tallëse, dikush që ëndërron pallavra. P.sh, 'Kola ka kohë që sheh figura me sy hapët, ne nuk ia kemi vënë shumë veshin'.

Luaj pak figurat;- shprehje figurative, d.m.th, gjej shokë e miq, ose bëj pak përçapje. P.sh, 'Ti Malo luaj pak figurat, se vetëm nuk mbaron kjo punë'.

Veç figurën kishte- dmth, shumë dobësuar. Psh Kur doli Sala nga spitali veç figurën kishte, tashti duket se e ka marrë vehten.

Sipas figurës- dmth, sipas pamjes, sojit, fisit apo rracës. Psh Ky djalë sipas figurës më ngjan se i yti është.

Si n'figurë; dmth, si në pamje, dukje, ngjasim. Psh Motra ime madhe vjen pas si në figurë të

Nënës. Ky djalë qënka si në figurë të gjyshit vet.

Fije,/-a/ -et

Fije hollë;- shprehje nënvleftësuese, të dobët, ose të varfër'. 'Kujdes Kolën, se është fije hollë ai e të ngel ndër duar'.

Kapet për fijesh;- shprehje, kohë humbëse, d.m.th, kapet pas fjalëve të kota. P.sh, 'kapet për fijesh, kur vjen çështja e kufijve të tokës'.

Ia gjeti fijen;- shprehje qetësuese, ia gjeti radhën punës, apo mënyrën. P.sh, 'Malo ia gjeti fijen dhe u fut me punë në polici'.

Tjerr fijen e maçit;- shprehje tallëse, d.m.th, koprrac, ose merret me thashetheme. P.sh, 'Matia ta tjerr mirë fijen e maçit, po nuk qe në humor'.

Për fije t 'perit;- d.m.th, shumë hollë. P.sh, 'Po ti shkosh për fije të perit, del se Kola ka hak'.

Fija kputet ku ásht e dobët;- shprehje debatuese. P.sh, 'Mirë e ke ti Kolë, po fija këputet ku është dobët, prandaj e qan Malo kalin që ia hëngri ujku në mal'.

Fije fije;- shprehje reklamuese, d.m.th, shpartalluar. P.sh, 'Ra ujku ndër dhen dhe i bëri fije fije'.

Fik,/-u

Kush ra nga fiku e nuk u vra;- shprehje bindëse, d.m.th, kur ra nga posti u zhgënjye. P.sh, 'Ti Kolë mos thuaj ashtu për Malon, se kush ra nga fiku e nuk u vra'- tha Matia ndërsa qepte disa ndërresa.

Kush ka ránë nga fiku t'vijë t'më shohë;- shprehje moçme. Nastradini tha, kur ra nga fiku dhe vrau brinjët;- 'Vetëm ai që bie nga fiku, e di dhimbjen time'.

Iu poq fiku;- shprehje, shaka, erdhën në moshë martese. 'Iu poq fiku djalit, i tha Kola Matisë- e ajo hapi sytë se nuk kuptoi asgjë'.

Hángri fiq e vdiq;- shprehje ironike. P.sh, 'Gupi hëngri fiq e vdiq nga kjo botë'.

E báni barkun fik;- shprehje, shaka, d.m.th, kënaq, ngop, ngjesh. P.sh, 'Kola si e bëri barkun fik, mori një valle e nuk ndalonte më'.

Fiksim,/-i/-/et

Iu bë fiksim;- d.m.th, i ngeli në mendje. P.sh, 'Djalit iu bë fiksim një gocë nga fshati'.

Ásht me fiksime;- shprehje shëndetësore, paranojë. P.sh, 'Gupi është me fiksime, qysh kur i vdiq e shoqja'.

Fiks fare;- shprehje bindëse, d.m.th., pa luajtur asnjë centimetër. P.sh, 'Ashtu është sikur thua ti Malo, fiks fare'.

Fil;- ndajfolje, fjalë e rrallë, d.m.th, gjendje e mirë shëndetësore. P.sh, 'Ishte fil nga shëndeti'.

U bë fil;- d.m.th, u shërua nga një sëmundje. P.sh, 'Tafa ishte fil tashti, nuk ankohej nga asgjë'.

Filán;- pa cak bisede.

Filan fëstëku;- d.m.th, i/e paditur. P.sh, 'Erdhi filan fisteku këtej nga fshati e mblidhte thana'. Ose, i thirri. P.sh, 'O filan fisteku', (bisedë).

O ti filan;- shaka, bisedë, o ti i panjohur. P.sh, 'Mirë thua o ti filan, po nganjëherë ndryshon puna'.

Fildish,/-i *O syri fildish nër vetullat e holla,/*

Moj e bukra nanës, mos më dil te molla,/Mos më dil te molla se të shofin bota,/

Të marrin mësysh, flasin llafe t'kota. (Këngë grash e vjetër kërcyer me të avashtë).

Filxhan,/-i/-ët

T'shtie në filxhan;- shprehje intimiduese, të huton, të bën për vehte. P.sh, 'Kur të sheh Matia, sikur të shtie në filxhan me ata sytë blu'.

Si ato të filxhanit;- shprehje tallëse. 'Kur e pashë Matinë dje, mu duk si ato të filxhanit'(që hedhin fall).

Ç›ka xhani, thotë filxhani;- shprehje aparente. P.sh, 'atë mos ma thuaj mua ti, se çfarë ka xhani thotë filxhani, e di ti këtë apo jo!?'

I thyen filxhanët;- shprehje nervoziteti, grindje. P.sh, 'Ishte Malo dje pak këtej, e i thyen filxhanët me Kolën për një copë tokë lart në fshat'.

T'shtifsha në filxhan;- shprehje inati. P.sh, 'Ç'më bëre moj bijë, që të shtifsha në filxhan të shtifsha'.

Për një filxhan krypë;- d.m.th, për hiçasgjë. P.sh, 'Erdhi Gupi këtej e u grindën me Rrapin për një filxhan kripë'.

Të pifsha n 'filxhan;- d.m.th, që je shumë i/e mirë. P.sh, 'Po ku more shoku im, që të pifsha në filxhan të pifsha'.

Fing;- ndajfolje, gufon, shpërthen, lakmi, neps.

I bán shpirti fing;- bisedë, që e do shumë. 'Djalit i bën shpirti fing për cucën e Kolës'.

Me't bá zemra fing;- bisedë, d.m.th, me të shpërthyer prej qejfi. Ishin sot nga mali, e pamë ato kodra e liqene që me të bërë zemra fing, aq të mrekullueshme që janë'.

U hodh fing terma- d.m.th, u nxeh keq. P.sh Malo u hodh fing terma kur pa që ka humbur kuletën.

Finj/-ë,/-a

Si i lami n'finjë;- shprehje keq ardhëse, dobësuar. P.sh, 'Kur doli Malo nga spitali, dukej si i lami në 'finjë.

I vu finjën;- shprehje shkatërruese. P.sh, 'Sa hyri kjo ideologjia e huaj, i vu finjën vendit'.

Finju/ar;- që u ka rënë një sëmundje apo diçka tjetër. P.sh, 'U finjuan pulat nga sëmundja', 'Si u finjuan këta njerëz kështu se kuptoj !?'. D.m.th, që kanë ikur, janë zhdukur, ose kanë vdekur.

Nuk u finjuan burrat, gratë;- d.m.th, zgjidh një djalë ose vajzë të mirë e mos u ngut'. P.sh, 'Nuk u finjuan burrat ti bija ime, andaj mos u ngut'.

Firaun,/-i

Shpirt firaun;- shprehje keq ardhëse. P.sh, 'Sa shpirt firaun paske qenë o burri dheut, kurrë s'na e ka marrë mendja'.

Fis/-i;- njerëz të caktuar pesë, shtatë ose nëntë vetë, gjithmonë tek, që shkonin pas vajzës kur e martonin. P.sh, 'Dilni se po vjen fisi', 'Sa vetë do shkoni fis', makina e fisit të nuses'.

Çdo fis, e ka një pis;- shprehje treguese, kudo është një person i keq që prish pjesën tjetër të mirë. P.sh, 'Mos u mërzit shumë, i tha Kola Malos, se çdo fis e ka një pis, kudo njësoj është'.

Do të shkojë n'fis;- shprehje qartësuese biologjike, bën nga bën do të shkojë te zakoni, huqi, vesi i tyre. P.sh, 'Çdo gjë do të shkojë në fis- tha Kola- me zor asgjë nuk bëhet.'

Fishek/-u /-ët

Ja brekët ja fishekët;- shprehje negative kërcënuese, ja njërën ja tjetrën. P.sh, 'Gupi e ka, ja brekët ja fishekët, kur i teket mendja, prandaj kini pak kujdes prej tij'.

Fisheku i fundit;- shprehje paralajmëruese. P.sh, 'Kola kur vajti në dyqan i tha Matisë- ky është fisheku fundit oj grua, tashti kur të marrim kësmet rrogat.'

Fisheku pram;- shprehje qartësuese. P.sh, 'Mos i harxho të tëra paratë o djalë, fisheku pram mbahet për vehte', i tha Kola djalit.

Fisheku pleqnisë;-shprehje me shaka, fëmija e pleqërisë. P.sh, 'Ky është fisheku i pleqërisë prandaj.'.

Nuk nxjerr asnjë fishek;-shprehje nervozizmi, nuk tha asgjë, nuk foli asnjë fjalë. P.sh, 'Si rri burri dheut në këmbë e nuk nxjerr asnjë fishek- vetëm ty Kolë kam parë, i tha Matia plot nerva'.

Ia futi fishekun;- lënë shtatzënë, shprehje turpëruese. P.sh, 'Gupi aq pati punë, sa i futi fishekun pastaj u pastaj u zhduk'.

Fishkëllim,/-ë/-a

Tár ditën fishkëllen;- tall. d,m,th, rri pa punë. P.sh, 'Kola tërë ditën fishkëllen e s'bën asgjë'.

E merr me fishkëllimë;- shaka. d.m.th, me kollaj. P.sh, 'Kam qejf me ty Malo se e merr me fishkëllimë çdo punë e të ecën mbarë'.

Do ia ngjosh fishkëllimën;- shprehje paralajmëruese. P.sh, 'Do ia ngjosh fishkëllimën Rrapit kur të bëhet mbledhja', (do të kritikohet apo dënohet).

Lëshon fishkëllima;- shprehje tallëse, që pjerdh. P.sh, 'Rrapi tani si u mplak, lëshon fishkëllima se për tjetër gjë, ehe!'

E njoh pas fishkëllimës;-shprehje relaksuese. 'Kolën- tha Matia- e njoh pas fishkëllimës se kemi vite martesë'- dhe qeshi.

Fitil,/-i/ -at

I hynë fitilat;- shprehje, eksituese. P.sh, 'Kolës i hynë fitilat, sa pa Malon që ka zënë punë të mirë'.

Ia futi fitilat (xixat);- shprehje ngallzitëse negative. 'Matia ia futi fitilat Malos e ai shkoi dhe bëri fjalë me Kolën për hiçasgjë'.

Fitil e kandil;- shprehje, baraspeshë. P.sh, 'Kola e Malo aty aty ishin, fitil e kandil me njëri tjetrin'.

Fitil për kandil;- shprehje sociale. P.sh, 'Matia ishte fitil për kandil me Kolën, prandaj shkonin aq mirë'.

Fitil për fyti;- shaka, dmth, që ka neps të madh. Psh. E pashë që i shkonte fitil për fyti.

Ia la fitilin mrena- dmth, një bisedë të paqartë. Psh Folën gjithë natën e si përfundim ia lanë fitilin brenda. 2- keq. ia la sherrin, ngatërrestar. Psh Merkoj aq pati keq sa ua la fitilin brenda, e vetë u zhduk.

I banin sytë fitila;- shaka, dmth, shikon për diçka ngulmas. Kolës i bënin sytë fitila të gjente një vajzë për grua, dhe si përfundim e gjeti.

Fjalë,/-a/-ët

Kali fjalës (llafit);- shprehje superlative negative, person që mban fjalë. P.sh, 'E po të jetë tjetri kali fjalës (llafit), vetëm ty Kolë kam parë unë'- tha Matia e nevrikosur.

Nget fjala fjalën;- d.m.th, nxjerr muhabeti muhabetin. P.sh, 'Që the ti Malo, nget fjala fjalën, e bëhet tërkuzë puna, më mirë e lëmë këtu'.

E ka fjalën plumb;- shprehje vrazhdësie. P.sh, 'Ky Malo nganjëherë e ka fjalën plumb, prandaj nuk kemi qejf të rrimë pranë tij'.

Fjalt e gjata, mendt e pakta;- shprehje tallëse, përkujtuese. P.sh, 'Mos rri shumë me plaka, se ato i kanë fjalët e gjata e mëndtë e pakta- o djalë-', i tha Matia djalit të saj duke qeshur.

E nxjerr fjalën me çengel;- shprehje dembelizmi. P.sh, 'Pyete ti Rrapin gjithë ditën, ai kur e nxjerr atë të shkretë fjalë, sikur e nxjerr me çengel'.

I mban fjalët n 'torbë;- shprehje paralajmëruese. P.sh, 'Kjo Matia sikur i mban fjalët në torbë xhanëm, përditë do të thotë diçka të re'.

E ka n'fjalë;- shprehje e gëzuar fejese. 'Kola e ka në fjalë vajzën dhe këto ditë e martojnë'.

Si një fjalë, pesëqind;- shprehje përkujtuese, pa u zgjatur. P.sh, 'Si një fjalë pesqind ti Kolë, nesër mbrëma të presim andej nga ne për darkë'.

I bën fjalët gërshet (tërkuzë);- shprehje ironike, që i zgjat shumë fjalët. P.sh, 'Ohu ha dhe ti Malo, sa qejf ke që t'i bësh fjalët gërshet xhanëm!?'

Ma pordhi fjalën;- shprehje jo përkujdesje, mos respekti. P.sh, 'Malo s'ma pordhi fare fjalën, vajti përsëri në kokë të tij'.

Fjoll-/ë a/ -at

I shkoi fjollë;- shprehje frikësuese. P.sh, 'Kur Rrapi pa arushën, i shkoi fjollë nga poshtë.'

Flak/ë,-a/ -ët.

Ta ve flakën;- shprehje alarmante. P.sh, 'Mos u prish me Kolën, se ai vallahi ta ve flakën'.

Do ia shofësh flakën;- shprehje

përkujtuese. P.sh, 'Rrapit do ia shohësh flakën më vonë ti, kur të bëhen votat'.

Si flakë e përcëllume;- shprehje keqardhje. P.sh, 'Kishin një vajzë ata Kolajt, ishte si flakë e përcëlluar, tërë ditën nuk i pushonte goja'.

Nëpër flakët- dmth, shpejt e shpejt. Psh Sula erdhi brenda si nëpër flakët, e doli e iku prapë.

Flas, flet

Flet kodra pas bregut;- shprehje të pakuptimta. P.sh, 'Rrapi fliste kodra pas bregut sot në mbledhje, nuk e dimë ç 'pati!?'

Po të flas nga del shpirti;- d.m.th, me të drejtë. P.sh, 'Po të flas nga del shpirti, kjo është ajo që di unë'.

Flashkaq;- e mbartur, fjalë e rrallë;-që është i/e flashkët, ose i/e dobët, gur flashkaq, dru flashkaqe.

Fle, fjéta, fjétur

Fle macja me minë;- shprehje superlative, negative. P.sh, 'Sonte me shoh unë, fle macja me miun'- tha Kola, dhe i futi ca dru shporetit.

Me të fjeturat;- shprehje alternative, d.m.th, me paratë e ruajtura. P.sh, 'Bëhemi bashkë në biznes, por nuk e di si je me të fjeturat ti, prandaj?'

Fle si lepuri;- shprehje, që ka gjumin e lehtë. P.sh, 'Përherë fle si lepuri, ashtu e ka gjumin të lehtë'

Fli e ndi;- shprehje jo qetësuese. P.sh, 'Pasi shkoj vala e parë e tërmetit, fëmijët fli e ndi gjithë natën nga frika'.

Fle me pulat;- shprehje përcaktuese. 'Matia fle me pulat, andaj dhe çohet me gjelat e parë'.

E fleti mendjen;- shprehje relaksuese. P.sh, 'Qëkur Kola u martua, e fjeti mendjen për të larë enët'.

Fletar/i;- stomaku dytë i gjedheve të trasha. P.sh, 'Ruaja fletarin, pasi ta pastrosh', 'Iu ka prish fletari'. (mendohet që pasi brendësia e këtij organi është me fleta të imta si të kërpudhës, ka marrë dhe emrin.

Iu tha fletari;- dikujt, shprehje shqetësuese, s'ka gjë për të ngrënë. P.sh, 'Gupit iu tha fletari për bukë, andaj ka rënë nga pesha'.

Ta than fletarin;- shprehje përcaktuese, koprrac. 'Rrapi ta than fletarin vallahi, po merrni bukë me vete'.

Sikur ka (është) fletar;- shprehje tallëse, njeri që ha shumë. 'Ky Nokja, sikur ka fletar i varfri, barku te goja i ka shkuar'.

Flet/-ë

I dha fletë;- shprehje aprovimi. P.sh, 'Matia i dha vetë fletë djalit, andaj bën ashtu ai e nuk mbahet'.

Sa mban(ngre) miza me fletë;- shprehje përcaktuese negative. 'Malo, sa mban miza me fletë, nuk lëviz nga vendi kur është agjërueshëm'.

Sa ndrruan fletën;- shprehje relaksuese. 'Burrat sa ndërruan pak fletën, nuk u vonuan dhe erdhën'.

Hiq një fletë, ve një fletë;- në vend numëro, shprehje mërzitje. 'Epo kështu nuk kalon kjo jetë, hiq një fletë e ve një fletë'- tha Matia me duart në magjen e brumit.

Flok,/-u

Binte floku, sa Mince Noku;- borë e madhe, shprehje superlative për shaka. 'Sot jashtë binte floku sa Minçe Noku, e mos dilni hiç'.

M'kanë rënë flokët;- d.m.th, jam regjur, shprehje lajmëruese. 'Me Kolën më kanë rënë flokët prej kohësh, e nuk kam si t'ia marr për t 'madhe'.

Flokë gëmushë/-a;- që i ka flokët e dendur. P.sh, 'Ku vajti ajo flok gëmusha?'.

Flokë qethme/-ja;- keq., femër e përdalë. P.sh, 'Erdhi kjo flokë qethmja'.

Të pafsha flok qethme të pafsha;- shprehje mallkuese. P.sh, 'Hë të pafsha flok qethme të pafsha, ç'më bërë moj bijë, (nuse, motër shoqe) apo diçka e tillë.

Sa flok qethme;- shprehje ironie në masë, sa budallaqe, sa injorante, apo sa e shthurur. P.sh, 'Isha duke folur me Matinë, po sa flok qethme që ishte e gjora'.

Flokë shtruar/a (flokshtrume);- që i ka flokët e drejtë. P.sh, 'Sa flokë shtruar qenka ajo vajzë!'

Flokërëna/ (flokërëna);- keq., femër që i kanë rënë flokët, nga mosha apo ndonjë sëmundje, ironike, 'Erdhi kjo flokërëna'.

Flokë shtizë/-a;- femër që e ka flokun të drejtë dhe të ashpër. P.sh, 'Sa flok shtizë që je moj bijë'- i tha Matia gocës sot në mëngjes kur po i krihte kokën.

Flokë zabel/;- mashkull flokë

shpeshtë. P.sh, 'Sa flok zabel e paske këtë çun o Kolë!'

Florí,/-ri

Nji llaf, nji flori;- shprehje tallëse. P.sh, 'Kola e ka një llaf një flori, prandaj është i avashtë kur flet'.

Napolon floriri t'baftë Zoti'- shprehje superlative. 'Napolon floriri t' bëftë Zoti e paske këtë djalë oj Mati'- i tha komshija që matanë avllisë.

Flori me grisë (vrimë);- shprehje tallëse. P.sh, 'Flori me grisë e paske burrin'- i tha Matisë një shoqja saj, e kjo e fundit nuk e mori vesh fare.

T'peshon n'flori;- shumë i pasur, shprehje superlative. P.sh, 'I kishte gjetur Kola një burrë vajzës, që të peshonte në flori'.

S'i peshon floriri;- shprehje nënvleftësuese;. P.sh, 'Ishte kur ishte Rrapi në post, e sot nuk i peshon më floriri të gjorit'.

Flútur,/-a

Flutur t'báftë zoti;- shprehje superlative, dëshirore. 'Ty flutur t'bëftë Zoti, sa shpejt që erdhe'.

E lanë, (i ikën) flutrat;- shprehje tallëse, e lanë mentë. P.sh, 'Po ty të lanë fluturat që flet ashtu?!'- i bërtiti me inat Matia së shoqit.

Fluturon/-ói

Fluturon, fluturon gomari;- shprehje zbavitëse me, kush fluturon, ngre dorën. P.sh, 'Sa kam qesh kur thanë, fluturon, fluturon dhe Kola ngriti dorën e tha- gomari', ose, 'hajde lozim me fluturon gomari'.

I kanë fluturuar dhitë;- shprehje tallëse (e kanë lënë mentë). P.sh, 'Gupit, ka kohë që i kanë fluturuar dhitë të varfrit!'

Fluturon me presh n 'bëthë;- shprehje tallëse, mendjelehtë. P.sh, 'Aq desh Gupi, sa ta cytje pak, pastaj fluturonte me presh në bythë i varfri'.

Fodúll,/-e

Hem qeros hem fodull;- shprehje abstrakte, dikush që ngrihet e kurdiset duke ditur që është nevojtar. P.sh, 'Të jetë tjetri, hem qeros hem fodull, vetëm Gupin kam parë'.

Shtat pash fodull;- shprehje mendjemadhësie. P.sh, 'Nuk e sheh Gupin që është shtatë pash fodull, e ti vete bën fjalë me të'.

Folé,/-ja/ -të

Prish folenë;- shprehje treguese

negative, d.m.th, ua prishën terezinë, rregullin, sistemin. P.sh, 'Ata Kolajt kanë rrojtur shumë mirë, por erdhi një sistem tjetër dhe ua prishën folenë'.

Si fole ánzash;- mospërfillje Për një grup të caktuar shoqëror e problematik. P.sh, 'Bënë mirë që u larguan që këtej se si fole anzash ishin të gjithë'.

Ku bán pllumi fole (çerdhe);- shprehje dashamirëse. P.sh, 'Kola e kishte shtëpinë ku bën pëllumbi fole e neve na ankohej'.

Fráshër,/-i

Láng frashëri, t'baftë Zoti;- shprehje me shaka. P.sh, 'Lëng frashëri të bëftë Zoti, ma paske bërë këtë kafe o Malo.

Ti moj lulja frashrit bardhë,/Po të presin për me ardhë,/Po të pret ty dhánrri ooo,/Ti moj lulja frashrit ooo.(Këngë e vjetër granishë që kërcehej valle me të butë).

Fre/-ri

Si kali (mëzi) pa fre;- shprehje mospërfillëse. P.sh, 'Kola e ka lëshuar djalin si kali pa fre, tashti vjen e na bërtet neve- tha Matia e mërzitur'.

Nuk di çásht freri;- fëmijë i llastuar, shprehje jo edukative.

P.sh, 'Moj Zana, po ky fëmija juaj nuk di fare se çështë freri, kam gjetur belanë me të në klasë'.

S'ka frena;- tall., d.m.th, që bën si të dojë, shprehje moskujdesje. P.sh, 'Kola kur flet, nuk ka frena fare, andaj kini kujdes atë'.

Nuk mban frena;- d.m.th, e lë shtatzënë, shprehje tallëse. P.sh, 'Rrapi ka shtatë fëmijë mavria, nuk mban frena fare'.

E lshuan frenat;- d.m.th, që nevrikoset shpejt. P.sh, 'Malo ndenji sa ndenji pa thënë asgjë, dikur e lëshuan frenat e nuk ndalonte më'.

Fresk,/-u

I ban fresk;- d.m.th, i vjen pas qejfit, shprehje tallëse. P.sh, 'Kola i bën fresk Matisë, andaj e kalojnë mirë'.

Fryj,/-va, /-rë

T'fryftë hoxha t'fryftë;- shprehje mallkuese, për shaka. P.sh, 'Ty të fryftë hoxha inshallah, të fryftë, se sa shumë më trembe moj cucë'.

E ka fryrë gjarpëri;- shprehje hidhëruese (për bagëtitë thuhet d.m.th, e ka pickuar). P.sh, 'E ka fryrë gjarpëri lopën o Malo, po shpejto'.

T'fryftë noj gjarpër, t'fryftë;-

shprehje mallkuese. P.sh, 'Ç'më bëre mo Rrapi që të fryftë noj gjarpër të fryftë'.

Fryrë e bám tym;- d.m.th, zemëruar. P.sh, 'Kola ishte fryrë e bërë tym kur i thanë se nesër nuk vijnë rrogat'.

I kanë fryrë t'bekumet (xhindet);- shprehje tallëse. P.sh, 'Pse qenka bërë ky Rrapi sot sikur i kanë fryrë ato të bekuarat'.

I ka fryrë n'vesh;- d.m.th, kanë nxitur të tjerët. 'Kolës i ka fryrë Matia në vesh, andaj ishte nxehur e bërë tym me Malon'.

I ka fryrë qoftlargu n' vesh;- d.m.th, është tërbuar nga inati. P.sh, 'Po ky çfarë ka që bërtet kështu, sikur i ka fryrë qoflargu në vesh?!'

Sa me fry hundët- shaka. vetëm pak. Psh Më jep një cigare sa me fryrë hundët se plasa.

U fryfsh myth;- sharje. dmth vdeksh. Psh Po ti u fryfsh në byth u fryfsh sa budalla qënke.

Frýmë,/-a

I lëshoi një frymë;- shprehje fetare. P.sh, 'Vajti te një plakë dhe ajo i lëshoi një frymë djalit'.

I ze fryma;- shprehje fetare, ka shërim në lëshim fryme. P.sh,

'Vajta te e shoqja e Dilos me cucën, se asaj shumë i ze fryma'.

Fshat,/-i

Fshat e zanat, qytet e adet;- shprehje përcaktuese, kudo dhe kushdo, ka rregullat e veta. P.sh, 'Kij kujdes kur të shkosh mik, se fshat e zanat, qytet e adet, i thonë fjalës'.

Fshésë,/-a

Fshesë malakuqi;- shprehje nënçmuese. P.sh, 'E po të jetë gruaja fshesë malakuqi, vetëm ty kam parë unë!'-i tha Kola Matisë, kur po niseshin për pazar.

E përdor për fshesë;- shprehje denigruese, për të larguar ose mbuluar problemet e veta. P.sh, 'Gupi thonë që e përdor për fshesë Njilën, qëkur e mori në punë'.

Me fshesë e me lëmesë- shaka.d.m.th. erdhën që të gjithë, ftuar e paftuar. Psh. Erdhën njerzit e fisit me fshesë e me lëmesë, po mirë u bë se u pamë njëherë.

Ftoh/-et

Ftof mu atje te s'ngrohet;- shprehje tallëse. P.sh, 'Ti Malo më duket që je ftoh mu atje te s'ngrohet kollaj njeriu, andaj flet si i pirë'.

Ftof n'bythë e bëm akull;- shprehje nënçmuese. P.sh, 'Ti Kolë je ftoh në bythë e bërë akull më duket, që shkon e bën llafe me Rrapin'.

Ftof tezen;- bëthën. Shprehje dështuese. P.sh, 'Kur Kolës i thanë se Malo nuk po vjen në dasmë, atij ia ftohi tezen më duket'.

Ftof n'tajare;- shprehje ironike. P.sh, 'Ti Malo më duket se je ftoh në tajare, që flet kodra pas bregut'.

Ja ftofi kryt;- d.m.th, e shfarosi, shprehje zemëruese. 'Ra ujku ndër dele dhe ja ftohi kryet dashit me këmborë'.

Ka vezët e ftofta;- që nuk të ngroh me fjalë ose me një punë që i ngarkohet, jo aktiv, jo energjik, shprehje jo bindëse. P.sh, 'Mos ja ngarko Rrapit atë punë, se vezët e ftohta më duket se i ka'.

Ta ftof mendjen;- d.m.th, ta prish mendjen. P.sh, 'Ashtu si fliste ai, ta ftofte mendjen keq'.

S'e pret qullin të ftofet;- shaka, d.m.th, ngutet. P.sh, 'Dulla s'e pret qullin fare të ftohet prandaj i shkojnë gjërat nga kryet këmbët'.

Fuçí,/-a /-të

Ja kalon vedra fuçisë;- shprehje qartësuese, d.m.th, e pakta të shumtës. P.sh, 'Ti Malo ankohesh ju shkuan paratë, po ja kalon vedra fuçisë more burrë, përditë dora n'të'.

Fuçi pa rrathë;- ironike, e shëndoshur shumë, shprehje tallëse. 'Po ti moj bijë ç'më je bërë kështu si fuçi pa rrathë, hiq ca peshë se keq dukesh'.

Verë e tharët, plas fuçinë;- E keqja vetes, shprehje qartësuese. P.sh, 'Matia ka kohë që grindet me të shoqin, po fundja verë e tharët do plasë fuçinë e saj'.

Ka pirë fuçinë;- dehur jashtë mase. Shprehje tallëse. P.sh, 'Nuk e sheh që ka pirë fuçinë, ti shkon i thua pse flet ashtu!'

Fukara/-i

Fukaralleku t'çon n'derë t 'hasmit;- shprehje jo rrugë dalëse. P.sh, 'Mirë e ke ti Malo që më thua ashtu, po fukaralleku të çon në derë të hasmit, këtu s'kisha si të bëja'.

Fukara n' shpirt;- iron., d.m.th, që është koprrac tej mase. P.sh, 'Me gojë tregohet bujar Ferko, por e keqja qëndron se është fukara në shpirt, ai është problemi'.

Fukaradis/-em,/-ur;- fjalë e rrallë;-që ka arritur kulmin e mospasjes. P.sh, 'Nuk fukaradisesh pse ndihmon të varfrit', ishte fukaradis Goni deri aty sa nuk mbante peri më'.

Fukaradisje;- fjalë e rrallë, që ka arritur pikën më të ulët të pasjes. P.sh, 'U kishte hyrë një fukaradisje Gjelajve, sa nuk bëhet hesap'.

Fund,/-i /

Ka ránë n'fund pusit;- që sapo është martuar, shprehje tallëse. P.sh, 'Kola ka rënë në fund të pusit mbrëmë, prandaj mos i flisni me gojë'.

Pije me fund;- ironike, mbaroje një punë, shprehje ngutjeje. P.sh, 'O Malo, hë më të shkretën, pije me fund dhe hajde të ikim se vajti vonë'.

Nuk i gjinet fundi;- shprehje superlative. P.sh, 'Matisë nuk i gjendet fundi së uruarës, sa e mbarë që është'.

Në fund t 'argëz;- shprehje vleftësuese. P.sh, 'Kola Matinë në fund të argëz e mbante nga qejfi'.

Si fund kazani;- nxirë faqesh nga fatkeqësia, shprehje hidhëruese. P.sh, 'Nuk e sheh të gjorën grua që ishte nxirë si fund kazani nga vdekja e të vëllait'.

Nuk është fundi botës;- shprehje përçmuese. P.sh, 'Çkeni që turreni ashtu more njerëz, nuk është fundi botës'.

Fund e krye;- d.m.th, krejt, shprehje përgjithësuese. P.sh, 'Kola ishte fajtor fund e krye, jo Malo', ose, 'Ja treguam fund e krye si qëndron puna'.

Fuqi-/ a

Fuqi e ligë;- sarkazëm. Një dobësi, një ligështim, ose një oreks i madh.. P.sh, 'Më kapi një fuqi e ligë dje e nuk mundja të lëviz nga vendi'. 2- 'Malon e kishte kapur një fuqi e ligë e nuk ndalej së ngrëni përshesh me kos'.

Sa hyri kjo fuqia e ligë;- (d.m.th.) një pushtet ligjor tjetër) kur gjërat marrin tjetër drejtim.

Furkaçe/-ja

Iu bâ furkaçe;- shprehje tallëse, iu bë mbrojtës dikujt apo diçkaje. P.sh, 'Malo iu bë furkaçe Kolës në çështjen e kufirit të arës'.

Do një furkaçe;- shprehje ironike. P.sh, 'Mirë e ke ti Kolë, mirë por ama duhet një furkaçe që të qëndrojë fjala jote'.

T'var n'furkaçe;- shprehje tallëse. P.sh, 'Mos rri shumë me Malon, se ai menjëherë të var në furkaçe e ti s'e merr vesh fare'.

U bë furkaçe (kapërcyell);- d.m.th, uli kokën e nuk tha gjë. P.sh, 'Matia sa ka vajtur nuse në atë derë, është bërë furkaçe e nuk i është ndjerë zëri gojës, prandaj e duan të gjithë'.

Fúrkë,/-a /-at;- gjeneratë, etapë, kohë. P.sh, 'Kur hyri furka komuniste ,ndryshoi gjendja ekonomike e vendit', ose, 'Kjo furka e re që është sot, nuk durohen fare'.

Furka e dexhalli;- shprehje hidhëruese, shoqëri e pabindur. P.sh, 'Kini kujdes o djem - u tha Malo djemve- se kjo është furkë dexhalli e asgjë tjetër'.

Furka e shejtanit;- shprehje determinuese, shoqëri që ka marrë për ters. P.sh, 'Qëkur hyri kjo furka e shejtanit, u prish bota në moral'.

T've n 'furkë e të tir;- shprehje tallëse. P.sh, 'Me Malon rri pak mirë, se ai të vë në furkë e të tir gjithë ditën'.

Lujç m'furkë lujç';- u çmendsh. Shprehje mallkuese, pozitive. P.sh, 'O luajtsh në furkë luajtsh moj bijë, sa më trembe që je veshur ashtu si shejtani në shkop'.

Fúrkëz,-a/ -at;- vend i posaçëm në stalla bagëtish të imta, ku varet dushk, dëllinjë etj.

Varet për furkzash;- dikush që flet pa bazë. P.sh, 'Nuk i zihet shumë besë fjalëve të Kolës, se ai nganjëherë varet për furkzash kot'.

Fúrrë,/-a/ -at

Jemi të një furre;- shprehje barazie, një moshe, një kohe, një kategorie shoqërore P.sh, 'Jemi të një furre o Malo, pse më kalon ashtu për qoshi'.

Iu nxe furra;- shprehje tallëse, ka nevojë seksuale. P.sh, 'Matisë iu nxeh furra dhe u martua qysh e vogël'.

Si furrë xhehenemi;- shprehje superlative negative. P.sh, 'Po si furrë xhehenemi ma ke atë gojë moj grua'- i tha Kola me të butë.

Furrík,/-ku, /furriq.

Mik, ku ke zënë furrik?;- shprehje tallëse, d.m.th, ku je ku gjendesh që ke humbur fare. P.sh, 'O mik, po ku ke zënë furrik që nuk ndjehesh fare'.

Si pulat n'furriq;- shprehje jo konsultuese, që s'ja lërojnë vendin apo fjalën njëri tjetrit. P.sh, 'Kola me Malon bëhet si pulat në furrik kur vjen puna e futbollit'.

Ma furriqin ngroftë;- d.m.th, nuk del nga rrobat, nga shtrati se është ftohtë. P.sh, 'Rrapi mbante furrikun ngrohtë sot, se dimër jashtë'.

Se lshon furrikun;- shaka. dmth dembel. Psh Po u kam thënë se nuk e lëshon Rrapi furrikun e ju nuk më besonit.

Fúshë/,-a/ -at

N'fushë t' minume;- shprehje tallëse. 'O Malo, kalove të gjashtëdhjetat ke hy në fushë të minuar, prit kur të pëlcasë'.

Ra n'fushë;- shaka. U rregullua me punë e shtëpi. P.sh, 'Rrapi ra në fushë, se iu rritën fëmijët dhe i ka punëtorë'.

Lopë fushe;- shprehje tallëse, grua dembele. P.sh, 'Kishte marrë Gupi një grua, si lopë fushe dukej e mjera'.

Fat e fushë;- shpërndarë gjithandej, d.m.th, shprehje alarmuese. P.sh, 'Fryu një erë që e bëri fat e fushë misrin'.

Bëthën fushë e gojën pushkë;- dembel e llafazan. Shprehje tallëse. P.sh, 'Sikur nuk e njihni ju Gupin, aj bythën fushë e gojën pushkë e ka përherë!'

Fut (fus)

Ja futi sa krahu;- shprehje superlative negative, d.m.th, ia punoi qindin, ose ia mori me rreng. P.sh, 'Kola ia futi sa krahu Rrapit në çështjen e shitjes së kalit'.

E ka me të futur;- shprehje dinakërie, e ka me djallëzi. P.sh, 'Kujdes Malo, se ta ka më futur Gupi'.

Futi të pestin;- d.m.th, shpejto. P.sh, 'Hajde Malo, futi të pestin ç 'pret?'

Ja fut katundit;- që flet në tym, shprehje tallëse. P.sh, 'Gjithmonë ti Malo ja fut katundit, kur flet për Matinë'.

Fut e bjer;- d.m.th, pa ndaluar. Shprehje keq ardhëse. P.sh, 'Gupi i hyri fut e bjer djalit, pse nuk shkoi në shkollë'.

Fut fut, o Maksut- shaka, ha bukë se u mbarua. Shprehje hutimi. P.sh, 'Ti thua fut fut o Maksut- unë akoma te tre urat'.

Fýell,/-lli/ -jt

Trupin fyll e mendjen pyll;- i papjekur, i leshtë. Shprehje qartësuese. P.sh, 'Akoma Kola trupin fyll e shtatin pyll është, por ju mos e ngutni'.

I shkon fyll;- d.m.th, u tremb u dhje në brekë. Shprehje tallëse. 'Malos i shkon fyell, kur ia përmend arushën'.

Fyshk;- fjalë e rrallë, që nuk ka zënë akoma kokë. 'Misër fyshk', 'Kalli fyshk', 'Njeri pa mend'.

Fyshkë/a;- fjalë e rrallë. Arra fyshkë, fik, grua fyshkë

Fyt,/-i/ -et

Ka fyt;- shprehje qartësuese, ka zë të mirë. P.sh, 'Kola ka fyt, ndaj kur këndon ai, vijnë të gjithë'.

Fytin lug mulliri;- hamës, shprehje tallëse. 'Gupi ka fytin si lug mulliri e s'ka send që e ngop'

Ja hángri arrzën e fytit;- shprehje mërzitje. P.sh, 'Matisë ja hëngrën arrëzën e fytit ata fëmijë, veç sëmurë, sa shërohet njëri sëmuret tjetri'.

Të zántë fytin;- shprehje mallkuese. P.sh, 'Të zëntë fytin të zëntë ajo që më more padrejtësisht'.

Ja nxorri prej fyti (hundët);- shprehje keq ardhëse. P.sh, 'Matisë ja nxorën mundin prej fyti ata fëmijë'.

Fytýrë,/-a/-at.

Na e mori ftyrën;- shprehje keqardhse, turp. P.sh, 'Na e mori fytyrën Gupi me atë gjuhë që foli sot'.

Një ftyrë i vinte nji ftyrë i shkonte;- shprehje frikësimi. P.sh, 'Kur i thanë Kolës se do të ballafaqohet për ato që tha atij, një fytyrë i vinte një fytyrë i shkonte'.

-G-

Gáb/ë,/-a/ -at.

Iu bá gabë;- dikujt apo diçkaje, shprehje këmbëngulëse. P.sh, 'Kola iu bë gabë Matisë, derisa u martua me të'. 2- 'Malo iu bë gabë punës, pa e mbaruar nuk iku'.

T'hángshim gabat;- shaka. P.sh, 'Ku je moj bija ime, të hëngshin gabat të hëngshin'.

Sikur e kanë dhjerë gabat;- shprehje tallëse, për dikë që lyen flokët. P.sh, 'Matia u kishte vënë bojë flokëve e dukej sikur e kishin dhjerë gabat.'

Gaba gaba;- ndajfolje, dikush që ecën hapashalas, shprehje tallëse. 'Po ti Malo, pse ecke gaba gaba sot?'

T'bajtshin gabat;- shprehje mallkimi, pozitive, d.m.th, që më çmende, që u zhduke. P.sh, 'Ku je moj cucë, të mbajtshin gabat të mbajtshin, sa kam kërkuar për ty!?'

Ka shku për gaba;- shprehje tallëse, kur dikush nuk paraqitet në punë. P.sh, 'Rrapi mesa duket ka shkuar për gaba sot, meqë s'erdhi në punë'.

Gabarrojë/-a;- që të rri përsipër të diktojë apo të vjedhë diçka nga ju. Psh Mu bërë gabarrojë sot mbi krye e një sekondë nuk më le rehat. Mos i rri ashtu djalit gabarrojë po shiko punën tënde.

Gabzherr,/-i/ -ët;- (lok. gabxerr)

Ia nxori gabxerrin;- shprehje informuese, d.m.th, që e lodhi jashtë mase. P.sh, 'Gupi ia nxorri gabxerrin sot djalit në punë'.

Aq gabxerr ka;- shprehje informuese, d.m.th, aq mundësi ka. P.sh, 'Ti Kolë e sheh djalin që aq gabxerr ka, pse e mundon më!?'

Gabxerrash;- ndajfolje, d.m.th, bërje fjalë me të shara. P.sh, 'Burrë e grua shkuan gabxerrash, po inshalla mbaron me aq'.

Gajgë (lokale gajkë);- bagëti që

milet lehtë. P.sh, 'Shumë gajkë është kjo lara'. 'Lopa juaj qenka gajkë, mashalla'. 2- mashkull që ejakulon shpejt.

Gajle/-ja

Mos ia mbaj gajlen; - dikujt apo diçkaje. P.sh, 'Mos ia mbaj gajlen Kolës, se ai e nget mirë makinën'.

Iu bánë gajlet mullar; - shprehje keq ardhëse. P.sh, 'Kolës iu bënë gajlet mullar të shkretit, sa i ngordhi kali, tashti iu dogj dhe shtëpia'.

Gajret,/-i

S'ka xhenet pa gajret; - shprehje qetësuese, pa durim nuk ka shpërblim. P.sh, 'Tha sot hoxha në xhami ku qe rasti i asaj vdekjes;- pa gajret ska xhenet!'

Gajret burrë se u kalua lumi; - d.m.th, kaloi e keqja, po veç kini pak gajret. P.sh, 'Dhe pak, dhe pak kemi, gajret burra se u kalua lumi, pastaj ndryshe do të jenë gjërat'.

Gajret o safet; - shaka, d.m.th, kur soset durimi. P.sh, 'Ju thoni gajret o Safet, po hajt më tregoni ju mua se ku është më gajreti'.

Gajretqar/-i; - ai që bën gajret, durimtar. P.sh, 'Shumë gajretqar është Kola'.

Qofshi me gajretqarët; - shprehje ngushëlluese (kur bie një hidhërim i madh). P.sh, 'Qofshi me gajretqarët o Malo për babën që u vdiq'.

Gajtan,-i; - emër kau. 'Fute gajtanin në stallë'. 'Ushqeje mirë gajtanin për nesër'.

Hajt gajtan; - tall., d.m.th, jo me ngutje. P.sh, 'Nuk e ka hajt gajtan kjo punë, por me durim dhe mençuri'.

Gallabere/-a; - fëmijë i lëvizshëm, kryesisht vajzat, shaka. "Erdhi kjo gallaberja e vogël', ose, 'Sa gallabere të ka nëna moj bijë'.

Shet gallabere; - shprehje tallëse, d.m.th, dikush që mashtron.. P.sh, "Rrapi përherë shet gallabere, andaj mos i besoni shumë'.

Gallátë,/-a Te Ura e Gallatës; - shprehje qesëndie, shumë larg në mendime dhe, shoqërim bisede. P.sh, 'Ohu ha, ju jeni akoma te ura Gallatës o shoq, unë përrallis këtu me ju'.

As gallatë as sallatë; - shprehje shaka, as njëra as tjetra. P.sh, 'Puna me ty Malo është as gallatë, as sallatë, më mirë ika unë'.

Gallof,/-i/ -ët.

Doli gallof; - shprehje, shaka, doli

huq. P.sh, 'Kola vajti të kërkojë nuse për djalin, por doli gallof se ata s'ja dhanë'.

Gallofi zgjumë (zgjuar);- shprehje tallëse, d.m.th, hiqej i mençur e ishte trap fare. P.sh, 'Ky Gupi shumë gallofi zgjuar po na tregohet kohët e fundit.

Gám/ërr,/-rra;- fjalë e rrallë, që është copëtuar e dërrmuar. Dërrmuar në copa e thërrime, buka, dheu i thatë. 'Ç'e keni bërë bukën gamërr në sofër-u bërtiti nëna fëmijëve'. 'Mblidhni gamrrat se u rrisin- tha xhaja duke qeshur', ose, 'I futa qetë në arë për të mbjellë, por ugari ishte gamërr dhe e lash për sot deri sa të bjerë shi'.

U bánë gamërr;- d.m.th, u grindën keq, nuk flasin më. P.sh, 'Gupi dhe Rrapin u bënë gamërr për punën e asaj tokës në mal'.

Sot jam (qenkam) gamërr;- d.m.th, trupi i lodhur. Para se të zërë gripi, thuhet më shumë. 'Sot qenkam gamërr e mos më thoni gjë për punë'.

Gardh,-i/ -e

Merr gardhin me krye;- ironi, d.m.th, ngutje, që i merr sendet me përpjekje, (sjellja frazeologjike vjen kur kau i nevrikosur ose zevzek merr gardhin majë brirësh dhe e shpartallon). P.sh, 'Avash, avash ti djalë, mos e merr gardhin në krye menjëherë, ulu ta bisedojmë çështjen'.

I vu gardhin;- d.m.th, ia bëri të qartë. P.sh, 'Kola ia vu gardhin Matisë, dhe ajo nuk tha asgjë më tej.'

Fjala do gardh;- shaka, çdo gjë që thuhet duhet të ketë kuptim dhe të jetë brenda normave'. P.sh, 'Fjala do gardh ju djem, prandaj më lejoni pak sa të mendohem.'

Bën hop pa kapërcyer gardhin;- shaka, gëzohet para kohe. P.sh, 'Kam qejf me Kolës, se bën hop pa kërcyer gardhin'.

Gardhec,/- i/-ët;- koçek i thurur me purteka;-gazhdare 2- Oda që përgatitej për dhëndrin dhe nusen. 'Ua ndreqi baba gardhecin'. 'Kishin një gardhec të mirë shumë.'

Ra n'gardhec;- shaka, d.m.th, ra ngushtë. 'Kola ra në gardhec me Malon e s'mund po dilte më prej andej'.

Garrumull;- fjalë e rrallë, që janë pirg njëra mbi tjetrën. 'I çau drutë dhe i bëri garrumull'.

Bo garrumlli mal;- d .m.th, me shumicë. P.sh, 'Ndihmova pak gruan me la rrobat se ishte bërë garrumlli mal.'

Gavetë,/-a / -at.

Ásht i gavetës;- shprehje informuese pozitive, d.m.th, i punës, nuk sheh për sende tjera. P.sh, 'Kola është i gavetës e nuk e ka mendjen te sporti'.

Gavete shpumë;- shprehje tallëse, llafazan/e. P.sh, 'Si nuk t'u mbyll goja xhanëm, si gavetë e shpuar tërë ditën'.

T'shkopit e t'gavetës;- shprehje keq ardhëse, d.m.th, si arixhinj. P.sh, 'Sa erdhi ky sistemi ri, na ka bërë të shkopit e të gavetës'.

Gavetën pas bythe;- shprehje tallëse, llupës. 'Kola ngado që vete, e do gavetën pas bythe'.

Ja báni kryt gavetë;- d.m.th, e rrahu keq. P.sh, 'Kola ja bëri kokën gavetë Rrapit, për një borxh që ia mohonte'.

Hanë në një gavetë;- d.m.th, një lloj. P.sh, 'Niska dhe Pali hanë në një gavetë, andaj e kalojnë mirë'.

Gaxharreç,/-i/-atʒ;- fjalë e rrallë, gunga të shpeshta në një dru, shkop. 2- ferra të shpeshta. 3- nyje të përdredhura në një shkop.

M'u bë gaxharreç para syve;- d.m.th, që ta bezdis. P.sh, 'M'u largo pak më andej, se më je bërë gaxharreç para syve sot.'

E ka sherrin me shtatë gaxharreça;- d.m.th, tepër i rrezikshëm në fjalë. P.sh, 'Kujdes kur të flasësh me Kolën, se e ka sherrin me shtatë gaxharreça Kola'.

Gaxhup/i ;- kokore prej leshi bërë me dorë. P.sh, 'Vëre gaxhupin se fryn erë', 'Më ka bërë nëna një gaxhup të ri'.

Ia gaxhupi;- d.m.th, i hipi sipër. P.sh, 'ia gaxhupi kali pelës', '... gjeli pulës'.

Sytë gaxhup;- d.m.th, të fryrë nga e fjetura tepërt, nga pija. P.sh, 'Rrapit sytë gaxhup ia shoh përditë te klubi'.

Gazep,/-i / -et;- fetare. Ndryshe njihet si Dita e Kataklizëmës, shkatërrimit të Universit.

Nga gazepi në gazep;-d.m.th, nga e keqja në të keqe, nga shiu në breshër. 'Kësaj i thonë nga gazepi në gazep- ti Malo'.

Si Osman gazepi;- shaka, dikush që vetë lavdërohet. P.sh, 'Sa qejf e kam këtë Kolën, se nganjëherë si Osman gazepi me gradat duket'.

Gazep t'baftë Zoti;- d.m.th, kohë shumë e keqe, me shi, breshër, tufan. P.sh, 'Sot qenka gazep t'baftë zoti- tha nëna- më mire ju fëmijë mos dilni jashtë fare'.

Leu Osman e vdiq gazep;- tallëse, leu i mbarë e vdiq i prapë. P.sh, 'I mbylli sytë dhe Talja, por ky i shkreti leu Osman e vdiq gazep, kohët e fundit'.

Leu gazep e vdiq gazep;- shprehje superlative negative, njeri shumë i prapët. P.sh, 'Sot mora vesh që ka vdekur Dulla, por ai gazeb leu e gazep vdiq i ngrati, dy të mira s'mundi që t'i bëjë bashkë'.

Ha gazep e pi gazep;- shaka tallëse, kur ka me shumicë. P.sh, 'Kësaj i thonë, ha gazep e pi gazep, ti Malo'.

Ta bie (sjell) gazepin);- keq, d.m.th, imoral/e. P.sh, 'Mos të shoh të rrish me Gupin- po i thoshte Matia djalit- se ai ta bie gazepin mu aty ku nuk ta merr mendja'.

Gjallë e për gazep;- d.m.th, me mundime të mëdha. P.sh, 'Vajta dhe takova Kolën tek spitali, por gjallë e për gazep i kishte punët'.

Vdiq për gazep;- d.m.th, vetëm, pa kujdesje. 'Dulla vdiq për gazep i gjori, qëkur e la dhe gruaja para një viti'.

Pa gazepin me sy;- d.m.th, kaloi një trishtim të madh. P.sh, 'Tashti mirë ishte Matia, por e ngrata pa gazepin me sy kur iu dogj shtëpia'.

Për gazep t' Zotit;- shprehje keq ardhëse, pa asgjë, prej gjëje. P.sh, 'Ata të Rrapit rronin për gazep të Zotit. 2- shumë i sëmurë. P.sh, 'E vizitova Kolën në spital, e vërteta ishte se dukej për gazep t 'zotit'.

Sikur e piu gazepi;- d.m.th, u zhduk nga sytë. P.sh, 'Po ky Malo ç'u bë xhanëm sikur e piu gazepi?!'

N'ditë gazepit;- d.m.th, në pikën më të keqe të jetës. P.sh, 'Vajta dhe u bëra një vizitë atje në fshat, ama në ditë gazepit jetonin e unë s'kisha se çfarë t'u bëj'.

Gazeb mire po Osman pse;- ironi, njeri i pa marr vesh. P.sh, 'Ore që qenke gazeb e shoh unë, po Osman pse?'.

Gazepqar/ i; njeri i keq në shoqëri. 'Ruajuni atij se është gazepqari madh'.

Dynja gazepqare;- d.m.th, e mundimshme. P.sh, 'E po dynja gazepqare është kjo more bir, po ju dalëngadalë, mos nguteni'.

Gazét/-ë,/-a/ -at.

U bá për gazetë;- d.m.th, për turp të botës. P.sh, 'U bëre për gazetë moj bijë, po çështë halli yt kështu?!'Çfarë (si) thotë gazeta;- d.m.th, çfarë thotë realiteti. P.sh,

'Ti thua ashtu, po çfarë thotë gazeta është ndryshe'.

Gazetën pas bythe;- d.m.th, turpin. P.sh, 'Këta të Kolajve, sikur kanë gazetën pas bythe xhanëm'.

E pi (dredh) me gazetë;- d.m.th, si dikur kur e dridhnin duhanin me gazetë. 'Sala e pi me gazetë dhe ka zënë karar'.

Nuk i lexohet gazeta;- d.m.th, i pakuptueshëm. P.sh, 'Këtij bosit tonë nuk i lexohet gazeta fare, në shumicën e rasteve'.

Nuk ta lexoj gazetën;- nuk të kuptoj. P.sh, 'Fol më qartë o Malo, se nuk ta lexoj dot gazetën?'

E lexon gazetën mbrapsht;- d.m.th, ters. P.sh, 'Mos rri shumë me Rrapin, se ai përherë mbrapsht e lexon atë të shkretë gazetë'.

Në krye të gazetës;- d.m.th, si fillim fjale. 'Mirë e ke ti Kolë, por në krye gazetës thuhet ndryshe'.

E fshin me gazetë;- ironi, d.m.th, i egër, i pashtruar. P.sh, 'E po ta fshijë burri botës vetëm me gazetë, vetëm këtë, Gupin kam parë unë ?!'

Shet gazeta;- d.m.th, s'bën asgjë 2- llomotit kot. P.sh, 'Se më pyete për Kolën, Kola shet gazeta me njerëzit rrugëve'.

Gazhdár,/-e,/-ja

I ka ngránë gazhdaret e veta;- shaka, d.m.th, i ka kaluar vitet. P.sh, 'Daj Meta i ka ngrënë gazhdaret e veta e tani, mos i bini më në qafë'.

Sa gazhdare je;- d.m.th, sa vjeç. P.sh, 'Sa gazhdare je ti Shyqo, se vërtet kam harruar'.

Jemi nji gazhdare bashkë;- shaka, një moshe. P.sh, 'Jemi një gazhdare bashkë,- i thashë Rremës, e kur e dëgjoi kështu më pa e qeshi'.

Si mbushet (fryhet) gazhdarja;- shaka, ha shumë, llupës. 2- mendja. P.sh, 'Ke thirrur Gupin për darkë moj grua, por atij zor se i mbushet gazhdarja, prandaj bëje mend'. 2- 'Foli sa të duash Kolës ti, atij nuk i mbushet gazhdarja'.

Dy gazhdare bukë;- d.m.th, me bollëk. P.sh, 'Ata të Gjetës i kishin akoma dy gazhdare bukë, e kështu, po ti dëgjoje vetëm ankoheshin'.

Sa dy gazhdare bashkë;- shaka ironike, i dhjamosur. P.sh, '. P.sh, 'Nuk e sheh sa është bërë, sa dy gozhdare bashkë, gjithë ditën duke gatuar'.

Iu shpu gazhdarja;- d.m.th, kur i shpëtojnë dikujt pordhët. 'Kola e mbajti sa e mbajti, dikur iu shpua gazhdarja e nuk ndalej më'.

Gazhdareshpum;- gazhdare shpuar, d.m.th, shaka, pordhac. P.sh, 'Ik re gazhdareshpun, se na e mërzite gjithë ditën'.

I rri miu po n 'gazhdare;- mendja në njëjtin vend. P.sh, 'Foli ti sa të duash Matisë, asaj i rri miu po në gazhdare dhe as që ndryshon mendje;. 2- që ha shumë. 'Gjetës sikur i rri miu në gazhdare xhanëm?!'

Goxha derr gozhdarje;- tallëse, femër e dhjamosur, por dhe injorante. P.sh, 'Kishte marrë Gupi në grua, një goxha derr gozhdarje që se mbante kush me të ngrënë'.

Gdhend,/ -a.

Gdhend bishta spate (sëpate);- d.m.th, s'bën asgjë. P.sh, 'Malo sot gdhend bishta sëpate mesa duket, se nuk u pa nga puna fare'.

Ia gdhendi qoshet;- keq., d.m.th, e rrahu. P.sh, 'Aq pati keq Kola, sa e zuri hajdutin, po pastaj ia gdhendi mirë qoshet'.

I gdhendur;- d.m.th, i dobësuar. P.sh, 'Sa qenke gdhendur more biri im kështu, sikur ke qënë sëmurë?!'

Ku t'dhem e ku t'gdhen;- d.m.th, fut e bjer. 'Matia nuk pati mëshirë fare, i hyri gomarit në dru ku të dhem e ku të gdhend'.

Nuk ha t'gdhend;- ironike, d.m.th, nuk merr vesh. P.sh, 'Merko nuk ha të gdhend shumë e duhet dy herë t'ia thuash'.

Gdhi/-j/ -va,/ -rë

Gdhirë nga e mbara;- keq., d.m.th, ka vdekur. 'Dulla ka kohë që ka gdhirë nga e mbara, e ju akoma e përmendni'.

Gdhin ditët;- d.m.th, jeton me zor. P.sh, 'E takova motrën sot në spital, mezi gdhinte ditët e shkreta'.

E gdhiu n'bythë;- nga sëmundja. P.sh, 'Matisë i dhimbte një dhëmballë e, mbrëmë e gdhiu në bythë, ndërsa sot në mëngjes vajti te dentisti.

Mos u gdhifsh për n 'mjes;- mallkim, vdeksh, d.m.th, aq dëm na ke sjellë. P.sh, 'Mos u gdhifsh për mëngjes mos u gdhifsh, po ku vajte që nuk të gjejmë dot?'

Ku gdhihet, nuk ngryset;- është kudo. P.sh, 'Për Malon mos pyet fare, se ai ku gdhihet, nuk ngryset'.

Gdhirë në krah t 'majtë;- d.m.th, me nerva. 'Kola sot qenka gdhirë në të majtë, andaj mos i flisni shumë'.

Pa gdhirë (dhjerë) qentë;- shaka, shumë herët. P.sh, 'Erdhi Malo qysh pa gdhirë qentë e për pak na gjeti në gjumë'.

Gdhiu para syve;- d.m.th, u shfaq pa pritur e pa kujtuar. P.sh, 'Unë se kisha mendjen fare, kur Kola gdhiu para syve si ai qoftlargu'.

E gdhin se gdhin;- d.m.th, afër vdekjes. 'Rrapin e vizituam mbrëmë, por ai e gdhin se gdhin, ishte'.

Gdhirë larg;- d.m.th, nuk je i njohur me realitetin. 'Më duket se je gdhirë larg ti Malo, që flet kështu?'

Gégë,/-a/-ët.

Me gegë me toskë;- d.m.th, të gjithë, pa marrë parasysh. P.sh, 'U mblodhën në qendër qytetit me gegë e toskë e, nuk e merrte vesh i pari të dytin'.

Run t'i rruash mjekrën gegës;- ironi, d.m.th, të tallesh. P.sh, 'Ti more djalë ruan t'i rruash mjekrën gegës, por gabim e ke, më mirë largohu pa qeder'.

Gëmúshë,/-a /at- (kaçubë)

Lepur n'gëmushë;- d.m.th, me frikë. P.sh, 'E po nuk kalohet jeta lepur në gëmushë gjithnjë, kështu- tha Matia shumë e dëshpëruar'.

Ia prishi gëmushën;- keq., e kapi me zor. 2- ia prishi qejfin apo terezinë dikujt.

Mçef pas gëmushe;- d.m.th, tinëzar. P.sh, 'Ti Malo mos rri ashtu mçefur pas gëmushe, por dil e fol ashiqare'.

Lepri madh, gëmushe vogël;- gruaje mirë nga fisi i dobët, tallëse. 'Ashtu thua ti Kolë, por ama lepuri madh e gëmushë, kanë thënë të parët e mençur'.

Kapërcen n'shtatë gëmusha;- ka frikë, tallëse. P.sh, 'Ama shtatë gëmusha i kapërceve kur pe arushën?' 2- që nuk të rri në fjalë. 'Ti më qëndro në fjalë e, mos më kapërce në shtatë gëmusha ashtu'.

Gënjéj

Gënjen dhe dreqin;- shumë mashtrues. P.sh, 'Ky Nika, për zotin, gënjen dhe dreqin'.

Me të gënjyer;- d.m.th, pjerrtas në prerje rrobash, në latim një guri apo druri. P.sh, 'Kape daltën e vazhdo me të gënjyer pak nga pak, deri sa t'i dalësh në qosh'.

Gënjéshtër,/-ra

Gënjeshtra ka bisht, por ska

kámë;- d.m.th, del shpejt. P.sh, 'Mos u mundo fare të na shpjegosh se si qysh e tek, se gënjeshtra ka bisht, por nuk ka këmbë, ky është problemi, ti djali mirë'.

Gërbúj/a;- vegël metali ose prej druri me dhëmbëza, bisht druri që shërben për të mbledhur bar, jonxhë e tërfil në livadh. 'Sillma gërbujën', 'Po i vë një bisht gërbujës dhe erdha'.

Gërricë,/ a- /at (shkurtimisht grricë);- fjalë e rrallë. Gërvishje e lehtë në trup ndodhur aksidentalisht, apo nga ndonjë kafshë, si prej qenit apo maces. P.sh, 'Paske një gërricë në faqe', 'Jam bërë gjithë gërrica sot nga ferrat', 'Ky melhem është i mirë për gërricat', 'Kjo mace të gërricka kcq'.

Gërric-/a/-ur, (shkurt grric);- gërvisht me thonj apo me një vegël. P.sh, 'Gërric tokën me shatë', 'Gërric kurrizin se i ha'.

S'të grric atje ku t'ha;- ironi, d.m.th, jo i zoti, jo i shkathët. P.sh, 'Kolën e zgjodhën kryetar, mirëpo Kola nuk të gërric atje ku të ha'.

Na grrice;- d.m.th, na mërzite. P.sh, 'Na gërrice more bir, gjithë ditën dërr dërr'.

Ruan të grricet;- d.m.th, kërkon për sherr. P.sh, 'Ti ruan të gërricesh kështu, apo si e ka hallin?!'

Shko grric bythën;- d.m.th, zhduku. P.sh, 'Shko more gërric bythën andej, pse soji jot jemi ne?!'

Po t'u gërric, shko e kruje;- ironi, d.m.th, kërkon bela. P.sh, 'Kësaj i thonë, po t'u gërric shko e kruaje, se askush nuk ta ka fajin'.

Veç një grricë;- d.m.th, shkaku dhe pasoja e diçkaje. P.sh, 'Ti Malo mirë e ke që thua se nuk ke faj, por aq u desh veç një gërricë, që të fillojë gjithë ajo zhurmë e zënka'.

Gërshet,/-i/-at

Të qethça gërshetat;- shprehje mallkim, i padëshiruar. 'Të qethsha gërshetat moj bijë ç'më bëre!?'

Lidh për gërshetash;- shaka, duhen shumë. 2- janë një mendjeje. 'Matia me Norin janë si lidh për gërshetash, nuk ka kush i ndanë'.

Gërshërë,/-a /-ët.

I vuri gërshárët;- d.m.th, dikujt për diçka, ia preu shkurt e prerë. 'Kola foli për një kohë të gjatë, pastaj i vuri gërshërët e nuk tha qoftë dhe një fjalë'.

Janë një gërshárë;- d.m.th, që janë të një moshe, njësoj të rritur. P.sh, 'Fëmijët tanë janë një gërshërë me ata të Kolës, andaj u shkon shumë muhabeti'.

Gërshëras/i;- fjalë e rrallë, d.m.th, për fytas.

Shkojnë gërsháras;- d.m.th, që shkojnë, shaka, fytas. P.sh, 'Nuk e di se çfarë kanë që shkojnë gërshëras Kola me Malon?!'

Gërshërëz,/-a/ -at (gërshárëz/ at;- insekt i vogël zvarranik, i kuqërremtë, bishtin sfurk që gjendet zakonisht në veshin e rrushit të pjekur. 'Paska shumë gërshërëza ky vesh rrushi', 'Gërshërëzat nuk të pickojnë' etj.

Si gërshárza n 'vesh rrushit;- d.m.th, femër e pastër, e shkathët dhe e bukur. P.sh, 'Kjo vajza jote sot qenka si gërshërëza në vesh të rrushit'.

Gërxhop/-i/-em;- fjalë e rrallë; njeri i moshuar me kurriz të kthyer, fjalë jo edukative, shumica herës shihet të përdoret te ata persona me sjellje negative. 'Erdhi ky gërxhopi', 'Sa plak gërxhop që qenka i shkreti'.

Gërxhop para sysh;- shprehje ironike, d.m.th, që të mërzit apo lodh dikush me sjellje të dobëta.

'Mu bë ky Gupi, gërxhop para sysh, dje te puna'.

Ia gërxhopi;- d.m.th, e mërziti keq. P.sh, 'S'pati faj Matia që i ra Kolës, se ai ja gërxhopi keq'. 2-tallëse, d.m.th, ia rrasi, e përdori një femër seksualisht. P.sh, 'Edhe pse ajo bënte sikur nuk donte, ai ja gërxhopi asaj'.

T'daltë gërxhop;- d.m.th, u trembsh, u lemerish. P.sh, 'Të daltë gërxhop të daltë yt vjehrrë, se shumë keq e trajtove'.

Gështénjë,/-a/ -at.

Iu poq gështenja;- shaka, ka ardhur në moshë martese (për femrat më shumë). 'S'do mend, iu poq gështenja dhe do të martohet vajza'.

I shet lart gështenjat;- shprehje ironie, d.m.th, mburret pa qenë nevoja. P.sh, 'Ky Kola, sa lart që i shet gështenjat xhanëm, sikur nuk e njohim!'

S'ja blen kush gështenjat;- d.m.th, nuk e honeps njeri. P.sh, 'Sa gënjen ky Gupi xhanëm, nuk e shikon ai, që nuk ia blen njeri gështenjat?'!

Nxjerr gështenjat nga zjarri, me mashën e botës;- d.m.th, përdor tjetrin për qëllimet e veta. P.sh, 'Përherë ky Rrapi kërkon të nxjerrë gështenjat nga zjarri me mashët e botës, por iku ajo kohë, njerëzit ia dinë huqin tashti'.

I ha gështenjat pa pjekur;- d.m.th, që ngutet. P.sh, 'Sa pa pjekur që i ha këto gështenja more Kolë- i tha Matia të shoqit- kur ai po tregonte diçka interesante'.

Gëzof,/-i

Ja prenë (ia qepën) gzofin;- e dënuan sipas kokës. 'Vajti disa kohë, por më në fund ia qepën gëzofin Rrapit'.

Ha gzof;- d.m.th, kur dikush respektohet nga paraqitja, jo nga mendja. P.sh, 'Xha Aliu qe ulur në qoshe, dhe kur tha që kësaj i thonë- 'ha gëzof- të gjithë sa qenë aty qeshën'.

Ia rregulloi gzofin;- d.m.th, e rrahu. P.sh, 'Mos ki merak ti, se të vjen Malo dhe ta rregullon gëzofin mirë'.

I ndërruan gzofët (kësulat);- d.m.th, bënë fjalë keq. P.sh, 'Ata qenë mirë, por ajo dreq rakie i bëri që i ndërruan gëzofët atë natë'.

Gzof për gzof;- kokë për kokë. P.sh, 'Mos ki merak, se gëzof për gëzof vajti kjo punë'.

Fle n'gzof t 'lalës;- d.m.th, që kujdeset jashtë mase. P.sh, 'Matia është vajzë e vetme, prandaj ajo fle akoma në gëzof të lalës'.

S'ishte kry për at gzof;- d.m.th, nuk ja vlente. P.sh, 'Ti ja fole vajzën Gupit- tha Matia- por mesa duket ai nuk ka krye për atë gëzof'.

Gisht,/-i /-at

Ia futi gishtin;- tall., ia hodhi me dredhi. P.sh, 'Kola e besonte shumë Malon, por ky i fundit ia futi gishtin, e Kola nuk e mori vesh fare'.

Me gisht n 'bythë;- d.m.th, me hile;-shprehje pyetsore. P.sh, 'Më duket ti Kolë ma ke me gisht n'bythë këtë gjë?'

Shkojnë gishtas;- d.m.th, duhen shumë. P.sh, 'Ato vajzat tona shkojnë gishtas, prandaj i dua shumë- tha Matia te shtegu'.

Ja t 'hoq gishtin;- d.m.th, e vrau. P.sh, 'Nuk dihet e saktë, por mesa duket, Gupi ja tërhoq gishtin Rrapit ,ngase kanë pasur një hasmëri të vjetër'.

Për majë gishtash;- d.m.th, përmendësh. P.sh, 'Matia e dinte për majë gishtash mësimin e gjeografisë, ndaj doli shkëlqyeshëm në provime'.

Ka gisht- dmth ka dorë, hile. Psh Më duket se këtu ka gisht Hila?

Dy gisht nër bisht- dmth ngjitur e ngjitur. P.sh Hajt mos u mërzit se katundi jot me temin dy gisht ndër bisht janë.

Glás/-ë,/-a/ -at

Kjo glasa;- tallëse, d.m.th, femër jo e pastër, jo e zonja, dembele.. P.sh, "Sa erdhi kjo, glasa më keq e bëri shtëpinë e Gjelajve'.

T'raftë glasa;- mallkim për një femër të ligë. P.sh, 'Ç'më bëre moj bija ime, që të raftë glasa e pulave të raftë'.

La glasën;- tall., d.m.th, i ikën gruaja dikujt. P.sh, 'Kolës më duket se ia la glasën Matia, kështu po thonë njerëzit poshtë e përpjetë'.

Bythë glasë;- shaka, femër përtace. P.sh, 'Sa bythë glasë që je moj bije, mendja nuk ma merr'.

Glasa glasa;- vende vende. P.sh,' Gupi e ka hedhur plehun kimik glasa glasa nëpër arë, sa për të thënë që e bëra, se punë nuk është ajo'.

Kak'n e glasës;- d.m.th, që nuk të bën dot asgjë. P.sh, 'Posi posi, ti po qe për atë punë ta ha kakën e glasës', ose, 'i iku gruaja filanit dhe i la kakën e glasës'.

Godit/ -a,/ -ur

Nuk i goditi;- d.m.th, nuk i erdhi për shtat. P.sh, 'Kolës nuk i goditi, se s'kishte si të thoshte ndryshe'.

U goditën;- d.m.th, u rregulluan në pazar. P.sh, 'Kola me Malon u goditën në Pazar, pa llafe e fjalë'

Ásht me goditje;- d.m.th, i çmendur. 'Po mirë ti nuk e sheh që Gupi është me goditje në kokë, dhe ti vete i bën fjalë'.

Gogë/a (fjalë e rrallë);- figurë mitologjike e frikshme që del natën e ha fëmijët e vegjël që qajnë kot. P.sh, 'Mos qaj se vjen goga', 'Mbuloje kokën me jorgan, se vjen goga e të ha'.

T'báhet tjetri gogë;- d.m.th, të mërzit, të vjen nga pas. P.sh, 'Epo të bëhet tjetri gogë si ky Sala, s'më kanë parë sytë'.

Gogë ballona;- fjalë e rrallë, figurë trembëse për fëmijët. P.sh, 'Pusho se vjen gogë ballona nga penxherja'.

Gogël,/-a/ -lat

E vogël por gogël;- d.m.th, e mirë dhe e shkathët. P.sh, 'Nusja e Kolës ishte e vogël, por ama si gogël ishte'.

I shkanë goglat;- d.m.th, u çmend. P.sh, 'Nuk e di ekzakt se ku qe problemi i tyre, por Malos i shkanë goglat siç duket e, filloi të bërtasë'.

Tri gogla n'majë;- shaka, mendjelehtë. P.sh, 'Gjeta, tri gogla në majë është i shkreti, tani ti shkon dhe i zemërohesh'.

Dushk për gogla;- të njëjtë. P.sh, 'Nejse, dushk për gogla vajti kjo punë, ti ma hodhe, unë ta hodha'.

Si dy gogla qyqje;- shaka, e shëndetshme në faqe. P.sh, 'Kur erdhi Matia nga mali, si dy gogla qyqeje i ndrisnin faqet'.

Si gogla n' tepsi;- d.m.th, që kërcen apo punon shumë. P.sh, 'Kjo Matia, qysh se ka ardhur nuse në atë derë, si gogla në tepsi e mjera'.

Lagin gogla, i futin n'mëth;- keq., d.m.th, dembelë, s'bëjnë asgjë prej gjëje. P.sh, 'Mos pyet fare për djemtë e sotëm, ata lagin gogla e i futin në byth- tha Kola duke qeshur me sytë drejtuar nga Gupi'.

Gojë,/-a /-ët

T'ja mbash nër gojë;- d.m.th, ta vrasësh, në kuptimin pozitiv të thënies. P.sh, 'Ky Kola është t'ja mbash nër gojë, kur fillon nga shakatë e tij'. Në kuptimin negativ;- 'Kishte një gojë të ligë ajo grua që t'ja mbaje nër gojë t'ja mbaje'. Çfarë do moj gojë;- d.m.th, të gjitha mirësitë. P.sh, 'Kishte një punë Kola, që çfarë do moj gojë, ishte'.

M'ra (m 'zuri) goja lesh;- d.m.th, u lodha jashtë mase duke folur. P.sh, 'Më ra goja lesh more bir, or çështë puna me ty kështu?'

Ujë n'për gojë (gurmaz);- d.m.th, që ia ka ënda shumë. P.sh, '. P.sh, 'Kola hante një portokall, mua ujë nëpër gojë më shkonte'.

Ha me gojë e plas me zemër;- shaka, d.m.th, lakmitar në një femër. P.sh, 'Kësaj i thonë, ha me gojë e plas me zemër, moj vajzë, nuk e di si është puna me ty'.

Me gojë ha, me dorë mos nga;- shaka, fol por mos u nxeh. P.sh, 'Kola i dha sa i dha, iu drejtua Malos;- me gojë ha Malo, me dorë mos nga, po të them unë'.

Gojë çapraz;- tall., dikush që flet fjalë të ndyra. P.sh, 'Sa gojë çapraz që paske qenë more shok- i tha Kola Gupit, ndërsa ishin duke pirë'.

Gojë thupaq;- dikush që flet thupa, thupaq. P.sh, 'Ngela tërë ditën me atë gojë thupaq, e asgjë nuk i mora vesh se çfarë fliste'.

Gojë pelin;- d.m.th, gojëkeq, gojë ndyrë. P.sh, 'Shumë gojë pelin kishte qënë Gupi, e se kam ditur më parë'.

Sikur i ka pështyrë n'gojë;- d.m.th, ekzakt një pamje, kopje origjinale. P.sh, 'Ky djali Salës, qenka sikur i ka pështyrë i ati në gojë, e pastë hijen e vet shumë i mirë qenka'.

Se ke gojën veç për bukë;- d.m.th, mos u trego i pazoti, reago, kundërshto.

Gojën pas qafe;- d.m.th, duke folur në publik, por pa u kuptuar. P.sh, 'Ama gojën pas qafe ma nxorët sot o fëmijë, duke u folur e shpjeguar mësimin!'

Gojézë/-a-at;- shufër e shkurtër hekuri a lak në kapistër, që i vihet në gojë kalit, mushkës për ta komanduar nga afër.

Me gojezë nër gojë;- d.m.th, që është e çmendur, ska nga lëviz. P.sh, 'Kola i rri me gojezë ndër gojë së shoqes, se përndryshe ajo merr dheun e zhduket'.

S'ia lëron (lëshon) gojëzën;- d.m.th, që e mban të frenuar një person, qoftë mashkull apo femër. P.sh, 'Gupi s'ia lëron gojezën fare djalit, se e di që ai loz bixhoz'.

Gole/ja-et;

1- Qen i vogël shtëpie, femër, që ruan pulat. 'Po leh golja, dil njëherë shih;, 'Kasolla e goles'.

2- Femër e përdalë, gole pazari.

Leh si gole;- d.m.th, keq., një femër që flet pa u ndalur, vend e pa vend. P.sh, 'Kishte sjellë djali një grua nga jashtë, po ajo lihte si gole, njëherë nuk iu mbyll ajo gojë'.

Gomár,/-i/-ët.

S'di gomari ç'á tagjia;- d.m.th, nuk merr vesh nga e mira. P.sh, 'E lutën Kolën ta mbante atë punë akoma, po pse di gomari, me nder, se ç' është tagjia?!'

Mizat han (pickojnë) gomarin, ti vete shkund kámbët;- d.m.th, bëhesh siklet në diçka që s'të përket aspak. P.sh, 'Dëgjoja Malon kur i tha Matisë;- Po mirë moj gruaja ime dashur, tani mizat hanë gomarin, ti pse vete dhe shkund kot këmbët, sepse ajo shumë qe nevrikosur me sjelljen e një shoqes së punës'.

I kanë fut trutë e gomarit;- keq., d.m.th, i kanë bërë magji. P.sh, 'Ky Kola qe shumë mirë më parë, por sa u martua duket se i ka futur trutë e gomarit e shoqja, dhe nuk di se çfarë bën e flet'.

Sa shtatë gomarë bashkë;- d.m.th, shumë i trashë. P.sh, 'Vete dhe ti pyet Rrapin për mend, nuk e shihni që ai është sa shtatë gomarë bashkë o burri dheut'.

S'ia mban (çon) gomari krypën;- d.m.th, nuk ia mban, nuk ka guxim. P.sh, 'Mirë e ke ti që thua ashtu, por Kolës nuk ia çon shumë gomari krypën për aso lloj punësh'.

Si gomarët n' boka;- shaka, d.m.th, që nuk punojnë fare, veç gallatë tërë ditën. P.sh, 'Këta djemtë e Sykës ku hanë xhanëm, veç i sheh si gomarët në boka tërë ditën e, askush nuk u thotë puna mbarë'.

N 'xhenet gomarve;- tall., kur vdes një njeri i keq. P.sh, 'Thanë që ka vdekur Gupi dje, por në xhenet të gomarëve i vaftë shpirti, se shumë e mundoi këtë popull'.

Ku ndiqen gomarët;- ironi, d.m.th, ku nuk ka asgjë prej gjëje, shumë keq. P.sh, 'Kola e kishte martuar vajzën në një vend ku ndiqen gomarët, po epet cuca atje?'

Ja futi mizat e gomarit;- d.m.th, e nxehu keq. P.sh, 'Gupi qe në rregull për një periudhë bukur të gjatë, pastaj vjen Maloj, ia fut mizat e gomarit dhe, hajde dëgjoje Gupin pastaj'.

Lujnë gomarthi;- d.m.th, rrinë kot së koti, sillen vërdallë. P.sh, 'Si rrinë burrat tërë ditën e luajnë gomarthi e, nuk zënë punë me gojë, vetëm juve kam parë unë?'.

Gop,/- i;- fjalë e rrallë. Emër që sillet herë herë si mbiemër, në shumicën e rasteve merr kuptim negativ. P.sh, 'Erdhi ky gopi s'ëmës', në këtë rast ose një person i padëshiruar, ose një person shumë i shkathët.

Gop sáme;- për dikë, shumë i shkathët dhe i mençur. 'Shumë gop sëme është Kola për atë punë'.

N'gop satëme;- sharje. P.sh, 'Në gop t'satëme shkofsh, thefsh qafën', 'Kur e pa Malo që nuk e mbante më mushkën për litari, e lëshoi dhe i tha;- Në gop satëme shkofsh, e të ngrëntë ujku'.

Gopi i gopit;- tall., bir kurve. P.sh, 'Ku ia diti bytha këtij gopit të gopit?', ose, 'Gop gopi është Sala për barillëk'.

Gorrícë,/-at;- (krahinore, gërrnicë)

Ngeli gërrnicë n' fyt;- d.m.th, ngeli hatri. P.sh, 'Kola hodhi një fjalë ashtu mbyturazi, e Matisë i ngeli gërrnicë në fyt, sa kurrë nuk e harronte'.

Sa i shet gërrnicat?!;- ironike, d.m.th, sa të kushtojnë gënjeshtrat?. P.sh, 'Mirë more Malo mirë, po i thonë fjalës sa i shet gërrnicat aq fitim të vjen pas'.

Hajdari n'byth gërrnicës frynte binte piskës;- shaka, njeri pa zanat që mban botën në gojë. P.sh, 'Kam parë e s'kam parë, por ai Gupi ishte si ajo fjala, Hajdari n 'bythë gërrnicës frynte binte piskës'.

Gót/ë,-a,/-at

Ta pije n'gotë;- dëshirore, d.m.th, shumë e bukur vajzë. P.sh, 'Kishte një mbesë ai Kola që të pije në gotë'.

I thyn gotat;- d.m.th, bënë fjalë, u grindën. P.sh, 'Sa budallenj që janë Kola me Malon, për pesë pare spec i thyen gotat'.

S'ia piu gotën;- d.m.th, nuk e pranoi më si mik apo shok. P.sh, 'qysh atë ditë kur u grindën për çështjen e kufirit të livadhit, Kola nuk ia piu më gotën Gupit'.

Ndryshe bota e ndryshe gota;- d.m.th, këtej flet ndryshe e andej ndryshe. P.sh, 'Po flisja me Malon një ditë për një çështje me rëndësi, e pas disa kohësh u pa që ishte ndryshe bota e ndryshe gota'.

T'sheh n'gotë (filxhan);- d.m.th, di sekrete. P.sh, 'Kjo Matia sikur të sheh në gotë more burri dheut, të gjitha t'i gjen'.

Gózhdë,/-a /-ët.

Gozhdë dyzeçe;- d.m.th, me të hedhur, me të ngulur. P.sh, 'Ama gozhdë dyzeçe ma ke atë fjalë o Shpëtim- tha Isaku dhe iku duke qeshur'.

Si gozhda e Nastradinit;- d.m.th, që ta lë çështjen peng, jo të qartë. P.sh, 'Ti tashti mos na e le si gozhdën e Nastradinit këtë punë, bëje mënjanë'.

Varu pas gozhdës tánde;- d.m.th, mbaju vetvetes. P.sh, 'Rrapi ishte nevrikosur me Gupin për diçka, dikur ia bëri'. 'Ti shoku Gupi varu pas gozhdës tënde në qofsh burrë'.

Ngul gozhdë n 'oborr;- d.m.th, mos më ngacmo aty ku nuk duroj. P.sh, 'Pse unë u nxeha pata pak hak ti Malo, mos më ngul gozhdë në oborrin tim, dhe unë pastaj nuk të trazoj'.

Si çekiçi, gozhda;- d.m.th, si njëri, tjetri. 'Ky Kola me Matinë. si çekiçi gozhda janë, asnjëri nuk ja lë mangët tjetrit'.

Atje ku pret gozhdë'- ironi, d.m.th, në burg. P.sh, 'Salën e kanë futur atje ku pret gozhdë të shkretin, e keq më vjen se nuk pati faj'.

Pret gozhdë me bythë;- tall.,

d.m.th, flet futja katundit. P.sh, 'Ti Malo mos fol si ai që pret gozhdë me bythë tani, se nuk shkon fare ky muhabet- tha Kola dhe u ngrit e shkoj tërë nerva'.

Gozhdë taljoni;- d.m.th, punë pa hile, shumë të mirë. P.sh, 'Ai Kola, gozhdë taljoni e ka punën, ndaj e marrin të gjithë e nuk e lënë të pjekë përdhe'.

Drejton gozhdë t' vjetra;- d.m.th, s'bën asgjë. P.sh, 'Feri tërë ditën drejton gozhdë të vjetra me Matinë aty te shtëpia'.

Nuk je ngjit me gozhdë;- d.m.th, lëviz, bëj diçka. P.sh, 'Hej or djalë, nuk je ngjit me gozhdë, po lëviz se u ngrys'.

Gozhdój,/ -óva,/ -úar E gozhdoi si Krishtin;- d.m.th, me fjalë. Nuk i la gjë pa thënë, e vë me shpatulla pas murit. P.sh, 'Pali e gozhdoi si Krishtin Hilën, e ky i fundit nuk tha gjë fare e, u largua'.

Ia gozhdoi dërrasat;- d.m.th, e rrahu, ose e ngjeshi mirë me fjalë. P.sh, 'ia gozhdoi dërrasat Gupit mirë e mirë'.

Grazhd,/-i/ -et.

Ky grazhdi;- d.m.th, ky bark pangopuri. P.sh, 'Erdhi ky grazhdi e nuk çohet nga sofra, deri sa të plasi'.

Bán grazhd;- ironi, d.m.th, gjen mënyra, është i gjetshëm. P.sh, 'Kola ban grazhd kollaj edhe pse e pushuan nga puna'.

Lidh për grazhd;- d.m.th, që s'ka të hajë. 'Kam kohë që kërkoj punë, se kam ngelur lidh për grazhdi e po mi nxjerr gruaja sytë'.

Ta than grazhdin;- d.m.th, koprrac i madh. P.sh, 'Xhemi, vallahi ta than grazhdin keq, por s'kemi se ç't'i bëjmë, huqi me shpirtin e duhet të shkojmë ta shohim se njeriun tonë e kemi'.

Ka le n 'grazhd lopës;- d.m.th, që vepron trashë e trashë në çdo aspekt. P.sh, 'Gjeta, sikur ka lindur në grazhd të lopës o burri dheut, mezallah se ndryshoi ai njeri'.

Grazhd/uar/ohem;- dmth, që ha ushqim (shprehjet e kësaj natyre kanë notë përçmuese) Psh Erdhi sa u grazhdua dhe iku. Prit sa të grazhdohem se ta tregon lala qefin.

Grep,/-i/ -at

Çdo berr varet për grep t 'vet;- d.m.th, secili përgjigjet për punën e tij. P.sh, 'Dakord, dakord, ti sillu si të duash, çdo berr varet për këmbë të tij, i thonë një fjale, ama konsekuencat vetë keni për ti larë'.

Ka shku për grepa;- tallëse, që nuk është më, ka vdekur apo është larguar. P.sh, 'Ti pyete për Gupin, po Gupi ka vite që ka shkuar për grepa i shkreti'.

Me grep;- d.m.th, me të hedhur, me të tallur. 'Më duket ma ke me grep fjalën o Malo- tha Kola'.

Nuk presim grepa;- ironi, d.m.th, nuk rrimë për sy të bukur. 'Ne nuk presim grepa këtu, por punojmë e çalltisim si gjithë bota'.

Si karrem n 'grep;- d.m.th, e përdor dikë si të dojë qejfi. P.sh, 'Malo përherë e përdor Kolën si karrem në grep, e vetë kurrë nuk begenis'.

Greth,/-i/- ët

Sikur ke grethët;- shprehje tallëse, d.m.th, bërtet vend e pa vend. P.sh, 'Hë moj grua, ç 'bën ashtu sikur ke grethët se na çmende?!'

I dogj grethi;- d.m.th, i erdhi inat. 'Kolës shumë i dogji grethi, por s'pati gojë të fliste se nuk ishte as vendi as dhe koha'.

Ia lshoj grethët;- d.m.th, ia ngriti nervat. P.sh, 'Kjo Matia përherë ia lëshon grethët të shoqit, pastaj nuk flet më një gjysmë dite'.

Sikur e kishin ngránë grethët;- tallëse, i shëndoshur tej mase. P.sh, 'Gupi ishte bërë sikur e kishin ngrënë grethët, kur erdhi poshtë nga mali'.

Grij,/-va,/ -rë

E grin, (përshesh);- d.m.th, e ka nën vete, e përdor si të dojë, shprehje keq ardhëse. P.sh, 'Ajo e grin përshesh të shoqin, nëse nuk i blen cigare kur vjen nga qyteti'.

Shumë grin;- d.m.th, llafazan/e. P.sh, 'Kjo Matia shumë grin, se kuptoj si e duron i shoqi'.

Gris,/ -a,/ -ur

Nuk griset;- d.m.th, jetë e zorshme, nuk kalohet me dikën. P.sh, 'Me atë Palin, nuk griset koha fare o burri dheut'.

Bythë grisur;- shaka, një që lëshon gazra pa ndalim. P.sh, 'Hë ore bythëgrisur, se na çmende tërë ditën sot'.

E grisi n 'mullë;- d.m.th, e nxori një sekret. P.sh, 'Deri diku qe mirë puna, pastaj vjen Matia dhe e grisi në mullë, pastaj vajti dhe u pordh gjithçka'.

Të gris atje ku s'duhet;- d.m.th, të ngacmon vend e pa vend. P.sh,

'Me ty Malo dua të rri nganjëherë e të bisedoj, por ti e ke zakon e të gris m'u atje ku nuk duhet'.

Shko gris bythën- shprehje negative. D.m.th ik andej mos na mërzit. P.sh. Ik re andej shko gris bythën, erdhi ti të na mësosh neve.

Grisë/- a (vrimë)

Ze një grisë;- d.m.th, ironi, mbaron një hall. P.sh, 'Pak para janë, por të paktën zë një grisë diku'.

S'i mbyllet grisa;- ironi, d.m.th, nuk i mbyllet goja. P.sh, 'Epo kësaj plake, mezallah se i mbyllet grisa, e na çau veshët me atë zë si piskë'.

Sa grisa, aq pisa;- një vend, me njerëz të ç'thurur e problematikë. 'Vajta në fshat dje, po atje sa grisa aq pisa kishte, more burri dheut, ëh?!'

Grópë,/-a/ -at

Ta bán shpirtin gropë;- d.m.th, që të vjen keq. P.sh, 'Kur e shoh Milen ashtu, ta bën shpirtin gropë ta bën'.

Të bâfsha gropën;- mallkim pozitiv, d.m.th, vdeksh. P.sh, 'Po ku je moj bijë, të bëfsha gropën të bëfsha, se kam disa ditë që të kërkoj e nuk të gjej'.

Si derri n 'gropë;- d.m.th, nuk punon, dembel. P.sh, 'Rrapi rri si derri në gropë e mezallah se e ngul një bel'.

S'jam unë n 'gropën tánde!;- d.m.th, nuk do të vdes unë për ty. P.sh, 'E vërteta kjo është që po ua tregoj, pastaj nuk jam unë në gropën tënde që të paguaj mëkatet tuaja'.

Grosh,/-i/ -ët

Një llaf treqind grosh;- shaka, dikush që mezi flet nga përtesa. P.sh, 'Kola e ka një llaf treqind grosh'.

Ia dhanë groshin;- keq., d.m.th, e pushkatuan. P.sh, 'Nuk e keni marrë vesh ju akoma, Nosit ia dhanë groshin se vetë e bëri hak'. *Syrin dritë groshi, vetullat gajtan,/ Kush të ka mërzit moj aman aman,/Është ky bandilli vesh në xhamadan,/Që më vjen vërdallë sabah e aksham,/.* (Këngë e vjetër grash luajtur me valle të butë).

Gróshë,/-a/ -ët

Ka ngránë shumë groshë;- d.m.th, pjerdh nga goja, tallje për dikë që flet pa ndalur. P.sh, 'Buqja paska ngrënë shumë groshë sot, andaj nuk iu ndalka goja'.

E shet nalt groshën;- d.m.th, mbahet qibar. P.sh, 'Epo kjo Matia shumë nalt e shet atë dreq groshe'.

Bukë e groshë;- d.m.th, jo shumë gjellëra. P.sh, 'Bukë e groshë kemi miq, andaj ju lutem hani bukë'.

E pret groshën gjashtë orë të zihen, nuk e pret gjashtë minuta të ftohen;- tall., d.m.th, që nguten kush e kush më parë të flasë.

Groshë groshë, ta bán tezen shoshë;- d.m.th, e njëjta gjë për ditë. P.sh, 'Thua që grosha është e shëndetshme, ama groshë groshë, ta bën tezen shoshë'.

Si të shplame groshësh;- tallëse, femër që nuk mbahet mirë. P.sh, 'Ç'më ke dal ashtu si të shpëlamë groshësh moj bijë, shko brenda e ndërrohu se turp është'.

Grua,/-ja/-atë

Sa dy gra bashkë;- d.m.th, shumë e dhjamosur. P.sh, 'Kjo Gjylja sa dy gra bashkë është murga'.

Si gratë shemra;- tallëse, d.m.th, që grinden vend e pa vend.. P.sh, "Po ju çkeni që grindeni ashtu si gratë shemra, apo nuk u nxe vendi?'

Ment sa një grua, trupin sa një burrë;- shaka, d.m.th, femër me trup burri. P.sh, 'Ashtu është, çfarë ti bësh tashti, mentë sa një grua e trupin sa një burrë, por të paktën nuk ka gojë'.

Grurë/,-i

Grurë e thekër;- d.m.th, përzier situata. P.sh, 'Ishte kur ishte qetë, tashti grurë e thekër u bë puna'.

E kaluam grurë;-d.m.th, shumë mirë. 'Ishin nga Qanua mbrëmë dhe e kaluam grurë'.

Grusht/-a /-at.

Me grushte barkut;- shprehje mërzitëse, d.m.th, me lodhje, mundime. P.sh, 'Kola e mbaroi punën që i dhanë por ama me grushte barkut e mbaroi'. Ose, 'Jetuan një jetë të tërë me grushta barkut të shkretët'.

Sa një grusht;- d.m.th, trembje. P.sh, 'Kur Kola i foli Matisë, ajo e varfra u bë sa një grusht'.

2-Dobësim. P.sh, 'Kishte dalë nga spitali, por ama sa një grusht ishte bërë'.

I fut grushtin;- d.m.th, masturbon. P.sh, 'Rrapi ka ngel beqar i gjori, e shpesh i fut grushtin'.

Nxirri sytë sa një grusht;- d.m.th, ki inat sa të pëlcasësh. P.sh, 'Unë do të vete atje, e ti po deshe nxirri sytë sa një grusht'.

Grýkë,/-a/-ët

Ta bie shpirtin n'grykë;- d.m.th, të mërzit jashtë mase. P.sh, 'Ma mërziti ky fëmijë, shpirtin në grykë ta bie'.

Zërja grykën poçit;- tallëse, d.m.th, mos pirdh shumë. P.sh, 'Hej O djalë, zërja grykën poçit, se na qelbe'.

U nxi gryke Çervenakës;- d.m.th, u nevrikos. 'I foli Malo Matisë, e ajo menjëherë u nxi si grykë e Çervenakës'.

Gúnë,/-a / -at

Rrfen guna;- d.m.th, dalin sekretet. P.sh, 'Nejse, ti mos trego, por ama rrëfen guna ti miku im'.

Pjell n 'gunë;- d.m.th, dembele. P.sh, 'Po ku e gjetët këtë grua xhanëm, që pjell në gunë gjithë ditën'.

Gjen guna gunën;- ironi, d.m.th, miku mikun, shoku shokun. P.sh, 'Mos u mërzitni fare se kanë thënë të vjetërit që, gjen guna gunën, në disa raste'.

T'fut, (mban) nën gunë;- d.m.th, kujdeset për ty. P.sh, 'Sela të mban në gunë për zotin, aq njeri i mirë që është'.

Gunë e dhirtë;- d.m.th, i ashpër si njeri. P.sh, 'Shtrohet njeriu njëherë, jo përherë gunë e dhirtë, se nuk ka lezet'.

I pjellin macet n 'gunë;- d.m.th, i ecin mirë punët. P.sh, 'Tashti Kolës i pjell macja në gunë e, shko e fol me të po deshe'.

Herë nër gunë, herë mbi gunë;- d.m.th, si ti vijë rasti. P.sh, 'Po tashti si ti vijë kësaj pune ti daj Xhela, herën nën gunë e herë mbi gunë, sa të dalë ky dimër'.

Si mut nën gunë;- keq., d.m.th, që e mban sekret diçka të padëshiruar. P.sh, 'Po ju pse e mbani mbuluar ashtu si mut nën gunë, ajo që u bë, u bë tashti'.

Gunë derr;- ironi, d.m.th, njeri i trashë. P.sh, 'E po të jetë tjetri gunë derr si Rrapi, zor se të zë syri

Gur,/-i/ -ët.

Ia futi një gur n 'opingë;- keq., d.m.th, ia bëri një të keqe, ose ia hodhi një fjalë therëse. P.sh, 'Bën nga bën ky Malo, pa ta fut një gurë në opingë nuk i rrihet'.

Mos hudh gurë n' lug;- keq., d.m.th, mos fut sherr e ngatërresa.

P.sh, 'Ti Kolë kur s'ke punë, të paktën mos hidh gurë në lug, apo jam gabim?'

U bá gur kufiri;- d.m.th, nuk lëviz nga vendi, ose dembel, ose i qëndron fjalës. P.sh, 'I vajtën Gupit disa herë për punë, por ai u bë gurë kufiri e se lëvizte nga vendi', ose, 'Kolën e ke gurë kufiri, kur vjen fjala e sekretit'.

I hudhi një gur për qafe;- keq., d.m.th, e zhduku pa nam e nishan. P.sh, 'Ata të Kolës sollën një lopë një ditë nga pazari, e pastaj sikur i hodhën një gurë për qafe, nuk u pa më'.

Gur varri në t'u bâfsha;- d.m.th, dashuri e madhe. P.sh, 'Gurë varri në t'u bëfsha se të gënjej'.

Për at gur e dru;- betim, d.m.th, për çdo send në botë. P.sh, 'Të bëj be për at gurë e dru, që Kola nuk është në shtëpi sonte'.

I ra gurit dhe u ça, i ra drurit dhe u tha, i ra njeriut gjë nuk tha;- thënie fetare. Është fjala për një hidhërim, apo diçka shumë të keqe, ku njeriu përherë del humbës.

I báni gurët rresht;- d.m.th, i ka punët në vijë. P.sh, 'Ata të Malos vuajtën për disa kohë, por tani i bënë gurët rresht dhe nuk janë keq'.

Gur kufiri t'baftë Zoti;- d.m.th, që nuk lëviz nga vendi kurrsesi. P.sh, 'Rrapi, gur kufiri të bëftë Zoti se kap punë me dorë, ka disa vjet'.

Gur mulliri, qoftë beku Zoti;- ironi, d.m.th, shumë dembel i madh. P.sh, 'Po mirë moj Matie, po ai burri jot, gur mulliri, qoftë bekuar Zoti, ishte'.

Sikur i ke var gur 'n e mullirit;- d.m.th, përton shumë. P.sh, 'Gupit mos ja ngarko atë punë, se sikur i ke varë gurin e mullirit pas bythe është'.

E gjeti unori gurin;- d.m.th, shoqi shoqin. P.sh, 'Aq qe puna, sa gjeti guri unorin dhe mbaroi puna'. 'Më në fund e gjeti unori gurin- qeshi Matia- dhe na ftoi për kafe të fejesës djalit'.

I shkon fustani gur mulliri;- 1-Pak ironike, d.m.th, që vjen vërdallë, lodhet e nuk nxjerr gjë në breg. P.sh, 'Matisë i shkon fustani gur mulliri tërë ditën e asgjë në dritë'. 2- Shaka me kuptim pozitiv. 'Ishin në valle vajzat e u shkonte fustani gur mulliri, cep më cep'.

Gurmáz,/-i / -et

Të pëlcasë gurmazi;- keq., urdhëruese, d.m.th, aty të rrish deri sa të vdesësh. P.sh, 'Kola e bëri të shoqen t'i pëlcasë gurmazi nga mërzitia'.

Láng për gurmazi;- d.m.th, që ia ka ënda shumë një ushqim, ose, i uritur. P.sh, 'Kishte bërë Matia një hallvë, që lëng për gurmazi të çonte'.

Ujë për gurmaz;- që është dobësuar atje ku s'ka më. P.sh, 'Doli Gupi nga spitali, por ama ujët për gurmaz i shkonte'.

Ta thanë gurmazin;- d.m.th, që është koprrac. P.sh, 'Teze Matia është shumë grua punëtore, ama kur vjen puna te e gatuara, ta thanë gurmazin ta thanë'.

Gúrr/,ë,/-a / -at

Gurrë t'baftë Zoti;- diçka me shumicë, ushqim, fëmijë, kallaballëk. P.sh, 'Kishte ato dhen Kola ,që gurrë t'bëftë zoti sa qumësht kishin'.

I flet përroi gurrës;- d.m.th, e këshillon ai që s'di atë që di. P.sh, 'Kur e shihje Kolën me djalin kur flisnin, dukeshin tamam sikur i fliste përroi gurrës, për punën e arës në mal'.

Si gurrë bardha;- urim, d.m.th, me shumicë dhe të gëzuar. P.sh, 'Ti shtoftë Zoti e ti bëftë si gurrë bardha këto dele o Malo, se na kënaqe në kos'.

E ka shpinë te gurrë zeza;- tall., d.m.th, që di veç të ankohet.. P.sh, "Ky Rrapi, sikur e ka shtëpinë te gurrë zeza o burri dheut, veç ankohet'.

As të gurrës, as të murrës;- d.m.th, nuk kam lidhje gjaku apo miqësie me asnjërën pale. P.sh, 'Nuk i kam Kolajt, as të gurrës as të murrës, prandaj ti mos u mërzit'.

Ia hapi shtrazën gurrës;- tall., d.m.th, që lind fëmijë vit për viti. P.sh, 'Kola ia hapi shtrazën gurrës si burrat'.

Jemi pa n'gurrë t'kuqe;- d.m.th, që nuk njihemi fare. 'Më jep kusurin ti mua, po bashkë jemi parë në gurrë të kuqe ne o shoku'.

Gúsh/-ë,/-a/ -at

Dha gushë;- d.m.th, u fry muhabeti, ngritën gjakrat. P.sh, 'Duke ngrënë e duke pirë për qejf, kur fap dha gushë muhabeti, fol njëri e fol tjetri, derisa e përmbysën sofrën'.

Gusht,/-i

Gjarpër gushti;- d.m.th, person shumë i rrezikshëm. P.sh, 'Kur ia tha ato fjalë Matia, Rrapi si gjarpër gushti, i bëri sytë sa thua deshte ta hante mish'.

Ethe gushti;- d.m.th, diçka shumë e frikshme. Një person apo rrëgjim social i keq.. P.sh, "Ethe gushti na u bë ky Gupi, përditë një avaz'.

I fut (fus) ethet e gushtit;- që të kall datën. 'Na i fute ethet e gushtit more bir, qëkur fillove të merresh me politikë'.

-GJ-

Gjah/-u

Nuk i ecën gjahu;- shprehje pasive, d.m.th, nuk ka shanse të mira, fat, apo eksperiencë. P.sh, '.Këtë punë desha që t'ia besoj Kolës, mirëpo atij në disa raste nuk i ecën gjahu fare, dhe kjo më bën të mendoj dy herë'.

Ka dalë për gjah;- shaka, d.m.th, ka dalë për femra. P.sh, 'Gupin po e kërkonin shokët pak më parë, por ai kishte dalë për gjah në atë kohë'.

Vjen gjahu n 'shtcg;- d.m.th, që vjen vetvetiu, një shprehje, fjalë, person, apo një e mirë. P.sh, 'Kolës i ka ardhur gjahu në shteg tashti e bën si të dojë vetë'.

Gjak/-u/-rat

Gjak shtrige;- shaka, d.m.th, ose që është çmendur, ose që bën magjira e ha mësysh. P.sh, 'Ku vajti dhe na doli në rrugë ajo plaka e Kol Starës, thonë që gjak shtrige ka ajo'.

Gjak e mish;- d.m.th, copë copë. P.sh, 'Kishte rënë ujku ndër dhen dhe i kishte bërë gjak e mish ngado që të shihje', ose, 'Kola me Malon, u bënë gjak e mish për tokën në mal'.

Nuk báhet gjaku ujë;- d.m.th, mbahet mend e keqja. 'Mirë e ke ti Malo që thua ashtu, por nuk bëhet gjaku ujë, e një ditë do dalin gjërat për mejdani'.

Gjak e tahlukat;- d.m.th, të një fare e fisi, të një sëre e radhe, ose e kundërta. P.sh, 'Jemi gjak e tahlukat bashkë, prandaj mos m'u fshih ashtu', ose, 'Kola me Matien vërtet janë me një mbiemër, por ama nuk janë gjak e tahlukat bashkë, prandaj i lejuan fëmijët të martohem me njëri tjetrin'.

Ka gjak derri;- keq, dikush që ka shpirtin e keq. P.sh, 'Mos u merr shumë me Gupin, se gjak derri ka ai kur e zë inati'.

I ra pas gjakut;- d.m.th, pas rrethit e fisit. 'Kola i ra pas gjakut vajzës së Malos e nuk e kërkoi më nuse për Ardianin'.

Gjaku n 'gju t 'kalit;- d.m.th, u bë hataja, u vranë e prenë. P.sh, 'Thonë që kur hyri turku në trojet tona, ka vajt gjaku në gju të kalit, e askush nuk u kthye mbrapsht'.

Gjaku rrëke;- ironi, që nuk bën asgjë e nga ana tjetër, flet shumë. P.sh, 'Posi ore posi, sa dole ti në punë, gjaku rrëke na vajti'.

Gjakós/-ur

E gjakosi;- d.m.th, theri një mish kastile. P.sh, 'Ishim për darkë nga Kola sonte dhe, bravo i qoftë, vallahi e gjakosi'.

Gjálm,/-ë/ -at

Gjalmë nëpër kámb;- tallje, një person që nuk të shqitet për një diçka që i është tekur. 'Djali iu bë gjalmë nëpër këmbë s'ëmës për sisë'. 2- Ose, 'Ik ore tutje mos na u bëj gjalmë nëpër këmbë, se kemi hallet tona?!'

Gjalmë e rrezhdë;- d.m.th, që janë ngatërruar keq. P.sh, 'Ata ishin bërë gjalmë e rrezhdë me njëri tjetrin, e unë s'kisha fare mundësi që t'i pajtoja'.

U kput gjalmi;- d.m.th, radha e bisedës, kur ndërhyn dikush. P.sh, 'E, se isha duke thënë diçka, por m'u këput gjalmi, mosha tani, nuk mbajmë mend më'.

Gjalmë brekësh;- d.m.th, bezdisje në diçka pa vlerë. P.sh, 'Të bëhet burri gjalmë brekësh, vetëm Gupin kam parë unë?!'

Ia ka lëshuar gjalmat;- d.m.th, që nuk çan më kokë për të, le ë të livadhiset. P.sh, 'I dha sa i dha Gjeta, më në fund ia lëshoj gjalmat djalit, se rrugë tjetër nuk kishte, vetëm ta vrisje'.

Ka kush ia zgjidh gjalmat;- ka dikush që përkujdeset. P.sh, 'Mos u mërzit ti për Malon, se Malos ka kush ia zgjidh gjalmat për momentin'.

Tërhiq gjalmin mos e kput;- d.m.th, bën sikur punon. P.sh, 'E po kjo kështu tërhiq gjalmin e mos e këput, nuk shkon më, prandaj mendoni mirë, do ta mbani punën apo jo?!'

Gjalmë pas gjalmi;- ironi, d.m.th, kanë gjetur shoqi shoqin. P.sh, 'Sa kam qeshur kush i pashë Toçin dhe Maçin si gjalmi pas gjalmi'.

Iu mblodh gjalmë për fyti;- d.m.th, iu mërzit jeta deri aty ku s'mban më. P.sh, 'Jetës iu mblodh gjalmë për fyti me atë burrë që kishte, prandaj vendosi të shkurorëzohet'.

Ia shkeli gjalmin;- d.m.th, ja punoi një rreng. P.sh, 'Qe mirë fare, por kur Kola ia shkeli gjalmin, atij shumë keq i erdhi, e nuk iu ndreq buza më'.

Gjalmë me nyça;- d.m.th, që as nuk di dhe as nuk mëson. P.sh, 'E po të jetë tjetri gjalmë me nyça, vetëm Gupin kam parë-tha Matia, ndërsa ikte poshtë shkallëve, flokët lidhur bisht nga pas'.

E ka lidh shejtani n 'gjalma;- d.m.th, që sillet si i ndërkryer. P.sh, 'Me atë Gupin tregoni pak kujdes, se nganjëherë ai bën sikur e ka lidh shejtani në gjalma'.

Në fije të gjalmit;- d.m.th, hollë, shumë hollë. P.sh, 'Po prite ti, të shkojë puna në fije të gjalmit, vaj medet atëherë për sendet tjera', ose, 'Matia në fije të gjalmit e kishte hallin'.

Gjalpë,/-i

Nuk iu prish gjalpi (tlyni);- ironi, nuk u bë qameti. P.sh, 'Pse i tha Kola ashtu Matisë, asaj mos i prishet gjalpi aq shpejt, se njerëz jemi dhe gabojmë'.

I ra (bie) miu n 'gjalpë (tlyn);- d.m.th, që zemërohet shpejt e pa shkak. P.sh, 'Me atë Kolën kini pak kujdes, se atij menjëherë i bie miu në gjalpë (tlyn), e hajde pajtoje pastaj'.

Ra n 'gjalpë;- shaka, d.m.th, është martuar, ra në rehati, qetësi, kënaqësi. P.sh, 'Mos e ngitni Malon shumë, se ka rënë në gjalpë'.

Paske rënë n 'gjalpë (tlyn);- d.m.th, të paska ecur fati, qenke rehatuar. P.sh, 'Sa shtëpi të mirë që paske bërë o Fati, vërtet paske rënë në gjalpë tani e nuk ta qaj hallin'.

Sikur qit qimen prej gjalpit (tlynit);- d.m.th, kollaj, fare lehtë, pa asnjë problem. P.sh, 'Mos u tremb nga ai operacion, se është sikur qit qimen prej gjalpit, po i thoshte Sula Kadrisë'.

Gjalpë (tlynë) e dhjamë;- d.m.th, që e kalon shumë mirë. P.sh, 'Eh tani që Kola doli me sukses nga operacioni, gjalpë e dhjamë i kishte punët'.

Nuk qit gjalpë;- d.m.th, që nuk ke hajër e prokopi, mos prit send të mirë. P.sh, 'Më fole një copë herë për Rrapin se sa burri mirë është, ja ta them unë, nuk qit gjalpë prej atij soji'.

Futi gjalpit (tlynit) krypë;- d.m.th, jepi lezet muhabetit. P.sh, 'O Malo, ke një copë herë që flet o burri dheut, po futi gjalpit pak krypë o burri dheut, se na çmende'.

Qumësht plot e tlyn (gjalpë);- hiç, d.m.th, llafe shumë e përfundimi zero. P.sh, 'Ata të Merkos vajtën dhe i kërkuan cucën Kolës, nuse për djalin e tyre, qumësht pati plot, por gjalpë hiç andej nga fundi'.

Si në tlyn tezes (gjalpë);- d.m.th, vajtën punët mirë. P.sh, 'Në fillim u duk e zorshme puna, por pastaj vallahi, si në tëlyen tezes vajtën gjërat. 2- Ha pa turp apo ndrojtje. 'Ha si në gjalpë të tezes bukë e mos ki turp'.

Nuk shkon gjalpi (tlyni) dhenve n 'lëkurë t 'qenve;- kur mirësia juaj shkon dëm. P.sh, 'I dha Kola shumë gjatë të bindte djalin, mirëpo pse thonë nuk shkon gjalpi i dhenve në lëkurë të qenve, e la pastaj atë gjë i gjori Kolë'.

I ranë pleshtat n'tlynë (gjalpë);- d.m.th, u mërzit nga e mira. P.sh, 'Po ai Malo, ç 'pati ashtu i gjori?! Apo thuaj i ranë pleshtat në gjalpë prandaj'.

Gjállë,/-t

Ai është i Gjalli;- fetare, superlative për Perëndinë. P.sh, 'Ai është i Gjalli, që as nuk ha e as nuk pi, as nuk fle e as nuk ka vend që rri'.

Gjallë e pa shti n 'dhe;- d.m.th, shumë keq nga gjendja shëndetësore, në gradë të fundit. P.sh, 'Ç'e pyet për mikun tim të shtrenjtë, gjallë e pa shtirë në dhe ishte'.

Desh e hángri gjallë;- d.m.th, i bërtiti fort e me të keq. P.sh, 'Kur erdhi vajza e Matisë vonë në shtëpi, e ëma desh e hëngri gjallë'.

Gjallë e për mall;- d.m.th, kohë pa u parë. P.sh, 'Po ku je more Malo, se na thave sytë na thave, ia bëri Kola Malos e, ky i fundit plot qesëndi ia priti;', 'Më mirë gjallë e për mall o miku im, sesa përditë e duke u grindur'.

I gjalli do t'hajë;- d.m.th, s'ka andej këtej. P.sh, 'Mirë e ke ti, po i gjalli do që të hajë, prandaj akoma punon'.

Me gjallni t 'vet;- d.m.th, kur ishte gjallë. P.sh, 'Ka pas thënë gjyshi im me gjallni të vet, që o djemtë e mi, mos u ndani e përçani se ndryshe do të humbni fare'.

Sa gjallë;- d.m.th, gati në të vdekur. P.sh, Isha sot të shoh pak dajën në spital, keq i kishte punët, sa gjallë'.

Ka vdek' i gjalli;- shaka, d.m.th, nuk është më në gjendje të kryejë marrëdhënie seksuale. P.sh, 'I gjalli ka vdekur, tashti ti bëj përralla gjithë ditën, se kur i ishte i gjalli, dinte vetë ai se çfarë bënte'.

Gjarpër,/-i

Gjarpër me dy krena;- d.m.th, shumë i rrezikshëm. P.sh, 'Të jetë tjetri gjarpër me dy krerë, vetëm Rrapin kam parë unë!'

Mbase rrfen gjarpri kamët;- d.m.th, për një person shumë të mbyllur në sendet. P.sh, 'Mirë! Pse Kolës do t'ja hidhni ju?! Mbase rrëfen gjarpri këmbët aq tregon dhe Kola dhëmbët'.

E shkeli gjarprin për bishti;- d.m.th, bëri një të keqe pa dashje, por e pësoi rëndë. P.sh, 'I gjorë, ku dinte ai çështë politika?! Po ja, shkeli gjarprin për bishti dhe po e vuan tashti'.

E zuri gjarpri (dheu);- d.m.th, thuhet për një bagëti. P.sh, 'Matisë ia zuri gjarpëri lopën për buze, po mos kishte qëlluar atje veterineri, do t'i kishte ngordhur lopa'.

Të ndjek pas si hije gjarpri;- d.m.th, një keqdashës. P.sh, 'Sa inat e kam atë Sherrin, po si o burri dheut ai të ndjek nga pas si hije gjarpëri!?'

Si gjarpër nër rrasë;- keq., që të ha pas shpine. P.sh, 'Unë flas hapur me ju, e ti më rri si gjarpri ndër rrasë', ose, hileqar, 'Gjarpër ndër rrasë mos m'u bën'.

Iu mbështoll gjarpër për mezi (barku);- d.m.th, e zuri një bela. P.sh, 'Atij Malos kot së koti iu shpif ajo bela, si puna atij që i mbështillet gjarpëri për barku, e pa e pickuar nuk ikën'.

Gjarpri të mbyt kur nuk ia shtyp kokën;- d.m.th, të keqen largoje në kohën e vet. P.sh, 'Ata ankohen e bërtasin tashti për regjimin, por gjarpri të mbyt, po nuk ia shtype kokën që ditën e parë'.

Vu dorën mbi gjarpër;- e zuri një fatkeqësi, d.m.th, 'Malos i ndodhi si puna e atij që ve dorën mbi gjarpër pa ditur e kujtuar'.

Mbase mbahet gjarpëri n'gji;- d.m.th, njeri që nuk i zihet besë. P.sh, 'Mos më fol për Gupin, se mbase mbahet gjarpëri në gji, aq mund t'i besoj fjalët e tij'.

Shfryn si gjarpër shullári;- njeri shumë i keq. P.sh, 'Po këtë çfarë e gjeti kështu, që shfryen si gjarpër shullëri sot'.

Hije gjarpëri;- d.m.th, i ftohtë, i padashur, sy tinëzar. P.sh, 'Takova sot shefin e ri, kur ma dha dorën, hije gjarpëri m'u duk'.

Gjeli,/-at

E ke gjet si gjeli n'mjes;- shaka,

d.m.th, kur tjetri nuk e ka haberin fare se për çfarë bëhet fjalë, tallëse kjo. 'Mos e luaj më, se e ke gjet si gjeli në mëngjes'.

Shkojnë si gjelat;- d.m.th, që mbyten kacafyten e gjakosen e asnjëri nuk dorëzohet. P.sh, 'Po ata ç'kane që shkojnë si gjelat ashtu?- pyeti Matia Kolën, duke parë komshinjtë nga ballkoni'. Ásht gjel n'gaxhë t'vet;- d.m.th, është i parë në shtëpi të vet. P.sh, 'Me Kolën mos u ha, se ai është gjel në gaxhë të vet vallahi, e të vret'.

I bán gjeli ve t'kuqe;- d.m.th, e ka punën në terezi. P.sh, 'Me Malon mos u ngatërroni kot, atij i bën gjeli vezë të kuqe, e s'do t'ia dijë fare'.

Ka një gjel ma shumë;- shaka, dikush që kërkon më shumë se të tjerët. P.sh, 'Ka një gjel më shumë Kola apo si, pse ai dashka dy e ne të tjerët nga një!?'

U rri si gjel;- që kujdeset për çfarë i është thënë të bëjë. P.sh,'Djali u rri gjel detyrave të shkollës'.

2 - që kujdeset për gjininë femërore. P.sh, 'Po gjete ti!? Kola u rri si gjel motrave të tij, e nuk guxon askush t'u thotë një fjalë'.

Ja ka nduk gjeli pendët;- d.m.th, një femër që shkon me djem e pretendon se është e virgjër. P.sh, 'Dilës ia ka nduk gjeli pendët e këtej na shet dëngla'.

S'ka gjel që i hypën;- shaka, grua që shkon me shumë burra. P.sh, 'Files, ska gjel që i hypën më, çfarë flisni ju ore!?'

Me gjelat e sabahut;- d.m.th, shumë herët. P.sh, 'U zgjua me gjelat e sabahut, se kishte për të shkuar herët në punë'.

S'ka dëgjuar zë gjeli;- d.m.th, i pa zhvilluar. P.sh, 'Mos e shikoni shumë Rikon, se s'ka dëgjuar zë gjeli ai, aq di aq thotë'.

Ku i flenë gjelat;- send i paditur. P.sh, 'Nuk i dimë se ku i flenë gjelat Malos, por dje ishte shumë i mërzitur'.

As gjel as pulë;- d.m.th, shtëpi e shuar. P.sh, 'Zoti e di, por ka vite që nuk këndon më as gjel as pulë në atë derë'.

Përfendet me gjel t'komshinjve;- ironi, një femër e përdalë. P.sh, 'Mos e kërko për djalin atë vajzë, se kemi dëgjuar që ajo përfendet me gjel të komshinjve e do të hapi telashe'.

Sa një koqe gjeli;- shaka, fëmijë shumë i vogël. P.sh, 'Kishte lindur Dila një djalë të vogël sa një koqe gjeli, por qoftë me fat e shëndet thuaj'.

Një gjel plaçka;- d.m.th, shumë pak orendi. P.sh, 'Po ai Kola, një gjel plaçka kishte në shtëpinë e re, e këtej del e na shet mend'.

Gjelas;- fjalë e rrallë, që shkojnë fytas. 'Malo e Kola kanë mjaft ditë që shkojnë gjelas e nuk e dimë se ku qëndron puna?!'

Gjéllë/-ët

Si gjellë pa krypë;- tallje, për një femër jo të mirë, kujdesur për vetveten. P.sh, 'Kishin ata të Kolës një nuse, po ç'ishte e gjora si gjellë pa kripë, pa pikë lezeti'.

Mos përzi n 'gjellë t'huj;- d.m.th, mos fut hundët aty ku nuk të takon. P.sh, 'Ti mos përziej në gjellë të huaj more shok, prandaj mos ha dhe dru'.

Gjellë qensh;- ironi, familje apo fis që nuk shkojnë aspak mirë me njëri tjetrin. P.sh, 'Kanë vite që shkojnë si gjellë qensh, e një Zot u ndihmoftë. 2- Gatimi i dobët. P.sh, 'I paske bërë këto groshë si gjellë qensh, e s'u futkan në gojë'.

Prite gjellën të ftohet'- shaka, që kanë bërë fëmijë para martese. 'Po i thoshte Kola djalit;- Po ti prite gjellën të ftohet more djalë se nuk u bë kiameti!?'

Me thonj n 'gjellë;- d.m.th, e kapi duke e vjedhur. P.sh, 'Gupin e zunë me thonj në gjellë, andaj e ndoqën nga puna'.

Gjemb,/-i/ -at

Kërkon kámë për gjem;- ironi, kërkon sebep për të grindur. P.sh, 'Rrapi ka kohë që kërkon këmbë për gjemb, le të shohim nga do ti dalë krisma'.

I hynë gjemat;- dikush që nxehet shpejt. P.sh, 'Po ai ç 'pati që i hynë gjembat aq shpejt?!'

Ta nxjerr gjemin nga kámba;- d.m.th, ka dikë që kujdeset. P.sh, 'Kola ka dikë që ia nxjerr gjembin nga këmba, prandaj nuk mërzitet shumë'.

2- Person që të mbaron punë. 'Malo ta nxjerr gjembin nga këmba për nder, shumë burrë i lartë është'.

Ishte bá gjem;-

1- Dehur tapë. 'Gupi mbrëmë ishte bërë gjemb'.

2- Nevrikosur. 'Matia, nuk e dimë nga ishte bërë gjemb ashtu, po mbrëmë na shurdhoi veshët'.

3-Veshur spic. 'Kameri ishte bërë gjemb sot, se do të shkonte krushk'.

Ngarku me gjema;- tall., dikush që është tejet i nevrikosur. P.sh, 'Po ky Malo ç 'paska sot, sikur i ngarkuar me gjemba sillet'.

Si n 'gjema;- dikush që rri me kujdes për diçka. P.sh, 'Jam si në gjemba, deri sa të marr vesh që më lindi nusja djalit në Itali'.

Si dhitë për gjema;- shaka, kur dikush i lëshohet një vreshti të hajë rrush, ose kur shkunden manat. P.sh, 'Kur i pashë unë, ata ishin shpërndarë së dhitë për gjemba, e nuk kishte bir nëne që i mblidhte'.

T' fut nëpër gjema;- shaka, dikush të ngatërron me fjalë. P.sh, 'Sa bezdi e kam atë Malon, se menjëherë të fut nëpër gjemba, bash atëherë kur ti nuk e ke mendjen'.

Gjem n'kam;- i/e mirë, e sjellshëm, i papërtuar, i kujdesshëm. P.sh, 'Rrinte nusja e Kolës gjemb në këmbë, e kurrë nuk tha se u lodha'.

Gjene;- fjalë e rrallë, ndajf., d.m.th, përsëri, prap, ende.. P.sh, "Gjene erdhe ti?', ose. 'thuaj gjene babës që të shkoj të shoh sportin', ose, **'Ime bijë është larg nga këtu,** po gjene mirë nuk na harron.'

Gjene mirë;- d.m.th, se ka dhe më keq. P.sh, 'Gjene mirë që t'i dha paratë, se ka nga ata që nuk t'i japin fare. Ose, 'Gjene mirë se nuk dole pa hiç', d.m.th, e mira e së keqes.

Gjene shyqyr;- d.m.th, e pakta e së keqes. P.sh, 'Makina iu prish djalit, po gjene shyqyr që shpëtoi vetë'.

Gjene kit muhabet ti?;- d.m.th, të njëjtat fjalë. P.sh, 'Sa herë të kam thënë që harroje këtë gjë, gjene këtë muhabet ti?'

Gjerp,/-a/-ur;- që merr me lugë dhallë, narden. P.sh, 'Merre me të gjepur dhalltin', 'Nardeni më pëlqen më shumë me të gjerpur'.

Nja dy gjerpa;- d.m.th, shumë pak. P.sh, 'Nuk ke shumë punë, nja dy gjerpa dhe hajde në shtëpi- i tha Matia djalit'.

Dy gjerpa vend;- d.m.th, shumë pak. P.sh, 'Kur u ndanë si vëllezër, atij më të voglit i dhanë vetëm nja dy gjerpa vend, sa për të thënë që i dhamë edhe atij pjesë'.

Gjet,/-ur

Si thikë e gjetme;- shaka, një femër e dobët dhe e pa kujdesur për vetveten. P.sh, 'Ajo Matia mezallah se e mban mirë atë nusen e djalit, si thikë e gjetur duket e gjora, kur del të blejë diçka'.**Çfarë ka humb, mos u gjete;-** shaka, ajo që ikën, nuk kthehet më. P.sh,

'Më the që të ngordhi kali, por çfarë ka humbur mos u gjetë, ka thënë shoku popull- tha Kola sa ishte në kafene me shokë'.

Mos të gjetë sabaj;- mallkim, d.m.th, vdeksh. P.sh, 'Po ku vajte more burrë, mos të gjetë sabahu mos të gjete, se ngele tërë natën klubeve'.

Gjevrek;- që është i thyeshëm, 'Dru gjevrek', 'Gurë gjevrek'.

I (e) gjevrekët;- burrë apo grua që nuk mban shumë pluhur në vesh. P.sh, 'Fola pak me Malon, por shumë i gjevrekët është'. 2- Kur nuk ndihesh mirë, grip apo ndonjë ftohje. P.sh, 'Sot shumë i gjevrekët qenkam, nuk e di se pse?!'

Gjërrokull/-a/-et, (fjalë e rrallë);- Rrotull prej druri që shërbente për të mbledhur ose dredhur fijen e leshit, dalë nga furka, tezgjahu.. P.sh, "Më sill gjërrokullën', 'Ku është gjërrokulla?'

Vinte gjërrokull;- shaka, d.m.th, vërdallë, ose me shumë punë, ose duke kërkuar diçka. P.sh, 'Vinte nusja gjërrokull nëpër kuzhinë duke gatur'.

Gjërrokull t'báftë zoti;- shaka, d.m.th, shumë punëtore. P.sh,

'Kishin një nuse ata Gjelajt, gjërrokull e bëftë Zoti'.

I vijnë mentë gjërrokull;- d.m.th, nuk ka përqendrim. P.sh, 'Salës i vijnë mentë gjërrokull, nuk e di të shkojë apo jo'.

T'i vijnë mentë gjërrokull;- d.m.th, që të marrë një mësim të mirë. P.sh, 'Mos u mërzit, se e bëjmë ne atë që t'i vijnë mentë gjërrokull'.

Gjidi;- bisedë, fjalë e rrallë, shprehje që shënon superlativen e një shprehje qoftë pozitive por dhe negative.

Gjidi djalë hajde;- d.m.th, shumë i mrekullueshëm, në moshën më të bukur,. P.sh, 'Hajde gjidi djalë hajde'.

Nuse gjidi nuse që kishin marrë për djalin;- d.m.th, të shkëlqyeshme. P.sh, 'Kishin një nuse, hajde gjidi nuse'.

Gjidi qafir;- d.m.th, shumë antinjerëzor. 'Hëh gjidi qafir, mirë ia bëtë se e kërkoi vetë'.

Gjidi babë;- d.m.th, rahmetliu, shpirt ndrituri. 'Dhe gjidi babë ashtu pati thënë, se puna ta ndrit faqen'.

Gjidi derr;- d.m.th, shumë i poshtri. 'Puno aty, gjidi derr, shpirti të daltë'.

Gjilpër,/-ë/ -at.

Pe n'byth gjilpërës;- ironi, shumë i (e) pazoti. P.sh, 'Kishin marrë një nuse ata të Kolës, por ajo e gjora një pe në byth të gjilpërës s'mund të shtinte'.

Hynte npër byth t'gjëlpárës;- njeri shumë i shkathët, i zoti për gjithçka. P.sh, 'Kishin një djalë ata në shtëpi, që hynte nëpër byth gjilpërës'.

Gjëlpárë t'báft zoti;- shumë e zonja. P.sh, 'Ajo cuca e Malos, gjilpërë t'bëftë Zoti ishte'.

Si gjëlpára dorë m'dorë;- shaka, 1- njeri që nuk i nxen bytha vend. P.sh, 'Po ti vajti si gjilpëra dorë më dorë more djalë, po gjen njeriu një punë'. 2- femër që martohet disa herë për arsye të ndryshme. P.sh, 'Shumë vajzë e mirë Dila, ama si gjilpëra dorë më dorë i shkoi jeta'.

Gjizë,/-a

I doli gjizë;- shaka, që nuk i doli sipas parashikimeve. P.sh, 'Mendova se do të ishte grua e zonja, por na doli gjizë vallahi, e çfarë nuk po na shohin sytë'.

I zuri gjiza kryma;- shaka, beqar/e vonuar. P.sh, 'Hë më, gjej dhe ti një nuse, qameti u bëftë, se të zuri gjiza krimba'.

Nga t'u prish gjiza?;- ironi, d.m.th, nga të ngeli hatri. P.sh, 'Po ty Kol nga t'u prish gjiza, se nuk e kuptova?!'

Mull gjizë;- shaka, njeri i trashë. P.sh, 'Mos u bëj mullë gjizë dhe ti tani, po hajde të punojmë se u ngrys'.

Mullë gjizë Dragostunje;- d.m.th, që bën si Dragostunjas, flet si Dragostunjas, punon si Dragostunjas. P.sh, 'Tashti ti Malo, je duke fol tamam si mullë gjizë Dragostunje'.

Ta shet gjizën për trahana;- Ironike, hileqar në fjalë dhe pazar. P.sh, 'Mos i beso shumë Rrapit, se ai shpesh ta shet gjizën për trahana'.

Nuk i prishet gjiza;- shaka, person që s'çan kokë. P.sh, 'Gupit i iku gruaja e atij, nuk iu prish gjiza fare'.

Na thartove gjizën;- shaka, na prishe punë. P.sh, 'Mos more mos na e thuaj atë fjalë, se na thartove gjizën na thartove'.

Gjizë t'baftë zoti;- tall., d.m.th, shumë e mirë. P.sh, 'Kishin shtruar një darkë ata të Malos mbrëmë që gjizë të bëftë zoti ishte'.

Mos e fut thellë se t'del gjizë;- shaka, mos kërko më shumë se nuk i dihet punës. P.sh, 'O Kolë djali, mjaft me aq, e mos e fut më thellë se të del gjizë'.

U prish gjiza?;- shaka, shprehje pyetësore, d.m.th, aty është puna?. P.sh, 'Pse t'u prish gjiza pse të pyeta?'

Si çoban gjize;- shaka, dikush jo i mbajtur mirë, ose që flet dalë ku të dalë. P.sh, 'Po vinte Dila poshtë copa copa e dukej tamam si çoban gjize kur fliste pa lidhje'.

Dhe gjizë me qenë;- shaka, d.m.th, shumë e mirë, shumë e këndshme apo e shijshme. P.sh, 'Tashti pas mishit që hëngra, mos më lutni më për të ngrënë se dhe gjizë të jetë, nuk kam ku ta fus'.

Trazon gjizë;- d.m.th, flet kot, shaka. P.sh, 'Mos ia vini mend se çfarë flet Farko, se ai trazon gjizë kudo që shkon'.

Ta trazon gjizën;- të bën mc nerva pa qenë puna. P.sh, 'Mos rri shumë me Rrapin, se ai për zotin ta trazon gjizën, bash aty ku nuk ta pret mendja'.

Gjizë me speca;- muhabet i pa kuptuar. P.sh, 'Tërë ditën gjizë me speca flet ky Ferko e si nuk u mërzit njëherë'.

Ta blesh me gjizë;- d.m.th, ta blesh me çdo çmim, shaka. P.sh, 'Shumë nuse të mirë kishte marrë Matia për djalin, ta blije me gjizë ishte.'

Gjóbë,/ -at

T'humbtë gjoba;- shprehje mallkuese e butë, d.m.th, vdeksh, turpërim. P.sh, 'Të humbtë gjoba moj bijë ç'na bëre kështu?!'

Sa e ka gjobën?;- shaka, d.m.th, sa kushton?. P.sh, 'Sa e ka gjobën kjo lopë more djalë?'

Kjo gjoba?!;- ironike, kjo e shëmtuara, kjo derdimenia, kjo fëlliqësira. P.sh, 'Sa erdhi kjo gjoba (nusja) në derën tonë, nuk pati më bereqet e hajër'.

I gjobuar;- d.m.th, i dënuar nga kanuni. P.sh, nëse kishe gjak për të marrë dhe nuk kishe arritur ta merrje, derisa ta merrje ishe i gjobuar nga miqtë shoqëria, kur vije në gosti të ulnin ke dera, ose ta jenin kafen nën gju. P.sh, 'Gupi është i gjobuar, andaj jepjani kafen nën gju'.

Ia prenë gjobën;- d.m.th, e dënuan. P.sh, 'Sa ia prenë gjobën Gupit, a dini gjë?'.

Gjoks,/-i/-et.

Do gjoks e bythë;- shaka, një punë e vështirë. P.sh, 'Mos e merrni me shaka, se do gjoks e bythë të sharrosh gjithë ditën në sharrë'.

E bán gjoksin gropë;- shaka, d.m.th, që betohet, stërbetohet e që lëvdohet. P.sh, 'Rrapi, kur vjen puna e bën gjoksin gropë, por nga ana tjetër ta bën gropën'.

I ra ajo e gjoksit;- d.m.th, sëmundja e gjirit. P.sh, 'Gruas së Kolës i ra ajo e gjoksit, dhe nuk mundi të rrojë më e gjora'.

Tregon gjokse;- d.m.th, vjen e na shet mend. P.sh, 'Po ky na vjen e na tregon gjokse neve tashti, sikur nuk e njohim?'

Gjol,/-i / -et

Ka ranë në gjol;- shaka për dhëndrin e ri. P.sh, 'Mos i flisni shumë Kolës, se ka rënë në gjol mbrëmë'.

U bë gjol;- d.m.th, u lag së tepërmi. P.sh, 'Sala u bë gjol i gjori, gjithë ditën pas dhive në shi'.

Po ndejte buzë gjolit, shiu do t 'lag;- fjalë e urtë. Po ndenje afër diçkaje, doemos do të vijë era. P.sh, 'Ti Kolë rri gjithë kohën me femra, e thua që jam i ndershëm, por po ndenje buzë gjolit, doemos shiu do të lagë'.

Të hedh në gjol e të nxjerr pa lag;- shaka, d.m.th, që është dinak në trajtimin e sendeve. P.sh, 'Ti Malo të hedh në gjol e të nxjerr pa lag përherë, me këto batuta që bën'.

Se fryn as gjoli Ohrit;- ironi, d.m.th, që nuk ka të ngopur kollaj. P.sh, 'Ty Dilë s'të fryn as gjoli Ohrit, e unë vete e humb kohë me ty'.

I bie gjolit me pash;- shaka, d.m.th, dikush që e fillon diçka nga vështira. P.sh, 'Unë nuk po u them t'i biesh gjolit me pash, por po të them ç' është më e mira'. |

Si peshk gjoli;- dikush që del papritur e pa kujtuar. P.sh, 'Po ky Kola, nga na doli si peshk gjoli këtu?'

Gjúaj,/-ta/ -tur

Gjuan si n 'derr;- d.m.th, hedh fjalë e kunja pa ndalim. P.sh, 'Gjuan si në derr, po askush nuk e merr vesh'.

Gjuan e nuk vret;- d.m.th, nuk i ka peshë fjala. P.sh, 'Matia e gjorë përherë gjuan, po hiç nuk të vret'.

Gjuan larg, (lart);- d.m.th, thumbon me fjalë. P.sh, 'Ti Kolë ke kohë që gjuan larg, pash zotin rri e mos na mundo se nuk ta kemi vaktin'.

T'raftë rrufeja;- mallkim, vdeksh. P.sh, 'Ty të raftë rrufeja të raftë more njeri, çfarë na bëre?!'

Gjuhen si jevgat (arixhofkat);- tallje, që grinden me fjalë gjithë kohën. P.sh, 'Kola me Malon atë punë kanë, gjuhen si jevgat, pastaj shkojnë e hanë në një sahan'.

Aty gjuhen e aty kruhen;- shaka, përditshmëri e njëjtë, rutinë fshati. P.sh, 'Ky vend kështu e ka, aty gjuhen e aty kruhen me njëri tjetrin e, asgjë më shumë'.Ç 'lind nga macja, do gjunjë për mi;- d.m.th, nga i njëjti fis do të dalë një pis. P.sh, 'Pse mërziti ju për Gupin, çfarë lind nga macja, do të gjuajë për minj, ka thënë shoku popull'.

Gjuan me gurë;- ironi, dikush që fut spica në miqësi apo shoqëri, apo hedh fjalë larg a larg. P.sh, 'Ai Malo, veç me gurë di të gjuajë e asgjë tjetër më shumë'.

Gjúhë/-a₁-ët

N'a ánjti gjuhën;- d.m.th, na lodhi shumë. P.sh, 'Ky Gupi për zotin na ënjti gjuhën, sot gjithë ditën nuk ka pushuar një sekondë së foluri'.

Lëpihet gjuhësh;- shaka, d.m.th, që ja ënda diçka. P.sh, 'Kur Kola ia përmendi djalit vajzën e Dilës, ai filloi të lëpihet gjuhësh si ai që qoftë larg'.

Për t'ia lag gjuhën;- d.m.th, buzë vdekje. P.sh, 'Baba sot ishte për t'ia lagur gjuhën, se sa do rrojë një Zot e di'.

Sa për t'lag gjuhën;- pak, shumë pak. P.sh, 'Po ti na dhe sa për të lagur gjuhën more Kolë vëllai, po pse nuk ke bërë më shumë bukë?'.

Me ta shti gjuhën n'fyt; -shumë i ashpër, i pamarrë vesh.. P.sh, 'Isha me Dullën në pazar, por ai me ta shti gjuhën në fyt është vallahi'.

Gjuha, kocka s'ka e kocka thyen;- kujdesi që duhet në shprehje. P.sh, 'Kujdes me shokët- ti djalë- se gjuha kocka s'ka po kocka thyen', d.m.th, rëndon dikë shumë rëndë.

Flet me shtatë gjuhë'- ironi, dikush që nuk i kuptohet qëllimi i fjalës. P. sh, 'Ai Kola flet me shtatë gjuhë o burri dheut, e s'ka bir nëne që i bie në fije'.

Nuk i nreqet gjuha;- d.m.th, që asnjëherë nuk kënaqet. P.sh, 'Këtij Rrapit kurrë nuk i ndreqet gjuha, prandaj shihni punën tuaj ju'.

Kafshoj gjuhën;- d.m.th, u bë pishman. P.sh, 'Unë i thashë të vinte për darkë, por ai nuk erdhi e nuk e di ku e kafshoj gjuhën. 2- Thënë një fjalë jashtë mendjeje. 'Kola e kafshoj gjuhën për atë që tha, por qe shumë vonë'.

Gjúmë,/-i

Të vë n'gjumë;- dikush që flet shumë e për lumë. P.sh, 'Vajtëm nga Kola mbrëmë për darkë, por ai Kola të vë në gjumë, tërë natën tërr vërr'.

Laget n'gjumë;-
1- dikush që ejakulon në ëndërr. P.sh, 'Kola shpesh laget në gjumë e këtë ia tregoi doktorit të lagjes. 2- dikush që ngopet me lugë bosh. P.sh, 'Ky Gupi më duket se laget shpesh në gjumë'.

Xhenet me gjumë s'ka'- tallëse. Duhet punë, pra të fitohet diçka. P.sh, 'Dakord, dakord, ju kuptoj fort mirë, por ama xhenet me gjumë nuk ka, u tha Malo djemve një natë kur po debatonin'.

Gjumë e rroba t'vjetra;- ironike, dembelizëm në kulm. P.sh, 'Te ata Gjelajt, veç gjumë e rrobe të vjetra ka'.

Gjumi pill gjumin;- ironike. P.sh, 'Gjumi pjell gjumin biro, nëse nuk çohesh herët nga rrobat, u tha Matia djemve'.

Si npër gjumë;- d.m.th, si pa vetëdije, jerm. P.sh, 'Ti mos na fol si nëpër gjumë more djalë se na çmende'.

Në gjumët parë;- d.m.th, një orë apo dy, pasi të ka zënë gjumi. P.sh, 'Kola qe në gjumë të parë kur e thirrën për punë, e nuk kishte ndier gjë fare, andaj erdhi vonë'.

Gjuri,/- njëtI theu gjunjët;- d.m.th, ra e nuk u ngrit më. P.sh, 'Baba ka ditë që i theu gjunjët, e nuk po e merr dot veten'.

Nuk i bien kollaj gjunjët;- d.m.th, nuk e jep veten aq kollaj sa ju mendoni. P.sh, 'Malos nuk i bien kollaj gjunjët andaj merreni seriozisht çështjen'.

Vret gjunjët;- shaka, kot që merresh me atë femër, nuk ja vlen. P.sh, 'Unë të kam thënë disa herë ty Kolë që kot vret gjunjët, po ti nuk më dëgjove, tashti shko e vra gjunjët me dikën tjetër pra'.

Thyej gjunjët;- shprehje, këshillë, d.m.th, puno pak. P.sh, 'Po ti thyej njëherë gjunjët tuaj more djalë, pastaj hajde e na mëso neve'.

Gjunjas;- fjalë e rrallë, që ecën me gjunjë. P.sh, 'Mos ec gjunjas ashtu, se shqep pantallonat'. *Gjunjas e përgjunjas o,/Merrje vallen shtruaro,/Shtruaro e bukuro,/Ti moj lulja malit o!*(Këngë dragostunjase e vjetër, kërcyer me të lehtë nga grania).

Gjúrmë,/-ët.
Un them uku, ti thu gjurma;- d.m.th, kur thuhet një e vërtetë dhe tjetri të vjen anash e anash. 'Dakord Kolë dakord me ato që

thua ti, por unë të them ja ujku, ti thua i shoh gjurmët, e kjo nuk është aspak normale'.

Për t 'fshirë gjurmë;- d.m.th, për të humbur trakën e një sendi. P.sh, 'Kjo që thua ti Malo, është sa për të fshirë gjurmët se realiteti është ndryshe'.

Mos m'sill gjurmë;- d.m.th, mos më sill bela te dera. P.sh, 'Unë kështu të them ty djalë, mos më sill gjurmë te dera, se nuk ua kam mundin'.

Gjurma t'çon atje;- d.m.th, fjala që thoni, atje të shpie. P.sh, 'Unë të kuptoj se çfarë do që të thuash, por ama gjurma atje të çon, e kjo më le të kuptoj që ju nuk po thoni të vërtetën'.

Ka gjurmën n'ballë;- d.m.th, ka fakte që shihen, ka deklarim. P.sh, 'Ju po na thoni të kundërtën e së vërtetës, por kjo ka gjurmën në ballë dhe ju nuk keni nga t'i lëvizni bythët'.

Gjykój,/- óva/- úar

U gjykofshim m'at dynja;- d.m.th, nuk ta fal, nuk ta bëj hallall. P.sh, 'Unë të kam lënë Zotin, e u gjykofshim m'at dynja para Perëndisë".

U gjyku si n 'natën e varrit;- u sha, u kritikua nga publiku. P.sh, 'Rrapi u gjykua si në natën e varrit, nga çnderimi që bëri'.

T 'gjykoftë Perëndia;- mallk., d.m.th, si për të mirën dhe për të keqen, do japësh llogari para Zotit'. P.sh, 'Ty Gupi të gjykoftë Perëndia punën tënde, se ne nuk i japim dot karar'.

U gjykofsh natn' e varrit;- d.m.th, nuk ta kam falur, nuk ta kam bërë hallall. Për një të ligë që të shkakton në dikë, e pastaj mbyllet me miq e shokë të korruptuar. 'Matia ishte nxehur e bërë tym, doli jashtë e kur pa Gupin në oborr, i cili mundohej të shfajësohej, ajo ia bëri;- U gjykofsh natën e varrit, për këtë të ligë që më bëre'.

Gjyle,/-ja/-et

Gjylet pas bythe;-dikush që është dembel i madh. P.sh, 'Ai Gupi sikur kishte ngjitur gjylet pas bythe sot, mezallah se lëvizte'.

Gjyle topi;- ironi, dikush që i ka fjalët e rënda. P.sh, 'Dua të rri me ty Kolë, por ti ama si gjyle topi i ke fjalët e kjo më bën të qëndroj larg'.

Iu ndryshkën gjylet;- shaka, dikush që ka ngelur pa martuar. P.sh, 'Të gjorit Malo iu ndryshkën gjylet, e mezallah se po gjen nuse'.

Gjylet bien për at' që ka veshë;- fjala thuhet për atë që e kupton. P.sh, 'Ti Kolë tani, gjylet bien për atë që ka veshë, e çfarë të them unë më shumë!?'

I ka gjylet e ránaj- ironi, dikush që ka miq e shoqëri. P.sh, 'Kola i ka gjylet e rënda, andaj nuk ia dënuan djalin me burg'.

Gjym,/-i/-at

Gjymi nuses;- traditë e vjetër, kur vinte nusja ditën e dasmës, vinin një gjym prej bakri në prag dere, që nusja të ishte shërbëtore e mirë dhe me shtesë.

Ua pordhi nusja gjymat;- shaka, u iku. P.sh, 'Sa keq më vjen për Gupin, më thanë që ua pordhi nusja gjymat, ka nja dy ditë'.

Si byth gjymi;- keq., d.m.th, pa pastërti, ose i errësuar në fytyrë. P.sh, 'E pashë sot Matinë te spitali, si byth gjymi dukej e shkreta'.

Tym e gjym'- shaka;- gosti a festë shumë e mirë. P.sh, 'Ama tym e gjym ia bëri Malo në dasmën e çunit'. 2-Ia përplas në fytyrë. 'Kola ia bëri tym e gjym Gupit para sysh e, iku gjithë nerva nga dera e pasme e shkollës'.

I vunë gjym e legenë;- d.m.th, e talli. P.sh, 'Gupit i vunë gjym e legenë e ai s'pati rrugë tjetër vetëm të largohej.

Secili pjerdh në gjym t 'vet;- ironi, d.m.th, diçka që nuk ka nevojë për sqarim, zhurmë e diskutime. P.sh, 'E dimë, e dimë atë send, sot secili pjerdh në gjym të vet dhe mbaroi puna, tha Asqeri në dalje e sipër'.

Gjymysh;- fjalë e vjetër, send i çmuar, flori ose argjend. P.sh, 'Të ka nëna gjymysh, të ka'.

Gjynah,/-u/-et

Gjynah prej Zotit;- d.m.th, mëkat që ta mundoje, shumë e bukur, e pamëkatë. P.sh, 'Maria ishte gjynah prej zotit, ta çoje me dele në mal'.

Për gjynah t 'Zotit;- dikush në gjendje jo të mirë shëndetësore apo ekonomike. P.sh, 'Kur e pashë Gupin në atë gjendje, sinqerisht më erdhi keq, ishte bërë për gjynah të Zotit i shkreti'.

Nuk di ç'á gjynahi;- d.m.th, nuk ka shpirt e iman. P.sh, 'Rrapi nuk di çështë gjynahu, por qe për atë punë'.

I marrsh gjynahet e shpinës;- mallkim me shaka, i marrsh të keqen. P.sh, 'Kolës m'i marsh gjynahet e shpinës, ti që e mban në gojë gjithë ditën'.

Bár si për gjynah;- d.m.th, i

vobektë, i sëmurë. P.sh, 'Gubin kur e pashë, ishte bërë si për gjynah'.

Lan gjynahet;- ironike, vuan pasojat. P.sh, 'Mos flisni kot për Kolën, se lan gjynahet'.

T'i kam unë gjynahet;- d.m.th, të jam unë dëshmitar. P.sh, 'Për Kolën t'i kam unë gjynahet, se nuk është duke vuajtur vetëm se gënjen'.

E ha gjynahin me bukë;- shprehje referuese. Që as kuqet dhe as nuk verdhet. P.sh, 'Për Gupin pyesni ju?! Po Gupi me bukë e ha gjynahin e del në rrugë pa pikë turpi'.

I marrsh gjynahet e kurrizit;- shaka, d.m.th, asgjë nuk ke se çfarë t'i bësh. P.sh, 'Tim shoqi - tha Matia-i marrsh gjynahet e kurrizit ti-a dëgjove?'

Një barrë me gjynahe;- shprehje referuese. P.sh, 'ka plot sende e mos i hidhni më sipër'. Ose, 'Rrapi ka një barrë me gjynahe e ju e mbani në gojë akoma'.

I lehtohen gjynahet;- shaka, d.m.th, përflisnin dikën pa qenë prezent. P.sh, 'Mos e mbani Matinë në gojë për çështje të dobëta, se asaj vallahi gjynahet i lehtohen, Zoti e sheh këtë'.

Gjyq-i

Gjyqi të mund e ai s'dorëzohet;- shaka, ironi kur dikush dënohet e nga ana tjetër, thotë se fitova. P.sh, 'Gupin gjyqi e dënoi, por ai ama qëndroi si burrat, nuk u dorëzua deri në fund'.

Gjyqi do nge e davaja do pare;- kur dikush mendon se çdo gjë bëhet kollaj. 'Po mirë more Kolë- mirë thua ti - i tha Matia,- gjyqi do nge e davaja do pare- e ti këto nuk i ke, më mirë rri e mos bëzaj'.

E ndan gjyqin katërsh;- dikush që është shumë i drejtë dhe i mençur. P.sh, 'Atë punë lërjani Dautit ju, se ai po të dojë, e ndan gjyqin katërsh'.

Mos u bëfsh për gjyq;- d.m.th, mos rafsh në gojët e botës. P.sh, 'Kola ka nuse të mirë, po mos u bëfsh për gjyq, se ky popull një bisht do ta vejë'.

Gjyq e fetfa;- shaka, dikush që e kalon kohën fare kot. P.sh, 'Po nuk kalon koha gjyq e fetfa more burrë- i tha Matia Kolës'.

Gjyryk,/-u /-ët

Byth gjyryk;- shaka, që ka shumë frikë, që i shkon prapa. P.sh, 'Sa byth gjyryk që qenke o burri dheut, nuk e kam ditur'.

Bishti i gjyrykut;- ironi, që

s'pyet kush për të, vrima e fundit e kavallit. P.sh, 'Po ti bishti gjyrykut je, a nuk e ke ditur ah!?'

I fryn tezja gjyryk;- shaka, shumë frikacak. P.sh, 'Rrapit i frynte tezja gjyryk, kur pa që arusha po vinte drejt tij me vrap (tezja është sinonim për bythën)'

E nxirrte gjyryk;- shaka, që se fik fare cigaren. P.sh, 'Malo e nxirrte gjyryk gjithë ditën, sa na çmendi me atë cigare'.

Iu bánë hundët gjyryk;- shaka, dikush që nuk fshin hundët, ose i ka të zëna me pisllëk. P.sh, 'Fshij more djalë ato hundë se t'u bënë gjyryk, i tha Matia djalit para se ta çonte në shkollë'.

Iu ça gjyryku;- shprehje tallëse, kur dikush lëshon gazra. P.sh, 'Rrapi ishte ftohur dje andej nga mali, e sot i ishte ça gjyryku për nder, nuk i rrihej afër'.

Nuk iu ndal gjyryku;- ironi, dikush që flet shumë e pa lidhje. P.sh, 'Isha me Gupin sot në tren, posi o burri dheut nuk iu ndal gjyryku një sekondë'. 2- Keq, dikush që lëshon gazra pa ndalim. P.sh, 'Nuk iu ndal gjyryku Salës, deri sa arritëm majë malit'.

Ha qyrk, jo gjyryk;- bisedë eventuale, ka ardhur koha të nderohet tjetri pas paraqitjes e jo pas punës. P.sh, 'Eh ti Kolë, shtoi Matia me duart në brumë- sot është koha ha qyrk jo gjyryk'.

Gjyrykhane;- fjalë e rrallë. Vend që është i papastër, jo i sistemuar. P.sh, 'Pse ma paske bërë shtëpinë si gjyrykhane, këtë nuk arrij që ta kuptoj, tha Matia e nevrikosur'.

Gjyrykthi;- fjalë e rrallë.
1-Këmbë e krye,
2-Që e përzënë me të keqe dikë. P.sh, 'Ustain e përzumë gjyrykthi nga aty, se e panë që shihte nga gratë e shtëpisë'.

Shkon gjyrykthi;- dikush i pa sistem në punë jetë e kudo, nga këmbët kryet. P.sh, 'Kam vënë re ti Kolë, nganjëherë shkon gjyrykthi, të lutem ndërro mënyrë- iu lut Matia dhe doli jashtë në oborr për të ujitur lulet'.

Gjysmagjeli;- figurë mitologjike, ku një burrë ishte gjysma mashkull e gjysma gjel, në përrallat për fëmijë. P.sh, 'Na ishte njëherë gjysmagjeli', 'Përralla me gjysmagjel'.

Si gjysmagjel;- ironi. Një mashkull me pamje femërore. P.sh, 'Gupin e pashë dje me një djalë si gjysmagjel dukej, nuk e di kujt djalë ishte'.

Gjysma /atʒ- fjalë e rrallë. Këpucë lëkurë me qafa të shkurtra. P.sh, 'Kishte ble një palë gjysma të mira', 'Sa kushtojnë ato gjysma!'

Një djall e gjysmë;- që vete rrëmujë, zënka e fajësime. P.sh, 'Sa u iku nusja Faikut, Kolajt vajtën një djall e gjysmë nëpër gjyqe'.

Gjysma e misë pesëqind;- shaka, d.m.th, mos e vra mendjen fare. P.sh, 'S'ke pse mërzitesh o Malo, gjysma e misë pesqind është dhe mori fund kjo punë'.

E ka gjysmën e misë pesëqind;- d.m.th, e ka në terezi punën. P.sh, 'Mirë thua ti, po Kola gjysmën e misë pesëqind e ka, që kur hyri kollovar'.

Gjysma e rrenës e vërtetë;- kur dikush dihet që gënjen, por në fakt në këtë segment është duke treguar të vërtetën. P.sh, 'Këtë radhë gjysma e rrenës është e vërtetë te Malo, se e dëgjuam nga shumë të tjerë'.

Bjeri përgjysmë dmth jep një pazar. Psh. Hajde xhaje, merre lopën, bjeri përgjysmë e shko.

Gjysh,/-i/ -ër/- it

Kur të pjellë gjyshi (gjyshja) ime;- shaka, kurrë s'ka për të ndodhur. 'Ju mendoni se do fitojë skuadra juaj, kur të pjellë gjyshja ime ka për të fituar'.

Ene gjysh, ene të rrun mjekrën;- shprehje mos respekti, kur dikush pretendon se të do e respekton, në fakt bën të kundërtën. P.sh, 'Kola kështu e la me të gjithë, edhe gjysh dhe të rruan mjekrën'.

Gjysh e gjymysh;- shprehje me shaka, një festë apo gosti që ka me bollëk ushqim, këngë e muzikë. P.sh, 'U kënaqëm shumë në dasmën e djalit tënd, gjysh e gjymysh vajti për zotin, deri sa dha drita'.

Si gjysh n'qoshe;- shaka, kur dikush të vjen për vizitë e harron të ngrihet. P.sh, 'Kolës i ngeli Malo si gjysh në qoshe, e Kola mendohej si e si të gjente një sebep që ta largonte'.

Gjyshe/-ja/-et

Gjyshe gjyshe patalyshe vesh'këlyshe,/ Pse nuk erdhe një natë ndryshe,/Që të zëmë një dallëndyshe,/.

(Lojë për fëmijët e vegjël ku një i rritur ua merrte kokën midis duarve dhe ua tundte lehtë duke përsëritur këto vargje humori).

Gjytyrym;- fjalë turke

Ka ngelur gjytyrym;- d.m.th,

që nuk lëviz këmbë e dorë. P.sh, 'Meti ka ngelur gjytyrym i ngrati, qëkur ra në një minë 2- Që ska bir e bijë e askënd që ta ndihmojë. 'Rrapi si gjytyrym ishte bërë'.

Gjytyrymthi;- që shkon rrokapjekthi. P.sh, 'Nuk e di se çe gjeti Kolën, kohën e fundit e kemi parë që shkon gjytyrymthi'.

Gjytyrym n'qoshe;- që nuk lëviz më nga pleqëria. P.sh, 'Më ka ngelur baba gjytyrym në qoshe, e nuk pranon të shkojë as te doktori'.

Ia plasi gjytyrym;- d.m.th, foli pa mend në kokë. 'Matia ia plasi gjytyrym ca fjalë Malos, e pastaj i kërkoj falje për gjithçka'.

-H-

Ha;- hëngra, ngrënë.

Ha veç;- shprehje inkurajuese, d.m.th, që është i veçantë për çdo gjë, i pashëm, bujar, punëtor e trim. P.sh, 'Për Kolën mos më fol fare, Kola ha veç'.

T'ha opingat;- i pangopur shprehje, tallëse. P.sh, 'Gupi të ha opingat e ti më thua që është sqimatar në të ngrënë'.

E hángri sa krahu;- shaka, d.m.th, e pësoi keq. P.sh, 'Gupi e hëngri sa krahu, kur doli e tha që kush është doçi i doçajve le të dalë në shesh e le të matet me mua'.

T'ha opingat me gjithë rretra;- d.m.th, shumë interesaxhi i madh. P.sh, 'Kam parë e s'kam parë, po të hajë burri opingat me gjithë rretra si Malo, kurrë në botë s'më ka vajtur mendja'

Ha me sy;- besëtytni, njeri që ka syrin e keq. P.sh, 'Thonë që ajo plaka e Dullës, të ha me sy, prandaj mos i dilni shumë për karshi.'

E ka ngrënë kasht'n e samarit;- d.m.th, i ka mbushur ditët, është në moshë, e ka kaluar kohën e tij. P.sh, 'Kola e ka ngrënë kashtën e samarit, e ju thoni sa andej këtej'.

E hángri si Sala;- d.m.th, e pësoi keq. P.sh, 'Ne i thamë Malos që mos e bënte ashtu, e tashti që e hëngri si Sala, u bë pishman, por është shumë vonë'.

Ha qyrk;- shaka, d.m.th, kur ke post e detyrë e të nderojnë. P.sh, 'Kësaj i thonë ha qyrk, se të gjithë e dinë sa mend ka Gupi'.

E hanë krimbat;- shaka, d.m.th, fëmijë i lëvizshëm. P.sh, 'Po ty more djali im, të hanë krimbat kështu që nuk të zë bytha vend?'.

E hángri at koqe ulliri;- d.m.th, ra në kurth, e shpabesuan. P.sh, 'Tani çfarë ti bësh Kolës, vetë e hëngri atë koqe ulliri, tashti fajëson ne'.

Nuk hahet prej s'ámli;- d.m.th, jashtë zakonisht mirë. P.sh, 'Jo mos thuaj ashtu, se si e kaluam në dasmën e djalit tënd, ke bërë një dasmë që nuk hahet prej së ëmbli për Zotin'.

Po të hángri bytha, shko kruje;- shaka, d.m.th, kërkon sherr. P.sh, 'Ne të themi që jo, mos ua kthe fjalën, e ty po të hëngri bytha, shko kruaje i thonë fjalës'.

Qeni leh atje ku ha;- d.m.th, gjithsekush do të përkrahë atë që e ndihmon. P.sh, 'Mos i vini faj Sulës pse andej e pse këtej, qeni leh atje ku ha, dhe mbaroi puna'.

Ha me limë;- tall., d.m.th, që ta ha shpirtin me të butë. 'Ky Kola, sikur ha me limë, ashtu ta sjell fjalën'.

I ha lëkura;- d.m.th, nuk ka durim në fjalë, nxehet shpejt. 'Rrapit i ha lëkura keq kur ia përmend burgun që bëri'.

Ha në peshë (kandar);- d.m.th, tinëzar, i padrejtë. P.sh, 'Kur të flasësh me Gupin, ki kujdes se ai vallahi, sy për sy të ha në peshë për nder, dhe nuk skuqet fare'.

Për at' punë ta ha munë;- shaka;- dikush që mburret se do të marrë hak, por në fakt asgjë nuk të bën. P.sh, 'Mos u mërzit fare nga Gupi, se ai për atë punë të ha munë, ja të garantoj unë'.

Hángshim njáni tjetrin;- mallk., d.m.th, mos bëfshin hajër fare. P.sh, 'Sa të poshtër ata djemtë e Gjorës, që hëngshin njëri tjetrin përshesh hëngshin, vajtën dhe e çnderuan vajzën e botës midis dite'.

Ia ka ngránë breshka trutë;- ironi, d.m.th, është bërë si matuf, nuk di se çfarë flet. P.sh, 'Mos i vini re shumë Malos, se atij qëkur i vdiq e shoqja, është bërë i ngrati sikur ia ka ngrënë breshka trutë'.

I hángri kurrizi;- shaka, d.m.th, e kërkoi vetë sherrin. P.sh, 'Kolës i hëngri kurrizi, më duket që vajti dhe u krua me djalin e Malos'.

Haje po deshe;- moskujdesje, d.m.th, s'ka tjetër për të ngrënë, veshur apo jetuar. P.sh, 'Kësaj i thonë haje po deshe, se kështu me këto kushte jetese nuk kalohet'.

S'e ha as qeni;- ironi, d.m.th, ushqim ose diçka tjetër e papranueshme. P.sh, 'Kishte bërë një kaçamak Matia, që se hante as qeni për zotin', 'Këto fjalë që thua ti Zybë, nuk i ha as qeni'.

Ksaj i thonë ha Osman;- d.m.th, kur s'ke rrugë e mënyrë tjetër. P.sh, 'Kësaj i thonë ha Osman, se për nder kurrë nuk kisha ndenjur këtu'.

I ha breshka bukët;- shaka, d.m.th, e vogël, e pakët. P.sh, 'Kishte marrë Kola një nuse për djalin, e asaj të shkretës ia hante breshka bukët'.

Hahen si shemrat;- d.m.th, grinden e bëjnë shamatë çdo ditë e orë. P.sh, 'Nuk e di se ç'kanë që hahen si shemrat, Kola me Malon'.

Habér,/-i/-et

O Kamer a ka haber;- shaka, d.m.th, a ka ndonjë lajm të ri. P.sh, 'Unë po të pyes-'o Kamar a ka haber', ti vajte u nxehe dhe unë e lash përgjysmë çfarë desha të them'.

S'bon haber;- d.m.th, nuk ka dijeni, nuk është në gjendje të bëjë një punë të caktuar. P.sh, 'Mos e mundo Kolën për asi gjerash, se nuk s'bën haber Kola andej'.

Ta ngjofsha haberin;- keq., mallkim, vdeksh. P.sh, 'Ç'na bëri ky njeri që ja dëgjofsha haberin'.Ç'ásht haberi, ka vdek berberi?;- shaka, asgjë s'ka ndodhur. P.sh, 'Po pastaj, çështë haberi? Ka vdek berberi!'

Haber akshámi;- shaka, thashetheme. P.sh, 'Mos u besoni atyre fjalëve, se habere akshami janë ato'- tha Kola, ndërsa ishte në kafene me shokët.

Hafiz/,-i/ ët;- fetare. Quhet ai person i fesë muslimane, femër apo mashkull qoftë, që mëson përmendësh krejt Kuranin. P.sh, 'Sala këtë vit u bë hafiz', 'Nurja është hafize nga gjeneratat e para'.

Nuk ke për tu bárë hafiz;- shaka, d.m.th, kur dikush e tepron kohën nëpër shkolla. P.sh, 'Po hë more bir, mjaft tani me këto shkolla, hafiz nuk ke për t'u bërë?'

Hafif,-të;- bisede, i lehtë nga pesha, me trupin hafif, i hollë e i dobët.

Kok' e hafifët;- i qartë, i saktë. P.sh, 'Kam qejf me Malon, se shumë koke hafifët është'.

Haját,/-i/-et;- vendi ku mbahen bagëtitë. 'Ngriti një hajat për lopët'.

Zemër (shpirt) hajat;- ironi, dikush, zemërzi. P.sh, 'Sa zemër hajat që është i ngrati Sylë'.

Mbylle derën e hajatit;- inat, mbylle gojën, qepe. P.sh, 'Mbylle derën e hajatit, se na çmende- i tha Matia të shoqit, se ishte në gjendje të dehur'.

Báni hajat;- shaka, d.m.th, fjeti diku. P.sh, 'Nuk e di ekzakt se ku bëri Kola mbrëmë hajat, se në të gdhirë erdhi në shtëpi'.

Ta pjerdh hajatin;- ironi, d.m.th, ta nënvleftëson fjalën, ta këput mendimin, ose çdo gjë i përkthen sipas interesave personale. P.sh, 'Malon nuk dëshiroja ta kisha për darkë, se ai bën nga bën dhe ta pjerdh hajatin'.

N'grazhd t'hajatit;- ironi, d.m.th, nga një gjendje e mjeruar. P.sh, 'Ky njeri ka lindur në grazhd të hajatit, e këtej vete e na shet mend'.

Ha hajat;- tall., kur s'ke rrugë tjetër, d.m.th. 'Kësaj i thonë 'ha hajat- se rrugë tjetër nuk ka'- tha Kola dje në mbledhje'.

Haja'felah;- fetare myslimane, thirrje për falje që bëjnë besimtarët e fesë myslimane. P.sh, 'Haja Felah Hajaa Felah- Hajdeni për Shpëtim, Hajdeni për shpëtim'. P.sh, 'Gjithnjë duhet thënë, Haja Felah, për këtë popull të mirë'.

Hajja'salah;- fetare myslimane. Thirrje për falje nga besimtarët muslimanë, d.m.th, ejani në falje. P.sh, 'Sapo u dëgjua nga myezini, Haja Salah, populli u drejtuan nga faltorja'.

Hajdút,-i/ -ët

Bërtet hajduti, kapeni hajdutin;- ironi, d.m.th, kur korrupsioni arrin pikën më të lartë. P.sh, 'Epo kur bërtet hajduti kapeni hajdutin, kësaj çfarë t'i thuash?'

Hajduti n'pras;- shaka, d.m.th, të njëjtën gjë. P.sh, 'Ohuha, ti gjithmonë ngele duke thirrur hajduti në presh, e koha shkoi'.

Punë t'mirë ka hajduti, një milion i ze minuti;- shaka, d.m.th, shanset nuk dihen. P.sh, 'Ju thoni vetëm punë, punë, po punë të mirë ka hajduti, një milion i ze minuti'.

Hajdut me çizme;- shaka, d.m.th, që nuk le send pa vjedhur. P.sh, 'Po të jetë tjetri hajdut me çizme, vetëm Pal Bredhin kam parë unë'.

Ásht hajdut që barkun ta zbut;- shaka, d.m.th, vjedh nga e keqja, jo ngase e ka huq. P.sh, 'Mos ja merrni për të madhe Kolës, se Kola është hajdut që barkun ta zbut'.

Një stan me hajdutë;- tall., d.m.th, të gjithë vjedhin. P.sh, 'Vajta sivjet në plazh, po atje kishte një stan me hajdutë, secili kush të vjedhë më shumë'.

Pësoi si hajduti i Bagdadit;- shaka, d.m.th, i ka ngelur emri, se hajdutllikun tjetër kush e bën. P.sh, 'Pal Kreshta pësoi si hajduti Bagdadit, se vjedhjen e bënte Kol Legata'.

Kërcenin hajdutët valle;-

ironike, d.m.th, vend apo popull që rrojnë me të vjedhur. P.sh, 'Vajta sivjet në zonat bregdetare, po atje more vëlla, hajdutët kërcenin valle para syve tuaj, dhe askush nuk i ngacmonte'.

Hajmedét;- pasthirrmë, bisede bën hajmedet, vajton e qahet tepër.

S'ka xhenet me hajmedet;- shaka, d.m.th, duhet punë për t'ia arritur diçkaje, jo vetëm qarje e ankesa. P.sh, 'Ti Matia vetëm ankohesh, po ska xhenet me hajmedet moj motër'.

Hajvan,/-i /- ët

Një hajvan dru;- shaka, d.m.th, pak, shumë pak. 'Kola, një hajvan dru i foli Matisë e ajo mori gardhin menjëherë'.

Babaj hajvánit;- ironi, njeri shumë i trashë. P.sh, 'Epo të jetë njeriu babai i hajvanit si ai Gupi, nuk më kanë parë sytë'.

Hajvançe;- fjalë e rallë, si hajvan, në mënyrën më trashanike. 'Sillej hajvançe', 'Fliste hajvançe'.

Nánçe e hajvánçe, tall., d.m.th, krejt të ligat e botës. P.sh, 'Nënçe e hajvançe, vetëm aty kam parë unë'.

Náne hajvánit;- tall., d.m.th, dikush që flet vetëm budallallëqe. P.sh, 'Nana e hajvanit paske qenë bre djalë, kurrë se paskemi ditur'.

Hak,/- u/-qet

U ardhtë Zoti hakut;- d.m.th, vetëm Zoti është shikuesi i gjërave dhe ekzekutuesi i tyre. P.sh, 'Ne nuk kemi se çfarë t'u bëjmë, atyre vetëm Zoti u ardhtë hakut'.

Hak pa marrë e gjak pa larë;- d.m.th, gjithçka është paguar në këtë botë. P.sh, 'Ti Malo mos u mërzit, se hak pa marrë e gjak pa larë nuk ka shkuar askush nga kjo botë'.

Hak e melhak;- d.m.th, krye për krye. P.sh, 'Hak e melhak vajti kjo punë, si na e bënë ua bëmë'.

Hakun e di Zoti;- d.m.th, nuk ka në dorë gjë njeriu. P.sh, 'Ti Malo mos fol kot, se hakun e di zoti'.

Kij inatin e jepi hakun;- d.m.th, fol të drejtën. P.sh, 'Është e bukur shumë Matia, ki inatin e jepi hakun'.

Jepi hakun pa iu tha djersa;- d.m.th, mos ia ha të drejtën dhe mundin punëtorit, paguaje menjëherë.

Në hak t'dinit;- d.m.th, në çështje feje. 'Profeti foli shumë në hak të dinit në ditën e Arafatit'.

Ja hakun, ja dajakun;- shaka, njërën do ta marrësh. P.sh, 'Zgjidh njërën, ja hakun ja dajakun, se pa gjë nuk do dalësh që këtej'.

Ia dha hakun;- d.m.th, e këndoi një këngë sikur duhej, kërcyer një valle, që nuk i le gjë mangët. P.sh, 'Bravos, Kola ia dha hakun këngës sikur duhej'.

Hakshe, hakshe;- ndajfolje, d.m.th, me ndershmëri. P.sh, 'Po e deshe hakshe hakshe, ti, ashtu është sikur thua'.

Halá, (ndajfolje);- ende, akoma.

Hala te Ura e Gallatës;- d.m.th, shumë i prapambetur. P.sh, 'Ohu ha! Hale te ura Gallatës mbete ti?'

Hala me ándrra;- njeri me iluzione. P.sh, 'Kola hala me ëndrra është, për atë lotarinë'.

Hala te Rrapi i Bezistanit;- dikush që të përmend të shkuarën pa ndaluar. P.sh, 'Xha Zeqos, hala te rrapi Bezistanit ke ngelur, kanë ndryshuar gjërat xha Zeqo'.

Hale/-ja (nevojtore)

E qëroj halën;- keq., e ndoqi nga shtëpia një person imoral. P.sh, 'Gupi e qëroj halen e tashti fle rehat'.

Në halet botës, dhjesin qentë;- d.m.th, në mallin pa zot, gjithkush del i parë. P.sh, 'Derisa në hale të botës venë e dhjesin qentë, nuk ka për t'u bërë ky vend'.

Mbylle halën;- keq., d.m.th, kur dikush flet ndyrësira. P.sh, 'Mjaft më, mbylle halën, se nuk po durohesh'.

Rafsh n'hale;- keq., d.m.th, mallkim nga zemërimi. P.sh, Po ku je more bir që, rafsh në hale rafsh'.

Ku n'hale ke shkuar?;- mallk., d.m.th, ku dreqin ke vajtur. P.sh, 'Po ku në hale ke shkuar moj bijë se na çmende?'.

Ka rënë n'hale;- d.m.th, është martuar me një femër të keqe. P.sh, 'Qëkur i ka rënë djali në halet, Kola nuk është ndier fare i ngrati'.

Mi halesh;- sharje, ironi, d.m.th, njeri që zhbironi gjërat që nuk i takojnë. P.sh, 'Të jetë tjetri mi halesh, vetëm Gupin kam parë!'

Nuk e báj gojën hale;- d.m.th, nuk gënjej, ose nuk trembem prej asaj që thashë. P.sh, 'Pse ti kujtove ti se do ta bëj gojën hale unë?!'

Hal/-ë/-a/-at

Kollu se del hala;- shaka, d.m.th, bëje një punë vetë, mos kërko ndihmë. P.sh, 'Ti djali im, kollu se del hala, e mos më rri derë më derë duke kërkuar ndihmë'.

Nxjerr hala;- tallje, d.m.th, nuk bën asgjë të mirë. P.sh, 'Më pyete për Gupin çfarë bën, nxjerr hala tërë kohën, atë bën'.

Halis;- tamam, i njëjtë. P.sh, 'Ky djalë qenka halis i ati'. 2- Të vërtetën. 'Po deshe ti halis, unë ta them si qe puna'.

Hall,/-i/-et.

I qafsh hallet;- d.m.th, i marrsh të ligat e kurrizit. P.sh, 'I qafsh hallet ti Matisë, ajo është zonjë e përmbi zonjat.

Një kalë halle- d.m.th, me shumë probleme ekonomike e shëndetësore. P.sh, 'Kola ka një kalë halle, dhe ti shkon e bie në qafë?!'

Hall me rrnu e hall me dekë;- shaka d.m.th, keq kështu e keq ashtu. P.sh, 'O Kolë, hall me rrnue e hall me dekë, ásht kjo punë, tha Rexh Dalia i Logut Epërm, kur hyri Tita në fuqi'.

S'ja gjan halli hallit;- d.m.th, secili ka probleme të ndryshme. P.sh, 'Dakord, dakord, unë të kuptoj, por ama nuk ia ngjanë halli hallit, ti daja Lami'.

Për t'i qarë hallet me qurra;- d.m.th, në gjendje të mjerueshme. P.sh, 'Rrapit ishte për t'ia qarë hallet me qurra, e ju na thoni sa andej këtej'. *Ky katuni ynë plot çuna beqarë,/ medet o moj nënë, hallin për t'ua qarë.* (Këngë humoristike e hershme).

Hallakát,/- ur.

Iu hallakatën dhentë, bletët, sorrat;- shaka, d.m.th, e humbi mendjen. P.sh, 'Kola qe mirë për disa çaste, pastaj iu hallakatën bletët keq'.

Hallakat pleshta;- ironi, d.m.th, nuk bën asgjë prej gjëje. 'Më pyete për Rrapin se çfarë bën, hallakat pleshta, atë bën'.

Hallakamë;--mb., (kosovare), që është shpërndarë keqas, bërë për ibreti. P.sh, 'Vajti kjo punë e u bë hallakamë, e s'ka kush që i bije në fije'.

Hallall,/-i

Hallall zoti;- d.m.th, shumë i mbarë. P.sh, 'Kola ka një djalë që hallall zoti'.

Ia bëri hallall;- d.m.th, në momentin e daljes së shpirtit, ia bëjnë hallall njëri tjetrit, kërkojnë falje gabimesh ndaj njëri tjetrit. 'Kola ia bëri hallall Malos, e pas pak dha shpirt'.

Ta báftë Zoti hallall;- d.m.th, të lumshin krahët, bravo të qoftë.

P.sh, 'Hë ty ta bëftë Zoti hallall ta bëftë, po do guxim e kurajë puna, e jo pallavra si ky djali im'.

Hallall kat me kat; - d.m.th;- qind për qind ta kam bërë hallall. P.sh, 'Hallall kat me kat ua kam bërë'.

Hallallëk/-u; - sillet dhe si mbiemër. Fjalë e rrallë. Të bërët hallall. P.sh, 'Hallallëku është i preferuar në çdo situatë, pasi nuk kemi garanci për jetën, tha im atë'.

Hallall Ollsun (turqisht); - d.m.th, me të gjitha mënyrat e hallallit.

Hallall Ollsun; - prej kësaj dynjaje, d.m.th, vdiq e shkoi. P.sh, 'Merko, hallall Ollsun, prej kësaj dynjaje'.

Merr, marr hallall ollsunin; - d.m.th, i merr hallashtinë një personi që është buzë vdekjes. P.sh, 'Isha nga baba sot e i mora hallall ollsunin, se nuk i dihet'.

Hallallisem; - d.m.th, bëhem hallall me dikë, si për së gjalli dhe për së vdekuri. P.sh, 'O Malo, kam ardhur të hallallisem me ju, se kemi ngrënë bukë, kemi punuar bashkë e nuk e di, ndoshta diku ta kam rënduar'.

Hallashti/a; - mënyra e të bërit hallall. 'Kjo qe një hallashti e pëlqyer që do të mbahet mend'.

Hallashtisem/et; - d.m.th, ndahem me dikë me duar në qafë. P.sh, 'Xhaxhai ka ardhur të hallashtiset me babën'.

Hallallosem; - po aty, hallashtisen

Malli hallall, nuk të le batall; - d.m.th, djersa jote nuk shkon kot. P.sh, 'Të kam thënë disa herë djali im, që malli hallall nuk të le batall'.

Hallallin se djeg as zjarri; - d.m.th, mallin e vënë me djersë e mundim, nuk e gjen asgjë. P.sh, 'Jini në hallall, se hallallin nuk e djeg as zjarri, tha Hoxhë Efendiu, lart sot, te xhamia'.

Hallát,-i/et (zhargon);- shaka, veglat gjenitale të burrit. 'Pali i gjorë shkoi të shohë doktorin, se qahej nga hallatet i shkreti'.

Hallbuj (fjalë e rrallë);- ndoshta, nëse. P.sh, 'Mirë e ke ti, po hallbuj si t'ia bëj punës time se?!', ose, 'Hallbuj vjen nesër, meqë sot qenke i zënë'.

Halla,/-ë/-at

Të puth halla; - shaka, d.m.th, të marrsha të keqen. P.sh, 'Hë të puth halla mos përto, shko një çikë te komshiu e na merr pak kripë hua'.

Ta martofsha hallën;- kur bën shaka me një beqar, që të shkon muhabeti. P.sh, 'Ma bëj një nder, hë ta martofsha hallën'.

Ia martoj hallën;- dikujt apo diçkaje, d.m.th, e prishi fare. P.sh, 'Ti thua ashtu, po Kola ia martoj hallën makinës time, që e kisha me aq sevda'.

Në t'hallës;- sharje, d.m.th, në djall të shkojë. P.sh, 'Unë nuk desha që të bëhet kështu, e po si u bë kështu në të hallës le të shkojë'.

Puthu me hallën;- d.m.th, thuaj mirupafshim. P.sh, 'Po ia dhe kalin Gupit për ta ndihmuar, ja po ta them unë, puthu me hallën me kalin, se ka për ta dërrmuar'.

Po të kishte halla koqc, do ti thonin dajë;- shaka e rëndë, d.m.th., një diçka fare e pamundur. P.sh, 'Po të kishte halla koqe do ti thonin daj ashtu si thua ti Kolë që ti hedhim mercedezit motorin e volksvagenit'.

Hallvë/-a/-at

T'hëngsha hallvën;- shaka suportuese, d.m.th, të lumtë. P.sh, 'Hë më të hangërt halla hallvën, sa mirë ja bëre atij kopuku 2- Shaka, vdeksh. P.sh, 'Po ku je more shoku Pal, të hëngsha hallvën, se na thave sytë'.

Bá për hallvë, (qull, kaçamak);- shaka, d.m.th, ishte mplakur e nuk kishte dhëmbë. P.sh, 'Ishte bërë për hallvë i shkreti, e ajo buka qe pak e fortë, e pashë që mezi e brente'.

Trima hallve;- ironi, d.m.th, mburrje pa asnjë mjet a mënyrë. P.sh, 'Unë u them të keni shumë kujdes ju djem, se kështu trima hallve ka plot, pa t'u shohim në luftë?!'

Mbytet n'hallvë;- d.m.th, e zuri haku. P.sh, 'A e patë që u mbyt Rrema në hallvë, se haku i nipit e zuri'.

Hallvë e ftohtë;- ironi, sa njeri pa cipë e yndyrë. P.sh, 'Kola po bënte fjalë me Palin, dikur u ngrit e ja bëri;- Ja hallvë e ftohtë je, qofsh ti që je Pal, se burrat nuk e kanë kështu'.

Grindesh në hallvë;- d.m.th, që nuk merresh vesh lehtë me një person. P.sh, 'Me ty Merko, grindesh në hallvë për zotin, unë nuk ta kam ngenë e shkova'.

Hamall,/-i

Hamalli Stamollit;- tallëse. P.sh, 'Gjithë jetën hamall i Stambollit ngele more burrë, si nuk erdhe njëherë herët në shtëpi'- foli Matia e nxehur e bërë zjarr.

Hamak,/-u/-e (fjalë e rrallë);- që nuk ka shkathtësi, as fizike as mendore. P.sh, 'Dhe unë vete dhe pyes ty, po ti qenke hamak fare more djalë', ose, 'Hiqu more prej asaj femre, a nuk e sheh sa hamake që është?!'

Hamam,/-i/-et.

Lesht e hamamit;- ironi, d.m.th, asgjë, asnjë send. P.sh, 'Çfarë i bërë?- asgjë, lesht e hamamit i bëre'.

Natën e mirë n 'hamam;- ironi, d.m.th, pa respekt e mirënjohje. P.sh, 'Kjo që po thua ti Kolë, është natën e mirën n'hamam, nuk bën kështu'.

Si i zán n'hamam;- ironi, d.m.th, që është i prapë në çdo gjë. P.sh, 'Ky Gupi, sikur është i zënë në hamam për zotin, shumë kokëfortë është'.

Hambár,/-i/-ët (lokale, hamar)

Nuk di hamari se ç 'bën mulliri;- shaka, d.m.th, barku do të hajë, ka apo nuk ka në dyqan. P.sh, 'Mirë thua ti Mati, po ku di hambari se ç 'bën mulliri, o djali'.

Hamar t'baftë zoti;- 1-Dikush që është tepër zemërgjerë. P.sh,

'Hambar t'baftë zoti, e paske atë djalë o Kol Legata'. 2-Vend pjellor. P.sh, 'Ishin vendosur me një fushë që hambar t'baftë zoti. 3- Ironi, që nuk ka të ngopur. P.sh, 'Të kishte një bark ai Kola, që hambar t'baftë zoti'.

Ka ranë miu n'hamar;- d.m.th, s'ka bereqet. P.sh, 'Atyre të Legatave, sikur u ka rënë miu në hambar, përherë ankohen se s'kanë'.

Sa tre hamarë bashkë;- shaka, që është me trup i/e madhi (e). P.sh, 'Kishte një grua ai Kola, o t'faltë zoti, sa tre hambarë bashkë, ama zemrën flori e kishte'.

I ngarkoj hamarët;- ironi, d.m.th, vdiq e shkoi. P.sh, 'Edhe Sala aq e pat, i ngarkoj hambarët njëherë e mirë'.

T'i flesh n'hamar;- shaka, d.m.th, zemërgjerë e bujari madh. P.sh, 'Ai Kola është sikur t'i flesh në hambar o burri dheut, kurrë nuk e prishi as zemrën as gojën'.

Në hamar t'botës, t'gjithë janë bujarë;- tall., d.m.th, në të huajën të gjithë japin, në të vetën mbledhin dorën. P.sh, 'Kam kohë që po të dëgjoj ty Malo, po në hambar t 'botës, krejt bëhen xhymertë'.

I ka hy miu, bolla, dreqi në

hamar;- ironi, d.m.th, nuk i sheh hajër mallit. P.sh, 'Këtij Kolës, sikur i ka hy miu në hambar, veç ngeli duke u ankuar'.

Hamari i shpisë;- d.m.th, shtylla, direku i shtëpisë, që punon shumë, veç mbaj e bjer, i drejtë, i urtë. P.sh, 'Kolën e kam hambarin e shtëpisë, tha Matia, ju lutem mos ma ngisni'.

Shkundi hamarët;- shaka, d.m.th, tundi xhepat, paguaje dasmën. P.sh, 'Hë Malo, shkundi hambarët se nuk je pa gjë ti, mos të dridhet dora purtekë'.

U bë samar e hamar;- ironi, d.m.th, hëngri sa deshi, piu dhe u deh pastaj. P.sh, 'Gupi është bërë samar e hamar në një qoshe atje, merreni e çojeni të flejë diku'.

I pjellin minjtë nëpër hamare;- shaka, d.m.th, nuk e di as vetë sa mall e pasuri ka. P.sh, 'Malos i pjellin minjtë nëpër hambare, ju bëni tërrti e vërrti'.

Nj'herë pjell gjeli n'hamar;- ironi, d.m.th, njëherë bëhet gabimi, jo më, kurrë. P.sh, 'Ti Malo, njëherë pjell gjeli në hambar, tashti gjynahet i kanë vetë djemtë po nuk patën nxënë mend'.

Hamar pas mullarit;- ironi, d.m.th, ka pirë, ose që ka vdekur. P.sh, 'Kola u bë hambar pas mullarit e nuk dinte se çfarë fliste'.

2- 'Sala ka kohë që është bërë hambar pas mullarit, e ti nuk e ditke këtë'.

E di shosha, çka hambari;- shaka sqaruese, e di i zoti i shtëpisë gjendjen e përgjithshme. P.sh, 'E di shosha çka hambari, ju flisni kot sa andej këtej'.

Hamkeq,/-i /-e (fjalë e rrallë);- njeri që e ka të ngrënën të pakët. P.sh, 'Sa hamkeq që e kam këtë fëmijë, nuk ve gjë në gojë pa e lutur një copë herë', 'Gocë hamkeqe'.

Hámull,/-a/-sh

Gjeti hamull e báni bramull;- d.m.th, gjeti shesh, bëri përshesh (ishim ne të pavëmendshëm). P.sh, 'S'ka faj Kola që bën ashtu, gjeti hamull e bëri bramull, tashti le ti japë gojës sa të dojë'.

Ra ujku ene i báni hamull;- d.m.th, copa copa, hëngri sa deshi. P.sh, 'Ngaqë ishte vendi krejt mjegull, ra ujku e i bëri delet hamull'.

Ra n'hamllit;- shaka, dikush që bie në një grumbull personash apo sendesh. P.sh, 'Kola ra në hamullit cucave dhe nuk vendoste dot se cilën të marrë. ose, 'Emi ra në hamullit të mollëve dhe mori sa desh'.

Han,/-i/-et

Báni han;- bisede, dikush që të vjen për darkë pa u njohur më parë. P.sh, 'Kishim një mik mbrëmë për darkë e sa bëri han, sot u ngrit e iku'.

Ka fjet në han;- shaka, dikush që ka gazra të shpeshta. P.sh, 'Kola ka fjet në han, prandaj mos ia veni veshin shumë'.

Si në grazhd të hanit;- ironi, mbërthyer e lidhur. P.sh, 'Nuk i kuptoj ata Kolajt pse e mbajnë atë nuse si në grazhd të hanit, po njeri është dhe ajo e gjora'.

Hane

Hane dane;- ironi, dikush që e mban veten lart. P.sh, 'Hane dane ku e shiste ai/ ajo pilafin, d.m.th, mbahej me të madh/e.

2- që ka shumë kohë që ka ndodhur diçka. 'Koha e Skënderbeut, hane dane ka ndodhur, por tregimi është ashtu'.

Hane Lushnja, hane Karbunarë;- d.m.th, ku them unë e ku del ti Pasho. P.sh, 'O Pasho, më çmende pash Zotin, hane Lushnja hanë Karbunarë është ajo punë që thua ti'.

Hanxhar,-/i /-ët

E nxori hanxharin;- d.m.th, iu ngrit penisi. P.sh, 'Nuk pati turp fare, e nxori hanxharin mes popullit'.

Hanxhar nga goja;- ironi, dikush që flet pa pushim. P.sh, 'Ky Rrapi qenka hanxhar nga goja, prandaj rrini pak larg këtij mistreci'.

Në teh t'hanxharit;- dikush që vete buzë të vdekjes. P.sh, 'Matia shkretë vajti në teh të hanxharit, por prap ja hodhi mirë'.

T'jetë tjetri hanxhar;- ironi, d.m.th, budalla fare. P.sh, 'Kam parë e s'kam parë, po të jetë tjetri hanxhar fare vetëm Gupin kam parë'.

Hanxhi,/-u/-njtë.

Bán pazar pa hanxhinë;- shaka, d.m.th, pa pyetur më parë. P.sh, 'Ti Pasho të betohem, bën pazar pa hanxhinë, se përherë kështu thua e gabim të del'.

Di hanxhiu sa kushton kali?;- d.m.th, i paditur, shaka. 'Pse re di hanxhiu sa kushton kali?! Ju vini e pyesni mua?'

Mos e ço hanxhinë krushk;- ironi d.m.th, jepi secilit atë që i takon, ose zgjedh njeriun e gabuar. P.sh, 'Unë të kam thënë disa herë o Kolë, mos e ço hanxhinë krushk, se hanxhiu po hanxhi ngelet. E pe tani si ta bëri Malo, hë çfarë të bësh atij tashti?'.

Si hanxhiu mbi dyfek;- d.m.th, ngrehur e kurdisur. 'Po ky Pelushi, ç'më qenka kurdisur kështu si hanxhiu mbi dyfek?'

Kur hanxhiu t'báhet dhanërr, mret;- d.m.th, diçka që kurrë as ka ndodhur më parë, dhe as nuk ka për të ndodhur në të ardhmen. P.sh, 'Kur të bëhet hanxhiu mret, ka për tu bërë Lila deputet'.

Hanxhinë lëre hanxhi;- d.m.th, tjetrit jepi atë punë që bën. P.sh, 'Shumë e ke ngarkuar Kolën me atë punë, hanxhinë lëre hanxhi, se tjetër gjë nuk bën ai'.

Më shumë hanxhinj se sa kalorës;- d.m.th, më shumë që s'punojnë se sa punëtorë. P.sh, 'Në këtë kompaninë tuaj paska më shumë hanxhinj se sa kalorës, u tall Malo duke nënqeshur'.

As hanxhi, as kasap;- d.m.th, asnjëra as dhe tjetra. P.sh, 'Ndaje fjalën ti Kolë djali, kështu as hanxhi as kasap, mos e lër punën'.

Hapagap, (Hapashalas);- fjalë e rrallë. P.sh, 'Merko ka disa vite që shkon hapagap, ngaqë u aksidentua me makinë'.

Hapagapthi, (hapashalsi);- fjalë e rrallë. P.sh, 'Tani Rrapi tërë jetën hapagapthi ka për të ecur i gjori që kur ra nga druri'.

Hapje /et, (d.m.th, ilaçet);- 'Më jep një hapje se më dhemb koka', 'Sa kushtuan hapjet?'.

Nuk i ka pirë hapjet;- d.m.th, tallëse, flet përçart. 'Ti Kolë nuk i ke pirë hapjet sot mesa shoh unë, se flet si e ëma e Zeqos majë thanës'.

Haps -(it);- bisedë. 1- burg. 2-i burgosuri, 'E bëri haps (dikë), e burgosi'.

Ra haps;- d.m.th, ra ngushtë, nuk pati rrugë a mënyrë tjetër. P.sh, 'Kola ra haps, kur ia përmendën çështjen e së resë'.

Ia báni gurët haps;- d.m.th, e zuri ngushtë në fjalë. 'E zuri haps', 'E kapi mat', 'E zuri pisk'. P.sh, 'Shpesh herë Matia ia bën gurët haps Kolës, se ai shpesh vjen i dehur në shtëpi'.

Haps e kaps;- d.m.th, shumë keq nga gjendja shëndetësore. P.sh, 'Shumë keq e gjeta Gupin në spital, haps e kaps e lashë'.

Haram,/-i

As hallall as haram;- diçka e ndërmjetme. P.sh, 'Pirja e duhanit nuk është as hallall as haram'.

I zánë haram;- tall., që është

i prapë në çdo send. P.sh, 'Ky fëmijë qenka i zënë haram, me garant ta jap'.

Haramçi;- fjalë e rrallë, që i prin haramit, djalë haramçi, fëmijë haramçi, d.m.th, i pandrequr.

Haramatë/ a /;- fjalë e rrallë, mall që është haram. P.sh, 'Mos u fut në haramatë, bixhozi është haramatë'.

Haramllëk;- fjalë e rrallë, që bie në haram. 'Pirja e alkoolit është një haramllik i dukshëm, prandaj mos e dëmtoni veten tuaj'.

Haramos,/- je/-ur;- që është e ndaluar fetarisht. 'Mos e haramos ushqimin, qe porosia e babait të Malos para se të vdiste'.

Haragop,/-á/-ur;- dmth, që loz pa ndalim, haragopen djemtë, haragopen qentë, nuk ndal së haragopur.

Haragopçi;- fjalë e rrallë, d.m.th, i lëvizshëm. P.sh, 'Shumë fëmi Haragopçi qenka ky djalë.

Haragopsh,/ëm;- fjalë e rrallë, d.m.th, që është shumë i lëvizshëm në fjalë. 'Ti je shumë i haragop/shëm, zor se zihesh në fjalë'.

Harok;- cjap i patredhur, **c**jap harok

Hidhet si cjap harok;- d.m.th, keq, imoral, që shikon për femra. 'Kujdesuni nga ky njeri, se u hedhka si cjap harok nëpër grani, e do të na bëjë ndonjë hall'.

I vjen era harok;- d.m.th, tallje, që shihet apo nuhatet prej së largu. P.sh, 'Likës i ardhka era harok sot, më duket se kërkon për nuse'.

Hartos,/-ë

Shalë hartosë;- tallëse, që i ka shalët e gjata, pelë shalë hartosë, grua shalë hartosë.

Nuk e ka një hartosë;- shaka, d.m.th, ka një dërrasë mangët. P.sh, 'Matia nuk e ka një hartosë, prandaj kujdes'. Çan hartosa;- d.m.th, që flet kot. P.sh, 'Gjithë ditën ke ça hartosa sot, si nuk u lodhe, kjo më habit'.

Ka shku për hartosa;- tallëse, d.m.th, nuk jeton më. 'Dulla ka shkuar për hartosa ka vite, çfarë flet dhe ti më'.

Harxh,/-i/-m

Nuk i shti shumë harxhe;- d.m.th, nuk i jep rëndësi diçkaje pa vlerë, ose dikujt që flet vend e pa vend. P.sh, 'Malo nuk i shtiu shumë harxhe fjalës së Kolës, ama sikur tha Kola doli'.

I pa harxhe;- d.m.th, i kollajtë, i komunikueshëm. P.sh, 'Kam qejf me Kolën se shumë i pa harxhe është ai burrë'.

S'ia dita harxhet;- d.m.th, huqet, mënyrën. P.sh, 'Faji është imi, kur s'ia di harxhet tjetrit, kjo ndodh tani'.

Harxh 'i mirë ish kánë (kosovare);- d.m.th, një femër shumë e sojme. P.sh, 'Kishte Bektashi nji çikë, ama harxhi mirë kishte qenë'.

Harxhali/ -je;- njeri që kërkon e shpenzon shumë sende. 'Grua harxhalije', 'Njeri jo harxhali'.

Harrje/-a /-et

Harrje në vesh;- diçka që të mërzit jashtë mase. P.sh, 'Harrje në vesh m'u bë sot ajo Matia, meazallah se pushoi së foluri një minutë'.

Në tarrje, ka veç harrje;- shaka, d.m.th, mos prit mirë atje ku nuk është mirë. P.sh, 'Mos u anko fare, vetë e kërkove, në tarrje ka veç harrje, tha Sala e qeshi fort'.

Harr/ -ój/-óva/-úar

Harroi të marrë frymë;- tallëse, vdiq. P.sh, 'Dulla harroi të marrë frymë mbrëmë'.

T'u harroftë emri;- mallkim, vdeksh. P.sh, 'Ç'më bërë, o ty t'u harroftë emri t'u harroftë'.

Të shkume të harrume;- urim pas një sëmundje. P.sh, 'O Kolë, të shkuara harruara qofshin, shyqyr që ja hodhe dhe këtë radhë'.

Hasanat/i;- d.m.th, shpërblim, mirësi. P.sh, 'Hasanat qe puna e tij. Ose, Nuk iu pa hasanati gjëkundi.

Hasër/ -ra/-at

Iu bá hasër nër këmbë;- shprehje nënshtrimi. P.sh, 'Gupi iu bë hasër ndër këmbë Rrapit, për një punë në zyrën e dikasterit.

Një hasër grua;- shaka e vogël. P.sh, 'Po Matia një hasër grua është e gjora, e juve menjëherë u ngeli hatri'.

Plesht nër hasër;- ironike, d.m.th, që ta mërzit, gërr vërr. 'Epo të bëhet tjetri plesht ndër hasër si ky Gupi, s'më kanë parë sytë'.

Shtro hasra e ngre hasra;- d.m.th, përsërit, bën të njëjtën gjë pa rendiment. P.sh, 'Gupi atë punë ka, shtro hasra e ngre hasra gjithë ditën'.

Po çove hasrën, pleshta do gjesh;- d.m.th, po rrëmove atje ku s'duhet, mos prit mirëseardhje.

P.sh, 'Ti Kolë mos na fajëso neve tashti, ne të thamë, po çove hasrën, pleshta do të gjesh'.

Veç hasrën nën bythë;- d.m.th, të varfër. P.sh, 'Jam ndjerë shumë keq me gjendjen e Kolës, po ata veç hasrën kishin nën bythë, e asgjë tjetër'.

U ve hasrën;- d.m.th, i mbulon gjërat e këqija. P.sh, 'Ata të Gjelajve u vënë hasrën gjërave, dhe nga njëra anë mirë bëjnë'.

Mu më digjet hasra, ti kujton jorganin;- shaka, ç'farë them unë e ku del ti. P.sh, 'Mos u tall pash Zotin o Malo, mua po më digjet hasra, ti thua jorgani'.

E di gjoli ç 'hasra ka;- d.m.th, tall., e di i zoti mallin e vet. P.sh, 'Ti tani kujt i thua, mua, po e di gjoli ç'hasra ka, këtë e ke dëgjuar ti apo jo?'.

Mbulo mut me hasër;- tall., d.m.th, tenton që ta shfajësoj një fenomen jo të mirë. P.sh, 'Të gjithë e dinë që ajo lindi një kopil, ndërsa e ëma del nëpër lagje e mbulo mut me hasër'. Ose Mbulo mut me hasër është kjo punë.

Si dervishët në një hasër;- d.m.th, bijnë në ujdi kollaj. P.sh, 'Kolën dhe Malon, shpesh i sheh si dervishët në një hasër, hanë e pinë e nuk ndihen fare'.

S'kishin hasër nër bythë;- d.m.th, shumë varfëri. P.sh, 'Epo të mos ketë tjetri as hasër ndër bythë, e këtej të shet shemb, vetëm Kol Gjinin kam parë!'.

U hyri ujët nër hasër, (rrogoz);- d.m.th, filluan ta ndjejnë të keqen. P.sh, 'Gjokolajve, kur u hyri ujët nën hasër, e panë se kush ishte pushteti komunist'.

Hasraxhi;-ai që bën hasra. 'Hasraxhi i mirë Kola, ka punuar disa kohë si hasraxhi'.

*Erdhi hasraxhiu hasra të na shtrojë,/
Ik re mysybet, mbylle atë gojë,/*

*Erdhi hasraxhiu, erdhi nja tre herë,/
Ik re mysybet, mos ta mbyll at derë.*
(Kënduar nga grania, e hershme).

Hasm,/-i/-t

Mikut qaj hall e hasmit lëvdohu;- p.sh, 'Në këtë rast, shtoi Kola, ne e dimë gjendjen tonë, por mikut qaju e hasmit lëvdoju, se rrugë tjetër s'ka'.

Dhe hasmit i ardhtë keq;- d.m.th, u bëfsh keq e më keq. P.sh, 'Dhe hasmit i ardhtë keq për ty, i tha Matia Gupit, kur ai e nxori jashtë me përdhunë'.

Hashám/i;- fjalë e vjetër. D.m.th, i ashpër, i rrëmbyeshëm, i egër, njeri shpirt hasham. 'Qënka kjo kohë sot hasham', dmth, erë, borë e shi.

Hata,/-ja/-të;- bisedë

Hataja vetë;- d.m.th, shumë e bukur apo mirë. P.sh, 'Kishte gjet Kola një nuse për djalin, hataja vetë ishte'.

Mos na pjell hatanë;- d.m.th, mos na sill trazira. P.sh, 'O djalë, mos na pillni hatanë, tha Matia, se nuk ua kemi vaktin këtyre gjërave'.

U ka mbirë hataja n'derë;- d.m.th, që kanë vetëm të këqija. P.sh, 'Atyre Gjelajve, u ka mbirë hataja në derë, vit për viti nga një tragjedi të shkretëve'.

Gjynah e hata;- d.m.th, jashtë çdo norme njerëzore. P.sh, 'Kjo që bënë ata me atë vajzë jetime, qe gjynah e hata'.

Hatër,/-i /- et.

Se ka as me hatër, as me hutër;- d.m.th, me të lutur, por me dëshirën e pëlqimin tuaj. P.sh, 'Ne kemi dëshirë të bëhemi miq- u tha Kola- kjo se ka as me hatër as me hutër, nëse na pranoni ju'.

Me hatër me hutër;- d.m.th, me çdo mundësi. P.sh, 'Po ju lutemi me hatër e me hutër, të na urdhëroni sonte për darkë'.

Nuk më bie as në hatër;- keq., d.m.th, më je harruar fare nga mendja e nga zemra. P.sh, 'Pse të gënjej Matia, nuk më bie as në hatër fytyra juaj, ti vetë e di që nuk u ndamë mirë në fund'.

Hatri të mbush barkun, (mullën);- keq., d.m.th, jo shumë i hapur, me kujdes në bisedë. P.sh, 'Kur të flasësh me Kolajt, ki kujdes, mënyra si ta sjellin ata bisedën, bën që hatri të mbush barkun'.

Djalë hatri;- d.m.th, djali i pleqërisë. 'Limin e kam djalë hatri, e mos ma ngisni, të bëjë ç'të dojë'.

Hatërli /-je;- fjalë e rrallë, që ka turp e mirësjellje, grua hatërlie.

Hatme,/-ja;- hatme, quhet leximi apo thënia përmendësh e tërë Kuranit për një kohë të caktuar, ose nxënësi që mëson Kuranin deri në fund quhet hatme. P.sh, 'E bëri hatme kuranin gjatë ramazanit', 'Ka bëri shtatë herë kuranin hatme' etj.

Hatulla, /-at (hatlla)

Flet si nëpër hatlla;- ja fut kot. P.sh, 'Ky Rrapi flet si nëpër hatlla, apo më duket mua!?'

I ka pjellë gjeli n 'hatlla;- ironi, d.m.th, që i ka punët në terezi. 'Ramës i ka pjellë gjeli në hatulla, qëkur hyri dhëndër në atë shtëpi'.

Ngeli goja hatull;- d.m.th, që flet pa lidhje. P.sh, 'Po ty të ngeli goja hatull more burrë- i tha Matia. po pushon njeriu njëherë!?'

Shihet prej nga hatlla;- d.m.th, shihet qartë prej së largu. P.sh, 'Ti mos u mundo të hedhësh mua hi syve, se kjo gjë shihet prej nga hatllat'.

Më ngeli barku hatull;- d.m.th, m dhimbs shumë. 'Që kur më vdiq im shoq, më mbeti barku hatull, e tani mos pyet për mua'.

Mbylle hatllën;- sharje, mbylle gojën. P.sh, 'Mbylle hatullën o Shero, se na çmende sot'.

Sa për t'i zënë hatllën;- sa për sy e faqe. P.sh, 'I bleu një fustan sa për t'i zënë hatullën Matisë'.

Ecën hatlla hatlla;- d.m.th, shala haptas. P.sh, 'E keni fjalën për atë djalin që ecën hatlla hatlla'.

Mi n'hatull;- d.m.th, që të bezdis. P.sh, 'Mi në hatull m'u bëre sot o djali nënës, e nuk po zë vend fare'.

Hatlla macesh;- vend që nuk përdoret më, lënë shkret. 'Këto shtëpitë tona tashti ngelën hatlla macesh'.

Hauz/-i/ -et (pellg)

Ra n 'hauz;- shaka, d.m.th, i sapomartuar. P.sh, 'Kola ra në hauz mbrëmë, prandaj pak me kujdes'.

Hauz për barku;- d.m.th, shpirtzi. P.sh, 'Kam parë e s'kam parë, po të jetë burri botës hauz për barku vetëm, Gupin kam parë'.

Hazret-i/ët;- titull fetar, që kanë pasur profetët e dërguar nga Perëndia në tokë. P.sh, 'Hazreti Muhamed, alejhi selatu ue selam, Hazreti Ademi alejhi selam Hazreti Isa alejhi selam, etj.

Djalë hazreti;- d.m.th, djalë të vetëm. 'Djalë hazreti e ka Selon, prandaj e do shumë'.

E mban si djalë hazreti;- d.m.th, ia plotëson të gjitha konditat. P.sh, 'E mban si djalë hazreti Kolën, prandaj e do aq shumë'.

Hava,/-ja Ja gjeti havanë;- d.m.th, dyzenin e muzikës. 'Rexha ia gjeti havanë çiftelisë e nuk pushoi së rënë për nja dy orë'.

Hudhe kámën pas havasë;- d.m.th, bëj si të tjerët. P.sh, 'Mos u bëj merak shumë, hidhe këmbën pas havasë e, mirë do dalësh'.

Haxh;- koha që shkohet në Mekë.

Ps.sh. Koha e haxhit është shtatë ditë. 'Sivjet do të shkoj për haxh'.

Haxhi,/- u/ -ja/ -njtë

Si haxhi pishmani;- shaka, d.m.th, kur dikush ndërron mendje menjëherë. P.sh, 'Hë re ti, mos u bëj si Haxhi Pishmani tashti, po hajde për darkë se po të presim'.(Vjen kjo thënie nga një person dikur që kishte në plan të shkonte për haxh me shokë. Atë ditë që do të niseshin ai u dërgoi fjalë shokëve që kishte ndërruar mendje. Dhanë e morën shokët që t'ia mbushnin mendjen, por ai nguli si gozhdë për jo. Ikin shokët e tij në Haxh, bëjnë shërbesat fetare sikur duhet, marrin rrugën e vijnë në shtëpi. Pasi pushojnë mirë, fillojnë vizitat, u vijnë shokë e miq për t'i uruar, po dhe këta me njëri tjetrin. Venë tashti dhe te ky njeriu që kishte ndërrua mendje, dhe i urojnë haxhin. Ai ua pret;- Mos bëni shaka me mua, se unë nuk isha në haxh. Jo i thonë një zëri shokët e grupit. Ishe, po si jo?! Jo ishe jo s'isha, zgjati ky debat, shokët e grupit e kishin pasur atë me vete në Mekë, dhe rrugës në kthim tërë kohën.

-Ore shokë- u thotë ai që u bë pishman. Një ditë më parë se sa të niseshim, kur po kthehesha në shtëpi, pashë një fëmijë të fqinjit që mori një rosë të ngordhur në kanal për ta ngrënë, se shumë fukarenj janë.

Kjo më bëri të ndryshoj mendje. Të hollat që kisha kursyer për haxh vajta dhe ua dhashë atyre.

Thotë feja që kur fqinja juaj është duke vdekur për bukë, ti duhet të ushqesh atë më parë, dhe unë ashtu bëra, andaj nuk isha me ju në Mekë.

Folën një zëri shokët- Vallahi ty ta paska pranuar Zoti haxhin, se atje të kemi parë. .Për zotin, shton ai që nuk kam qenë, por po u them në gjë. Natë e ditë në mendje u kam pasur, dhe unë u kam parë juve sikur isha me ju. -Kjo ngjarje solli shprehje, si haxhi pishmani.)

Haxhillëk,/-u.

Ta báftë (shkroftë) Zoti haxhillëk;- shprehje kënaqësie kjo kur të vjen një mik apo një shok për vizitë.. P.sh, 'Sa shumë ma ke bërë qefin, t'a shkroftë Zoti haxhillëk ta shkroftë.

Hedh (hudh)

Hudh popla;- shaka, d.m.th, shtie sebep. P.sh, 'Po kjo Matia ç 'paska sot që hedhka popla kështu!?'

Hudh shkelma;- d.m.th, që shtie sebep në diçka. P.sh, 'Kola ka qysh mbrëmë që hudh shqelma e nuk e dimë ku e ka hallin. 2- Fëmijë që shtie sebep në të ngrënë apo vënë në gjumë. P.sh, 'Sa herë që do të vërë djalin në gjumë, ai një copë herë do të hedhë shqelma, pastaj kapitet'.

Hidhet si cjap harok;- keq., d.m.th, imoral. P.sh, 'Po ky Gupi ç 'paska sot që hidhet si cjap harok?'.

Helbe, ose hejbe;- trastat që hidhen mbi kalë. 'Helbe të dhirta', 'Po qep një palë helbe'.

Ngarko helbete;- urdhërore, d.m.th, hiqu prej këtu, zhduku. P.sh, 'Hajt, ngarko helbete, se mjaft më të duruam'.

I ngarkoj helbete;- ironi, vdiq. P.sh, 'Sala i ngarkoj helbetë e vajti te shokët'. 2- Iku nga burri. P.sh, 'Vera i ngarkoi helbetë qysh në mëngjes, e la burrin thatë'.

E mban pas si helbe;- d.m.th, që e do shumë. P.sh, 'Gjyshi e mbante mbesën pas si helbe e kurrë nuk u mërzit. 2- Që nuk mundet t'ia prishë qejfin. 'Kola e mban Matinë pas si helbe, e nuk mundet që t'i thotë jo në asgjë'.

Helbetë;- bisede, sigurisht, po. 'Helbete, njerëz jemi'.

Helbete moj Servete;- shaka, d.m.th, ndodh, ka mundësi, është e natyrshme. P.sh, 'Jo jo, nuk them se jo, helbete moj Servete, kur thonë'.

Helm, i-/ -et.

Helmi nxjerr helmin;- bisede, d.m.th, e keqja të keqen. P.sh, 'Mos u mërzit fare ti për ata, nuk ka rëndësi pse rrihen e grihen, nxjerr helmi helmin, kanë thënë plakat'.

Hell,/-i

E vu n'majë t 'hellit;- d.m.th, e talli. P.sh, 'Malo e vuri Kolën në majë të hellit, e Kola se merrte vesh fare'.

Si i thami n 'hell;- d.m.th, dobësuar shumë. 'Pse më qenke bërë kështu si i thami në hell, more bir!?'

Ja futi hellin;- d.m.th, dikë e talli apo çnderoi. P.sh, 'Gupi s'ka din e iman, ia futi hellin Rrapit pa gjë të keqe'.

T 'pafsha n 'hell;- d.m.th, mallkim, vdeksh. P.sh, 'Hej ty të pafsha në hell të pafsha, ç'më bëre ashtu' u ankua Matia.

Kruje n 'hell;- d.m.th, ha veten

me dhëmbë. P.sh, 'Tani që mbaroi çdo gjë, shko kruaje n 'hell i thonë fjalës'.

Hem;- lidhëse, bisedë.

Hem kshtu, hem ashtu;- d.m.th, i pa përqendruar. P.sh, 'Burri ka lidhje, jo hem kështu e hem ashtu, se nuk mbaron punë kollaj'.

Hem kadi, hem spathi;- shaka, d.m.th, që i bën të dyja punët. P.sh, 'Sillon, hem kadi hem spathi e keni për atë punë, prandaj ju lutem mos i bini shumë në qafë'.

Hem qen, hem njeri;- d.m.th, që luan me dy flamurë, i dy anshëm. P.sh, 'Gupi është hem qen hem njeri, kur ia do bytha'.

Hendek,/-u

Dal beg, se ka henek;- d.m.th, avash, mos e merr përpjekas. P.sh, 'Kola nuk e diti se kishte, dale beg se ka hendek, kollaj u fut në valle e, zahmet doli prej andej'.

Ja qëroj henekun;- tall., e përdori seksualisht. P.sh, 'I erdhi vetë natën dhe ai ja qëroi hendekun pa u vonuar fare'.

Ra n'henek;- shaka, d.m.th, sapo u martua. P.sh, 'Mos e ngacmo djalin, se ka rënë në hendek mbrëmë ai'.

Heq,/-hoqa

E hoqa qafe;- d.m.th, e largoi përfundimisht. P.sh, 'Kola e hoqi qafe atë kalin që çalonte dhe kishte blerë një tjetër më të mirë'.

Sa për t 'heq marakun;- d.m.th, sa për kureshtje. P.sh, 'Nuk e kishte provuar rakinë më parë, e piu një gotë sa për të hequr merakun'.

Hiqe mos e këput;- d.m.th, sa për të thënë, zvarrite. P.sh, 'Hiqe mos e këput qe ajo puna djeshme'.

Hiqja Lenës, vënia Prenës;- d.m.th, e njëjta gjë. P.sh, 'Nuk u kuptua fare ndryshimi, hiqja Lenës e vëria Prendës qe kjo punë'.

Ta heq gjemin nga kámba;- d.m.th, ta kryen një nevojë në raste urgjent. Psh, 'Kola ta heq gjembin nga këmba kur ke një hall a nevojë'.

Ta heq shkomin;- tall., shpirtkeq. P.sh, 'Rrapi ta heq shkëmbin vallahi, po ruhuni atij, e mos i zini besë'.

***Shkëmb**, në këtë rast është quajtur karrika që vendoset poshtë një njeriu të dënuar, që do të varej në litar me urdhër gjykate, d.m.th, heqja e karriges ishte momenti kur i varmi do të vdiste.

Heq,/-ur

Hiqet (shtiret) si dreqi (qoftëlargu);- d.m.th, 1-mashtrues. 2- shtiret sikur ka hallet e botës. P.sh, 'Erdhi Rrapi e m'u hoq si dreqi, e mi mori paratë sy për sy'.

Hiqe vallen dal kadalë;- shaka, d.m.th, mos u ngut në diçka të mirë. P.sh, 'Ti mos u ngut more djalë, hiqe vallen dalëngadalë se nusen aty e ke, nuk të ikën nga shtrati'. Ásht hekë e jo vdekë;- shaka, d.m.th, vuajtje jo vdekje, grip është. P.sh, 'Mos u mërzit Kolë, është hekë jo vdekë'.

Hënë/-a (hanëz)

Në të rirë hana;- tall., d.m.th, njëherë në të rrallë. P.sh, 'Kola flet njëherë në të rirë hëna, pastaj i ve kyçin gojës'. 'Mos pre gjeth në të rirë hëna se nuk është mirë'.

Në të humbme hana;- P.sh, 'Kjo sëmundje shërohet vetëm në të humbme hëna'.

Si hána pesëmbëdhjetë;- d.m.th, shumë e bukur. P.sh, 'Nusen e djalit Kolës, si hëna pesëmbëdhjetë e kishte bërë Zoti'.

Hanës ti moj hanës,/Báni selam nanës,/Në pyet për mua,/

Lotët më shkojnë krua.(Këngë kurbeti).

E ka me hánë;- shaka, d.m.th, me të tekur. P.sh, 'E ka me hënë punën, andaj trego pak kujdes'.

N'hanzët kuqe;- d.m.th, kurrë. P.sh, 'Në hënëz të kuqe jemi parë bashkë, pse thua që njihemi'.

T'shet ene hánzën;- d.m.th, mashtrues. P.sh, 'Kola po qe puna për interes të tij, të shet dhe hënën e s'i bëhet vonë fare'.

Lshon hánzën përdhe;- d.m.th, magjistare. P.sh, 'Ajo plaka e Dilos, për zotin të lëshonte hënën përdhe'.

Rruhet n'hánzët;- shaka, ja fut kot. P.sh, 'A Malon besoni ju, po Malo përherë rruhet në hënëz, a nuk e keni parë akoma!?'

Hyp ktu, t'shofësh hánzën;- ironi, d.m.th, s'ke për të fituar asgjë. P.sh, 'Gupi foli gjithë ditën para nesh, po në fund, hyp këtu të shohësh hënën, qe puna tij'.

Hi,/-ri

Pordhi n 'hi;- tallje, d.m.th, gjeti belanë. P.sh, 'Në fillim lozi me kalin, po kur ja futi në shqelm barkut, pordhi në hi burri i botës'.

U bë kulaç n 'hi;- d.m.th, u rrek u skuq, u ngroh. P.sh, 'Tafa ishte lagur tërë ditën në shi e borë, sa u fut brenda, u bë kulaç në hi i gjori'.

I kishte (la) fëmijët në hi;- keqardhje, d.m.th, të vegjël. 'Dilon, Zoti e mëshiroftë, por la ata fëmijë në hi i varfri'.

Ia mori era hirin (miellin);- d.m.th, u hutua, shaka. P.sh, 'Po ti fol moj grua, pse ta mori era hirin ashtu!'

Mac hiri';- d.m.th, përtac, shaka. P.sh, 'Të jetë burri mac hiri si ai Gupi, s'më kanë parë sytë'.

Bën kala me hi;- shaka, imagjinatë. P.sh, 'Kam qejf me ty Kolë unë, se përherë ti bën kala me hi, kudo që shkon'.

Shti nëpër hitë;- d.m.th, fut pyka e vickla, gjuan me fjalë. P.sh, 'Ti Malo mos shti nëpër hi ashtu, se aq gjë e kuptojmë ne'.

Thëngjill nër hi;- d.m.th, dikush që hedh fjalë tinëz. P.sh, 'Sa thëngjill nën hi je dhe ti Malo, veç ti qofsh'.

Nuk shembet hiri me pordhë- ironike. dmth duhen fakti që diçka të quhet e vërtetë. Psh. Kështu si bën ti shoku, i thonë fjalës nuk shembet hiri me pordhë, na jep diçka që të besojmë.

Hiç/i;- bisede

Ja hiç ja krriç;- shaka, d.m.th, diçka do të dalë. P.sh, 'Mos u ngutuni, se ja hiç ja kërriç, ka për të dalë djali Salës'.

Pesë me hiç, o pesë pa hiç;- d.m.th, nuk ja vlen fare. P.sh, 'Sidoqoftë, nga ta bësh llogarinë, o pesë me hiç, o pesë pa hiç, është ajo punë.

O Ali o bythë kërriç.Llafe shumë e punë hiç (Ali Karamuça).(Ishte fjala për ndonjërin që fliste shumë, por përtac.)

Hije,/-a/ -et

E ka zanë hija;- d.m.th, është shplakur. P.sh, 'Matinë e kishte zënë hija vallahi, e keq i kishte hallet, veç dridhej e përdridhej si peshku në rërë'.

Pastë hijen e vet;- d.m.th, qoftë në nderin e vet. 'Sala pastë hijen e vet, paska lënë pas një djalë (shumë të pashëm)'.

I vjen hijes vërdallë;- shaka, dembel i madh. P.sh, 'Kola i vjen hijes së dardhës vërdallë e, këtej ankohet se nuk e bën ara misrin'.

Si ai që ruhet nga hijet (xhindet);- d.m.th, tregon kujdes të madh. P.sh, 'Kola nganjëherë është si puna atij që ruhet nga hijet, meazallah se hap gojë'.

Rron nën hije t'babës;- ironi d.m.th, e vlerëson bota nga i ati se vetë djali është nul.

Nuk bán hije gjëkundi- shaka, d.m.th, dembel. P.sh, ' Si more burri dheut nuk bëre hije gjëkundi ti asnjëherë?!

Híle,/-ja/-et.

Pa hile mile;- d.m.th, i saktë, pa rrena. P.sh, 'Pa hile mile, e ke qumështin, po deshe merre'.

E ka hilen mrena;- d.m.th, dreqninë. P.sh, 'Mirë thua ti, po kam frikë se e ka hilen brenda, e pastaj ç'të bëj unë!?'

Shtatë hile nji trimni;- d.m.th, me dredhi. P.sh, 'Shtatë hile një trimëri e ka kjo punë,- tha Pali- andaj bëj sikur prashit dhe dil në krye të arës'.

Hiq e piq

E báni hiqepiq;- d.m.th, nuk ndenji gjatë. P.sh, 'Matia qe pak këtej sot, po ashtu ndenji, hiq e piq, se kishte punë'.

Hiq e piq o Maliq;- shaka, d.m.th, vizitë e ngutshme. P.sh, 'Hiq e piq o Maliq, e ka kjo punë, se ditë feste është, e do të vizitojmë dhe më të tjerë'.

Hirr,/-ë/-a

Bukë e hirrë;- d.m.th, s'ka gjë tjetër, bukë e shëndet. P.sh, 'Hani bukë burra, se bukë e hirrë është, e plot zemra'.

Hirrë e Pirros;- d.m.th, moskujdesje. P.sh, 'Ishim nga Rrapi sot po hirrën e Pirros na shtroj në sofër.

Hirrë e spirrë;- d.m.th, dhallë i hollë. P.sh, 'Oj Matia- po hirrë e spirrë e paske bërë këtë dhallë sot, nuk u futka në bark'.

Ta shet hirrën për salcë kosi;- d.m.th, mashtrues. P.sh, 'Kola ta shet hirrën për salcë kosi e ti nuk e merr vesh fare'.

Kishin ranë n 'hirrë;- d.m.th, në gjendje të dobët ekonomike. P.sh, 'Nuk ma mori mendja ashtu, po ata Gjelajt kishin rënë në hirrë, për zotin'.

Sy hirra- tallje, kur dikush i perëndon sytë kur flet. . P.sh, 'Prisni pak se po flet kjo sy hirra.

Hise,/-ja/-et.

Ia ndau hisen;- d.m.th, ia bëri të qartë. 'Matia ia ndau hisen Malos, po Malo akoma vazhdonte me kandar të tij. 2- Ia ndolli të keqen dikujt. P.sh, 'Kola ia ndau hisen Gupit, por ai akoma ishte gjallë'.

Vlla vëlla, po hisja nda;- d.m.th, gjërat janë qartësuar, çdokush në të tijën. P.sh, 'Nuk ka asgjë të keqe që jetojmë bashkë, por ama vëlla vëlla, po qesja nda, kur i thonë fjalës'.

Vlla pa hise;- d.m.th, një mik që e do shumë. P.sh, 'Ai Kola, vëlla pa hise mu gjind, se ngushtë i pata punët'.

Nji hise daja, tri hise tezja;- d.m.th, padrejtësi. P.sh, 'Aaa! Kështu nuk shkon kjo punë, një hise daja tre hise tezja, nuk është mirë'.

Histori,/-a

E mur historia;- d.m.th, e dëgjuan të gjithë. P.sh, 'Punën e Rrapit e mori historia më, se vërtet keq ndodhi'.

U bá për histori;- d.m.th, turpi i botës. P.sh, 'Si nuk ke turp more bir, u bëre për histori e akoma vazhdon po ashtu!?'

Híthër/-at.

Si farë hithri;- shaka që nuk zhduken kollaj. P.sh, 'Këta Kolajt ,si farë hithri janë, meazallah se u humb fara'.

Gojën hithër;- d.m.th, që flet me kunja. P.sh, 'Po ti gojën hithër ma paske more djalë, si nuk të vjen një çikë turp'.

Ra n 'hithra;- d.m.th, e pa punën pisk. P.sh, 'Kur ra në hithra Kola, e pa si qëndron puna, se më parë nuk besonte çfarë i thonin'.

Prashit hithra;- d.m.th, shaka që llomotit. P.sh, 'Po ti ngele veç duke prashit hithra more burrë, tha Matia duke qeshur'.

Brumaç me hithra;- tall., një femër mish trashë, jo e pashme. P.sh, 'Ajo nusja e Dilos si brumaç me hithra dukej e gjora, pa pikë shije'.

Sikur ka hithra nër shalë;- d.m.th, që flet me të bërtitura e pa ndalim. P.sh, 'Po ajo Matia, çfarë paska sot që flet sikur ka hithra ndër shalë!?'

Kur e dogj hithi;- ironike, d.m.th, kur iu prish interesi. P.sh, 'Kola nuk foli gjatë, por kur e dogji hithra, fap u hodh përpjetë'.

Ku të djeg hithra;- ironi, pyetësor, d.m.th, ku e ke hallin, ç'të intereson?!. P.sh, 'Po ty pastaj, ku të djeg hithra (speci) që the ashtu!?'

Hizër/ri;- Profet i Zotit, por që mbetet anonim për njerëzimin, thuhet që i çfaqet çdo njeriu njëherë në jetë, di dhe vepron të fshehta hyjnore.

Nuk jam hizri;- shprehje qartësuese. D.m.th, nuk e di të fshehtën.. P.sh, 'Ju mos më pyesni mua për atë gjë se unë nuk jam hizri.

'Mos na u bán kaq hizër;- d.m.th,

mos na u hiq kaq i pafajshëm.. P.sh, 'Unë po të pyes me gjithë mend e ti mos na u bën kaq hizër.

Veç të jesh hizër;- diçka e paditur. P.sh Kështu si vajti kjo punë veç të jesh hizër e di.

Hof,/-hofta,/-hoftur;- që kërcen duke vrapuar, që ecën pa ndalur.

Hoftën pa brekë;- ironi, d.m.th, që turret pas berihasë. P.sh, 'Po ai tani pse hoftën pa brekë, nuk e kupton ai që askush nuk e pyet!?'

Nuk hoftëm má ;- tall., d.m.th, është plakur, nuk sheh më vërdallë për femra. P.sh, 'Rrapi nuk hoftën më si dikur'.

Paska hoftur;- d.m.th, ka dhënë shtat. P.sh, 'Sa paska hoftur kjo vajza e Kolës, për mashallah qenka bërë'.

Hoftën si cjapi pas dhive;- tall., d.m.th, që është mashkull pusht. P.sh, 'Gupi përherë ka hoftur si cjapi pas dhive, po sot nuk lëvizka fare'.

Hoftën si qeni pas gurit;- tall., që i merr gjërat rrëmbyeshëm. P.sh, 'Po ti o djali im, çfarë paske sot që hoftën si qeni pas gurit!?'

I hof si kau pelës;- d.m.th, pa logjikë e arsye;- . P.sh, 'Po ti Malo mos i hoft atij si kau pelës, po shtroju në bisedë'.

Hollë/

E shpoj në t'hollët;- d.m.th, e prishi një bisedë pa dashje. P.sh, 'Kola, shumë kohë nuk u ndie fare, dikur fap u ngrit në këmbë dhe e shpoj mu në t 'hollët situatën'.

Derdh ujët e hollë;- dmth shkon në banja. Psh Merko po derdh ujët e hollë e vjen në sekondë.

E pa holl- shaka, u tmerrua. Psh Ama kur Kola pa arushën dy metra para sysh e pa hollë punën.

Holl holl,- dmth me imtësi. Psh Po ta shohësh hollë hollë faji ishte i Salës.

Hoshaf/-i

Than hoshaf;- tall, d.m.th, që flet kot, ose gënjen. P.sh, 'Hë re ti, mos thaj më hoshaf se na çmende'.

Hoxhë/- a/-allárët

Hoxhë dajaku;- tall., njeri abrash, zevzek, gjaknxehtë. P.sh, 'Vetëm hoxhë dajaku, i vjen hak Gupit'.

Bá për hoxhë;- d.m.th, shumë sëmurë. P.sh, 'Ishte bërë për hoxhë, e s'kishte kush ta çonte në spital'.

Hoxhë ibreti;- shaka, d.m.th,

e pamundshme'. Këtë punë, as hoxhë ibreti nuk e rregullon kështu si është bërë'.

E di hoxha çka nër xhybe;- d.m.th, kudo është një sekret. P.sh, 'Mirë e ke ti mirë, ama i thonë fjalës e di hoxha çka nën xhybe, e kollaj mos të duket'.

Shtatë hoxha, sa nji krejt;- d.m.th, shumë vetë që nuk dinë sa një person. P.sh, 'Kola kishte shumë vëllezër, ama si puna e asaj, shtatë hoxhë, sa një krejt ishin'.

T'a thirrtë hoxha talkinin;- d.m.th, vdeksh. P.sh, 'He ty ta thirrtë hoxha talkinin, ç'na bëre kështu!?'

Jo hoxh Aliu, por Ali Hoxha;- shaka, d.m.th, kur thuhet e njëjta gjë, por në tjetër version, jo kështu po ashtu. P.sh, 'Jo Hoxhë Aliu, por Ali hoxha, pastaj ku është ndryshimi këtu?'

Huri,/-njtë

Si sorra, hu m'hu;- ironike, person që nuk zë karar në një send. P.sh, 'Ti shoku im, mos u hidh si sorra hu më hu, se nuk i dihet pastaj'.

Ti futësh një hu n'byth;- shaka, d.m.th, që është shumë dredharak, apo bën shaka pa dallim. P.sh, 'Në shumë raste, Gupi është ti futësh një hu në bythë, aq i prapë është'.

Si hu stani;- tall., d.m.th, ha e pi e rri kot. 'Bëj diçka, mos rri ashtu si hu stani, e veç sheh vërdallë'.

T've majë hurit;- d.m.th' që të tall. P.sh, 'Malo të vë majë hurit me fjalë e, ti nuk e merr vesh fare'.Âsht babai hurit;- d.m.th, di vetëm të rrahë. P.sh, 'Të jetë tjetri babai i hurit, vetëm Gupin kam parë, i dërrmoi djemtë'.

Ia nguli kryt n 'hu;- d.m.th, e gozhdoi me fjalë. P.sh, 'Matia, më në fund, ia nguli kryet në hu, kryetarit të lagjes, për punën e plehrave'.

Me hu n 'krah;- d.m.th, imoral. P.sh, 'Të rrijë burri botës me hu në krah gjithë kohën, vetëm Rrapin kam parë'.

I hyri n'hu (dru);- d.m.th, tundi kosin. P.sh, 'Matia nxori mëtinin nga qivuri dhe i hyri kosit në hu, për gjysmë ore nxori një dhallë të freskët, sa u kënaqëm'.

Ngule hurin- shaka, d.m.th, lidhja dhe gjej një burrë apo grua. P.sh Mjaft ndenje beqar, ngule hurin tani dhe hy ndër shokë.

Shtatë hunj një purtekë;- shaka, që flet kodra pas bregut. P.sh Kola shtatë hunj një purtekë e Matia e shihte në kokërr të syrit.

Hu hyri e hu doli;- tall., d.m.th, nuk mësoi asgjë. P.sh Djali im hu hyri e hu doli nga shkolla, prandaj mori mërgimin.

Hua,/-ja/-t

Kur s'ke krua, mos hyj hua;- d.m.th, kur nuk ke një burim të ardhurash, mos merr hua. P.sh, 'Ti po kërkon hua, por mendo si do ta lash borxhin, se i thonë fjalës, kur s'ke krua mos hyj hua'.

Kur s'ke grua, shko hyj hua;- d.m.th, që luan me të tjerat. P.sh, 'Kësaj i thonë kur s'ke grua mos hy hua, tha Malo duke e parë ndër sy Kolën'.

Kur s'ke hua, hyj veqil;- d.m.th, garantoju në diçka fare të pasigurt. P.sh, 'Nejse, gabimi im qe ai, kësaj i thonë kur s'ke hua, hyj veqil'.

Të jep dreqin hua;- d.m.th, njeri tepër i lig e tallës. P.sh, 'Mos u merr me Gupin shumë, se ai dreqin ta jep hua, e pastaj fillon e qesh'.

Në ket botë jemi hua;- fetare, d.m.th, të dhënë nga Perëndia, kur do ai të merr. P.sh, 'Ngushëllime për tët shoq, në këtë botë, hua jemi të tërë'.

Hudhër/ -at
Për t'i varë një hudhër;- d.m.th, shumë e bukur. P.sh, 'E pashë vajzën e vogël të Kolës, ishte për t'i varë një hudhër në qafë ishte'. (Varja, ose pasja e një thelb hudhre, sipas besimeve të vjetra popullore, të ruan nga syri i keq).

Vari hudhrat;- d.m.th, mos çaj kokë. P.sh, 'Hajt more, vari hudhrat asaj pune, kësmet herë tjetër takohemi'.

Kokën hudhër e gjuhën kudër;- d.m.th, njeri që bën sherr. P.sh, Isha në shitore qeparë e dëgjova një grua, kokën hudhër, ama gjuhën kudër'.

Pa ngrënë hudhra, s'të vjen era;- d.m.th, nuk të fajëson kush, kur s'ke faj. P.sh, 'Mos ki merak fare ti për atë punë, se pa ngrënë hudhra, nuk të vjen era kurrë'.

Për kos e hudhra;- d.m.th, dobësoju pak. P.sh, 'O Kolë, qenke bërë për kos e hudhra, bjeri pak vetes pas'.

Nuk ha macja hudhra (uthull);- d.m.th, po nuk qe mësuar në diçka deri tani, s'ke për të mësuar më'. P.sh, 'Mos më kërko duhan kot, nuk pi macja hudhra, e ma shkon cigaren kot'.

Hulli/-ri/- njtë;- fjalë e rrallë.
Nuk bie n'hulli;- d.m.th, nuk bie dakord. P.sh, 'Kanë një vit që

grinden e shamatohen e asnjëra palë nuk bie në hulli'.

Plasi n'hulli;- d.m.th, nuk ia arriti qëllimit. P.sh, 'Rrapi desh plasi në hulli e si përfundim asgjë'.

Shkoji pas hullirit;- d.m.th, gjurmoje pak. P.sh, 'Ti e do atë vajzë, por unë të them mos u ngut, shkoj pak mbas hullirit e pastaj shih e bën'. 2- Bëja qejfin. P.sh, 'Ti pse e merr me aq mërzitje o burri dheut, shkoj pas ullirit e mirë mirë, thuaj'.

Hulliri i gjatë e njeh kazinë;- d.m.th, puna, vështirësia, e njeh njeriun. P.sh, 'Shumë po ma lavdëron atë Dullën, ama kanë thënë të vjetrit që, hulliri gjatë e njeh kazinë'.

Humb (humbás)/-a,/ -ur

Humb e dil;- d.m.th, herë fiton herë jo. P.sh, 'Kjo punë kështu e ka pasur e ashtu do ta ketë, humb e dil e kthehu prap'.

E humb si Xhafa simiten;- ironike, d.m.th, e humbi një rast, shans, një fjalë. P.sh, 'Kola qe duke folur goxha mirë, për një moment e humbi si Xhafa simiten, e tërë salla qeshi pastaj'.

Humbi n'trajsë;- shaka, d.m.th, u zhduk sy më sy. P.sh, 'Po ky sikur humbi në strajcë xhanëm, ku djallin shkoj!?'

T'humbtë boja;- mallk., d.m.th, u turpërofsh. P.sh, 'Ç'na bëre moj të humbtë boja të humbtë'.

Kush e humbi e kush e gjeti;- d.m.th, akoma i pamësuar, injorant, kokëfortë. P.sh, 'Dhe unë si humb kohë me ty, kush e humbi e kush gjeti!?'

Humbi kryt e llafit;- shaka, d.m.th, hutim momental. P.sh, 'Më falni se më humbi kryet e llafit'.

2- Dinak. 'Kola ia humbi kryet e llafit Matisë, ngaqë kishte merak mos ia nxirrte sekretin'.

Humbi n'pus;- tall., për një të sapo martuar. P.sh, 'Ky i shkreti paska humb keq në pus mbrëmë, e sot vetëm sytë në gjumë i mbaka'.

Të humbtë surrupata* (nderi, fytyra);- mallkim. P.sh, 'Ç'na bëre more djalë që të humbtë surrupata të humbtë'.

Hundë/-a/ -ët

S'ka shami për hundët e veta;- tall., d.m.th, shet mend. P.sh, 'Gupi s'ka shami për hundët e veta e këtej vjen e na thotë ç'është pastërtia'.

Rri me hundë;- d.m.th, mërzitur ose zemërua. P.sh, 'Po ky Kola ç'paska sot që rri ashtu me hundë'.

Nuk ç 'fryn (fshin) dot hundët e veta;- d.m.th, i pazoti. P.sh, 'Po ai nuk ç fryn dot hundët e veta, e këtej kërkon nuse'.

I flet murit me hundë;- d.m.th, murmurit, shaka. P.sh, 'Ti Malo mos i fol murit me hundë, se nuk të marrim vesh, bëhu pak më i qartë'.

U çua hunda e mson gojën;- iron., kur të jep mend dikush që s'ka për vete. P.sh, 'Ke parë kështu ti, çohet hunda e mëson gojën'.

Sheh me hundë;- iron., d.m.th, shpirtkeq. P.sh, 'Epo tërë ditën burri botës, veç sheh me hundë'.

Pa hundëlesh;- d.m.th, e pësoi keq, u rrah. P.sh, 'Nuk pati parë hundëlesh me sy Gupi, tani e pa!'

I ra hunda ndër hundë;- d.m.th, e pësoi dyfish. P.sh, 'Vetë e kërkoi që i ra hunda nën hundë, përherë kokëfortë'.

I fut hundët n'bucelë;- d.m.th, zhbiron. P.sh, 'Sa huq të keq ke more Kolë, meazallah se mund të rrish pa i fut hundët në bucelë'.

Sheh matanë hundës;- d.m.th, zgjuarsi. P.sh, 'Nuk e kam merak Malon unë jo, Malo përherë sheh matanë hundën, pastaj niset'.

Prek hundën;- d.m.th, bëj mashallah. P.sh, 'Sa djalë të mirë paske moj Matie, qenka për të prek hundën'.

Ta bije n'majët t'hunës;- d.m.th, të jep siklet. P.sh, 'Kalin e kam shumë të mirë, vetëm se kur do ta ngarkosh, ta bije shpirtin në majë të hundës, lëviz shumë'.

Hunda, kodër e madhe;- iron., d.m.th, mendjemadh. P.sh, 'Kot nuk kanë thënë të vjetrit, që hunda kodre madhe'.

Hundëçyç/i /e;- person që e ka hundën majë shtypur. 'Qenka hundëçyçe kjo grua'.

Hundëlesh/e;- person që ka lesh të dendur në hundë, 'S'ke pare hundëlesh ti akoma, andaj bën ashtu!

Hundëpallë/a;- mashkull që e ka pallën, hundën të madhe. P.sh, 'Sa hundëpallë qenka i ngrati Bexhet'.

Hundëprehur/me;- person që e ka majën e hundës të hollë. P.sh, 'Haja ishte e tërhequr në trup e hundëprehur vinte'

Hundëqyrrë/a;- person që nuk fshin dot hundët e vet. P.sh, 'Çfarë thotë kjo hundëqyrra kështu?!'

Hundëverigë/a;- që e ka hundën kurriz kthyer. 'Mirë, mirë o hundëverigë, e dëgjuam se çfarë thua'.

Hundërriqën/na;- që ka hundë të vogël. P.sh, 'Po kjo hundërriqra, çfarë do këtu?'

Huq,/ /-et.

Pelë e kuqe, me shtatëqind huqe;- shaka, grua e përdalë. P.sh, 'Epo të jetë tjetra pelë e kuqe me shtatëqind huqe, vetëm këtë Dilën kam parë'.

Huqi me shpirtin;- ironi, d.m.th, dikush që është i dhënë pas diçkaje jo të mirë dhe nuk mund të dalë prej andej'. P.sh, 'Sa herë i kemi thënë Gupit, ta lërë atë djall alkooli se ia hëngri kokën, mirëpo huqi me shpirtin, meazallah se e lë'.

Para del shpirti, se del huqi;- keq., d.m.th, dikush tejet i dhënë pas diçkaje jo të mirë. P.sh, 'Disa herë Rrapi ka bërë be se nuk do të vjedhë më, mirëpo para del shpirti se del huqi, kanë thënë të vjetrit'.

Çdo kali i kuq, e ka një huq;- d.m.th, secili e ka nga një të metë. P.sh, 'Mirë është ashtu si thua ti Matie, shtoi Kola, po ja që çdo kali i kuq e paska një huq'.

I doli huq e fuq;- tall., keq e më keq. P.sh, 'Gupi mendoi ndryshe, por ja që dhe atij huq e fuq i doli'.

Një kalë huqe;- tall, d.m.th, vese e probleme. P.sh, 'Kishin marrë një nuse ata Gjelajt, po me një kalë huqe erdhi'.

Huqli/e;- që është me huqe. 'Burrë huqli', 'mushkë huqlije', d.m.th, që shtie shqelm.

Hurdhë/-a/-at

Hudh gurë n'hurdhë;- d.m.th, kërkon sebep për diçka. P.sh, 'Kola ka kohë që hudh gurë në hurdhë, por nuk e dimë se përse 2- Ngacmon me fjalë të pista. P.sh, 'Rrapi hudh gurë në hurdhë, sa here që sheh ndonjë grua të bukur'.

Ra n'hurdhë;- shaka, është martuar. P.sh, 'Mos e ngisni Palin shumë, se ka rënë në hurdhë mbrëmë, dhe sot të vret ai'.

Një hurdhë vend;- d.m.th, shumë pak. P.sh, 'Nuk e kuptoj, pse grindeshin e bënin fjalë aq shumë për një hurdhë vend!?'

Mos biesh n'hurdhë;- shaka, mos gabosh. P.sh, 'Kujdes se bie në hurdhë o djalë, se problem është pastaj'.

Hurdhë e thellë;- d.m.th, fjalë me kunj. P.sh, 'Hurdhë e thellë qe ajo fjala jote Malo, po nejse, nuk po themi gjë kësaj here'. Ásht n 'hurdhë t'babës;- d.m.th, i fisit, i sojit. P.sh, 'Mos i fol fare Kolës, se është në hurdhë të babës së vet'.

Secili e ka një hurdhë;- d.m.th, një ves. 'Dakord, dakord, unë të kuptoj mjaft mirë, por secili e ka një hurdhë të tijën'.

Hurdhë më pak, hurdhë ma shumë;- d.m.th, të njëjtët. P.sh, 'Ti mos na u lavdëro aq shumë o Malo, se hurdhë më pak e hurdhë më shumë, është kjo dynja'.

Me kokë e n'hurdhë;- shaka, drejt e në sofër. P.sh, 'Erdhi Kola me kokë e në hurdhë, siç duket shumë e kishte marrë uria'.

Hurdhë që vjen vërdallë;- d.m.th, person apo punë e koklavitur. P.sh, 'Gupi, hurdhë që vjen vërdallë është, prandaj mos i besoni dhe aq'.

Si hurdha përfund are;- d.m.th, rast ideal. P.sh, 'Mos e luaj më fjalën, se e prish, se si hurdha përfund are është'.

Ra n'fund t'hurdhës;- shaka, u bë pasanik papritur. P.sh, 'Po pastaj ç'u bë, ra në fund të hurdhës e shpejt do të mbytet'.

Si qorri në hurdhë;- d.m.th, paditur e pa kujtuar. P.sh, 'E po të futet burri i botës si qorri në hurdhë, vetëm ty Kolë kam pare, tha Matia dje në mëngjes'.

Mos hudh gurë n'hurdhë;- d.m.th, mos u bëj problematik. P.sh, 'Ti Malo rri urtë, përndryshe mos hidh gurë në hurdhë'.

Nuk turbullon hurdhë;- d.m.th, i urtë. P.sh, 'Aliu nuk turbullon hurdhë kurrë, e mos ia vini fajin atij fare'

Hurdhec/-i/-ët;- fjalë e rrallë, gropëz e vogël uji. 'Kishin një hurdhec para dere', 'E bëri arën gjithë hurdhecë'.

Hurdhíshtë/i;- fjalë e rrallë, vend me hurdha, pellgishte. 'Sa hurdhishtë qenka kjo arë'.

Hut,/-i/-at

E kaluam hutë fare);- d.m.th, shkëlqyeshëm. P.sh, 'Ishim nga Kola mbrëmë për darkë dhe e kaluam hutë fare.

U ka ránë huta;- d.m.th, janë zhdukur. P.sh, 'Po këta pse qenkan bërë kështu sikur u ka rënë huta, nuk e kuptoj?

I shtiu huta;- një lloj mize që u shtinte barinjve krimba në sy E ka zënë huta Kujdes nga huta kur milni dhentë se atëherë ajo vjen vërdallë.

Si hutë;- shaka d.m.th, si

budallaqe. P.sh, 'Po kjo Matia ç' paska sot që na vjen si hutë përmbas.

T 'raftë hute bardhë;- shaka ik e marrç malet. P.sh, 'Po ti ku vajte moj bijë që të raftë hute bardhë të raftë'.

Sikur u ra huta;- d.m.th, u shpërndanë gjithandej. P.sh, 'Njëherë u panë delet me sy, pastaj u shpërndanë sikur u ra huta.

I ka knu huta trutë;- shaka është bërë budalla. P.sh, 'Mos u merr shumë me Rrapin se atij të betohem i ka kënduar huta trutë andaj flet ashtu'.

Fle me huta ;- flet budallallëqe. P.sh, 'Kola përherë fle me huta prandaj flet si për pasnesër'.

T 'martofsha me një hutë;- shaka por dhe mallk Ç'më bëre morc djalë që të martofsha me një hutë të martofsha'.

N 'hutë pushkës;- d.m.th, që i merr gjërat për majash e ngutas. P.sh, 'Po ti mos i merr punët në hutë të pushkës more djalë, se nuk bën ashtu!'

Hutamen/-i/-e;- që është njeri i avashtë, i plogët, shaka. 'Po ku e gjete këtë hutamen moj bijë, i tha Matia së bijës'.

Hutaraq,/-i/-e;- njeri që hutohet shpejt. P.sh, 'Sa hutaraq djalë që ishte Pali', 'Mos u sill si hutaraqe, po ndilli pulat e futi brenda'.

Hut/-ój

Huton derrin;- tall, d.m.th, që flet shumë.. P.sh, 'Ti Gupi huton dhe derrin, jo më neve që jemi njerëz'.

Huton dreqin;- shaka tepër cirkusant;- . P.sh, 'Ky Pali huton dhe dreqin me këto pehlivanllëqe.

Hutoj si jevgu pas oshmarit ;- shaka, d.m.th, hutim, humbje mendjeje P.sh, 'Mos huto si jevgu pas oshmarit- i tha Matia Kolësshpejt e shpejt bëj pazarin dhe hajde se kemi punë'.

Hyj,/-hyra,/ -hýrë

Ja të hyfshin ja të dalshin- dmth, të bëhet njëra se kështu nuk shkon. Psh, 'Po ty ja të hyfshin ja të dalshin more bijë, se kështu na çmende'.

Nuk hyn fare;- d.m.th, nuk bën ajo që thua, nuk shkon, s'i ha kush. P.sh, 'Kjo që thua ti Kolë nuk hyn fare', 'Matia tha ndryshe për ndryshe, prandaj shko e mos mbaj inat se nuk hyn fare'.

As n'vesh nuk t'hyn;- d.m.th, diçka shumë pak. P.sh, 'Kaq sa na dhe ti Malo as në vesh nuk na hyn.

Hyj e dil n 'brisk t 'berberit;- d.m.th, hiçasgjë, pa punë. P.sh, 'Sot asgjë nuk bëra, hyj e dil në brisk t'berberit'.

Ásht i hyrë;- d.m.th, kollovar. P.sh, 'Ky djali këtu më thanë që është i hyrë, ama shumë djalë zotëri ishte'.

U hyri dreqi;- d.m.th, u shamatuan. 'Ata qenë mirë për shumë kohë, e tashti u hyri dreqi ndër vete, dhe përditë grinden'.

T'hyfshin e mos t'dalshin;- mallk., inshalla ke mend. P.sh, 'Ty moj bijë të hyfshin e mos të dalshin ç'na bëre?'.

Hyri prift e doli hoxhë;- shaka tjetër për tjetër puna, d.m.th, U mundua për ty, e përfundimisht e mori për vete. P.sh, 'Kjo puna jote Kolë del si puna asaj që hyri prift e doli hoxhë'.

M'hyn n'sy- dmth, më duket e mirë. Psh, 'Ajo vajza e Kolës shumë më hyn në sy, se punëtorë dhe e sjellshme duket',

Hyrnekș;- fjalë e rrallë, diçka shumë i -e, mirë. P.sh, 'Kishte Matia një fustan të ri, hyrnek i rrinte për trupi. Djalë hyrnek qënka. Hyrnek e shijshme qënka kjo bukë.

-I-

Iftár/-i;- fetare

Si pilafi hallva, gjiza, pas iftari;- d.m.th, një diçka e mirë por jo në kohën e duhur. P.sh, 'Nuk ta shajmë fjalën ty Kolë por kjo tani është si pilafi pas iftari, e ne s'kemi çfarë të bëjmë

E ka zánë iftari;- tall., dikush që nxehet kohë pas kohë pa shkak e arsye. P.sh, 'Kur Malon e ze iftari mos i dil përpara se të copëton'. **Çfarë ha turku (myslimani) për iftar, për bajram;-** d.m.th, gjellra dhe ëmbëlsira pa mbarim. P.sh, 'Ishim mbrëmë për darkë nga Malo e ja shtruam çfarë ha turku për iftar'.

Flasim pas iftari;- d.m.th, që nuk dëshironi të flasë me dikë. P.sh, 'flasim pas iftari se tashti s'kam kohë'.

Flet si para iftari;- d.m.th, kodra pas bregut. P.sh, 'Ti Kolë mos fol tani si pas iftari se e kam seriozisht fjalën'.

Iki/ -a,/-ur

I ka ik treni, autobusi;- tallje, d.m.th, dikush që është akoma me të vjetrën. P.sh, 'Mos i vini re Malos se ka kohë që i ka ikur treni'.

Iku ke shumica;- ironi d.m.th, .vdiq. P.sh, 'Gupi ka kohë që ka ikur te shumica'.

Iksh e marsh malet;- mallk., d.m.th, vdeksh. P.sh, 'Po ti iksh e marrsh malet more burrë ç'na bëre- qau Matia kur dëgjoj çfarë kishte ndodhur'.

I ka ikur miza, bleta;- d.m.th, dikush që është bërë pak budalla, ose flet shumë e pa lidhje. P.sh, 'Këtij Rrapit i paska ikur miza fare, dhe unë rri e debatoj me të'.

Iku ke prenon dilli;- d.m.th, shumë larg. P.sh, 'Gupi iku ku perëndon dielli dhe s'u pa më për së gjalli'.

Ilá (theksi te germa 'a');- (fetare islame), d.m.th, medoemos, patjetër. P.sh, 'Kola bërtiste ila që do të shkoj dhe unë te halla Dudie'. 'Ila, u desh ta merrje vajzën me vehte në dasmë se qante shumë'.

Ila vdekë;- d.m.th, shkon nga të shkosh, vdekja do të presë. P.sh, 'Kola shëtiti botën mbarë, por më në fund ila vdekë'.

Me ila e bila;- d.m.th, me patjetër. P.sh, 'Nuk e ka kjo punë me ila e bilah'. 2- kur të ve tjetri thikën në fyt, ta ngushton për diçka. P.sh, 'M'u vu Kola me ila e bilah t'ja tregoja si u mbyt Gjeta në lumë'.

Ilallah;- pjesore, fjalë fetare që përdoret në shprehje emocionale të ndryshme. P.sh, 'Ama ilallah na mërziti ky fëmijë duke qarë gjithë ditën'. Ose, 'Nguli këmbë, ilallah që e dua se e dua, (një person apo send)'.

Ilallah verresulë;- pjesore. Kjo fjalë ka burim teologjik, përdoret në momente si, p.sh, 'Ma pruri ngushtë djali, ilallah verresulë që e dua vajzën e filanit'.

Ilaçi/-/ -et.

Sa për ilaç;- d.m.th, diçka shumë pak. 'Matia kërkoj pak mjaltë hua te Dila e ajo i dha sa për ilaç'.

2- fëmijë i vogël por i këndshëm.

P.sh, 'Ka ime bijë një djalë, sa për ilaç është, ama me zor të bën për të qeshur'.

Ja gjeti ilaçin, melhemin;- d.m.th, mënyrën për të neutralizuar një sherr. P.sh, 'Kola ia gjeti ilaçin asaj pune se ndryshe keq do të kishin përfunduar Gjelajt'.

Ilaç për shpirt;- dikush shumë i gjindshëm për familje e shoqëri. P.sh, 'Ai Malo ilaç për shpirt kishte qenë, se krejt e donin'.

Si ka pirë ilaçet;- tall. d.m.th, vepron ose flet në tym. P.sh, 'Ai Gupi më duket nuk i ka pirë ilaçet sot, apo jam unë gabim!?'.

Ilm,/-i m/;- sipas fesë myslimane fjala ilm, quhet dijenia e përvetësuar rreth fesë dhe besimit islam nëpër institucione përkatëse. P.sh, 'Ilm të lartë ka Hasani ndaj mësoni prej tij Ose Erditi e tregon ngjarjen sipas Ilmit'.

Me ilm në dorë;- d.m.th, që nuk gabon në jetë. P.sh, 'Malon se kam merak fare unë se ai me ilm në dorë është kudo'.

Ilmihal/-i/-et;- libër paraprak që shpjegon rregullat fetare në praktikën myslimane. P.sh, 'Ilmihali Hafëz Ibrahim Dalliut, ose Sipas ilmihalit të Hafëz Ulqinakut'.

Iman/-i/-ët;- fetare. Njëri nga pesë shtyllat e besimit mysliman, bindja që ka një Zot që mjeshtërisht rregullon universin.
Pa din e iman;- d.m.th, i keq, i pashpirt. P.sh, 'Sa pa din e iman që u tregua Gupi, po nejse për vehten e tij e ka'.
S'i la din e iman;- d.m.th, e turpëroi midis lagjes, i foli rëndë. P.sh, 'Gupi si la din e iman Rrapit për atë çështjen e vajzës'. 2- shaka kur e tund kosin e qumështin shumë. Psh. E tundi Matia mëtinin sot, e s'i la din e iman fare.
S'paska din e iman;- d.m.th, pa pikë yndyre. 'Matia e tundi kosin në mti, pastaj nxori e na dha një dhallë pa din e iman fare'.
Imansëz/-e;- që ska iman, i pa fe, i poshtër.
Imansëzi gjen dinsëzin;- d.m.th, kur dy të poshtër veprojnë bashkë. P.sh, 'Kjo puna e Gupit me Rrapin duket si puna kur imansëzi gjen dinsëzin'.

Imsht,/-ë,/-a, -at

T'fut n'për imshta;- shaka, dikush që të ngatërron në fjalë.

P.sh, 'Tashti na fute nëpër imshta e fare s'po të kuptojmë'.

Imtak/e;- që është i/e vogël nga trupi por e bukur. P.sh, 'Matia ishte një imëtakë që t'ia merrje kokën Djalë imtak e shumë punëtor'.

Inát, /-i / -et

Ka inat 'n e cjapit;- d.m.th, inatoset shpejt dhe të godet. P.sh, 'Po ti sikur ke inatin e cjapit more bir- i tha Matia djalit të saj'.
Nga inati sime ré, vrava tim bir;- d.m.th, që e pëson për sy të botës. P.sh, 'Kësaj që thua ti Kolë i ngjan asaj që thuhet;-prej inatit sime reje vrava tim bir'.
Nga inati sime vjehrre, shkoj e fle me mullixhinë;- d.m.th, nga një diçka e keqe shkon e bën një të keqe më të madhe'.
S'del inati me inat;- shaka, nuk del e keqja me të keqe. P.sh, 'Sa herë të kemi thënë more burrë që nuk del inati me inat- se më keq bëhen punët'.
Po pate inat shko e ha hudhra;- shaka, d.m.th, shko qetësohu diku vend tjetër. P.sh, 'Ti Kolë tha Matia po pate inat shko e ha hudhra se Malo më këtë rast nuk të ka faj'.

Inati ásht vëllai qoftëlargut;- fjalë e vjetër, d.m.th, askush nuk ka fituar se mbajti inat. P.sh, 'Unë ju them pajtohuni, se inati është vëlla me qoftëlargun, i Matia Kolës dje kur po hanin drekë'.

Inat gomari, mushke, kali;- d.m.th, kokëfortë. P.sh, 'Po ti mos mbaj inat gomari o Rrapi po shko e fol me tët bir'.

Po pate inat shko e hyp n'tratë;- tallje, d.m.th, vra veten. P.sh, 'Ne të themi zbutu, e ti po pate inat shko e hyp në tratë, i thonë një fjale'.

Interes/-i

Mirë mëngjes o interes;- ironi, d.m.th, që ka vetëm interes në dikë apo diçka. P.sh, 'Rrapi për shumë kohë kundërshtoi, por kur vajti Gupi me trastën me para, atëherë ndryshoi puna, kot nuk thonë mirë mëngjes o interes'.

Interesaxhi/u- Interesaxhije;- fjalë e rrallë, d.m.th, njerëz që i bëjnë gjërat me interes. P.sh, 'Sa interesaxhi që je more burri dheut?!', 'Grua interesaxhije është Matia, por sidoqoftë është e mirë'.

Irát,/ -i / -et;- një vepër e ndëruar falas për të mirën e njerëzimit. P.sh, 'Çezma e Myftarit, është një irat i madh'.

Iratllik/u / qe;- diçka që ka mirësi njerëzia. P.sh, 'Iratlliku i madh qe ajo ura që u ndërtua mbi lumë', 'Kush hap një pus ku pinë ujë njerëzia, bën një iratllik'.

Iríq, /-i / -ët

Ktá e di dhe iriqi;- d.m.th, diçka e lehtë për t'u mësuar. P.sh, 'Unë kujtova se është diçka e vështirë, po këtë e di dhe iriqi'.

Iriq a do miq;- d.m.th, dikush që nuk hap derë kollaj. P.sh, 'Te Gupi është përherë o iriq a do miq'.

Iriqem/et/ur;- një shtrëngim gudulaç që bën njeriu nganjëherë në mënyrë të pavullnetshme. P.sh, 'Kam ca kohë që iriqem, më duket se do të më zërë gripi'.

Të iriqet për sysh;- tall., d.m.th, të flet me nerva e me vetulla ngritur. P.sh, 'Një dy, ai Rrapi të iriqet për sysh sikur do të hajë'.

Isa-i;- Profet i Zotit dhe i biri Merjemës, me origjinë Hebreje, udhëheqës shpirtëron i botës së krishterë. P.sh, 'Isai, Alejselam Isai, lindi nga Meremja me urdhrin e Zotit, të sjellë nëpërmjet engjëllit Xhebrail, Mrekullitë e Isait'.

Iso,/-ja

Nuk do iso fare;- d.m.th, nuk do

shtytje kjo punë. P.sh, 'Sa herë i them Kolës, që kjo punë nuk do iso fare, mirëpo ai përherë në të tijën'.

Do t'ja dëgjosh ison;- d.m.th, do t'ia dëgjosh zërin se çfarë ka ndodhur. P.sh, 'Do t'ia dëgjosh ison Gupit, po prit pak'.

Sa për iso;- d.m.th, sa për t'i shkuar pas për sy të botës, pa dëshirë. P.sh, 'Rrapi i shkon pas Gupit sa për iso, po kështu nuk e do fare'.

Istigfar,/ -i / et;- fetare. Pendimi me gojë dhe zemër, që bën një besimtar Musliman karshi Zoti, për të metat e veta. P.sh, 'Kam bërë istigfar dhe nuk e përsëris më atë gjë', 'Istigfari sinqertë të shëron zemrën'.

Ish;- pasthirrmë, kur trembim pulat. 'Ish moj dreqka, u rëntë skilja u rëntë'.

Kur s'ke pula mos bëj ish;- d.m.th, mos ndërhyj aty ku nuk të takon. P.sh, 'Ti Kolë, ku s'ke pula mos bëj ish, i tha Matia të shoqit kur ai po debatonte për problemin e zgjedhjeve me një djalë të lagjes'.

Ish këtu e ish atje;- d.m.th, me nerva ngritur. P.sh, 'E po kështu nuk jetohet de, ish këtu e ish atje, tha nusja e djalit Gupit, pasi u nda nga i shoqi'.

Ish ish, as e ndreq as e prish;- d.m.th, që nuk mbaron punë, veç flet e bërtet tërë ditën. P.sh, 'Ashtu e ka të tijën, ish ish, as e ndreq e as e prish'.

-J-

Jabanxhi,/-u/-njtë.

Gjithë jetën jabanxhi;- d.m.th, që nuk ze vend kollaj. P.sh, 'Kolës nuk i pëlqen asnjë vend për të jetuar, e ngeli gjithë jetën jabanxhi, me lecka në krahë'.

Jabanxhi i kësaj bote;- d.m.th, të gjithë njëri pas tjetrit kemi për ta lënë këtë botë. P.sh, 'Po hë more bir mos u merakos shumë për tët atë, se jabanxhinj të kësaj bote jemi të gjithë'.

Jaki/- a

Si jakia përmbi plagë;- që është i mirë, i butë e i shkueshëm me të gjithë. P.sh, 'Sina ishte si jakia përmbi plagë, me të gjithë'.

M'u gjind si jakia;- d.m.th, tamam në kohën e duhur. P.sh, 'Kisha kohë pa kokërr leku e ato që më dhatë ju, m'u gjind si jakia'.

Ia gjeti jakinë;- d.m.th, mënyrën, anën, dikujt. P.sh, 'Kola ia gjeti jakinë Matisë dhe e bëri të qeshë me të madhe'.

Jakup/-i;- emër profeti nga ana e hebrenjve, 'Jakubi Alejselam', 'Historia e Jakupit'.

Hy Jakup e dil Jakup;- shaka, d.m.th, përsëritje e lodhshme. 'Ama na keni lodhur sot, hy Jakup e dil Jakup ja keni bërë'.

Jalli/-a (krahinore)

Si gjellë pa jalli;- tall., person që se mban veten fare. P.sh, 'Po ç'ishte ajo grua ashtu, si gjellë pa jalli!?'.

Lërja jallinë brenda;- d.m.th, lezetin bisedës. P.sh, 'Biro, mos fol sa poshtë lart se të qeshin bota, por kudo qofsh, lërja jallinë brenda që të kujtojnë, 2- shaka, 'E la shtatzënë', 'Më duket se ja la jallinë brenda djali nuses?!'

Jarg/-ë,/-a

Jarge s'ámës (t 'et);- d.m.th, të njëjtë. P.sh, 'E po të jetë kjo vajzë jargë e s'ëmës, zor se sheh'.

I shkojnë jargët si qeni;- d.m.th, që ja ka ënda shumë. P.sh, 'Kur djali pa çokollatën që i bleva, filluan ti shkojnë jargët si qeni'.

Rri nën jargë;- d.m.th, nën sundimin e dikujt. P.sh, 'Kola është tipik njeri, s'mund të rrijë nën jargët e askujt'.

Me jargë e buzë;- d.m.th, me nerva, me të bërtitura. P.sh, 'Po ti mos më rri ashtu me jargë e buzë, i tha Matia të shoqit për një diçka të hershme'.

Sun fshijë jargt e veta;- d.m.th, dikush jo i pastër, i pazoti ose e pa zonja. P.sh, 'Kërkoi Kola cucën e Lek Bërdungës për nuse, po ajo s'mund të fshinte as jargët hundët) e veta, kjo na habiti'.

Jastik,/-u/-ët

Gjen jastik;- d.m.th, gjen mbështetje në fjalë e mendim. P.sh, 'Matia përherë kur ka ndonjë hall, shkon te Malo se atje gjen jastik, e pastaj rehatohet'.

I lagu jastëkët;- d.m.th, qau shumë për dikë që u largua apo vdiq. P.sh, 'Matia i lagu jastëkët, e gjora kur i vdiq e ëma'.

Qafë jastik;- ironi, dikush i dhjamosur, por dhe budalla. P.sh, 'E po të jetë tjetri qafë jastik, vetëm Gupin kam parë?'.

Ta kam nën jastik;- d.m.th, nuk ta harroj atë që më bëre. P.sh,

'Mos kujto se ta kam harruar, aty ta kam, nën jastik'.

Mik me jastik;- d.m.th, të vyer. 'Daj Sadik, o daj Sadik, rri sonte mos ma ik se të kemi mik, mik me jastik'. (Ali Karamuça).

T 'rref me jastik;- d.m.th, të qorton me të butë, por pa ndalur derisa të trullos. P.sh, 'Ama e ke rrahur me jastik Merkon sot, nuk e di se e mori vesh apo jo?!'

Javë,/-a/ -ët

Si fëmijë javësh;- tallje, d.m.th, dikush që rri veç ankohu. P.sh, 'Na mërzite o Kolë, përherë ngele duke u qarë si fëmijë javësh'.

Marrin javën;- kur shkonin fshatarët në stan të merrnin bulmetin e dhenve. P.sh, 'Nesër vijnë katundarët e marrin javën', 'Duhet bërë gati java shpejt'.

Se ze java javën;- d.m.th, diçka që mbarohet menjëherë. P.sh, 'Kafja që solla, nuk po e zë java javën'.

Ásht n'javët e veta;- d.m.th, me menstruacione. P.sh, 'Kur është në javët e veta, ka dhimbje për vdekje'.

Tetë ditët e javës;- superlative, d.m.th. që punon pa ndalim. P.sh, 'Ilazi në Itali punon tetë ditët e javës, vallahi'.

Javë ma báne;- d.m.th, tërkuzë, zvarrit një fjalë. P.sh, 'Po nxirre të shkretën o Malo se javë ma bëre'.

Kthim jave;- d.m.th, miqtë e rinj vijnë për vizitën e parë pas martesës së djalit. P.sh, 'Erdhën ata të Malos për kthim jave e dolën shpejt, se ashtu i kishin punët'.

Jelek,/-u/ -ët

Burrë me jelek;- d.m.th, burrë zakoni, njeri namusqar. P.sh, 'Vërtet Malo ishte burrë me jelek, se një fjalë si shkoi kot'.

Hem jelek e hem qostek;- d.m.th, trim i pashoq. P.sh, 'Kolën e ke hem jelek e hem qostek, kur i vjen puna'.

Jeshil,/-e

Sytë jeshil;- d.m.th, kur godit kokën pa dashje, ose kur të godet me shuplakë. P.sh, 'Sytë jeshil m'u bënë, kur godita derën e sobës me kokë'.

E ka zán jeshili;- tall., kur dikush ka heqje barku. P.sh, 'Gupin sot e paska zënë jeshili, ngeli hyj e dil në banjë'.

Prifi dhámbët kur t'dal jeshili;- shaka me ironi, d.m.th, uria do të vazhdojë për shumë kohë. P.sh, 'Kështu sikur shihet puna o Kolë, mprihi dhëmbët kur të dalë jeshili', (d.m.th. të vijë pranvera).

Ka rán n'jeshil;- tall., dikë që sapo është martuar, ose, dikë që ka rënë në një pasuri. P.sh, 'Kola ka rënë në jeshil tashti, prandaj s'na flet me gojë'.

Jeshilkë/a;- që është gjysmë e pjekur e gjysma e grestë. 'Mblodha ca jeshilka sot për turshi', 'I zuri ngrica domatet e ngelën jeshilka'. Figurative;- Grua që nuk i ndrin nuri, xheloze apo smirëzezë. P.sh, 'Sa jeshilkë që je moj e shkretë'.

Jetë,/-a/-ët

S'kam për t'rrojtur dymijë jetë;- bisedë, d.m.th, një ditë do vdes. P.sh, 'Skam për të rrojtur dymijë jetë, do dal në pension tani afër, mjaft punova'.

Jetë o jetë bën Idrizi, mish në hell pilaf orizi;- shaka, d.m.th, kur dikush lëvdohet pa qënë nevoja. P.sh, 'Mirë i kam punët - tha Matia- tashti, jetë o jetë bën Idrizi mish në hell pilaf orizi, do ta kaloj'.

Ma bán jetën si breshka përpjetën;- shaka, d.m.th, me lodhje e pamundësi. P.sh, 'Gupi gjori ma bën jetën si breshka përpjetën e ju e mbani në gojë tërë ditën'.

N'jetën e pasosur;- d.m.th, Parajsa. P.sh, 'Në jetën e pasosur nuk do ketë gjumë, vuajtje, mërzitje e shumë gjëra të tjera, sikur ndodh në jetë'.

Dënuar me jetë;- d.m.th, dënim kapital. P.sh, 'Rrapi ka qënë i dënuar me jetë, por iu fal nga gjykata e lartë'.

Jetim/-i/-e

Baba gjallë e fëmijët jetimë;- d.m.th, babai i tyre është dënuar me jetë në burg. P.sh, 'Dhe kjo nuk durohet, baba gjallë e fëmijët jetimë, kësaj i thuhet'.

Ngeli si jetim/e;- d.m.th, i vetmuar, pa kujdesje. P.sh, 'Neba ngeli si jetim, qëkur theu palcën e kurrizit'. 2- kur të vdes bashkëshorti. P.sh, 'Matia ngeli si jetime e gjora, qëkur i vdiq i shoqi'.

Ka dhán bukë një jetimi;- d.m.th, kur dikush shpëton nga një rrezik i madh. P.sh, 'Paske dhënë bukë një jetimi o Kolë, se të plasi mina ndër duar e asgjë nuk të bëri'.

As qoftëlargun mos pafsh jetim;- d.m.th, aq keq është të mbetesh jetim. P.sh, 'Ashtu si ishin ata nga vakti, as qoftëlargu mos pafsh jetim'.

Jevg,/-u

Bájn si jevgjit;- d.m.th, hahen e grinden me zë të lartë. P.sh, 'Po ju çkeni që bëni si jevgjit, kështu nuk e kuptoj?'.

Si jevgu pas oshmarit;- tall., dikush që huton në diçka të këndshme. P.sh, 'Kur e pa të shoqen Kola për herë të parë, hutoi si jevgu pas oshmarit'.

Një jevg e n 'katund;- d.m.th, preferon më mirë martesën në fshat e afër, se sa larg. P.sh, 'Më mirë një jevg e n 'katund, se sa unë që e martova cucën në qosh të botës'.

E shet si jevgu t'ámën;- d.m.th, shumë koprrac. 'Po ti jepi një pazar kalit he burrë, mos ma shit ashtu si jevgu temën'.

E shct sa jcvgu t'ámën;- që i jep mallit të vet, një pazar shumë të lartë. P.sh, 'Me Kolën mos bëni Pazar, se ai e shet sa jevgu t'ëmën'.

Kur u bá jevgu mbret, vrau t'anë;- d.m.th, kur dikush i paformuar merr një detyrë të lartë, nga mosdija çfarë nuk bën'.

Jonxhë/-a

E ka zánë jonxha;- tall., kur dikush vjell nga e dehura (si bagëtia kur ha jonxhë e vjell). P.sh, 'Gupin e paska zënë jonxha keq sonte, po bini prapa mos bie gjëkundi më ndonjë përrua'.

Ka rán n 'jonxhë;- shaka, dikush i sapo martuar. P.sh, 'Lëreni djalin mos e ngacmoni, se ka rënë në jonxhë tani ai'.

Jorgan,/-i/-ët.
Flet jorgani;- d.m.th, kur djalin e urdhëron nusja. P.sh, 'Ehe, flet jorgani më duket tani, nuk po ndihesh më fare, i tha Kola Malos duke qeshur'.

T'hyn nër jorgan;-shaka dhe tall., dikush që të do pa hile e dredhia. P.sh, 'Ai Kola kur flet, të hyn ndër jorgan me ato fjalë'.

Për një plesht, djeg tre jorganë;- d.m.th, ngutje, nxitim që për hiç asgjë, të vë flakën. P.sh, 'Kujdes atij Malos, se ai shumë herë për një plesht djeg tre jorganë, e ne nuk ia kemi vaktin'.

S'ti kam ble unë jorganët;- d.m.th, nuk të kam mbajtur unë me bukë, por ke punuar vetë dhe ke jetuar. P.sh, 'Ti Kolë mos fol kështu tani se s 't'i kam blerë unë jorganët'.

Shtrij kámbët, sa ke jorganin;- d.m.th, prish e shpenzo aq sa ke mundësi. P.sh, 'Kujdes me dorën ju djem se, shtri këmbët sa ke jorganin, kanë thënë të vjetrit'.

E qelbi jorganin;- tall., dikush që ka moral të dobët seksual. P.sh, 'Tani e qelbe jorganin- i thanë Gupit-lagja, ndërsa po ikte në punë sot në mëngjes'.

E dogji jorganin;- d.m.th, bëri gosti të fortë, me të ngrëna, këngë e valle. P.sh, 'Mirë thoni ju, Kola për nder e dogji jorganin kur martoi djalin'.

Juga e bardhë;- erë që fryn në behar nga jugu e që nuk i linte bereqetet të piqeshin. P.sh, 'Sivjet i përcëlloi juga e bardhë misrat e asnjë kokërr nuk lidhën'.

-K-

Ka,-u/, qetë.

Kau mirë njihet pas dite;- shaka d.m.th, njeriu mirë njihet pas çdo vështirësie. P.sh, 'Të kam thënë disa herë ty Malo që kau mirë njihet pas dite, e kanë thënë të vjetërit këtë jo unë'

Si dy qe për nji kularë;- tall., kur dy vetë kapen për diçka të kotë. P.sh, 'Ai i pe Gupin dhe Rrapin si u kapën për atë vajzën si dy qe për një kularë'.

Ku shkel kau kuq s'ka bereqet;- tall., d.m.th, ku shkel këmba e komunizmin nuk ka prokopi. P.sh, 'Kola nguli këmbë për disa kohë, ndërkohë Matia hidhet e jep verdiktin e saj', 'Ku shkel kau kuq s'ka bereqet, ka pas thënë baba'.

I zunë qetë n'zabel;- d.m.th, u kapën për hiçasgjë. P.sh', 'Kola me Malon në fillim qenë mirë, pastaj i zunë qetë në zabel sa s'kishte bir nëne që t'i ndante'.

Kur të pjellë kau balash;- d.m.th, kurrë s'ka për të ndodhur. P.sh, 'Sipas fjalëve tuaja, ju do të ma ktheni borxhin kur të pjellë kau balash, tha Gjini i nxehur e bërë tym'. 2- kur të ze belaja. Psh. Kur të pjell kau balash kështu bëhen punët, lesh e li.

Qe viç, u bë ka;- tallje, d.m.th, hiçasgjë, po aty. P.sh, 'Po pastaj ku qëndron problemi këtu -tha Matia- qe viç e u bë ka, po pastaj?'

Si qetë n'bokat;- tall., d.m.th, dembelizëm në kulm. P.sh, 'Po ata ç'paskan që u sjellkan si qetë në bokat sot?'.

Qetë e mirë i njeh zgjedha vet;- d.m.th, shtëpia i njeh njerëzit e saj. P.sh, 'Ti ke të drejtë që i lavdëron Kolajt, por i thonë fjalës se qetë e mirë i njeh zgjedha vet'.

Bërtet si kau i Mokrës;- tall., d.m.th, që shkon pas femrash. P.sh, 'Po ky djali ç' paska sot që bërtet si kau i Mokrës'.

I ze qetë s'prapthi;- tall., d.m.th, e fillon një punë pa rregull e sistem. P.sh, 'Ti djalë mos i zë qetë së prapthi ashtu qysh me mjes, mendoj që nuk është mirë'.

Qetë shkojnë terma parmenda shkon teposhtë;- shaka, d.m.th, që nuk merren vesh në sendet primare. P.sh, 'Çfarë them unë e çfarë thoni ju, qetë shkojnë terma e parmenda shkon teposhtë është kjo punë'.

Ká që mban hullinë;- d.m.th, njeri i mirë. P.sh, 'Mos iu ndaj Kolës se ka që mban hulli është Kola'.

Buçurit si kau pa tredh;- Keq., d.m.th, dikush që shkon pas ndonjë femre. 'E pashë Gupin sot që buçiste si kau pa tredh pas një gruaje që nuk e njihja'.

Kur t'pjellin qetë e Dakës;- d.m.th, kurrë nuk ka për t'u realizuar diçka. P.sh, 'Ohu ha! Ashtu si bën ti, do të thotë kur të pjellin qetë e Dakës'.

I futi mizat e kaut;- d.m.th, e nevrikosi. 'Kola qe mirë, por erdhi Malo këtej dhe i futi mizat e kaut e, tani rri vetëm duke sharë'.

Nuk rri miza n'bythë t 'kaut;- shaka, i lëvizshëm. P.sh, 'I them po rri more bir njëherë, por ai si miza në bythë të kaut lëviz'.

Ta bán mizën ká;- d.m.th, që i zmadhon sendet. P.sh, 'Përherë kur flet Leka pa ta bërë mizën ka nuk i rrihet.

As ká as buallj;- d.m.th, i pavendosur. 'Ndaje muhabetin o Salë, jo as ká, as buall përherë'.

Kau vjetër s'ndreq hulli;- d.m.th, mos humb kohë. 'Sa herë të kam thënë o burrë, i tha Matia Kolës, kau vjetër s'ndreq më hulli dhe mbaroi puna'.

I poqe n'çiprët kaut;- d.m.th, aty ku s'duron. P.sh, 'Po ty nuk t'u durua fare more djalë, vajte dhe i poqe kaut në çipër e tashti hajde dëgjoje'.

E zunë me ká për litari;- d.m.th, ngushtë në fjalë. P.sh, 'Tani Gupi s'ka nga t'i fshehë më bythët, e zunë me ká për litari'.

Mizat i hyjnë kaut, ti vete shkund kámbët;- ironi, d.m.th, dikush që fut hundët në diçka që s'është punë e tij. P.sh, 'Këtë s'e kuptoj unë ti Malo, mizat i hyjnë kaut, ti vete shkund këmbët?!'

Pret t 'pjellë kau larosh;- tall., dikush me vonesë, në sendet jetësore. P.sh, 'Ti Lekë pse nuk martohesh, apo pret të pjellë kau larosh.'

Kaba,-ja-/të

I bán kaba;- d.m.th, i shkon pas qejfit. P.sh, 'Ti Ana, përherë i bën kaba Nelit, dhe kjo më pëlqen'.

Di t 'bëj kaba;- d.m.th, di si të

flasë, di muhabet. P.sh, 'Malo di të bëjë kaba, andaj më shkon muhabeti me të'.

Kabah;- bisedë, barrë.

Kaba kaba;- dalëngadalë, pa ngutje. 'Ashtu djem, kaba kaba e ka puna'.

Shumë kaba i ka barrët;- d.m.th, dobët në gjendje shëndetësore. 'Isha pak nga baba sot, se pa qejf ka qënë këto ditë, por shumë kaba i kishte barrët'.

Kabëll/-a

Ju mshtollën kabllot;- d.m.th, iu ngushtua puna. P.sh, 'Ishte kur ishte ajo punë, tani Lazes iu mbështollën kabllot e nuk ka mundësi më'.

Kabùll (fetare);- Pranim. Zoti ua báftë kabull;- d.m.th, ua pranoftë lutjet apo agjërimin. P.sh, 'Hani pak bukë se keni agjëruar gjithë ditën e Zoti ua bëftë kabull'.

Nuk ia báj dot kabùll;- d.m.th, nuk e fal, nuk kam keqardhje. P.sh, 'Ashtu si ma bëri Sala, nuk ia bëj dot kabull, se shumë rëndë më foli'.

Nuk i báhej kabull;- d.m.th, gjendje shëndetësore jo e mirë, ose moti i keq. P.sh, 'Kola ishte aq keq nga shëndeti, sa nuk i bëhej kabull'. 'Ra një shi i madh, sa nuk i bëhej kabull'.

Ma báni kabùll;- d.m.th, më falni për diçka (vonesën, ndërhyrjen, largimin). P.sh, 'Ma bëni kabull burra, se ne duhet të lëvizim pak nga pak, se larg e kemi rrugën'.

Kacabú,/-ni/-njtë.

Kacabu pas bythe;- dikush që nuk të ndahet nga pas. 'Mu bëre kacabu pas bythe sot more bir, si është puna me ty?'

T'futsha nji kacabu n'brekë;- d.m.th, shqetësim. P.sh, 'Ç'më bëre more fëmi, që të futsha një kacabu në brekë të futsha'.

Kaçarrum,/-i / -at.

Rrum rrum, kaçarrum;- shaka, dikush i shkurtër nga shtati por shumë i fortë. 'Matia kishte gjetur një burrë rrum rrum kaçarrum'.

Futi kaçarrumin;- shaka, d.m.th, mos lësho gazra. P.sh, 'Hajt mjaft tani, futi kaçarrumin e shko se na prishe ajrin'. 2- mblidhe veten. P.sh, 'Duhet mbaruar kjo punë sonte, hajde djem, futni kaçarrumin e shtrëngohuni'.

Kala me kaçarruma;- d.m.th, lodhje kot. P.sh, 'Kala me kacarruma qe kjo puna e Rrapit që mendonte se asgjë nuk vdes'.

Kaci,-a/ -të

Po t'lájë kacia;- tall., d.m.th, shpirti lig. P.sh, 'Mirë e ke ti që thua ashtu, po ta lejë kacia Rrapin'.

T'jep ujë me kaci;- d.m.th, i shkathët, por dhe i djallëzuar. P.sh, 'Kola të jep ujë me kaci kur i do qejfi'.

Sa një bisht kacie;- d.m.th, e/i vogël. 'Burri i Katias, sa një bisht kaci ishte, por ama shumë shakaxhi'.

Ti futësh një bisht kacie;- d.m.th, ta rrahësh apo ta ç 'nderosh. P.sh, 'Kështu si po na e bën Gupi, është mirë ti futësh një bisht kacie që ta mbajë mend gjithë jetën'.

Kacia n'prush e ka vendin;- d.m.th, i keqi po i keq ngelet. P.sh, 'Mirë e ke ti që thua ashtu, por kacia në prush e ka vendin'.

Me kaci n'dorë;- shaka;- d.m.th, gati për çdo ngjarje. P.sh, 'Malon me kaci në dorë e ke përherë'.

Knej njeri andej kaci;- d.m.th, dyfaqësh. P.sh, 'Si është puna me ty more njeri, këtej njeri e andej kaci sikur nuk shkon'.

Shpirt kaci;- d.m.th, smirëzezë. P.sh, 'Sa shpirt kaci që je moj grua- këtë s'e kuptoj!?'

Kaç;- ndajfolje, që e merr hopa një fëmijë. 'E mori kaç djalin', ;Hip kaç ke baba'.

E mbaj kaç n 'kurriz;- d.m.th, që e kam bezdi dikë. P.sh, 'Rrapin sikur e mbaj kaç në kurriz më duket'.

Merre n 'kaç, të pshurr n 'qafë;- d.m.th, bëj mirë të gjesh keq. P.sh, 'Kësaj i thonë merre në kaç të të pshurrë në qafë'.

Nuk t'bajë dot kaç;- d.m.th, nuk kam mundësi të ndihmoj për asgjë. P.sh, 'Ti e kupton tani, që nuk kam mundësi të mbaj dot kaç se e ke mbushur kupën'.

Kaçak/-u/-ët

I hypën kaçakët;- tallje, d.m.th, e zuri inati. P.sh, 'Kolës po i hypën kaçakët më mirë ik, se nuk mbaron punë'.

Sikur e kanë marrë kaçakët;- d.m.th, dikush, diçka e shkatërruar e shpartalluar. P.sh, 'Po ti ç 'qenke bërë kështu moj bijë sikur të kanë marrë kaçakët!?'

I zënë kaçakshe;- tall., fëmijë trazovaç. P.sh, 'Mos e ngacmoni shumë, se i zënë kaçakshe është ky dreq fëmijë'.

Kaçamak,/-u;- mëmëligë me miell misri.

Kaçamak valë valë, me groshë;- shaka ironike, d.m.th, që ka gjithçka brenda, ushqim. P.sh, 'Ama kaçamak valë me groshë na e paske gatuar këtë bukë sot!?'

Ia kaçamaku;- d.m.th, ja rrasi brenda me zor. P.sh, 'Rrapi ia kaçamaku asaj, ama e pagoji shtrenjtë'.

Dru kaçamaku;- d.m.th, njeri kot pa vlera e dembel. P.sh, 'Po ti pse rri si dru kaçamaku ashtu, po shko e bëj diçka'.

Ishte për kaçamak;- d.m.th, në moshë. P.sh, 'Pleqtë ishin për kaçamak tashti e donin pak shërbim më shumë'.

U bënë kaçamak;- d.m.th, ,u grindën. P.sh, 'Gjelajt dhe Kolajt qenë mirë shumë kohë pastaj se ç'i gjeti e u bënë kaçamak'.

Dhe kaçamaku i hahet;- d.m.th, një gruaje aq të mirë. P.sh, 'Për Matien mos më flisni, asaj dhe kaçamaku i hahet'.

Vlon si kaçamaku n' kusi;- d.m.th, që nxehet shpejt e nuk pushon kollaj. P.sh, 'Po ti Salë çke që vlon si kaçamaku në kusi kështu'.

Kaçamakshe;-ndajf. pa cilësi, apo me të ngutur. 'Punë kaçamakshe', 'Miqësi kaçamakshe'.

Kaçamol,/-i/-ët (kalli kokërr vogël).

Ja futi kaçamolin;- shaka, d.m.th, e bëri me barrë. P.sh, 'I vogël i vogël Leka, por ama nuses ia futi kaçamolin'.

Arë as për kaçamola;- d.m.th, një person apo miqësi që nuk ja vlen. P.sh, 'Nejse, arë as për kaçamola është kjo punë'.

Ia merr zogu kaçamolin;- d.m.th, hutohet e humb si Xhafa simiten. P.sh, 'Kolës shumë shpejt ia merr zogu kaçamolin, por kështu është shumë njeriu mirë'.

Kaçarrum-i/-/-at;- lënda e ngelur e misrit, pasi hiqen kokrrat. 'Merri kacarrumat'.

Ja futi kaçarrumin;- shaka, d.m.th, .e la shtatzënë. P.sh, 'I vogël, i vogël thoni ju për Rremën, ama ai ja futi kaçarrumin nuses 2- e goditi me fjalë të rëndë. P.sh, 'E kërkoi Gupi andaj ia futi kaçarrumin Kola'.

Kaçërdhá /ri;- fjalë e rrallë. Shkop me nyje e me druga. Kaçërdhá shkoze. Ngeci në një kaçërdhá e vrau pak gjurin'.

Kaçërdhá para sysh;- n'qoshe',

njeri i bezdisur. Psh, 'Ama kaçërdhá para sysh më ngele sot'.

Për t'i fut një kaçërdhá;- dmth shumë i prapë, i lëvizshëm. Psh, 'Për t'i fut një kaçërdhá qënke kjo grua'.

Qan për një kaçërdhá;- shaka, dmth, kërkon një dru të mirë. Psh, 'E shoh unë punën tënde sot, qan për një kaçërdhá ti prandaj'.

Me ia nxjerr me kaçërdhá;- tall,. dmth që i nxjerr me zor fjalët. Psh, 'Rri Sala njaty n'qoshe, mezallah se flet një fjalë, si me ia nxjerr me kaçërdhá'.

Kaçërdhoj/-ova/-uar;- kafshoj. Kaçërdhoj mollën dhe e la përgjysmë. Sa ta kaçërdhoj pak, dmth sa ta shikoj çfarë shije ka.

2- sillet si mbiemër. i/e **kaçërdhuar**. Qenkam pas si i kaçërdhuar sot- dmth pak si pa qef.

Kaçik,-u/- ët;- kofsha e pulës.

Kaçiku nanës;- zemra e nanës. P.sh, 'Ku ti kaçiku nanës, që vdeksha unë për ty'.

Sa ka dhánë kaçik;- d.m.th, e vogël, e re. 'Goca sa ka dhënë kaçik e ti shkon e ja kërkon për nuse'.

Kaçil/e,/-ja;- shportë për rrush apo fiq.

Aq ia mban kaçileje;- d.m.th, aq zemër ka, aq duron. P.sh, 'Atij aq ia mban kaçilja, ti vete dhe e ngacmon prap'.

Dy shporta tre kaçile;- shaka, d.m.th, që janë pak në numër;- ose i lehtë nga mentë. P.sh, 'Dy shporta e tre kaçile është kjo punë, po hajde më!'

Një kaçile djalë, (vajzë);- shaka, i/e vogël, por i mirë. P.sh, 'Po ti qënke një kaçile djalë more bir, hajde të puth nana në faqe njëherë'.

Kaçul/-i/-e;- që është me majë në kokë. 'Gjel kaçul', 'Pulë kaçule'.

Flokë kaçul;- d.m.th, i pa marrë vesh. P.sh, 'Dëgjo more flokë kaçul, po të erdha atje, ti shkula veshët, dëgjove!?'

Kaçorr,-i/e;- që i ka flokët kaçurrela. P.sh, 'Sa kaçorr i ka flokët Nuk i krihen kollaj se i ka kaçorr'. *Moj kaçorre ku na mlodhe,/ Mal më mal vajte na hodhe,/ Mal më mal e fushë më fushë,/Një dukat varur në gushë.* (Këngë e vjetër Dragostunje).

Kaçurrel,/-e

T'i bán nervat kaçurrel;- shaka, d.m.th, të bën nervoz pa qënë nevoja. 'Po kjo Eli, flokët kaçurrel ti bën me atë shejtan djalë që i shkon pas'.

Kade,/-ja/-et

Pirdh më kade;- d.m.th, flasim e nuk merremi vesh. P.sh, 'Pirdh në kade i thonë kësaj pune'.

Iu bë barku kade;- d.m.th, u ngop së ngrëni. P.sh, 'Ndenji Rrapi për darkë sa iu bë barku kade, pastaj ja futi gjumit'.

Ka vajt për rrathë kadeje;- tallje, d.m.th, ka vdekur. 'Ohu, ju pyesni për Dullën, Dulla ka vite që ka vajtur për rrathë kadeje'.

Ra në kade;-shaka, d.m.th, u martua. P.sh, 'Eh tani që Kola ra në kade të shohin çfarë burrnie do ketë'.

Bëri kadja pymmm;- shaka, d.m.th, bosh, nuk ka gjë brenda. P.sh, 'Kadja bëri pymm, ti thua rrimë sonte për darkë'.

Kadi,-u/- lérët.

As kadi as spathi;- shaka, d.m.th, ndaje fjalën. P.sh, 'Mos e lër as kadi as spathi punën, mbaroje e fli rehat'.

Si kadiu me fiqtë;- d.m.th, me hile. P.sh, 'Kjo që po thua ti, po më duket si kadiu me fiqtë mua, po nejse'.

Po të rrahu kadiu, s'ka kush ta qan davanë;- d.m.th, mbaje mirë me të madhin. P.sh, 'I dha sa mundi Kola, mirëpo po të rrahu kadiu, s'ka se kush ta qan davanë, i thonë fjalës'.

Kadhë/-a-/-at (kosore, ajo qe pret ferra)

Ishte bá ti vije kadhën;- shaka, d.m.th, pa rrojtur. P.sh, 'Ishte në mal me dhen per shumë kohë e i ishte bërë mjekra Malos qe ti vije kadhën'.

Kadhë e dobët, s'pret as ferrën;- d.m.th, që nuk ta mbush syrin. P.sh, 'Ti mirë e ke me tënden, por kadhe dobët s'pret as ferrën- thotë populli'.

Kafe,/-ja

Pinë një kafe;- d.m.th, u panë për fejesë. P.sh, 'Ishin burrat te Kola sa pinë një kafe, por nishanet njëherë tjetër 2- Ishin për ngushëllim. 'Qenë ata të Merkos këtej, sa pinë një kafe e shkuan'.

Nuk i pihet kafja;- d.m.th, shumë koprrac. P.sh, 'Mos më fol për Gupin, se atij shejtani nuk i pihet kafja fare'.

Burrë për kafe;- d.m.th, mik i mirë. P.sh, 'Hajde re këtu të jap një kafe, se burrë për kafe je ti'.

Kafja e ka lezetin sa vihet përpara- dmth respekti, kultura, edukata janë më të vlefshme se çdo send tjetër. Psh, 'Shumë më pëlqeu ajo vajza e Malos, pse thonë që kafja e ka lezetin sa të vihet përpara'.

Kafexhi,/-u/ -njtë

Si kafexhi te mbreti;- d.m.th, që i ka punët mirë. P.sh, 'E takova Malon sot në kryeqytet e, si kafexhiu te mbreti i kishte punët'.

Kafshatë,/-a,/ -at.

S'ja zinte kafshata kafshatën;- tall., d.m.th, i ngutshëm. P.sh, 'E mora Melin në punë sot, por atij s'ja zinte kafshata kafshatën'.

Sa një kafshatë;- d.m.th, shumë i vogël (për një fëmijë). P.sh, 'Sa i vogël qenke more bir, sa një kafshatë'.

Ti numëron kafshatat;- d.m.th, shumë koprrac i madh. P.sh, 'Nuk punohet fare me atë Salën, se ai ti numëron kafshatat një për një, kur vjen puna e pagesës'.

Kafshatën e madhe haje, fjalën e madhe mbaje;- d.m.th, mos rëndo kënd me fjalë.

Tri lugë një kafshatë;- d.m.th, që i mungojnë gjërat elementare ushqimore. 'Dhe ashtu, tri lugë një kafshatë, nuk kalon kjo virane jetë - tha Matia, Kolës, kur po ktheheshin nga qyteti'.

Káfshëz,/-a/ -atʒ- diçka e ëmbël për fëmijët, si karamele, biskotë, sheqerkë. P.sh, 'Ka pru daja një kafshës për ju'.

Kaik/-e,-/ -et

Bërë kaike/ʒ- mospërf., pirë e bërë tapë. P.sh, 'Takova Beqon sot në rrugë e ishte bërë kaike i varfri'.

Ja kishte marrë dallga (era) kaiken;- ironi, ishte plakur, matufosur, ose ishte çmendur. P.sh, 'Salës ia kishte marrë dallga kaiken të gjorit, e nuk dinte se ç 'bënte'.

E vu n 'kaike;- tallje. P.sh, 'Aq qe puna, sa e vuri në kaike, pastaj të gjithë nga një dorë'.

Kaish,/-i/ -ëtʒ- rrip

Rryp kaishi ose rrotë kaishi;- d.m.th, budalla. P.sh, 'Sa rryp kaishi u tregua Gupi sot në mbledhje, e vutë re ju apo jo!?'

I hyri n 'kaish;- d.m.th, e zhdëpi në dru. P.sh, 'Kola i hyri n 'kaish gomarit pse nuk kalonte gropën me ujë'.

Tre kaishë, një purtekë;- d.m.th, shpejtoni, nxitoni në diçka. P.sh, 'Hajde djem, tre kaishë një purtekë, se u bë vonë e do të ikim në shtëpi'.

Kakërdhi,/-a/-të

Na shet kakërdhia;- tall., na shet mend. P.sh, 'Dhe ky erdhi tashti e na shet kakërdhia'.

Rri mbi kakërdhitë tuaja;- d.m.th, rri mbi problemet tuaja e mos u trazo. P.sh, 'Po ty ç'të duhet me atë punë!? Rri o burrë mbi kakërdhiat tuaja, ka kush merret me ta!?'.

Plumba kakërdhie;- shaka, dikush që mburret e flet e, askush nuk e dëgjon. P.sh, 'Ama shumë plumba kakërdhie kishte ai Sala o burri dheut, si rrini e dëgjoni'.

Ja lshoj kakërdhiat;- d.m.th, e tremb. P.sh, 'Kola e kishte me shaka fjalën, ama Rrapit ia lëshoj kakërdhiat keq'.

Kakërdhi e pleshta;- tall., d.m.th, mburrje. P.sh, 'Veç kakërdhi e pleshta ka ai Çeloj o burrat e dheut, sa injorant që është'.

Kakrruk,/-u/ -ët

Kakrruke;- arrë pa mishin e saj, arrë kakrruke. 'Bëji kakrruke arrat dhe futi në thes'.

I nxori sytë, si arrë kakrruke;- d.m.th, nga frika. P.sh, 'Kur Kola tha se ka mundësi nesër të kemi borë të madhe, Matisë ia nxori sytë si arrë kakrruke'.

Hapi kakrruket;- d.m.th, hapi sytë. P.sh, 'Ti mos fli gjumë moj bijë, hapi kakrruket se bota atë do'.

Të ve mbi kakrruke;- d.m.th, të tall e ti se merr vesh. P.sh, 'Po të vu Malo mbi kakrruke, mbaju kur të biesh pastaj'.

I,'-/ më,- u rrofsh kakrruket;- sharje, asgjë s'ke ç'u bën. P.sh, 'Kolës i rrofshi kakrruket, ju se ai mirë i kishte punët'.

Kakutë/-ë,/-a/ -at (bimë barishtore e egër në arë)

Ta mbush arën me kakuta;- tall., d.m.th, të gënjen apo shpif tmerrësisht. P.sh, 'Ai Sala, për nder, ta mbushte arën me kakuta, po kini kujdes'.

Qeth kakuta;- tall., rri pa punë. P.sh, 'Më pyete për Lekën se çfarë pune bën, Leka ka dy vjet që qeth kakuta në shtëpi'.

Kala,/-ja/-të

Bán kala me katruqe;- tall.,

d.m.th, fantazon gjëra të pamundshme. P.sh, 'Kur bisedon me Malon, ke qejf ta dëgjosh, bën ca kala me katruqe, që ska burrë nëne që ia merr'.

Iu bá kala;- keq., d.m.th, e përdhunoi. P.sh, 'Rrapi pa njëherë vërdallë mos kishte njeri, pastaj iu bë kala për sipër gruas së botës'.

Kalipiç;- kalaqafë. 'E merr kalipiç', 'Hidhe kalipiç e shko'.

Kalipiç pas qafe;- d.m.th, jam kujdesur për të. P.sh, 'Nuk e di pse ma bërë këtë gjëmë, kur gjithë jetën të kam mbajtur kalipiç pas qafe'.

Po ndenje me fëmijë, prit kalapiçin;- ironi, d.m.th, po ndenje me njerëz të këqij, të keqen prit. P.sh, 'Fajin e kam vetë unë, po ndenje me fëmijë, prit kalapiçin'.

Kalipiç/-ur;- që varet pas qafe. 'Djali i saj, i qe kalapiçur pas qafe'.

Kalapiçem;- d.m.th, që i lutem apo përgjërohem dikujt. P.sh, 'Ndaj po të Kalapiçem, se kam nevojë'.

Kalb/ -a,/ -ur

Iu kalb shpirti;- që e ka marrë malli shumë për dikën. 'Vajzës iu kalb shpirti për të atin, por ai ka njëzet vjet që ka vdekur'.

E kalbi n'dru;- d.m.th, e rrahu keqas. P.sh, 'E gjeti duke vjedhur, andaj e kalbi në dru'.

Çfarë nuk kalb dheu;- d.m.th, në këtë situatë, është momenti i padëshiruar kur dikujt i vdes një i dashur i shtëpisë. P.sh, 'Keq na erdhi shumë që të vdiq vëllai, po dheu çfarë nuk kalbka'.

Kalbaq-/i /-e;- fjalë e rrallë, d.m.th, që përton shumë, ose e ka trupin e palidhur në muskuj, djalë kalbaq, grua kalbaqe. 2- frut shumë i butë. P.sh, 'Hurmë kalbaqe'.

Kalbësira/at. dru pylli të rëna vetvetiu. Psh Mblodhi ca kalbësira dhe erdhi shpejt. Futi ca kalbësira zjarrit se po fiket.

Kalem/-i / -at

Kishte kalem t'mirë;- d.m.th, një femër me pamje të bukur.

Mos të futë kadiu n 'kalem;- shaka. Mos qofsh me taksirate bela. P.sh, 'Pse thonë që kur të kapin hallet, mos të futë kadiu në kalem, se problem është dalja nga e keqja'.

Në majë t 'kalemit;- d.m.th, përgjigjen te goja, në majë të gjuhës, çdo gjë. P.sh, 'Po kjo Matia, në majë të kalemit i ka fjalët'.

Sikur deti t'bëhet bojë, dhe drunjtë kalem;- fetare, d.m.th, fjala e Zotit i tejkalon për nga madhësia këto dy elementë figurativë, sepse ai është Krijuesi.

Kal/-ë,/-i/- kuajt

E ngarkoi kalin;- shkoi e vdiq. P.sh, 'I dha sa i dha Rrapi shkretë, sot e ngarkoi kalin e tij'.

Ku ia ka ngránë kali (gomari) mushka, bukën!?;- d.m.th, çfarë u bë, ku qe puna, pse u zemërua. P.sh, 'Kola sot nuk na foli me gojë e nuk e dimë se ku ia ka ngrënë kali bukën!?'

Ku i çalon kali?;- d.m.th, ,ku qëndron puna?. P.sh, 'Ku i çalon kali Malos, pse nuk na ka ardhur më për vizitë'.

Po nejte pas Ismalit, do ngjosh pordht e kalit;- tall., d.m.th, po ndenje me një të çmendur, prit keq e më keq. P.sh, 'Nuk ta kemi fajin ne në këtë gjë, pse thonë po ndejte pas Ismalit do dëgjosh pordhët e kalit'.

Mizë kali;- tall., femër e pakët nga trupi, por ngatërrestare. P.sh, 'Nuk na u nda kjo Eli sot, si mizë kali na sillet përmas'.

Si kali qyqes;- d.m.th, shihet në të rrallë. 'Salën si kalin e qyqes e shohim kohët e fundit, nuk e di se çfarë e gjeti'.

Kal shtrigash;- d.m.th, dikush që mban fjalë për të keq. P.sh, 'Kal shtrigash paske qënë more njeri, po nuk e shikon se na çmende!?'

Mizë kali pas bythe;- tall., d.m.th, dikush që nuk të shqepet. P.sh, 'Ky Gupi mizë kali pas bythe na u bë sot'.

Kalit i shkojnë mizat, ti qan potkonjtë;- d.m.th, shkon e shumta e ti qan të paktën. P.sh, 'Hajde brenda hajde- tha Matia Kolës, kalit i shkojnë mizat ti i qan potkonjtë tani!?'. Ásht Lalë që do kalë me shalë;- dikush lakmon shumë, ka kërkesa të tepruara. P.sh, 'Mirë e ke ti po Malo është lalë që do kalë me shalë, ndryshe prishesh me të'.

Ene i kalit, ene i gomarit;- shaka, d.m.th, që nuk i bën buzë punës, ushqimit apo derivateve të jetës. P.sh, 'Për Kolën mos u merakosni fare ju, Kola është dhe i kalit dhe i gomarit'.

I ktheu kali potkonjtë nga dielli;- ironi d.m.th, dikush vdiq. P.sh, 'Dulla qe sa qe, një ditë i ktheu kali potkonjtë nga dielli'.

Mos kalëro mbi dy kuaj;-

d.m.th, zgjidh njërën rrugë, jo me mëdyshje. P.sh, 'Kështu nuk është mirë ti djali im, mos kalëro mbi dy kuaj, se në fund do të ngelesh fare pa të'.

I hynë mizat e kalit;- d.m.th, u nevrikos shpejt. P.sh, 'Gupit i hynë mizat e kalit dhe mori super xhiro'.

Punon kali ha gomari;- tall., d.m.th, dikush që rron nga shpatullat e tjetrit. 'Ne vëlla, duhet të ndahemi sa më shpejt, se kështu puno kali ha gomari, nuk shkon kjo punë'.

E lidh kalin për bishti;- shaka, e fillon një punë së prapthi. P.sh, 'Sa herë e shoh Noken që për bishti e lidh kalin, si është puna tij, ka dikush të na tregojë?'

Nji vrap kali (pele);- d.m.th, shumë afër. P.sh, 'Shko pak ti biro te Meta, se një vrap kali është e thuaj të na vijë sonte për darkë'.

E ka zán gozhda kalin;- shaka, d.m.th, rri zemëruar. P.sh, 'Këtë muaj, Kolën e ka zënë gozhda kalin, mos i flisni me gojë fare'.

Ku ia ka zán gozhda kalin!?;- d.m.th, ku e ka hallin, problemin ?. P.sh, 'Kësaj Norës, ku ia ka zënë gozhda kalin që s'na flet me gojë kështu?'

I biri kalit, vllaj gomarit;- ironi, d.m.th, brez pas brezi budallenj. P.sh, 'Mos më fol për Drizën, se i biri kalit, vëlla me gomarin është'.

U bá për kalë;- bisedë, d.m.th, për martesë, një vajzë. P.sh, 'Ajo cuca e Rrapit, u bë për kalë e disa vetë e kishin kërkuar për nuse'.

U dhje nusja n 'kalë;- d.m.th, u prish një punë, marrëveshje, plan, një fejesë apo martesë, dështoj menjë fjalë. P.sh, 'Deri diku qenë mirë, pastaj u dhje nusja në kalë, e nuk u muar vesh se pse'. Çdo kali kuq e ka nji huq;- d.m.th, s'ka njeri pa një cenë. P.sh, 'Ti mos e shiko aq hollë o burri dheut, se çdo kalë i kuq, e ka një huq'.

Kali ruhet nga dhamt, burri nga kámbt;- d.m.th, çdo gjë shihet qysh në fillim. P.sh, 'Mua mos më tregoni ju si qysh e tek, se kanë thënë pleqtë që, kali ruhet nga dhëmbët, e burri nga këmbët, d.m.th, në të ecur'.

Iu mykën bukët n 'kalë;- d.m.th, ngeli pa martuar - një vajzë. P.sh, 'Matia ka një vajzë që iu mykën bukët në kalë, së gjorës'.

Kalin topall, se do askush;- shaka, njeriun me probleme e urrejnë të gjithë. P.sh, 'Ti Faro mos u sill ashtu se kalin topall, i thonë fjalës, nuk e do askush'.

Iu zbath kali n 'rrugë;- d.m.th,

nuk mbaroj punë. P.sh, 'I dha sa i dha Gjeta, por iu zbath kali në rrugë e si shkoi, ashtu erdhi'.

I zbathet kali shpejt;- shaka, d.m.th, nuk mban pluhur në vesh. P.sh, 'Kujdes me Lekën, se atij i zbathet kali shpejt përherë'.

Ka kush ia mbath kalin;- d.m.th, dikë që i kujdeset. P.sh, 'Matisë ka kush ia mbath kalin e ju poshtë e përpjetë, me llafe koti'.

Pjerdh si kal;- tall, dikush që lëshon shumë gazra. P.sh, 'Kola paska ngrënë groshë mbrëmë, prandaj pjerdhka si kalë'.

Kësaj i thonë, ngarko kalë e shko;- d.m.th, mbaro punë e mos pyet se si, tek e qysh. P.sh, 'Avash avash ju djem, ngarko kalë e shko nuk është kjo punë'.

E ka vrarë samari kalin;- shaka, d.m.th, i ka ngelur hatri. P.sh, 'Që e ka vrarë samari kalin, e shohin dhe ne, po se ku nuk e dimë!'

Ku i ra kali n'thu!?;- d.m.th, ku u zemërua, ç'pati!?. P.sh, 'Po Matisë ku i ra kali në thua, di gjë njeri!?'

Kalo lumin t'dhjefsha kalin;- ironi, d.m.th, mosmirënjohës. 'Kjo që bën ti, është kalo lumin, të dhjefsha kalin'.

Ia ha kali tagjinë;- ironi, d.m.th, është akoma i fortë, (në afeksionin seksual është kontestimi. P.sh, 'Kolës akoma ia ha kali tagjinë, prandaj rrini rehat ju!'.

Mos qaj hallin e kalit, pse i varen koqet;- d.m.th, mos e vra mendjen për diçka që kujdeset dikush tjetër'.

U zbath kali;- d.m.th, duhet dhënë bakshish. (Sipas zakoneve të hershme, kur nusja merrej me kalë, ai që tërhiqte kalin e nuses, po të thoshte u zbath kali, krushku nga ana e dhëndrit, duhej të fuste dorën në xhep e të paguante. Kjo më tepër ishte për humor, se sa detyrim).

Si kali n'grazhd;- ironi, d.m.th, dikush që s'ka të ngopur, veç rri duke ngrënë. P.sh, 'Pushon burri njëherë, po ngele si kali në grazhd, veç duke u përtypur të shohim'.

Grazhdi e njeh kalin;- d.m.th, nga e ngrëna që bën, dikush të dikton sa puntor është. P.sh, 'Ma mori mendja që jeni shumë punëtor, se grazhdi e njeh kalin'.

E di kali ku e vret samari;- d.m.th, secili i di vetë punët e veta. P.sh, 'Mos qani hallin e Kolës ju, se e di vetë kali ku e vret samari'.

Fle n'kam si kalë;- dembel. P.sh, 'Ç'ma lavdëron Salë pash zotin,

Sala fle në këmbë si kali, nuk e keni parë?'

Kalibër,/ -at.

Flet pa kalibër;- d.m.th, llafazan. P.sh, 'Sa pa kalibër që flet ky Çalo Hasa, nuk arrij që t'a kuptoj?!'

S'ka as libër as kalibër;- d.m.th, i jashtëzakonshëm, i pakapshëm. P.sh, 'Mos u mat me Kolën fare, ja po ta them unë, Kola s'ka as libër as kalibër që e shtie në dorë'.

Nga të gjithë kalibrat;- d.m.th, shumëllojshmëri sendesh apo njerëzish. P.sh, 'Kishte djem e vajza në fakultet nga të gjithë kalibrat, që shkuan nëpër duar libra nga të gjitha kalibrat, që posedonte libraria'.

Kalit (kalis)

E kaliti në dru;- d.m.th, e rrahu dikë shumë keq. P.sh, 'E futi Matia djalin në dorë dhe e kaliti në dru se faj të rëndë bëri'.

Veç kalit kosa;- tall., d.m.th, nuk bën asgjë. P.sh, 'Rrapi ka qëmoti që veç kalit kosa, e ti më thua sa andej e sa këtej'.

Kallfat,/ -úr;- futur me zor, me të ngjeshur.

Ta kallfat mrena;- keq, të përdor seksualisht, ose e bën një punë shkel e shko. P.sh, 'Mos rri shumë me Salën, se ai po të gjeti rastin, ta kallfat brenda e nuk i bëhet vonë fare'.

Kallafyt (kallafys).

E kallafyt si uku;- d.m.th, i merr sendet për kapital. P.sh, 'Ki pak kujdes kur të flasësh me Lekën, se ai kohët e fundit e kallafyt si ujku gjërat'.

Ta kallafyt sipër ;- shaka, d.m.th, po të gjet rastin të përdor. P.sh, 'Po gjeti rastin Kola, posi ta kallafyt sipër si çke më të'.

Kallajxhi,/-u/ -njtë;- mjeshtri që kallajis enët e bakrit.

Kallajxhi Përmeti;- shaka, d.m.th, që e ka nxirë dielli dikë. P.sh, 'Po ti pse qenke nxirë si kallajxhi Përmeti kështu more djalë, ke ndenjur shumë në diell si duket'.

Për bakra, gjej kallajxhi;- d.m.th, gjej njeriun e duhur për nevojën që ke. P.sh, 'Mos u end poshtë e përpjetë, se i thonë fjalës, për bakra gjej kallajxhi'.

Më mirë kallajxhi në fshat, se sa hyzmeqar në qytet;- d.m.th, pëlqe atë që është më e kollajtë për ty, mos u nis nga emri madh. P.sh, 'Mirë ti djali im, vazhdo, por do të thosha më mirë kallajxhi në fshat i thonë fjalës, se sa hyzmeqar në qytet'.

Kallëp,/-i/-ët. (Lokale, kallup,/-i).

Mezi e futi n' kallup;- d.m.th, vështirësi kuptimore. P.sh, 'Kola kishte kohë që po e dëgjonte Malon me kujdes, mezi po e fuste në kallëp, e kur e kuptoi qeshi sa mundi'.

Nuk hyn në kallup;- d.m.th, nuk shtrohet në punë. P.sh, 'Genti nuk hyn në kallëp fare, e kam gjetur koqen e belasë me të'. 2- nuk ia vlen një punë apo një send për ta bërë. 'Ajo që thua ti Rrapi, që t'ja marrin nusen filanit, e t'ia bëjmë filanit, ja po ta them unë këtu, që ajo nuk hyn në kallëp fare, andaj mos u lodh kot'.

I merr sendet kallup;- d.m.th, pa u menduar, i nxituar, pa i kuptuar. P.sh, 'Kemi rënë në hall me Feron se përherë i merr sendet kallëp e vjen e të zbrazet ty, sikur ti ja ke fajet'.

Na nxori kallup;- d.m.th, që bërtet, shan e hidhet përpjetë. P.sh, 'Kishte humbur gjeli madh sot, erdhi Kola e na nxori kallëp të gjithëve'.

Kallupsës;- fjalë e rrallë, që është i pamarrë vesh, ose që nuk shtrohet në punë. P.sh, 'Shumë kallëpsëz ishte ai Gubi bre shokë, meazallah se shtrohej'.

Kallëz,-/it

Do u them një prrallës,/Qeni n'majë të arrës,/Që po hante kallës,/Bujku përfund arës,/Me shportën e farës,/ Sa kallëz i dha lalës?! (Kjo ishte një prrallës, lojë fëmijësh kur ishim të vegjël).

Kalli/-ri/-njtë

Kalli midis rruge;- d.m.th, padrejtësisht ia ha pjesën tjetrit. P.sh, 'Gjelajt kur u ndanë, atë Gjetanin e vogël e nxorën kalli midis rruge të shkretin'.

Kalli qimekuq;- shaka, d.m.th, person pa vlera. P.sh, 'Shumë kalli qimekuq duket Ceni, ngelet ta shohim në punë'.

N'damet misrat kalli;- d.m.th, nga gushti (njësi kohore). P.sh, 'Hajde në të ndarë misrat kalli e flasim'.

E la kalli'- d.m.th, zhveshur, pa asgjë pas vetiu. P.sh, 'Lekës i iku nusja dhe e la kalli, të gjitha ja kishte marrë me vete'.

Kishte gojën kalli;- rruazë,

d.m.th, dhëmbë të plotë e të pastër. P.sh, 'Ajo nusja Gjetës, le që kishte gojën kalli, por dhe kur fliste ta kënaqte shpirtin'.

Ja merrte zogu kallirin;- d.m.th, jo shumë i zoti, e humbte herë pas here. P.sh, 'Hikmeti ishte shumë njeri i mirë, ama nganjëherë ia merrte zogu kallirin, kjo ishte e keqja'.

Kallkan,/-i;- që është ngrirë së tepërmi. P.sh, 'Vendi sot qenka kallkan nga të ftohtit'.

Zemër kallkan, ose shpirt kallkan;- fig., njeri shpirt lig. P.sh, 'Sa zemër kallkan që je more burrë?! – i thoshte Matia të shoqit - kur ai fliste keq për fqinjët'.

Kallkane/-t;- fjalë e rrallë, hatullat e shtëpisë. 'Hyn shiu nga kallkanët', 'Zëri mirë kallkanët me kashtë'.

Kamar/-e,/-ja/-et

Nuk iu mbyll kamarja;- shaka, d.m.th, që qan apo ankohet pa ndalim. P.sh, 'Këtij Rrapit, si nuk iu mbyll kamarja more njerëz, shumë interesante'.

Kandar, -i/ -ët/ (lokale, kanar)
Aq ia ngre kanari;- d.m.th, aq është mundësia tani për tani. P.sh, 'Mos i ngel më në qafë Sules për lekë, se mesa di unë, aq ia ngre kandari tani për tani'.

Bisht kanari;- tallje, d.m.th, dikush që aty nxehet, aty ftohet. P.sh, 'Ama si të jetë ky Ceni bishte kandari, kështu nuk më kanë parë sytë kollaj'.

Nuk u pjek kanari;- d.m.th, nuk kanë të shkuar e muhabet. P.sh, 'Ti Malo pse i lut akoma, atyre nuk u pjek kandari dhe mbaroi puna'.

Top kanari;- shaka, d.m.th, i trashë. P.sh, 'Të jetë burri top kandari si ky Qeli, s'kam parë kënd'.

2- shkon dorë më dorë. P.sh, 'Ua dha gomarin hua komshinjve, e ata e bënë si top kandari'.

Me kanar n'brez;- shaka, d.m.th, që flet me rregull e kujdes. 'Kola burrë me kandar në brez është, andaj të rekomandoj që të rrish me të, se nuk të del keq'.

2-Që ti rrish dikujt gati, se zemërohet shpejt. P.sh, 'Na sëmuri ky Gjoka sot, u dashka që t'i rrish me kandar në brez, se shpejt e marrka tatëpjetën'.

Si flet kanari;- d.m.th, sikur shihet gjendja nuk është mirë. P.sh, 'Mirë e keni ju djem, por si po flet kandari, keq është puna. 2- d.m.th, që nuk ka më dëshirë për marrëdhënie intime. P.sh, 'Ohu ha- tha Matia- Salës një ditë duke qeshur, tim shoqi ka kohë që s'i flet më kandari'.

Kandil (lokale-kanil),-i / -at

Kur s'ke kanil në shpi, mos ndiz qiri n' xhami;- d.m.th, kujdesu për veten fillimisht, pastaj për të tjerë.

Ishte bá kanil;- d.m.th, shumë i dobësuar. P.sh, 'Erdhi djali nga mërgimi e ishte bërë kandil i shkreti'.

I shkonte kanil për fyti;- shaka, d.m.th, që ia kishte ënda shumë. P.sh, 'Kur ia përmendën Kolës vajzën e Cen Dalies i shkonte kanil për fyti'.

I ndrinin sytë kanil, d.m.th, që e donte shumë dikën. P.sh, 'Kur ia përmendje Sanën Gjeloshit sytë si kandil i ndrinin'. 2- që kishte kaluar një sëmundje të gjatë. P.sh, 'Në fillim Salës i ndrinin sytë kandil, por shpejt e mori vehten'.

Kanil për barku;- d.m.th, diçka që të djeg apo dhëmb jashtë mase. P.sh, 'Se ç'kam një kandil për barku sot e nuk e marr vesh se çfarë është?!'

Iu fik kanili;- d.m.th, humbi diçka shumë me vlerë. P.sh, 'Mirë e keni ju që thoni ashtu, por atij iu fik kandili njëherë e tashti e ka me zor që ti ndizet'.

Kanistër,-/ra/ -rat

Si ato me kanistrat;- tall., d.m.th, si arixhofkat. P.sh, 'Po hë moj grua, ç'më qenke bërë sot si ato me kanistrat?!'

Kanotiér/-ë,/-a-/ et (Bluze verore pa menge)

I bán dhentë me kanotiere;- tall., d.m.th, pa lesh dhe të dobëta. P.sh, 'Po nise Salën me dele, prite se i ben delet me kanotiere deri në pranvere.'.

Kanun,/-i/-et

S'kishte kanun që e mbante;- d.m.th, i fortë në dijeni të ligjeve,. P.sh, 'Ashtu sikur fliste ai nuk kishte kanun që e mbante'.

Kështu e do kanuni;- d.m.th, rregulli, zakoni e tradita. P.sh, 'Na therë një dash po erdhëm andej, se ashtu e do kanuni, apo jam gabim?!'.

Se mban kanuni kështu?;- nuk është mirë, d.m.th. 'Jo jo kështu si thoni ju nuk e mban kanuni, më mirë ndërroni mendje'.

Ta pjerdh kanunin;- d.m.th, i vrazhdët. P.sh, 'Mos u kap me Salën, se ai është që ta pjerdh kanunin, sido që të jetë'.

Kanxhë/-ë,/-a/-at (lok Ganxha)
Ia hudhi kanxhat (dikujt);- e zuri dhe e bëri për vete. P.sh, 'Genti sapo e pa atë vajzën e Nikës, menjëherë ia hodhi kanxhat'.

Shpirtin kanxhë;- d.m.th, smirëzeze. P.sh, 'Sa shpirt kanxhë që je moj e mjerë!'.

Kap/-a,/ -ur Ia kapi dera bishtin;- d.m.th, u zu ngushtë. P.sh, 'Kur Malo i tha ashtu Kolës, atij sikur ia kapi dera bishtin u hodh përpjetë'.

Ia kapën gruan, vajzën nënën;- keq., ia përdhunuan seksualisht. P.sh, 'Sot bëhej një gjyq i dikujt, që ia kishin kapur gruan'.

Sikur e ka kapur barku;- tall., d.m.th, dikush që bërtet e flet me të madhe, pa qënë nevoja. P.sh, 'Po ky ç 'paska kështu sot sikur e ka kapur barku?!'.

Kapak,/-u/ -ët
Kësaj i thonë, kupa me kapak, kupa pa kapak;- d.m.th, qëllimisht për të ngatërruar. P.sh, 'Nuk të kuptoj fare ti Malo, unë i them kësaj, kupa me kapak kupa pa kapak'.

Gjeti tenxherja (vorba) kapakun;- d.m.th, gjetur shoqi shoqin. P.sh, 'Mirë janë, pse ankohen, gjeti tenxherja kapakun'.

Veni kapak;- d.m.th, jepi kuptim fjalës. P.sh, 'Gjatë e çove o shoku, vëri kapak se vajti vonë'.

Enës pa kapak, i bien mizat mrena;- d.m.th, çdo gjë e përfushët, mbart rrezikun me vehte. P.sh, 'Unë them të mbulohesh ti vajza ime, se enës pa kapak, i bien mizat brenda'.

Kapar/-i
E ka marrë dynjanë me kapar;- tall., d.m.th, dikush që nuk ndalon së punuari. P.sh, 'Mos e ngisni Kolën, se Kola e ka marrë dynjanë me kapar dhe ka frikë se i ikën'.

Kapelë/-ë,/-a/ -et
I ndrruan kapelet, (festat, kësulat);- d.m.th, u kapën më llaf, u grindën keq. P.sh, 'Ata ishin mirë për shumë kohë, pastaj i ndërruan kapelat në disa sende koti'.

Kapistër,/-a/-at.
E mban për kapistre;- d.m.th, jo të lirë një person, ngase s'ka besim. P.sh, 'Po ti ç'e mban për kapistre atë grua, po nuk e deshe, lëshoje dhe rri rehat'.

Ia lshoi kapistrën n'për kam;-

d.m.th, e la ti lirë, pa kujdes e interes. P.sh, 'Gupi ia lëshoi vetë kapistrën djalit nëpër këmbë, e tashti ka ndërruar mendje, por ajo që iku, shkoi'.

Aq ia kap kapistra;- d.m.th, aq mundësi ka. P.sh, 'Mos e mundo burrin e botës, nuk e sheh që atij aq ia mban kapistra?'

Kapsollë,/-a/-at

Derri do kapsollën;- d.m.th, i keqi e do me të keqe. P.sh, 'Nuk bëhet me të urtë me të, pse thonë që derri do kapsollën që të ndalë'.

E ka kapsollën e lagët;- d.m.th, njeri që nuk çan në jetë. P.sh, 'Mos u mbaj shumë pas Kelit, mesa kam parë unë, ai e ka kapsollën e lagur për punë'. 2- tall., burrë që ka spermën negative. P.sh, 'I dha i gjori Gupi nëpër spitale e doktorë që të bëjë një fëmijë, por siç duket, kapsollën e ka të lagur'.

Kaptell,/-i / -ët;- pjesa ballësore e samarit.

Ia ngriti kokën për kaptelli;- tall., d.m.th, nuk i dha asgjë për të ngrënë. P.sh, 'Prandaj i iku gruaja Salës, se si t'ia ngresh kokën për kaptelli, natyrisht që do të ikë'.

T'i biesh kaptellit me krye;- d.m.th, të hash veten me dhëmbë.

P.sh, 'Ore djalë, sikur kaptellit me krye ti biesh ti, ajo punë nuk bëhet, a dëgjove?!'

Bjeri kaptellit të trembet kali;- tall., d.m.th, që flet me thumba. P.sh, 'Bjeri kaptellit, që të trembet kali është kjo fjala jote, po nejse këtë herë nuk po të them gjë fare'.

Kapul;- fjalë e rrallë, që është mbushur plot e përplot. 'Tepsi kapul me mana', 'E mbushi shportën kapul'.

Ishte kapul;- d.m.th, i fryrë e zemëruar keqas. P.sh, 'Sala ishte kapul sot e nuk na foli me gojë fare.

2- shtatzënë. 'Genti e kishte kapul nusen, mashallah'.

E mbushi kapul;- d.m.th, bëri shumë gabime të rënda. P.sh, 'Fero e mbushi kapul ndaj nuk pati faj gjykatësi'.

Kapule,/-ja/-et;- kapule misri, gruri.

Iu bë kapule përsipër;- 1- d.m.th, i hyni dhe e rrahu dikë. P.sh, 'Disa kohë folën me zërat ngritur, pastaj iu bë kapule përsipër'. 2- e dhunoi seksualisht. P.sh, 'Nuk kishte ç'të bënte Fitorja, ai iu bë kapul përsipër, ti shoku gjykatës'.

Karamuça/-a;- personalitet i urtë, i padëmshëm, por naiv.

E hëngri për karamuçë;- tjetër për tjetër. P.sh, 'Jordani e hëngri për Karamuçë kësaj radhe, se nuk kishte aspak faj'.

Po lehu buça, shko te Karamuça;- shaka, d.m.th, bëhu i zgjuar. P.sh, 'Ti djali im, po lehu buça, shko te Karamuça, mos ec vërdallë kështu se askush nuk të ndihmon'.

Karabush-i,/-ët.

S'ka nxjerr karabush;- shaka, d.m.th, është akoma i ri, ose akoma i panjohur me situatat. P.sh, 'Mos i vini faj shumë fatit, se akoma nuk ka nxjerrë karabush'.

Karabush pa fara;- tall., d.m.th, idiot fare. P.sh, 'Epo të jetë tjetri karabush pa fara si puna Gupit, kurrë nuk kam parë'.

Karafil/-e/ - ja;-tallje, e la mendja

E la karajfilja;- shaka, d.m.th, u çmend pas diçkaje. P.sh, 'Kolën e la karajfilja fare kur pa Matinë në valle'.

Karafilo- krrabo;- shaka, njeri i gjatë dhe pak budalla. P.sh, 'Na more këtu, me ty Karafilo krrabo e kam fjalën'.

Ngeli karafil n'diell;- d.m.th, i iku gruaja me dikën tjetër. P.sh, 'Rrapi ngeli karafil në diell sepse donte të shihte gratë e botës'.

Karamel/-e,/-ja/-et.

E mban me karamele;- shaka, d.m.th, me gjithë të mirat. P.sh, 'Mos ki merakun e Kolës ti, se ai është njai Kolë që me karamele e mban gruan'.

Kahar;- d.m.th, mallkim, zemërim, merak, mërziti.

E báni kahar;- d.m.th, e mallkoi, e vuri në pëllëmbë të dorës. P.sh, 'Matia e bëri kahar të bijën se i doli nga shtëpia pa e pyetur'.

Kaharosje;- që është shumë në merak, mërzitje. P.sh, 'Lekën e kishte zënë një kaharosje që mos pyet'.

Kaharosur/- ur/;- i gjeta të kaharosur shumë, nga vdekja e të vëllait.

Karar/-i, terezi;- gjendje, ujdi, situatë, perspektivë.

E báni karar;- d.m.th, që e neutralizon një gjendje apo situatë, me pagesë apo me fjalë. P.sh, 'I dhanë disa të holla dhe e bënë karar xha Fajin'.

Kahar e karar;- d.m.th, hem mirë e hem keq. P.sh, 'Ç'të them për Gupin, kahar e karar, i kishte punët'.

Kararsëz/- i-/e;- fjalë e rrallë, që s'ka të ngopur, s'ka besim, i pa vdendosur, jo në balancë. P.sh, 'Sa Kararsëz që je more burrë, i tha Matia të shoqit, po shtrohet njeriu njëherë'.

Karat,/-i/ -ët

Lart e mban karatin;- ironi, d.m.th, e shet veten lart. P.sh, 'Po kjo e bija e Lekës lart e mban karatin'.

Karikatur-ë,/-a/ -at

Ngeli aty si karikaturë;- d.m.th, hutoi fare. P.sh, 'Lekën e pyetën për shumë sende por ai ngeli si karikaturë në këmbë, ngase nuk dinte si t'u përgjigjej'.

Karkalec,/-i/ -at

Ec karkalec;- tall., d.m.th, me të shtyrë. P.sh, 'Kjo punë nuk bëhet me ec karkalec, por do fuqi e takt'.

Sikur ka karkalecin n 'brekë;- shaka, dikush që hidhet e dridhet e nuk mbaron asgjë. P.sh, 'Kjo shoqja e Likës, sikur ka karkalecin në brekë e shkreta, tërë ditën sa andej këtej'.

Viti i karkalecit;- d.m.th, viti kur karkaleci dëmtoi të mbjellat. P.sh, 'Kini kujdes, se viti karkalecit vjen prap- u tha mixha Sykë, djemve'.

Deng me karkaleca;- ironi, d.m.th, që të mashtron, apo i ekzagjeron sendet. P.sh, 'Erdhi Syla këtej dhe na solli një deng me karkaleca'.

I hynë karkalecat;- d.m.th, u ngallëzit për diçka. P.sh, 'Djali qe mirë, por sa erdhi çupa këtej, atij i hynë karkalecat e donte të shkonte me të'.

Do me nxjerrë dhjamë nga karkaleci;- ironi, d.m.th, dorështrënguar. P.sh, 'Dhe unë që vete dhe pyes ty, ti do me nxjerrë dhjamë nga karkaleci- i tha Matia të shoqit, ndërkohë u ngrit se doli në dhomën matanë'.

Kartel/-ë,/-a / -at

Ásht me kartelë;- ironi, d.m.th, çmendur, me dokument doktori.

Ia humbën kartelat;- tall., d.m.th, e vdiqën për së gjalli. P.sh, 'Kola ishte shëndoshë e mirë e ata ia humbën kartelat, për t'i marrë pasurinë'.

Kartë,/-a/-at

Ta shkroftë hoxha kartën;- shaka

d.m.th, të humbtë koka. P.sh, 'Ta shkroftë hoxha kartën sa na bëre për të qeshur.

Nuk mbahet barku me karta;- tall., d.m.th, duhet punë jo vetëm llafe. P.sh, 'Dil e puno si gjithë dynjaja- i bërtiti Matia Kolës, se nuk mbahet barku me karta'.

Karthi/-ja/-të;- shkarpa të thata dushku ose dëllinje. 'Sill ca karthia'.

Shalë karthi;- shaka, d.m.th, që është e gjatë dhe e thatë (për gjininë femërore). P.sh, 'Sa erdhi kjo shalë karthia ime, punët morën për së mbari'.

Kërcunj mbi karthia;- tall., d.m.th, punë apo fjalë pa rregull e sistem. P.sh, 'Ti Malo mos fol kërcunj mbi karthia, se nuk bën'.

E bán karthi;- d.m.th, e hëngrën dushkun e nuk lanë një gjethe (për bagëtitë thuhet). P.sh, 'Sapo ua varën dushkun nëpër mëngra dhitë e bënë karthi'.

Kasollë me karthia;- tall;- që mezi qëndron mbi këmbët e veta. P.sh, 'Sala dukej si kasollë me karthia, por kemi shpresë ta marrë veten'.

Karthi e zezë;- ironi, që ka smirë. P.sh, 'Kjo Matia si karthi e zezë, na sillet vërdallë 2- mërdhitur e nxirë. P.sh, 'Hajde more bir e ngrohu, se të qenkan bërë duart karthi e zezë'.

I shkeli n' karthia;- d.m.th, aty ku nuk duronte. P.sh, 'I shkeli në karthia Kolës e ky, pastaj u nxeh e nuk durohej më'.

Mos shkel n'karthi të kalbura;- d.m.th, mos rri apo fol aty ku nuk të takon. P.sh, 'Ti Malo mendohu mirë para se të flasësh e mos shkel më karthia të kalbura, se nuk është mirë për ty'.

Ka vajtur për karthia;- tall., d.m.th, ka vdekur. P.sh, 'Verua ka vite që ka shkuar për karthia e ti akoma e përmend'.

S'ngrihet (s'çohet) muti, bajga me karthia;- Shprehje ironike, d.m.th, nuk bëhet me zot një diçka apo dikush po nuk qe zanat, po nuk e pati në thua. Psh, 'Mirë ashtu do të ishte sikur thua ti, po pse thonë që s'çohet muti me karthia'. Pra çdo send ka ose do marifetin e vet.

Karvan,/-i m/ -ët

Nuk e di ku e shpie karvani;- d.m.th, çfarë mendon. P.sh, 'Kola më duket nuk e di fare ku e shpie karvani'.

Karrocë,/-a/ -at.

Do lyer karroca pa t 'ecë;- ironi, d.m.th, bëju dorëdhënës nëse do që të mbarohet puna.

Si kalë karrocje;- tall., d.m.th, pa plan, pa mend, ashtu qorras. P.sh, 'Sa herë të kemi thënë more bir mos ashtu si kal karrocje, se bota atje matanë është djallëzore'.

E vu n 'karrocë;- d.m.th, në lojë. P.sh, 'E vuri në karrocë Kolën e ky nuk e kuptonte fare'.

N 'karrocë t'Dylit;- tall., d.m.th, jetën copa copa. P.sh, 'Ah more burrë, si në karrocë të Dylit të shkoj kjo virane jetë!'.

U bë karrocë, (karroqe);- d.m.th, u deh u bë tapë. 'Merko u bë karrocë mbrëmë e nuk dinte se çfarë fliste'.

Kas, kast;- smirë qëllimkeq/e. P.sh, 'Më pa me kas', 'E tha atë fjalë me kas'.

E ka kasin me lesh;- d.m.th, shumë djallëzor. P.sh, 'E po ta ketë gruaja kasin me lesh si Matia s'kam parë në këtë dynja.

Kaskani;- të pasurit kas, sherr djallëzi, ankesa. P.sh, 'Sa kaskani që ke moj grua?'.

Kaskanis-ur- em;- të pasurit djallëzi. P.sh, 'Ngele duke u kaskanisur moj derëzezë', 'Ti u kaskanise pse kam dy pula më shumë!?'.

Kasap,-i/ -ët

S'bán as për kasap;- d.m.th, njeri që si vjen ndoresh asgjë. P.sh, 'E morën Rrapin në punë por ai mesa duket s'bëka as për kasap.

Punë kasapësh;- d.m.th, punë koti, pa prokopi. P.sh, 'Kjo puna jonë sot vajti si punë kasapësh, as andej as këtej'.

Kasolle,-/ja/-et

Moj kasolle, ku na mbështolle;- d.m.th, ku ishim e ku jemi. P.sh, 'Dikur kishim mall e pasuri e sot jemi moj kasolle ku na mbshtolle'.

Iu bá kasollë përsipër;- d.m.th, e çnderoj. P.sh, 'Nuk di të them më shumë por pashë që iu hodh kasollë për sipër, tha Kola në gjykatë'.

Kasollja digjet e kurva krihet;- d.m.th, që nuk tregon interes për diçka shumë me vlerë. P.sh, 'I thanë Rrapit se i vdiq e motra e ai akoma vazhdonte të kërcente e dukej si puna asaj kasollja digjet e kurva krihet'.

Ia pret vijat kasolles;- d.m.th, i mençur, që tregon kujdes e interes për familjen apo mallin e vet. P.sh, 'Ia pret vijat kasolles vet andaj e lan zeqatën mallit vit për vit'.

N 'kasollet botës, báhet pordhe madhe; d.m.th, që shikon punët e botës e jo të vetat. P.sh, 'Gupi ngeli si puna atij që thoshte se n' kasollet botës, bëhet pordhë e madhe, e nuk shikon hallet e veta'.

Ia ka punët kasolle;- dmth, shumë punë pa rend e sistem. Psh, 'Vajta pak nga djali se kasollë i ka punët'.

As kulm as kasolle;- d.m.th, pa asgjë pas vetiu. P.sh, 'Gjokolet u ra zjarri e i la as kulm as kasolle'.

Kastravec,/-i/ -at

E hángri kastravecin;- shaka, d.m.th, nuk e kuptoj hilen, ra brenda. P.sh, 'Bënte shaka e Kola me të vërtetë, e hëngër kastravecin.

Kastravec pa fara;- tall, d.m.th, kaqol, budalla. P.sh, 'E po të jetë tjetri kastravec pa fara vetëm ty Rrapi kemi parë!?'

Burrë kastraveci;- 1- tall., burrë koti, pa nder e moral. P.sh, 'Mos më fol për Gupin se e njoh mirë, burrë kastraveci është'.

2- Një lloj barishteje që vihet në kopsht kur kastravecët ishin në lule, gjasme për pjalmim.

Burrë ásht dhe kastraveci;- tall., d.m.th, mashkull që ia përdorin gruan bota. P.sh, 'Mos më fol për burrni të Lekës, se burrë është dhe kastraveci'.

Kashtë,/-a/-rat

Ha kasht'n e samarit;- d.m.th, varfëri, mbaruar gjithçka. P.sh, 'Tashti që mbaroi dhe fasulja ha kashtën e samarit po deshe, njeri nuk çan kokë'.

Si qeni n'kashtë;- tall., d.m.th, nuk e prish terezinë për asgjë. P.sh, 'Mos u anko shumë se si qeni n'kashtë i ke punët'.

Nxirr nji kashtë dalin gjashtë;- d.m.th, po doli pak sekreti pastaj mori dhenë. P.sh, 'Kini kujdes në këtë punë se po nxorët një kashtë pastaj dalin gjashtë i thonë llafit'.

Ndaje kashtën nga egjri;- ironi, d.m.th, ndaje fjalën, jo, ose po. P.sh, 'Ti Kolë ndaje kashtën nga egjëri, se nuk po të marrim vesh çfarë je duke thënë'.

E mori duqin e kashtës;- shaka, d.m.th, u martua. P.sh, 'Tani që e mori duqin e kashtës Kola, nuk ka kujt ti ankohet më'.

E ngre duqin e kashtës;- tall., d.m.th, në moshë të thyer por akoma bën marrëdhënie intime. P.sh, 'Ashtu thoni ju për Malon por ai akoma e ngre duqin e kashtës'.

Duqin e kashtës nër kry;- d.m.th, shumë të varfër. P.sh, 'Po ata duqin e kashtës nën krye kishin e ju më kërkuat vajzën nuse për ta'.

Kashtis/-ur, trazoj, përziej;- 'Kashtis gjellën', 'Kashtise mirë se digjet në fund'.

Kashtis si pula n'gjiriz;- tall., d.m.th, i fut hundët kudo. P.sh, 'Ti Lake kashtis si pula në gjiriz, po nuk është mirë kështu!'

Kashtis dynjanë;- keq., d.m.th, trazovaç. P.sh, 'Mos i beso shumë Gupit se ai përherë kashtis dynjanë'.

Kashtis me ato t'bekumet;- d.m.th, i çmendur; me xhinde. P.sh, 'Djali saj ishte kashtis me ata të bekumet e inshalla do ta lëshojnë'.

Ma kashtise;- d.m.th, më bëre të vjell, nuk të duroj dot. P.sh, 'Kolë mos fol ashtu se ma kashtise'.

Kat,/-i/ -et

Ja shtoj një kat;- tall., d.m.th, fillon të gënjejë. P.sh, 'Të gjithë e pamë Gupin që ia shtoj një kat, po e lamë e nuk i thamë gjë'.

E mallkoj (uroj) kat me kat;- d.m.th, ja dha hakun ashtu si e meritonte. P.sh, 'Kur e pa Matia nusen e djalit për herë të parë, e uroj kat më kat'.

Katrosh/- i/- ët;- që i ka sytë këmbyer. 'Ka lindur katrosh ky djalë'.

Katran,/-i

Viran e katran;- d.m.th, keq më keq. P.sh, 'Vajta te Sala që ta shoh, po viran e katran i kishte punët'.

Katrój,/ -óva,/ -úarʒ- që flet fjalë pa kuptim, magjistare.

Katron si plakat;- shaka, d.m.th, që flet pa ndaluar. P.sh, 'Çke kështu sot që katron si plakat?'

Ja kanë katruar mentë;- d.m.th, që i është bërë magji. P.sh, 'Ia kanë katruar mentë çunit, ndaj vajti dhe u martua me një vajzë budalle'

Katund,-i/-et.

Katund e adet;- d.m.th. secili ka rregullin e vet. 'Ti Kolë mos u shpejto - i tha Matia- se katund e adet është kjo punë'.

Ky çuni prej katuniʒ- shaka, d.m.th, ky djali që s'merr vesh. P.sh, 'Më doli goja pas qafe me këtë çunin prej katundi'.

U qelb katundi;- d.m.th, e morën vesh të gjithë çfarë ngjau. P.sh, 'Mos na fol më për Rrapin, se u qelb katundi me të'.

U dogj katundi; tall., që nuk të honeps askush. P.sh, 'Na erdhe ti tashti dhe na u dogj katundi'.

Thirri katundit;- shaka, d.m.th, thirri mendjes. P.sh, 'Thirri katundit o djalë, se nuk e ke mirë kështu'.

Ja faturon katundit;- shaka, d.m.th, fajëson dikën tjetër. P.sh, 'Vete nga vete Gupi e krejt sendet ja faturon katundit'.

Se ha katundi;- shaka, d.m.th, se beson kush. P.sh, 'Ti mirë e ke me tënden, po se ha katundi atë more shoku'.

Fut e shtje n 'katund;- d.m.th, puno e mos shih leverdi. P.sh, 'Kam kohë që punoj me Malon, por mesa shoh unë, fut e shtje n 'katund është kjo punë'.

I bie katundit, ku len e ku prenon;- d.m.th, mban botën në gojë. P.sh, Isha me Rrapin sot në punë, e gjithë ditën i ka rënë katundit, ku lind e ku perëndon'.

A ngjon o katun;- ironi, d.m.th, a merr vesh se ç'bëhet apo jo?. 'A dëgjon o katund, po flas unë këtu, pse nuk më përgjigjesh?!'.

Kaull;- vjet kusht, provë. 'E bleu me kaull', 'Ta jap me kaull'. D.m.th, me siguri.

E ka marrë me kaull;- tall., d.m.th, sikur nuk do të vdesë një ditë. P.sh, 'Kola e ka marrë me kaull jetën, andaj nuk pushon së punuari'.

Káurr,/-i/ -ët

Ha bukën e turkut, bán duanë e kaurit;- ironi, d.m.th, që të ha pas shpine. P.sh, 'Mos i beso shumë Rrapit, se ai ha bukën e turkut e bën duanë e kaurit, është'.

N' qofsha káurr;- betim, d.m.th, qofsha dikush tjetër. P.sh, 'N 'qofsha káurr po të dëgjova, më se përherë ti më gënjen mua'.

N 'kohën e kaurit;- d.m.th, në kohën e Bullgarit, Serbit apo Grekut. P.sh, 'Tre herë janë djegur shtëpitë tona në kohën e kaurit'.

Kaushë,/-i/ -ët.

Brekë kaush;- tall., d.m.th, që s'di gjë e na shet mend. P.sh, 'Ik ore brekë kaush andej se na çave kokën me pallavra

Hem rabush hem kaush;- tall d.m.th, dhi e krimbur bishtin përpjetë. P.sh, 'Rrapin përherë e ke, hem rabush, hem kaush, për atë punë'.

Kavaja,/-i

Po të hángri daja dil njëherë ka Kavaja;- shaka, d.m.th, po tu kruajt, gërrice diku. P.sh, 'Ty po të hëngri daja, dil njëherë nga Kavaja, e ne mos na çaj kokën dërr dërr gjithë ditën'.

Kazan,/-i /-ët

E shplan kazánin;- tall., d.m.th, është akoma i fortë. P.sh, 'Më pyete për gjyshin, po ai vallahi hala e shplan kazanin'.

Hanë në nj'kazán;- tall., d.m.th, janë të njëllojtë nga karakteri. P.sh, 'Rrapi e Gupi hanë në një kazan, e ti mos më thuaj mua këtej andej'.

Ballë kazáni;- d.m.th, raki e pikës parë. P.sh, 'Ballë kazani e paske nxjerrë këtë raki sivjet'.

Se le kazáni;- ironi, d.m.th, zemra e zezë. P.sh, 'Mirë thua ti, po Matinë se le kazani, andaj Kola nxehet 2- huqli, pi shumë raki e dehet. P.sh, 'Mirë e ke ti, po se lë kazani, Gupin'.

Ka ngrán n'kazan;- tall., d.m.th, andaj bie shi, (sipas një besimi pagan që kush ha në kazan ditën e martesës bie shi). P.sh, 'Ka ngrënë në kazan ky djalë andaj na mbyti shiu në ditë dasme'.

Ra me kry n' kazán;- tall., d.m.th, nuk e kuptoj hilenë. P.sh, 'Kola ra me krye në kazan, sepse Malo ja përdridhte fjalët'.

U bë bythë kazáni;- tall., d.m.th, u nxi nga inati. P.sh, 'Kur i thanë Matisë se nuk do të shkonte krushkë, u bë bëthë kazani'.

Kazi,/-jtë;- fjalë e rrallë. Ka apo dem i zi. 'U lag kaziu', 'Fute kazinë brenda në stallë'.

Hajt kazi;- shaka, d.m.th, shkel e shko. P.sh, 'Unë nuk të thashë që hajt kazi, kështu si e keni bërë ju punën.

Për kularin pyet kazinë;- d.m.th, për vuajtjen pyet atë që ka vuajtur. P.sh, 'Pse e çon gjatë fjalën ti, për kularin pyet kazinë'.

Kaziu zi kaziu bardhë;- tall., d.m.th, të njëjtën avaz. P.sh, 'Tërë ditën një fjalë ngelët o burrat e dheut, kaziu zi kaziu bardhë'.

Kazmë,-a/-at

Shpirt kazmë;- ironi, d.m.th, vrazhdësi në shoqëri. P.sh, 'Sa shpirtkazmë paske qenë more burrë që nuk ma lejon vajzën të vijë'.

Kep-a,/ -ur;- që gris me gjilpërë vendin e pickuar nga gjarpri në një bagëti për të dalë helmi.

'E kepi baba lopën në buzë dhe shpëtoi', 'E kepa kalin në buzë'.

Më kepi buka;- d.m.th, më ngjiti, më kënaqi. P.sh, 'Zoti ta shtoftë se më kepi kjo bukë sofër'.

Të kep me fjalë;- të kënaq, të rrek në muhabet. P.sh, 'Është i mirë Malo, kur është në qejf të kep me fjalë'. 2- të ngacmon. P.sh, 'Nuk kam qejf të rri me Kolën, se ai të kep me fjalë kot së koti'.

Këlkaz/-ë,/-at

I dolën këlkazat n 'breg;- d.m.th, ngeli djerrinë. P.sh, 'Tani që u plak Leka, arës i dolën këlkazat në breg'.

Si derri n 'këlkaza;- tall., d.m.th, që punon pa rregull e sistem. P.sh, 'Kam disa kohë që po e shikoj Rrapin, po si derri në këlkaza punuaka i gjori'.

Gërmon për këlkaza;- d.m.th, kërkon sebep. P.sh, 'Po ti Kolë më duket se po gërmon për këlkaza tani- i tha Malo, duke vënë buzën në gaz'.

Këlysh,-i / -ët

Klyshi mirë njihet nga veshët;- d.m.th, qysh në vegjëli njihet fëmija çfarë do të dalë. P.sh, 'Lavdëroju sa të duash ti Kolë për djalin, pse thonë këlyshi mirë njihet kur ja heq veshin'.

Klyshi i gjyshit;- shaka që e mban dikën më afër se të tjerët. P.sh, 'Konja është këlyshi i gjyshit e mos i flisni fare'.

I kanë lshu trutë kylsh;- tall., d.m.th, që flet e vepron si i çmendur. P.sh, 'Gupit i kanë lëshuar trutë këlysh, më mirë mos i flisni fare'.

Si kurva klyshin;- d.m.th, që e përdor dikën shumë keq. P.sh, 'Po ti çfarë ke që e përdor si kurva këlyshin atë djalë, nuk e kuptoj!?'

I lehin klyshtë;- tall., d.m.th, nuk bën se do por bën se i thonë. P.sh, 'Pse nuk e dimë ne se Rrapit i lehin këlyshët!?'.

Këllëf,-i/-ët.

E futi n'këllëf;- tall., d.m.th, u martua. P.sh, 'Kola e futi në këllëf tani e hajde fol më me Kolën'.

Një këllëf të artë ta çova,/Se marak në ty kam ranë,/N'dy sahatin un u zgjova,/Dola jashtë fola me Hanë. (Këngë e vjetër meraklie nga fshati).

Këlliç/-i

I ra n'klliç;- d.m.th, nuk e la më tej të shkonte një bisedë, një punë. P.sh, 'Folëm gjatë e gjatë e sa erdhi Malo ai i ra n 'këlliç e aty mbaroi puna'.

Vinte klliç;- gjithë inat. P.sh, 'Pashë Kolën që vinte këlliç e nuk e zgjatur muhabetin'. 2- një kanal apo vijë e turbullt. P.sh, 'Nuk vaditëm dot sot se kanali vinte këlliç'.

Me klliç n 'brez;' - shaka, d.m.th, gjithë inat. P.sh, 'Po ti Kolë rri përherë me këlliç në brez andaj nuk të duan fëmijët- i tha Matia të shoqit'.

T'ma vesh qafën n'klliç- dmth, mbaj fjalë e premtim. Psh. Sikur të ma vesh qafën në këlliç nuk tregoj.

Këmbë,/-a/ -ët. Lokale, kâm.

Sikur e ke bá me kámë;- d.m.th, një punë shkel e shko. P.sh, 'Sikur e ke bërë me këmbë u dukka kjo punë- more djali im, pse ngutesh nuk e kuptoj!?

Sikur të ngasësh kámën;- tall., d.m.th, sikur të vdesësh. P.sh, 'Ti Kolë sikur të ngasësh këmbën Malo nuk ta jep vajzën nuse për djalin.

Thyeje kámën e shejtanit (dreqit);- d.m.th, mos ngurro, vepro i pari, kij guxim. P.sh, 'Thyeje këmbën e shejtanit e hajde një natë për darkë qameti u bëftë'.

Sikur ta básh kámën paf;- mospërf., d.m.th, në asnjë mënyrë nuk ka për të ndodhur. P.sh, 'Sikur ta bësh këmbën paf ti nuk e merr dot vajzën e Kolës për nuse, pa ndërruar ti rrugë'.

Ja ngriti kámët n'qafë;- keq., d.m.th., e bëri për grua. P.sh, 'Ehu si flet dhe ti tani, ai ja ngriti këmbët në qafë'.

E ngriti kámën, e theu shtamën;- shaka popullore, d.m.th, deshi të bëjë mirë por në fund e prishi fare. P.sh, 'Sala e ngriti këmbën e theu shtambën në fund'.

U bám si kámt e dhisë;- d.m.th, kuturu, pa rregull e disiplinë. P.sh, 'Nuk e kuptoj se si u bëmë kështu si këmbët e dhisë- tha Matia e dëshpëruar'.

Ka le n'kam;- shaka, d.m.th, shumë e shkathët, për një nuse në derë të huaj. P.sh, 'Kishte lindur n 'këmbë ajo nuse për atë derë'.

Ku fute kámët, laç dhámët;- urim, për një nuse të sapoardhur. P.sh, 'Të na trashëgohesh moj bija ime e, ku ke futur këmbët, laç dhëmbët inshallah- e uroi Leka nusen e djalit'.

I kam kámt e lidhme;- d.m.th, jashtë çdo mundësie, jam shumë e zënë me punë, me fëmijët, ose nuk më le shteti të lëviz lirshëm për arsye politike. P.sh, 'Dua të vij në dasmën tënde por i kam këmbët e lidhura me djalin e sime bije'.

M'i kan lidh kámët;- d.m.th, s'kam mundësi, s'kam guxim, është një çështje me rëndësi në fjalë. P.sh, 'M'i ka lidh kamët ajo pune djalit, po di unë si ja bëja Salës'.

Këmbëz-/ a;- Kames. çarku pushkës, lokale, kamëz.

Ishte me gisht n'kámës;- bisedë., d.m.th, gati duke vdekur. P.sh, 'Vajtëm ta shohim gjyshin në spital po ama me gisht në këmbëz ishte'.

Ja t'hoqi kámzën;- d.m.th, ja tha një fjalë më në fund. P.sh, 'Kola ja t 'hoqi këmbzën, ja kërkoi Malos vajzën nuse për djalin' -2 vdiq., tallje. 'Gupi sot ja kishte t 'hequr këmbëzën'.

Këmbor-ë,/-a / -ët (kmore)

Si kmore çame;- shaka, d.m.th, që flet shumë e pa lidhje. P.sh, 'Si nuk pushoi njëherë kjo grua, po si këmborë e çamë gjithë ditën ham gam'.

Nuk mban shelegu kmorë;- shaka, d.m.th, duhet tjetër kush ta bëjë një punë. P.sh, 'Ju mirë e keni që thoni ashtu, por një gjë ua them, nuk mban shelegu këmborë'.

Si top këmore;- tall., d.m.th, që sillet sa andej këtej e asgjë në dritë. P.sh, 'Ti mos u sill ashtu si top këmbore se iku dita'.

Po tundi dashi kmorë dije nesër se ke borë;- shaka, d.m.th, po tha bëje një punë, shko bëje se kthim prapa nuk ka'. Me Kolës po tundi dashi këmborë, dije se nesër e ke borë, rrugë tjetër s'ka.

Këmishë,/-a/-ët

Ka le me kmishë, d.m.th. me fat e kismet të madh. Psh, 'Paska lindur me këmishë ky djalë që u martua me atë vajzë fisnike'.

Nuk e nxen kmishe vet;- d.m.th, tejet i dhjamosur. P.sh, 'Ashtu si ishte bërë Leka nuk e nxen këmishe vet, e ju thoni andej këtej'.

Nuk mahet nën kmishë;- d.m.th, s'ka si të ngelet sekret. P.sh, 'Më mirë ti thuaje me gojën tënde, se kjo gjë nuk mbahet nën këmishë'.

Si kmishë me arna;- bisede, d.m.th, mezi e merr vehten. P.sh, 'Kola si këmishë me arna i kishte punët, por nuk ankohej'.

Ja nxorri kmishën rryp;- bisede, d.m.th., e çnderuan, e rrahën. P.sh, 'Kur e pashë që ia kishin nxjerrë këmishën rryp Rrapit, më erdhi keq për 'të'.

Ta mash (ta futësh) nër kmishë;- d.m.th, aq i mirë, aq i dashur. P.sh, 'Ka vajza ime një djalë të vogël që ta mbash nën këmishë është'.

Ta jep dhe kmishën;- d.m.th, shumë bujar. P.sh, 'Kolën e njoh vetë unë, s'keni ç'më thoni, ai dhe këmishën ta jep pa u menduar'.

Këndoj,/-óva,/ -úar

Ama po knon - d.m.th, je duke ja futur kot. P.sh, 'Deri këtu qe mirë, ama tashti më duket se po këndon'.

Ja knoj malenaken;- tall., d.m.th, ia punoi qindin. P.sh, 'Kur Malo e dëgjoi se çfarë ka ndodhur, vajti vetë dhe këndoi malenaken'.

Të knoftë hoxha tabutin;- mallkim, d.m.th, vdeksh sa më parë. P.sh, 'Ç'na bëre more njeri, që ta këndoftë hoxha tabutin ta këndoftë!'.

I knon Hasimja;- shaka, d.m.th, ka frikë të tmerrshme laget në brekët). P.sh, 'Mirë e thua ti që të çojmë Kolën në mal për dru, po mos i këndon Hasimja me qenë'.

Sikur ia kanë knuar trutë e kokës;- shaka, d.m.th, si i bërë magji. P.sh, 'Po ky çka kështu sikur i kanë kënduar trutë e kokës!?'.

Tu knu e tu kcy mi kam;- urdhërore negative, d.m.th, urgjentisht, pa bërë fjalë. P.sh, 'Unë të bëj të vish duke kënduar e duke kërcyer me një këmbë'

Ia kndoj kulufruthen;- d.m.th, ai punoi qindin. P.sh, 'Kola ia punoi kulufruthem Gupit sot, ngase e kishte ngacmuar një ditë në punë'.

Kënetë-/a/-at

Det' e knetë;- d.m.th, kur prodhimet në arë duken të mbara. P.sh, 'Sivjet det e kënetë duken misrat'.

I ra viçi n'knetë;- shaka, d.m.th, sapo i martuar (për meshkujt thuhet). P.sh, 'Mos e nga çunin, se i ka rënë viçi në kënetë atij tashti'.

Këngë/-a/ -ët

Knon po nji kangë;- d.m.th, përsërit të njëjtin avaz. P.sh, 'Disa herë i thashë të vinte për darkë, por ai këndon po një këngë përherë'.

Ia knoj kangën;- d.m.th, e kreu një punë me të shpejtë. P.sh, 'I fortë është Seli, ia këndoj këngën punës për dy orë 2- keq, (sharje) d.m.th, nuk u kujdes fare për diçka, e la ashtu. P.sh, 'I thashë Kolës të bluajë ca miell në mulli, po ai me nder ia këndoj këngën'.

Po knon- dmth, po flet pa lidhje, futja katundit. Psh, 'Më duket se po këndon tashti ti Kolë, send nuk po të marrim vesh'.

Këpucë-/-a/ -ët

E vrasin kpucët;- shaka, d.m.th, flet përçart. P.sh, 'Po këtë e vrasin këpucët tashti që flet kështu!?'.

E di kama ku e vret kpuca;- d.m.th, mos prediko për diçka të panjohur. P.sh, 'Mirë e keni ju që thoni ashtu, ama e di këmba ku e vret këpuca, dhe kjo duhet marrë parasysh'.

Kpucë e madhe, thyn qafën e t'zot;- tall., d.m.th, lakmia e madhe të dëmton. P.sh, 'Kujdes ti djalë, se nganjëherë këpuca e madhe thyen qafën e të zot'.

Gur n'kpucë (opingë);- dmth, fjalë me thumb. Psh, 'Më duket se gurë në këpucë ma pate atë fjalë'.

Me kpucë t'kuqe;- shaka, dmth, që të dëmton apo shpenzon pa u marrë vesh. Psh, 'Ti Kolë më duket se po na nxjerr me këpucë të kuqe me paratë'.

Ia sollën kpucët;- dmth, shenja e fejesës. Psh, 'Vajzës së Matisë mbrëmë ia sollën këpucët miqtë e rinj'.

Këput (këpus) / -a,/ -ur

Ka kput mish;- mjek., d.m.th, ka një ndrydhje muskulore. 'Leka sot nuk vjen në punë, se ka këputur mish'.

Ia ja ka kput kryt (kokën);- d.m.th, i ngjan, kopje një të afërmi prej fisit. P.sh, 'Kola ja ka këputur kryet dajave të vet në fshat'.

Kput e hudh;- tall., d.m.th, që flet pa lidhje e pa ndalur. P.sh, 'Këput e hudh ja ka bërë sot, nuk e di se ç 'pati!'.

Kput qafën;- urdhërore, d.m.th, zhduku prej këtu. P.sh, 'Po ty kush të solli këtu, hajt këput qafën para se të hash ndonjë dru'.

Me ta kput shpirtin- dmth në gjendje të dobët ekonomie, apo shëndetësore. Psh Xhafa kishte vajtur në një gjendje me ta këput shpirtin.

Kërbaç,/-i/-ët.

Ja kulaçi, ja kërbaçi;- shaka, njëra do të bëhet. P.sh, 'Sot ti Kolë, ja kulaçi ja kërbaçi fiton'.

Me kërbaç barkut;- d.m.th, me

mundim të madh. P.sh, 'Matia e fitoi për të fituar gjyqin, ama me kërbaçë barkut e fitoi'.

Mos u ban për kërbaç;- d.m.th, mos u rrih kot. P.sh, 'Ti djalë hajde brenda e mos u bën për kërbaç'.

Kërcej/-u/-éva, /-ýer

Të kërcesh me një kamë;- d.m.th, të detyroj, të urdhëroj. P.sh, 'Ti thua që nuk vij dot, por unë të bëj të kërcesh me një këmbë'.

Kërcen prifti prej belasë;- d.m.th, nga e keqja. P.sh, 'Unë nuk kam dëshirë po kësaj i thonë, kërcen prifti prej belasë'.

Kërcen sikur ka dreqin n'bëth;- tall., që hidhet përpjetë menjëherë. P.sh, 'Unë të fola me të butë e ju kërceni sikur keni dreqin n 'bythë'.

I kërceu n'shpinë;- d.m.th, e rrahu. P.sh, 'Gupi i kërceu Rrapit në shpinë, se e shau rëndë. 2- i ra në qafë me të padrejtë. 'Matia punonte e gjora shumë, por ata i kërcyen të gjithë në shpinë dhe ajo iku nga shtëpia e burrit'.

I kërceu rrebja;- d.m.th, u inatos keq. P.sh, 'Rremës i kërceu rrebja, kur pa që lopa kishte ngordhur në jonxhë.'

Kërcu,/-ri/-njtë

Kërcunj mbi karthia;- shaka, d.m.th, diçka pa rregull e sistem. P.sh, 'Merre shtruar punën ti djalë, jo kështu kërcunj mbi karthia'.

Për ta ngarku me kërcunj;- d.m.th, i/ e trashë nga mendja'. Mos ia lër Tatës këtë punë, se ai është për ta ngarkuar me kërcunj'.

Ka kërcunj pas bëthe;- shaka, d.m.th, demel. P.sh, 'Leka ka kërcunj pas bythe, andaj ecën sa ndërron këmbët'.

Ta ze derën me kërcunj;- d.m.th, kur nuk di si të veprosh për një ngjarje delikate. P.sh, 'Martova djalin sivjet, po kjo nusja na e ka zënë derën me kërcunj (d.m.th, dembele dhe llafazane)'.

Si kërcu n'qoshe;- tall., d.m.th, mik që nuk flet fare. P.sh, 'Zuri vend si kërcu në qoshe e, meazallah se tha një fjalë'.

Kërçep,/-i /-ët (kërçyp)

Si kërçypi kuq;- shaka, d.m.th, mirë me shëndet. P.sh, 'U kthye djali nga ushtria e ishte si kërçyp i kuq'.

Qafë kërçyp;- shaka, d.m.th, që di veç punën e asgjë tjetër. P.sh, 'E po të jetë burri qafë kërçyp, veç ty Kolë kam parë unë- i tha Matia ndërsa po binte të flinte'.

Ka vajt për kërçypa;- shaka, d.m.th, ka vdekur qëmoti. P.sh, 'Ti pyete për Salën, po Sala moti ka shkuar për kërçypa'.

Shkul kërçypa n 'zabel t 'madh;- shaka, d.m.th, ka vdekur. 'Mos e ngisni më të gjorin, se tashti është duke shkulur kërçypa në zabelin e madh'.

Kërpudhë-/-a/-at

Si kërpudhat pas shiut;- tall., d.m.th, papritur e pa kujtuar. P.sh, 'Kur kishim nevojë për një imam në fshat, nuk kishte, e tashti i ke si kërpudhat pas shiut'. **Ka ngrënë kërpudha derri;-** shaka, d.m.th, që flet budallallëqe. P.sh, 'Gupi paska ngrënë kërpudha derri sot e nuk u ndalka së foluri'.

I ngeli kërpudhë n'dorë;- d.m.th, iu dorëzua, ose u sëmur. P.sh, 'Malos i ngeli Matia kërpudhë në dorë, kur e zu sëmundja tokës'.

Kërthizë-a/-at

Pa kërthizë;- d.m.th, që nuk të besohet. P.sh, 'Dhe ti Gupi sa pa kërthizë që je, o burri dheut!'.

Ngjit pas kërthize;- ironi, d.m.th, që të shoqëron ngado që shkon. P.sh, 'Ty nuk të mbaj ngjit pas kërthize unë tërë ditën, po gjej një punë e m'u hiq sysh'.

Kërrabë-/a/-at

I ngeli krraba;- d.m.th, qe pa fat. P.sh, 'Kola qe i fundit e atij i ngeli kërraba'.

Krraba krraba;- që ecën shtrembër. P.sh, 'Ecën kërraba kërraba', 'Po vinte kërraba kërraba'.

Báne kamën krrabë;- d.m.th, mos u mendo, mos hezito. P.sh, 'Bëje këmbën kërrabë e hajde një natë për darkë'.

Ia hodhi krrabën;- d.m.th, ia vuri syrin një vajze, ia hodhi një fjalë. P.sh, 'Kola ia hodhi kërrabën Matisë e nuk i doli keq'.

Në krrabë të fikut;- d.m.th, në tallje. 'Mos rri shumë me Malon, se Malo të ve në kërrabë të fikut e ti se merr vesh fare'.

I kap fiqtë pa krrabe;- d.m.th, i ka të lehta punët. P.sh, 'Mos u mërzit për Malon ti, se Malo i kap fiqtë pa kërrabë'.

Ia la krrabën- d.m.th, radhën. Psh, 'Kola u martua, tashti ia ka lënë krrabën Malos'.

Kësulë-/ a/ -at

I nrruan ksulat;- d.m.th, bënë fjalë, u grindën keqas. P.sh, 'Gupi me Rrapin i ndërruan kësulat sot, po nuk e dimë ç 'patën'.

Ka mizën nën ksulë;- d.m.th, ka hile. P.sh, 'Kush ka mizën nën këusulë, çon dorën'.

U bë për ksulë;- shaka, d.m.th, u rrit, u burrërua. P.sh, 'Tu bë djalë për këusulë o Malo, martoje tashti, ç'pret!?'.

I ve ksulën;- d.m.th, që e mbulon diçka. P.sh, 'Kola i ve këusulën çdo gjëje, e nuk i besohet shumë, i ve pikën muhabetit'. P.sh, 'Bravos Malo, tashti i vure këusulën e mos e luaj më se e prish'.

Ta mbush ksulën;- d.m.th, të shan ose të fyen, vend e pa vend. P.sh, 'Mos i beso shumë Rrapit se ai ta mbush këusulën kur të duash'.

Ksulë për qoshe;- d.m.th, me vend, si i takon, sikur duhet. P.sh, 'Fjalë këusulë për qoshe ke thënë, o djalë.

Nuk ke për t'i vánë ksulën;- iron. dmth nuk ke për ta kthyer në djalë apo burrë. Thuhet kur dikush i vonon martesat e vajzave. Psh, 'Çfarë pret, nuk le për t'i vënë këusulën cucës, fejoje tashti se mjaft'.

Kiamet,/-i/-et

Pa kiamet me sy;- d.m.th, kaloi një tragjedi të tmerrshme. P.sh, 'Mos ia kujto Matisë makinën, se pa kiamet me sy kur bënë aksident'.

Nuk vjen kiameti, pa u çmend mileti;- d.m.th, pas çdo të keqeje, pritet një e keqe më e madhe. P.sh, 'Ti Mati mos fol ashtu, se pa u çmend mileti, nuk vjen kiameti'.

Rronte për kiamet;- d.m.th, në gjendje të tmerrshme fukarallëku. P.sh, 'Vajta te Sala për darkë, por ai rronte për kiamet e unë se dija'.

Kile,/-ja/-et

Shumë nalt e mban kilen;- d.m.th, mendjemadh/e. P.sh, 'Takova Dedën sot, po shumë nalt e mbante kilen, nuk e kuptova'.

Vajt kile për kile;- d.m.th, jek e jek, kokë për kokë. P.sh, 'Takova Kolën sot e kile për kile, shkoi muhabeti'.

I ka pesë kile(dijeni, burrni, mend);- d.m.th, është me rendësi, i peshon fjala. P.sh, 'Dëgjoje hoxhën me kujdes, se i ka pesë kile dijeni ai'.

Të ha n 'kile;- d.m.th, hileqar në fjalë, por dhe në peshë. P.sh, 'Ki kujdes me Gupin, se shpesh herë të ha n 'kile ai'.

Kile mile;- shaka, dy të njëjtë. P.sh, 'Kola me Malon, aty aty janë, kile mile'.

Kind/-i/ -at

Iu ngjit një kind pas bythe;- d.m.th, një e shpifur, një e paqenë, një turp. P.sh, 'Matisë iu ngjit një kind pas bythe, po ajo është e pafajshme'.

S'ka kind n'bythë;- ironi, d.m.th, kapardisje. P.sh, 'Rrapi s'ka kind në bythë e këtej na shet mend'.

Kind për kind;- mospërf., d.m.th, të një soji, një kategori shoqërore. P.sh, 'Mos i trazoni Gupin e Rrapin, se kind për kind janë'.

Ngjitur kind më kind;- d.m.th, fukarallik në kulm. P.sh, 'Ata Gjelajt ngelën ngjitur kind më kind tërë jetën e nuk po e ngrenë dot kokën nga varfëria'.

Kllap/-ë,/-a/ -at

Ra n'kllapë;- d.m.th, ra në kurth. P.sh, 'Sala dashur pa dashur, ra në kllapë'.

Mbylle kllapën;- d.m.th, pusho, mos fol më se ma mërzite. P.sh, 'Po pusho moj grua, mbylle kllapën njëherë, se nuk bëhet ndonjë qamet'.

Kllapos/ - ur/ -em;- që e mbyll brenda. 'Kllapose derën mirë kur të dalësh jashtë'.

E kllaposën brenda;- d.m.th, e arrestuan. P.sh, 'Nunin e Bizin, i kllaposën mbrëmë brenda në burg'.

Mu (iu) kllapos fryma;- d.m.th, ngulfatej nga diçka. P.sh, 'Gupit iu kllapos fryma nga të pirët'.

Flet si i kllaposur;- d.m.th, që nuk i shqipton mirë fjalët. P.sh, 'Gupi flet si i kllaposur, por vëni veshin mirë fjalëve se çfarë thotë'.

Kllapa kllapa;- që ecën si i deformuar. P.sh, 'Ti Sule ç 'paske sot që e ecke kllapa kllapa?'.

E futi në kllapa;- d.m.th, e ka në qendër të vëmendjes'. Kur Kola tha që se dua partinë, Gupi e futi në kllapa'.

Kllogjër,/-ri/-rat;- zool zvarranik i vogël, ngjyrë zezë me pika të verdha që rri po në ujë'.

Lag e bërë kllogjër;- d.m.th, qullosur jashtë mase. P.sh, 'Matia kur hyri brenda, ishte lag e bërë kllogjër e menjëherë vajti të ngrohet'.

Klluk (pulat kur bien ne zogj)

Kllukin bashkë;- tall., që janë një mendje e prerje me njëri tjetrin. P.sh, 'Gupi e Rrapi, kllukin bashkë e mos u çuditni shumë'.

Kllukë,/-a-/ at

Si pulë kllukë;- tall., d.m.th, e avashtë por dhe e qullët. P.sh, 'Çke moj bijë që sillesh ashtu si pulë kllukë sot, dil e bëj diçka'.

Kobure,/-ja/-et

Iu çua koburja;- shaka, u nevrikos. P.sh, 'Po këtij ç 'pati që ju çua koburja kështu?'. 2-tall., iu ngrit penisi. P.sh, 'Iu çua koburja e nuk i shihnin sytë më'.

Për ti rán me kobure;- d.m.th, shumë e thatë. P.sh, 'Qenka kjo bukë kështu, për ti rënë me kobure'.

Vendi kobure;- d.m.th, shumë i ngrirë. P.sh, 'Sot vendi qenka kobure e mos dilni jashtë'.

Çka nxjerr koburja, nuk hyn më mrena;- d.m.th, po u tha një fjalë, ka marrë dhenë. P.sh, 'Kujdesuni ju djem se çka nxjerr koburja nuk hyn më mrena, kanë thënë të parët'.

Kockë,/-a/-at

Si qeni për një kockë;- d.m.th, njeri interesi. P.sh, 'Po ti ngele te dere zyrës si qeni për një kockë, o burrë i dheut'.

Kocka e botës të ngec n'fyt;- d.m.th, përvetësues. P.sh, 'Sa herë të kemi thënë që kocka e botës të ngec në fyt, po ti nuk nxore mend'.

Hángre tulin, ha dhe kockën;- d.m.th, jo hileqar. P.sh, 'Jo ashtu, nuk bën ti djalë, hëngre tulin tashti ha dhe kockën'.

Mish e kockë;- d.m.th, shumë i dobët nga shëndeti. P.sh, 'Rrapin, mish e kockë e kishte bërë gripi'.

Ha mish e dhit kocka (eshtra);- d.m.th, çfarë bën do ta pësosh. P.sh, 'Kështu e ka kjo botë, ha mish e dhit eshtra, kur ti korruptohesh'.

Ti mbajtët korbi kockat;- mallk., d.m.th, vdeksh. P.sh, 'Nuk e di nga vajti Sala, që ia mbajtët korbi kockat ia mbajtë'.

Luan kocka;- d.m.th, luan bixhoz. P.sh, 'Ky djali jot Matia, më duket se luan kocka, përditë e shoh në rrugë me ca djem jo të mirë'.

Kodër,/-a/-at

I doli kodër;- d.m.th, vështirë. P.sh, 'Në fillim i Kolës iu duk e lehtë puna, pastaj i doli kodër dhe erdh te shtëpia'.

Kohë,/-a/-ët

Ka hy koha namazit;- dmth, është koha për fejesë apo martesë, e djalit apo vajzës. Psh. O djali im, ka hy koha e namazit, çfarë pret?'

Kur ke kohë, mos prit kohë; d.m.th, vazhdo. 'I them djalit të martohet, se kur ke kohë mos prit kohë, por ai fare nuk më dëgjon'.

E ndryshon koha lëkurën;- d.m.th, çdo gjë sipas situatës sillet. P.sh, 'Mirë e ke ti Metë, po i thonë fjalës, e ndryshon koha lëkurën'.

Ngjaj kohës;- d.m.th, jeto me situatën, bëj si të tjerët se ndryshe vuan. P.sh, 'O djali im, ngjaj kohës lum baba, se nuk është më ajo që mbajmë mend ne'.

Nuk hyn koha në vorbe;- shaka, d.m.th, mos u ngut. P.sh, 'Po ti moj motër kishim qejf të rrinim sonte, se nuk hyn koha në vorbe, kushedi se kur takohemi më'.

Qysh në kohë të qyqes së kuqe;- d.m.th, shumë herët. P.sh, 'Ti po flet tashti qysh në kohë të qyqes kuqe më duket, tha Pali duke qeshur'.

Në kohë t 'babaqemos;- d.m.th, në lashtësi. P.sh, 'Ajo që thua ti, në kohë të baba Qemos pati ndodhur'.

Koj /ova/uar. Folje kalimtare. Të ushqyerit e një femije apo nje invalidi kur s'ka mundesi te haje vete.. 'Koj një fëmijë me qull'. 'Kova pak nënën se është paralizuar'.

Sikur të kon;- shprehje kënaqësie, d.m.th. kur një person flet butë dhe ëmbël. P.sh, 'Kur vjen daj Sula te shumë gëzohemi se ai sikur të kon kur flet'.

I koj mutin;- keq., d.m.th i foli rëndë. Psh, 'Bënë pak fjalë djemtë, se ai më i vogli i koj mutin të madhit'.

Të kofsha me bisht lugës.- shaka ose mallkim i butë. d.m.th. Psh, 'Të kofsha me bisht të lugës more bir ç'më bëre, që më derdhe fasulet për tokë'.

Kokë,-a/-at

Hángshi kokat tuaja;- d.m.th, mallkim, vdekshi. P.sh, 'Ç'na bëtë, që hëngshi kokat tuaja'.

Mik për kokë;- d.m.th, i çmuar. P.sh, 'Mik për kokë e paske Malon, o Kolë'.

I ra n'kokë;- d.m.th, gjuajti aty ku duhet. P.sh, 'Sa e mori Kola shkopin e bilardos, i ra në kokë'. 2- zgjuarsi. 'E mori xha Kupi fjalën e menjëherë i ra në kokë'.

Krye ka, po koka s'gjen;- d.m.th, vështirë të gjesh një të besuar. P.sh, 'Eh more djali im, kështu si kanë ardhur punët, krye ka sa të duash, po koka nuk gjen'.

Dy kokë, një palë mend;- shaka, d.m.th, të njëjtë. P.sh, 'Meti me Rrushen, dy kokë një palë mend, po nuk janë të rrezikshëm'.

Kokërr,/-a/ -at

Kokrrën e qejfit;- d.m.th, shumë mirë. P.sh, 'Djali me nusen vajtën në plazh dhe thanë se kishin bërë kokrrën e qejfit'.

Vret (shtyp) kokrrat;- tall., d.m.th, nuk bën asgjë, dembel. P.sh, 'Vajti në punë sa për të vrarë kokrrat, ashtu shkoi, ashtu erdhi'.

Kokonesh/ a;- që është e pashme, grua kokoneshë ose dhi kokoneshë, kalë kokonesh. *Ti moj nusja Kokoneshë,/Porsi hana midis reshë,/Hajde poshtë e zbrit në pyll,/T 'pret ky djali porsi yll.* (Këngë e vjetër).

Kóll/-ë,/-a

As më nget kolla;- mosperf. për dikë apo diçka, nuk çaj kokë. P.sh, 'Ti ma lavdëron Gupin shumë, e mua as që më nget fare kolla për të'.

Kollë moj kollë, jepi djalit kokërr mollë, se nesër shkon në shkollë;- lojë për fëmijët e vegjël, kur i ngiste kollaj.

Koment,/-i/ -et

T'le pa koment;- d.m.th, i jashtëzakonshëm, i pa pamë. P.sh, 'Kur flet Kola, të le pa koment'.

S'do koment;- d.m.th, send që dihet. P.sh, 'U panë të gjithë, nuk do koment kjo punë më'.

Kompleks,/-e/-et

Njeri pa komplekse;- d.m.th, pa vese, pa shqetësime. P.sh, 'Ke qejf të rrish me Malon, njeri pa komplekse është'.

Konak/-u/-ët

Bán konak;- d.m.th, lë vend për çdo gjë. P.sh, 'Mos e ki merak Malon ti, di ai të bëj konak'.

Se mban konaku;- d.m.th, nuk e lejon zakoni, tradicional, fjalë apo gjest i rëndë. P.sh, 'Ajo që tha Sala mbrëmë në kafene, nuk e mban konaku vallahi'.

Burrë për konak;- d.m.th, i muhabetshëm. P.sh, 'Ama burrë për konak ishte Hikmeti, dhe fliste dhe këndonte'.

Një konak burra- shaka, dmth, një miqësi e mirë. Psh, 'Po më pëlqen se qënki një konak burra këtu'.

Çfarë s'po mban konaku;- ironi, dmth, çfarë s'ka kjo botë. Psh,

'Mirë thua ti Kolë po sot çfarë s'po mban konaku, e më mirë nuk po flas fare'.

Kone/-ja/ -et;- këlysh qeni.

Kur lef konia, grinden qentë;- keq., d.m.th, kur parllikun e ka një person pa vlera morale. P.sh, 'Kushedi sa herë kemi thënë që ku leh konia grinden qentë, e ju vajtët dhe votuat Gupin për kryetar'.

Konia ndërsen, e qentë bëjnë zhurmën;- d.m.th, është dikush që fut shtuf, pra fillon sherri e shamata. P.sh, 'Ky është problemi, kur konia ndërsen qentë, bëjnë zhurmë, dhe tani shko e dëgjoi Gjelaj me krejt fisin'.

Kopil,/-i/ -ët, (dhe kopile)

Mbamë kopilin, t 'pafsha t 'qethur;- një problem apo bela pa pritur e pa kujtuar, d.m.th, t'ja mbulosh tjetrit një turp me përdhunë. P.sh, 'Kjo që thotë ky njeriu jonë sot, do të thotë, mbama kopilin të pafsha të qethur'. (Qethja e flokëve te femrat, kohë më parë, ka qenë dënim në publik, për një kurvërim).

Shtatë kopila, ai vetëm;- d.m.th, tepër i rrezikshëm. P.sh, 'Leka është shtatë kopila ai vetëm, andaj shumë mos ia qani hallin'.

Kopilí;- dredhëzi.

Ja mori me kopilí;- d.m.th, me të hedhur. P.sh, 'Sala është i urtë i shkreti e ia morën vajzën me kopili'.

Kopilçe;- ndajf. dinak. P.sh, 'Ja mori kopilçe', ose, 'Punë kopilçe qe kjo gjë'.

Kopil'llik;- dredhi. 'Ja more me kopil'llik Gupit, qeshi Rrapi e shkoi'.

Kopsit;-a,/- ur

Ia kopsiti letrat;- d.m.th, e arrestuan. P.sh, 'Shumë gjatë vajti kjo punë me Metën, por dikur ia kopsitën letrat e shkoi'.

Kopuk,/-u/-ët;- ai që shkon keq pas femrash. 'Qenka kopuk ky djalë'.

Je kreh si kopuk;- tall., d.m.th, rend pas një vajze. P.sh, 'Qenke ngreh si kopuk sot, pa të shohim çdo na sjellësh'.

Korr/ -a,/ -ur

I korr kosa n 'dy krahët;- që ka krahë e pushtet nga dikush. P.sh, 'Malos i korr kosa në dy anët, se nipin e ka deputet që llabaçit shumë. P.sh, 'Gupit i korrka kosa në dy krahët sot'.

Korr e mos lidh- tall., d.m.th, që flet shumë e për lumë. P.sh, 'Rrapi korr e mos lidh qenka sot, nuk e dimë çka?'.

Kush mbjell në vjeshtë, do korrë në verë;- d.m.th, kush punon me mend, natyrisht do të ketë sukses

Korb/-i/-atTë bajtshin korbat;- shaka, d.m.th, vdeksh. 'Sa na bëre për të qeshur more djalë, që të mbajtshin korbat të mbajtshin'.

I shkonin korbat;- mospërf., d.m.th, vdekur e viranuar. P.sh, 'Mos pyet më për Gupin, korbat i shkonin të gjorit'.

Si korbat n 'stërvinë;- tall., d.m.th, që rendin të gjithë pas diçkaje. P.sh, 'Po ju çfarë keni kështu që rendni pas kësaj vajze kështu, si korbat në stërvinë, po femër është ajo si gjithë të tjerat'.

Po krrokin korbat;- ironi, me gjasë diçka do të ndodhë. P.sh, 'Ka kohë që po krrokin korbat, ndoshta do të bjerë pushteti'.

Korbë-/a;- grua fatkeqe. 'Ç'të bëj unë korba vetëm e pa ty tani!'.

Burrat qenë e burrat shkunë,/Korba ti e korba unë./Bi e fle e nuk kam gjumë,/Korba ti e korba unë.

(Vjehrre e nuse qajnë burrat që u ikën në kurbet diku vite pa parë. Këngë granishë që luhej valle me të butë).

Kos,/-i

U bë deti kos;- ironi, d.m.th, pse habiteni, nuk u bë kiameti. P.sh, 'Po pastaj që vajti djali ushtar, u bë deti kos tani!?'.

Ha kos, pi kos;- tall., d.m.th, që s'merret vesh. P.sh, 'Ka disa vite demokraci, po ha kos e pi kos vajti deri sot'.

Iu bë kosi trap;- shaka, d.m.th, që i ka punët në vijë. 'Kolës i qafshi hallet ju, atij iu bë kosi trap me kohë'.

Drejt lugën n 'kos;- tall., d.m.th, pa pritur e menduar. P.sh, 'Ju djem avashni, se nuk e ka drejt lugën n'kos kjo punë'.

Ha kos e pi kos, e kush s'i tha se mos;- shaka, dikush që bën si të dojë. P.sh, 'E ka ha kos e pi kos e kush s'i thotë se mos, prandaj ju mos harxhoni kohë kot'.

Kosë,/-a/ -at

Iu afrua kosa gurit;- shaka, d.m.th, po vjen vdekja. P.sh, 'Mirë e ke ti me tënden, po iu afrua kosa gurit pak nga pak'.

I bën kosa xixa;- shaka, d.m.th, që nxehet shpejt. P.sh, 'Matisë i bëka kosa xixa sot, po kini pak kujdes'.

Iu kthyen këmbët kosë;- d.m.th, u plak shumë. P.sh, 'Mirë thua ti, po Malos iu kthyen këmbën kosë të shkretit.

Kosít,/ -a, /-ur

I kosit kosa n'dy anët;- tall., që flet shumë. 'Lekës i kositka kosa në dy anët sot'. 2- që ka mbështetje shoqërore e shtetërore. 'Telit i kosit kosa n 'dy anët, andaj u bë deputet'.

Veç kosit sa mbarë prapë;- tall., d.m.th, flet pa lidhje. P.sh, 'Ti nuk bëke punë tjetër vëlla, veç kositke sa mbarë prapë'.

Kosit pa kosë- tall., d.m.th, gënjen me sy për sy. P.sh, 'Kujdes Rrapit, se përherë kosit pa kosë ai'.

Kosh,/-i/ -at.

Pre e hudh n 'kosh t'katunit;- shaka, korr e mos lidh. P.sh, 'Isha me Malon sot në mal për dru, ama pre e hudh n 'kosh t 'katundit ia bënte'.

I varen koshat;- shaka, d.m.th, përton, ka bythët e mëdha. P.sh, 'Mirë e ke ti, po mos t'i varen koshat Gupit'.

N 'kosh ta kam;- tall., d.m.th, do ta mbaj mend. P.sh, 'Fol ti fol, po n 'kosh ta kam'.

Si pulat n 'kosh;- tall., d.m.th, sa ulet njëri çohet tjetri. P.sh, 'Po këta pse ja bëkan sot si pulat n 'kosh?'

Kotaraq/-i /-e/;- fjalë e rrallë, që endet poshtë e përpjetë, pa lidhje. 'Njeri kotaraq', 'Grua kotaraqe'. Sillet si kotororaq.

Kovë,/-a/ -at

Vajti kovë pusi;- d.m.th, pa u marrë vesh, pa rregull. P.sh, 'puna e Rrapit vajti kovë pusi, sa e lëshonte njëri e merrte tjetri'.

Vajt për kovë pusi;- d.m.th, shkoj dëm. P.sh, 'Kisha shumë besim te Sala por dhe ai vajt për kovë pusi.

Kreh/-a,/ -ur

E krehu mirë;- tall., d.m.th, e rrahu. 'Gupin e kapën duke vjedhur dhe e krehën mirë, ku të ha e ku të kruhet'. 2- e vodhi, e zhvati. P.sh, 'Kola ia besoj dyqanin nipit, por ai e krehu mirë dhe pastaj u zhduk'.

Kurva krihet, shpia digjet;- d.m.th, moskokëçarje. P.sh, 'Kjo puna juaj është, kurva krihet shpia digjet'.

Krehër/-i/ -ra

I dha një kráhër;- d.m.th, e rrahu paq. 'E kapën Rrapin dhe i dhanë një krehër, që ta mbajë mend sa të jetë gjallë'.

Krimb/-i/ -at (krym)

I hyri krymi;- shaka, d.m.th, që ngallzitet. P.sh, 'Sa e dëgjoi djali që do të ikim në plazh, i hyri krimbi e nuk na la rehat'.

E hanë krymat;- d.m.th, i lëvizshëm jashtë mase. P.sh, 'Po këtë krimbat e hanë sot, që nuk rri rehat!?'.

I /e krymët;- ironi, d.m.th, njei me zemër te keqe. P.sh, 'Sa i krymët që je more derëzi!'.

U krym n 'borxhe;- d.m.th, shumë fukara. P.sh, 'Mos i thoni gjë Sules për ndihmë, se ai është krym në borxhe për vete'.

Sa me u krym m'ta;- ironi, d.m.th, ka jashtë mase. P.sh, 'Kola ka pasuri sa me u krym m'ta, mirëpo maazallah se jep diçka falas'.

Dhie krymet bishtin perpjete- tall, dikush qe shet mend, por ne fakt ska asgje. P.sh. Kjo Dilorja dhie krymet bishtin perpjete gjithnje xhanem.

Krip/-a,/ -ur (lokale, kryp)

Gjella me krypë, krypa me karar;- d.m.th, vëmendje kudo. P.sh, 'Ti fol mos ngurro, ama gjella me kryp e krypa me karar, i thonë fjalës'.

Plasi si koqe krypës;- d.m.th, nga inati ose marazi. 'Kur Gupi sa pa lopët tona, desh plasi si koqe krypës'.

Të shti fall me kryp;- d.m.th, të tall. P.sh, 'Matia të shti fall me kryp, kur i do qejfi'.

Mos i hidh kryp zjarrit;- d.m.th, mos bëj shamata kot. P.sh, 'Rri o Sallë rehat e mos i hidh kryp zjarrit, se pak sebep do, e nuk ia kemi vaktin'.

Ja qëllon n'krypët;- d.m.th, ka dorë të mbarë. P.sh, 'Merr Kolën ti, se ai ja qëllon në krypët'.

E lirë krypa n 'Durrës, e ha qiraja rrugës;- d.m.th, çdo scnd ka vështirësinë e vet. P.sh, 'Sipas teje ashtu është, mirëpo e lirë krypa n 'Durrës, ama e ha qiraja rrugës'.

Merr kryp e jep krypë;- d.m.th, pa marrëveshje. P.sh, 'Hiç asgjë, gjithë ditën merr kryp e jep kryp e nuk mbaruam asnjë punë'.

Ta jep krypën me dërhem;- d.m.th, shumë koprrac. P.sh, 'Rrapi ta jep krypën me dërhem e ti thua jo këtej e jo andej'.

Kryp morra (pleshta);- d.m.th, i pazanat, papunë, dembel. P.sh, 'Gupi ka vite që kryp morra e mos i thoni gjë fare për ndihmë, se nuk u vjen'.

Pesë çerekë, kilja e krypës;- d.m.th, u shtrenjtuan sendet. P.sh, 'Nuk e shikon se pesë çerekë ka vajt kilja krypës, e ti më bën derr dërr.!?'.

Si delet n'krypët;- shaka, me vrap. P.sh, 'Sa u foli Tushi fëmijëve, ata ja dhanë vrapit si delet n'krypët'.

I kryp n'morra;- d.m.th, shumë pis. P.sh, 'erdhi Gupi nga stani e u desh që t'ja përvëloj rrobat, se ishte kryp në morra'.

Dhe baklllava do pak kryp;- d.m.th, kudo duhet diçka kundër që të balancohet situata

I lirë në kryp, i shtrenjtë në miell;- shaka, d.m.th, nuk di se si t'i balancojë sendet. P.sh, 'Kini pak kujdes Kolën, se ai shpesh është i lirë në kryp e i shtrenjtë më miell, e kam frikë mos ndodhi diçka'.

Krypac/-i/ -e, (lokale krypac);- që e ha kripën shumë. P.sh, 'Sa krypac që je more djalë!?'.

Krua;- kroi. 'I shkonin lotët krua', d.m.th, qante jashtë mase.

P.sh, 'Matisë kur i vdiq e ëma, i shkonin lotët krua'.

Në kruan belik janë të gjithë të zotët;- d.m.th, aty ku nuk del i zoti mallit të gjithë pretendojnë se kanë pjesë.

Të çon në krua e të bie pa ujë;- d.m.th, shumë i djallëzuar. P.sh, 'Me Malon mos merri shumë, se ai të çon në krua dhe të sjell pa ujë.

Dy dërrasa përmbi krua,
Lan syzeza sytë me mua,/
Moj syzeza vetull gaze,/
Kur më shkon, më shkon me naze. (Këngë djemsh, në kohë të shkuar).

Kruaj/-ova, (Krun)

Krun kryt;- d.m.th, qe nuk çan kokë ose i pa marre vesh. P.sh, 'Unë flas ti kruan kryet, kështu nuk shkon, tha Pali me nxitim'. 2- Mire ti behet, kruan kryet tani, ne i thame qe mos ashtu.

Ia krun kurrizin;- d.m.th, e rrahën. P.sh, 'Gupit ia kruan kurrizin mirë, se goja ia bëri'.

Ku më ha mu, ku më krun ti;- d.m.th. nuk merremi vesh fare. P.sh, 'Kemi dy orë që po flasim, e ku më ha mua e ku më kruan ti'.

S'të krun fare;- d.m.th, i avashtë.

P.sh, 'Ky miku që ke zënë o Malo, s'të kruaka fare në muhabet, unë fol ai fli gjumë. 2- një send apo kafshë që nuk bën. P.sh, 'Ky kali që ke blerë o Malo, nuk të kruaka fare, se gjuaka në shqelm'.

Unë kruj kurrizin tand ti kruan timin;- d.m.th, ndihmojmë njëri tjetrin. P.sh, 'Kjo punë kështu e ka, unë kruaj kurrizin tënd e ti kruan timin'.

Ksaj i thonë, 'Kruje Kruje, qytet i bekuar';- shaka d.m.th, nuk hyn në temë fare. P.sh, 'Kam kaq kohë që flas, e si po e shoh unë me ty qenka 'Kruaje, kruaje, qytet i bekuar'. (Një batutë e vjetër, e një nxënësi që kur i tha mësuesi të recitojë vjershën e Skënderbeut, kur ka ardhur në Krujë, ai filloi:' ... Kruje Kruje qytet i bekuar', e gjithë klasa gajasi që qeshuri.

Mos e kruj me dajën;- d.m.th, mos më shit mend. P.sh, 'Ik re djalë andej, mos e kruaj me dajën, se andej nga vjen ti, unë kam shkuar dhe kam ardhur'.

Iu krujtën brirët;- tall., e kërkoj atë që pësoi. Psh, 'Merkos iu krujtën brirët vetë, pastaj ankohej pse më rrahën'.

Krushk,/-u/ -qit

Krushk o krushk, mos u hidh si mushk;- shaka, d.m.th, kur dikush flet shumë. P.sh, 'Po fole shumë, pastaj do të thonë, krushk o krushk mos pirdh si mushk, andaj si të duash bëj'.

Krye/-t (kryt)

Nga kamët, kryt;- tall., d.m.th, rrëmujë. P.sh, 'Çe paske bërë këtë shtëpi kështu nga këmbët kryet!?'.

Mos e prufsh kryt;- mallkim, d.m.th, vdeksh. P.sh, 'Ku ke vajtur kështu, që mos e prufsh kryet mos e prufsh'.

Hángsh kryt tand;- mallk., d.m.th, vdeksh. P.sh, 'Ç'më bëre kështu, që hëngsh kryet tënd hëngsh'.

Do ti fërkosh kryt;- tall., d.m.th, ta lusësh. P.sh, 'Rrapi nuk është fort burri keq, por do që ti fërkosh kryet, pastaj'.

Nga t'ja marrësh kryt;- shprehje habitore, d.m.th. rrëmujë, nga t'ia fillosh më parë. P.sh, 'Kështu si vajti kjo punë, nga t'ia marrësh kryet nuk ke'.

Kryt te un, bëthët n'katun;- shaka, d.m.th, jo për shtëpi. 'Kjo grua ime, kryet te unë e bëthët në katund, se ngeli veç duke u sjellur vërdallë'. (Ali Karamuça)

Kryq/-i-/et

Bán kryq ; për (diçka apo dikën);- d.m.th, që e do jashtë mase. P.sh, 'Loli bën kryq për Kilin, ngado bashkë i sheh'.

I ka rán kryqi n 'ujë;- shaka, dikush që ka fituar diçka. P.sh, 'Kolës më duket i ka rënë kryqi në ujë sot, se dukej shumë i gëzuar'.

I vu kryqin; dmth, nuk u kujdes farë më për të. Psh, 'Sa ia lëshoj djalin nusen, Kola i vu kryqin.

Kuçedër,/-a/ -at.

E përpiu kuçedra;- d.m.th, e mori diçka e keqe. P.sh, 'Tokat dhe bagëtitë tona, i përpiu kuçedra komuniste'.

Ka kuçedrën n'bark;- ironi, d.m.th, që nuk ngopet së ngrëni apo së piri. P.sh, 'Çou more burrë, mjaft tani, sikur ke kuçedrën në bark me këtë dreq raki'.

Ka luftu me kuçedrën;- d.m.th, e lodhur e të sfilitura. P.sh, 'Po ti ç'më je bërë kështu, sikur ke luftuar me kuçedrën more djalë?'.

Kudhër,-/a/-at

I regjur n'çekiç e kudhër;- d.m.th, i shkathët, adekuat. P.sh, 'Kola është i regjur në çekiç e hudhër, për atë punë'.

Ka shkuar nëpër kudhër;- d.m.th, i regjur. P.sh, 'Ka shkuar nëpër kudhër e s'ja merr dot njeri, për atë punë'.

Hane kudhra, hane çekiçi;- d.m.th, dy sende që nuk përputhen, dy vetë që nuk kuptohen. P.sh, 'Më duket, hane kudhra hane çekiçi, po flasim bashkë.

Kufi/-ri/-jtë.

Çdo send, ka një kufi;- d.m.th, masë. P.sh, 'Shiko Malo, çdo send ka një kufi, prandaj më duket se e kalove pak'.

Si n 'kufi me dreqin;- d.m.th, vështirësi jete. P.sh, 'Po kështu si n 'kufi me dreqin, nuk kalon kjo jetë, more burrë tha, Matia e lodhur nga jeta'.

Hajde babë, tregoj kufijtë;- d.m.th, kur të jep mend një i pamend. P.sh, 'Po flisja me Rrapin dje e ai dukej tamam, hajde babë tregoj kufijtë'.

Kukudh,/-i / -ët

Ngeli (ngriu) kukudh;- d.m.th, nuk lëviz nga vendi. P.sh, 'Rrapi ishte këtej sot për vizitë e rrinte si kukudh, as nuk fliste as nuk ikte'.

Të rafshin kukudhët;- shaka, d.m.th, u çmendsh. P.sh, 'Të rafshin kukudhët të rafshin, sa më trembe'.

U ngrit si kukudh;- shaka dikush që se merr gjumi e lëviz natën nëpër shtëpi. P.sh, 'Sala u ngrit si kukudh e ndezi televizorin'.

Si kukudhi, si i paudhi;- d.m.th, njësoj. P.sh, 'Mos më fol më për Rrapin e Gupin, se si kukudhi, si i paudhi, një kokë kanë'.

Kukudh para sysh. (Nervozizen) P.sh. Ama kukudh para sysh me ngele sot!

Kukudhkë/-a;- tall apo ironi. 'Erdhi kjo kukudhka', 'Sa kukudhkë je moj e gjorë'.

Kulaç,/-i/-ët

Ju mykën kuleçët;- ironike, d.m.th, i ngeli hatri. P.sh, 'Hë moj dhe ti tani, nuk t'u mykën kuleçët që bën ashtu?'.

Ngeli kulaç në qoshe;- tall., kur një mik harron të iki. P.sh, 'Po ky ngeli kulaç në qoshe, ka shtëpi apo jo ky njeri xhanëm?'.

Hem kulaçin, hem kërbaçin;- shaka, d.m.th, këtej të rreh andej të fërkon. P.sh, 'Me ty Malo është pak problem puna, ti hem kulaçin hem kërbaçin ta jep pa problem'.

I thyen kuleçtë;- d.m.th, u grindën, bën pak fjalë. P.sh, 'Ishte Kola këtej e i thyen pak kuleçtë me Malon, po tani ç'të bëjmë!?

Me kulaç pas bëthe;- mospërf., d.m.th, flet në tym. P.sh, 'Pse flet ashtu ti për Malon, me kulaç pas bythe nuk i ndenje ti asaj!?'.

Ka kuleçët nën sqetull; shaka, d.m.th, që grindet apo nuk zë karar. P.sh, 'Po ky yt shoq mos ka kuleçët nën sqetull që bën kështu sot!?'. *Vajti klloçka në mulli,/Poqi dy kuleçë në hi,/Një e dogj, një e poq,/ Tjetrin hëngri me gjithë zogj.*(Lojë fëmijësh kur ishim të vegjël).

E gatoi kulaç;- d.m.th, e rrahu keq. P.sh, 'Kola e gatoi kulaç Tanin, se i bënte shumë zhurmë'.

Kanë ardh krushkat me kuleçë;- d.m.th, ka lindur një fëmijë i vogël dhe kanë ardhur me e uruar.

Kular,/-i/ -ët.

Ku t'vret kulari (samari); d.m.th, ku e ke problemin?!. P.sh, 'Ty Malo ku të vret kulari që flet ashtu!?'.

S'di se çásht kulari;- tall., d.m.th, s'di çështë vuajtja dhe mjerimi. P.sh, 'Mos bëni ashtu bre fëmijë, se s'dini ju se çështë kulari, andaj flisni'.

Nuk ke qetë në kular!?;- tall., d.m.th, ngutje. P.sh, 'Rrimë sonte o Kolë, se nuk i ke qetë në kular'.

Për kularin pyet murgjinin;- d.m.th, për vuajtjen, pyet atë që ka vuajtur. P.sh, 'Mirë, po nuk u besove fjalëve të mia, për kularin shko e pyet murgjinin, se ai të rrëfen'.

E báni qafën kular;- d.m.th, e pranoi diçka, por me zor. P.sh, 'Kur i thanë Silos të shkonte çoban me dele në stan, në fillim e bëri qafën kular, pastaj nuk foli më e shkoi'.

Pickuar kulari;- d.m.th, u zemërua. P.sh, 'Malon nuk e di ku e ka pickuar kulari që nuk na flet më me gojë'.

Kularin po n 'qafë;- d.m.th, përherë po në vuajtje. P.sh, 'Këta Gjelajt kularin po në qafë, të shkretët'.

Kuletë,/a/- at

E di daj Meta, se ç'ka kuleta;- d.m.th, mos u përziej atje ku nuk di gjë. P.sh, 'Ti me tënden mirë e ke, por i thonë fjalës, e di daj Meta se çka kuleta'.

Parllikun jepe e kuletën jo;- tall., d.m.th, mos u dorëzo. P.sh, 'The që ke grindje me shoqen, parllikun jepja asaj e kuletën mbaje vetë, se atëherë ke mërdhitur me të vërtetë'.

Flet kuleta;- d.m.th, paraja çon ujët përpjetë. P.sh, 'Mos u shtyj me Kolën, se aty ku flet kuleta, nuk ka garanci puna'.

Kuletë shkundur (shpuar);- shaka, d.m.th, pa një pare në xhep. P.sh, 'Rrap,i kuletë shkundur ngeli gjithë jetën i gjori'.

I ka pjerdh dreqi n 'kuletë;- d.m.th, e ka bosh. P.sh, 'Gupit ka qëmoti që i ka pjerdh dreqi në kuletë e ju thoni sa andej këtej'.

Kuletë shpuar;- shaka. që nuk i qëndrojnë paratë. Psh. Sa kuletë shpuar që je more djali nënës-habitem.

Kulpërzi;- fjalë e rrallë; bime barishtore, tip hurthi, me gjethe të errtë, lëngu i të cilit shkakton djegie dhe plagë në trup nëse e prekim'.

Kulpëroj/-va;- që e mbështjell një barrë me kulpra për transport. Fig., që të ngjitet nga pas.

Kullë,/ -at

Koha kur fliste kulla;- d.m.th, kur rregullin dhe rendin e vendosnin burrat. P.sh, 'Iku ajo kohë kur fliste kulla, tashti flet mulla, d.m.th, barku'.

Bán kulla me katruqe;- d.m.th,

flet gjepura. P.sh, 'Po ky dreq Kole, përherë bën kulla me katruqe kur pihet'.

I di kulla trimat brenda;- d.m.th, secili i di vetë punët e veta. P.sh, 'Sipas teje ashtu mund të jetë, por i thonë fjalës i di kulla trimat brenda, a e more vesh, mora thuaj!?'.

Kullë me lesh dhie;- shaka, d.m.th, flet budallallëqe. P.sh, 'Po përherë kullë me lesh dhie bën, o Kolë pash zotin!?'

Kullot (kullós),/-a,/ -ur

Nga të kullosin dhitë;- d.m.th, ku e ke mendjen. P.sh, 'Mirë more bir, po ty nga të kullosnin dhitë kur të tha ajo ashtu!?'.

Tuj tuj tuj, gjelat e detit, ku i kullot delet e mbretit;- d.m.th, përherë një avaz. 'Me Malon ajo punë është, tuj, tuj, tuj, gjelat e detit, ku i kullot delet e mbretit'.

E ka kullot livadhin;- d.m.th, është i shtyrë në moshë. P.sh, 'Mos e numëroni Rrapin më, se Rrapi e ka kullot livadhin me kohë'.

Kumbull,/-a/ -at, (lokale, kumull)

Ujë nëpër kumlla;- d.m.th, hutoi. P.sh, 'Kola humbi si ujët nëpër kumbulla, sa ishte në dasmë'.

Kush ha kumlla ene kujt i pihen dhámët;- ironi, d.m.th, fut hundët ku s'të takon. P.sh, 'Këtë se kuptoj unë këtu, kush ha kumbulla dhe kujt i mpihen dhëmbët!?'.

Rrush e kumlla;- d.m.th, dëm. P.sh, 'Se si i shkoj Rrapit rrush e kumbulla gjithë ajo pasuri, fare s'u muar vesh.

Kumllat i do, po gurët i heq;- d.m.th, njeri me teka. P.sh, 'Kola, kumbullat i do, po gurët i heq, se ashtu e kanë sojin ata si fis'.

Do bájnë kumllat sivjet, tha ariu;- tall., d.m.th, dëshironi atë që është e pamundur. P.sh, 'Po po, aty mbaje mendjen ti, ashtu tha dhe ariu, do bëjnë kumbullat sivjet, se kam qejf unë'.

Kanë fillu me çel kumllat;- tall., d.m.th, me u thinjur. P.sh, 'O Malo, paskan filluar me çel kumbullat- i tha Matia, me buzën në gaz'.

Shumë shpejt i thartohen kumllat;- tall., d.m.th, nxehet menjëherë. P.sh, 'Këtij Malos shumë shpejt i thartohen kumbullat, keni vënë re ju!?'

Kungull,/-i/ -njt

Kungull i pa pjek;- shaka, d.m.th,

veprim i dobët. P.sh, 'Rrapi aty u tregua shumë kungull i papjekur, se nuk i shkon atij të flasë ashtu'.

Si merr vesh kungulli;- shaka, d.m.th, i pa marrë vesh. P.sh, 'Sa herë i kemi thënë Sules ne, por atij nuk i merr vesh kungulli'.

Qull e kungull;- shaka, ushqim i dobët dhe i përsëritshëm. P.sh, 'Te Gjelajt, qull e kungull ke tre vakte'.

Aq ia pret kungulli;- d.m.th, aq di aq flet. P.sh, 'Kolës aq ia pret kungulli, dhe ju thoni pse ashtu'.

Kungull pa fara;- shaka, person jo fort i mençur. P.sh, 'E po të jetë tjetri kungull pa fara si Gupin, nuk gjen kollaj vallahi'.

Kungull lope;- kungull që kultivohet vetëm për kafshët e trasha. Figurativ, person i trashë. P.sh, 'Sa kungull lope që je more burri dheut?'. 2- femër dembele. P.sh, 'Sa kungull lope qenka kjo vajzë, gjynah'.

Shumë kungull brenda;- ironi, d.m.th, shumë punë bajate, pa kuptim. P.sh, 'Mirë more njerëz mirë, po shumë kungull brenda ka kjo puna e Sulës'.

Kunj,/-i/-at

Ndërroja kunjin (kalit, lopës, gomarit);- d.m.th, ndërro temë bisede. P.sh, 'Po ti ndërroja kunjin njëherë o burri dheut, se s'bëhet kiameti'.

Gjete kunj të kruhesh;- shaka, d.m.th, sinonim, xhami të falesh. P.sh, 'Ama gjete kunj të kruhesh dhe ti tani!?'.

Nuk mbahet për kunji;- d.m.th, lëviz nga fjala. P.sh, 'Mirë e ke ti, po Malo nuk mbahet për kunji kollaj, andaj kujdes'.

Kunji kalbët;- ironi, d.m.th, shok apo mik jo i besuar. P.sh, 'Unë vajta besova ty, po ti shumë kunji kalbët paske qenë. 2- fjalë jo e saktë. P.sh, 'Mos u mërzit, se kunji kalbët është ajo punë'.

Ngulin, (shkulin) kunja me bëthë;- tall., d.m.th, bëjnë atë që nuk duhet bërë. Psh, 'Nuk e sheh Rrapin dhe Gupin që ngulin kunja me bëthë gjithë ditës, e nuk dinë se nga t'ia fillojnë'.

Kupë,/-a/-at

Ngrán në nj' kupë;- d.m.th, njihemi prej kohësh. P.sh, 'Më ka marrë malli për Malon, se bashkë kemi ngrënë në një kupë'.

Ta than kupën;- d.m.th, akoma i fortë në të ngrënë. P.sh, 'Kola i ka kapur të nëntëdhjetat, po ama hala ta than kupën. 2- d.m.th, gënjen. 'Rrapi ta than kupën, po qe për atë punë'.

Kupa me kapak, kupa pa kapak;- shaka, d.m.th, e njëjta gjë, por thënë ndryshe. P.sh, 'Kështu si po thua ti kupa me kapak kupa pa kapak, më duket mua'.

Pjerdh n'kupë;- tall., ka gjet belanë. P.sh, 'Kupi ka pjerdh në kupë më duket me atë nusen e djalit'.

Për ta pirë n'kupë;- d.m.th, shumë i/e bukur. P.sh, 'Kishte marrë Leka një nuse, për ta pirë në kupë'.

Ta derdh kupën pa u mbushur;- shaka, d.m.th, njeri zevzek. P.sh, 'Leka ta derdh kupën pa u mbushur, prandaj kini kujdes'.

Luajnë kupa, gjithë natën;- shaka, d.m.th, që nuk ndajnë shapin nga sheqeri. P.sh, 'Mos i pyet Gjelaj për atë gjë, se ata kupa luajnë gjithë natën.

Kupate mb femije qe qan e nuk pushon. P.sh. Ky femije u be kupate sot, nuk e di se si e ka hallin?!

Te rafte kupata. Mallk. d.m.th. vdeksh. P.sh C'me bere te rafte kupata te rafte.

Kuq/ mb.

Ishte shumë i kuq;- d.m.th, komunist i flakët. P.sh, 'Fola pak me Salën, po shumë i kuq ishte'.

S'ka kal t'kuq, pa një huq;- shaka, d.m.th, të gjithë e kanë një cen. P.sh, 'Mos u mundo të jesh perfekt, se deri më sot, s'ka kalë të kuq pa një huq'.

Akoma lyhet me t'kuq;- shaka, d.m.th, mendon se është e re. P.sh, 'Mirë thua ti, po Matia akoma lyhet me të kuq se!'.

Ia kuqi;- dikujt për diçka, d.m.th, i tha një fjalë që s'pati nga të shkojë. P.sh, 'Kola ia kuqi Rrapit, kur i tha, para se të flasësh për mua shih veten tënde në govaç të qenit'.

Mullë kuq;- shaka, që është i dhjamosur por pak i leshtë. P.sh, 'Gupi është pak mullë kuq ,po qe për atë punë'.

Ia kuqi sumën;- tall., d.m.th, e përdori seksualisht. 'Dudi ia kuqi sumën Pipit, se vetë e kërkoi'.

Të kuq;- d.m.th, të turpëron. P.sh, 'Me Muçon nuk rrihet, se ai të kuq ndër njerëz për nder'.

Kuran,'/-i;- Libri fetar

Vëre dorën në (mbi) kuran;- d.m.th, betohu. P.sh, 'Ti po deshe të shfajësohesh, vere dorën mbi kuran, dhe mbaron puna'.

Pasha Kuranin- betim, dmth nuk të gënjej. Psh, 'Pasha Kuranin, kështu më tha baba'.

Kurbet,/-i/ -et

Kurbet o kurbet, harroj baba fmit e vet;- shaka, d.m.th, kur dikush e harron nga mendja fjalën që kishte për të thënë. P.sh, 'Desha të them diçka, por kurbet a kurbet harroj baba fëmijët e vet, me mua tashti'.

Kurvë,/-a/-at

Paç fatin e kurvës;- d.m.th, paç kësmet. P.sh, 'Kur u martua dhe Dilja në një derë të mirë, do të thotë, paç fatin e kurvës'.

E shqeu si kurva kopilin;- d.m.th, mizorisht e keqtrajtoi. P.sh, 'Martën e shqyen si kurva kopilin, derisa e ndanë nga i shoqi'.

Në kohën e kurvës;- d.m.th, në kohën e monizmit. P.sh, 'Kjo që thua ti veç në kohën e kurvës mund të ndodhte, se tjetër kohë nuk besoj'.

Dhe kurvë dhe me koqe;- tall., d.m.th, dhi e krimbur bishtin përpjetë. P.sh, 'Pra sipas teje dhe kurvë dhe me koqe është kjo puna e Rrapit, apo jam gabim?!'.

Kurriz,/-i/-et

Mbase bie macja n 'kurriz;- d.m.th, i shkathët në prapësina. P.sh, 'Mbase bie macja në kurriz, aq bie dhe Malo'.

Ia fërkoi kurrizin;- ironi, d.m.th, e rrahu. P.sh, 'E kapën Gupin duke vjedhur dhe ia fërkuan kurrizin sipas qejfit'.

I doli kurrizi;- d.m.th, u zbulua plani. P.sh, 'Tashti mbaroj çdo gjë, i doli kurrizi keq kësaj pune e hajde shkojmë'.

Sikur e hudh (bukën) pas kurrizit;- d.m.th, pa oreks, ose qejf prishur. P.sh, 'Hëngra pak bukë hëngra, Zoti e shtoftë, por ama sikur e hodha pas kurrizit qe'.

I marrç t 'ligat e kurrizit;- d.m.th, i marrsh të keqen. P.sh, 'Malos i marrç të ligat e kurrizit ti, Malo mirë i ka punët'.

Vetë ia di kurrizi;- d.m.th, vuajtje të tmerrshme. P.sh, 'Matisë vetë ia di kurrizi, andaj flet ashtu'.

I hángër kurrizi;- d.m.th, e kërkoi vetë dajakun. P.sh, 'Kolës nuk ia ka kush fajin, vetë i hëngri kurrizi'.

I bie për kurrizi;- d.m.th, shkurt e shkurt. P.sh, 'Bjeri për kurriz fjalës, se nuk kemi shumë kohë'.

E di ku t'ha kurrizi;- d.m.th, ta di problemin. P.sh, 'Vetëm Kola e di ku të ha kurrizi, për tjetër mos u lodh kot'.

Kurriz m 'kurriz;- tall., d.m.th, zemëruar. P.sh, 'Kanë kohë Gupi e Rrapi që rrinë kurriz më kurriz'.

E ka kryt me kurriz;- tall., dikush që është shumë i pa marrë vesh. P.sh, 'Epo ky fëmijë, kokën me kurriz e ka, andaj rrihet'.

Kurtalis,/-a/-ur;- d.m.th, bërja më të gëzuar një person, kur ke një ndjenjë, emocion, ose favor që të ndihmon. P.sh, 'Na kurtalisi djali me këtë nuse, sa të mbarë'. 'Kishin blerë një makinë dhe ishin kurtalisur'.

Kusi,/-ja/- të.

U bá bëthë kusie;- d.m.th, u nxi nga inati. P.sh, 'Matia u bë bëthë kusie, kur i thanë se nuk do të shkojë në dasmë'.

Ka ngránë fundin e kusisë;- d.m.th, që bie shi, kur një djalë martohet. P.sh, 'Po ky i bekuar paska ngrënë fund kusie përherë'.

Si kusi e shpume;- shaka, dikush që nuk pushon së foluri. P.sh, 'Epo ta ketë gruaja gojën si kusi e shpuar, vetëm Matia është'.

Si ato me kusitë ;- d.m.th, lypsar apo arixhofkë. P.sh, 'Gjithë kohën nuk do të rrimë ne si ato me kusitë, prandaj jemi duke parë për punë'.

Për ti vu kusinë;- tall d.m.th, mjelur, një femër që ka gjoksin e zhvilluar. P.sh, 'Kështu e bukur qenka Lena por qenka dhe për ti vënë kusinë'.

Kusur,-i/ -et

Kusuret e gjyshit;- shaka, d.m.th, kur vuan për faj të një tjetri. P.sh, 'Po pse kusuret e gjyshit do të laj unë tani?!'.

Oj Nure, me njëqind kusure;- shaka, d.m.th, kur të mblidhet gjithë të këqijat. P.sh, 'Ngela gjithë jetën, oj Nure me njëqind kusure, unë'.

Pesë pare kusur; -d.m.th, vraje tjetrin pa u ndjerë. P.sh, 'Ti jepi Gupit pesë pare kusur dhe mbaron puna'.

Kusuri madh;- d.m.th, hall i pa përshkruar. P.sh, 'Po ç'është ky kusuri madh me këtë djalë xhanëm nuk arrij që ta kuptoj dot?'.

I lau kusuret;- d.m.th, vdiq. P.sh,

'Dulla sot i lau kusuret, andaj është mirë të shkojmë në varrim'.

Kut,- i/-et

E kërkoi kut më kut;- d.m.th, s'la vend pa pyetur. P.sh, 'Gjela e kërkoj lopën kut më kut e ajo kishte ardhur brenda prej mizash'.

Ja mati kryet (kokën) me kut;- d.m.th, shumë dorështrënguar. P.sh, 'Kola ishte i mërzitur shumë, se Rrapi ia kishte mat kokën me kut, prandaj'.

O Maksut, kut më kut;- shaka, dikush që s'le gjë pa bërë. P.sh, 'Kjo puna Lekës është si ajo, o Maksut kut më kut, po nejse'.

Aq ia ha kuti;- d.m.th, mundësinë, aq e ka pashin. P.sh, 'Agës aq ia ha kuti, më shumë nuk besoj se bën'.

Kuti/-a/- te.

Si e mbajtme n 'kuti;- d.m.th, femër shumë e bukur. P.sh, 'Kishte gjetur djali një nuse e si e mbajtme në kuti ishte'.

Kuti me dryshk;- tall., d.m.th, i pasur por shumë dorështrënguar. P.sh, 'Mixha Shibë kuti me ndryshk është, por çe do se!?'

Kyç,/-i/ -et

Si me shtatë kyça;- d.m.th, shumë me zor. P.sh, 'Po thuaje një fjalë o djalë, si me shtatë kyça e ke atë të shkretë gojë.

Hem kyç hem nyç;- d.m.th, i pagdhendur totalisht. P.sh, 'Po ky Rrapi hem kyç hem nyç qenka more burrat e dheut'.

I vu kyçin;- shaka, d.m.th, që nuk lindi fare fëmijë. P.sh, 'Nusja e dajës e mirë shumë është, ama e gjora i vu kyçin e nuk lindi asnjë fëmijë

-L-

Labot,/-i

Vesh labot;- tall., d.m.th, që i veshët i ka të mëdhenj, por dhe i trashë. P.sh, 'Ik ore mbushu andej, vesh labot'.

I doli laboti arës;- d.m.th, ka ngelur pa martuar. P.sh, 'Ehe djalo, dhe puna jote, të doli dhe ty laboti arës'.

Mos na shit labot;- d.m.th, mos na çaj veshët me broçkulla. P.sh, 'Shiko punën tënde ti shoku e mos na shit labot ,se nuk ta kemi për borxh'.

Lafshak,/-e;- fetare, që është i pabërë synet. 'Është lafshak', 'Ka ngelur lafshak'. Ironi. I krishtere.

Lafshë,/-a/- at

Nxori gjeli lafshë;- ironike, d.m.th, kur dikush shpërthen në të shara e fyrje. P.sh, 'Po ky ç 'pati kështu, apo nxori gjeli lafshë'.

E preku n 'lafshë;- d.m.th, e ngacmoi keq. P.sh, 'e preku në lafshë Kolën, andaj ai i foli ashpër'.

Lafsh paprerë;- d.m.th, i pabërë synet. P.sh, 'Qënka akoma lafsh paprerë'.

Lafshok,-u/;- që është i pa bërë synet, d.m.th, me lafshë, ose 'gjel lafshok'.

Lag/ -a,/ -ur

E lagu, s'e lagu;- d.m.th, me të hedhur. P.sh, 'Kjo punë nuk e ka e lagu s'e lagu, po hajde të ulemi e ta bisedojmë shtruar'.

E lagu;- d.m.th, u martua. P.sh, 'Kola mbrëmë e lagu e sot, nuk i dilet para'.

U lag ndër vehte;- d.m.th, i shpëtoi urina e hollë në pantallona. P.sh, 'Gupi, duke folur, u lag ndër vehte, pastaj u skuq flakë'.

Lagur n'gjumë;- d.m.th, ejakulon në ëndërr. P.sh, 'Meti ishte lag në gjumë mbrëmë e sot u çua herët nga shtrati e iku të lahej'.

Jo me të lagme;- d.m.th, me të

hedhur. P.sh, 'Kjo punë nuk e ka me të lagme, ti shoku im, se ashtu nuk bën'.

Desh i lagu brekët;- d.m.th, u tremb jashtë mase. P.sh, 'Kur pa arushën, Leka desh i lagu brekët'.

Iu lagën letrat;- d.m.th, iu prish biografia. P.sh, 'Kola qe anëtar partie, por diku iu lagën letrat dhe e larguan përkohësisht'.

Dhe shiu i lagët është;- ironike, d.m.th, nuk ka rëndësi lënda, por efekti shihet. P.sh, 'Kur qe fjala për Gupin se a është burri mirë apo jo, dhe shiu i lagët është, po kur bie me rrëmbesë shkatërron të mbjellat'.

Sa me lag gojën;- d.m.th, pak, fare pak. P.sh, 'Paska ngel pak qumësht qysh mbrëmë, sa për të lagur gojën'.

Rruhet pa lag;- tall., që pretendon se është i fortë. P.sh, 'Kolën mos e keni merak fare, se ai është nga ata burra që rruhet pa lag'.

Zhyt e lag;- d.m.th, si mos më keq. P.sh, 'Deshi që ta rregullonte punën, po zhyt e lag e la dhe iku me nxitim'.

Lag e thaj;- d.m.th, të njëjtën send për ditë. P.sh, 'Lag e thaj e ka kjo punë, tha Malo duke qeshur'.

Laik-fetare;- ndëshkim.

U bá populli laik;- d.m.th, ndëshkim i vetvetes, shkaktar i trazirave sociale- shoqërore.

U bá njeriu laik;- d.m.th, u vetë mallkua. P.sh, 'Është bërë populli laik prandaj kemi udhëheqësh të vrazhdët, tha Kola dje pas mbledhjes'.

Ik nga populli laik;- d.m.th, largoju së keqes. P.sh, 'Sa herë të kam thënë që, ik nga populli laik, po ju nuk më dëgjoni'.

Laikçinj/- je; fjalë e rrallë, që janë të destinuar të vuajnë, të mallkuar. 'Popull laikçi', 'Rini laikçije'.

Laikqarë/-e;- fetare, që është i vetë ndëshkuar. 'Popull laikqar', 'Vende laikqare' (të vetë ndëshkuara).

Laj/-va, /-rë

Laj e thaj;- asgjë në dritë. P.sh, 'Dhe unë sot ngela laj e thaj, kurrizi mu këput e send nuk nxora në breg'.

Laj e lyej e gishtin mas;- ironi, d.m.th, pabesi, servilizëm. P.sh, 'Me Gupin ashtu e ka puna, laj e lyej e gishtin pas'.

Lag e laj, brisku berberit;- ironike, d.m.th, asgjë në dritë, punë pa rezultat. P.sh, 'Dhe kjo puna ime lag e thaj, brisku berberit, vajti dita'.

Lau (larë) duart;- d.m.th, shkëputur prej dikujt apo diçkaje. 'Kola i ka la duart me duhanin (alkoolin) ka kohë'. 2- Vdiq. P.sh, 'Baba ka mjaft vite që i la larë duart nga kjo botë, dynja). 3- zemëruar nga dikush. P.sh, 'Me Malon i kam larë duart qysh atë ditë kur më ofendoi'.

Laj gojën;- ironi, ji i pastër, i sinqertë. P.sh, 'Kur të përmendësh babën tim, përpara laj gojën'.

Si i lami n'drrasë (vig);- d.m.th, gati në vdekje. P.sh, 'Isha pak nga baba sot, si i lami në dërrasë dukej i gjori'.

Sa për t'larë gojën;- d.m.th, sa për sy e faqe. P.sh, 'Kola na dërgoi një fresë për dasmë sa për të larë gojën'.

E lau nji bark;- d.m.th, ka heqje dhe prerje barku. P.sh, 'Malon sot e lau një bark, e nuk mundi të shkonte as në punë'.

I kam (i ke, kanë) la sahanët'- d.m.th, jemi të qartë për çdo gjë, kemi rënë dakord. P.sh, 'Mos u anko tashti, se bashkë i kemi larë sahanët, e fjalët pas, nuk janë mirë për ne'.

Me çoi nana me la faqen, tall/ironi. Sa per t'u dukur. P.sh. Kjo ardhja jote ne dasem, eshte me cpi nena me lare faqen, po nejse xhanem?!'

Lajkë,/-a

I ka lajka e jo zdrajka' d.m.th, jo seriozisht. P.sh, 'Ti mos e merr përnjëmend, se Kola i ka lajka ato e jo zdrajka', (me të ngjeshur).

Lajkatar/ i /e;- që bën shumë lajka e lëvdata, grua lajkatare, ose mace lajkatare, djalë lajkatar, ose qen lajkatar.

Lajkaxhi/-e;- po aty, lajkatar, lajkatare.

Lajmës,/-i

Nuk duhet lajmës;- ironike, shihet me sy, nuk duhet thënë. P.sh, 'Ti e pe që po zinte shi, për këtë besoj se nuk duhet lajmës që të duhet çadra'.

Lajthi,/-a/- të

Çelën lajthitë; d.m.th, dolën thinjat. P.sh, 'Po mirë more burri dheut, nuk e shikon ti se të çelën lajthitë, e akoma loz me djemtë!?'.

I ka sa lajthia, (d.m.th. kokrrat poshtë);- tall., frikacak. 'Ashtu thua ti, por ai i ka sa lajthia të shkretat, andaj nuk ja mban bytha'.

Shtizat prej lajthie, plumba

kakërdhie;- tall., d.m.th, mos iu trembni dikujt pa arsye. P.sh, 'Gupi u çorr në mbledhje, por të gjithë e dinin se ai i ka shtizat prej lajthie e plumbat kakërdhie, të bërtiturat'.

Lajthit/ -a,/ -ur
I lajthitën dhitë;- d.m.th, u çmend, u nevrikos, e humbi toruan. P.sh, 'Kola qe shumë mirë për momentin, por diçka i lajthitën dhitë kur u çua Malo, filloj të tallej me të'.

Lak/- u/- leqet
Ta ven lakun;- d.m.th, keqdashës, të mbyt. 'Gupi po qe për atë punë, ta vë lakun'

Ia varën lakun;- bisedë, d.m.th, e ekzekutuan. 'Gjetës ia varën lakun kot së koti ,me dëshmitarë jallan'.

Ra n'lak;- d.m.th, në kurthin e dikujt. P.sh, 'Kola ra në lak prej shtetit, vetëm se donin ta hiqnin qafe'.

Lak shejtani;- (laku qoftëlargut), d.m.th, dinakëri shumë e rrezikshme. P.sh, 'Kjo që po bëni ju djem, është lak shejtani, prandaj u them të hiqni dorë'.

Lakun ja vunë dhelprës, por derri ra n'të;- d.m.th, kush ishte në plan e kush e pësoi. P.sh, 'Nuk u muar vesh se si vajti kjo gjë, laku qe për dhelprën, e derri ra në të'.

Lakër,/-ra/-at
Ishte bá lakër;- d.m.th, shkërmoqur e dërrmuar. P.sh, 'Kola ra nga kali dhe ishte bërë lakër i ngrati, drejt në spital e çuan. 2- shpuar me dhëmbë, e shqyer. 'Lopa ishte bërë lakër nga fyti prej ujqërve'.

Të mban n 'lakra;- d.m.th, të gënjen. P.sh, 'Me ty Meti kam qejf unë, se ti të mban në lakra tërë ditën'.

U kap (zu) me lakra;- d.m.th, u kap mat,. P.sh, 'Matia u kap me lakra, kur i tha të shoqit se dua të dal pak në Pazar'.

Si lepuri n 'lakra;- d.m.th, ka frikë. P.sh, 'Po ti Rrapi ç 'paske ashtu sot që rrike si lepuri në lakra?'.

S'ia ha kush lakrat;- d.m.th, s'ia hedh dot kush. P.sh, 'Metit s'ia ha kush lakrat po qe për atë punë'.

E mirë, e mirë, lakër;- ironi, d.m.th, send që shihet vetë, pa qenë nevoja e lëvdatës. P.sh, 'Ke mjaft kohë që na flet për nusen e djalit, e mirë e mirë, lakër!'

Lakror,/-i/ -ët

Ia hëngri breshka lakrorin;- d.m.th, u nxeh. P.sh, 'Po asaj ku ia hëngri breshka lakrorin tashti!?'.

Iu mykën lakrorët, (bukët); d.m.th, ngelur pa martuar. P.sh, 'Dilës iu mykën lakrorët të shkretës, askush nuk po pyet për të'.

Hiq lakror e ve lakror;- d.m.th, dushk për gogla. P.sh, 'Mënyra se si ma thatë ju mua, ajo tingëllon hiq lakror e ve lakror'.

Si lakrori pas darke;- shaka, pa qenë e arsyeshme. P.sh, 'Kola na erdhi mbrëmë si lakrori pas darke, ne gati sapo binim në gjumë'.

E ruan si lakror;- tall., d.m.th, e ka për zemër dikë. P.sh, 'Ia kërkuan Kolës hua kazmën e ai e ruan si lakror të gjorën'.

Vijnë si krushkat me lakror;- shaka, gjithë naze e tangërllik. 'Po ato çfarë kanë që vijnë ashtu si krushkat me lakror, folu të luajnë këmbët se na zuri nata rrugës'.

Në kohën e lakrorit;- tall., d.m.th, asnjëherë. P.sh, 'Ajo që tregon ti Malo, veç në kohën e lakrorit ka ndodhur'.

Lakuriq,/-e

Lakuriq me duar n 'xhepa;- tall., kur dikush tregon proçka. P.sh, 'Lakuriq me duar në xhepa, qenka dhe kjo puna jote o Kolë, se më thartove nga koka sot'.

Lakuriq me sytë nga dielli;- d.m.th, pa asgjë. 'Gjelajve u kishte rënë zjarri e i kishte lënë të shkretët lakuriq, me sytë nga dielli.'

Lalë,/-a

Hajde lalë hajde;- gjendje habie, diçka shumë e madhe. P.sh, 'Kalonte mbi ta një urë e lartë, që hajde lalë hajde'.

Po t'dhimti dhëmballa, shko se ta pushon lala;- d.m.th, po pate keq, shko kërko ndihmë. P.sh, 'Ju mos u sillni poshtë e lart kot, se i thonë fjalës, po të dhëmbi dhëmballa shko ta pushon lala'.

Lanet,/-i/ -ët.

Si laneti;- ironi. P.sh, 'Kishin ca fëmijë ata Gjetaj, si laneti ishin'.

E bëri lanet (djalin, vajzën);- d.m.th. e mallkoi ose e dëboi nga shtëpia përgjithmonë. 'Rrapi e bëri lanet vajzën, qëkur i doli nga shtëpia'.

Si laneti n 'xhep';-- d.m.th, që u rri gati gjërave të kota. P.sh, 'E po të jetë burri botës si laneti në xhep, vetëm Rrapin kemi parë'.

Lanetoj/- ova/- uar;- fjalë e rrallë, bisedë, e mallkoi. P.sh, 'E lanetoi djalin', 'Ku shkon ky i lanetuar?'.

U lanetuan me t'gjallë;- d.m.th, nuk flasin me gojë, nuk venë e vijnë te njëri tjetri. P.sh, 'U lanetuan djemtë me të gjallë, dhe nëna përditë merakoset'.

Laparos, -a,/ -ur

Ia laparosi letrat;- d.m.th, ia prishi punët. P.sh, 'Kola qe mirë shumë, por ajo puna e djalit ia laparosi letrat'.

Ia laparosi syve;- d.m.th, ia përplasi në fytyre. P.sh, 'Mirë bëri Malo që ua laparosi syve, se ata nuk marrin vesh'.

Lapë,/-a/-/ at;- gjethe dushku.

Si ai që ka flet (fjetur) n 'lapa;- d.m.th, i paqethur rruar e larë). P.sh, 'Erdhi Rrapi këtej sot e dukej si ai që ka fjetur në lapa'. (egërsirë).

E ndan lapën (fijen, qimen) për mjedisi;- d.m.th, i mençur dhe shumë i saktë në gjykimin e një çështjeje (merret në subjekt snajperisti). P.sh, 'Po qe për atë punë, merr Dautin, se ai e ndan lapën për mezi po ti dojë qejfi'.

Ia ka marrë era lapat;- d.m.th, nuk mban mend, vuan nga skleroza. P.sh, 'Gupit ia ka marrë era lapat me kohë, unë ashtu e shoh'.

Nuk ndihej as lapa;- d.m.th, qetësi absolute. P.sh, 'Ishim në fshat mbrëmë, po si o burri dheut nuk ndihej as lapa'.

Shpurrit nëpër lapa;- ironi, d.m.th, ruan të zhbirojë diçka. P.sh, 'Po ky shpurrit nëpër lapa tani apo si është puna!?'

Laps/-i /-at

Lapsi lindi i pari;- fetare. (flasim për një laps Kozmik), d.m.th, kur profeti Muhammed u ngjit në qiellin e shtatë, të vetmen gjë që dëgjoj pas perdes së dritës, ishte trokëllima e lapsit në letër që shkruante çdo gjë në Univers. P.sh, 'Andaj ju djem, u them që lapsi lindi i pari, e kini kujdes se ai shkruan vetë'.

Kur lapsi të flasë vetë;- fetare, d.m.th, në ditën e Gjykimit, lapsi do të flasë vetë çfarë ka shkruar për njeriun në gjallni të vet. P.sh, 'Kur lapsi të flasë vetë, atëherë vetëm mëshira e Zotit do të veprojë mbi njeriun'.

Si t'a kapë lapsi (kalemi);- d.m.th, si të marrë puna, si të bjerë shorti. P.sh, 'Mirë e ke ti që thua ashtu, po kjo punë e ka, si ta kapë lapsi'.

Ta than kryet n 'laps;- d.m.th, shumë i hollë në llogari. 'Kola po qe për llogari. ta than kryet në laps'.

S'e fut kush n 'laps (kalem);- d.m.th, i/e pavlerë, ose i përçmuar, se pyet kush. P.sh, 'Mos ki frikë nga ai, se atë se fut kush në laps'.

E prefi lapsin mirë;- d.m.th, iu bë gati diçka por i dështoi. P.sh, 'Sala e mprehu lapsin mirë të ishte kryetar, por nuk i doli ashtu sikur mendoi'.

Larë,/-a/-at

Lope larë, viçi larë, i plaçin sytë kush t'ka parë;- shaka, d.m.th, ka rënë mësysh. P.sh, 'Hajde të fryjë nëna njëherë, lopa larë, viçi larë, plaçin sytë kush të ka parë, dhe të bëhesh më mirë'.

Si delja larë;- d.m.th, që dikton nga të tjerët në mënyrë të theksuar. P.sh, 'Në kompaninë tonë ka veç gra që punojnë, veç një burrë si delja larë midis tyre'.

Larë e pa larë;- d.m.th, ashtu si të jetë. P.sh, 'Kërkoj një punë, larë e pa larë, se jam në nevojë'.

Larg;- Ndajfolje

Je ngrys larg;- ironi, d.m.th, kërkon diçka të pamundur, me kërcënim. P.sh, 'Ti djali im, më duket je ngrysur larg, si i del gocës së botës në rrugë dhe e turpëron!?'.

Larg syve, larg zemrës;- bisedë, d.m.th, mos vizitat e shpeshta shkaktojnë ftohje farefisnore apo shoqërore. P.sh, 'Ti Malo ke të drejtë që thua ashtu, por ama pse thonë, larg syve larg zemrës'.

Shtie larg e larg;- d.m.th, i vjen vërdallë një subjekti. P.sh, 'Ti Kolë ke kohë që shtie larg e larg, na trego si i ke punët!?'.

Si ai që qoftë larg;- tall., d.m.th, në gjendje të mjerueshme. P.sh, 'Pse qenka bërë ky Rrapi si ai që qoftë larg, nuk e kuptoj?!'.

Ky largqofti;- ironi, d.m.th, i padëshiruari. P.sh, 'Ja erdhi ky largqofti tashti e hajde rri e bën muhabet po deshe'.

Gjuan gurë nga larg;- d.m.th, flet keq rreth dikujt apo diçkaje. P.sh, 'Pse gjuani me gurë nga larg ju, po dilni në shesh e flisni si burrat'.

Larg qoftë;- djalli, qoftëlargu.

Laro,/-ja/- t

Nuk le laro, të hajë balo;- d.m.th, kur nuk ka respekt e qytetari. P.sh, 'Mirë e ke ti, ashtu duhet të jetë, por si kanë ardhur kohët, shihet që nuk lë laro, të hajë balo'.

Kape laro, kape balo;- d.m.th, rrëmujë. P.sh, 'Kushdo që po vjen në pushtet po shihet që, kape laro kape balo janë, nuk shihet ndonjë dallim'.

Laro e balo;- tall., d.m.th, pa asnjë dallim. P.sh, 'U mblodhën aty laro e balo dhe hanin e pinin si të shqyer'.

Laroj/-ova /-uar;- punoj arën.

Ja laroj nanën;- ironi, d.m.th, e bëri më keq nga ç 'ishte. P.sh, 'Vajti Çemi sot andej nga arat, dhe ja laroj nënën arës së mbjellë me patate'.

M'ta larofsha plakën;- sharje, d.m.th, qerrata bir qerratai. P.sh, 'Veç po nuk të zura, se po të futa ndër thonj, atëherë m'ta larofsha plakën, di unë si ta punoj'.

E laroshi;- ironi, d.m.th, sa kaloj radhën. P.sh, 'I futi Kola qetë në arë, vetëm sa e laroshi pak përsipër e asgjë tjetër'.

Larosh e balosh;- tall., d.m.th, të gjithë. P.sh, 'Ishin mbledhur larosh e balosh e po hanin e pinin, sikur kishin pa ngrënë nja një javë'.

Laroshe aty dhe hajde;- d.m.th, nxito, mbaro punë shkel e shko dhe ik. Psh, 'Dhe ti more bir sa me të butë e merr, laroshe aty dhe ikim se u bë vonë'.

Ama e laroshe fare;- d.m.th, e prishe më keq. P.sh, 'Ajo qe si qe ashtu, vajte ti dhe e laroshe fare'.

Larosh/- i/-at;- emër kau. P.sh, 'Merre laroshin e fute brenda'. 'Sa e shet laroshin?'.

Hajt larosh, e dil në qosh;- tall., d.m.th, me ngutje, me nxitim të panevojshëm. P.sh, 'Prashiteni ngadalë misrin, jo ashtu, hajt larosh e dil në qosh'.

Hajt larosh;- bisedë, d.m.th, në ecje të paditur, në vazhdimësi. P.sh, 'U nisëm ne, hajt larosh, dalë ku të dalë, e dikur hajt larosh dolëm në rrugën kryesore, pritëm pak për makinë e hajt larosh erdhi një zis i ndërmarrjes Rruga Ura e na mori'.

I hynë xixat (mizat) laroshit;- tall., d.m.th, pas disa kohe u nxeh. P.sh, 'Në fillim Sala as që e prishi terezinë fare, por dikur i hynë xixat laroshit dhe hajt ta mbaje më pastaj'.

Laroshe/-ja/-et;- emër lope që është me lara nga koka apo trupi. 'Po mjel laroshen', 'Ku është laroshja që s'paska ardhur akoma?'

Lart/ siper.

Ai lart;- d.m.th, Perëndia; shprehje afirmative. P.sh, 'Kështu ka vendosur Ai lart dhe ashtu u bë'.

Lart e më lart;- urim, d.m.th, u ngritsh në detyrë. P.sh, 'Urime djali im, lart e më lart të pafsha'.

Pështyj lart bjer në faqe;- d.m.th, pa rrugëdalje. P.sh, 'Kësaj i thonë pështyj lart bjer në faqe, kur vete e ta bën fëmija yt tërë atë gjëmë'.

Hundën lart;- d.m.th, nënçmues, indiferent apo inferior ndaj shoqërisë. P.sh, 'Shumë hundën lart e mbajtka ky shefi ri, e keni parë ju apo jo?'.

Sa më lart (nalt) të ngjitesh, aq më shumë vritesh kur bie;- d.m.th, pasojat negative të lartësimit në pozitë shoqërore, pasuri etj. P.sh, 'Mirë ti Malo që je bërë kryetar, por i thonë një fjale, sa më lart të ngjitesh, aq më shumë vritesh kur bie, prandaj kujdes!'.

E mban pazarin lart;- ironi, d.m.th, mendjemadh. P.sh, 'Me Gjokën nuk mundesh të merresh vesh si njeri, ngaqë ai lart e mban pazarin'.

Larushk,/-u

Dushk e larushk ;- d.m.th, njësoj, të ngjashëm. P.sh, 'Si Kola e Malo, dushk e larushk ishin'.

Kërkon larushk nëpër borë;- shaka, d.m.th, që ka teka e bënde. P.sh, 'Na mërziti ky fëmijë, ka një copë herë që kërkon larushk nëpër borë'.

M 'dole larushk;- tall., d.m.th, zhgënjim, jo aty ku mendoja se do të ishe. P.sh, 'Nuk ma merrte mendja se do të më dilje larushk, po nejse më, akoma do të mësojmë ne disa'.

Krushk o krushk, mos ha larushk;- tall., kur ka tradhti nga brenda. P.sh, 'Mirë o mirë unë po të besoj, por ama, jo krushk o krushk mos ha larushk, se nuk është mirë ashtu'.

Laskar,/-i/- ët (druri qe ngre ose ul gurin e mullirit)

Nuk i do laskari;- tall., d.m.th, nuk i do qejfi. P.sh, 'I thamë disa herë të vinte dhe ai me ne, por nuk i donte laskari'.

Atë e di dhe laskari;- tall., d.m.th, dihet botërisht. P.sh, 'Unë kujtova se çfarë do të na thuash, por atë e di dhe laskari'.

T'i vije laskarët;- tall., d.m.th, dembel i madh. P.sh, 'I dhamë

Gupit një punë për ta bërë, por atij ti vije laskarët, meazallah se ngrihej'.

Làtë,/-a, -at

I prefën latat;- shaka, d.m.th, bënë fjalë, u grindën. P.sh, 'Po ata ç 'patën ashtu që i prehën latat sot?'.

Ku shkoi lata, le të shkoi dhe bishti;- d.m.th, ku shkoj e shumta, le të shkoj dhe e pakta. P.sh, 'Ti mos u mërzit se tu derdh qumështi, ku shkoj lata, le të shkoj dhe bishti tashti'.

Nji e prerë late;- d.m.th, ngjashmëri. P.sh, 'Këta fëmijë, si një e prerë late i paskeni, mashallah'.

Latoj,/ -óva,/ -úar

I a latoj kurrizin, kryet, gjuhën;- tall., d.m.th, e rrahu, e goditi me diçka. P.sh, 'Rrapit i hëngri vetë kurrizi, andaj Gupi ia latoj kokën'.

T'i laton lala qeprat;- shaka, d.m.th, do të rrah. P.sh, 'Mos ki merak hiç ti se t'i laton lala mirë qeprat ty, po nuk erdhe nesër mbrëma andej'.

Latore-/ ja/- t;- sëpatë e bërë enkas për të latuar trarë apo çarë dërrasa. 'Sille pak latoren kur të vish lart Shkoi të mprehë latoren te kovaçi'.

Lazëm;- fjalë e rrallë, i duhur, i nevojshëm. 'Më bën lazëm kjo kazma, a ta marr pak?' 'Ti Malo më bën lazëm sot, por mos u largo'.

Çne me lazëm;- d.m.th, mos më zër me gojë, ose mos e përhap këtë fjalë. P.sh, 'Dëgjuam që Dullës i ka ikur cuca mbrëmë, po çne me lazëm'. 'Dëgjo këtu, çne me lazëm, dëgjova se do të bjerë qeveria'.

Leckë/,-a/-at

E ha me gjithë lecka;- d.m.th, e vë poshtë në mundje. P.sh, 'Salën e ha me gjithë lecka, po ia mbajti le të vijë'.

I a ngarkuan leckat;- d.m.th, e dëbuan Gupi se vodhi diçka andej nga puna ku ishte, dhe drejtoria ia ngarkoj leckat', 'Diles ia ngarkuan leckat, se filloi të shkonte me të tjerë pas vdekjes të së shoqit'.

Si muti nën lecka;- tall., keq e më keq. P.sh, 'Ti mos m'u fshih mua si muti nën lecka, se ne ti shohim veprimet tua, por po presim të ndryshosh vetë'.

Ta vë leckën te buza;- bisedë,

d.m.th, të turpëron. P.sh, 'Fëmija i keq ta vë leckën te buza, po i thoshte Matia Kolës, kur dëgjuan çfarë kishte ngjarë'.

Ledh/-i /-et

Mos hidh ledh në lug t'mullirit;- tall., d.m.th, mos trazo vend e pa vend. P.sh, 'Ti po nuk pate se çfarë të bësh, më mirë shko në mal që të hajë ujku, përndryshe mos hidh ledh në lug të mullirit'.

Ka zán ledh;- shaka, d.m.th, shumë dembel. P.sh, 'Kola ka zënë ledh aty, andaj s'mundi të vijë sot në punë'.

Sa për t 'zán pak ledh;- shaka, d.m.th, vetëm pak. P.sh, 'Hëngra pak mëngjes sa për të zënë pak ledh dhe u nisa me të shpejtë, se ikën dita'.

Mos hidh ledh në vijë t'katunit'- ironi, d.m.th, mos fut hundët aty ku nuk të takon. P.sh, 'Ti Malo mos u qaj tani pse të ngacmuan, sepse ti nuk duhej të hidhje ledh në vi të katundit, prandaj vjen kjo'.

Ta ze ledhi derën;- bisedë, d.m.th, e keqja. P.sh, 'Kaq e ka kjo punë, po ta zuri ledhi derën, zor se e merr më veten në këto kushte që janë'.

Shtyj ledh e prit ledh;- ironi, d.m.th, ngatërrestar. P.sh, 'Si të rrish, shtyj ledh e prit ledh, gjithë ditën, natyrisht që druri të pret'.

Ngeli ledhi n 'fund;- shaka, d.m.th, llumi shoqërisë, (ai që drejton një familje fis, qytet apo shtet). P.sh, 'Tashti si ngeli ledhi në fund, natyrisht kjo do të ndodhë'.

Nuk mban ledh (pluhur) n 'vesh;- shaka, i sertë, që nuk duron të bësh shaka me të. P.sh, 'Kola nuk mban ledh në vesh fare, prandaj mos e cytni'.

Çfarë të sjellë ledhi;- tall., d.m.th, si të jetë fati (për nuse). P.sh, 'Kështu si erdhën kohët, tani çfarë të sjellë ledhi është kjo punë'.

Legat/-ë,-a/-at

I prishën (hoqën) legatat;- shaka, d.m.th, nuk hyjnë e dalin me njëri tjetrin si më parë. 'Gupi me Rrapin i hoqën legatat kohët e fundit p o se ku qe problemi ,nuk u muar vesh'.

Legen,/-i /-ët

Llum legeni;- keqardhje, d.m.th, pa vlerë, njeri apo shoqëri e ulët nga niveli moral. P.sh, 'Kur ika, nuk i lashë aq keq, kurse tani llum legeni qenkan bërë'.

Shihu n 'legen (govaç) t' qenit;-

ironi, d.m.th, pa dinjitet e moral. P.sh, 'Ti shihu njëherë në legen të qenit, pastaj hajde e na bëj moral neve'.

Bjeri legenit;- tall., d.m.th, fol po nuk pate punë. P.sh, 'Po, po, bjeri legenit ti tashti, ai qumështi u derdh në zjarr'.

Si iriqi pas legenit;- tall d.m.th, shkon pas berihasë. P.sh, 'Ti hapi sytë more bir, mos kërce ashtu si iriqi pas legenit.

U lafsh me legen;- d.m.th, u turpërofsh. P.sh, 'U lafsh me legen u lafsh, ç'më bëre!'.

Grupi legenit- tall d.m.th. te hurit e te litarit. P.sh. Erdhen keta te grupit legenit tashti dhe hajde degjoj deri ne mengjes.

S'i del as legeni;- tall., d.m.th, llupës i madh. P.sh, 'Gupit s'i del as legeni kur fillon e ha bukë'.

Legjendë/-a,-at

U bá legjendë;- tall., d.m.th, u mor vesh anë më anë. P.sh, 'O Kolë, u bë legjendë kjo puna jote, pash Zotin ku ishe!?'.

Ku je o legjendë- shaka, d.m.th, mocion superlative i momentit. P.sh, 'Po ku je o legjendë, se na thave sytë, hajde ulemi e pimë një kafe bashkë'.

Po vjen legjenda;- shaka superlative, d.m.th, i shumë dëgjuari. 'Tashti si po vjen kjo legjenda në pushtet, kam besim se shumë sende do të ndryshojnë'.

Leh,/-a,/ -ur

Aty ku leh aty dhe ha;- ironi, shërbëtor i dikujt. P.sh, 'Rrapit mos i ngarkoni faj fare, se aty ku leh tjetri aty dhe ha'.

Hem leh hem pjerdh;- tall., d.m.th, bën si i thonë, por ka dhe frikë. 'Sala, hem leh hem pjerdh, po qe për atë punë'.

Leh pas laraskash;- tall., d.m.th, rend pas vajzave. P.sh, 'Ore ky djalë, shumë leh pas laraskave, po kini pak kujdes çfarë është duke bërë'.

Leh n'erë;- tall., d.m.th, nuk di asgjë. P.sh, 'Mani leh në erë gjithë ditën e ditës, të kam në qafë unë po mori vesh gjë çfarë bëhet'.

Leh/-e,/-ja/ -et

S'ngre shumë lehe;- bisedë, s'ka rëndësi. P.sh, 'Unë po të tregoj anën më të rëndësishme të çështjes, ndërsa ajo puna e Kolës, nuk ngre shumë lehe, pasi të gjithë e njohim atë'. **Lehim/-i/-et,** (lehtësim)

Paç lehim te Zoti;- d.m.th, qofsh

i falur nga mëkatet. P.sh, 'Vërtet sëmurë qenke, po inshallah paç lehim te Zoti'.

Lehuar nga koka (mentë, trutë);- d.m.th, plakur, ose vuan nga skleroza. P.sh, 'Gjyshja ishte lehuar goxha nga mentë, po inshallah bëhet më mirë'.

Më lehoj krahun;- d.m.th, ndihmë. P.sh, 'Kjo nusja e djalit shumë ma lehoj krahun, që Zoti e bekoftë'.

M'u lehu kuleta;- shaka, kam ngel pa një dysh. P.sh, 'Erdha të kërkoj për ndonjë punë, se për zotin, m'u lehua keq kuleta'.

Leje,/-a/-et

I ka dhënë mreti leje;- shaka, futet kudo. P.sh, 'Kolës i ka dhënë mbreti leje, andaj mos u duket shumë çudi'.

Ka leje me pash;- shaka, bisedë, d.m.th, tepër i kënaqur. P.sh, 'E ke lejen me pash tashti prej meje, mund të shkoni, mbasi ma bëtë qejfin që ndenjët për darkë te unë'.

Me lejen (emrin) e Zotit;- bisedë, d.m.th, me miratimin, me kësmet. P.sh, 'Nesër, me lejen e Zotit jemi për rrugë'.

Dhe Zotit s'i merr leje;- tall., d.m.th, njeri abrash, kokëfortë. P.sh, 'Feros po i hipën xhindet, atëherë ai dhe Zotit s'i merr leje, bën çfarë ti vijë nëpër mend'.

Lek/-u/ -ët

Ka hy leku n 'dry;- shaka, vështirësi ekonomike. P.sh, 'Për zotin jemi duke punuar sa natën ditën, por ka hyrë ai dreq leku në dry e meazallah se del'.

Pesë lekë, nji e folme;- tall., njeri që flet rrallë. 'Kola ashtu ishte, pesë lekë nji e folme, por ama punën e bënte të saktë'.

Lek më lek;- d.m.th, copë më copë. P.sh, 'Nuk po kalon jeta lek më lek, për nder'.

T'i bish lekut n'pushkë;- bisedë, fitim me zor. 'Ku s'kemi vajtur për punë, mirëpo ti biesh lekut n'pushkë, meazallah se dilte'.

Hëngri gjysmën e lekut;- d.m.th, mori dënim me vdekje. 'Krimi i rëndë që bëri e çoi të hante gjysmën e lekut'.

E kap lekun për midisi;- d.m.th, snajperisti rrallë. P.sh, 'Me Kolën mos u kapni, se ai po të dojë, e kap lekun për midisi'.

Ka hy leku n 'qese t 'dreqit;- d.m.th, pak në sasi, por dhe pa duk. P.sh, 'Nuk e di si ta them more vëlla, por kohët e fundit, ka hyrë leku në qese të dreqit'.

Lek me dryshk;- shaka, d.m.th, diçka e rrallë apo e çmuar. P.sh, 'Lek me ndryshk paske qenë o burri dheut, na kënaqe me atë këngë'.

Të peshon n 'lek;- d.m.th, i pasur. P.sh, 'Me Malon mos u kapni fare ju, se ai të peshon në lekë'.

Ja lekët ja brekët;- tall., pa derman. P.sh, 'Kështu, ja lekët ja brekët, si puna jote nuk bën për nder, qofsh ti që je'.

Ha lek, pi lek;- tall., d.m.th, pallë ariu, në terezi. P.sh, 'Ti Kolë mirë e ke, ha lek pi lek, ohahah tërë ditën, po pyet ne njëherë që na ranë brinjët'.

E xir lekun pi fundit t 'dheut;- bisedë, d.m.th, zotësi personale. P.sh, 'Matia po të dojë, e nxirr lekun nga fundi dheut'.

Iu ka bërë mendja lek;- tall., d.m.th, që e ka mendjen vetëm te paraja. P.sh, 'Hajde more vëlla një natë për darkë, se mjaft më, t'u ka bërë mendja lek më duket e na harrove fare'.

Për lekë shet t'ëmën;- tall., d.m.th, shumë koprrac. P.sh, 'Likës mos i kërko para hua, se ai për lek dhe t'ëmën e shet'.

Leksion,/-i / -et

I dha një leksion të mirë ;- tall., e rrahu dikën. P.sh, 'Gupit i dhanë një leksion të mirë dje, se goja nuk i rri rehat'.

Të qan në leksione;- tall., d.m.th, të dërdëllis kot. P.sh, 'Rrapi të qan në leksione, se tjetër punë nuk di ai'.

E mori leksionin;- d.m.th, e kuptoi sa mban sahati dhe u zhduk. P.sh, 'Sula e mori leksionin e nuk u pa dy herë me sy'.

Lemeri,/-a/- të.

Teze lemeria;- tallje, dikush që të bezdis. P.sh, 'Obobo erdhi tashti kjo teze lemeria e hajde dëgjoje më qafsh'.

Lemeri pas brekësh;- tall., që e ndjek e keqja kudo nga vete. P.sh, 'Po kjo e shkreta grua, lemeri pas brekësh ngeli tërë jetën'.

Grupi lemeria- shaka, femijte apo te aferm qe bejne shume zhurme. P.sh. Erdhi grupi lemeria tashti dhe te zesh veshet me dore..

Lemzë,/-a/-at (lemëz)

Nget lemza;- d.m.th, që e do shumë, e ka për zemër. P.sh, 'Për Malon të nget lemza, se shumë burri i mirë është'.

M'je bá si lemzë;- shaka, e trishtueshme. P.sh, 'Mos më sill më lajme të këqija, se më je bërë si lemzë për zotin'.

Lemëz pas buke;- shaka, d.m.th, të kujton shpesh. P.sh, 'Shumë të falënderoj, se si lemzë pas buke më je bërë'.

Në lemzë të fundit;- d.m.th, prag vdekje. P.sh, 'E gjetëm gjyshen në lemzë të fundit, e u hallallosëm të paktën'.

As që më nget lemza fare;- ironi, d.m.th, as që ja kam nevojën, nuk më dhimbset hiç. P.sh, 'Dëgjova që ishte zemëruar Gjini prej meje, e mua as që më nget lemza fare se nuk ishte ndonjë farë burri.

Lende,/-ja/- et, (lok., lena)

Të çon për lena;- d.m.th, të tall. P.sh, 'Mos rri shumë me Malon se ai vallahi të çon për lende e ti nuk e kupton fare'.

Nuk e ha at koqe leni;- d.m.th, nuk ka budallenj. P.sh, 'Ti Rrapi mos fol ashtu se nuk e ha kush atë koqe lendi.

Mbledh lena;- shaka d.m.th, nuk bën asgjë prej gjëje. P.sh, 'Kola tërë ditën e gjatë mbledh lende, e unë habitem si e kalon kohën ashtu?'.

Lepur/-i.

I duket lepri gomar;- ironi d.m.th, shumë frikacak . P.sh, 'Ty përherë të duket lepuri gomar more bir, çështë kjo hata e zezë me ju'.

Ruan (kullot) lepuj;- ironi, d.m.th, nuk bën asgjë. P.sh, 'Rrapi veç lepuj ruan këto kohët e fundit'.

Kur të qethen lepujt ironi, d.m.th, kurrë. P.sh, 'd.m.th, sipas jush kur të qethen lepujt do të kemi ekonomi më të fortë'.

Koqet sa të leprit;- ironi, d.m.th, frikacak;- P.sh, 'Mirë e ke ti, po mos t'i kishte koqet sa të lepurit me qenë'.

Si lepuri me breshkën;- shaka, d.m.th, mashtrohet lehtë. P.sh, 'Ti mësove si lepuri me breshkën sot me Malon'.

Për kokë (krye) të leprit;- tall., të betohem. P.sh, 'Për kokë të lepurit nuk të gënjej, ashtu më thanë e ashtu po të them'.

Kur të bëjë lepri dasmë;- tall., d.m.th, kurrë. P.sh, 'D.m.th, ju thoni që do të vini kur të bëjë lepuri dasmë, apo jam gabim!?'.

Valle lepujsh;- ironi, d.m.th, të gjithë frikacakë. P.sh, 'Valle lepujsh është kjo punë, e s'ke askujt që t'i besosh një send'.

Kur lepuri hyn në valle;- shaka, d.m.th, kur dikush huton. P.sh,

'Problem është kur lepuri hyn në valle, se përndryshe mirë është puna'.

Lerë,/-a/ -at

U bá për lerë ;- d.m.th, u turpërua. P.sh, 'Puna e Rrapit u bë për lerë, të gjithë flasin jo mirë për të'.

Si derri (at) n'lerë;- tall., d.m.th, pakujdesi e moskokëçarje. 'Gupi si derri në lerë jeton, ama qafën flakë të kuqe e ka'. 2- Ç'jeni bërë kështu more fëmijë që dukeni si derrat në lerë. (kur fëmijët e vegjël lozin në baltë).

Les/ë,/-a/ -at

Nuk e mban derrin lesa;- ironi, d.m.th, duhet përgatitje ndaj karshi të keqes. P.sh, 'Ju e njihni mirë Rrapin, nuk e mban derrin lesa, prandaj rrini gati kur të flasë'.

Si npër lesë;- tall., d.m.th, kalimthi. P.sh, 'Foli si nëpër lesë e nuk u pa më nga vajti'.

As lesë as fshesë;- tall., d.m.th, asgjë. P.sh, 'As lesë as fshesë qenka kjo grua more bir, çuditem nga e ke gjetur!?'.

Kref kokën(kryt) me lesë;- tall., d.m.th, mendjemadh, ose i zmadhon sendet. P.sh, 'Kam qejf me ty Malo se përherë e shoh që kreh kryet me lesë!'.

Ta kref kryet (kokën) me lesë;- tall., d.m.th, shumë koprrac i madh. 'Ky njeri ta kreh kokën me lesë, kur vjen koha e pagesës'.

Sikur ka lesën pas bythe;- tall., shumë përtac. P.sh, 'Kjo grua sikur ka lesën pas bythe, mezi vjen vërdallë'.

Rri në bisht t 'lesës;- tall., d.m.th, u shkon gjërave anash. 'Natyrisht që s'të gjen gjë, si të rrish në bisht të lesës!'.

Lesh/-i/ -rat

Lesht' e barkut;- tall., d.m.th, asgjë. P.sh, 'Çfarë fitoi Sala se bërtiti shumë, lesht e barkut fitoi!'.

Lesht' e Marikës;- ironi, d.m.th, pa fitim, pa sukses. P.sh, 'Ke bërë gjithë atë shkollë more bir e, leshtë e Marikës gjete punë'.

U ngatërrua leshi;- bisedë, d.m.th, u ngatërruan racat njerëzore. P.sh, 'Natyrisht, po dole nga vendi yt dikur do të ngatërrohet leshi, se s'ka rrugë tjetër'.

I përzien leshrat;- tallëse. 1- d.m.th, u grindën keq. P.sh, 'Gupi me Rrapin i përzien keq leshrat sot'. 2- d.m.th, kryen marrëdhënie seksuale. P.sh, 'Më duket se i përzitë leshrat sot me atë zezaken'.

Lesh për lesh;- ironi, dushk për gogla. P.sh, 'Pse qesh, lesh për lesh vajti kjo punë'.

Ha lesh e pi lesh;- shaka, d.m.th, ha mish delje e pi qumësht delje. P.sh, 'Po hëngre lesh e pive lesh, njëqind vjet do të vesh'.

Ia nduku lesht;- tall., d.m.th, e rrahu Rrapi, ia nduku lesh së bijës sepse e pa që bisedonte me një djalë të keq.

Desh ia nduku lesht;- d.m.th, deshi ta hajë gjallë. P.sh, 'Leka desh ia nduku lesht së shoqes, kur ajo i përmendi emrin e drejtorit të ndërmarrjes'.

I ngeli lesht n'dorë;- d.m.th, dopio gjashta. P.sh, 'Gubit i ngeli lesht në dorë, kur ia prenë të gjitha rrugëdaljet'.

Bashkë leshi;- ironi, d.m.th, e avashtë, jo e zgjuar. P.sh, 'Ti moj bija ime mos u sill ashtu si bashkë leshi, se bota të sheh e do të ngelësh pa martuar'.

Kref lesh;- tall., d.m.th, nuk bën asgjë. P.sh, 'Kola më duket veç kreh lesh sot, se akoma nuk e kemi parë'.

M'ra (zu) goja lesh;- ironi, lodhje e përsëritje në diçka. P.sh, 'Më zuri goja lesh duke u thënë që mos, por ju akoma vazhdoni në tuajën'.

Me të leshta e të linta;- d.m.th, e talli ose e shau rëndë. P.sh, 'Gupi ishte ngritur në ditë tersi sot, me të leshta e të linta, ia zbrazi Rrapit përpara'.

Ia dha lesht n'dorë;- dmth, ia shkulën flokët, rrahur për një faj të bërë. Psh, 'E kapën duke vjedhur e pastaj ia dhanë lesht në dorë'.

Lesharuq/e;- mbaresë, fjalë e rrallë, që ka të mbuluar trupin me lesh, 'Burrë lesharuq'. Figurative, i/e pakrehur, 'Grua lesharuqe'.

Letër,/-a /-at

Nuk i lexohen (këndohen) letrat;- tall., d.m.th, i dyshuar, i paqartë, i dyzuar në sendet. P.sh, 'Këtij arabit që kam përpara, nuk i lexohen letrat fare'.

Iu lagën letrat;- ironi, d.m.th, ra nga posti për diçka në biografi. 'Manës iu lagën letrat, qëkur djali ra në dashuri me një vajzë nga kulakët'.

Ia ka ngránë miu letrat;- ironi, d.m.th, që nuk bëhet më. P.sh, 'Gupit ia ka ngrënë miu letrat, qëkur u përjashtua nga partia'.

Germë e zezë, mbi letër t 'bardhë;- bisedë, d.m.th, shumë e qartë, që ka përfunduar. 'Unë po ua them që germa e zezë është mbi letër të bardhë, ju akoma vazhdoni në tuajën'.

Kur t'i merr letrat era;- tall., d.m.th, kur të ikin mentë. P.sh, 'Problem është kur t'i merr era letrat, se përndryshe mirë janë punët'.

Tharë e terur, si letra n'garth;- d.m.th, sëmurë. P.sh, 'Leta ishte tharë e terur, si letra në gardh e gjora, por punën akoma e vazhdonte'.

Kur më çoj banilli letër,/Shko e gjej një burrë tjetër,/Mu nga qilli m'ra një valë,/Që i vafsha dheut gjallë. (Këngë fshati, e vjetër).

Levë,/-a/-at

T'i vije levat; -ironi, d.m.th, dembel në kulm. P.sh, 'Po ai ishte t'i vije levat përposh, nga vajte e ma solle në punë'.

Ia gjeti levën;- bisedë, d.m.th, ia gjeti anën. P.sh, 'Ia gjeti levën dhe u fut në ndërmarrjen tonë'.

Luaj pak levat;- shaka, d.m.th, kontakto pak shoqërinë. P.sh, 'Luaj pak levat e më ndihmo, se ke plot shokë'.

Si levë;- tall., d.m.th, e përdorin të gjithë. P.sh, 'Këtë Gupin e përdorin si levë të gjithë, andaj kini pak kujdes se ai të shet menjëherë'.

Lezet/- i/-et

Si për lezet;- d.m.th, për kokërr të qejfit. P.sh, 'Ishin ulur e po rrinin si për lezet e ishte gjynah t'ua prishje lezetin'.

Lenia lezetin mrena;- d.m.th, mos u nxito. P.sh, 'Unë kështu të them, lëria lezetin brenda e rrimë sonte, se borë është duke rënë jashtë'.

Ka lezet nusja në valle,/Obobo sa ka lezet.

Po ban baba dasëm t'madhe,/E marton, po i jep një mret. (Këngë fshati).

Lezetllik/- qe;- 'Ishte lezetllik i madh, kur vinte nusja me kalë'.

Lëkurë,/-a/-ët

Mos qoftë kush n 'lëkurën tënde;- ironi, d.m.th, mos të ngjaftë askush. P.sh, 'Me këto marrëzira që bën, lus Zotin mos qoftë kush në lëkurën tënde'.

I a nxori lëkurën rryp;- bisedë. 1- d.m.th, e keqtrajtoi në punë. 'Gupi ia nxori lëkurën rryp nuses së djalit, e ajo nuk pati rrugë tjetër dhe iku tek prindërit e vet'. 2- e theri një berr me nxitim. 'Malo ia nxori lëkurën rryp deles, se gati po ngrysej'.

U bë për lëkurë;- d.m.th, i rrahur keqas, ose i plevitosur. P.sh, 'Rrapi u bë për lëkurë, ashtu sikur ngjau'. (Lëkura e një berri të sapo therur enkas, shërbente për një person që rrëzohej nga një lartësi, dru apo shkëmb, e plagosej keq. Ia vishnin personit si fanellë, mbulohej me jorgan e batanije, derisa t'i pëlcisnin djersët).

Si lëkure daulleje;- d.m.th, tharë e dobësuar. P.sh, 'Ç'i paske bërë këto dhen kështu more djalë, si lëkurë daulleje'.

Sikur ka lëkurën e ukut (gjarprit);- d.m.th, që i trembi të gjithë. P.sh, 'Po ky njeri sikur ka lëkurën e ujkut, askush nuk e do në ndërmarrje'.

I a di lëkura;- bisedë, d.m.th, është dëshmitar vetë. P.sh, 'Matisë ia di lëkura saj çfarë ka hequr, nuk do treguar prej jush'.

Sikur ka lëkurë bulli, (kau);- tall., d.m.th, që s'ia ndjen fare se çfarë thonë bota. P.sh, 'Rrapi po qe për atë punë, sikur ka lëkurë bualli xhanëm'.

Njihet pas lëkurës;- d.m.th, pas ngjasimit. P.sh, 'Ai djali që doni të shihni sot në qytet, njihet pas lëkurës se kujt i ngjan, prandaj mos e pyetni'.

U regj lëkura;- ironi, d.m.th, u mësuan. P.sh, 'Na u regj lëkura mirë në komunizëm, andaj mos na e kujtoni më ju lutem'.

Iu ngrit lëkura si e rosës;- d.m.th, u mallëngjye, që e ndjen shumë. P.sh, 'Kur Rexha i binte violinës, mua mu ngrit lëkura si e rosës nëpër krejt trupin'.

Ta thanë lëkurën;- tall., shumë koprac i madh. P.sh, 'Leka ta than lëkurën për zotin, s'të jep asgjë për të ngrënë'.

Than lëkura;- tall., d.m.th, dembel, që rri kot. P.sh, 'Ama gjithë ditën ke tharë lëkura sot?!'

Si lëkurë pas gardhi;- tall., d.m.th, dobësuar. P.sh, 'Po ti ç'më qenke bërë kështu si lëkurë pas gardhit!?'.

Gjen lëkura lëkurën;- ironi, soji sojin. P.sh, 'Tashti ka gjet lëkura lëkurën, mos i ngisni fare'.

Ta bán lëkurën daulle;- bisedë, shaka, d.m.th, fryn shumë erë. P.sh, 'Këtu ku qenkeni ju me shtëpi, ta bëka era lëkurën daulle'.

Me shtatë lëkura;- d.m.th: 1-që duron shumë, rezistues. P.sh, 'Leka është me shtatë lëkura e nuk i bën dimri gjësend'. 2- i paturp apo i pa cipë. P.sh, 'Doemos si të jesh me shtatë lëkura nuk të bën më përshtypje asgjë'.

Shkul lesht e lëkurës (postiqes);- tall., d.m.th, nuk bën asgjë prej gjëje. P.sh, 'Sula ka shkul lesht e lëkurës (postiqes) sot, andaj mos e ngisni shumë'. 2- hutim momental për një përgjigje të duhur. P.sh, 'Ti mos shkul lesht e lëkurës (postiqes) tashti, po na u përgjigj si qe puna?'. 3- që zihet ngushtë e nuk ka një përgjigje adekuate. P.sh, 'Kola filloi duke shkul lesht e lëkurës (postiqes), duke parë vërdallë nëpër dhomë'.

Lëmaq/- i/- at;- fjalë e rrallë, miell misri i përzier me ujë valë, gjalpë ose vaj ulliri brenda, që pasi zihet për 10-15 minuta, bëhet gati për mëngjes. 'U bë lëmaqi gati', 'E dogji lëmaqi prandaj qan djali'.

Buzë (tur) lëmaq;- tall., d.m.th, që pispillohet të thotë diçka. P.sh, 'Po ky buzë lëmaqi, çfarë do që ka ardhur këtu?'.

E dogj lëmaqi;- tall., d.m.th, nxehet vend e pa vend. P.sh, 'Këtë shefin tonë e dogji lëmaqi, tashti që hidhet kështu?'.

Bark lëmaqi;- ironi, d.m.th, i pa vënë send në gojë e vjen e shet mend. P.sh, 'Ik andej o bark lëmaq, se na çmende me broçkulla'.

Lëmë,/-i/ -énjtë, (lok, lámë)

Si kali n' lamë;- d.m.th, duke ardhur vërdallë gjithë ditën. P.sh, 'Sot si kali në lëmë kam ngelur, se shumë veta mungonin nga gripi'.

Gjej lamë e bëj lamë;- d.m.th, gjej shesh e bëj përshesh. P.sh, 'Tashti si ra qeveria, gjej lëmë e bëj lëmë, e ka kjo punë'.

Ç'ka n 'lamë, s'ka n 'gozhdare;- d.m.th, nuk janë gjërat njësoj. P.sh, 'Unë të kuptoj ty shumë mirë për çështjen e djalit tuaj që e mbroni, por çka në lëmë s'ka në gozhdarë, kanë thënë të vjetërit'.

Shin lám;- ironi, d.m.th, lodhet kot. P.sh, 'Po ky Gupi çfarë ka që shinë lëmë ky kështu, nuk e kupton ai që ajo gjë nuk bëhet më!?'

Lëmishte/-ja/-ët

Ka lëmishten n'sy;- d.m.th, ka hile. P.sh, 'Kjo punë nuk do shumë argat, kush ka lëmishten në sy, të dalë përpara e të na thotë'.

Ishte se ç'na ishte,/ Një plak ndër lëmishte. (Gjëagjëzë për fëmijët: Kërmilli).

Lëmsh,/-i/ -et, (Lámsh)

I u mykën lamshat ;- tall., d.m.th, ngeli beqar/e. P.sh, 'Nxito o djalë e gjej një nuse, se t'u mykën lëmshet'. (herdhjet).

Lámsh para porte;- shaka, d.m.th, gjurulldi. P.sh, 'Për disa kohë ndenjën mirë, pastaj si u dehën vajtën lëmsh para porte, fut e bjer njëri tjetrit'.

Lámsh u bafsh;- mallkim, d.m.th, vdeksh. P.sh, 'Të mori dreqi të mori, lëmsh u bëfsh sa më trembe'.

Si i biri i lámshit;- tall., d.m.th, hiqet si i parë. P.sh, 'Po ky Gupi sot që na u mbaka si i biri lëmshit, si qëndron puna me të?!'.

I ra lámshit n 'pikë;- d.m.th, e kuptoi ku ishte fjala. P.sh, 'Malo i ra lëmshit në pikë, sapo Kola hapi gojën të flasë'.

Ngatrrohet npër lámsha- shaka, flet atje ku nuk duhet të flasë. Psh, 'Ti Kolë mos u ngatërro nëpër lëmsha ashtu, po drejtoi fjalët'.

Shkeli n'lámsh;- dmth, gaboi në fjalë. Psh, 'Kur Merko shkeli në lëmsh, atëherë sendet morën tjetër kah'.

Lëng,/-u/ -gjet, (Láng)

I u pi lángu;- dikujt apo diçkaje, d.m.th, u pa kush ishin, sa vlenin. P.sh, 'Mjaft më me Salën, se i u pi lëngu dhe atij'.

Merr me láng;- tall, d.m.th, tepër vonë, sa për sy e fare. P.sh, 'Në këtë kohë që erdhët ju, merre me lëng tashti, se festa mbaroi'.

Merre me lang se mishi u háng – dmth pa asnjë fare fitimi e prokopie. Psh. Merre me lëng se mishi u hëng doli kjo puna jote more burrë- u ankua Matia.

U ka ardh lángu pemve;- shaka për të rinjtë. 'Tashti që u ka ardhur lëngu pemëve, hajde dhe mbaje rininë në qofsh burrë'.

Bukë e láng;- d.m.th, me këto që na ka ndih Zoti. P.sh, 'Hani bukë burra, se bukë e lëng ka'.

Láng për fyti;- d.m.th, shumë i uritur. P.sh, 'Kur e pa Toni që po shtronin sofrën lëng për fyti i shkoi'.

Ia pinë lángun;- d.m.th, ia morën krahun. P.sh, 'Fëmijët ia pinë langun s'ëmës dhe meazallah se e dëgjojnë më'.

Mos ta piftë dreqi lángun;- mallkim, d.m.th, mos të marrtë e keqja para. P.sh, 'Kësaj kohe që ka ardhur i thonë, mos ta piftë dreqi lëngun, se nuk se çfarë të bësh'.

Buk e láng;- dmth, shumë të varfër ekonomikisht. Psh Ama bukë e lang nuk kishin në sofër.

Lëpi/ -va,/ -rë Sikur e ka lpi lopa;- tall., d.m.th, krehur e pispillosur. P.sh, 'Gupi paska dalë sot, sikur e ka lëpi lopa'.

Të lpiftë bolla barkun; mallkim, d.m.th, vdeksh. P.sh, 'Ç'më bëre more njeri që të lëpiftë bolla barkun ta lëpiftë'.

Ia lpin bythën;- dikujt, keq, d.m.th, servilizëm. P.sh, 'Po ti shkon dhe i lëpin bythën Gupit more burrë, nuk e njeh ti sa mizerje është!?'.

Lpihet si dreqi;- shaka, d.m.th, ia ka ënda, e do shumë. P.sh, 'Nuk e shikon Malon që lëpihet si dreqi sa pa të fejuarën'.

S'mbaron deti me t'lpirë;- ironi, ka mall plot. P.sh, 'Ju hani e pini sa të doni te restoranti, se nuk mbaron deti me të lëpirë, por vetëm mos vidhni'.

Lëviz/ -a,/ -ur

Si ujë që s'lëviz;- d.m.th, shumë i bytymtë. P.sh, 'E po të jetë burri si ujë që s'lëviz vetëm ty Dilo kam parë!?'.

Filluan t'i lvizin pleshtat;- tall., të ngallzitet. P.sh, 'Sa i thamë djalit që do të shkojmë nga dajat, menjëherë filluan që t'i lëvizin pleshtat'.

Kur të lvizë Mali i Babjes;- ironi, d.m.th, kurrë asnjëherë. P.sh, 'D.m.th, kur të lëvizë mali Babjes do të shkojmë në ekskursion?!'.

Lëviz o Idris, se s'ka pulë me oriz;- shaka, d.m.th, bëhu i gjallë në jetë. P.sh, 'Nuk rri burri në gjumë tërë ditën, lëviz o Idris se s'ka pulë me oriz, i thonë një fjale'.

Lëvyr-/em /-ur;- fjalë e rrallë, mundim, tentativë për të ndryshuar gjendjen ekonomike. P.sh, 'U lëvyra gjithë ditën e gjë s'bëra', 'Kam mjaft kohë që lëvyrem, përfundimisht gjeta punë'.

Libër,/ -i/-at

S'ka libër që e përshkruan;- bisedë, d.m.th, diçka fantastike. P.sh, 'Këtë që po dëgjoj sot, nuk ka libër që e përshkruan më bukur'.

Libri verdhë;- romanet perëndimorë në kohën e monizmit. (Ishte i verdhë jo nga materiali letër, por materiali fletës qe nga pluhur plepi për të qenë fleta sa më e lehtë, por komunizmi fliste gjuhën e tij).

Me libër shpie;- d.m.th, me gjithçka. P.sh, 'E shau me libër shtëpie, por asnjëherë nuk e mësova se pse!'.

Lidh/-a,/ -ur

Rri si i lidhur;- d.m.th, me xhinde, si i bërë magji. P.sh, 'Po ai djali atje pse rri si i lidhur, e nuk futet në lojë me shokët'.

Më në fund e lidhi viçin;- shaka, d.m.th, u fejua. P.sh, 'Dilo ndenji shumë kohë beqar, por më në fund e lidhi viçin'.

S'ka lidhje me centrallën;- shaka, d.m.th, totalisht jashtë loje. P.sh, 'Kjo që thua ti Kolë, ska lidhje absolut me centrallën'.

As të lidh as të zgjidh;- d.m.th, i pavendosur. P.sh, 'Me këtë Malon kam rënë në hall kohët e fundit, se as të lidh e as të zgjidh'.

Lidh me baq të brekëve;- tall., d.m.th, jo e sigurte. 'Kjo puna e Rrapit me Gupin, si e lidhme me baq të brekëve, më duket mua'.

Si i lidhur;- d.m.th, që nuk i jepet të bëjë asgjë. P.sh, 'Pse rri kështu si i lidhur more bir, po del njeriu njëherë përjashta e bën diçka'.

Sikur e ka lidh pas baqi;- tall., d.m.th, që e ndjek e keqja. P.sh, 'Matia sikur e ka lidhur ujkun pas baqi, vetëm asaj i hyn në tufë dhe i ha dhentë'.

Limë,/-a/ -at

Kaluar npër limë;- d.m.th, kaloj një sëmundje të rëndë. P.sh, 'Kola kaloj nëpër limë të fortë por ja hodhi dhe kësaj here. 2- kaloi nëpër një hetuesi speciale. P.sh, 'Rrapi kaloi nëpër limë, por nuk gjetën gjë dhe erdhi te shtëpia'.

Duart limë;- shaka, d.m.th, të ashpra. P.sh, 'Leka limë i ka duart, nga puna e rëndë'. 2- bisedë, d.m.th, që i zë dora gjithçka. P.sh, 'Po qe për atë punë, Kola limë i ka duart'.

Ta ha shpirtin me limë;- shaka, d.m.th, me të butë. 'Nuk ka çfarë t'i bëj Matisë, se shpirtin me limë ta ha'.

Limoj/-ova/-uar, (lëmoj)

Ja limoj qafën;- tall., d.m.th, e goditi me grushte. P.sh, 'U zunë djemtë duke lozur futboll dhe ky i madhi ia limoj qafën atij më të voglit, se ashtu e kërkoi'.

Sikur të limon;- d.m.th, të përkëdhel. P.sh, 'Ky Kola sikur të limon kur flet, ashtu e ka sajuar Perëndia'.

Lind/-a,/ -ur, (lokale, lerë, lemë).

Le për njëri tjetrin;- d.m.th, duhen shumë. P.sh, 'Djali im me nusen kishin le (lind) për njëri tjetrin, aq mirë shkojnë'.

Nga i lemi, apo i blemi;- d.m.th, nga një pjesëtar i shtëpisë, apo nga i ardhuri. P.sh, 'Nga të erdhi kjo bela, e pyetën Rrapin, nga i lemi apo i blemi'. (d.m.th, nga djali apo nusja.)

Ka le (lerë) para t'jatit;- shaka, d.m.th, shumë i zgjuar. P.sh, 'Ky fëmijë paska le (lindur) para të atit, aq shumë ditka'.

Kur të lejë dilli nga prenon;- shprehje teologjike, d.m.th, në kohët e fundit. P.sh, 'Kur të lind dielli nga perëndon, është një nga shenjat e mëdha të fundit të botës'. 2- kurrë, asnjëherë. P.sh, 'Borxhin e merr te Sala, kur të lejë dielli nga perëndon'.

Ç'len nga macja, gjuan për mij;- shaka, d.m.th, ngjashmëri biologjike. 'Ke ata çfarë lind nga macja gjuan për minj, se si Dulja i mençur, ashtu i biri'.

Nuk i ka le nusja (burri) hala;- tall., d.m.th, beqar i/e vonuar. P.sh, 'Gupit nuk i ka lindur nusja akoma, andaj është duke pritur'.

Njëherë len, njëherë vdes;- d.m.th, gëzo jetën. P.sh, 'Ti djali im, njeriu njëherë lind njëherë vdes, andaj duajeni njëri tjetrin'.

Kush leu e nuk e dhjeu;- sarkazëm, d.m.th., të gjithë jemi mëkatarë. P.sh, 'Në këtë botë, kush leu e nuk e dhjeu me nder, po thua Zoti është falës e Ai na faltë'. **Ka le me këmishë;-** d.m.th, është me fat. P.sh, 'Ky djalë ka lind me këmishë, kudo që shkon i hapet rruga'.

Ka le Natën e Kadrit;- d.m.th, me shumë fat. P.sh, 'Kola ka lindur natën e Kadrit vallahi, për atë nuse që ka marrë, më e mira në krejt zonën'.

Dilli duket që kur lenë;- d.m.th, çdo gjë shihet qysh në fillim. P.sh, 'Ti mos më thuaj mua për të, se dielli duket që kur lind'.

Lerë për s'dyti;- shprrehje absolute kënaqësie, d.m.th, kaluar një situatë katastrofë. P.sh, 'Tashti që shpëtuan nga tërmeti, u duket sikur kanë lindur për së dyti'.

Lerë e pa lerë dielli;- d.m.th, aty nga agu i parë. P.sh, 'Djali na leu, lerë e pa lerë dielli', 'Erdhi lerë e pa lerë dielli e na tregoi'.

Kush leu e nuk e ngjeu;- shprehje e drejtë për drejtë, d.m.th, të gjithë u martuan kohë pas kohe. 'Mos mërziti djem, se kush leu e nuk e ngjeu'.

Liq,/-i / -të.

I u përzien liqtë;- shaka, d.m.th, e humbi fillin. P.sh, 'Matisë iu përzien keq liqtë dhe e la fjalën në mes'.

Mallku me liq e me shpatë;- d.m.th, që nuk ka mbarësi në asgjë. P.sh, 'Po ti more bir sikur të kanë mallkuar me liq e me shpatë xhanëm!?'.

Ránë në katër liq;- d.m.th, në gjendje shumë të dobët shëndetësore, apo ekonomike. P.sh, 'Gupi kishte rënë në katër liq për zotin, besoj që i duhej kohë që ta marrë veten'.

Lis/ -i/ -at

Mizë lisi;- d.m.th, me shumicë. P.sh, 'Hyri një ushtri si mizë lisi, vrau e preu dogji e shkatërroi çfarë gjeti mbi tokë'.

Me degë e lis;- 1- urim, d.m.th, u shtofshi. P.sh, 'Të uron baba, bija ime, me degë e lis, paçi mbarësi inshallah. 2- Mallkim. P.sh, 'Me degë e lis u shoftë Perëndia, se paske qenë racë e keqe'.

Mvaret kush á n'lis;- d.m.th, nga i pari vendit. P.sh, 'Kjo punë ti djali im ,varet kush është në lis sot për sot'.

Tre lisa një purtekë;- d.m.th, fjalë këput e hidh. P.sh, 'Ti Malo mos fol ashtu, tre lisa një purtekë, se nuk është mirë ashtu'.

Listë,/-a/ -at

Prapa liste;- tall., d.m.th, nuk je në listë fare. P.sh, 'Ishte prapa liste, mesa shoh unë'

Nuk e fut fare në listë;- ironi, nuk e ka për asgjë. P.sh, 'Gupin, Kola nuk e fut fare në listë'.

Nuk ka ngrán me listë;- shaka, d.m.th, i dhjamosur. P.sh, 'Dilo nuk ka ngrënë fare me listë, (d.m.th, ushqime me listë), ndaj është shëndoshur ashtu'.

Nuk e dinë ç' á lista;- d.m.th, nuk kanë parë kcq. P.sh, 'Shyqyr Zotit, fëmijët tanë nuk e dinë çështë lista, por pyet ne se çfarë hoqëm'.

Litar,/-i /-ët

I shkoj litar;- tall., d.m.th, u tremb jashtë mase. P.sh, 'Bujarit i shkoj litar, kur pa ariun'.

Në shpinë e të varmit, s'përmendet litari;- d.m.th, kujdesi në shprehje. P.sh, 'Mos fol me Gjelaj për punën e hakmarrjes, se në shtëpinë e të varurit, nuk përmendet litari, ju e kuptoni këtë apo jo!?'.

T'pafsha në litar;- mallkim. P.sh, 'Ç'më bëre more derëzi, të pafsha në litar të pafsha'.

I/e hurit ene i/e litarit;- bisedë, d.m.th, i/e prapët, imoral, dobiç etj. P.sh, 'Të hurit e të litarit si këta sot, nuk kam parë e as dëgjuar'.

Si litarët e Nastradinit;- d.m.th, gënjeshtar me arsye. P.sh, 'E bukur qe kjo, si litarët e Nastradinit shëmbëllen që kur i kërkuan litarët, tha m'i ka marrë gomari'.
-Po gomari ku është?- e pyetën. Ah! Gomarin ma ka marrë komshiu hua. Në atë kohë pëllet gomari në ahur. -Zoti Nastradin - pyet nevojtari: Ju thatë që gomarin e ka marrë komshiu, e ai po pëllet në kasolle?.
-Ju besoni mua apo gomarit nashti?!- u përgjigj mëndje arti Nastradin.

E báne litar;- d.m.th, e zgjat një tregim, ekzagjerim. P.sh, 'Na e bëre litar atë punën e Çelos që vrau shtatëdhjetë gjermanë, me një pushkë me gjalmë".

Ecën mbi litar;- shaka, d.m.th, i kujdesshëm. P.sh, 'Malon mos e keni merak fare, se ecën mbi litar e nuk bie'.

Knej litar andej fërtomë;- tall., d.m.th, dyfaqësh. P.sh, 'Këtej litar e andej fërtomë, nuk shkon ti shoku, andaj bashkë ndahemi këtu'.

Kapet si macja për litari;- shprehje urdhërore, e zemëruar, d.m.th, dikush që nuk të shqitet për diçka koti. P.sh, 'Mos m'u kap ashtu si macja për litari, por m'u hiq qafet se s'ta kam ngenë'.

Loçkë,/-a/-at

Loçk e shpirtit;- (kosovare), diçka shumë e dashur. P.sh, 'Ku je bija ime, loçka shpirtit tim, se më ka marrë malli shumë'.

Ma kopi loçkën (kosovare), d.m.th, keqardhje. P.sh, 'Kur dëgjova që është vra Dehari, loçkën ma kopi'.

Lojë,/-a/-rat

Lojë ushtarake;- stërvitje masive ushtarake. P.sh, 'Loja e Bizës Martaneshit', 'Loja e Karaburunit'.

Lojë e ránd;- d.m.th, diçka tepër e vështirë. P.sh, 'Ti i ke hyrë kësaj pune, por dije se lojë e rëndë është, kaq po ta them'.

Lojna qeni;- shaka, d.m.th, e nisin me të lozur e përfundojnë me të rrahur. P.sh, 'O fëmijë, pushoni u them unë, se lojna qeni jeni duke bërë".

I prish rregullat e lojës;- tall., dikush që flet vend e pa vend, hyn kudo. P.sh, 'O mik ka rregulla loja, ju po i prishni rregullat e lojës, por mos qaj kur të djeg koka'.

Lopatë,/-a/-at

Është shatë e jo lopatë;- ironi, koprac i madh. P.sh, 'Mos ma lëvdo aq shumë Dilon, se ai është shatë e jo lopatë, lëri ti ato pallavra'.

Han përshesh me lopatë ;- tall., ngrënësi madh. P.sh, 'Kur ta marrësh Canin argati me kositur, bëju gati se me lopatë ta ha përsheshin'.

Hapi lopatat;- tall., d.m.th, veshët. 'Hapi lopatat e dëgjoje mësuesin në shkollë, mos më ecni pa mësuar'.

Lopatën n'brez;- shaka, d.m.th, lugën. 'Jo kur të vini në dasmën time veç lopatën në brez merrni e asgjë tjetër'.

Babai i lopatës ;- shaka, d.m.th, që e punon shumë lopatën. P.sh, 'Dini po qe për lopatë, babai i lopatës është'.

Lopë,/-a /-ët

I humbi lopët;- tall., d.m.th, u hutua,. P.sh, 'Gupi ishte duke folur, kur dikur i humbi lopët, e shihte vërdallë kush mund ta ndihmonte'.

As bari me lopë;- tall., d.m.th, për asgjë s'ja vlen. P.sh, 'Rrapin as bari me lopë, nuk mund ta çosh tashti'.

Kur të qethen lopët;- tall., d.m.th, kurrë, asnjëherë. P.sh, 'Tashti kur të qethen lopët shihi me babën ju, se ashtu më trajtuat'.

Kur të pjellë lopa laroshe;- tall., d.m.th, i pafat. P.sh, 'Me sa shoh unë, kur të pjellë lopa laroshe do të gjesh ti Dilo grua'.

Lopë e mirë, vjen vete tek shpia;- shaka, d.m.th, i mençuri di të sillct. 'Ty Kolë nuk ta qaj hallin unë fare, se kur thonë lope mirë vjen vetë te shtëpia, ashtu je ti'.

Ka marrë lopë me viç;- tall., d.m.th, është martuar me një grua me fëmijë pas. P.sh, 'Gupit i doli për hajër, vërtet mori lopë me viç, por ajo i doli grua zonjë'.

Babai lopes- tall. Qe ua di lopeve shume, ironi- Kola babai lopes eshte po qe puna per lopet.

I ra zegali lopëve;- tall., d.m.th,

që nxehet shpejt. P.sh, 'Po këtij pse i ra zegali lopëve kaq keq, s'e kuptoj!?'.

E çuan me lopë;- tall., d.m.th, e shkarkuan nga një post apo profesion. P.sh, 'Rrapi bëri një gabim trashanik, e prej andej e çuan me lopë me sa duket'.

Ti le lopët n'pyll;- shaka, d.m.th, nuk i zihet shumë besë. P.sh, 'Me Malon mos u mbaj shumë, se ai vallahi në pyll t'i lë lopët e vjen te shtëpia'.

Lug,/-u/-gjet

Mos hidh gur n'lug;- tall., d.m.th, mos trazo vend e pa vend. P.sh, 'Ti Malo mos hidh gurë në lug tashti, se nuk ta kemi ngenë'.

Iu bá barku lug;- d.m.th, ka uri të madhe. P.sh, 'Hani bukë djemtë e nënës, se barku lug u ësahtë bërë, gjithë kjo ditë e gjatë'.

Si qentë n'lug (govaç);- tall., d.m.th, mos u grindni. P.sh, 'Rrini urtë aty djem e mos bëni si qentë në lug, se s'ka lezet'.

Ra n'lug;- tall., d.m.th, u martua. P.sh, 'Mos e ngucni Kolën, se ka rënë në lug tashti'.

Lugát,/-i/ -étër

U ngrit lugati nga varri;- tall. d.m.th poshtërsitë, vrasjet. P.sh, 'Kjo kohë që ka ardhur, do të thotë se u ngrit lugati nga varri'.

U ngrit lugat nga varri;- dmth, pika më e lartë e shpirt keqësisë. Psh, 'Kemi dëgjuar që Dulla u ngrit lugat nga varri, nuk e dimë se sa e vërtetë është'.

Dalç lugat;- mallkim, d.m.th, vdeksh, ose mos u gjetsh. P.sh, 'Ku vajte që dalsh lugat dalsh!'

Lugë/-a/-ët

E fut lugën prapët (përmbys);- shaka, d.m.th, pa fat. P.sh, 'Kolës njëherë i ra shorti, dhe atëherë e futi lugën prapët'.

Sa lugë ka n'kosh;- ironi, d.m.th, gjë që dihet. P.sh, 'Dilos ia di sa lugë ka në kosh, prandaj thoni të mos dërdëllisë'.

Me lugë n'brez;- tall., d.m.th, e do gati. P.sh, 'Ti përherë e do me lugë në brez, po nuk ka përherë ashtu'.

I ra luga mrena;- tall., d.m.th, u turpërua. P.sh, 'Maria bëri të thotë diçka, por i ra luga brenda së gjorës dhe nuk vazhdoi më'.

Asht i lugës;- bisedë, d.m.th, përherë do diçka me lugë që hahet, nuk i pëlqejnë ushqimet e thata. P.sh, 'Leka është i lugës e na bëni ca fasule të mira'.

T'kon me lugë;- d.m.th, njeri fjalë ëmbël. P.sh, 'Ky njeri sikur të kon me lugë, kur flet'.

I ndërruan lugët;- tall., d.m.th, bënë fjalë. P.sh, 'Nuk e di se ç 'patën, por e pamë që i ndërruan lugët keq'.

E di sa lugë ke n'kosh;- dmth, ta di gjendjen ekonomike ndaj mos u hidh shumë përpjetë. Psh, 'Hajt se e dimë sa lugë ke në kosh, mos na çudit aq shumë'.

Sa një bisht luge;- shaka, d.m.th, e vogël. P.sh, 'Djali kishte gjetur një nuse sa një bisht luge, por ama shumë e shkathët dhe e mençme ishte'.

Me lugë e sahana;- d.m.th, krejt. P.sh, 'Me lugë e sahanë, ia përmendën njëri tjetrit'.

Kur kc lugë, mos shif lugë; ironi, d.m.th, mjaftohu me atë që ke, apo aq sa ke. 'Ti Gupi, s'ka lezet të shikosh gratë e botës, kur thonë ke lugë, mos shih për lugë'.

Të jep ujë me bisht t 'lugës;- ironi, d.m.th, i shkathët por dhe i djallëzuar. P.sh, 'Ai djali yt, të jepte ujë me bisht të lugës, sa shumë e desha'.

Ia lshoj lugët mrena- shak,. Dmth, e shpëlau sahanin. Psh, 'Këtij përsheshi do t'ia lëshoj lugët mrena për pesë minuta'.

Lule,/-ja /et

I ranë lulet;- tall., d.m.th, i ngeli hatri. P.sh, 'Sa i fole ti ashtu, asaj i ranë lulet menjëherë e u largua sy përlotur'.

Nuk t'ranë lulet; ironi, d.m.th, nuk u shemb bota. P.sh, 'Pse të fola unë ashtu ty, nuk të ranë lulet!?'.

Kjo lulja beharit;- ironi, d.m.th, ky/kjo budallaqja, ky/kjo e çmendura. P.sh, 'Ja tani erdhi kjo lulja beharit dhe hajde dëgjoje, po pate nge'.

Qaje moj lule beharit, si qan motra të vëllanë;- ironi, d.m.th, situatë tepër e ndërlikuar. P.sh, 'Tashti qaje moj lule beharit, si qan motra të vëllain, u bë kjo punë, ti miku im'.

S'vjen behari me tri lule; ironi, d.m.th, duhen shumë gjëra, pra të ndryshojë gjendja. P.sh, 'Mirë e ke ti djali im, mirë shumë ama s'vjen behari me tri lule, dhe këtë ta dish nga yt atë'.

Qan lulja për lulen;- shaka, d.m.th, secili flet për grupin ku bën pjesë. P.sh, 'Kështu e ka kjo punë ti miku im, qan lulja për lulen, se ra bora n 'mal'.

I a priti më lule t'ballit;- ironi, d.m.th, e kundërsulmoi menjëherë në bisedë. P.sh, 'Sa bëri

Gupi të flasë diçka për Matinë, Kola ia priti në lule të ballit Gupit e, ai nuk foli më gjysmë fjale'.

Derri e do n 'lule;- ironi, d.m.th, i keqi do plumbin. P.sh, 'Nuk jam pishman pse i fola Dullës ashtu, se kur thonë, derri e do në lule, ti çuni i dajës'.

T'i ve lulet;-, shaka, d.m.th, të tall. P.sh, 'Kur je me Malon ki kujdes, se ai vallahi t'i ve lulet e ti nuk e merr vesh hiç'.

Lumë,/-i/- énjtë

Ç 'merr lumi, mos u ktheftë;- ironi, d.m.th, mos shih atë që s'ia vlen. P.sh, 'Rrapit i kishte ikur goca nga shtëpia e ai doli e tha dje, ç 'merr lumi mos u kheftë, se hiç nuk kam gajle'.

Po s'dijte not, mos u fut n 'lumë;- shaka, d.m.th, mëso si të rrish me burra. P.sh, 'Ne të thamë disa herë që po ndejte me neve, rri s'ka problem, ama po nuk dite not, mos u fut në lumë'.

Të fut në lumë e të nxjerr terëm (pa lagur);- bisedë, d.m.th, i djallëzuar. P.sh, 'Këtë njeri fare nuk e honeps, sa shoh unë ky të fut në lumë e të nxjerr pa lagur'.

Kalo lumin, të ngordhtë kali;- ironi, d.m.th, mosmirënjohës. P.sh, 'Kjo që bën ti tashti do të thotë, kalo lumin të ngordhtë kali'.

Lyp/a ur.

Lypi dreqin- tall d.m.th vetë e kërkoi një bela. Psh. Mos u merakosni shumë për Xhelon se vetë e lypi dreqin.

Ia lypi -keq. D.m.th i u lut një femre për marrëdhënie intime. P.sh Si nuk pati turp e vajti dhe ia lypi gruas botës si copë buke.

S'mahet shpia me të lypur. Iron. d.m.th. duhet punë e përpjekje. P.sh. Dil o burrë e gjej një punë, se nuk mbahet shtëpia me të lypur, i tha Matia Kolës.

-LL-

Llabaçit/- a- /-ur;- fjalë e rrallë, tund/trazon diçka me lugë, shpatëz druri. P.sh, 'Llabaçite pak dhalltin', 'Llabaçite mirë gjellën e qenve, se ngel mielli në fund'. 2- ironi, që flet kot, gjepura. 'Llabaçiti një copë herë', 'Sa paska llabaçitur, s'më besohet', 'Pusho aty, mos llabaçit më'.

Llaç/-i

Si puntor llaçi;- shaka, d.m.th, bërë pis gjithandej. P.sh, 'Si më qenke bërë kështu more bir, si punëtor llaçi dukesh'.

Ve llaç e ve tulla;- sarkazëm, d.m.th, parregullsi. P.sh, 'Nuk e ka kjo punë vër llaç e vër tulla, por ka një radhë muhabeti'.

Ngjit si llaçi pas kamve;- ironi, pa dëshirim. P.sh, 'M'u ngjit ky njeri si llaçi pas këmbëve. 2- ose 'Ç'e përdor gjithmonë atë fjalë!?', apo kur thonë të është ngjitur si llaçi pas këmbëve.

Sikur ke dalë prej llaçi;- shaka, d.m.th, ndotje gjithandej. P.sh, 'Hiqi ato rroba që t'i laj- tha Matia Kolës, se më qenke bërë sikur ke dalë prej llaçi'.

Llaçavë/a;- fjalë e rrallë, femër që ecën këmbët zvarrë, ose flet gojën plot pështymë, dembele. 'Grua llaçavë', 'Sa llaçavë qenka kjo vajzë?', 'Mos ec si llaçavë ashtu, por luaj këmbët'.

Llaf,/-i/ -et

Xir llafi llafin- ose qit llafi llafin- dmth sa më shumë që flet aq më shumë sende të kujtohem që të tregosh. P.sh. Se qit llafi llafin, po si u bë vërtet ajo puna e Gupit me Rrapin?!

Me që ra (erdhi) llafi;- bisedë, d.m.th, me që ra fjala. P.sh, 'Me që ra llafi i Kolës, si i kanë punët ata xhanëm, kohë që s'jemi parë'.

Nget në llaf; d.m.th, të bën të flasësh, të jep mbështetje në bisedën tënde. P.sh, 'Kola nget mirë në llaf prandaj e kam qejf.

2- keq, d.m.th, që të thumbon. P.sh, 'Nuk të besoj më se ju ngitni shumë në llaf'.

U bá me llafe;- d.m.th, u turpërua. P.sh, 'Gruaja e Rrapit u bë me llafe, por unë nuk i besoj ato'.

E (i) tirr llafin (llafet) tërkuzë(fërtomë);- keq, d.m.th, i zgjat fjalët pa qenë nevoja. 'Ky Gjini i tjerr llafet tërkuzë, aq sa ta shpif'.

Bájm llaf;- d.m.th, na urdhëroni. P.sh, 'O Malo, dil një natë e bëjmë llaf o burri dheut, se u humbëm për së gjalli'.

Çoj llaf;- d.m.th, kërkoi vajzën për nuse djalit. P.sh, 'Kanë ardhur Gjelajt e kanë çuar llaf për Mrikën'.

Llafet e shumta janë fukarallik;- d.m.th, nuk ka ndonjë mirësi pse flet shumë. P.sh, 'Mjaft më oj grua- tha Gjeka, llafet e shumta janë fukarallëk, kaq di unë, kaq të them'.

Kali i llafit;- ironi, d.m.th, llafe mbajtës. P.sh, 'E po të jetë tjetri kali i llafi,t veç ty Gubi kam parë- tha Matia'.

Llaf 'n e mirë e gurin n 'torbë;- ironi, d.m.th, që s'mbaron punë. P.sh, 'Me Kolën ashtu është, llafin e mirë e gurin në torbë'.

Torbë llafesh;- keq., d.m.th, që mban e çon llafe gjithandej. P.sh, 'Po ky dreq burrë, torbë llafesh e paska sajuar Zoti'.

Fle n 'llaf;- d.m.th, është i besuar. P.sh, 'Matinë se kam merak fare unë, ajo fle në llaf'.

Llafet e shumta, s'i ha as qeni;- d.m.th, vëni pikë muhabetit dhe shko. P.sh, 'Unë kështu të them, mos bëj fjalë me burrin e botës për kot, se kur thonë, llafet e shumta s'i ha as qeni'.

Llaf e përmi Dri;- shaka, dmth, fjalë për t'u thënë. Psh, 'Nejse llaf e përmbi Drin qe kjo gjë, po ta kem parasysh për hera tjera'. (H,H. Pac.).

Llagap,/-i

Ta nrron llagapin;- ironi, d.m.th, burri keq, të shan e të fyen pa shkak e arsye. P.sh, 'Gupi ta ndërron llagapin, por ti mos i bëj zë fare'.

Ta nrrofsha llagapin;- mallkim, d.m.th, të bëfsha gropën. P.sh, 'Ç'më bëre që ta ndërrofsha llagapin ta ndërrofsha'.

Ngeli llagap;- d.m.th, as këtej as andej. P.sh, 'Po ky njeri ngeli llagap tashti, se kuptoj si i ka punët!?'.

Llagapsës/ i/e;- që ka këmbën e tersët. P.sh, 'Nga na erdhi ky llagapsës kështu!?', 'Grua llagapsëze si Qena, s'kam parë'.

Llallaniku;- ngastër me presh, miell misri dhe gjalpë e piqet në saç apo furrë, që kur hahet, shoqërohet me dhallë. P.sh, 'Kishte bërë halla një llallanik të lëpije gishtat', 'U poq llallaniku po hiqe nga zjarri'.

Llamb/-ë,/-a/ -at, (lokale, llamë)
Hapi (çili) llamat;- ironi, d.m.th, hapi sytë. P.sh, 'Ti hapi llambat e mos ec ashtu qorras, se rrëzohesh'.
I u fik llama;- tall., d.m.th, pafat. P.sh, 'Bertit i u fik llamba qysh kur u nda nga gruaja e parë'.

Llap,/ -a,/ -ur
Goja llap e krytë (koka bap);- tall., d.m.th, ha dru nga e folura kot. P.sh, 'Si të flasësh goja llap e kryet bap, s'do mend që do ta pësosh'.
Mos llap si qen;- tall., d.m.th, mos fol kot. P.sh, 'Ti mos llap si qen ashtu, po rri urtë se të erdha atje'.
Fajin e ka llapa;- ironi, d.m.th, goja që flet kot. P.sh, 'Mos u anko fare pse të rrahën se fajin e ka llapa, askush tjetër'.
I bán hyzmet llapës;- tall., d.m.th, i rri gati së ngrënës. P.sh, 'Ty nuk të kam merak fare unë, se ti i bën hyzmet llapës mirë'.
Po t'u zgjat llapa, shif përherë nga prapa;- shaka, d.m.th, po ngacmove njerëzit kot, prit drurin. P.sh, 'Kur thonë ti çuni dajës, po tu zgjat llapa, shih për prapa, apo jam gabim!?'.
Llapa llapa;- d.m.th, që vepron gabim. P.sh, 'Bën llapa llapa, sa të çan kokën'.
Llapa llapa e fut nga prapa;- d.m.th, kur flet kot, ha dru. P.sh, 'Po bërë llapa llapa e ke fut nga prapa, kështu po të them unë'.

Llapë/-a/- at
I vu llapën;- d.m.th, e lëpiu diçka. P.sh, 'Rrapi ishte shumë i uritur sa i vuri llapën sahanit'.
Del llapa pas kurrizit;- ironi d.m.th, fol pa pushim. P.sh, 'A më kuptoni o fëmijë se më doli llapa pas kurrizit sot!?'.
Del llapa para gojës;- ironi, d.m.th, që flet i nxituar ose i nevrikosur. P.sh, 'Kështu ndodh kur del llapa para gojës, do të flasësh budallallëqe'.

Llapush,/-i

Burrë llapush;- tall., d.m.th, injorant. P.sh, 'Të jetë tjetri kaq burrë llapush, s'më kanë parë sytë'.

Llastër/-a/- at;- fjalë e rrallë, shprehje ofenduese për një femër që rri rrugëve. 'Erdhi kjo llastra', 'Mos rrini jashtë ashtu si llastra', 'Mos u bëj llastër, po hajde brenda'.

Llastik,/-u

I dul qafa llastik;- shaka, d.m.th, mundim. P.sh, 'Kolës i doli qafa llastik tërë ditën në punë, ti vete e bën llafe'.

I ra llastiku brekëve;- tall., d.m.th, u turpërua. P.sh, 'Kaq qe puna, sa i ra llastiku brekëve, tashti hajt dhe dëgjo dynjanë'.

Shkon top llastiku;- ironi, d.m.th, dorë më dorë. P.sh, 'Kjo grua shkon top llastiku e gjora. 2- ku rafsha mos u vrafsha. P.sh, 'Gjeka shkon top llastiku e hiç nuk e bën mendjen qeder'.

A dëgjon more lum miku, vete fjala top llastiku;- shaka, d.m.th, tiret e vargëzohet sipas dëshirës njerëzve. P.sh, 'Nuk ke se kujt t'i besosh më, a dëgjon more lum miku, vete fjala top llastiku'.

Llogari,/-a/-të

Dita e llogarisë;- fetare, d.m.th, dita kur njerëzimi në botën e Amshimit, do të japin llogari para Zotit për veprat e tyre. P.sh, 'Mendo për Ditën e Llogarisë', 'Dita e Llogarisë është ku veprat do të flasin vetë'.

Si n'ditën e llogarisë;- tall., d.m.th, kërkim llogarie me përdhunë. P.sh, 'E kishin marrë babën në hetuesi dhe e kishin përdorur si në Ditën e Llogarisë'.

Nuk i ban shumë llogari kokës;- tall., d.m.th, kokëshkretë. P.sh, 'Gjini nuk i bën shumë llogari kokës, kur vjen çështja interesit tij'.

Llogari si Çeço;- d.m.th, përgjegjësi penale apo shoqërore. P.sh, 'Mos kujto se po na fshihesh, një ditë do të japësh llogari si Çeçoja'.

I hapi vetes llogari;- d.m.th, u fut në probleme. P.sh, 'Kola qe mirë, por i hapi vehtes llogari, qëkur filloi të luajë bingo'.

Llogari pa hanxhinë;- shaka, d.m.th, i pret shkurt sendet. P.sh, 'Prit pak ti djalë, llogari pa hanxhinë nuk ka këtu, andaj na trego si qe puna'.

Llokmë,/-a/ -at

Do llokmën e madhe;- ironi, d.m.th, i pangopur Gupi, do llokmën e madhe pra të pushojë.

E nxjerr llokmën;- bisedë, d.m.th, e nxjerr ditën e punës. P.sh, 'Mirë je ti në atë punë, e nxjerr llokmën, po pyet ne të tjerët njëherë'.

I ra llokma prej goje;- tall., d.m.th, jo i zoti. P.sh, 'Kolës i ra llokma prej goje fare kot, sepse nuk e qerasi drejtorin'.

Llokmën tane e ka shkru Pernia;- fetare, d.m.th, kësmetin tënd nuk e merr kush. P.sh, 'Mos u mërzit more bir, se llokmën tënde e ka shkruar Perëndia, ka punë tjera sa të duash'.

Llovesh/e;- fjalë e rrallë, që është i trashë, tutkun, ose i parregullt, që nuk ua vë veshin gjërave. P.sh, 'Sa llovesh që je more burri dheut', ose, 'Grua lloveshe si atë s'më kanë parë sytë'. Sillet dhe si emër llovesh/i /e/ët. P.sh, 'Këtë punë duket se e kanë bërë ata lloveshët', 'Punë lloveshi', 'Sa lloveshe je moj e mjerë?!'.

O llovesh, a more vesh;- shaka, d.m.th, a e kuptove pasi të ra. Psh, 'Po kur ta futi syve, o llovesh a e more vesh?'.

O llovesh, t'ra luga mrena;- shaka, kur dikush huton si macja pas petullash. P.sh, ' O Sabri, o llovesh, të ra luga brenda, nuk e shikon se po të tallin?!'.

Kjo njësi frazeologjike vjen nga një rast kur dhëndëri duke ngrënë bukë me burra. Ndërkohë, hyn nusja e tij në derë, ai shastis E sheh e ëma djalin e saj dhe i thotë: O llovesh, ha bukë ha, se të ra luga brenda', d.m.th, në tavë.

Llozi,/ -e

I vu llozin;- ironi, d.m.th, e dëboi Gupi, i vuri llozin së shoqes, se shkonte me një tjetër.

Veri llozin derës;- ironi, d.m.th, mbylle gojën, mjaft. P.sh, 'Të dëgjuam, mjaft tani, vëri llozin derës'.

Ka shku për lloz;- tall., d.m.th, nuk jeton më. P.sh, 'Vela ka shkuar për lloz, ka disa vjet o shoku'.

Llozkopiç/-i/-e;- fjalë e rrallë, që është i përdalë, ose kopil. P.sh, 'Erdhi ky llozkopiçi', 'Fëmijë llozkopiç', 'Femër llozkopiçe'.

Llullë,/-a/ -at

Fryn llullës;- tall., d.m.th, nuk bën asgjë. P.sh, 'Dika tërë ditën ka fryrë llullës sot'.

Hundë llullë;- shaka, d.m.th, që e ka hundën të shtypur në majë. Figurative, idiot. 'Ai hun llulla atje është'.

Ashtu ia do llulla;- tall., d.m.th, qejfi. P.sh, 'Gupit ashtu ia do llulla, e ju mos u mërzitni fare'.

Ka vajt për llulla;- ironi, d.m.th, vdekur qëmoti. P.sh, 'Dulla ka vajt për llulla, e ju pyetni si është me shëndet'.

I flet llulla;- tall., d.m.th, gruaja e mëson. P.sh, 'Dullës i flet llulla e s'ka nga t'ja mbajë fare.'

-M-

Máce,/-ja/-et, (lokale, maci)

Si mace t' báftë zoti;- d.m.th, dashuri ndaj dikujt apo diçkaje. P.sh, 'Kjo Matia, si mace t 'bëftë zoti, u rri atyre fëmijëve përsipër'.

Mace mace, korrobace;- d.m.th, fëmijë i vogël tepër i lëvizshëm. P.sh, 'Mace mace korrobace, ku të ka gjyshi ty?'.

Ia shkel maces bishtin;- d.m.th, abuzim i së drejtës së tjetrit. 'Dakord që ju do të mbroni veten tuaj, por në këtë rast, ia shkele maces bishtin thjesht për qejf'. 2-d.m.th, dikush që bërtet vend e pa vend. 'Po ky Rrapi sikur ka shkel bishtin e maces, përherë vetëm zëri i tij dëgjohet'.

Ku iu shkel maces bishti;- tall., ku qëndron puna?. P.sh, 'Po kësaj radhe, ku iu shkel bishti maces që qahet Rrapi ashtu?'.

Ç'lind nga macja, do gjuj për mi;- bisedë, ngjashmëri. P.sh, 'Mos më thuaj gjë fare për Gjelajt se te ata ç 'lind nga macja do të gjuaj për minj'.

Si mac bëthët n'hi;- d.m.th, dikush që ka shumë të ftoftë e nuk del dot nga zjarri. P.sh, 'Ama sot si mac bëthët në hi kam ngelur gjithë ditën'.

Qan si mac;- tall., d.m.th, ankesa të përsëritshme. P.sh, 'Ky Dulla ngeli veç duke u qarë si mac përditë, o burri i dheut?! 2- fëmijë qaraman- shaka. P.sh, 'Çfarë ke që qan si maçe ashtu, po hajde te nëna jote'.

Janë në muajin e maceve (d.m.th. muaj shkurt);- tallje, dikush që i shkon prapa një gruaje. P.sh, 'Mos i trazo fare, se janë më muajin e maceve'.

Iu qetrru si mace;- d.m.th, iu qep për rrobash. P.sh, 'Vajza e vogël iu qetrru s'ëmës si mace për këmbësh e meazallah se e linte të ikte'.

Si mac hiri;- ironi, d.m.th, mërdhi shumë. P.sh, 'Malon sa vjen dimri, te oxhaku e ke si mac hiri'.

Shpirt maci;- ironi, d.m.th,

rezistencë. P.sh, 'Shpirt maci paska pas ky popull, edhe pse vuajnë, kurrë nuk e ngrenë zërin'. 2- që vuan në shpirt dhënie. P.sh, 'Shpirt maci kishte pas ky njeri, ka dy dit që heq në shpirt e nuk i del'.

Mulon si maci mutin;- keq., d.m.th. tinëzar, por dhe i ndyrë. P.sh, 'Nuk e sheh se e mbulon si macja mutin, dhe del përjashta të japë të kuptojmë se asgjë nuk ka ngjarë?!'.

Sikur i hángri maçi;- d.m.th, zhdukje momentale e diçkaje apo dikush. P.sh, 'Ku vajtën këta dreq çorapësh, sikur i hëngri maçi'.

Si veshka mes macesh;- metaforë, pozicion i ndërlikuar mjedisor. P.sh, 'Kola e bëri shumë të qartë se Gupi, vite më, parë kishte ndodhur si veshka midis maceve, prandaj e larguan nga posti tij'.

Maçók,/-u/-ët

Mos ma nxirr maçokun nga barku; d.m.th, shtysë emocionale. P.sh, 'Mjaft, pusho tani, mos ma nxirr maçokun nga barku, se pastaj nuk dihet si shkon puna'.

I bán sytë si maçok frori;- d.m.th, hutim momental. P.sh, 'E pashë Gupin midis pazarit e i bënte sytë si maçok frori i shkreti'.

Maçok planci;- d.m.th, moment egërsimi. P.sh, 'Sala u çua në këmbë tërë vrull, pa njëherë vërdallë si maçok plëndësi, pastaj filloj të argumentoj'.

Madém,/-i / -et

Turli mademi;- d.m.th, përzierje. P.sh, 'Kjo sallata jote turli mademi paska brenda'. 2- Popullsi heterogjene. P.sh, 'Kur erdha në Amerikë, pashë turli madem njerëzish, të bardhë të zinj, aziatikë e tjerë'.

Madh/i/e

I madh je (është);- shprehje superlative, d.m.th, i zoti, i shkathët. P.sh, 'I madh je për nder, sa mirë ja paske bërë'.

Desh i madhi Zot;- bisedë, d.m.th, vendim nga Absoluti. P.sh, 'Desh i madhi Zot e shpëtoi djali nga aksidenti'.

Mafil,/i;- brenda në xhami, mafil quhet pjesa e më e ngritur nga ana e pasme ku falen grania dhe fëmijët. Psh, 'Gruaja është lart në mafil'. 'Pastroni mafilin pas faljes, se është mirë'. 'Hapni derën e mafilit'.

Mágje,/-ja/-et

Kryt po n'magje;- d.m.th, llupës

i madh. P.sh, 'Ky Dulla, kryet po në magje i ngeli të gjorit, nuk i del ajo që ha'.

E di magjja çka n'shpi;- ironi, d.m.th, folje pas shpine. P.sh, 'Vetëm në gojë i mbani ata të Rrapit, po e di magjja çfarë ka në shtëpi, e ju veç se humbni kohë kot'.

E dimë sa lugë ke n'magje;- ironi, d.m.th, mos u lavdëro se të njohim. P.sh, 'Mos u lodh kot o shoku, se e dimë sa lugë ke në magje'.

Kryt sa një magje;- ironi, d.m.th, jo i zgjuar. P.sh, 'E po ta ketë burri kryet sa një magje, veç Palin kam parë, nuk e pa ai se ia kishim fjalën me kunj!?'.

Ka hy dreqi (qoftlargu) n'magje;- ironi, d.m.th, mospasje duk bereqeti. P.sh, 'Atyre të Gjelajve, sikur u ka hy qoftëlargu në magje, meazallah se po çojnë krye'.

Mahluk/-u;- e vjetër, krijesë. 'Nuk e di çfarë mahluku është ky njeri!?', 'Mahluk i keq'.

Mahlukat/-i- ët;- krijesat në përgjithësi. Në disa raste merr kuptim negativ, njeri i keq.

M'u bë malukat;- d.m.th, që të bezdiset. P.sh, 'Ky Pali m'u bë si malukat pas bythe, sa inat e kam'.

Majë/-a/- at

Iku maja e burrnisë;- ironi, d.m.th, vdiqën të mirët. P.sh, 'Qëkur iku maja e burrërisë, nuk ka gjë të hajrit më'.

E ha krándin (gjethin) për maje;- ironi, mendjemadh/e. P.sh, 'Kjo grua e ngrënka krëndin për maje, prandaj hapni sytë'.

Merr për majë;- d.m.th, shkon për ters. P.sh, 'Nuk e kuptova se ku u prish, por Kola e mori për majë fjalën time, iku i zemëruar'.

I ra kali për majë;- d.m.th, hatër mbetje. P.sh, 'Nikës i ra kali për majë, e iku tërë nerva'. (Shembull është një kalë që bie në thua papritmas gjatë rrugës, e shemb ngarkesën apo hedh poshtë njeriun që ka sipër'.

E ka hundën me majë;- d.m.th, nevrik. 'Mirë do të ishte ashtu sikur thua ti, po të mos e kishte hundën me majë me qenë'.

E mbushi kupën me majë;- ironi, d.m.th, vetë ndëshkim. 'Nuk më vjen mirë që u aksidentua Rami me makinë, por ama e mbushi kupën me majë, duke ua zënë rrugën të gjithëve'.

Fund e majë;- d.m.th, pa përjashtim. P.sh, 'Ia tha Matia

Kolës fund e majë rreth Malos, çfarë ndodhi ditën e djeshme'. 2- 'Të jetë tjetri fund e majë budalla vetëm Shytin kam parë '.

Ind e majë;- bisedë, d.m.th, fund e krye. P.sh, 'Ky fëmijë mashalla, u ngjaka juve ind e majë'.

Májtas

I pret kosa majtas;- tall., d.m.th, mban anën e dikujt. P.sh, 'Rrapit përherë i pret kosa majtas e mos ia vini shumë re'.

I ha shati majtas;- d.m.th, do vetëm për vehte. P.sh, 'Mirë do të ishte ashtu, po mos i hante shati po majtas me qenë'.

Rri djathtas e ha majtas;- d.m.th, dyfaqësi. P.sh, 'Kështu rri djathtas e ha majtas, vetëm ty Pal kam parë-tha Matia e skuqur flakë në fytyrë'.

Ngrihet majtas;- d.m.th, nuk i ecën mbarë. P.sh, 'Si të ngrihesh majtas nga gjumi, natyrisht që ters do të ecë dita'.

Mal/,-i/-et.

Iksh e marrsh malet;- mallkim, d.m.th, u çmendsh. P.sh, 'Ku vajte moj bijë, iksh e marrsh malet, se më vdiqe duke të kërkuar'.

Mali me mal nuk piqet;- metaforë, bisedë. P.sh, 'Kot nuk thonë që, mali me mal nuk piqet e, miku me mikun po'.

Qanë malin, pse s'bie borë;- d.m.th, interesim i pa nevojshëm kundrejt dikujt apo diçkaje. P.sh, 'Ti mos qaj malin pse s'bie borë, po shiko punën tënde më mirë'.

Dhe mali do plaste;- d.m.th, shqetësim i madh. P.sh, 'Në këtë gjendje si ka vajtur puna dhe mali do të plaste'.

Flet malit, të ngjojë kodra;- d.m.th, bisedë në parantezë. P.sh, 'Kujdes kur rri me Malon, se ai është si ai që i flet malit, që të dëgjojë kodra'.

M'ásht bá qejfi mal;- d.m.th, gëzim i pa përshkruar. P.sh, 'Ma ke bërë qejfin mal që më erdhe të më shohësh'.

Si n'mal ku knon bilbili;- shaka, d.m.th, jetesë të mirë. P.sh, 'Mos u bëj merak për vajzën, se ishte si në mal ku këndon bilbili, e qetësoj Behluli gruan'.

Shem malet;- shaka, që bën të pamundurën. P.sh, 'Mos e ngre shumë zërin, se vjen yt atë e shemb malet duke bërtitur'.

Ujku n'mal, ti ban uha n'fushë;- d.m.th, që merakoset për gjëra koti. P.sh, 'Ujku në mal e Matia ime bën uha në fushë, tha Pali në kafene dje me shokët'.

Mali ka sy e fusha ka veshë;- d.m.th, çdo gjë dihet apo shihet. P.sh, 'Mos pyet kush më tha se kur thonë, mali ka sy e fusha ka veshë, ti gruaja ime e dashur'.

I ra malit dhe u ça, ra njeriut gjá nuk tha;- d.m.th, njeriu i përballon krejt sendet. P.sh, 'Çfarë t'i bësh, vdeka është vdekë, i ra malit e u ça, i ra njeriut dhe e pranoi'.

Bo garrumlli mal;- d.m.th, me shumicë. P.sh, 'Ndihmova pak gruan me la rrobat, se ishte bërë garrumlli mal'.

Mall,/-

Nga halli jo nga malli;- shaka, d.m.th, nga nevoja. P.sh, 'Mera qe sonte për darkë nga ne, më shumë e kishte nga halli se nga malli'.

Ke mall;- d.m.th, ke dëshirë. P.sh, 'Kolën ke mall ta dëgjosh ndonjëherë të flasë keq për të tjerët'.

Mamluk;- mbiemër, d.m.th. që të bezdis. Psh, 'Shko andej, se m'u bërë sot mamluk para syve'.

Man,/-i/ -at

Do mana n'për borë;- tall., d.m.th, qiqra në hell. P.sh, 'Qysh me mëngjes sot, donte mana nëpër borë'.

T'keqen nana po deshe mana, hajde prap nesër mrama;- shaka, d.m.th, po të pëlqeu, duku prap'.

Manra manra;- fjalë e rrallë, brinjas, shtremba shtremba, që ecën duke u tundur e lëkundur. 'Ecte manra manra nga reumatizma'..

Manraqosh,/-i/-e;- fjalë e rrallë, që është i ose e shtrembër apo aktron shtrembër. 'Burrë manraqosh', 'Sy manraqosh'. 2- që nuk është në kënd të drejtë me bazën, 'gur manraqosh', 'tullë manraqoshe', 'Dërrasë manraqoshe'.

Buzë manraqosh;- d.m.th, që s'i bëhet mirë asnjëherë. P.sh, 'E po buza po manraqosh të ngeli more bir, të gjithë u rregulluan, vetëm ti jo'.

Krye manraqosh;- ironi, d.m.th, i pa marrë vesh. P.sh, 'E po të jetë njeriu krye manraqosh si Vela, s'kisha parë ndonjëherë'.

Manivél/-ë,/-a/ -at

Ti vije (do) manivelën;- d.m.th, përtaci. P.sh, 'Palit t'i vije manivelën, pra të nisej për punë'.

Marton,/ -ova/-uar

Kur t' martohet gjyshja ime;- ironi, d.m.th, kurrë, asnjëherë. P.sh, 'Kështu si e ka nisur Zybo punën, kur të martohet gjyshja ime ka për t'u martuar'.

Ta marton nanën;- d.m.th, i egër. P.sh, 'Mos i rri këtij kali shumë nga pas, se ky ta marton nënën në shqelma'.

Ta marton Qamilen;- d.m.th, të merr shpirtin në punë. P.sh, 'Punova për një grek disa kohë, por ai ta martonte Qamilen në punë'.

Merr/ mirret/

Merre me mend;- d.m.th, kuptoje vetë. P.sh, 'Unë të tregova vetëm një shtet të Amerikës, ti vetë merre me mend sa janë pesëdhjetë shtete bashkë'.

Si mirret qoshi;- d.m.th, diçka shumë e madhe. P.sh, 'Amerikës nuk i merret qoshi, o miku im'.

Merre me lang ;- ironi, d.m.th, për kot, për asgjë. P.sh, 'Merre me lëng, qe ajo shoqëria ime me Nikën'. 2-vjen nga një tregim humoristik popullor, ku i zoti shtëpisë kishte patur disa miq me rëndësi, dhe kishte gatuar një tavë mishi me lëng. Në sofër kishte qëlluar njëri prej mysafirëve i verbër. Fut lugën i verbri në sahan të nxjerrë një thelë, po thelë s'ka se e kishin ngrënë më parë ata që shihnin. Ku është mishi- pyet mysafiri i verbër që s'po mund t'ja qëlloj hiç. 'Merre me lang' kish pas thënë njëri prej mysafirëve. Qeshën aq shumë, sa u tregua gojë më gojë, derisa hyri në fjalorin popullor.

Marre;- turp

Marrje e botës;- d.m.th, një veprim shumë i lig. P.sh, 'Po marrje e botës është bre djem, si guxuat t'ia bënit Likës gjithë atë dëm'.

Masát,/-i/ -ët.

Masat i butë;- shaka, d.m.th, dikush që është i ngadaltë në veprime. P.sh, 'Mos ja besoni Kolës atë gjë, se masati butë është Kola'.

Si ndez masati;- d.m.th, steril. P.sh, 'Gupit nuk i ndez masati më të ngratit'.

2- nuk i shkon fjala. P.sh, 'Matia ia tha një fjalë Budës për vajzën, por siç duket, nuk i ndezi masati kësaj here'.

Maskarallëk,/-u/ -qet

Fukarallik, maskarallëk;- bisedë, nga e keqja pranon gjithçka. P.sh,

'Po çfarë t'i bësh tani, kur thonë fukarallëk maskarallëk, është kjo punë'.

Masllahati;- fjalë e rrallë, d.m.th, veglat, sendet. P.sh, 'Merri masllahatet e hajde lart', 'Iku te kovaçi që të mprehë masllahatet'. 2-figurative, organet gjenitale të mashkullit. 'Ky dash, të mëdha i paska masllahatet'.

Masllahat i madh- tall., d.m.th, çudi e madhe. P.sh, 'P.sh, 'Masllahati madh paska qenë ajo puna e Malos me arushën'.

Mastar,/-i/ -ët

I vu një mastar;- shaka, hëngri pak bukë. P.sh, 'Dini sa i vuri një mastar të mirë, pastaj iu fut punës me fyt e nuk mbahej'. 2- e mbuloi me fjalë të mira diçka jo të pëlqyer. P.sh, 'Dihej puna e Tushit, po e shoqja i vu një mastar nga inati'.

Mastíç,/-i;- ngjitëse për goma, për këpucë...

Të ngjitet si mastiç;- d.m.th, të ngjitet pas e nuk të ndahet. P.sh, 'E po të ngjitet burri botës pas si mastiç, vetëm Palin kam parë'.

Mashallah;- pasthirrmë

Qënka bá për mashallah;- d.m.th, rritur e zbukuruar. P.sh, 'Të qenka rritur djali e është bërë për mashalla, o Malo'. 2- 'Bereqetet qenkan për mashalla sivjet'.

Bán mashallah;- fshiji sytë se mos e marrësh mësysh. Psh, 'Qënka rritur djali e, bëj mashallah'.

Másh/ë,/-a/ -at

Ka mashat e gjata;- ironi, d.m.th, ka dorë e vjedh. P.sh, 'Merre në punën po deshe, ama e kam parë që i ka mashat e gjata shumë'.

Mashë jevgu;- ironi, d.m.th, send i ndyrë. P.sh, 'E po të jetë tjetri mashë jevgu si Rrapin, s'kam parë e ndier gjëkundi'.

Máshkull

S'të bán për mashkull;- d.m.th, kryelartë. P.sh, 'Takova një vajzë dje, por ajo s'të bënte për mashkull fare'.

Ka mendjen mashkull;- d.m.th, që s'ia merr mendja për asgjë. P.sh, 'E po ta ketë burri mendjen mashkull, si ti Hiko, s'kam parë!?'.

Kërkon mashkull;- d.m.th, që është bë në fazën e ndërzimit. 'Lopa kërkonte mashkull sot në livadh'.

-2 tallje, thuhet dhe për një femër që sheh vërdallë. P.sh, 'S'ka faj e gjora që kërkon për mashkull, se është në valë të moshës saj'.

Mashkull speci;- ironi, d.m.th, burrë që ia përdorin gruan bota. P.sh, 'Çfarë mashkull speci ishte ai që na çau kokën, kur gruaja tij shkon sa andej këtej'.

Mashtrigë/-a/- at;- fjalë e rrallë, si rrjetë merimangash. P.sh, 'Pastro ato mashtriga, se po na bien nga sytë'. 'Sa mashtriga paska kjo dhomë!?

Mashúrkë-/ a

Kry mashurka, d.m.th, budallaqe. P.sh, 'Çfarë do kjo krye mashurka, që vjen çdo ditë te dera jonë?!'.

Pilaf e mashurka;- d.m.th, që s'merr vesh. P.sh, 'Pilaf e mashurka jepi Palit ti dhe mirë i ke punët'.

Mat (mas),/ -a,/ -ur

Ta mat kryet me pe;- d.m.th, koprrac. P.sh, 'Dulla ta maste kryet me pe vallahi, kur vinte puna e pagesës'.

Mat e pre e dil n'derë;- ironi, d.m.th, mbaro punë. P.sh, 'Mos pyet shumë, por mat e prit e dil n 'derë, se vjen tjetri pas teje'.

Mat e zgjat;- d.m.th, ekzagjerim i panevojshëm. P.sh, 'Mat e zgjat Kola e në vend numëro'.

Matu se t'rashë;- ironi, d.m.th, nën kërcënim. P.sh, 'Kjo që bën ti, është matu se të rashë, e gjaku mbeti ngrirë'.

Matet me dillin e mjezit;- d.m.th, i duket vetja i madh. P.sh, 'Kam qejf me këtë Kolën unë, se ky përherë matet me diellin e mëngjesit'.

Matánë;- ndajf.

Aty e për matanë;- d.m.th, nje gjendje shumë bukur. P.sh, 'Kishin një vend që banonin ata të Kolës, aty e përmatanë'.

Matare/-ja/-et sinonim pagure e uji.

Poç matarje;- produkt bujqësor që rritet në kopsht, me bisht, që përdornin dikur për të mbushur ujë, dhallë etj.

Kry matarja;- d.m.th, që e ka kryet me qoshe por dhe kokëfortë. P.sh, 'Hajde dëgjo këtë kokë mataren tashti'.

Matarim;- fjalë e rrallë, që janë të sistemuara sipas një rregulli. 'Më pëlqen ky matarimi juaj që u bën rrobave, ose orendive të shtëpisë'.

Mataroj/-ova/-uar;- sistemoj, para përgatis. P.sh, 'E paske mataruar mirë kopshtin sivjet', 'U dhashë një të mataruar rrobave, e ika shpejt se kisha fasulet në zjarr'.

Matrapik,/-u/-ët;- fjalë e rrallë, mjet i rëndë makinerie, ose dore, që punon me ajër kompresori, i cili përdoret për shpime në shkëmbinj, asfalt etj. 'Kujdes kur punon me matrapik'.

Hundë matrapik ;- d.m.th, ka hundën e gjatë por dhe llafazan. P.sh, 'Pusho re hundë matrapik, se na çave veshët na çave'.

Matrikull,/-i/ -ujt

Gjithë çfarë lloj matrikulli;- ironi, d.m.th, kushdo. P.sh, 'Kishin ardhur në manifestim gjithë çfarë lloj matrikulli e bërtisnin me sa fuqi që kishin'.

Matúf,/-e

Isuf, mos u ban matuf;- d.m.th, hutim. P.sh, 'Kësaj i thonë, o Isuf mos u bën matuf'.

(Vjen kjo thënie nga një rast ku një djalë me emrin Isuf po martohej e, sipas zakonit, ata të nuses, ditën e martesës nisnin disa gra pas nuses me qëllim të ishin afër bijës tyre në ndonjë rast eventual. Kur do të mbyllej Isufi dhëndër, u thotë të tëra grave të hyjnë në dhomë te nusja e të shohin. Këtë gjë e vëren e ëma dhe i thotë; O Isuf, mos u bën matuf po hy ke nusja.".

Mavi

I kishte rënë të mavitë;- d.m.th, ishte duke dhënë shpirt. P.sh, 'Kur hapa derën, e pashë që i kishte rënë të mavitë, e kuptova që po vdiste'.

Buzët mavi;- d.m.th, ngrirë nga të ftohtit. P.sh, 'Gjithë ditën jashtë e buzët mavi na u bënë nga të ftohtit'.

Mbaj;-/ta,/ -tur (mán)

E mán nga peshon;- d.m.th, kujdeset shumë. P.sh, 'Ata Gjelajt e mbanin nusen e djalit nga peshon, se vërtet shumë e mira ishte'.

S'e man anën fare;- tall., si kali që kur e ngarkon njërën anë me dru, të hedh tjetrën anë poshtë, d.m.th, zemërohet shpejt. P.sh, 'Kujdes kur të flasësh me Palin, se hiç nuk e mban anën Pali'.

I man ison;- d.m.th, i shkon pas avazit. 'Ky Rrapi mjeshtër kishte qenë, për t'i mbajtur ison Gupit'.

Sikur po man moti;- d.m.th, sikur po shkojnë gjërat. P.sh, 'Sikur po mban moti, s'ka demokraci këtu!?'.

Man gunën nga fry era;- ironi, d.m.th, që nuk i zihet besë. P.sh,

'Me Rrapin mos kini shumë besim, se ai mban gunën nga frynë era përherë'.

Nga man!?;- ironi d.m.th, nga anon, në favorin e kujt është?. P.sh, 'Ju e dëgjuat për disa kohë Malon, nga mban ai, a e kuptuat!?'.

Man hulli;- d.m.th, është i saktë, i kuptueshëm. P.sh, 'Kola mban mirë hulli, kur ia do bytha .2- kur dy vetëve u shkon mirë muhabeti. P.sh, 'Maloj me Kolën mbajnë hulli mirë, e gajasen duke qeshur'.

Mamë kopilin, t'pafsha t'qethur;- mallkim, d.m.th, kur të bie një bela thjesht papritur. P.sh, 'Kësaj i thonë, mbamë kopilin t 'pafsha t 'qethur, tha Matia kur komshija e fajësonte për diçka fare pa lidhje'.

Maj kanilin, pishën;- ironi, d.m.th, që nuk dëshmon. P.sh, 'Unë s'i kam mbajtur kandilin Likës se çfarë bën, prandaj mos më pyet mua fare, se as nuk e kam idenë'.

Mos t'a majtë kush kopilin;- ironi, d.m.th, u turpërofsh. P.sh, 'Hë ty, mos ta mbajtët kush kopilin mos ta mbajtët, sa grua e ligë paske qenë'.

Maj për dore;- ironi, d.m.th, të kam rritur e ushqyer. P.sh, 'Po të kam mbajt për dore more bir, pse ma bën kështu!?'.

S'ja man bytha;- d.m.th, ka frikë. P.sh, 'I thanë Likës të hidhej nga shtylla, po atij s'ia mbante bytha'.

Aq ja man shpina (kurrizi);- d.m.th, aq mundësi ka. P.sh, 'Mos e mërzisni Palin shumë, se aq ia mban shpina Palit'.

E man lart e përmbi krye;- d.m.th, që e do ose e lavdëron shumë. P.sh, 'Vjehrri e mbante nusen e djalit lart e përmbi kokë'.

Të mbajtsha gjynahet;- dmth, të jam me të drejtë. Psh, 'Të mbajtsha gjynahet po të gënjeva'.

I mahet goja;- ironi, d.m.th, nuk guxon ta thotë të vërtetën. P.sh, 'Përherë Kolës i mbahet goja, kur vjen puna e Malos'.

S'e man n'kurriz;- d.m.th, nuk ka më durim. P.sh, 'Dila se mban më në kurriz djalin, se jo vetëm që nuk punon, por ia përdor dhe pensionin e saj'.

N 'qafë e man;- ironi, d.m.th, e ka shumë zët. P.sh, 'N'qafë e mban Rrapin, po s'ka ç'i bën'.

Të majtsha në vig;- ironi, d.m.th, vdeksh. P.sh, 'Ç'më bëre bre njeri ç'më bëre, qe të mbajtsha në vig të mbajtsha'.

Të majtsha gjynahet;- d.m.th,

të betohem po të gënjeva. 'Po të gënjeva, gjynahet të mbajtsha, e pashë me këta dy sy'.

Të majtsha shportën (koshin) e fiqve;- d.m.th, vdeksh. 'Mirë ma bëre, të mbajtsha shportën e fiqve ta mbajtsha, vetë e kërkova'.

Të majtsha n 'lëkur t 'dashit;- d.m.th, të nduk mirë. P.sh, 'Or biri im, mos kështu të thotë nëna, që të mbajtsha n 'lëkur t 'dashit të mbajtsha e mos vdeksh'.

Bán sikur i mahet shurra;- d.m.th, që flet me të dridhur. P.sh, 'Po ky shefi sot, pse folka sikur i mbahet shurra?'.

Mbarë/- i, /-e, (marë)

Zot sille marë. Lutje, deshire. P.sh, 'Zot sille mbarë, si po shkojnë këto punë'.

E ktheu nga e mara;- d.m.th, nga Kibla. 'Sa dha shpirt vëllai, u ngrit djali tij dhe e ktheu nga e mbara'.

Marë e mirë inshallah;- d.m.th, pastë fat e kësmet. P.sh, 'Dëgjova që ke martuar çupën, mbarë e mirë inshallah ja bëftë Zoti'.

Sa marë e prapë;- d.m.th, rrëmujë. P.sh, 'U zemërua Pali nga e shoqja dhe ia ktheu enët e gazhinës, sa mbarë e prapë'. 2- e folur me të shara. P.sh, 'Kupi nuk e mbajti më veten, e sa mbarë prapë i shkonte goja'.

Mbarój/ -óva,/ -úar (maroj)

Ka maru kjo punë;- d.m.th, mos ki merak. P.sh, 'Më the që është sekret kjo fjalë, ka mbaru kjo punë, shko tani pa merak'.

E ka maru djalin, cucën;- fejuar. P.sh, 'Isha për një kafe nga Malo, se kishte mbaruar vajzën'.

Maroi;- d.m.th, vdiq. P.sh, 'Baba, nga ora dhjetë e natës mbaroi e ne pastaj filluam përgatitjet e funeralit'.

Mbars,/ -a, /-ur (lokale, barsë)

T'a bán mushkën barsë;- d.m.th, gënjen tmerrësisht. P.sh, 'Takova një burrë sot gjatë rrugës, mushkën barrsë ta bënte vallahi'.

I mars sendet;- ironi, i ekzagjeron. P.sh, 'Sa i mbars sendet dhe ti Dullë xhanëm?'.

E bán malin barsë;- d.m.th, mashtrues. P.sh, 'Ky burri që shitka kafe, për nder, malin mbarsë ta bëka'.

Diku shkon e barësohet;- tall., d.m.th, dëgjon fjalët e dikujt. P.sh, 'Po ju, shkoni e mbarësoheni diku, e vjen pastaj e na derdhesh neve?!'.

Mbes,/ -ta,/ -tur, (mes)

Meti as te hapi, as te hupi;- d.m.th, pa rrugëdalje. P.sh, 'Të dy flisnin përnjëherësh e Sala mbeti, as te hapi as te hupi'.

Ç' met nga darka, mos u gjeçë për mjes;- d.m.th, nga e keqja kurrë s'pritet gjë e mirë'. P.sh, 'Aspak nuk mërzitem pse më ngordhi kali, kur thonë çfarë mbet nga darka mos u gjetë për mëngjes, se na pati dërrmuar në shqelma'.

Met pa e ngjyer;- d.m.th, pa grua. P.sh, 'Unë kam hallin e Rrapit, se i iku gruaja e mbeti pa e ngjyer e ti bën llafe'.

Mbërthej/- éva,/-ýer, (mërthej)

Ia mërthej brinjë m'brinjë;- d.m.th, 1-e vrau. P.sh, 'Kola e pa arushën që po vinte drejt tij me nxitim, e ai shtiu në të dhe e mbërthej brinjë më brinjë'. 2- fjalë e rëndë. P.sh, 'E mbërthej brinjë më brinjë Rrapin, kur ia përmendi se pse kishte bërë burg'.

Mërthehen si cjeptë;- d.m.th, qe grinden për kot. P.sh, 'Po këta ç 'kanë që mbërthehen si cjeptë kështu sot !?'.

Iu mërthye dhé më dhé;- d.m.th, që e dashuronte për qamet. P.sh, 'Tushi iu mbërthye dhe më dhe Nilës, derisa u martuan'.

Ia mërthej nofllat mrena;- ironi, d.m.th, e rrahu. 'I pashë dy djemtë që po ziheshin me grushte, e njëri prej tyre ia mbërthej nofullat brenda tjetrit'.

I u mërthyen nofllat;- d.m.th, ngrirje nga të ftohtit. P.sh, 'Ndenji jashtë me bagëtitë deri vonë, derisa iu mbërthyen nofullat'.

Ja mërthei potkojt;- ironi, d.m.th, e përzuri gruan. 'Pali ia mbërthej potkonjtë Nilës, se ajo shkonte me dikë tjetër'.

Si i/ e /mërthyer;- d.m.th, si dërrasë. P.sh, 'Ç'më ecën ashtu moj bijë si e mbërthyer?'. -2 si me xhinde. P.sh, 'Ajo vajza matanë rrugën, dukej pak si e mbërthyer, po nejse më'. 3- i dehur. 'Sala ecte si i mbërthyer rrugës e kush e shihte, ja plaste gazit'. 4- shtatzënë. 'Matia m'u duk si e mbërthyer sot, e vutë re ju apo më bënë sytë'.

Ia mërthej dhamve;- d.m.th, e qëlloi me shuplakë. 'Dilës ia mbërthej i shoqi dhëmbëve, së përndryshe nuk do të pushonte gjithë ditë e gjatë'.

Mbi/-j/ -va, /-rë, (bi, biu)

Na biu grosha n 'bark;- ironi, d.m.th, vetëm bukë e fasule tërë kohën. P.sh, 'Na mbiu grosha në bark oj tëmën e s'ëmës, tha Malo duke qeshur'.

Bari i keq, bin kudo;- ironi, d.m.th, të keqin është zor ta largosh. P.sh, 'Me të mirin merresh vesh kollaj, po çfarë t'i bësh barit të keq, ai mbin kudo e nuk e zhduk as shati e as helmet'.

T'biftë n' bark;- mallkim, 'Na çmende me këtë alkool more burrë që të mbiftë në bark inshalla të mbiftë'.

Mos t'biftë rrënja;- mallkim, d.m.th, mos qofsh. P.sh, 'Nga u shpif dhe ky duhan që mos i mbiftë rrënja mos i mbiftë'.

Biu si qoftëlargu;- d.m.th, papritur e pa kujtuar. P.sh, 'Isha rrugës për mal, në qejfin tim, kur ja, më mbiu para syve Gupi, si qoftëlargu dukej'.

Mbikalim; -fjalë e rrallë, mbikalesë. (shih F.Gj.S.Sh), 2006. P.sh, 'Takohemi te mbikalimi', 'Në Durrës ka mbikalim te hekurudha'.

Mbledh/- a/-ur, (mledh)

Ia mlodhi rrypat, gjalmat;- d.m.th, nuk e la që të bëjë më tej. P.sh, 'Matia ia mblodhi rripat Rrapit, kur ai filloi që të flasë përçart'.

Mledh' si dreqi;- ironi, d.m.th, ndihej fajtor. P.sh, 'Kur gjykata e dënoi Beqon, ai rrinte mbledhur si dreqi atje matanë'.

Ku zdridhet nuk mlidhet;- d.m.th, i gjitha andejshëm në kuptim negativ. 'Nisa të flas nja dy fjalë me Palin, mirëpo Pali, ku zdridhet nuk mblidhet, e më shkoi koha kot'.

I ka mledh plaga;- d.m.th, është tepër i rënduar nga një padrejtësi e bërë. P.sh, 'Kolës i ka mbledhur plaga e burgut e tashti hajde dëgjojeni, fundja të drejtë ka'.

Mledh lugë lugë;- ironi, d.m.th, i prapët në sjellje, në familje e shoqëri. 'Si i mbledhur lugë lugë qenka ky fëmijë'.

Mlidhi dhitë;- d.m.th, mendjen. P.sh, 'O ti djalë, mblidhi dhitë të them unë se nuk e ke mirë kështu!?'.

S'mund t'i mbledhë bletët;- d.m.th, mendjen. P.sh, 'Gjynah i shkreti Pal, s'mund t'i mbledh bletët fare e të fillojë një punë si gjithë bota'.

Mledh si kukuvajkat;- d.m.th, kokë më kokë e fol pa lidhje. P.sh, 'Po ju ç'më jeni mbledhur ashtu kokë më kokë si kukuvajkat, pa hajde shpërndahuni nëpër vendet tuaja e vazhdoni punën'.

Di t'i mledhë xhindet;- d.m.th, që di të merret vesh me të çmendurit. P.sh, 'Ky burri që shihni, di t'i mbledhë xhindet, e tjetër s'ka bir nëne që u del në qosh'.

Mledh si qentë pas buçe;- d.m.th, kurvëri e përfushët. P.sh, 'Kola nuk ndenji shumë në mërgim e përherë thoshte që ,ata mblidheshin si qentë pas buçe e çdo gjë shkonte jo mbarë'.

Mbrapsht;- ndajfolje

Ka le mrapsht;- d.m.th, çdo gjë shkon ters. P.sh, 'Po t'i sikur ke lindur mbrapsht more bir, çështë halli me ty!?'

Mbrapshtim;- fjalë e rrallë, që shkon jo sipas planit apo dëshirës. P.sh, 'Puna mori një mbrapshtim që aman o Perëndi'.

Mbrapshtim,/-uar//ova;- P.sh, 'Sa mbrapshtuar që e paskeni çuar gjendjen, akoma nuk arrij ta besoj'. 2- 'Unë me qëllim ua mbrapshtova mendjen, se ndryshe qenë duke na bërë gjëmën'.

Mbret,/-i/ -ërit (Mret)

Nga del mreti n'kam;- tallje, d.m.th, derdh ujët e hollë. P.sh, 'Më falni pak sa të shkoj nga del mbreti në këmbë dhe erdha'.

S'e ha as mretiʒ- d.m.th, që nuk ekziston. P.sh, 'Ju kërkoni dardha në dimër, por kur nuk është atë send s'e ha as mbreti'.

Nuk ásht mret që vret e pret;- d.m.th, njeri i urtë. P.sh, 'Im shoq, tha Maria, nuk është mbret që vret e pret, por është mbret, mjaltë e sherbet'.

Mbulój,/-óva,/ -úar (muloj)

E mulon si macja mutin;- tall., d.m.th, që kërkon ta largojë diçka të keqe. P.sh, 'Po ti mos e mbulo tani si macja mutin, se të gjithë e dimë'.

Mulo nji e zbulo shtatë;- tall., punë pa rregull e cilësi. P.sh, 'Po ti ngadalë more bir, jo mbulo një, zbulo shtatë në këtë të bekuar prashitje'.

I mulon (ruan) si klloçka zogjtë;- bisedë, d.m.th, që u tregon shumë kujdes. P.sh, 'Matien mos e kini merak fare, se ajo i mbulon si klloçka zogjtë përherë '.

Muluar si nusja me duvak- shaka, d.m.th, jo i socializuar. P.sh, 'Po ti pse rri larg mbuluar si nusja me duvak ashtu, po hajde dhe pimë një kafe bashkë;.

Thnjilli mulu, djeg e përvëlu- ironi, d.m.th, që të ha pas shpine.

'Ah ç' je një thëngjilli mbuluar, djeg e përvëluar, ti grua'.

Mbush, -a, /-ur (mush)

E mushi si për derr;- d.m.th, e goditi me fjalë dikën. P.sh, 'Për një copë herë nuk u ndje fare, pastaj u çua dhe e mbushi për derr, sa të gjithë sa ishin aty u habitën'.

Nuk mush fare;- d.m.th, nuk kupton. P.sh, 'Po ti nuk mbushke fare o burri dheut, si është puna me ty!?'.

Zbraz e mush, asgjë n 'torbë;- d.m.th, që nuk bën asgjë. P.sh, 'Nika kështu e kalon ditën, zbraz e mbush e asgjë në torbë'.

Shko re mushu;- bisedë, e papërcaktuar, d.m.th, që nuk është e vërtetë. P.sh, 'Shko re mbushu andej se s'ka mundësi ashtu! 2- bisedë. 'Shko re mbushu andej, se na thartove kokën'.

E mush çiften nga gryka;- d.m.th, i fillon punët mbrapsht. P.sh, 'Nuk mbushet çiftja nga gryka o djalë, shiko gjyshin ti këtu si e bëj unë, se kështu duhet'.

Ia mushi barkun;- d.m.th, lënë shtatzënë. P.sh, 'Tashti që ia mbushe barkun, thua që nuk bën nusja, gabim e ke'.

E mush thesin;- d.m.th, stomakun. P.sh, 'Pali e mbushi thesin mirë e mirë e i hyri punës me fyt'.

S'ta mush syrin;- d.m.th, e vogël. P.sh, 'Kjo nusja jote, djali im, s'ta mbush syrin fare, por punëtore qenka'.

E mushi kupën;- d.m.th, e kërkoi vetë. P.sh, 'Pali e mbushi kupën, andaj iu sulën të gjithë si lagje'.

I mushi brekët;- d.m.th, u tremb për qamet. P.sh, 'Kola, kur pa arushën, i mbushi keq brekët'.

Mbyll,-a,/ -ur (myll)

Me sy myll, ose sy myllas;- d.m.th, fare lehtë. P.sh, 'Këtë punë e bëj me sy mbyllur, se e kam bërë disa herë'.

Koh'e mylljes;- d.m.th, koha kur dhëndëri shkon te nusja në dhomë për herë të parë, natën e martcsčs. P.sh, 'Kur crdhi koha e mbylljes, Pali qe duke ngrënë groshë'.

Sa për t'i myll gojën;- d.m.th, që s'ka rrugëdalje. P.sh, 'Kola, sa për t'i mbyllur gojën Matisë, nuk kishte rrugë tjetër që tha ashtu'.

Një sy myll, tjetrin çelë;- d.m.th, në gatishmëri. P.sh, 'Kujdes ju djem, kjo punë e do një sy mbyll e tjetrin çelë, se me rrezik është'.

Myll n 'shtat dryna;- bisedë, njeri shumë i besueshëm. P.sh,

'Ke Malo e ke të mbyll me shtatë dryna fjalën. 2- tall., njeri shumë i ndrydhur. P.sh, 'Ti mos rri si i mbyllmi në shtatë dryna ashtu, se nuk është mirë për ty'.

I a mylli der 'n e hales;- keq., ironi, d.m.th, gojën, që e ofendon rëndë. P.sh, 'Pali ia mbylli derën e hales Dilës, se shumë e teproi'.

Mylle se na qelbe;- d.m.th, mjaft më. P.sh, 'O ti shoku, mbylle se na qelbe, nuk e shikon se çfarë flet!?'.

E kam mbyll;- bisedë, d.m.th, jam i sigurtë. P.sh, 'Këtë gjë e kam mbyll te ju dhe kam mendimin se do t'ma mbarosh'. 2- kam dyshim. 'Kur humbi kali i Malos, e kisha mbyll te Kola, (d.m.th, dyshimtë), por jo, gabim kisha qenë'.

E mbyllën me jetë;- d.m.th, e dënuan me jetë. P.sh, 'Gupin e mbyllën me jetë të varfërin, e la fëmijët rrugëve'.

Çela myllas;- d.m.th, jo i qëndrueshëm në fjalë. P.sh, 'Ti ma thuaj, o jo, o po, çela mbyllas mos luaj me mua'.

Myll mrena katër muresh;- d.m.th, i padalë, pa parë botë me sy. P.sh, 'Mos ia merrmi shumë për të madhe Rrapit, se mbyll ka qenë brenda katër muresh, e ku di ai tjetër gjë'.

Mbyt (mbys)/ -a,/ -ur, (myt)

Shkon i varmi, te i mytmi; -d.m.th, gjendje e barabartë e skamjes. P.sh, 'Desha që t'i kërkoj Kolës disa të holla hua, por pasi u mendova pak, ndërrova mendje, shkon i varmi te i mbytmi mendova'.

I mytmi të zhyt e të mbyt;- d.m.th, mos u ngatërro në një çështje të koklavitur. 'Unë të them që rrij larg asaj pune, se kur thonë i mbyturi të zhyt, pastaj të mbyt për të shpëtuar vetë'.

Iu myt kaikja;- keq., d.m.th, e humbi davanë. P.sh, 'Salës shkretë ka kohë që iu ka mbytur kaikja, e hala kujton se është gjallë'.

Myte matjan;- d.m.th, nxito, dil nga situata. P.sh, 'Mos rri gjithë ditën se çfarë po bëj, por mbyte matjan e hajde në shtëpi'.

Mytet me shurrën e vet;- ironi, d.m.th, i ngathët. 'Pali i ngratë mbytet me shurrën e vet, e ti shkon e i beson gjithë atë punë'.

Gjej pus e mytu;- tall., gjej derman vetes. P.sh, 'Nëse shkon atje dhe na bën ndonjë të pabërë, i tha Matia djalit, pastaj gjej pus e mbytu, se nuk ta hapim më derën'.

As myt, as i gjallë;- d.m.th, lënë as mënjane. P.sh, 'Ma le atë punë as mbytur as të gjallë o Solo derri, e problem më solle'.

Mytet në det, ti e kërkon në mal;- ironi, d.m.th, e/i rrezikshëm. 'Pali kishte një grua që po të mbytej në det, duhej ta kërkoje në mal, aq e rrezikshme ishte'.

Mytu me baq t' brekëve;- d.m.th, zhduku nga shoqëria. P.sh, 'Nëse vërtet ke shkuar në nusen e Nusretit, më mirë mbytu me baq të brekëve të tu, se më keq s'ka ku shkon'.

Medet *Më martoj kjo nána,/ Larg nja disa vjet,/ medet moj náne,/ kuku medet.*(Këngë kënduar nga gratë, nëpër dasma*)*.

Medet sot e medet nesër;- bisedë ,d.m.th, me ankth. P.sh, 'Mirë bëri që i ngordhi lopa e sëmurë Sofisë, se medet sot e medet nesër, e kalonte jetën e ngrata grua'.

Mej,-/et, (pakësoj).

Nuk mehet deti;- d.m.th, ka me shumicë. P.sh, 'Hajt mos u trembni, se nuk mehet deti ndonjëherë'.

Plakut meji bukën, shtoji punën;- shaka. P.sh, 'Kot nuk kanë thënë që plakut meja bukën, shtoji punën, po deshët të vdesë shpejt'.

Ju menë bletët;- d.m.th, bën budallallëqe. P.sh, 'Mos ia vini shumë mend Rrapit, se bletët iu kanë merë'.

Ju mè fryma;- d.m.th, vdiq. ;Dullës iu mè fryma e një ditë, i ngarkoj plaçkat'.

Mejdan,/-i/ -et

Ndan mejdan;- bisedë, d.m.th, ndan gjyqe popullore. P.sh, 'Ndan mejdan po ti donë qejfi'.

Ç'ka tigani, del për mejdani;- shaka, d.m.th, i nxjerr sekretet. P.sh, 'Nuk shkoi gjatë dhe ç'pat tigani, doli për mejdani'.

Melakuq-/e,/-ja/-et

Ka ik terma si melakuq;- d.m.th, dhënë shtat. 'Djali ka ikur terma si melakuq, po kështu akoma i padjallëzuar'.

Tri koqe melakuqi n 'majë;- d.m.th, i/ e lehtë nga mendja. P.sh, 'E po të jetë burri botës tri koqe melakuqi në majë, si Pali, s'kam parë'.

Melazá/-ja/- të;- fjalë e rrallë,

bisedë diskutim mbi diçka të çastit, apo me rëndësi sociale. P.sh, 'E bënë melazá burrat mbrëmë dhe sot shkuan për të gjuajtur'.

E ka me melazá;- d.m.th, shtruar dhe me mirëkuptim. P.sh, 'Mos u ngutni burrat e dheut, e ka me melaza kjo punë'.

Mend,/-të, (men)

Kur të vinë ment, s'i hanë as qentë;- d.m.th, jo i vetëdijshëm. P.sh, 'Më dole hakut që të vija me ju në Amerikë, por kur të vijnë mendtë, nuk i hanë as qentë, tepër vonë tashti'.

T'paça ment;- d.m.th, keqardhje. 'T 'paça mend dhe ty Mati që rri duke biseduar me Tarën, po nuk e di ti se ai nuk mbush fare!?'.

Ment n 'hava;- d.m.th, i dashuruar. P.sh, 'E po ti rrinë mendtë në hava burrit botës, si ty Pal s'kam parë'.

Me t 'lan ment e kokës;- d.m.th, mrekulli. P.sh, 'Ajo nusja e Tarës, ishte me të lën' mendtë e kokës, vallahi'.

Një palë men janë, laj thaj e ve në gardh;- d.m.th, s'ka rrugëdalje. P.sh, 'Ti mirë e ke që thua ashtu, po ato një palë mend janë, laj thaj e ve në gardh, s'ka tjetër'.

Afër mensh;- d.m.th, gjë e ditur. P.sh, 'Afër mendsh që do të bëjë aksident një ditë, ashtu si ecën ai!?'.

T'qafsha ment oj Shegë, se ngeli planci varë;- tall., d.m.th, që as nuk di dhe as nuk mëson. P.sh, 'Kushedi sa herë je porositur që mos shko atje, po ti qenke t 'qafsha mendtë oj Shegë, se ngeli plëndësi varë'.

Ja ment, ja dhent;- d.m.th, zgjidh njërën nga tjetra. P.sh, 'Mirë ma bëri, tani ja mendtë ja dhentë, rrugë tjetër s'ka'.

Sikur ia kanë knuar ment;- d.m.th, si e bërë magji, flet kot. P.sh, 'Po ajo Matia ç 'kishte që fliste ashtu sot, sikur ia kanë kënduar mendtë!?'

Mendje,/- a (men'je , men'ja)

Men'jen n'katun, bythën te un;- shaka, d.m.th, dembel. P.sh, 'Ky Pali, vallahi mendjen në katund e bythën te un mbeti, se asgjë nuk punon fare'.

Men'jen pas shpine, (pas qafe);- d.m.th, që vepron pasiguri. P.sh, 'Po mendjen pas shpine e pate more bir, që vajte u përplase pas murit'.

I fut një men'je t 'lehtë;- d.m.th, bën lëshime me dashje por me pasoja. P.sh, 'I futi një mendje të lehtë Rrapi dhe u hodh nga ura poshtë drejt e në lumë.'.

Më mirë men apo dhen;- shprehje pyetëse, d.m.th, më tregoni kush është më e rëndësishme. P.sh, 'Si është më mirë, pyeti gjyshin nipat, më mirë mend apo dhen!?'.

Ásht n'dy men'jesh;- bisedë, d.m.th, s'ka vendosur akoma. 'Pyeta Malon në se do të vinte apo jo, por ai ishte në dy mendjesh'. .

Dy fije men;- d.m.th, i lehtë në çdo gjë. P.sh, 'Metës i ikën dhe ato dy fije mend që kishte dhe tashti është bërë, tra-la-la nga men'ja', d.m.th, i cekët. 'Po ai është tra lala nga mendja more bir, atij shkon dhe i beson ti!?'.

I ásht bá men'ja trap;- d.m.th, budallakosur. P.sh, 'Po ty të është bërë mendja trap, pas asaj vajze!?'.

Dy koka, nji palë men;- d.m.th, njësoj. P.sh, 'Malo dhe Kola, dy koka një palë mend janë, ama shumë mirë duken'.

E kishte lidh men'ja qyp;- d.m.th, është shumë i vendosur në diçka. P.sh, 'Unë i thashë Kolës që jo, por ai e kishte lidhje mendjen qyp e vazhdoj në hesap të tij'.

Men'ja bën hatanë, men'ja bën kalanë;- d.m.th, një mendje e shëndoshë nuk është një mendje e sëmurë. P.sh, 'Mirë, ju e dini më mirë atë punë, kur thonë, mendja bën hatanë e mendja bën kalanë'.

Men'ja dy gjëlpára;- tall., d.m.th, si dy gjilpëra, majë më majë. 'Mos e ngacmo shumë Tatën, se mendja dy gjilpëra është, ngrihet e na bën zhurmë gjithë natën'.

Secili që leu, men'jen e vet pëlqeu;- d.m.th, secili ka metodën e vet të jetës. P.sh, 'I thanë Kolit të shkonte në Amerikë te prindërit, por ai pëlqeu Greqinë, pse thonë secili që leu mendjen e tij pëlqeu, kjo është'.

Ta ftof men'jen;- d.m.th, shumë e bukur. P.sh, 'Kishte gjetur një nuse ai Bardhi, që ta ftohte mendjen. 2- zhgënjim. P.sh, 'Kisha shumë besim tek ty, po kështu si vajti puna, ma ftohe mendjen'.

Men'je, men'je kjo dynja, men'ja men'jes, nuk i gja;- fjalë e urtë e Dragostunjës. P.sh, 'Dhanë e morën ta ndalonin djalin mos ikte, se të gjithë konditat i kishte në shtëpi, po mendje mendje kjo dynja, e mendja mendjes nuk i ngjan, kanë thënë të parët tanë'.

Merá,/-ja/ -të;- shtegtimi që u bëhet bagëtive të imta përgjatë zonave të ngrohta bregdetare, nga zonat malore. 'Kam gjetur mera të mirë', 'Meraja sivjet qe ftohtë', 'Qengja meraje'.

Ka rán në mera të mirë;- d.m.th, që ka gjetur mbështetje apo ushqim të mirë, ose ka hyrë kollovar. P.sh, 'Kola ka rënë në mera të mirë'.

Mer,/-ój/ -óva,/ -úar;- që të shtie frikën. P.sh, 'Ik andej se na merove fëmijët', 'Sot kam qenë gjithë ditën e meruar'.

Mes,-i/ -et

U këput në mes;- ironi, negative, d.m.th, dembel. P.sh, 'Posi posi, u këput në mes gjithë ditën shtrirë'.

S'ia ka gjet kush mesin;- tall., një të panjohure. 'Asaj pune, askush nuk ia gjetur mesin, e ti po na tregon sot që kështu e ashtu'.

T'i bish detit, mes për mes;- ironi, d.m.th, të shembësh malin. P.sh, 'Sikur t'i biesh detit mes përmes, ajo gjë kurrë nuk ka për të ndodhur'.

Mesele/-ja

Tjetër mesele;- bisedë, d.m.th, tjetër për tjetër. P.sh, 'Ajo që po thua tjetër mesele është, e unë e kam fjalën për diçka tjetër'.

Meqë ra meseleja;- bisedë, meqë ra fjala. P.sh, 'Meqë ra meseleja, si është Rrapi me shëndet xhanëm, a mbahet?'.

Hap mesele;- bisedë, d.m.th, mos na hap punë të kota. P.sh, 'O ti shoq, mos na hap mesele këtu, se nuk ta kemi ngenë!'.

Mos na bjer mesele;- d.m.th, mos na bjer probleme. P.sh, 'Jemi mirë kështu, e të lutem djali im, mos na bjer mesele me lagjen'.

Mesele e vjetër;- d.m.th, një problem i shkuar. P.sh, 'Ajo që thua ti Malo, mesele vjetër është, unë e kam fjalën për tjetër send'.

Paske mesele ti;- d.m.th, paske llafe, kërkon sherre. P.sh, 'Paska mesele Matia sot, nuk e shikon si shtie sebep për gjithçka'.

Meste,/-t;- çorape lëkure të meshintë, që mbajnë myslimanët për të qenë me abdes kur falen namaz. 'Blej meste të reja'. 'Sa është çmimi i këtyre mesteve?'.

Mestër/-ra/-at;- fjalë e rrallë, cipë e hollë e qepës. P.sh, 'Hiqua mestrat qepëve. 2- cipa që mbulon kokërdhokun e syrit. 'Më qan mestra e syrit, m'u errësua mestra e syrit'.

I, /e metë;- d.m.th, me të mera mendore.

I meti s'ka brirë; d.m.th, moskujdes. P.sh, 'Ti e bën, e bën,- çfarë të them unë, -i meti s'ka brirë, i tha Kola, Palit, ndërsa flisnin me zë të lartë tek oborri pas shtëpisë'.

Hem budall, hem i metë;- d.m.th, që nuk mbush fare. P.sh, 'Mos u merr me Gupin, se hem budalla hem i metë është ai'.

Mëlcajka;- fjalë e rrallë, që është e fryrë, e papjekur, por dhe e prekur nga sëmundjet. P.sh, 'Domate mëlcájkë. 2- figurative, për frymorët që janë të fryrë shumë, barku dhe koka. 'Ky burrë qenka si mëlcájkë', 'Erdhi kjo mëlcajka'.

Mëlçí,/-a/-të

Si mëlçia mes dy macesh;- d.m.th, kush ta grabisë më parë. P.sh, 'Kjo çështja e Matisë me ata djemtë, ndodhi si mëlçia mes dy macesh'.

Fëmija ásht mëlçia;- bisedë, d.m.th, që nuk ka çmim. P.sh, 'Fëmija është mëlçia more burrë, nga mos të kujdesem për të'.

Me mëlçi n'qafë;- d.m.th, hajdut i tmerrshëm. P.sh, 'Për atë punë, Gupin e ke me mëlçi në qafë ti xhanëm!'.

Ia varën mëlçitë n'qafë;- d.m.th, e kapën duke vjedhur dhe e sollën vërdallë nëpër qytet. P.sh, 'Vetë e kërkoi Dulla, që ia varën mëlçitë në qafë'.

Si t'i varësh ukut mëlçitë n'qafë;- d.m.th, budallallëk, afër mendsh. P.sh, 'Dihej që Gupi vjedh, ju shkuat dhe e vutë kryetar, e kjo është tamam si t'i varësh ujkut mëlçitë në qafë'.

Mënd,/-a,/ -ur (mon)

Monet në dy nána;- d.m.th, që i vijnë mirësitë ngado. P.sh, 'Mos qani hallin e Kolës ju, se ai mëndet në dy nëna'.

Po nuk qau qengji, nuk e mon e áma;- retorikë, d.m.th, po nuk lëvize nga vendi, nuk të vjen gjë gati'. P.sh, 'Çou e kërko punë, mos rri shtrirë tërë ditën, se po nuk qau qengji nuk e mënd e ëma'.

Mángër/-at;- vendi ku varet bari, dushku apo kashta e bagëtive brenda në stallë. 'Var dushkun në mangra'.

Ka qafën n'mangër;- d.m.th, është në ngushticë ekonomike, ose ndiqet penalisht.. P.sh, 'Nëse ke mundësi ndihmoje Kolën, se kohët e fundit ka qafën në mangër për bukë'.

M'u bá mangër;- d.m.th, mërzitje. P.sh, 'Kjo Matia, kohët e fundit mangër m'u ka bërë'.

Var qafën n'mangër;- tall., d.m.th, të lutet. P.sh, 'Tjetri ka var qafën në mëngër e të lutet, ti mos u bën zemërgur'.

Gjete mángër t'mahesh; shaka, tall., njeri që t'i besosh. Psh, 'Të dija të mençur, por ama dhe ti gjete mangër të mbahesh, nuk e njeh ti Gupin sa maskara njeri që është'.

Ia mërtheu mangrat;- dmth, i dha duart, e përzuri. Psh. 'Nuk e ka më atë grua Kola, asaj ia mbërtheu mangrat me kohë'.

Mos u mbaj pas mángrës teme;- dmth, mos u mbaj shumë pas llafit tim se nuk jam i sigurtë. Psh, 'Unë kështu më thanë e kështu po të them, por ti mos u mbaj shumë pas mángrës time se nuk i dihet'.

Mëngë,-a/-ët, (mangë)

Varet çfarë ke nën mangë;- d.m.th, çfarë të intereson më shumë. P.sh, 'Ti thuaje çfarë ke nën mëngë, e unë pastaj të tregoj se si'.

Mangë e vjetër;- d.m.th, dikush që të bezdis duke të treguar gjithmonë një send. P.sh, 'Ububu, erdhi kjo mënga e vjetër e hajde dëgjoje tani!'.

I përveshi mangët, derri n'bërryla;- d.m.th, iu fut një pune me zell. P.sh, 'Mos e trazo Malon, se shyqyr që sot përveshi mëngët deri në bërryla, se ditët tjera veç në kafe e ke'.

Mëngjez,/-i/ -et

Mirëmjes, interes;- d.m.th, botë interesi. P.sh, 'Sot mirë mëngjes o interes, të thonë të gjithë, ka ikur respekti'.

Mërdhíj,/ -fa,/ -rë

Mërdhifi dhe ky,/ kjo;- bisedë, ironi, d.m.th, theu qafën. P.sh, 'Mërdhiti dhe komunizmi, tha Malo duke qeshur'.

Më mërdhifi npër duar,/ thonj;- d.m.th, më iku sa çel e mbyll sytë. P.sh, 'Unë këtu isha, po se si më mërdhiu nëpër duar ky fëmijë, s'e kuptoj'.

Si ftoi (kungulli) mërdhifur; d.m.th, që se ka kapur rrezja diellit. P.sh, 'Po ky ç 'paska kështu, që u duka si ftoi i mërdhitur'.

Mërzéj,/-va,/ -ýer.

Nuk e di ku ti mërzejë cjeptë;-

d.m.th. nuk e di se çmendon, apo e ke hallin. P.sh, 'Unë kështu të them, e ty tani nuk e di se ku të mërzejnë cjeptë?'.

Mësój/ -óva, /-úar;- në dialektin e zonave të Librazhdit, folja mësoj, në shumë raste, flitet midis pësimit dhe mësimit. P.sh, 'Si msova un sot me ty, nuk të njoha, ose të fola gabimisht'.

Mos, se do e msosh keq;- urdhërore, d.m.th, hiq dorë, largohu. P.sh, 'Unë kaq të them mos, se do e mësosh keq, d.m.th, do të rrihesh ose diçka tjetër e tillë'.

Mëshoj,/-ova,/-uar

Mshoj venit;- ironi, d.m.th, rri aty e mos fol. P.sh, 'Ti djalë mëshoj vendit aty ku je e mos fol më, se shumë probleme na ke sjellë'.

Mëtí,/-ni,/–jtë (tundës)

S'i pushon mtini;- d.m.th, flet shumë. P.sh, 'Si nuk i pushoi mëtini një minutë kësaj gruaje xhanëm, sinqerisht jam habitur'. 2- lëshon gazra pa ndalur. P.sh, 'Merkos nuk i pushoka mëtini sot, siç duket ose ka mërdhitur mbrëmë, ose ka ngrënë fasule'.

M'u bá barku mti;- d.m.th, kam ngrënë jashtë mase. P.sh, 'Nuk mundem të ha më, mëti m'u ka bërë barku'.

N'tjetër ven tund mtini;- d.m.th, në tjetër vend është fjala. P.sh, 'Jo, jo ,në tjetër vend tund mëtini, ti Kolë'.

Na u bá kryt mti;- d.m.th, rrahur nga era dhe të ftohtit. P.sh, 'Sot punuam lart në kodër e na u bë koka mëti na u bë, gjithë ditën'.

Sa mtiri n'kám;- d.m.th, e vogël me trup. P.sh, 'Kola kishte gjetur një nuse sa mëtiri në këmbë, por ama shumë e bukur ishte'.

Pirdh në n'mti;- d.m.th, punë shkel e shko. P.sh, 'Unë të thashë ndryshe ta bëje punën e ti e paske bërë, pirdh në mëti'.

Mëth/-a;- fjalë e rrallë, sinonim, bytha. Përdoret në raste emocionale, sipas vendit dhe kohës. Psh, 'S'i do mëtha, çfarë ti bësh?'.

Ftof n'mëth;- d.m.th, budalla, i pamend. P.sh, 'Si je ftoh n' mëth dhe ti, shkon dhe i beson Merkos'.

Ftof n'mëth e bá akull- d.m.th, sa budalla që je. P.sh, 'Të jetë burri ftoh n'mëth e bërë akull si Likën, s'kam parë'.

Mëzát,/-i,/- etër

Mjel mzatin;- d.m.th, nuk merret me asnjë punë. P.sh, 'I gjeta një punë të mirë Merkos, por siç duket ati i pëlqen të mjelë mëzatin e nuk pranoj'.

Si mzati nëpër arë;- shaka për një fëmijë të lëvizshëm. P.sh, 'Pusho njëherë more bir, se ngele tu nga si mëzati nëpër arë'.

Kërkon lopa mzat;- sarkazëm, d.m.th, që sheh për burrë. P.sh, 'Më duket se Merkos i kërkonte lopa për mëzat', (për të bijën, është fjala).

Mënef /ur/em;- bezdi, të vjen nga pas, të lutet, të përgjërohet. Psh, 'Djali iu mnef sëmës për sisë'.

Njeri i mnefur;- shaka. që nuk të shqitet. Psh, 'E po të jetë njeriu i mënefur, si Kola, s'më kanë parë sytë;.

Mos iu mnef kot;- dmth, mos i bjer në qafë me të padrejtë, Psh, 'Këtu ka hak Malo, mos iu mnefni kot'.

Miu,/-njtë

Mi halesh;- ironi, d.m.th, dikush që kërkon që të zhbirojë kudo. P.sh, 'Po ti ç'më sillesh si mi halesh vërdallë!?'.

Ja kanë ngranë bukën mijtë;- d.m.th, që e ka humbur toruan. P.sh, 'Ohu ha Gupit, ka kohë që ia kanë ngrënë bukën mijtë, dhe unë flas kot'.

Fle macja me miun;- d.m.th, shumë ftohtë. P.sh, 'Sonte më duket se fle macja me miun, andaj ndizni oxhakun'.

Njëherë shkon miu për mustaqeje;- d.m.th, njëherë bëhet e keqja, njëherë gabohet. P.sh, 'Njëherë shkon miu për mustaqeje, të dytën e di vetë ai'.

I ka ránë miu n 'pus;- d.m.th, zemëruar. P.sh, 'Po ty ku të paska rënë miu në pus kështu, nuk e kuptoj!?'.

Ku i fle miu; -bisedë, d.m.th, ku qëndron problemi. P.sh, 'Shefit nuk e di ku i fle miu, që sot fliste ashtu kur po hynte në zyrë'.

Ku fle miu?;- pyetësorë, d.m.th, ku është arsyeja. P.sh, 'Dakord, dakord, po sipas teje, ku fle miu në këtë çështje?'.

Ra miu n 'gjiriz;- shaka. d.m.th, i sapo martuar. P.sh, 'Palit i ra miu në gjiriz sonte, andaj ju lutem mos e ngacmoni shumë'.

Mide,/-ja

S'ja qas mideja;- bisedë, d.m.th, nuk ia pranon karakteri. P.sh,

'Malon e ngacmoni për punë femrash, se Malos nuk ia qas mideja'.

Mide derri;- d.m.th, që ha e pranon gjithçka. P.sh, 'Mide derri paske pas ore burri dheut, si vajte e hëngre gjithë atë mish të dhjamosur'.

Janë një mideje;- d.m.th, të një karakteri. 'Merko me Alinë, janë një mideje, prandaj mos u çuditni fort pse bëjnë ashtu'.

Vuan nga mideja;- tall., d.m.th, që ha çfarë t'i dalë përpara. P.sh, 'Pali vuan nga mideja po qe puna për mish helli'.

Ka mide t'butë;- d.m.th, që nuk zemërohet kollaj. P.sh, 'Sela ka mide të butë i varfri, e kurrë nuk u ankua njëherë'.

Ka mide taljoni;- d.m.th, që s'ka problem me moralin e familjes. P.sh, 'Rrapi për atë punë ka mide taljoni, xhanëm'.

Vjen pas mideje;- d.m.th, vjen pas qejfit. P.sh, 'Kola po qe për atë punë, të vjen pas mideje, e kurrë nuk ta prish'.

Miell,/-i/-ët

Bukë e millit t'vjetër;- d.m.th, shoqëri e kahershme. P.sh, 'Me Besën janë bukë e miellit të vjetër ata, andaj flasin aq me respekt për shoqi shoqin'.

Shti një bukë miell;- d.m.th, fle me gruan e tij. P.sh, 'Pali vjen në shtëpi sa shtinë një bukë miell e ikën përsëri në minierë mavria'.

Ia ka marrë era milltë;- d.m.th, është lajthitur. P.sh, 'Matisë mos ia vëni shumë mendjen se ia ka marrë era miellin nga pleqëria'.

Ndërrojnë millë;- d.m.th, janë fqinj që shkojnë shumë. P.sh, 'Me Kolën, ndërrojnë miell e nuk i kam merak fare unë xhanëm'.

Iu thartu milli;- pyetësorë me shaka, d.m.th, që nxehet shpejt. P.sh, 'Po këtij ku iu thartua mielli tashti, që flet kështu?'.

Mill pa bereqet;- bisedë, d.m.th, diçka jo e pëlqyer, jo e këndshme. P.sh, 'Ajo krushqia e tyre, si miell pa bereqet më duket mua, po hajde më, vetë u pëlqyen e vetë u deshën'.

Mijë,/-a

Gjysma e misë, pesqind;- d.m.th, që i ka punët në terezi. P.sh, 'Gjyliu, gjysma misë pesëqind e ka punën, prandaj mos u mërzitni shumë'.

Me njëmijë përqind;- d.m.th, me shumë siguri. P.sh, 'Ta them unë me njëmijë përqind, që ajo ishte shtatzënë'.

Ti báftë zoti dhentë një mijë, se m'i bane mustaqet bri;- d.m.th, paçin duk e bereqet. *(Kjo shprehje frazeologjike vjen nga disa hajdutë që i vjedhin ogiçin e tufës një agai të dikurshëm. Agai urdhëron disa vetë me pushkë që t'i ndjekin hajdutët, t'i vrasin e t'ua marrin ogiçin. Kur dalin pushkatarët pas një qafë mali, shohin që hajdutët e kishin vënë ogiçin në hell. Pushkatarët menjëherë vënë pushkët në shënjestër ti vrasin, ndërsa hajdutët piq e pre mish me thikë e ha. Duke ngrënë mish helli e duke pirë raki, kryetari hajdutëve ngrihet e thotë;- O aga, o agai ri, t'i bëftë zoti dhentë një mijë se m'i bëre mustaqet bri (d.m.th, nga dhjami.) Pushkatarët ulin armët nga shënjestra, shkojnë prapë te agai tyre, i tregojnë ngjarjen pikë për pikë. Agai pasi mendohet thotë: Mirë keni bërë qofshin hajdutë me këmbë të mbarë! Dhe historia tregon se agait i pillnin dhentë dy herë në vit, përherë binjakë'.*

Mik-/u (miq)

Mik mik, mbath opingat ik;- d.m.th, rri sa të rrish e kujtohu se duhet të dalësh. P.sh, 'Mos prit të të thonë, se i thonë fjalës, mik, mik mbath opingat ik, se përndryshe të vunë berihanë'.

Mik leshi;- d.m.th, që nuk ka vlera. P.sh, 'Zura një mik të ri, por mik leshi kishte qenë'.

Mik mik, kokën fik;- d.m.th, që nuk e di vendin e vet se ku i takon. P.sh, 'Ti mos m'u bë, mik mik e kokën fik tashti, po dëgjo çfarë po të themi ne.

Mik për qoshe;- bisedë, d.m.th, njeri me vlera. P.sh, 'Kishte bërë ai Malo një mik të ri, por ama mik për qoshe ishte'.

Mine Jorgani!;- d.m.th, kur s'ka tjetër rrugëdalje. I dha sa i dha i shkreti Malo, më në fund Mine jorgani.

(Vjen ky tregim nga vitet 80-të. Një fshatar shpërngulet në qytet, por ama ishte i varfër në kulm. Sa e marrin vesh fshatarët e tij, njëri pas tjetrit, i shkonin në darkë për vizitë deri sa e çmendën fshatarin. Gruaja e tij quhej Mine I thotë ky Mines: Shiko këtu, kur të thërres unë, Mine bjer jorganin për të mbuluar mysafirët, ti do të thuash;-
-Çfarë jorgani t'u qorrofshin sytë, - e unë do të bëj sikur do të nevrikosem, e do të çohem të qëlloj ndër sy miqve. Vetëm kështu mund t'i largojmë, se ndryshe po na del të shkojmë prapë në fshat. Kalon një natë dy, vijnë nja tre vetë, e kur

ishte koha e gjumit thërret ky: Mine Jorgani!-Del Minia: Çfarë jorgani flet të plaçin sytë të plaçin. Çohet ky t'i bjerë, gjasme u turpërua. Miqtë njëri pas tjetrit në derë e ikën U hap fjala, mori dhenë, e prej atëherë e sot përdoret në raste ngushtice.

Minë-a

Pleqnia, fushë me mina;- d.m.th, veç kur të marrësh vesh që vdiq filani. P.sh, 'Sa të rrojmë të rrojmë, se po erdhi pleqëria, në fushë me mina je, veç kur t' ja bëjë bam'.

T'i vije minat;- d.m.th, shumë dembel. P.sh, 'E po të jetë burri kaq përtac sa t'i vije minat të lëvizte nga vendi si Merkon, s'kam parë kollaj'.

Minë me sahat;- d.m.th, që është zjarr nga goja. P.sh, 'Këtë Matinë, minë me sahat e ke përherë në bisedë.

Minút/-ë,/-a/-at.

Se ze minuti;- d.m.th, në gjendje të dobët shëndetësore. P.sh, 'Ashtu si e pashë unë Merkon, zor se e zë minuti'.

Minutë pas minuti;- d.m.th, herë pas herë pa ia ndalur. P.sh, 'Kishte një kollë që minutë pas minuti, zorrët jashtë ia nxirrte'.

Mistri,/-a/-të

Me çekiç e mistri;- d.m.th, i gatshëm përherë. P.sh, 'Kolës mos ia ki gajlen fare ti, se atë me çekiç e mistri e ke përherë'.

Buzë mistri;- ironi, d.m.th, që nuk pushon së foluri. P.sh, 'Kishte një grua ai shoku, një buzë mistri që të shurdhonte nga veshët'.

Mish,/-i/ -rat

Ha mish e dhit eshtra;- tall., d.m.th, Pasojat e neglizhencës. 'Gupi sa qe kryetar dridhte zinxhirin, e si u korruptua zuri burgun, kjo është ha mish e dhit eshtra, kanë thënë pleqtë dikur'.

Mish i gjallë;- d.m.th, plagosje e rëndë. P.sh, 'Rrapi dukej mish i gjallë pas gjithë asaj djegie në trup'.

M'u bë mish derri;- d.m.th, tepër i bezdisshëm. P.sh, 'Mu bë ai Kiço sot, mish derri, vetëm politikë dinte të fliste'.

Vllaj mishin ta ha, po kockën ta má;- d.m.th, i juaji sado i keq qoftë, prap ka mëshirë.

Si mish i huaj;- ironi, d.m.th, që të bezdis. P.sh, 'Mu bë si mishi huaj sot ky Merko Aliu, tërë ditën te koka më ka ndenjur'.

Me mish dashi;- ironi, d.m.th,

në mos pajtueshmëri. P.sh, 'Sikur me mish dashi të më presësh, për atë që ma bëre, nuk ta bëj kurrë hallall'.

Mízë,/ -a/-at
S'duron mizë n'vesh;- shaka, d.m.th, shumë nevrik/e. P.sh, 'Kjo nusja jote nuk duroka mizë në vesh o shoku'.
Si mizë qelbi;- d.m.th, me shumicë. P.sh, 'Hyri serbi nga mali me një ushtri si mizë qelbi, ndërsa popullata u largua me shpejtësi'.
Nuk shkel as mizën;- d.m.th, shumë i sinqertë. P.sh, 'Kola nuk shkel as mizën e ju më thoni sa andej këtej'.
Ra si miza n'dhallë;- tall., d.m.th, qorrazi. P.sh, 'Po ky ç 'pati kështu, që ra si miza në dhallë!?'.
M'u duk sa një mizë;- ironi, d.m.th, urrejtje. P.sh, 'Kur e pashë Rrapin që po tallej me një burrë plak, m'u duk sa një mizë'.
S'ka verë pa miza;- shaka, d.m.th, kudo ka një problem. P.sh, 'Mirë e keni ju, po kur thonë s'ka verë pa miza, ja kjo është'.
M'u bá mizë kali;- tall., d.m.th, që të shkakton mërzitje. P.sh, 'M'u bë mizë kali kjo vajzë, meazallah se më shqitet'.

Ta bán mizën, aeroplan ;- tall., d.m.th, mashtruesi i tmerrshëm. P.sh, 'Ky njeri ta bëka mizën aeroplan për nder, por kini kujdes se u mashtron'.
Mizat ngasin kalin, kámët i çuk gomari;- shaka, d.m.th, merakoset për diçka që s'ka lidhje me të. P.sh, 'Po ti Matia ç'ke kështu sot, si ai që tha, mizat ngasin kalin këmbët i çuk gomari'.
Nuk fryhet ariu me miza;- shaka, d.m.th, pak ushqim për shumë njerëz. P.sh, 'Thuaji Matisë të gatuajë mjaft, se nuk fryhet ariu me miza, nëse vijnë shumë veta'.
Ia báni sytë miza;- d.m.th, e qëlloi me pëllëmbë. P.sh, 'Kola ia bëri sytë miza djalit, se nuk e dëgjonte'.
Ia shtiu mizat;- d.m.th, e ngallëziti dikë. P.sh, 'Djali qe mirë, por sa erdhi Toma nga qyteti, ia shtiu mizat e tashti do të ikë dhe ai'.

Mjaltë,/ -i
Kanë muajin e mjaltit;- d.m.th, muajin e parë të martesës që kryen një çift i sapo martuar, duke shkuar në resorte pushimi.
Drejt e lugën n' mjaltë;- shaka, d.m.th, menjëherë. P.sh, 'Nuk

shkohet drejt e lugën në mjaltë o djali im, duhet pak punë e mundim, pra të arrihet ajo që duhet'.

Të hangërt goja mjaltë;- bisedë, d.m.th, ashtu qoftë. P.sh, 'Ty të ngrëntë goja mjaltë, nëse është ashtu, por kam frikë ndryshojnë fjalët'.

Mjegull,/-a/ -at.

Dhe mjegulla di ku bie;- d.m.th, aty ku e meritojnë. P.sh, 'Kur thonë dhe mjegulla di ku bie, është kur një popull nuk bën asnjë përçapje për më mirë'.

Shtiu nëpër mjegull;- d.m.th, të dalë ku të dalë. P.sh, 'Dhe Pali shtiu njëherë nëpër mjegull, po ke parë ti që e gjeti fjalën'.

Paske gdhi mjegull;- shaka, d.m.th, jo në humor. P.sh, 'Ti Malo paske gdhirë mjegull e nuk të qeshka buza sot, nuk e di se çfarë paske?'.

Mjékër,/-ra/- rat

Po m 'vure n 'qoshe, mos m 'rruaj mjekrën;- d.m.th, po më zgjodhët të parë vendi, mos më thoni çfarë të bëj.

Mjekër ka dhe cjapi;- tall., d.m.th, mos u mburr. P.sh, 'Kur thonë mjekër ka dhe cjapi, por cjap ngelet'.

Nuk ke për t 'lshu mjekër;- d.m.th, nuk ka për t'u bërë kiameti. P.sh, 'Hajde një natë andej o burri dheut, se nuk ke për të lëshuar mjekër jo'.

Moçal,/-i/ -et

Nuk bie kollaj n'moçal;- d.m.th, i kujdesshëm. P.sh, 'Malon nuk e kam merak shumë unë, nuk bie kollaj në moçal Malo'.

Zien moçali;- ironi, d.m.th, flitet shumë për një problem a gjendje. P.sh, 'Ka ditë që zien moçali, le të shohim çfarë do na sjellë situata'.

Moçal për barku;- keq., d.m.th, smirëzi. P.sh, 'E po të jetë tjetri moçal për barku, vetëm Merkon kam parë'.

Mos trazo n 'moçal t 'botës;- d.m.th, shih punën tënde. P.sh, 'Ti djalë mos trazo në moçal të botës tani, hajt shiko punën tënde'.

Mohój,/óva,/ -úar

Mohon dhe t'atin;- d.m.th, shumë i pandershëm në shoqëri. P.sh, 'Pali mohon dhe të atin e ti më thua sa andej këtej'.

Mokër,/-a;- zonë e banuar në lindje të Librazhdit, mbi Pogradec

Me Mokër e Çermenikë;- d.m.th, krejt, pa përjashtim. P.sh, 'Kishte thirrur Kola në dasmë, me Mokër e Çermenikë'.

Çfarë báhet n'Mokër, ngelet n'Mokër;- d.m.th, nuk mbajnë fjalë tutje e tëhu. P.sh, 'A ti moj motër, çfarë bëhet në Mokër, ngelet në Mokër, kanë thënë të parët tanë'.

M'je bá si lakror Mokre;- d.m.th, qull në djersë (lakrori mokrar kullon nga gjalpi)

M'je dehur si mokrar;- d.m.th, ke dalë jashtë linje në bisedë. P.sh, 'Më duket se më je dehur si mokrar, tashti që po flet pa lidhje'.

Mollë,-a/- ët

Ia qëron dikush mollët;- keq., d.m.th, ia përdorin gruan. P.sh, 'Mesa kam dëgjuar, Palit ia qëron dikush mollët, po nuk jam i sigurtë'.

Si mollë e qërume;- d.m.th, femër shumë e bukur. P.sh, 'Kishte marrë djali i Sanies një nuse, e si mollë e qëruar dukej, mashallah'.

Mos ma ban mollë t'nalume;- d.m.th, mos fut sende nga vetja juaj, bën të më duket vetja fajtor. P.sh, 'Unë ta tregova me ndershmëri çështjen, e ti tashti mos ma bëj mollë të ndaluar'.

Molla bie nër mollë;- bisedë, d.m.th, që kanë shumë ngjashmëri. P.sh, 'Kur dëgjova Matinë duke kënduar, m'u kujtua nëna e saj, kot nuk thonë që molla bie ndër mollë'.

Mollë e magjistrume;- keq, d.m.th, mollë sherri. P.sh, 'Ç'ishte gjithë ajo mollë e magjistruar ashtu, nuk e kuptova?!

Mollallik/-u;- fjalë e rrallë, d.m.th, që ka me shumicë, që prodhon shumë. 'Vend mollallik', 'I kishte mbuluar mollalliku bereqetet sivjet;, 'Pemë me mollallik'.

Morti,/-et.

S'bâhet mort me gojë;- d.m.th, nuk vdes tjetri pse përmend vdekjen. P.sh, 'S'bëhet mort me gojë, pse pyes, si i kishte hallet yt atë se qe shumë sëmurë para disa kohësh'.

Ishin për mort;- d.m.th, pinë një kafe për të keq. P.sh, 'Burrat ishin për mort te komshinjtë, pasi u ngjau keq shumë'.

Ra ky mort e u pamë;- d.m.th, kur shihesh vetëm në të liga. P.sh, 'Duhet të vizitojmë njëri tjetrin sa më shpesh kur jemi mirë, jo ra ky mort dhe u pamë, dhe aq, tha baba'.

Mortje,/-a

Mortja që s'të ha;- keq., d.m.th, vdeksh. P.sh, 'Kush ngeli të na mësojë thuaj, mortja që s'të ha'.

Nuk ha mortja (me nder) mut;- keq., d.m.th, nuk bie rrufeja në hale. P.sh, 'Vdes i miri e ngel i keqi, pse thonë që s'ha mortja mut'.

Pa mortjen me sy;- d.m.th, kalon një situatë tepër kritike. P.sh, 'Merko pa mortjen me sy i ngrati, kur e zu fruthi, por prap nuk ha mortja mut!?'.

Morr,-i/ -at

M'u bá morr bythe;- keq., d.m.th, dikush që të rri nga pas gjithë kohën. P.sh, 'Ky Pali sot m'u bë morr bythe, e nuk më shqitej sikur kishte frikë'.

Shet morra;- d.m.th, shet mend. P.sh, 'Po ky ç 'paska që shet morra sot kështu!?'.

S'ka një morr n 'brekë (n'bëth);- d.m.th, pa kokërr leku. P.sh, 'Merko s'ka një morr në brekë, këtej na shet mend'.

Te pazari morrave;- d.m.th, atje ku shitet lirë. P.sh, 'Salën e pashë te pazari morrave sot, po shiste një lopë'.

S'di ku e ha morri;- d.m.th, ku e ka hallin. P.sh, 'E dëgjova Kolën kur fliste me të madhe, por nuk e di ku e hante morri ashtu'.

S'bâhet stan me morra (pleshta);- d.m.th, me llafe e mburrje. P.sh, 'Do punë, puna, o djali im, stan me morra nuk bëhet'.

U ka hy morri;- d.m.th, sherri. P.sh, 'Rrapit e Gupit u ka hy morri këto kohë, nuk flasin me njëri tjetrin fare'.

Morrëz,- a/-at;- fjalë e rrallë. Parazit në pula e bletë, 'Bletëve u ka rënë morrza', 'Këto pula qenkan plot morrza', 'Ky ilaç i zhduk morrzat'.

Morrit,/ -a,/ -ur

Morrit pulat;- d.m.th, nuk bën asgjë prej gjëje. P.sh, 'Nuk rri burri morrit pulat gjithë ditën, po dil e bëj diçka'

Mos;- pjesore.

Kush mos na e di;- d.m.th, dikush që vjen e të shet mend. P.sh, 'Ku u bë dhe ky, kush mos na e di, vjen e na shet mend'.

Kush mos na e njeh;- ironi,

mendjemadh, që hiqet si i pari fshatit. P.sh, 'Na erdhi ky, kush mos na e njeh, se kush është'.

Baba Kros, baba Kros, askush s'të tha se mos;- d.m.th, që është dhe ligji dhe Maliqi.

Mos se të del kos;- d.m.th, mos e trazo dikë, se të kthehet me të keq. P.sh, 'Unë të them mos, se të del kos, e ti bëj si të duash vetë'.

Mot,/-i/-et

Sot a mot!?;- d.m.th, lëviz pak më shpejt. P.sh, 'A po vjen sot a mot, se na plake gjithë ditën!?'

Motër,-a/-rat (Sipas FGSSH 2006, përdoret nga nuset e reja kundrejt motrave të burrit apo kunatave në shenjë respekti, 'Motra Hanife', 'Motra Qamile'. P.sh, 'Si je me shëndet ti motra Hatixhe!?', 'Ku po shkon ashtu moj motra Feride?'. (shprehje tipike e Dragostunjës, deri afër Bërzeshtës).

M'daltë motër;- d.m.th, shumë respekt. P.sh, 'Më daltë motër në atë botë yt shoqe, se shumë më ka ndihmuar'.

Motra jemi, e shoqe s'jemi;- ironi, d.m.th, nuk kemi të shkuar, nuk duhemi. P.sh, 'Unë, tha Matia, me Dilën motra jemi e shoqe s'jemi, ashtu ka ndodhur'.

Mriz,/-i/ -et.

I ka vu dhentë mriz;- d.m.th, i ka punët në terezi. P.sh, 'Gjylja ka kohë që i ka vënë dhentë mriz, tashti vetëm nëpër vizita e ke'.

Ku të mrizojnë cjeptë?!;- d.m.th, ku e ke mendjen!?. P.sh, 'Po ty ku të mrizojnë cjeptë more bir, që vjen me kaq vonesë'.

Nuk e di nga mrizon;- ironi, d.m.th, nuk dihet nga bëhet nga shkon e vjen. P.sh, 'Më pyete për Kolën, ndershmërisht nuk e di nga mrizon Kola'.

Muaj,/-i /-të

Ta ban ditën muj;- d.m.th, të zvarrit në diçka. P.sh, 'Ti Kolë ta bën ditën muaj nganjëherë, deri aty sa të çmendesh'.

Muhabet,/-i/-et

Paçin muhabet t'amël;- urim kur martohet dikush. P.sh, 'Gëzuar e çifti të ketë muhabet të ëmbël'.

U pordh muhabeti;- d.m.th, u prishën në pazar. P.sh, 'Në fillim ishin mirë, pastaj u pordh muhabeti nga diçka fare kot'.

Muhabet n'hanëz;- ironi, d.m.th, fjalë pa prokopi. P.sh, 'Muhabet në hënëz qenka kjo punë, mesa shoh unë'.

Muhabet pas akshami;- d.m.th, si kofini pas të vjelash. P.sh, 'Fol ti tani sa të duash, muhabet pas akshami i them kësaj unë'.

Kafe e muhabet;- d.m.th, që nuk ja thotë fare për punë. P.sh, 'Kola veç kafe e muhabet do, e ashtu e kalon ditën'.

Muhamed/-i;- Profeti i botës Islame, i dërguari i Perëndisë për krejt botën mbarë. P.sh, 'Ka thënë Muhamedi të paktën një fjalë, prej meje mësojeni'. 2- Muhamedi Asv, d.m.th, Muhamedi, paqja e Zotit qoftë mbi të.

Muaná/-ja;- kuptimi i një tregimi, fabula përçuese e një poezie.

Ka tjetër muhana muhabeti;- bisedë, d.m.th, tjetër kuptim. P.sh, 'Jo ashtu jo, ka tjetër muana muhabeti'.

Do t'ja ngjosh muananë;- d.m.th, krismën, historinë. P.sh, 'Mos u mërzit se shumë shpejt do t'ja dëgjosh muananë Merkos'.

E tjerr muananë deri n 'Qabe;- shaka që mezi ia nxjerr fundin tregimit. P.sh, 'Hajt mbylle tashti, se e tore muananë deri në Qabe e tore'.

Mulic,/- i/-ët;- duvaku nuses, mulic prej mëndafshi.

Si mutin nër mulic;- që e mban fshehur një diçka. P.sh, 'Po ti pse nuk na e thua hapur, por e mban si mutin nën mulic ashtu!?'.

I vë mulic;- d.m.th, i mbulon dhe i zbukuron sendet. P.sh, 'Ti Malo mjeshtër je, u ve mulic sendeve menjëherë'.

Si dreqi nër mulic;- keq., d.m.th, element negativ i paditur. P.sh, 'Si dreqi nën mulic kishte qënë ai Merko Aliu, s'la send pa bërë'.

Hiqja mulicin;- d.m.th, tregoje, mjaft e mbajte sekret. P.sh, 'Hiqja mulicin më, je shtatzënë apo jo!?'

Mulic/-a,/- ur;- që i mbulon sendet. 'Qenka mulicur', 'Mos rri mulicur', 'Dhe unë nuk e di pse e mulica ashtu!?'

Mullár,/-i/ -ët

Iu bá mullar sipër;- d.m.th, e përdori seksualisht. P.sh, 'Merko pa njëherë vërdallë e pastaj iu bë mullar sipër gruas së botës'.

I iku mullari, e ruan strumullarin;- d.m.th, i iku kosi e ruan hirrën. P.sh, 'Gupit i vdiq e shoqja e kërkon t'i ruhen rrobat, kur thonë, i iku mullari e ruan strumbullarin'.

M'u bá mullar me ferra;- ironi, d.m.th, të bezdis dikush. P.sh, 'Ky Dilo m'u bë mullar me ferra sot e s'mund e durova'.

Mçifu pas mullarit;- d.m.th, ki kujdes. P.sh, 'Unë kaq po të them, ti mshifu pas mullarit po deshe'.

Mullari vogël, mshef leprin e madh;- d.m.th, nga ajo që nuk ta merr mendja, mund të dalë diçka tjetër'.

P.sh, 'Kur panë djalin e rritur, të dy një gojë thanë: 'E po pra kjo është që thonë se mullari vogël fsheh lepurin e madh'.

Mullar llafesh;- ironi, njeri që mbanë e përcjell botën me llafe. P.sh, 'E po mullar llafesh paska qenë ky njeri, si nuk pushoi një minutë.

Múllë,/-a/-at. (sinonim, barku)

Ka dhánë mullë;- bisedë, d.m.th, gati në të shembur. P.sh, 'Ky mur ka dhën mullë e duhet ndrequr sa më parë, se mund të bjerë e vret ndonjë fëmijë'. 2- d.m.th, kur biseda merr tjetër kah, devijim. P.sh, fig. 'Ti mos mi jep mullë fjalës, se nuk e kisha aty muhabetin'.

Mullën jashtë;- d.m.th, shumë të varfër. P.sh, 'Jepu diçka asaj familje, se mullën jashtë e kishin fëmijët'.

Sa me ngop mullën;- d.m.th, jo shumë të shijshme. P.sh, 'Kishte bërë Lija një drekë, sa me ngop mullën ishte'.

Ia mbushi mullën;- d.m.th, e la shtatzënë. P.sh, 'Tashti që ia mbushi mullën nuses, thotë që nuk bën'.

S'e le mulla;- d.m.th, shaka, që nuk e lë nepsi. P.sh, 'Noken se lë mulla, ndryshe do të kishte bërë pak prokopi'. 2- tall., dembel. 'Rrapin se lë mulla të punojë, prandaj mos i bini shumë në qafë'.

Mullë shpumë;- d.m.th, që nuk ka të ngopur. P.sh, 'Po ti je mullë shpuar, apo si është puna jote!?'.

Mull kuq Dragostunje;- nofkë e hershme për banorët e kësaj zone, ngase ishin të shëndoshë. P.sh, 'Të paska prirë jeta e stanit, si mull kuq Dragostunje qënke bërë'.

Mulli/-ri/-njtë

Si i zán n 'mulli;- shaka, person që flet shumë. P.sh, 'Si të zënë në mulli e paske këtë djalë, o Merko, nuk i pushoka goja një sekondë'.

Ç'bári plaka n 'mulli!?;- shprehje pyetësore, d.m.th, po pastaj ç'u bë!?'. P.sh, 'unë po u tregoj sikur e dëgjova, po nuk qe e vërtetë, ç 'bëri plaka në mulli!?'.

Si mulliri i Golikut, që bluan me një gur;- d.m.th, s'ka dhëmbë. P.sh, 'Më është bërë goja si mulliri Golikut, që bluante me një gur'.

Hyn e del për der t 'mullirit;- ironi, d.m.th, që kërkon të duket, të tërheqë vëmendje. P.sh, 'Po kjo ç'ka kështu sot që hyn e del për der t'mullirit!?'.

Si pushojnë tokzat e mullirit;- ironi, d.m.th, llafazan. P.sh, 'Sot Matisë nuk i pushuakan tokzat e mullirit, nuk e dimë ç 'paska'.

Nuk jemi n' mulli;- bisedë, d.m.th, kemi vend ku rrimë e bukë që hamë. P.sh, 'Pse nuk na dukesh ndonjë natë për darkë, ne nuk jemi në mulli'.

E kishin shtëpinë mulli;- d.m.th, pa asgjë brenda. P.sh, 'Vajta u bleva disa sende, se mulli e kishin shtëpinë.

Mungésë,/-a/-at

Do të jap mungesë;- d.m.th, të dënoj pse ske ardhur. P.sh, 'Ne patëm goxha dasmë e ty mungesë do ta jap'.

Ndihet mungesa juaj;- bisedë, d.m.th, je i veçantë. P.sh, 'Të lutem urdhëroni në gosti të djalit, të dielën në darkë, se do të ndihet mungesa juaj po nuk erdhët'.

Mungój,/ -óva,/ -úar

I mungojnë tri dërrasa;- d.m.th, është pak i çmendur. P.sh, 'Salës i mungojnë nja tri dërrasa, andaj hidhet e bërtet ashtu'.

Mur,/-i/ -et

Mur i kalbët;- ironi, miqësi apo shoqëri që mezi mbahet në këmbë. P.sh, 'Ne ishim miq për disa vite, por muri kalbët qe, ra sot ra nesër'.

Shef matanë muri;- d.m.th, shumë i zgjuar. P.sh, 'Ky dreq Kole sikur sheh matanë muri, ashtu flet'.

Murin e bájnë brezat, burrin fjala;- fjalë e urtë. P.sh, 'Ti mos thuaj ashtu, se kanë thënë të vjetrit, që murin e mbajnë brezat e burrin fjala'.

Gurë gurë, báhet mur;- d.m.th, pak nga pak bëhet gjithçka. P.sh, 'Se ka me ngutje kjo punë, se gurë gurë bëhet mur, kanë thënë dikur'.

Foli murit;- d.m.th, person i pa marrë vesh. P.sh, 'Gjithë ditën isha me Malon, foli murit ti po deshe, aq mori vesh ai'.

Mur katruqesh;- d.m.th, shoqëri

apo miqësi që nuk zgjat shumë. P.sh, 'Si mur katruqesh qe ajo puna e Gjetës me Ballgjint'.

Murgjin,/-i;- emër kau në ngjyrë kafe të errët. 'E lidhi murgjinin për grazhdi'.

Se ka, hajt murgjin;- d.m.th, jo trashë e trashë. P.sh, 'Kjo punë nuk e ka hajt murgjin, po hajde të ulemi e ta bisedojmë'.

Musaf- sinonim Kurani, libri Zotit. Më sill pak musafin të lutem. Kape me kujdes e pastërti musafin. Musafin përherë vendose lart, asnjëherë në dysheme. Kështu thotë Musafi, etj.

Mustaqe,/-ja/-et

Kruan (dredh) mustaqet;- iron., d.m.th, nuk kap gjë me dorë. P.sh, 'Po ti kruan mustaqet gjithë ditën kështu?'.

Punë mustaqesh;- shaka, për punë kot së koti. P.sh, 'Epo të grinden burrat për punë mustaqesh si ju, nuk kam parë e ndier'.

Mustaqe bigë;- d.m.th, i veçantë. P.sh, 'Duhet të jesh burrë mustaqe bigë, pa të zgjidhesh i parë'.

Dridh mustaqet;- ironi, d.m.th, shpreson në diçka gati të pamundur. P.sh, 'Po po, dridh mustaqet ti se do bëjnë dardhat sivjet'.

T'i pjerdh mustaqet;- d.m.th, të sjell probleme. P.sh, 'Vëlla kujdes, se kjo punë t'i pjerdh mustaqet, andaj sa të mundesh ki kujdes'.

Shero mustaqe verdh, mbaje dorën mu tu pjerdh;- d.m.th, dikush që dështon keq në një punë apo martesë. P.sh, 'Kështu si i vajtën punët Limit është, o Shero mustaqe verdh mbaje dorën mu tek pjerdh'.

Múshkë,/-a/ -at

Kur t 'pjell mushka vezë;- d.m.th, kurrë. P.sh, 'Po po, kur të pjellë mushka vezë, do të shkojmë në ekskursion'.

Ngul si mushkë;- d.m.th, kokëfortë. P.sh, 'Nguli si mushkë aty e nuk kishte burrë nëne që e lëvizte nga vendi'.

Mushkën o krushkën;- ironi, d.m.th, njërën nga të dyja. P.sh, 'Ti thua o mushkën o krushkën, me këtë gjuhë që flet, apo të dëgjoj gabim!?'.

Qysh në kohë t' mushkës;- d.m.th, asnjëherë. P.sh, 'Ohu ha, kjo që thua ti ka ndodhur qysh në kohë të mushkës, o burri dheut'.

Ashtu ia do mushka drutë;- d.m.th, ashtu ia jep truri. P.sh,

'Nuk kemi se ç't'i bëjmë djalit, ashtu ia do mushka drutë, ashtu le të bëjë'.

Krushk, mos pirdh si mushk;- d.m.th, mos fol gjepura. P.sh, 'Kjo me juve po ngjan si ajo shprehja popullore, o krushk mos pirdh si mushk, ndryshe nuk kam ç'të them'.

I ra mushka n'thu;- shaka, d.m.th, u zemërua për diçka fare kot, pastaj flet ashpër. P.sh, 'Po kësaj ku i ra mushka në thua këshu!?'

Muzíkë,-a/ -at

Do ia ngjosh muzikën;- ironi, d.m.th, lajmin, pasojat. P.sh, 'Prit, prit do t'ia dëgjosh muzikën Petros, me atë gruan e Nikës'.

Na bán muzikë;- d.m.th, na çau veshët. P.sh, 'Mos na bën muzikë më, pash zotin, na lër rehat'.

Muzikë e rand;- d.m.th, lojë apo tallje. P.sh, 'Muzikë e rëndë është kjo që po bën, por kam mendimin se do të ndryshosh'.

Muzikë e rand muzikë e lehtë, s'ka randsi, gomari de báj;- shaka, d.m.th, kur kërkon që t'i shmangesh një pune apo bisedë, ia bën, po de po, të kuptoj fare mirë, muzikë e rëndë a muzikë e lehtë, gomari do ta mbajë. (*Kjo idiomë vjen si tregim i një fshatari me gomar për dore, ku vete në treg ku shiteshin disketa me muzikë. -Dua një muzikë;- thotë fshatari- a keni muzikë! -Po xhaxha- thotë shitësi, një djali ri.-Të lehtë e do apo të rëndë? -S'ka rëndësi- thotë fshatari- se gomari do ta mbajë*).

Myk,/-u

Kangë me myk;- d.m.th, këngë e vjetër dhe shumë e bukur. P.sh, 'Ama këngë me myk na ke kënduar, shumë e pëlqyer'.

Iu mykën letrat;- d.m.th, që ka shumë të holla, por dorështrënguar. P.sh, 'Merkos iu mykën letrat, aty stivë i ka e mezallah se harxhon një cent'.

Myk përmrena;- ironi, d.m.th. zemërzi. P.sh, 'Mirë do ishte sikur thua ti, po ama mos të ishte myk përbrenda'.

Byk e myk;- ironi, d.m.th, të varfër por dhe me smirë. P.sh, 'Këta Gjelajt, byk e myk i ke që të gjithë, çudi e madhe'.

Mykë,/-a/-at

E do me mykët;- shprehje pyetësorë, d.m.th, me të madhe, ti bërtasësh fort. P.sh, 'Ti e do me mykët tashti, që nuk lëviz nga vendi!?'

Myjë/-a;- fjale e ralle. lis, bungë. P.sh, 'Dërrasë myje', 'Myje vjetër'.

Myshk,-u, -qet

Kërkon për myshk;- ironi, d.m.th, kërkon qyl. P.sh, 'Ti Kolë mos kërko myshk tashti, po hajt filloja punës.

Kërko, se myshk do gjesh;- ironi, d.m.th, lodhu lot. P.sh, 'Unë ta shpjegova krejt çështjen, tashti ti meqë nuk më beson, kërko se myshk do të gjesh'.

Myshk te mulliri i Sheremetit;- tall., d.m.th, kërkon qiqra në hell. P.sh, 'Ohu ha, dashke myshk te mulliri i Sheremetit ti tani?!'.

Bark myshk;- d.m.th, smirëzi. P.sh, 'E po të jetë tjetri bark myshk si Rrapi, nuk më ka zënë syri kollaj

-N-

Nafakë,/ -a

Qofsh n 'nafakën tánde;- urim, d.m.th, gëzofsh jetën. P.sh, 'Po ti qofsh në nafakën tënde more bir, sa i mirë qenke'.

Qofsha un n'nafakët tánde;- d.m.th, të betohem. P.sh, 'Qofsha unë në nafakën tënde, se nuk të gënjen nana'.

Vajt n'nafakët vet;- bisedë, kur martohet vajza. P.sh, 'Vajza shkoi në nafakë të vet e inshalla kanë trashëgimëri, jetë e shkim'.

Ti mre djal i panafakë,/
Pse nuk vjen nji natë për dark,/Unë vij po s'm'le tata,/
Asht turp m 'thotë e ngrata.
(Popullore fshati).

Naftë,/ -a

Ia báni naftën;- shaka, d.m.th, që nuk e përfundon një punë apo një premtim. P.sh, 'Kola u zotua që do ta mbaronte punën, por dhe ai ia bëri naftën, si gjithë të tjerët'.

Nallane, -ia/-et

Zbardh nallanet;- tall., d.m.th, dhëmbët, qesh kot. P.sh, 'Po ky çfarë ka kështu që zbardh nallanet si budalla!?'.

Rryp nallaneje;- ironi, njeri kot,i pavlere.. P.sh, 'E po të sillet burri pazarit tërë ditën si rryp nallaneje, kështu vetëm Gupin kam parë'.

Nallanen pas qafës;- ironi, d.m.th, ia kthen përgjigjen me të egër. P.sh, 'Ti Gupi, përherë nallanen pas qafës, e asnjëherë nuk fole siç është për të folur'.

Nallban,/ -i m/ -ët

Ke gjet nallban;- tall., d.m.th, nuk ke gjetur personin e duhur për një punë. P.sh, 'Tashti më mbushet mendja që vërtet ke gjet nallban për të rregulluar makinën'.

Vari bidonët e nallbanit;- d.m.th, mos ia vë veshin dikujt.

P.sh, 'Vari bidonët e nallbanit atij, e shiko punën tënde, i tha Malo djalit'

Nallç/-e/-et

Futi nallçet mrena;- ironi, d.m.th, dhëmbët me protezë, mos qesh kot. P.sh, 'Futi nallçat brenda, se mjaft të dëgjuam'.

Kokë nallçe;- tall., d.m.th, i pa marrë vesh. P.sh, 'Sa kokë nallçe që je more burri dheut, shqip po të flas'.

Nam/-i

E kanë zán namët;- d.m.th, është i mallkuar nga dikush. P.sh, 'Mos habiti shumë për Gupin, se namët e plakës e kanë zënë'.

Sa për nam e nishan;- d.m.th, shumë pak. P.sh, 'Më dha Dika pak mish, sa për nam e nishan'.

Námi u báftë;- shaka. P.sh, 'Po ti hajde një natë o burri dheut e nami u bëftë'.

Báni namin;- d.m.th, kërdinë. P.sh, 'Ra një breshër e tufan e bëri namin në misrat', ose, 'Ra ujku ndër dhen e bëri namin. 2- bërtiti me të madhe. P.sh, 'Erdhi Kola këtej e bëri namin me Matinë'.

Námi i madh e kokrre vogël;- tall., d.m.th, kur dikush mburret se nga vjen e kush është, e në fakt shihet që ka probleme madhore'. P.sh, 'Nami i madh e kokrra vogël, qe ajo pune Sulës, bëmë shyqyr që iku se na çau kokën'.

Nam në pllam t 'dorës;- bisedë, d.m.th, që e ka mallkuar dikush. P.sh, 'Mos i vini mend Beqos, se nam në pëllëmbë të dorës është nga i ati'.

Namatis,/-a,/ -ur

Si i namatisur;- tall., d.m.th, pa vetëdije, si i pirë. P.sh, 'Mos fol ashtu si i namatisur, se nuk është mirë, unë kështu të them'.

Ásht i namatisur;- d.m.th, i kanë bërë magji. P.sh, 'Leka i shkretë është i namatisur keq, prandaj nuk i ecin punët mbarë në martesë'.

Diçka namatis;- tall., d.m.th, flet nëpër dhëmbë. P.sh, 'Unë e shoh që ti diçka po namatis, ama nuk po të marr vesh fare'.

Ia kanë namatisur trutë (krytë)'- d.m.th, i kanë bërë magji, e kanë çmendur. P.sh, 'Nuk e sheh që ia kanë namatisur trutë e flet totalisht pa lidhje'.

Namaz,/-i;- fetare

Si ai që fal namaz;- d.m.th, dikush i saktë dhe i përpiktë. P.sh,

'Malo po qe për atë punë, e ke si ai që fal namaz, mos ki merak'.

Namazin për zotin, huqi për robin;- shaka, d.m.th, që dhe falet dhe vjedh. P.sh, 'Mos iu mërzitni Rrapit ju, se ai namazin e bën për zotin e huqin e ka për robin'.

Namazli,/-u/-të;- për mashkullin. P.sh, 'Malo është namazli i rregullt'.

Namazlie/-a/-et;- për femrën që kryen rregullisht ritualin e faljes. 'Sa namazlie e sinqertë që është nana'.

Namus,/-i, (sinonimi, turp)

As turp, as namuz;- d.m.th, i përdalë fare. P.sh, 'E po të jetë njeriu, as turp as namus, Salën kam parë'.

Se vret namuzi;- d.m.th, i pacipë. P.sh, 'Njeriut që se vret namuzi, rri larg prej tij'.

Namuzi nuk plas me daulle;- sarkazëm, d.m.th, turpi nuk ka si vjen ndryshe. P.sh, 'Çfarë doni më, u tha Matia çunave, namuzi nuk plas me daulle, kështu plas si puna juaj'.

E ha namuzin me bukë;- keq., d.m.th, nuk ka gajle nga gjërat e turpshme, nuk i bëjnë përshtypje. P.sh, 'E po si ta hash namuzin me bukë, nga do të bëjë përshtypje tani!?'

Namuzli/-u/-njtë;- si emër, por dhe si mbiemër. 'Njeri me karakter', 'Namuzli burrë ishte Kola'.

Namuzlie;- si emër, por dhe si mbiemër, femër që ka sedër, merak e kujdes në gjërat e rëndësishme. 'Shumë namuzlie e ke këtë vajzë, kam qejf ta kem nuse për djalin'.

Napolón,/-i/ -at

Kërcen napolonin;- tallje, ka humbur gjithçka nga një zjarr apo përmbytje. P.sh, 'Sala tani kërcen napolonin, se shtëpia iu dogj'.

Kërce napolonin;- urdhërore, me inat. 'Kërce napolonin po deshe, çfarë do të më bësh!?'.

Dy dele, tre napolona;- shaka, që e ka në terezi. 'Kola, aha, dy dele tre napolona i ka punët'.

Ta peshosh me napolona;- femër shumë e bukur, e sjellshme. P.sh, 'Malo kishte një vajzë, që ta peshosh me napolona, vallahi'.

Ku hy napoloni, s'i bohet dermoni;- ironi, d.m.th, ku hyn paraja nuk shihet davaja. P.sh, 'Mirë thua ti djalë, po ku hy napoloni, s'i bëhet dermani'.

Narden, ose Nerden.

Nerden ka goja;- tall., d.m.th, gojëtharët. P.sh, 'Apa pa, narden nga goja nxjerrke moj bijë'.

Nerden i bán punët;- d.m.th, u prish miqësia. P.sh, 'Mos pyet fare për Malon e Kolën, nerden i bënë punët për pesë pare spec'.

Si nerden pas krasati;- d.m.th, diçka e mirë. P.sh, 'Mos e luaj më, se si narden pas krasati, vajti kjo punë'.

Krasat,/-i, (fjalë e rrallë);- oriz me rreshka mishi apo dhjami, që përdorej nëpër dasma. 'Krasat orizi', 'Rufati e qan krasatin'.

Si nerden mo;- shaka, diçka e mirë në kohën e duhur. P.sh, 'Mos e luaj më fjalën, se si nerden ja ke qëlluar mo'.

Narkozë,/-a (mjekësore)

E ka zanë narkoza;- tall., që është dehur tapë. P.sh, 'Beqon e kishte zënë narkoza sot e shula shulas ecte rrugës'.

Nátë,/-a; nét/- ët.

Punë e natës, gazi i ditës;- tall., kur dikush ngutet në një punë. P.sh, 'Punë e natës e gazi ditës, i thonë kësaj pune;-

E ban natën ditë;- d.m.th, që punon shumë, ose bën çmos për dikë apo diçka. P.sh, 'Sala e bën natën ditë, deri sa ta dërgojë vajzën në fakultet'.

Ti m'ruaj natën, se ditën ruhem vetë;- shaka, d.m.th, më duaj po deshe. P.sh, 'Kola po deshi të më ruaj natën, se ditën ruhem vetë, tha Matia duke ngjeshur brumtë'.

Dita ka sy e nata ka veshë;- shaka, d.m.th, bëj kujdes në sendet sekrete se mos të dalin. P.sh, 'Kujdes në fjalë me mikun e ri, se dita ka sy e nata ka veshë, biri im'.

Hajde natën;- shkurtim i fjalës 'Natën e mirë'. P.sh, 'Hajde natën ju të gjithëve ,se mua s'po më len qorri'.

Naxhake,/-ja/-et;- sëpatë e vogël, cakorre.

Iu çu naxhakja;- tall., iu ngrit penisi. P.sh, 'Aq qe puna, sa iu çua naxhakja, pastaj iu errën sytë'.

Me naxhake n'bres; d.m.th., gjaknxehtë. P.sh, 'Me ty nuk flitet fare, se ti po me naxhake në brez rri përherë'.

Me naxhake n'dorë;- keq., immoral. P.sh, 'E po të rrijë burri i botës po me naxhake në dorë, si ai s'më kanë parë sytë!?'.

Nazar/-i;- fjalë e rrallë, d.m.th, mësyshi. P.sh, 'Paska nazar djali'.

'E kishte zënë nazari'. 'Kjo plakë të plas me nazar'.

Ka rán nazar;- ironi, d.m.th, dikush që ha shumë. 'Paske rënë nazar o Dullë, shko e bjeri vetes pas'.

Nazari i keq;- shaka, d.m.th, kur dikush lakmon në disa gjëra, ashtu fare kot. P.sh, 'Të paska zënë nazari keq me atë duhan, që nuk ia ndake cigare pas cigareje'.

Nazari plas gurin;- d.m.th, aq i rrezikshëm është syri keq. P.sh, 'A të thash, që djali ka nazar, e kot nuk kanë thënë, që nazari plas gurin'.

Naze,/-t *Ti moj nuse plot çepraze,/Pse më ri ashtu me naze,/Nazet tua t'i pëlqeva,/Kam tri orë që pres te dera,/Pres te dera se të dua,/Nazet tua janë për mua.*(Këngë që gratë tona e këndonin, herë këngën, herën vallen).

Naze naze, tri çepraze;- shaka, d.m.th, do lutur e pastaj nuk ndalet më. P.sh, 'Mos më lutni shumë, se naze naze tri çapraze jam, unë pastaj'.

Nazeli/-u/- të;- sillet herë si emër, herë si mbiemër. 'Erdhi ky nazeliu', ose, 'Sa nazeli që je o burri dheut?'.

Nazelie/-a;- herë si emër, herë si mbiemër. Njeri Nazeli. Grua nazelie. Ose Erdhe kjo nazelia taashti dhe hajde merru vesh.

Ti moj nusja nazelie,/Rrugës kroit kur më vie,/Dillit ti i baje hije,/Hanës ti përqark i vije.(Këngë e moçme).

N'daç;- lidhëse, daç- më zhargonin krahinor.

N'daç kshtu, n'daç ashtu;- shaka, d.m.th, si të ma kesh qefin. P.sh, 'Mos u tall me mua, se unë, n'daç ashtu n'daç kështu jam'.

N'daç, po deshe;- inat, kur dikush kundërshton pa lidhje. P.sh, 'Unë të them ha bukë, ti n'daç po deshe'.

N'daç haje, n'daç mbaje;- si për sende dhe për frymorë. P.sh, 'Nuse të gjetëm, tashti ndaç haje, ndaç mbaje, tjetër s'kemi ç'të bëjmë'.

N'daç e plaç;- d.m.th, kur s'ka rrugëdalje. P.sh, 'Bëni si të bëni pak ditë, se unë e shoh që, daç e plaç, është kjo punë, por s'ka rrugëdalje tjetër'.

Ndaj,/ -va,/ -rë

S'ndanë dy qen, prej një muti;- tall., d.m.th, tepër i pazoti. P.sh, 'Po Rrapi nuk danë dy qen prej një muti more njerëz, nga vajtët i dhatë vajzën për nuse!?'.

Tu da nata me ditën;- d.m.th, herët në mëngjes. P.sh, 'Vajza me dhëndrin ikën, duke ndarë nata me ditën, që të kapnin trenin e parë'.

Ndau llaf;- d.m.th, caktoi vaden e martesës për djalin. P.sh, 'Kishte nda llaf Kola për Cufin, e duhet me shkuar ti'a bëjmë për hajër'.

Nuk ma dau;- d.m.th, të le mëdyshas në pyetjen që i bëhet. P.sh, 'Malo i kërkoi vajzën Kolës për djalin e, Kola nuk ia ndau'.

Ndal,/-a,/ -ur

Ksaj i thonë ndal beg se ka hendek;- shaka, d.m.th, mos u nxito, se ka puna punë.

Dale dale me kadale,/Hajde nuse hy në valle,/Ka dal dilli nëpër male,/Hajde nuse dal kadale.

Ndamet;- fjalë e rrallë, d.m.th, në të ndarë. Kjo fjalë zonale, sillet si përcaktor kohor i diçkaje. Psh. 'Ndamet dita me natën', 'Ndamet misrat kalli'.

Ndamet shpirt;- d.m.th duke dhënë shpirt. P.sh, 'E gjeta nënën ndamet shpirt, të paktën fola me të'.

Ndej,/ -va,/ -rë

Vajt për nejë;- d.m.th, ka shkuar mik. P.sh, 'Malo, ka vajt për ndenje nga njerëzit e gruas, sonte'.

Nehet sa gjatë gjarë;- tall., d.m.th, shet dokrra. P.sh, 'Nuk e shihni që ndehet sa gjatë gjerë, gjasme se kush është'.

Nde,/-hem/-het/-va. (lokale, nehem, nehet etj);- që i vërsulesh apo të vërsulet dikush apo diçka nga pas. P.sh, 'M'u ndenë qentë e stanit, desh e më shqyen',

'Iu ndeva kamb pas kambe, d.m.th. deri sa e kapa (dikujt apo diçkaje). 'Kiji kujdes atij, se ai të ndehet kembe pas kembe pa shkak e arsye'.

Iu nde në prehër;- d.m.th, kryen marrëdhënie seksuale. P.sh, 'Nuk duroj më dhe iu nde në prehër'.

T'u nefsha, mos të zënça;- shaka, d.m.th, sa për sy e faqe, jo seriozisht. P.sh, 'Ti e ke t'u ndefsha mos të zënça, prandaj nuk mbaron kjo punë'.

I neu brekët;- iron., d.m.th, u frikësua deri në kulm, i dhjeu brekët. 'Rrapi i ndeu brekët, kur pa qentë e stanit që lehnin me të madhe'.

Nder,/-i. lok (ner/i)

As ner as namuz;- d.m.th,

totalisht i pacipë. P.sh, 'Të jetë burri botës, as nder as namuz, si ata s'kam parë'.

Qeni nuk di nerë;- ironi, d.m.th, të shkon e mira dëm. P.sh, 'Mirë thua ti Matie, po qeni nuk di nderë, po si dhe të ha për duarsh'.

Bane nerin, hudhe n 'det, po se dijti peshku e di Zoti vetë;- bisedë, d.m.th, bëj të mira e mos shih se sa të vlerësohet'.

Nera të zántë derën;- d.m.th, kur i përgjigjesh dikujt që të thotë faleminderit, përgjigja vjen: 'Ndera të zëntë derën ty miku im!'.

Nermirë;- fjalë e rrallë, person që ta di nderin. P.sh, 'Shumë ndermirë është Sula, prandaj mos hiq dorë'.

Nerkeq;- fjalë e rrallë, person që nuk ta di të mirën. P.sh, 'Sa nderkeq që je more i shkretë?!'.

Ndez,/-a,/-ur, (lokale, nez)

Nuk i nezi;- shaka, d.m.th, nuk i shkoi fjala. P.sh, 'Kola ia tha një fjalë Maties për gocën, por më duket se nuk i ndezi'.

Nuk i nez baruti;- tall., d.m.th, nuk e pyet më njeri, nuk i shkon më fjala. P.sh, 'Ishte kur ishte ajo punë, tashti Rrapit nuk i ndez më baruti për asgjë. 2- shaka, që nuk lind fëmijë. P.sh, 'Lekës më duket nuk i ndez baruti, po thotë bota'.

Të nez nër rrobe;- d.m.th, thëngjilli i mbuluar. P.sh, 'Ama kjo Matia, të ndez ndër rrobe është'.

Niz ktu e shuj atje;- tall., d.m.th, person që nuk bën prokopi kollaj. P.sh, 'Ky Sula, ndiz këtu e shuaj atje, ngeli fakiri.

M'u nezën opingat;- tall., që nuk ia ndjen fare për dikë. P.sh, 'Posi! Ç 'pyet!? T'u ndezën opingat për tezen ty!?'.

Nez zjarr të bëgam;- ironi, d.m.th, bën sherr e fitne, bën prapësina, bën magji. P.sh, 'Zjarr të bëgam ndizte ajo shoqe e Rrapit, nuk i pushonte goja fare'.

Mu nez barku;- d.m.th, marr malli. P.sh, 'Më ka shkuar djali ushtar, m'u ndez barku, ka dy vjet që se kam parë me sy'.

M'u nezën rrobat;- d.m.th, më mori malli shumë. P.sh, 'Po hajde një natë për darkë more vëlla, se na u ndezën rrobat na u ndezën'.

Iu nez barku;- mospërfillje. 'Posi, iu ndez barku për ty, sa budalla që bëhesh!?'.

Oj teze, ruj prapa se u neze;- shaka, d.m.th, kujdesu vetë se s'ka kush të bëjë hyzmet. P.sh,

'Kësaj i thonë, oj teze ruaj prapa se u ndeze, se s'kemi ç'të bëjmë'.

Ndërlik,/-a/- qet;- fjalë e rrallë, pedal që shkelet me këmbë nën tezgjah, kur bën vegjë për të këmbyer fijet.

Nërsyshi;- fjalë e rrallë, d.m.th, e ka zënë syri keq. P.sh, 'E kishte zënë ndërsyshi djalin e maazallah se i çeleshin sytë'.

Ndërresa,/-ë,/-at (Nrresat)
I ka hy në nrresa;- shaka, d.m.th, e do jashtë mase. P.sh, 'Ajo cuce, Kolës, i ka në ndërresa djalit e hajde ndaje prej saj po munde!'.

Nrrese lame, s'do thánë (shpjeguar) ;- shaka, Një fshat që duket s'do kallauz.

Iu bë si nrresë e vjetër;- shaka, d.m.th, nuk i shqitet nga pas. P.sh, 'Kjo plaka ime, m'u bë si ndërrese e vjetër e s'ka burrë nëne që ma largon'.

Ndërrój/ -óva,. -úar (lokalë, nërruar ose nrruar)

Ishte bá si i nrruar;- d.m.th, dobësuar shumë, ose fliste përçart. P.sh, 'Gupi doli nga spitali e ishte bërë si i ndërruar, i shkreti'.

Nrrojmë (nrrojnë) llaf;- shaka, d.m.th, bëjmë pak muhabet. P.sh, 'Duku një copë herë andej e ndërrojmë llaf, se na u myk goja'.

I nrron si mreti gratë;- tall', d.m.th, që nuk ka stabilitet në fjalë e punë. P.sh, 'Po ti mos i ndërro si mbreti gratë ato të shkreta fjalë, se na çmende'.

I nrron si pasha kuajt;- tall., që nuk i bën hajër martesa. P.sh, 'Rrapi i ndërron si pashai kuajt ato dreq grash, e asnjëra nuk i duket e mirë'.

Nrron qepë, qepujka; tall., d.m.th, flet kot. P.sh, 'Ke kohë që ndërron qepujka o shoku, e nuk po të marrim vesh'.

M'u nrroftë emri;- betim. P.sh, 'M'u ndërroftë emri, po të gënjeva'.

T'u nrroftë emri;- mallkim, d.m.th, vdeksh. P.sh, 'Ç'më bëre moj grua, që t'u ndërroftë emri t'u ndërroftë'.

I nrrojnë gratë;- tall., d.m.th, kanë të njëjtin karakter. P.sh, 'Kola e Sula i ndërrojnë gratë, po qe për atë punë, e nuk ua ndien fare'.

Ndiej,/- ndjeva,/- ndier.

S'nihet për i gjallë;- shaka, i plogët, i avashtë, dembel, gjumash.. P.sh, 'Ku e ke burrin moj Xhevrie, që nuk ndihet për i gjallë!?'.

E niu gjallë;- d.m.th, e kuptoi dhe reagoi. P.sh, 'Deshën që t'ia hidhnin, por Sala e ndiu gjallë dhe iu kundërpërgjigj'.

S'nin derri për nji qime;- ironi, d.m.th, kur dikush ka shumë pasuri dhe i humb diçka prej saj nga katastrofa natyrore'.

Ndiqet/- u ndoq/-niqet

Ku niqen skifterat;- d.m.th, në një vend të varfër, të thatë e pa bimësi. P.sh, 'Kishte ble Lami një shtëpi, ku ndiqen skifterat'.

Niqet me ukun;- tall., grua shumë e fortë dhe e djallëzuar. P.sh, 'Mos e ki merak shumë Zyranë, se ajo ndiqet me ukun po ti vijë puna'.

Ndjell,/- ndolla,/- ndjellë (nokale, n'jell, nolli)

Si i n'jellur;- d.m.th, sikur është me xhinde,. P.sh, 'Po ky dhëndëri juaj duket si i ndjellur moj Xheme, apo jam gabim!?'.

Nill qenin, ban hazër shkopin;- d.m.th. ç'të përmendësh do të vijë. P.sh, 'Ja, Salën kishim në gojë, ja ku është, nill qenin bëj hazër shkopin, i thonë një fjale'.

Ma nolli zemra;- d.m.th, kisha një parandjenjë. P.sh, 'Ma ndolli zemra që do të vije, se qysh mbrëmë nuk m'u hoqe nga mendja'.

E n'jell ukun pas bythe;- ironi, d.m.th, e ndjek e keqja kudo. P.sh, 'Këtë Zyranë, e ndjell ujku pas bythe përherë, të shkretën'.

Ndreq,/ -a,/ -ur

Ta nreq lala ty;- shaka, d.m.th, ta rregulloj unë qefin. P.sh, 'Hajt ti hajt, se ta ndreq lala ty, kur të vish në shtëpi'.

Ja nreqi samarin;- d.m.th, e rrahu. P.sh, 'Kola ia ndreqi samarin djalit, se nuk shkonte në shkollë'.

Si nreqet buza;- ironi, d.m.th, përherë ka pretendime, ankime. P.sh, 'Nuk i ndreqet buza atij djali e nuk e di se ç't'i bëj!?'.

Po nreq lakrorët;- shaka, dembel, s'bën asgjë. P.sh, 'Malo po ndreq lakrorët sot, prandaj nuk e shihni vërdallë'.

Nreqet si kobure jevgu- shaka, dikush që mbahet me të madh. Psh. Mos na u ndreq ashtu si kobure jevgu, se të njohim.

Nreqe si ta nreqësh;- d.m.th, bëje si ta bësh, gjej një mënyrë, shaka. P.sh, 'Ti e di, ndreqe si ta ndreqësh'.

Nreqe moj Xhevrie;- shaka, d.m.th, kur një punë a send, bëhet më keq nga ç'ishte. P.sh, 'Si u bë tashti, ndreqe moj Xhevrie, kur i thonë'.

Nreq si nuse kaurri;- shaka, d.m.th, lyer e pispillosur e ngalosur. P.sh, 'Po ti ç'më je ndreq, si nuse kauri, hajde fillo puno tashti'.

Nduk,/ -a,/ -ur

Nukë/-a;- sëmundje e pulave, zgjebe

T'raftë nuka e pulave;- mallkim, d.m.th, vdeksh. P.sh, 'Oj Mereme, të raftë Nuka e pulave, ç'më bëre!?'.

Erdhi kjo nuka;- sharje, d.m.th, kjo grua e shëmtuar e llafazane.

Ia nuku pendët;- shaka, d.m.th, kreu marrëdhënie seksuale me të. P.sh, 'Ashtu thoni ju, po Kola ia nduku pendët gruas qysh natën e parë'.

S'e ka me të nukur;- d.m.th, nuk e ka me të thënë. 'Kujt ia jep Zoti ia jep, nuk e ka me të ndukur kjo punë'.

Nenzë/-a/- at;- fjalë e rrallë lokale, barishte egër me ose pa fara në majë qe del neper kopshtije apo ara, që kur është e njomë bëhet petanik, lakror.

Hiqja nenzat arës;- shaka, d.m.th, pastroje situatën, gjendjen. P.sh, 'Ti shoku Zalo, hiqja nenëzat arës tuaj më parë, pastaj hajde e na thuaj neve'.

Neps,/-i

E ka nepsin me brirë;- d.m.th, i pangopur. P.sh, 'E po ta ketë burri botës nepsin me brirë, vetëm Gupin kam parë unë'.

Fute nepsin n 'thes;- shaka, d.m.th, ki maturi e qëndrim. P.sh, 'Ti djali im fute nepsin në thes, se cuca ka sa të duash'.

Ia bâni neps;- tall., d.m.th, ia ndërsente. P.sh, 'Xherja ia bënte neps shefit e nuk ia jepte', (çështje morali)

Nepsi ka shtatë grepa;- d.m.th, shumë i rrezikshëm. P.sh, 'Kujdesuni djem, se nepsi ka shtatë grepa, e njëri prej tyre u mban zvarrë'.

I dul nepsi kallup;- ironi, d.m.th, lakmon diçka jashtë mase. P.sh, 'Desh i doli nepsi kallëp, derisa u shtrua buka'.

Nerv,/-i/ -ar

Ti ban nervat kaçurrel;- iron., d.m.th, që të bën nervoz, orë e minutë. P.sh, 'Kjo Eli, për zotin, ti bën nervat kaçurrel ti bën'.

Nerva derri;- tall., d.m.th, dikush që duron shumë. P.sh, 'Ky Zalo, nerva derri ka vallahi, se t'isha unë, ia kisha thyer brinjët'.

Nesër;- ndajfolje

Mos të gjetë nesra;- keq., d.m.th, vdeksh. P.sh, 'Ç'më bëre, që mos të gjetë nesra mos të gjetë'.

Me sot, me nesër;- d.m.th, pa gjetur kohë, që të mban me fjalë boshe. P.sh, 'Nuk shkon kjo punë, me sot me nesër, por filloje dhe mbaroje dreqin e derës dhe fli rahat'.

Nesra, ka bendet e veta;- d.m.th, kënaqu sot, se nuk dihet çfarë sjell e nesërmja. P.sh, 'O djali im, mos ashtu, se nesra ka bendet e veta, a më dëgjove!?'.

Nevruz,/-i

Qesh si nevruz;- shaka, d.m.th, buzagaz përherë. P.sh, 'Ke qejf të rrish me dajën, ai veç qesh si nevruz përherë'.

Nezë/-a;- fjalë e rrallë, Lakmine, zili apo manine. P.sh, 'Ua kishte nezën, se punonin pastër dhe bukur'. Ia kam nezen Hasanit se shume princip eshte.dmth lakmine.

Nënë,/ -a/ -at

Na u bë nán e dytë;- dashuri, d.m.th, na u gjend në çdo kohë e vend.

I ka vdek nána;- d.m.th, shumë e saktë apo e sigurtë. P.sh, 'Kësaj radhe do të vij në dasmë, i ka vdekur nëna, të garantoj'.

Si partia, nána e Selimit;- shaka, d.m.th, kur dikush ja fut kot, pa ditur efektin. P.sh, 'Ti mos fol tashti si 'partia nëna e Selimit' se nuk janë të gjitha gjërat njësoj'.

He náne, të keqen;- habitore, d.m.th, e papritur. P.sh, 'Kur doli një ari i madh nga pylli, he o nëne të keqen, sa një mullar ishte'.

Ia lujti nánën;- d.m.th, e prishi, e shkuli apo shkatërroi me themel. P.sh, 'Sapo erdhi Sala, ai ia luajti nënën çdo gjëje, duke shembur e rrokullisur sendet nëpër kuzhinë'.

Veç náne e babë s'gjen;- shaka, d.m.th, ka çdo gjë në botë që i duhen njeriut. P.sh, 'Në Amerikë, veç nëne e babë s'ke, të tjerat pa merak i gjen'.

Të gjithë për nánën pyesin, asnjë për babën;- ironi, d.m.th, të gjithë lakmojnë të kollajtën, të vështirën askush se do'.

Nánçe;- fjalë e rrallë. 'Lojë me nëntë gurë', 'Lojë nënçe', 'Hajde luajmë një dorë nënçe'. 2- keq. 'Fliste nënçe'.

Nánçe burrë;- d.m.th, njeri rezil. P.sh, 'Sa nënçe burrë që është Rrapi, ju nuk e keni idenë'.

Nëntëdhjetenënç;- fjalë e rrallë, që ka bërë ose bën çdo send të lig, kopil në prapsi. 'E po të jetë tjetri nëntëdhjetë e nënç si Sula, sytë s'më kishin parë'.

Ngalakaq/-i/;- që janë shumë të avashtë, mezi lëvizin. 'Grua ngalakaqe', 'Kalë ngalakaq', 'Fëmijë ngalakaq'.

Ngalë/-a;- fjalë e rrallë, shaka, grua e avashtë. P.sh, 'Sa ngalë që je moj grua, habitem!'

Ngallzim,/-i/-et;- gëzim jashtë mase. 'Çfarë Ngallzim i madh që qe, kur erdhi baba nga burgu'.

Ngallzit/-a/-ur;- që e nxit dikë apo diçka që të veprojë. P.sh, 'Mos i ngallëzit fëmijët, se janë të vegjël e nuk dinë gjë', ose, 'Mos i ngallëzit delet me kripë, se nuk mbahen pastaj'.

Nge;- d.m.th, koha e lirë

S'i e ke ngenë ;- shprehje pyetësorë, d.m.th, si nuk përton. P.sh, 'Si ke nge e merresh me Zybon, po a nuk e di se kush është?!'.

Gjyqi do nge, davaja do pare;- duket kohë e të holla, që të fitohet një ankesë. P.sh, 'Mirë thua ti, po gjyqi do nge e davaja do pare, kanë thënë të vjetrit'.

Po s'deshe nge, shko e luj derën;- tall., d.m.th, po qe pa zanat, largohu tutje.. P.sh, 'Unë të them rri urtë, e ti po s'deshe nge, shko e luaj derën'.

Ngec,/-a,/ -ur

Ia ngeci te dora ;- d.m.th, ia hodhi sy për sy. P.sh, 'Kola nuk e pa fare, ama Malo ia ngeci te dora e shkoi'.

Me të ngecme;- shaka, d.m.th, me të hedhur. P.sh, 'Më duket se ma ke me të ngecur këtë fjalë!?'.

Ngeci karkaleci;- shaka, ndaloi papritur. P.sh, 'Opaa, ngeci karkaleci, po tani si do t'ia bëjmë!?'.

Njeri i ngecur;- d.m.th, i ngathët. P.sh, 'Sa i ngecur që je more burrë!?'.

Ngërfoc,/-em/-ur;- shtrëngohem apo bertas pa qenë nevoja, nervozim. P.sh, 'Ngërfocet djali, duke qarë në djep'. Po ti pse ngerfocesh keshtu nuk e kuptoj?!

Ngop,/-a; -ur

Ia ngopi mrena;- keq., d.m.th, kreu marrëdhënie seksuale. P.sh, 'Me sa u kuptua, Gupi ia ngopi brenda dhe u zhduk pa dhënë drita'.

Nuk ia di bark ngopmi, bark zgropmit;- d.m.th, i pasuri të uriturit. P.sh, 'Mirë thua ti, po nuk ia di bark ngopuri bark zgropurit, ky është problemi'.

Ngordh,-i/ -a,/ -ur

Ka ngordh ajo pulë, që bënte atë vezë;- d.m.th, ka ikur ajo kohë,. P.sh, 'Mirë thua ti Xhevrie, po ka ngordh ajo pulë që bënte atë vezë'.

E ngordhi n'dru;- d.m.th, e rrahu bulmetin në dybek. P.sh, 'Pasi e ngordhi në dru bulmetin, na dha një dhallë të freskët'.

E kishte ngordhur n'tlynë;- shaka, tej mase në yndyrë. P.sh, 'Kishte bërë vjehrra një byrek dhe e kishte ngordhur në tlyn;.

Ngordhça, (vdeksha) për ty);- shaka, d.m.th, ta marrsha unë të keqen. P.sh, 'Sa e mirë qenke moj bijë, që ngordhsha (vdeksha) unë për ty'.

Ngre,/- ngrita,/- ngritur

Aq ia ngre kanari;- d.m.th, aq mundësi ekonomike ka. P.sh, 'Mirë thua ti Zybo, po Matisë aq ia ngre kandari'.

S'ja ngre kanari;- d.m.th, nuk ia leverdis. P.sh, 'E luta shumë Samon, por mesa duket, s'ja ngre kandari'.

Nuk ngre pluhur;- d.m.th, çështje e qartë, nuk çon peshë. P.sh, 'Të kuptoj Malo, po ajo çështja e zënies që u bë, nuk ngre shumë pluhur, problemi është si ta ndihmojmë njëri tjetrin'.

T'a ngre po s'ta ve;- ironi, d.m.th, që nuk nxjerr pulë nga kopshti. P.sh, 'Zalo ta ngre po s'ta ve fare, kur vjen çështja e punës'.

Ngreh,/ -a,/ -ur (lokale, ngref)

Kush e ngref e kush e shkref;- shaka, d.m.th, pa marrëveshje. P.sh, 'Pritni pak, se nuk po merret vesh kush e ngref e kush e shkref, këtë gjë'.

Ngrifet si kobure jevgu;- tall., d.m.th, mbahet me të madhe sikur kush është. P.sh, 'Po ky Zalo sot, pse na u ngrefka si kobure jevgu, a di kush gjë!?'.

Njëri ngrifet, tjetri shkrifet;- d.m.th, s'ka stabilizim. P.sh, 'Nuk e shikon se njëri ngrifet e tjetri shkrifet, nga të mbarosh punë kështu!?'.

Ia ngrefi veshët;- d.m.th, i bërtiti keq. P.sh, 'Kola ia ngrehi veshët djalit, por ai prap vazhdon po ashtu'.

Ngrifet si kobure e Dakës;- shaka, dikush që lëvdohet e krekoset se kush është. P.sh, 'Ti mos mu ngrif si kobure Dakës tashti, se të njohim'.

Ngrënë pjesë;- të ha

E ka ngránë kasht'n e samarit;- tall., d.m.th, është në moshë të thyer. P.sh, 'Zalo e ka ngrënë kashtën e samarit, e tashti fare vonë nuk i bëhet'.

E ka ngránë si Sala;- shaka, e humbi shansin, përfundoi keq. P.sh, 'Malo më duket e ka ngrënë si Sala, se nuk po ndihet fare'.

Ngrys,/ -a,/ -ur

Ásht ngrysur n' fund oborrit;- ironi, rrëmujaxhi, mendjemadh, problematik. P.sh, 'Më duket se ai djali yt, Matia, është ngrysur fund oborrit, po foli një çikë se na ngacmon fëmijët'.

M 'duket je ngrysur larg;- d.m.th, nuk i shikon gjërat si duhen parë. P.sh, 'Çfarë bën kështu more bir, më duket se je ngrysur larg ti, po sa të vijë yt atë do ti them'.

Ngul/ -a,/-ur

Ngul e shkul;- shaka, d.m.th, që nuk zë vend. P.sh, 'Ngul e shkul e ka ajo puna e Xhemës'.

Nuk ke ngul rránjë;- shaka, d.m.th, nuk je i palëvizshëm. P.sh, 'Po ti ik prej andej more djalë, po nuk të pëlqeu, ti nuk ke ngul rrënjë!?'.

Ngul hunj;- tall., d.m.th, nuk bën asgjë. P.sh, 'O Zybo, ngele veç ngul hunj, o burri dheut'.

Nguli rránjë;- tall., d.m.th, harron të ikë. P.sh, 'Ky Kola sonte nguli rrënjë e neve po na vjen gjumë'.

Nguli gozhdën e Nastradinit;- ironi, d.m.th, fut një ngatërresë. P.sh, 'Zybo sa nguli gozhdën e Nastradinit pati punë, pastaj nuk ndihej fare'.

Ngul si gomari n'urë;- tall., d.m.th, person që nuk lëshon rrugë. P.sh, 'Po ti mos ngul si gomari në urë tani, se çështja qëndron ndryshe'.

Ngúshtë,/-i,/- e

I ra bytha ngushtë;- iron., d.m.th, kur nuk ka rrugëdalje. P.sh, 'Kolës kur i bie bytha ngushtë, të vjen te dera, përndryshe nuk e sheh më fare'.

Ngut,/-i

Mos u ngut o Maksut;- shaka, d.m.th, ki durim. P.sh, 'Kot nuk thonë, mos u ngut o Maksut, po Zybo nuk merr vesh'.

Ngutme;- ndajfolje

Punë e ngutmë, del e mutme, d.m.th, nxitimi nuk sjell fitim. P.sh, 'Kot nuk thonë që, punë e ngutme del e mutme, por ti nuk na e dëgjove fjalën fare'.

Me t 'ngutme me t 'futme;- ironi, d.m.th, me dredhi. P.sh, 'Ti djalë dëgjo këtu, kjo punë nuk e ka me të ngutme me të futmë, se pastaj nuk ndahemi mirë'.

Ngjaj,/ -va,/ -rë

Bám baba, të të ngjaj;- shaka, d.m.th, të njëllojtë. P.sh, 'Mos i vini faj Malos, se bëmë baba të të ngjaj, është ai'.

Të të ngjajë prifti hoxhë;- ironi, d.m.th, të mos jesh më në gjendje ta marrësh vehten. P.sh, 'Po hyre në dorën e tyre, ata të bëjnë që të të ngjajë prifti hoxhë, kështu të them'.

Ngjesh/ -a, /-ur

Qesh e ngjesh;- shaka, d.m.th, me kaluar radhë. P.sh, 'Kështu e ka kjo punë, qesh e ngjesh'.

Kush qesh, ngjesh;- d.m.th, e pëson, kush tallet gjen vetë belanë. P.sh, 'Rri urtë aty, se kanë thënë të vjetrit, kush qesh, ngjesh'.

Gjish bythët e mos fol;- ironi, d.m.th, je i trashë, budalla. P.sh, 'Ti Zybo, ngjish bythët aty e mos fol, se disa sende nuk i di'.

Ia ngjeshën barkun;- keq., d.m.th, e la shtatzënë. P.sh, 'Vajzës së Lekës ia ngjeshën barkun disa horra'.

Ngjit (ngjis),/ -a,/ -ur

Për ta ngjit për muri, (pas gardhi);- d.m.th, mish shumë i dobët. P.sh, 'Po ku e çon këtë mish moj grua, po ky qenka për ta ngjit pas gardhi'.

Nuk ngjit send;- d.m.th, nuk ka turp e sedër. P.sh, 'Nuk ngjit send te Zybo, prandaj mos u merakosni aq shumë'.

Po i ngjit emrin;- shaka, kur dikush vonon në banjë. P.sh, 'Po i ngjit emrin a çfarë ke që nuk del prej nevojtores'.

Ngjit e shqit;- d.m.th, bisedë shkel e shko. P.sh, 'Ama u morëm vesh o Kol, ngjit e shqit, ja kemi bërë tërë natën'.

Ngjit n' akull;- tall., dikush shumë i shkathët. P.sh, 'Paske një djalë o Malo, që ngjitka në akull'.

Ngjyej,/- ngjeva/- ngjyer

Nuk e ngjeu fare;- tall., d.m.th, dikujt që i ikën gruaja qysh natën e parë. P.sh, 'Më duket nuk e ngjeu fare, i shkreti'.

Si ato që ngjyejnë vetullat;- shaka, d.m.th, si arixhofkat. P.sh, 'Ç'më qënke bërë ashtu moj grua, si ato që ngjyejnë vetullat'.

Di me ngjyer;- tall., d.m.th, di të gënjejë. P.sh, 'Kam qejf me ty Malo, se ti di me ngjyer mirë'.

Të ngjyen e të lyen;- d.m.th, të lavdëron pa qenë nevoja, lajkatar. P.sh, 'Ky Kola të ngjyen e të lyen e punë s'të mbaron'.

Nip,/-i,/ at,/- ërit

Nip për dajë pushkë e varme, (mbushme);- d.m.th, ka kush të mbron nga diçka. P.sh, 'Për ashtu nuk kam frikë fare unë, se nip për dajë është pushkë e varme'.

Nip o nip, pushkën pa rrip;- shaka, d.m.th, që ja fut kot muhabetit. P.sh, 'Më duket se, nip o nip pushkën pa rrip, je duke folur o Salë'.

Nis,/ -a,/ -ur

Si u nis, u bitis;- d.m.th, keq u nis e keq mbaroi. P.sh, 'Pse habiteni ju, si u nis u bitis kjo punë'.

Nis e mo sos;- tall., dikush që nuk të mbaron punë. P.sh, 'Dhe unë që merrem me ty, ti nis e mo sos, i bën punët'.

Njeli;- fjalë e rrallë;- reumatizma. 'Vuan nga njeli', 'Ilaç për njel', 'E ka zënë njeli'.

Nofull,/-a/ -at

Më ranë nofllat;- d.m.th, u lodha duke shpjeguar. P.sh, 'Mua më ranë nofullat ju akoma s'më keni kuptuar'.

I kërcitën nofllat;- d.m.th, dridhet nga të ftohtit. P.sh, 'E pamë që i kërcisnin nofullat, dhe shtuam ca dru në zjarr

Noksan,/-i/ -ët

Mirë noksan, po pse Hasan;- shaka, d.m.th, ndryshe fjala, ndryshe puna. P.sh, 'Dhe unë sikur s'e dija, mirë noksan po pse Hasan xhanëm!?'.

Ka le noksan;- d.m.th, është i pandreqshëm. P.sh, 'Mos e ngisni fare Zybon, se noksan ka le'.

Kalë noksan;- tall., dikush i pabindur. P.sh, 'Isha në punë me një djalë sot, por shumë kalë noksan ishte'.

Nxij,/- nxiva

Të nxiva;- shprehje urdhërore, d.m.th, të rraha. P.sh, 'Mos më bëj të vij atje ,se të nxiva po erdha'.

Nukë/- a;- sëmundje e pulave, zgjebe. P.sh, 'U ra nuka pulave', 'Ngordhën nga nuka'. 2- mbiemër femër, që është e pakrehur, e pa mbajtur ose e lehtë nga mendja. P.sh, 'Erdhi kjo nuka tashti e po na shet mend'.

Të raftë nuka e pulave;- d.m.th, mallkim, vdeksh. P.sh, 'Po ku vajte moj bijë që të raftë nuka e pulave të rafte, se ma plase shpirtin'.

Numër,/-i/-rat

Mos bëj numra;- shaka, nuk bindet,. P.sh, 'Hajde tashti mos bëj numra, po na u duk një natë për darkë'.

Vitet janë numra;- d.m.th, i vjetër ndihesh sa ndihesh më shpirt, e vitet janë numra.

S'e vë në numër;- shaka, d.m.th, nuk e ka për gjë fare. 'Kola është i fortë shumë e Rrapin se ve në numër fare'.

Sa për numër;- d.m.th, ironi ,si figurë, sa për të thënë që ishte. 'Malo u duk sa për numër në dasmë, se kështu ia donte puna'.

Nuk i dalin numrat;- shaka, d.m.th, nuk i del llogaria, paratë. P.sh, 'Mirë e ke ti, po Salës nuk i dalin numrat, prandaj bën ashtu'.

I ka numra;- tall., d.m.th, bende, bën sikur nuk do. P.sh, 'Malo i ka numra ato, po ju nuk e kuptoni'.

Doli numër një;- d.m.th, i pari. P.sh, 'Reshiti doli numër një në qitjen e djeshme me mortajë'.

Më jep veç numrin;- d.m.th, kryeradhën e bisedës. P.sh, 'Ti më jep veç numrin mua, se pastaj e di vetë unë se si e sjell'.

Bën numra;- d.m.th, shaka. P.sh, 'Kur del Kola në skenë, sa numra që bën, sa të shqyen gazit'.

Bën numra shpejtësie;- d.m.th, bën cirk, apo vë në lojë dikë. P.sh, 'Shumë numra shpejtësie bënte Malo, sa vonë e kuptova'.

Núse,/-ja

Kjo është nusja, ky është dhëndri;- d.m.th, ja realiteti. P.sh, 'Nuk kam se çfarë t'u them tjetër, kjo është nusja e ky është dhëndëri'.

Si nuse kauri;- shaka, d.m.th, nuk lëviz fare nga vendi. P.sh, 'Lëviz pak lëviz mos grua, mos më rri ashtu si nuse kauri, se duhen mbaruar këto punë'.

U dhje nusja në kalë;- tall., d.m.th, doli sekreti i diçkaje. P.sh, 'Deri diku qe mirë, pastaj u dhje nusja në kalë fare dhe hajde dëgjo botën'.

-NJ-

Njáni;- ndajfolje, d.m.th, më vonë, pastaj. P.sh, 'Ta them njáni'. 'Po njáni çfarë u bë!?'.

Njáni pastaj;- shaka, shprehje pyetësorë, tipike e Dragostunjës, d.m.th, ku është problemi këtu?. P.sh, 'Po njáni pastaj, se thashë ashtu!?', ose, 'Po njáni, si t'ja bëj unë kësaj pune?'

Njerëzi,/-a

Si thotë njerëzia, mos e báftë Perëndia;- shaka, d.m.th, sikur janë sjelljet punët nuk janë mirë. P.sh, 'Ti thua ashtu, por si e shikoj unë gjendjen, mos e bëftë Perëndia si thotë njerëzia'.

Njerëzi hesapi;- shaka, punë njerëzish. P.sh, 'Mos ua merr shumë për të madhe, se njerëzi hesapi'.

Njerëzillik;- që kanë sjellje të pëlqyera. 'Sa me njerëzillik që u sollën miqtë e nuses'. 'Kishin njerëzillik të madh'. 2- si emër, njerëzillik/u, 'E kanë nga njerëzillëku i tyre prandaj', ose 'Njerëzillëku të fut në radhën e të preferuarve'.

Njerí,/-u,/-njerëzit

Hante njeriu njerinë;- d.m.th, gjendje ekonomike e rënduar. P.sh, 'Kishin vajtur në atë gjendje, ku hante njeriu njerinë'.

Paske gjet njeri për shpi;- shprehje tërthore, d.m.th, nuse të mirë. P.sh, 'O Malo, ta gëzoftë djali se paske gjetur njeri për shtëpi tani'.

Njeriut nuk i hahet mishi!?;- ironi, d.m.th, sjellja është në pyetje. P.sh, 'Mos e shiko shumë nusen nga bukuria, se njeriut nuk i hahet mishi'.

Njeriu bán njerinë;- shaka, d.m.th, ç'ka këtu për t'u habitur. P.sh, 'Njeriu bën njerinë e nga mos të ndërtojë një shtëpi'.

S'ka burrë e njeri;- d.m.th, nuk presim miq. P.sh, 'A pritni miq o i zoti shtëpisë!?-. Dalin gratë e thonë: 'Jo jo, s'ka burrë e njeri. 2-një fis, familje apo fshat ogurzi. P.sh, 'S'ka burrë e njeri, ishin ata, prandaj as që i fus në mendje'.

Njerk,/-u/ -ët
Ca të babës e ca të njerkut;- iron., d.m.th, me hile e padrejtësi. P.sh, 'Kështu, ca të babës e ca të njerkut, nuk shkon kjo punë, prandaj do të ndahemi'.

Njérkë,/-a/ -at
M'u bë si njerka;- dikush që të mërzit, të rri te koka. P.sh, 'M'u bë si njerka kjo grua, e lashë punën ngaqë nuk e duroja dot'.
S'e ha as njerka;- shaka, d.m.th, nuk e ha kush këtë gënjeshtër. P.sh, 'Mos na fol kështu o Zybo, se as njerka nuk e ha këtë koqe ulliri'.
Shkoi si njerka për shkarpa;- tall., d.m.th, si sëpata pa bisht. P.sh, 'Mos shko kështu si njerka për shkarpa o djalë, se të iku koha'.
Krifen si njerkat, (shemrat);- shaka, d.m.th, grinden pa shkak. P.sh, 'Po ato ç'kanë që krihen si njerkat ashtu sot!?'.
Për t'i martuar njerkën; -iron, sharje, d.m.th, njeri jo i mirë, dredharak, servil e spiun. P.sh, 'Rrapi ishte për t'ia martuar atë njerkën, se shumë vajte dhe i besove'.

Njëherë;-ndajfolje
Njëherë e bán gjeli venë;- tall., d.m.th, njëherë ndodh e papritura. P.sh, 'Mos u habit aq shumë ashtu, se njëherë e bën gjeli vezën'.
Dhe njëherë si njëherë;- shaka, d.m.th, përsëri. P.sh, 'Hajt na fol dhe njëherë si njëherë se na ka marrë malli'.
Njëherë bán gjeli ven e kuqe;- ironi, d.m.th, ka ikur ai vakt, nuk vjen më ajo kohë. P.sh, 'Mirë e thua ti po njëherë e bën gjeli vezën e kuqe'.
Njëmotak;- fjalë e rrallë, që është një vjeç, fëmijë njëmotak, qengj njëmotak.

Njoh,/ -a,/ -ur, njihet, (Lokale, njef)
Nuk njifej për njeri - d.m.th, që ka kaluar një sëmundje të rëndë, apo kaluar një panik të madh. P.sh, 'Kola kur doli nga burgu nuk njihej për njeri', ose, 'Zybo ishte copëtuar nga qentë e nuk njihej më për njeri'.
Njifet nga koka;- shaka, d.m.th, nga sjellja. P.sh, 'Për Rrapin mos

më fol, se njihet nga koka ai menjëherë'.

Do njifen nga dhám e dhëmallë;- bisedë, d.m.th, do të shikohen me imtësi. (Kjo shprehje vjen në analogji me blerjen e kuajve që shikohen nga dhëmbët sa të vjetër janë kur blihen më treg. P.sh, 'Kur të ndërrohet ky sistem do të njihen me dhëmbë e dhëmballë kush i shërbeu sistemit të mëparshëm').

E njof me dhám e dhëmallë;- d.m.th, ia njoh shumë mirë karakterin. P.sh, 'Për Laton, mos më fol se e njoh me dhëmbë e dhëmballë'.

Njóllë,/-a / -at

E báne njollë;- d.m.th, e prishe një muhabet apo diçka e kësaj natyre. P.sh, 'Ama njollë e bëre dhe ti me ato fjalë të mëdha ja'.

Nuk njit njolla mi njollë'- keq., d.m.th, turpi mbi turp është fjala. P.sh, 'Për Lekajt mos u mërzit, se nuk ngjit njolla mbi njollë'.

E ka (në) njollën pas bythe;- tall., d.m.th, nuk u ndahen turpet. P.sh, 'Mirë thua ti për Gupin, mos e ketë njollën pas bythe me qenë'.

Njom,/ -a,/-ur

E njomi barkun ;- shaka, d.m.th, hëngri bukë e shkoi. P.sh, 'Nika ishte këtej sa njomi barkun e shkoi. 2- tall., i sapo martuar. 'Më duket, Zalo e njomi barkun sonte'.

Ka rânë në njomishte;- shaka, d.m.th, është martuar sefte. P.sh, 'Mos e ngacmoni djalin, se ka rënë në njomishte tashti ai'.

-O-

Obobo;- pasthirrmë

Mos e merr me obobo;- d.m.th, jo me frikë. P.sh, 'Ti nise njëherë e mos e merr me obobo, se nuk është gjëje madhe'.

Olele;- fjalë e rrallë, pasthirrmë'. Olele sa qenka kjo', 'Olele ç'na gjeti', 'Olele kush ecën nëpër natë'.

Olele erdhi gjermani; shaka;- për një grua të fshtirë. P.sh, 'Rrapi ishte martuar me një grua që, o lele erdhi gjermani'.

Obórr,/-i / -et

Qeni i keq, ta bie ukun n 'oborr;- d.m.th, udhëheqësi i dobët e frikacak, ta sjell armikun brenda P.sh, 'Sa herë u thamë që mos e votoni Zybon, se si i thonë fjalës që qeni keq, ta sjell ujkun në oborr, tani shikoni se ç'na gjeti'.

Si pulat nëpër oborr;- tall., grua që nuk mbaron punë. P.sh, 'Po kjo Matia, pse sot u sjellka si pula nëpër oborr, e nuk e dimë ku e ka hallin?!'.

Luan portën e oborrit;- tall., d.m.th, dembel/ P.sh, 'Sala sot tundka portën e oborrit, mesa duket'.

Mos t'biftë n 'oborr;- iron, d.m.th, mos e paç afër. 'P.sh, 'Ajo grua mos të mbiftë në oborr, se ndryshe s'ke ç'i bën'.

M'ta bánë oborr;- tall., d.m.th, e sheshuan, e rrafshuan, e hëngrën diçka. P.sh, 'Hynë delet në misër e m'ta bënë oborr fare'.

Ta pjerdh oborrin;- shaka, d.m.th, që nuk ka gajle, nuk çan kokë, të lë e ikën. P.sh, 'Sillu mirë me nusen, se ta pjerdh oborrin ajo po e mbajte keq'.

Mban sytë n 'oborr t 'komshive;- keq., imoral. P.sh, 'Rrapi mbante sytë në oborr të komshive, andaj e zhdepën në dru'. 2- merret me punët e botës. P.sh, 'Mjaft mbajte sytë në oborr të komshive o shoku'.

Ta çafsha oborrin;- sharje me

tallje. P.sh, 'Po ku je mo, ta çafsha oborrin ta çafsha'.

Odë,/-a/ -at.

Burrë për odë;- d.m.th, burrë që bën muhabet. P.sh, 'Burrë për odë ishte Sula, kishe qejf ta kesh në qoshe'.

Rri Hajdar mos ik,/oda me jastik, (d.m.th, e mobiluar bukur)se të kemi mik,/mik me qesik* -(me rëndësi). (Këngë humoristike që këndonin gratë nëpër dasma).

Ofértë,/-a/-at

Kaq e ka ofertën;- d.m.th, kapacitetin, vlerën, mendjen. P.sh, 'Pse mërzitesh ti prej Kolës, po Kola kaq e ka ofertën'.

Ra nga oferta- dmth i ra vlera diçkaje. Psh, 'Në fillim nuk qe aq keq, pastaj sikur ra nga oferta'.

Ofsh,/ -i/ -et

Nuk kalon jeta me ofsh;- d.m.th, bëj durim. P.sh, 'E dimë që keq të ra, ama nuk kalon jeta me ofsh ti motër e dashur'.

As rrofsh, as ofsh;- shaka, d.m.th, dymbëdhjetë sahati. P.sh, 'Ti Kolë e ke mirë, as rrofsh, as ofsh, e ke jetën'.

Ofshe ofshe, për ata kofshë;- iron., d.m.th, e trashë, injorante.

P.sh, 'Ofshe ofshe, për ato kofshe qënke ti, se mendtë të paskan vajtur te të shumtat'.

Ogiç,/-i/-ët

E mban si ogiçin pas bythe;- d.m.th, që e do shumë. P.sh, 'Gjyshi më mbante si ogiç pas bythe, andaj e dua shumë'.

Si vorri i ogiçit;- d.m.th, që shkon mish për top. (Kjo frazeologji ndoshta vjen nga një histori e lashtë ku tre djem ushqehen për gjashtë muaj për t'u ndeshur në dyluftim për një mal, në kurorën e Shebenikut. Ndeshen si gladiatorë dhe të tre vdesin, e historia e solli 'si vorri ogiçit;'".

Sa ogiç që je (ishte);- shaka, d.m.th, i trashë. P.sh, 'Sa ogiç që ishte i shkreti djalë, duhej dy herë t'ja përsëritje një fjalë '.

Ogúr,/-i/ -et

Sa për ogur;- shaka, d.m.th, shumë pak. P.sh, 'Të kam sjellë pak miell e sheqer, sa për ogur e të tëhollësh një byrek'.

Shkoi n 'ogur t 'vet;- iron., d.m.th, aty ku e meritonte. P.sh, 'Pse flisni kot xhanëm, shkoi në ogur të vet dhe pikë'. 2- u martua. 'Nora shkoi në ogur të vet, dhe inshalla kanë shkim me njëri tjetri'.

Paç ogur 'n e jevgës;- shaka, d.m.th, paç këmbën e mbarë. P.sh, 'Hajt shko tani, paç ogurin e jevgës e na u kthefsh shëndoshë e mirë'.

Ma ndjeu oguri;- d.m.th, zemra, kisha një parandjenjë. 'Kisha kohë që ma ndjente oguri, ama zemra s'më linte që ta thosha'.

Ogursës;- fjalë e rrallë, që nuk e ka këmbën e mbarë. P.sh, 'Sa ogursës që je more i shkretë'. 'Grua ogursës'.

Ohu, ky qenke ngrys larg; d.m.th, do qiqra në hell. P.sh, 'Çfarë them unë e çfarë thua ti, ohu ha qënke ngrys larg ti'.

Ohu, ohu;- d.m.th, mbahej shumë lart nga gjendja ekonomike shoqërore. P.sh, 'Ohu ohu ku e shiste Kola piten'.

Okë,/-a/ -ët

Okë e kokë;- d.m.th, dy persona, dy familje apo fise që kanë ngjashmëri në vese doke e zakone. P.sh, 'Si Metajt, si Gjetajt, okë e kokë janë', ose 'Si Kola, si Malo, okë e kokë'.

Okë e përmbi kokë;- d.m.th, që e do shumë, e ngre lart, bën superlativen. P.sh, 'Kola, okë e kokë e ka atë grua, andaj nuk ndalet së foluri'.

Daj Meta sa e ka okën;- shaka, d.m.th, që nuk e ka haberin e një sendi. P.sh, 'Me Zybon o daj Met, sa e ke okën, kam bërë gjithë ditën, haberin s'ja kishte punës'.

Një okë e dhjetë, një okë pa dhjetë;- aty aty, barazi. P.sh, 'Mos m'i lavdëro shumë Rrapin e Gupin, se okë me dhjetë e okë pa dhjetë, janë'.

Okë e pesë, okë pa pesë;- barazi në diçka. P.sh, 'Si Prena, si Lena, okë e pesë, okë pa pesë, janë'.

Një okë pleshta;- tall., d.m.th, dikush që lëvdohet kot. P.sh, 'Një okë me pleshta na the e asgjë tjetër'.

E ka okën katërqind derhem;- shaka, d.m.th, në terezi. P.sh, 'Sala e ka okën katërqind dërhem, po qe për atë punë'.

Okë e trokë;- d.m.th, i shkatërruar fare si nga ekonomia, apo dhe shëndeti. P.sh, 'U ra zjarri e i la okë e trokë'.

Katërqind derhem oka;- d.m.th, ka siguri e saktësi në fjalë e sekrete. P.sh, 'Këtu i ka katërqind derhem oka ti djali mirë, andaj mos ki merak se çfarë flet'.

I ka okët, po s'ka shokët;-

d.m.th, mall e pasuri ka, po s'ka mend. P.sh, 'Dakord, ashtu mund të jetë Rrapi, po për mua ai i ka okët, ama nuk ka shokët, aty qëndron problemi'.

Opingë,/-a/-at

Ha opingën teme;- tall., d.m.th, shtrëngoje rrypin, se ske çfarë të hash. P.sh, 'Tokat e bagëtitë ia dhe shtetit, tani ha opingën time'.

Opingën e Sheros;- d.m.th, e kundërta e asaj që mendohej. 'Opingën e Sheros kishte, asgjë nuk kishte në shtëpi', ose, ;Çfarë i bëri, opingën e Sheros i bëri'.

Opingë e vjetër;- iron., d.m.th, dikush që të çan veshët me fjalë koti. P.sh, 'Opingë e vjetër kishte qënë ai Kiçua, na mërziti sot dërr dërr'.

Gur n'opingët;- iron., d.m.th, fjalë me thumb. P.sh, 'Gurë në opingë, më duket ma pate atë fjalë'.

Si guri n'opingët;- tall., dikush që nuk të hiqet bythësh dhe të çan kokën me pallavra. P.sh, 'M'u bë si guri në opingë sot ai Rrapi, sa desha ta rrah'.

Si opingë lope;- shaka, dikush që i ka buzët e sheshta. P.sh, 'Si opingë lope i paska buzët kjo grua, ama punëtore qenka shumë'.

Më hángsh opingat;- d.m.th, më marrsh të keqen. P.sh, 'Më hëngsh opingat më hëngsh, me ato fjalë të mëdha që thua'.

Më marrsh t'keqen e opingave;- shaka, d.m.th, s'ke ç'më bën. P.sh, 'Mua më marrsh të keqen e opingave ti djalë, se ajo që thua ti, kurrë nuk qëndron'.

Iu bë qafa opingë;- shaka, d.m.th, nga të ftohtit. P.sh, 'Tërë ditën pas tufës në dëborë, e iu bë qafa opingë nga era'.

I ka opingat pa vija, shaka;- d.m.th, që nxehet shpejt, nevrik pa arsye. P.sh, 'Kujdes me Likën, se Lika i ka opingat pa vija, vjen e ta fut qafës'.

A ka faqen opingë;- iron., nuk s'kuqet e zverdhet. P.sh, 'Mos u mërzit ti për atë punë, se Dulla e ka faqen opingë, e s'po i bëhet vonë'.

Hajde hy n'opingët time;- d.m.th, hajde provoje fatin e kismetin tim atëherë flasim. P.sh, 'Ti hajde hy në opingën time, pastaj shohim'.

Iu shtru, fut me gjithë opinga;- tall., dikush i sapomartuar. P.sh, 'I gjori Rrap, iu fut me gjithë opinga, e të nesmen i flihej gjumë'.

Opingat nga dielli;- iron., d.m.th, që ka vdekur. P.sh, 'Kur vajta unë atje, Dulla i kishte kthyer opingat nga dielli'.

S'i ka hy gurë n'opingë;- d.m.th, nuk ka parë keq kurrë. P.sh, 'Mirë thua ti po Kolës s'i ka hyrë gurë në opingë, prandaj flet ashtu'.

M'i bën buzët si opingë;- tall., d.m.th, zemërohet shkak e pa shkak. P.sh, 'Dhe ti sa shpejt i bën ato buzë si opingë, e nuk e dimë si të sillemi me ty'.

Ndërrojnë opinga t 'vjetra;- shaka, bisedë pa lidhje. P.sh, 'Kemi dy orë që ndërrojmë opinga të vjetra bashkë e nuk gjetëm karar'.

Ja bëri veshët opingë;- d.m.th, e rrahu. P.sh, 'E kapi Kola djalin dhe ia bëri veshët opingë'. 2- e kritikoi. P.sh, 'Rrapit ia bënë veshët opingë në mbledhje'.

Hapi opingat;- tall., urdhëruese, d.m.th, hapi veshët e dëgjo, ki mendjen. P.sh, 'Unë po të flas e ti hapi opingat e më dëgjo'.

Një opingë shtron një opingë mbulon;- d.m.th, shumë i varfër. P.sh, ;Kishte vajtur në atë pikë, sa një opingë shtronte e një opingë mbulonte'.

Janë të një opinge;- d.m.th, të një soji e karakteri. P.sh, 'Kola e Malo janë të një opinge, kështu që mos u habitni shumë'.

Opinion,/-i/ -et

E vret opinoni;- d.m.th, e shanë bota. P.sh, 'Rrapin e vret opinioni, se për shpirt nuk i lë gjë mangët'.

Sa për opinion;- d.m.th, sa për t'u parë në sy të botës. P.sh, Leka erdhi në dasmë sa për opinion, se çfarë koke ka ai, nuk do të kishte ardhur'.

Orar,/-i/ -ët

Kaq ia thotë (m'a thotë orari);- shaka, d.m.th, kaq është mundësia. P.sh, 'Kolën mos e ngacmoni shumë, se kaq ia thotë orari atij, tani shkon e pushon Kola'.

Me orar t 'reduktuar;- tall., d.m.th, që bën pushime shpesh gjatë punës. P.sh, 'Malo është me orar të reduktuar, ndaj shkon e bën shurrën shpesh'.

Orbitë/-a/-at

Ka dalë nga orbita;- d.m.th, është çmendur, shaka është i dehur. P.sh, 'Sala ka dalë nga orbita ka kohë andaj mos ia vini veshin shumë'.
Óre;- fjalë e rrallë, në gjuhë vjen si pjesore. Prapashtesë e zonës së Dragostunjës, e cila përdoret kur u thërresin grave në emër të burrave të tyre, P.sh, Hasanore, d.m.th, gruaja e Hasanit,

Hysenore- gruaja e Hysenit, Selimore -gruaja e Selimit.

Oréks,/-i

Paske oreks;- iron., d.m.th, paske dëshirë që të flasësh kot më kot. P.sh, 'Unë të them jo, tani ti paske oreks e fol tërë ditën, se unë dola'.

S'vjen oreksi po s'e provove;- shaka, d.m.th, futu diçkaje që ta provosh. P.sh, 'Ti mos thuaj ashtu se nuk vjen oreksi pa e provuar'.

Orë,/-a/ët

Nuk i ndenja me orë n'dorë;- iron., d.m.th, nuk e mërzita, nuk iu përkushtova aq tepër, nuk ia mata kohën. P.sh, 'Tashti unë nuk i ndenja me orë në dorë Kolës, pse kanë kaluar disa minuta, nuk u bë qameti'.

Ásht n'orën e vet;- d.m.th, në delir të vet. P.sh, 'Xhaxhai është në orën e vet tashti, mos e mërzit shumë'.

Mos t'zëntë ora, sahati;- d.m.th, mallkim, vdeksh. P.sh, 'Ç'na bëre që mos të zëntë ora mos të zëntë'.

Ásht me orë;- d.m.th, me teka, si ta kapë momenti, P.sh, 'Dika është me orë, andaj kujdes kur të flasësh me të'. 2- në buzë vdekje. P.sh, 'Puna e Shemës është me orë, çështje minutash'.

Oríz,/ -i

U bë pilaf orizi;- tall, d.m.th, nuk kujtohej që të ngrihej. P.sh, 'Ishte Kola këtej sot, e na u bë pilaf orizi në qoshe e mezallah se kujtohej se ka shtëpi të tijën'.

Pulë e oriz, shaka rutinë. Psh, 'Pule e oriz na u bë kjo punë'.

Osman,/-i /-ët

Osmanlli/e;- fjalë e rrallë, që ka lidhje me Perandorinë Osmane. 'Gjuha osmanllie'. 'Shkrim Osmanlli'. 'Këngë Osmanllie'.

Osmanlleshë/-a;- fjalë e rrallë, d.m.th, një grua që vjen nga Perandoria Osmane. 'Një Osmanlleshë e hijshme'. 'Sillet si Osmanlleshë'.

Oshmar/-i/-ët;- miell misri i zier në gjalpë e ujë. 'Na bëri një oshmar për drekë, oshmar me copa djathi'.

E ka zënë oshmari;- tall., d.m.th, e ka nga yndyra e tepërt që flet ashtu. P.sh, 'Mos ia vini shumë re Kolës, se e ka zënë oshmari'.

Trazon oshmar;- shaka, d.m.th, nuk bën gjë prej gjëje. P.sh, 'Më pyete për Kiçon, e Kiçua trazon oshmar'.

Ja fërgesë, ja oshmar;- shaka,

d.m.th, njëra do të bëhet. P.sh, 'Kështu si po shkojnë punët, ja fërgesë ja oshmar, do na japë stanari'.

Oxhák,/-u/-kë(t)/ -qe(t)
Djalë oxhaku;- d.m.th, i fismë. P.sh, 'Po ti je djalë oxhaku more bir, si ka mundësi kështu?!'.
Na pordhi oxhakun;- d.m.th, na turpëroi fisin. P.sh, 'Kjo nusja që na iku mbrëmë. na pordhi keq oxhakun'.
Oxhak, e jo buxhak'- d.m.th, i dëgjuar, i fismë dhe jo kot. P.sh, 'O ti djalë, je oxhak e jo buxhak, prandaj ndërro rrugë'.
S'ka hi n'oxhak;- d.m.th, shumë i varfër. P.sh, 'Po ata nuk kishin hi në oxhak, nga vajte dhe e mbyte atë vajzë te ata'. 2- ironi. 'Ky s'ka hi në oxhak për vete e këtej na tregon se ç'janë rregullat'.
Oxhakut t'mirë, i shkon tymi fjollë;- shaka, d.m.th, familja apo fisi, mirë dëgjohet prej së largu. 'P.sh, 'Mos u mundo shumë të na tregosh për Gjejtajt, se pse thonë që oxhakut të mirë, i shkon tymi fjollë'.
U ra rrufeja n'oxhak;- d.m.th, pësuan një tragjedi të madhe. P.sh, 'Kurtajve u ra rrufeja në oxhak, kur u vdiqën djemtë njëri pas tjetrit'.
Kur s'ke oxhakun tán, mos bán tym n'oxhak t'botës;- d.m.th, kujdesu për veten tënde fillimisht. P.sh, 'Të ndihmosh është mirë, ama kur s'ke oxhakun tënd, mos bëj tym në oxhak të botës, i thonë një fjale'.
Mos báfshi tym e oxhak;- mallk., d.m.th, u shofshi, vdekshi. P.sh, 'Na erdhi ky sistem, që mos bëftë tym e oxhak- mallkoi Hanko halla'.
S'e le má oxhakun;- d.m.th, në prag vdekje. P.sh, ;Baba ka vite që se lë më oxhakun, i ngrati'.

-P-

Panxhar,/-i / -ët

Nuk hamë panxhar;- shprehje ironike por dhe irrituese;-d.m.th, nuk jemi kafshë. P.sh, 'Pse, ne nuk hamë panxhar që ti na flet ashtu!?'

E ha panxharin për karotë;- shaka, d.m.th, që mashtrohet lehtë. P.sh, 'Kola e ha shpejt panxharin për karotë, prandaj mos e ngacmoni shumë'.

Si krune panxhari;- d.m.th, dërrmuar keq. P.sh, 'Ra një shi i madh dhe e bëri grurin në ari, si krunde panxhari'.

Papagall,/-i / -jtë.

E di dhe papagalli, bufi;- d.m.th, çështje e lehtë. P.sh, 'Po këtë e di dhe papagalli, prandaj mos u lodhni shumë'.

Papagall t'baftë zoti;- iron., jo urim, por shenjë mërzitëse;- d.m.th, që nuk i pushon goja fare. P.sh, 'Si nuk i pushoi goja një sekondë, papagall të bëftë zoti'.

Papë,/-a/ -ët

Ma katalik se papa;- iron., d.m.th, superlative negative. P.sh, 'Ti mos na u bën më katolik se papa, se të njohim kush je'.

Papë o papa, shih se u dogje prapa;- shaka, d.m.th, shih familjen tënde, mos shiko nga hallet e botës. P.sh, 'Vërtet kësaj i thonë, papë o papa, shih se u dogje prapa'.

M'je bá si e shoqja e papës;- tall., d.m.th, na çave veshët për asgjë. P.sh, 'Pushon gruaja njëherë, po më je bërë si shoqja papës, tërë ditën dërr dërr'. **Dhe papa i ha dardhat**;- shaka, d.m.th, të mirat dhe të butat, i ha kushdo. P.sh, 'Ti mos më lut, se dhe papa i ha dardhat, kur vjen puna'.

E di veç papa;- iron., d.m.th, send shumë sekret. P.sh, 'Mos më pyet më, se këtë gjë e di veç papa'.

Paprrol/ i /e;- fjalë e rrallë, ironike, njeri i dobët i thatë, por me trup të madh. 'Erdhi ky paprroli', 'Grua paprrole', lopë, mushkë paprrole'.

Kry paprrol;- tall., d.m.th, njeri që nuk merr vesh ç'i thua. P.sh, 'Sa krye paprrol që je more burri i dheut!?'

Paprrol në qoshe;- iron., d.m.th, që nuk kujtohet të ikë. P.sh, 'Më erdhi Aliu për darkë e ngeli paprrol në qoshe, deri sa dha sabahu'.

Paq;- ndajfolje, bisedë.

Ia hëngri paq;- shprehje shpjeguese, ironi, nuk i bëri asgjë. P.sh, 'Çfarë i bëri, asgjë s'i bëri, ia hëngri paq, njatë i bëri'.

Ta bân tepsinë, sahanin paq;- iron., d.m.th, ha shumë e punon pak. P.sh, 'Sala ta bën tepsinë paq e kur çohet për punë, thotë më dhemb barku'.

Paqtar/i/e;- fjalë e rrallë, ai që pajton dy veta, dy familje. P.sh, 'Burrë paqtar', 'Nënë paqtare'.

Paqtore;- fjalë e rrallë, d.m.th, e urtë, e mençur dhe e pastër, grua paqtore.

Pare,/-ja/- të

Dy dele, treqind pare;- shaka, që e ka në terezi. P.sh, 'Sala, dy dele treqind pare e ka avazin gjithmonë'.

Ka hy parja n 'vrimë të murit;- d.m.th, u bë i zorshëm fitimi. P.sh, 'Gjithë kohën në punë, po siç duket, ka hyrë paraja në vrimë të murit, ti shoku im'.

Pesë pare, treqind grosh;- shaka, d.m.th, e ka bë terezi. P.sh, 'Kjo puna e Zalos, pesë pare treqind grosh, më duket mua'.

E humbi për pesë pare spec;- d.m.th, për hiçasgjë. P.sh, 'Deri nga fundi mirë qenë punët, pastaj ngrihet Zalo dhe e humbi për pesë pare spec, gjithë bisedën'.

I bien paret;- ironi, d.m.th, ruan bukurinë e nuk punon. P.sh, 'Nuses tonë i bien paret (d.m.th, rruazat nga gjoksi) prandaj nuk punon aq shume.

Sa pare i kushton xhybja;- tall., d.m.th, ia dimë që s'ka vlerë. P.sh, 'Këtij Zalos ,sa pare i kushton xhybja që hidhet kështu!?'.

E peshon n'pare;- d.m.th, paguan shumë që të ketë diçka. P.sh, 'Goni e peshon në pare Dullën, vetëm e për vetëm që t'ia japë vajzën për grua'.

Parja shkon e vjen e miqsia t'na rrojë;- d.m.th, nuk i jepet rëndësi shpenzimit, por kënaqësisë miqësore'.

Paren se ha as qeni;- iron., d.m.th, nganjëherë i jepet rëndësi të kotës. P.sh, 'Çe do!- paren nuk e ha as qeni, por ja që duhet punuar'.

Paramétër,/-i/ -at

Me tjera parametra;- d.m.th, ndryshe nga çdo pamje. P.sh, 'Ky shefi ri, vjen me tjera parametra, prandaj kujdes'.

Aq ia kap parametri;- d.m.th, aq mundet. P.sh, 'Zalos aq ia kap parametri, ju tashti mos e ngacmoni'.

Ke hy n 'parametra t'huja;- shaka, d.m.th, ke shkelur në dërrasë të kalbur. P.sh, 'Ti djalë ke hyrë në parametra të huaja, prandaj të janë kundërvënë'.

Parashútë,/-a/-at

Shkon parashutë;- tall., d.m.th, shkon dorë më dorë, tallen. P.sh, 'Ti Zalo mos shko ashtu si parashutë, por mblidhe veten'.

Ra si me parashutë;- dmth, papritur e pa kujtuar. P.sh, 'Po kjo nga ra si parashutë tani?'.

Pardje;- ndajfolje.

Flet si për pardje (si për pasnesër);- d.m.th, flet në tym. P.sh, 'Ti miku im, mos fol si për pardje, se nuk po të marrim vesh'.

Parë/- shoh

Si s'ke parë e nirë;- d.m.th, e veçantë në llojin e vet, kryesisht të paqena. P.sh, 'Erdhi Kola dhe m'u derdh mua si s'ke parë e ndier, ti vëlla'.

Parmák,/-u/ ët

Qafë parmak;- tall., d.m.th, njeri i trashë. P.sh, 'Sa qafë parmak që je more burri dheut!?'.

Partall/-e,/ -ja/ -et

Ia fut partalles;- d.m.th, flet në tym. P.sh, 'Ti Kolë mos ia fut partalles tashti, se u bëmë vonë'.

Ia dha partallet pas bythe (dikujt);- e përzuri nga shtëpia. P.sh, 'Sala ia dha partallet pas bythe nuses së djalit, se e kapën me dikën tjetër'.

Parullë,/-a/-at

E ka si parullë;- d.m.th, mjet për t'u justifikuar ose për t'u komunikuar. P.sh, 'E kanë si parrullë, se nuk e kanë me gjithë mend'.

Pashkë/ë,-a/-ët

Si dashi për Pashkë;- iron., d.m.th, mish për top.. P.sh, 'Dulla shkretë vajti si dashi për pashkë, me gjithë atë punë që bëri'.

Pashkë më pashkë;- d.m.th, shumë rrallë. P.sh, 'Kola me Malon shihen pashkë më pashkë tani, se u larguan me shtëpi'.

Ne festojmë Baram e Pashkë, po Shqipninë e kemi bashkë;- dmth, nuk ka dallim tek ne për çështje kombëtare.

Pat, ndajfolje;- e pat kjo punë, dmth, shkoj, e pat punë e tij, d.m.th, nuk ia pa hairin.

Pash,/-i/-ët

E ke lejen me pash;- d.m.th, je i lirë të shkosh. 'Faleminderit shumë që ishe për darkë te ne, tashti e keni lejen me pash e mund të shkoni'.

Me dy pash diell;- d.m.th, në të ngrysur. P.sh, 'Nusja hyri brenda me nja dy pash diell, se rruga e gjatë qe'.

Shtatë pash nën dhé;- tall., turp i madh. P.sh, 'Kjo që bënë ata, është të futesh shtatë pash nën dhe'.

Rritet me pash;- shaka, d.m.th, shëndetplotë. P.sh, 'Rritet me pash djali nëmës, se e ka nëna flori'.

Një pash kry;- d.m.th, i pa marrë vesh. P.sh, 'E po të ketë burri një pash kry si Gupi, s'më kanë parë sytë'.

Një pash burrë;- d.m.th, me vlera. P.sh, 'Është një pash burrë Xhevo, andaj ma kini kujdes'.

Patent/ë,-a/-at

Hajdut me patentë;- keq., d.m.th, jeton me të vjedhur. P.sh, 'Më hajdut me patentë se Dullën, nuk gjen këtyre anëve'.

Kurvë me patentë;- D.m.th, shumë e përdalë. P.sh, 'Është kurvë me patentë ajo, mos e zgjat se të fëlliq mes njerëzve'.

Ta pjerdh patentën;- d.m.th, nuk të pyet fare. P.sh, 'Me Salën mos rri shumë, se ai ta pjerdh patentën fare kur nuk i vjen për terezi'.

Pazar,/-i/-et

Ç'thotë pazari?;- ironi, d.m.th, çfarë flitet, çfarë bën njerëzia. P.sh, 'Hë mo djalë, ç'farë thotë pazari andej nga ju!?'.

Pazar Rroskaveci;- shaka, d.m.th, se merr vesh i pari dytin. P.sh, 'Si qënka bërë këtu, pazar Rroskaveci qënka bërë'.

Lun n'pazar;- ironi, d.m.th, nuk mban fjalë. P.sh, 'Dulla luan në Pazar, prandaj nuk e kanë qejf njerëzit'.

Si Lomi pazarit;- tall., sjellje kot, vërdallis. P.sh, 'Tërë ditën si Lomi

Pazarit jam sjellë sot e hiç asgjë'.

U prishën n' pazar;- d.m.th, nuk patën marrëveshje për një punë. Më gjatë nuk dimë, por dimë që u prishën në pazar dhe kaq'.

Kërkon pazarin për një koqe kafe;- njeri shumë koprrac. P.sh, 'Për Dullën mos më trego, se Dulla për një koqe kafeje kërkon pazarin'.

Pazaros/ a/ ur/;- fjalë e rrallë, që bën pazar të ndershëm me dikë, bien dy palët në pazar. P.sh, 'U pazarosa me Dikën për punën e kalit', 'Me Malon është zor për t'u pazarosur'.

Pe,/-ri / -njtë.

Pik e pe- dmth shume drejt, Psh Erdhi djali te une pike e pe ngaqe e kishte marre malli.

Ia bëri pe;- d.m.th, ia mblodhi hesapet, ose e mërziti keq, pa ndërprerë. P.sh, 'Fëmija qante sa ia bëri pe s'ëmës, deri sa i dha gji'. 2- Ia mblodhi hesapet. P.sh, 'Kola ia bëri pe djalit, prandaj hyri në rrugë'.

Shumë pe i kalbët;- d.m.th, person që nuk mban fjalë e zotim. P.sh, 'Me Salën shumë pe i kalbët, është puna'.

Mur pas perit;- d.m.th, shiko të tjerët e vazhdo. P.sh, 'Mur pas perit është kjo punë, nuk do shumë mend'. (Në analogji sillet muratori që i vendos tullat pas fijes së spangos, për drejtpeshim.)

Kish qëllu peri i hollë;- 1.- d.m.th. i dobët ekonomikisht. P.sh, 'Atë dimër kish qëllu peri hollë e mezi e pritëm pranverën'. 2- burrë jo i besës. P.sh, 'Unë i besova shumë Gupit, por ai kish qëllu peri hollë dhe nuk e mbajti fjalën'.

Rrobja e zezë, ama peri bardhë;- iron, d.m.th, sa do që ta mbulosh një send, prap duket. P.sh, 'U mundua e shkreta Mati mjaft, por ama ku është rrobja e zezë, peri është i bardhë, ai është problemi'.

Sa hyn peri n 'byth t' gjilpárës;- d.m.th, fare pak. P.sh, 'Kur u ndanë djemtë, atij të voglit ia lanë një copë vend, sa hyn peri në byth gjilpërës'.

Tjerr pe leshi;- tall, flet në erë. P.sh, 'Më duket po tjerr pe leshi, oj Mati, tashti'.

Pelë/-a/-at

Ka shku për pela;- shaka, d.m.th, është zhdukur pa u ditur. P.sh, 'Mesa shoh unë, Lika paska shkuar për pela sot, se nuk u pa fare'.

Një vrap pele;- d.m.th, shumë afër. P.sh, 'Matia këtu afër e ka shtëpinë, një vrap pele nga këtu'.

Shti shqelm si pelë;- shaka, d.m.th, përton për një punë. P.sh, 'Po kjo sot çfarë paska që shtie në shqelm si pelë?'.

I humbën pelat;- shaka, d.m.th, e humbi toruan. P.sh, 'Likës i humbën pelat, kur pa vajzat që po dilnin nga ara'.

Qeth pelat;- iron., d.m.th, nuk bën asgjë, demel. P.sh, 'Gupi qeth pelat, atë bën, meqë më pyete'.

Kur të qethen pelat;- d.m.th, kurrë. P.sh, 'O djalë, po ndejte kështu, kur të qethen pelat ke për të gjetur nuse'.

Vithet si pelë;- tall., e dhjamosur. P.sh, 'Kjo lopë vithet si pelë, i paska mashallah'.

Vithe pela;- sharje, d.m.th, kjo budallaqja. P.sh, 'Sa erdhi kjo vithe pela në lagje tonë, na i prishi djemtë'.

Pela e mirë, i njeh të sajat;- d.m.th, njeriu i sojmë, i viziton të afërmit, kujdeset dhe i ndihmon.

Me leshtë e pelës kuqe;- tall., d.m.th, me asgjë të mirë. P.sh, 'Kur erdhi Gupi nga fitimi, me leshtë e pelës së kuqe i mbaroi punët'.

S'i pjerdh pela n 'zabel;- shaka, d.m.th, nuk çan kokë. P.sh, 'Salës nuk i pjerdh pela në zabel, prandaj sillet ashtu'.

Ka pi qumësht pele;- tall d.m.th, që është i dhjamosur, por dhe trap nga mendja. P.sh, 'Ky djali Bardhës sikur ka pi qumësht pele, ju ka bërë barku'.

Kos pele;- tall., d.m.th, shumë kosi mirë. P.sh, 'Na kishte zënë Xhema një kos sot, ama kos pele dukej. 2-tall ka ngrënë kos pele, andaj i është trashur qafa ashtu'.

Pjerdh si pela n 'zabel;- d.m.th, e fortë dhe e majme dhe që nuk lëshon pe. P.sh, 'Me atë mos u kapni se ajo pjerdh si pela në zabel, po qe për atë punë'.

Pelin,/-i

Ha pelin;- d.m.th, ha zeher, kur një gjellë digjet e shkrumbet. P.sh, 'Qumështi ishte përzhitur sot, ha pelin po deshe, ishte bërë'.2- dmth vdis po nuk tu vdiq. Psh. Çfarë nuk të bën fëmija, ha pelin po deshe, kush po çan kokë?!

Pelin me krypë;- d.m.th, shumë të shëllirshme. P.sh, 'I paske bërë këto groshë sonte, pelin me kripë'.

Hiq pelin e ve pelin;- nga shiu në breshër. 'Hiq pelin e ve pelin, u bë me këta shefat tanë'.

Pelin për goje;- d.m.th, hidhërak në bisedë. P.sh, 'Ti pelin prej goje je, nga kujton ti se do të duan!?'

Pemë/-a/-ët.

Ajo pemë ato kokrra ka;- d.m.th, çfarë pret tjetër. P.sh, 'Pse mërzitesh ti prej Dakës, ajo pemë ato kokrra ka, mbaroj puna'.

Pemë e huj, ka hije t 'keqe, (t 'rand);- tall., keq, imoral. P.sh, 'Pse thua ashtu ti tashti, po kanë thënë të vjetërit se, pemë e huaj ka hije të rendë, kot se kanë thënë ata'.

Rri nën pemën tánde;- d.m.th, shiko hesapin tënd. P.sh, 'Ti shoku bën mirë të rrishë nën hijes e pemës tënde, kështu mendoj'.

Pendë,/-a/ ët (Penë, lokale)

I, e mban nër penë;- 1- Kujdeset shumë për dikë që e do. P.sh, 'Matia, Kolën ndër pendë e mban mavria'. 2- D.m.th, serviloset. 'E dimë që e mbanë nën pendë Gupin, po mjaft më'.

Ia shkuli penët;- d.m.th, e rrahu. P.sh, 'E zuri Dyli të shoqen dhe ia shkuli pendët mirë'. 2- 'E përdori seksualisht'. P.sh, 'E futi nën një cep ure dhe ia shkuli pendët'.

Penë korbi;- d.m.th, shumë të zeza. P.sh, 'Ajo shoqja e Kolës, penë korbi i kishte vetullat'.

Ia dha penët n'dorë;- d.m.th, e rrahu paq. P.sh, 'Malo ia dha pendët në dorë, atij njeriut që e ngacmonte kot'.

Penkuq;- Fjalë e rrallë, që i ka gjethet e kuqe. P.sh, 'Misër penkuq', 'Dru penkuq'. *O ti djalë penkuq,/e paske nji huq,/ huqin shko e preje,/ja rri larg prej meje.*(Këngë humoristike grashë, dikur).

Penë,/-a/-at

Pena shkruan vetë;- fetare, d.m.th, pena qe e para që krijoi Zoti dhe, ajo shkruan punët tona'. 'Dhe Zoti i tha penës shkruaj, dhe ajo vazhdon të shkruaj'.

Pena nuk rren;- d.m.th, çdo gjë që bëni dokumentojeni. P.sh, 'Bëni hua marrje, por shkruani, se pena nuk rren'.

Peng,-/u /-gjet

Më ngeli peng;- d.m.th, diçka shumë merak. P.sh, 'Më ngeli peng që s'munda t'ia them një fjalë'.

As për peng e as për rren;- d.m.th, pa vlerë, njeri kot. P.sh, 'Gupin as për peng e as për rreng se ke'.

Perde,/-ja/-et **Të plasën perdet**;- d.m.th, sytë. P.sh, 'Po ty të plasën perdet moj bijë, që vajte e more këtë njeri dembel e mashtrues!?'

Sa për perde;- d.m.th, maskim i përkohshëm. P.sh, 'Ia thashë sa për perde, por nuk e kisha me gjithë mend'.

Perdja punë e madhe;- d.m.th, turpi. P.sh, 'Perdja është punë e madhe po të plasi, atëherë nuk të bën përshtypje më asgjë'.

I vunë sytë perde;- tall., d.m.th, u vërsul të kapë një grua. P.sh, 'I vunë sytë perde burrit botës dhe nuk pa se çfarë është duke bërë'.

Perëndi,/-a.
Po dite Zot e Pereni;- d.m.th, në paç besë. P.sh, 'Po dite Zot e perëndi, mos e ngacmo më'. 2- Ose, 'Po dite zot e perëndi, hajde një natë për darkë'.

O zot o Pereni;- shprehje superlative negative, d.m.th, frikë e madhe. P.sh, 'Fryu një erë e tufan që o zot e perëndi sa jemi trembur'.

Perëndia i ka punët e fshehta;- d.m.th, çdo send shihet. P.sh, 'Mos kujto se po na e hedh, perëndia i ka punët e fshehta'.

Lene n'pereni;- d.m.th, mos iu kundërvë, lërja Zotit. P.sh, 'Po të bëri keq Sala, lere në perëndi, se ajo i merr haqet'.

Perëndoj/-óva,/ -úar
I perëndon sytë;- shaka, që është duke e marrë gjumi. P.sh, 'Më duket se po i perëndon sytë tani, hajde të flemë'. 2- Që huton pas diçkaje. P.sh, 'Çke që i perëndon ata sy ashtu?'

Pesë/a
E báni për pesë lek;- d.m.th, e demaskoi. P.sh, 'E bëri djalin për pesë lekë, se erdhi i dehur në shtëpi'.

E humi për pesë pare spec;- d.m.th, për hiçasgjë. P.sh, 'Sala ishte shumë afër fitores, por e humbi për pesë pare spec'.

Okë me pesë, okë pa pesë;- d.m.th, aty aty, shumë ngjashmëri. P.sh, 'Kola me Malon aty aty janë, okë me pesë okë pa pesë'.

Pesëqind.
Gjysmën e misë pesëqind;- shaka, dmth e ka në terezi, nuk e vret mendjen për asgjë. Psh, 'Vela gjysmën e misë pesqind e ka, andaj mos u çudit'.

Pestil,/-i
U bë pestil në qoshe;- tall., dikush që nuk lëviz nga vendi.

P.sh, 'Ishte Kola për darkë e u bë pestil në qoshe, deri sa dha drita'.

Dhe pestil me qánë;- shaka, d.m.th, pestili konsiderohet si diçka e rrallë. P.sh, 'Nuk më hahet më bukë, dhe pestil me qenë, s'kam ku ta çoj.'

Peshk,/-u/-qit

Plasi peshku;- ironi, d.m.th, u hapën depot. P.sh, 'O njerëz, vraponi se plasi peshku'.

Peshku qelbet nga kryt;- iron., d.m.th, e keqja vjen nga qeveria. P.sh, 'Kot nuk thonë, se peshku qelbet nga koka'.

S'ka peshk pa hala;- d.m.th, jetë pa halle. P.sh, 'Kështu e ka jeta ti djali im, se s'ka peshk pa hala, kudo që të jesh'.

Tru peshk;- tall., d.m.th, i pamend. P.sh, 'Ik ore tru peshk andej, se na çmende'.

I lirë peshku n'Durrës, por e ha qiraja rrugës;- d.m.th, kudo ka shpenzime. P.sh, 'Mirë thua ti që ta ul çmimin, i lirë është peshku në Durrës, por e ha qiraja rrugës ama, këtë nuk e di ti'.

Petavër,/-ra/ -rat;- (Patavër, lokale-pllashtë).

I hudhi patavrat;- shaka, d.m.th, u nxeh e foli keq. P.sh, 'Kola duroi sa duroi, pastaj i hodhi patavrat'.

I ka patavrat mangët;- shaka, d.m.th, është pak i çmendur. P.sh, 'Mos ia ve shumë veshin Likës, se i ka patavrat mangët'.

Shalë patavër;- tall., femër shalëgjatë. P.sh, 'Erdhi kjo shalë patavra e na çau kokën'.

Dy patavra majë më majë;- shaka, d.m.th, mendja. P.sh, 'Po mendja dy patavra majë më majë është, more bir'.

Unë patavër ti hartosë;- shaka, kur nuk merresh vesh me dikë. P.sh, 'Unë patavër, Kola hartosë, gjithë natën e si përfundim, hiçasgjë'.

Petë,/-a/-ët

S'di të bájë dy peta;- d.m.th, e plogësht. P.sh, 'Po kjo nuse, nuk ditka të bëjë dy peta more bir'.

Shtro petë e shto kungull;- shaka, d.m.th, korr e mos lidh. P.sh, 'Dhe ne me Malon, shtro petë e shto kungull, deri sa dha drita'.

S'e lujti petën;- tall., d.m.th, nuk lëvizi nga vendi. P.sh, Isha nga Kola për vizitë sot, por ai s'e luajti me nder petën fare'.

S'e ha lala at'petë;- d.m.th, atë hile, atë rreng. P.sh, 'Fol ti sa të duash, po se ha lala atë petë jo'.

Pjek e djeg peta;- shaka, d.m.th, bën gjithçka. P.sh, 'Malo gjithë ditën, pjek e djeg peta dhe kurrë nuk pushon'.

Petull,-a/ -at

Hante maci petlla;- d.m.th, në gjendje të mirë ekonomike. P.sh, 'Atje te Gjetajt, hante macja petulla, e ju thoni andej këtej'.

E báni petull;- keq, d.m.th, e rrahu. P.sh, 'E kapi hajdutin dhe e bëri petull e bëri'.

Nuk báhen petllat me ujë;- shaka, d.m.th, çdo send duhet bëri siç duhet. P.sh, 'Mirë thua ti, po nuk bëhen petullat me ujë, ai është problemi'.

Petullicë/ë,-a/ -at;- gurë ose rrasë guri e sheshtë. 'Rrasa petullica', 'Gur petullicë'.

I a báni barkun (kurrizin) petullicë;- d.m.th, e rrahu. P.sh, 'Ia bëri kalit kurrizin petullicë, se i shtiu në shqelma'.

Pëgëj/-va,/-rë/ (lokale- pgáj).

Pgáj, pgári/-rë;- d.m.th, dështoi. 'Pgari lopa', 'Pganë dhitë njëra pas tjetrës'.

Si dhi e pgárë;- d.m.th, dobësuar shumë. 'Pse qënka bërë kjo grua si dhi e pgërë xhanëm, nuk e kuptoj!?'.

I pgári ndër duar;- tall., d.m.th, dështoi qysh në fillim. P.sh, 'Kolës i pgari nëpër duar, se i doli e shoqja kundër'.

Pëllumb,/ -i/ -at.

Vend pllumash;- superlative, d.m.th, vend i mirë për të jetuar. P.sh, 'Po këtu qënka vend pëllumbash, nga të ikësh nga këtu'.

Atje ku ban pëllumbi folenë;- d.m.th, atje ku jetohet mirë. P.sh, 'Kola jeton atje ku bën pëllumbi folenë, e nuk ma merr mendja se kthehet më'.

Përpjekas;- fjalë e rrallë, njeri që sillet sa andej këtej me zor, ka një hall apo siklet të madh. 'Sillej përpjekas', 'Vinte përpjekas nëpër oborr'.

Hidhej përpjekas, si pulës që i heq kryt;- tall., d.m.th, që kërkon të justifikohet për një faj të bërë. P.sh, 'Rrapi hidhej përpjekas si pulës që i heq kryet, kur e akuzuan që ka shkuar me një grua tjetër'.

Mos e merr përpjekas;- diçka, d.m.th, me ngulm, me nxitim apo turras. P.sh, 'Pse të tha ashtu, ti mos e merr përpjekas punën'.

Përpjetë (i, e)

Daj Meta daj Meta, ka teposhta dhe përpjeta;- d.m.th, jeta nuk është përherë dyst.

Ma hunët përpjetë;- iron., d.m.th, që e ka zënë inati, ose mbahet i veçantë. P.sh, 'Kjo Matia ç'ka që i mbaka hundët përpjetë sot?'.

Parja çon ujët përpjetë;- iron., d.m.th, paraja ka fuqi që që të bëjë gjithçka. P.sh, 'Kot nuk thonë, që paraja çon ujët përpjetë'.

I doli shumë e përpjetë;- dikujt për diçka. P.sh, 'Dullës i doli shumë e përpjetë puna e vajzës e nuk mundi që ta martonte diku'.

Sheh shumë përpjetë;- iron., dikush që mbahet me të madhe. P.sh, 'Rrapi shihte shumë përpjetë, ama në fund e gjeti atë që kërkonte'.

E përpjeta ka xhunglat e veta;- tall., d.m.th, çdo gjë ka vështirësinë e vet. P.sh, 'Ashtu thua ti që është e kollajshme, por ama e përpjeta ka xhunglat e veta, ka thënë daj Meta'.

Merr përpjetë si mëzati me xhyvetën (lopa);- shaka, d.m.th, shkojnë buzë e hundë, qorras. P.sh, 'Po ti mos e merr të përpjetën si mëzati me xhyvetën, se kohë ka plot'.

S'bán përpjetë;- d.m.th, rri i dobët e i pashëndetshëm. P.sh, 'Nuk ia kam kursyer ushqimin këtij fëmije, por mezallah s'bën përpjetë, sikur me shkop t'ia futësh'. 2- Për bereqetet. 'Ky misër sivjet s'bën përpjetë, se vrugu nuk po e le'.

Merr malin përpjetë;- d.m.th, nxehet në sekondë. P.sh, 'Ti mos merr ashtu malin përpjetë, se ne po flasim si njerëz'.

Mos i hyj asaj t'përpjete;- d.m.th, një projekti shumë të vështirë. P.sh, 'Unë mendoj që mos i hysh asaj të përpjete, ti bën si të duash'.

E hudh shurrën përpjetë;- tall., një femër që çirret e bërtet kot së koti, ose për t'u parë se kush është. P.sh, 'Po kjo pse e hedhka shurrën përpjetë sot, sikur mos na e di se çështë'.

E mbytmja shkon teposhtë, ai e kërkon përpjetë;- d.m.th, dikushi qe bën të kundërtën e asaj qe duhet bere.

(Kjo shprehje vjen nga një burrë që i ishte mbytur gruaja në lumë, dhe ai e kërkonte përkundër rrjedhës'. Kur e pyetën pse ashtu, ai ua kthen: Ajo sa qe gjallë kundër meje ka qënë gjithmonë, edhe tashti e vdekur ashtu bën).

Përplas/-a,/ -ur

Ia përplas surratit, fytyrës;- d.m.th, ia them në sy të ligat. P.sh, 'Kola ia përplasi surratit Rrapit, pa iu dridhur qerpiku'.

Kur të përplas fati;- nevoja, d.m.th, kur të sjell e keqja. P.sh, 'Kur të përplas nevoja, trokit në derë të hasmit'.

Si e përplasme;- tall., femër që sillet si e çmendur. P.sh, 'Po kjo ç'u sjellka sot, si e përplasme'.

Përpurth/ ur;- d.m.th, bërje pis me jashtëqitje organike. 'U përpurth djali në djep', 'Ka një përpurthje të keqe', d.m.th, heqje barku.

Sheleg byth përpurth;- tall, dikush që është i vogël me trup e mbahet me të madhe. P.sh, 'Mos na u sill këtej si sheleg byth përpurth, po shiko punën tënde'.

U përpurth nusja n'kalë;- d.m.th, doli sekreti. P.sh, 'U munduan Kolajt ta mbanin fshehur, po u përpurth nusja në kalë, do t'i vijë era'.

Përqarke/-ja;- d.m.th, valle burrash ose grash, që vjen rrotull. P.sh, 'Ia mori një përqarkje të shtruar burrash, grash'.

E mori përqarken;- iron., d.m.th, shkoi e vdiq. P.sh, 'Dulla sot e mori përqarken e mos e mbani më në gojë, se mëkat është'.

Të sjell me filxhan përqark shtëpisë;- d.m.th, tallet ose të sorollat. P.sh, 'Malo të sjell me filxhan përqark shtëpisë, deri sa ta marrësh vesh ti'.

Sa bëhet një përqarkje;- d.m.th, që bëhet me nxitim. P.sh, 'Kola ishte këtej sa bëhet një përqarkje e shkoj menjëherë'.

Ia sjell qark e përqark;- d.m.th, rrotull, ngase ngurronte, ose kishte merak mos ta hidhëronte. P.sh, 'Kur vdiq baba, Dini ia solli nënës qark e përqark'.

Ja përqark shtëpisë;- shaka, d.m.th, tallje. P.sh, 'Ja përqark shtëpisë, i thonë kësaj që thoni ju'.

Përqok/-a,/ -ur

Përqokme;- d.m.th, të mira, të ruajtura, të mbajtura me kujdes. 'Gra të përqokme', ose 'Fjalë të përqokme'.

Përshesh,/-i/-et

Ha përshesh;- ironi, d.m.th, jo i zgjuar. P.sh, 'Ha përshesh tani si ta hodhën në Pazar'

Bërë përshesh;- d.m.th, dërrmuar. P.sh, 'Ishte bërë

përshesh, se ra nga shkëmbi'.
Shesh e përshesh;- d.m.th, keq e më keq. P.sh, 'Shesh e përshesh i kanë punët, gjithë ditën grinden djali me nusen'.

Ua përziejnë përsheshin;- d.m.th, është dikush që i ngacmon. P.sh, 'Ata qenë shumë mirë në fillim, por besoj se është dikush që ua përzien përsheshin'.

O lesh, ha përshesh;- iron., d.m.th, o budalla, mos bëj ashtu. P.sh, 'Të kam thënë o lesh ha përshesh, po ti nuk më dëgjon'.

Përtej

Aty e përtej;- shprehje superlative, d.m.th, shumë mirë. P.sh, 'Kolajt kishin mall e gjë, aty e përtej më'.

Përtyp/-a,/ -ur

U përtyp sa u blua;- d.m.th, nuk foli fare edhe pse nuk i erdhi fare mirë. P.sh, 'Matia u përtyp sa u blua e gjora, ama fjalë nuk nxori nga goja'.

Përtyp shtatë herë e përcill njëherë;- d.m.th, bëj kujdes e durim në sendet. P.sh, 'Të kam thënë more djalë që përtypu shtatë herë e përcill njëherë, se i kemi miq Kolajt'.

Përtypet si gomarica n 'zabel;- tall, d.m.th, ia ka qejfi, ënda diçka. P.sh, 'Po kjo Lena çka që përtypet si gomarica në zabel, kur ia kujton djemtë e lagjes?'.

Përvëloj /-óva, /-úar

I u përvëluan rrobat;- d.m.th, e dogji malli.. P.sh, "Ka disa vite që se ka parë djalin e iu përvëluan rrobat, së mjerës nënë'.

Sikur e përvëlon qulli;- shaka, që flet me të ngutur dhe jo qartë. P.sh, 'Po ky, pse flaska kështu sikur e përvëlon qulli'.

Përr/ua,/-ói/-enjtë.

M'u bë barku përrua;- d.m.th, nga meraku për dikë. P.sh, 'Ma bëri barkun përrua, se nuk më ha bukë hiç'.

Çfarë nuk sjell përroi;- iron., d.m.th, kur ndryshon një sistem. P.sh, 'Tashti që hyri demokracia, çfarë nuk sjell përroi'.

Pështym/ë,/-a/-at

Lëpin pështymën e vet;- keq., d.m.th, e ha fjalën. 'Dulla ka dhënë prova, që e lëpin pështymën e vet, prandaj kujdesuni'.

Picîre/ja;- emër, situatë e vështirë, ngushticë ekonomiko shoqërore, ose moti ftohtë. P.sh, 'Pali pa piciren e zezë sa qe në burg',

'Kësaj i thonë picire, të jetosh pa rroba midis dimri'.

Piciráng/-u/-gjet;- zvarranik që ka lëkurë te zeze me pika te verdha. që shihet verës buzë kanalesh.

Rri si piciráng;- shaka, d.m.th, zhveshur dhe i vetëm. P.sh, 'Po pse je zhveshur si picirang, more bir'.

Pik;- fjalë e rrallë, që tregon një fragment sentimental të diçkaje.

Vdiq pik e re;- d.m.th, në moshë të re. P.sh, 'Nusja e Gjelajve, e shkreta, vdiq pik e re'.

Pik e njomë;- d.m.th, shumë e re. P.sh, 'Nusja ishte pik e njomë, e bardh si bora'.

Pik e bardhë;- d.m.th, jashtëzakonisht e bardhë. P.sh, 'Ajo cuca e Kolës, ishte pik e bardhë, ngjan nga e ëma mesa duket'.

Pik e zezë;- d.m.th, shumë e zezë. P.sh, 'Ajo delja që kishte ble dada, ishte pik e zezë'. 2- një e papritur e hidhur. Pik e zeza unë ç'më gjeti kështu?

Pikatore/-e,/-ja

Ta jep me pikatore;- ironi, d.m.th, shumë koprrac i madh. P.sh, 'Rrapi ta jep me pikatore ushqimin, akoma nuk e njihni?!'

Pikë,/-a/-at

E kam, ose e ka pikë të dobët;- d.m.th, që e do shumë, që e admiron jashtë. P.sh, 'Vajza ime e ka pikë të dobët volejbollin', ose, 'Dylin mos ma trazo, se e kam pikë të dobët'.

Pika e djalit (vajzës);- d.m.th, shumë e bukur. P.sh, 'Matia kishte një vajzë, pika e vajzës'.

Pika pika, mbushet shtama;- d.m.th, pak nga pak, bëhen sendet tamam. P.sh, 'Mos u ngut, se pika pika mbushet shtama, kanë thënë të vjetrit'.

Ia qan pikën;- d.m.th, e kreu diçka me shumë kujdes dhe me sukses. P.sh, 'Dilo ia qan pikën bakllavës'.

Të raftë pika (d.m.th, rrufeja);- mallkim. 'Të raftë pika more njeri ç'më bëre?'.

E vrau pika;- d.m.th, rrufeja. P.sh, 'Ibrahimin e vrau pika të gjorin, kur po shkonte në mal me dele'.

S'i la pikën;- d.m.th, e piu, e mbaroi të gjithë. P.sh, 'Rrema ngriti kovën me qumësht lart, filloi të pijë sa s'i la pikën'.

Nuk bie pika (rrufeja) në hale;-

ironi, d.m.th, nuk e gjen gjë të keqin. P.sh, 'Mos u merakosni shumë për Gupin, se nuk bie pika në hala, ua garantoj unë'.

Si dy pika drite;- d.m.th, shumë të bukur, të pashëm. P.sh, 'Nusja dhe djali kanë qëlluar si dy pika drite, që Zoti i faltë'

Pikëpyetje

As që e vë në pikëpyetje (diçka a dikë);- d.m.th, jo në dyshim në zgjidhjen e diçkaje. P.sh, 'Punën tënde, as që e vë në pikëpyetje, se ju e keni treguar veten'.

Bërë si pikëpyetje;- d.m.th, dobësuar e kërrusur shumë. P.sh, 'Po ai Gupi, ç'ishte bërë ashtu si pikëpyetje i gjori?'.

Pikëpyetje është, qëndron;- d.m.th, fjala, sendi. P.sh, 'Dakord, por pikëpyetja qëndron, nëse do të vijë apo jo?'.

Pikohem,/-e, pikoj

Si i pikuar (rënë) nga qielli;- d.m.th, si i shenjtë, sikur të dërgoi Perëndia, apo më i zgjedhuri. P.sh, 'Si i pikuar nga qielli na erdhe neve në këtë ditë, o djali im'.

Po s'rrodhi, do pikojë;- d.m.th, sadopak do ti ngjaj të ëmës apo të atit. P.sh, 'Ky djalë, po nuk rrodhi do të pikojë, se prindërit i ka pasur shumë të mirë'.

E di zotnija, ku i pikon çatia;- d.m.th, i di vetë tjetri punët e veta. P.sh, 'Mos u merakos, se i di vetë zotëria, ku i pikon çatia'.

Ka filluar t'i pikojë;- d.m.th, i ka ardhur mosha e pubertetit. (tek djemtë). P.sh, 'Është mosha vetë që fillon të pikojë'.

Nuk më pikon çatia fare;- d.m.th, nuk çaj kokë, nuk merakosem fare. P.sh, 'Djalit i fola disa herë, e tani nuk më pikon çatia fare, le të bëjë ç'të dojë'.

Nuk e di nga t 'pikon;- d.m.th, nuk e di hallin e dikujt apo diçkaje. P.sh, 'Unë kështu po të them, e ty tashti nuk e di ku të pikon problemi'.

Pilaf,/-i/-ët

Dashke dhe pilaf;- shprehje përcaktuese, me shaka;-d.m.th, që kërkon teka. P.sh, 'Unë të them ha bukë, ti dashke dhe pilaf tani'.

U bë pilaf n 'qoshe;- shaka, d.m.th, nuk lëviz nga vendi. P.sh, 'Vjen burri botës një natë te neve për darkë dhe u bë pilaf në qoshe, meazallah se ia lëroi dikujt vendin'.

Do groshë pas pilafit;- shaka, d.m.th, që kërkon teka.. P.sh, 'Po po, tani si u ngop me mish e byrek, do groshë pas pilafit, i thonë kësaj'.

Groshë e pilafʒ- d.m.th, mirë nga gjendja ekonomike. P.sh, 'Mirë ishte Kola, oho oh, groshë e pilaf i kishte punët'.

Iu thartua pilafiʒ- d.m.th, diku i ngeli hatri. P.sh, 'Mbrëmë ishim pak nga Temja, se kush tha dikush një fjalë, e Temes iu thartua pilafi, u ngrit e shkoi'.

Më hángsh pilafinʒ- d.m.th, më hëngsh m..in. P.sh, 'Më hëngsh pilafin më hëngsh, e fundja çfarë do të më bësh?!'.

Pilaf me rreshka dhjamiʒ- d.m.th, një kohë super e mirë. P.sh, 'Isha nga Malo mbrëmë, pilaf me rreshka dhjami na shkoi darka, se Malo bën shumë shaka'.

Lugën n 'brez, drejt e n 'pilafʒ- shaka, d.m.th, i pa ftuar. P.sh, 'Nuk shkohet në dasmë, lugën në brez e drejt e në pilaf ti djalë, ka puna punë'.

Të ngránça pilafin;- d.m.th, mallkim, vdeksh. P.sh, 'Po ku shkove të ngrënça pilafin të ngrënça, se kam gjithë ditën që po ju kërkoj'.

Piloj/-va/-úar (krehur e rregulluar;- 'Pilon flokët me dorë', 'Qenke piluar mirë'.

Sikur e ka piluar lopa, (lëpirë lopa me gjuhë);- tall., d.m.th, krehur e pispillosur. P.sh, 'Po ç 'rrika kështu sikur e ka piluar lopa'.

Pilos, (ndajfolje);- me shumicë, pa ndaluar. P.sh, 'Sot bie shiu pilos', 'Më zuri një pilos, sa desh na mori frymën', 'Erdhi nëpër pilos'.

Pilos/-i- em;- p.sh, 'Sot nuk paska të ndaluar ky pilosi i shkretë', 'Ruaju pilosit, sa të keshë mundësi'.

Pincë/ë,/-a

Rri pincëʒ- d.m.th, në shërbim, në këmbë pa u ulur fare. P.sh, 'U ndenji djali pincë miqve në këmbë, derisa ikën'.

Ia báni pincëʒ- d.m.th, ia mblodhi hesapet. P.sh, 'Ia bëri pincë djalit, se ndryshe qe duke u marrë me disa rrugaçë'.

Pipëz,/-a /-at.

Nuk u pjekin pipzatʒ- d.m.th, nuk u shkon muhabeti, kanë mosmarrëveshje. P.sh, 'Kolës me Matinë, nuk u pjekin pipzat kohët e fundit, veç duke u grindur i sheh'.

Mbylle pipzën;- keq., d.m.th,

mbylle gojën. P.sh, 'Hajt më se na mërzite, mbylle pipëzën tani'.

Iu ça pipza;- shaka, d.m.th, u çirr, u ngjir. P.sh, 'Kola bërtiti aq fort, sa iu ça pipëza'.

Ka pipëza, por ka dhe më pipëz;- shprehje superlative, iron., d.m.th, ka të mirë dhe të zotë, por ka akoma më të mirë dhe më të zotë'.

Dajë o dajë mjekër pipëz, nuk është puna si një ditëz;- shaka, d.m.th, kanë ndryshuar gjërat'.

Pir,/- i;-fjalë e rrallë, fat, kësmet, shans. P.sh, 'Sa pirin e mirë që e kishte patur ky kalë, kushedi sa nuse të reja ka mbajtur'. 'Mos rri shumë me Gupin se pirin e keq e ka ai, e kam frikë nuk të ecën mbarë'.

Nuk iu pa piri;- iron., d.m.th, nuk iu pa e mira fare. P.sh, 'Këtij djali nuk iu pa piri fare, si erdhi ashtu shkoi'.

Pirsëz/i/e, (mbiemër);- person apo dhe kafshë që nuk sjell mbarësi, apo nuk i ecëm mbarë asgjë. 'Shumë pirsëze paska qënë kjo nuse, burrat i vdesin me radhë'.

Lopë pirsëze;- d.m.th, që nuk pjell apo nuk mban qumësht gjatë. 'Kalë pirsëz', d.m.th, që sjell prapësi në familje.

Pis,/-e

Pis gjidi pis;- iron., d.m.th, i poshtër prej të poshtërve. P.sh, 'Hë pis gjidi pis, veç po nuk më re në dorë, se kam për ta treguar qejfin'.

Cdo fis e ka nje pis. Ironi. d.m.th kudo eshte nje shkaktar problemi.

Pisk- ndaj, keq, ngushtë. E pa veten pisk. U zu pisk.

Piskë/-a;- vegël muzikore frymore, cingone,.

I báni kámët piskë;- tall, dikush që vdes. P.sh, 'Rrapi i bëri këmbët piskë sot'.

Fryj piskës- iron, d.m.th, të iku nga duart.. P.sh, 'Tani fryj piskës ti, lepuri u zhduk ndër gëmusha'.

Piskë e zezë- tall, d.m.th. situatë e vështirë. P.sh, 'Nusja e pa piskën e zezë dhe iku për gjithë natën'.

E ngriti piskën;- (dmth hundën) - shaka, 1- u nevrikos. P.sh, 'Sala e ngriti piskën, e iku plot nerva'. 2- (penisi), 'Kola e ngriti piskën e nuk dinte se çfarë fliste'.

Piskuriq,/-e;- emër. Person jo i ndershëm. Djalë piskuriq, grua piskuriqe. 'Po ik andej ore piskuriq, se mjaft të duruam'.

Píshë,/-a / -at.

Nuk (s'i) kam mbajt pishën;- ironike, d.m.th, nuk di asgjë, s'jam dëshmitar okular. P.sh, 'Mos më pyetni mua për atë gjë, se pishën nuk ua kam mbajtur unë atyre'.

(Origjina është nga drita me kunja pishe që bëhej dikur nëpër shtëpia, dhe për të parë diçka më qartë natën, duhej mbajtur në dorë një kunj shtesë pishe).

Se i mbajte pishën;- d.m.th, ja fut kot. P.sh, 'Po po se i mbajte pishën ti atyre, veç flet jerm'.

Derr pishash;- Tall., d.m.th, i trashë. P.sh, 'Po të jetë tjetri derr pishash, vetëm Demin kam parë'.

Të pafsha te pishat;- iron., d.m.th, të vdekur. P.sh, 'O ty të pafsha te pishat në kodër, ç'më bëre sot kështu'.

Me pishë e kanil;- d.m.th, nuk lë vend pa pyetur e kërkuar. Psh, 'Po ku je more bir, se me pishë e kandil jam duke të kërkuar'.

I bán sytë pishë;- shaka, d.m.th, që lakmon diçka shumë. P.sh, 'Rrema i bën sytë pishë pas cucash sot, se pa martu ka ngel'.

Pizeveng,/-u/-ët

Pizeveng qerrata;- d.m.th, shumë njeri i poshtër. P.sh, 'Shumë pizeveng qerrata ishte Gupi, prandaj e larguan nga shoqëri. Ose, 'Sa pizeveng qerrata që je more shok?!'.

Pizevengshe;- ndajf. d.m.th, në mënyrë tinzare e poshtëruese. P.sh, 'Rrapi u soll në mënyrë shumë pizevengshe me miqtë'. Ose, 'Kështu pizevengshe nuk i ke mirë punët, them unë'.

Pizevengllik/-e/-qe;- d.m.th, në mënyrë pizevengë. 'Lëri pizevengllliqet se do ta hash keq, kështu po të them unë'. 'Mos u merr me pizevengllliqet se turp është'.

Pjatë,/-a/-at

I thyen pjatat;- shaka, d.m.th, kur ka grindje diku. P.sh, 'Më duket Kola e Matia mbrëmë, i thyen pjatat'.

Mik, mik po secili n' pjatën e vet;- d.m.th, secili të marrë aq që i takon. P.sh, 'Kështu si po shkojnë punët, më mirë do të ishte mik, mik po secili në pjatën e vet'.

Ha n 'dy pjata (sahana);- d.m.th, ka neps të madh. P.sh, 'Kola përherë ha në dy pjata, mos ia vini shumë re'.

Përnatë një pjatë;- shaka,

d.m.th, çdoherë një muhabet. P.sh, 'Ti Salë përnatë një pjatë, e ke muhabetin'.

I ra miu n 'pjatë (n 'sahan);- keq., shprehje pyetsore, d.m.th, u turpërua, u zemërua etj. P.sh, 'Po ky, dika pati kështu sonte që i ra miu në pjatë?'.

T'a than pjatën;- d.m.th, e ha ushqimin. P.sh, 'Plak thoni ju, po ai ama ta than pjatën'.

Me pjata me sahana;- ironi, d.m.th, që bën zhurmë e shamata. P.sh, 'Me Dilon ashtu e ke përherë, me pjata me sahana t'i hedh përpara'.

Pjek,-poqa,/ -pjekur

U ka pjek muhabeti;- d.m.th, shihen të gëzuar bashkë. P.sh, 'Djalit i ka pjekur muhabeti me një vajzë, e them se do të martohet me të'.

Më poqe ku më hante (kruhej);- d.m.th, dole në fjalë aty ku e prisja. P.sh, 'Tashti vazhdo, se më poqe ku më hante mua'.

I poqe n 'tela;- d.m.th, e zëmërove dikë. 'Ama i poqën në tela Zekës, a e pe si u hodh përpjetë'. 2-E gëzove. P.sh, 'Kur the ashtu, Lalës i poqe në tela, prandaj qeshi me të madhe'.

Si të pjek Zoti;- d.m.th, si bëhet e pamundura. P.sh, 'Shikon si të pjek zoti me atë që të do dhe e do?'.

Mali me mal s'piqet, njeriu me njerinë po;- d.m.th, në botë ka të papritura. P.sh, 'Ua sa u kënaqa që të takova, pse thonë mali me ma nuk piqet, njeriu me njerinë po'.

Pjekë/-a (Fetare);- d.m.th, që ka pjekur në xhinde. P.sh, 'Vajza paska pjekë', 'Vuan nga pjeka'.

Pjell,ur folje kal.

I ka pjellur mushka;- shaka, i ka ndihmuar fati. P.sh, 'Fatit, i ka pjellur mushka më duket, lotarinë kishte kapur'.

Pjellë e pa pjellë;- d.m.th, aty për aty. 'Pjellë e pa pjellë lopa, kur vete Sala dhe blen dhe një tjetër'.

Nuk pillet me shalë mbyllur;- iron., d.m.th, duhet përgatitje që më parë për diçka. P.sh, 'Tashti më thoni ju mua, që s'ka mundësi fare, po nuk pillet me shalë mbyllur more njerëz, merrni vesh ju apo jo xhanëm'.

Kur të pjellin pleshtat zogj;- shaka, d.m.th, kurrë s'ka për të ndodhur ajo që thuhet. P.sh, 'Do të jeni këtu, ju dhe unë, kur të pjellin pleshtat zogj, do të bëhet Lika kryetar'.

Nuk i pillet n 'at krah;- d.m.th, nuk i bëhet vonë. P.sh, 'Kolës as që i pillet në atë krah, fare xhanëm'.

Pjerdh/ pordha,/ pjerdhur

Pjerdh goja;- shaka, d.m.th, i shpëtoi një fjalë pa dashje. P.sh, 'Po unë s'desha thuaj, vajta e më pordhi goja, sikur nuk e dija'.

Ásht' burrë mustaqeverdh, që ma dorën m'u ke pjerdh;- tall., d.m.th, namuzli. P.sh, 'Dulla është burrë mustaqeverdh, që mban dorën mu te pjerdh, prandaj mos e ngacmoni shumë'.

Pjerdh përpjetë;- dmth, shti inat, ose kërkon të hakmerret për diçka. P.sh, 'Unë ia tregova se si qëndron puna, tashti nuk e kuptoj pse pjerdh përpjetë'.

Pordha, shkova;- d.m.th, jo me ngutje. P.sh, 'Nuk e ka kjo punë kështu, pordha shkova, po nxito pak?!'.

Ta pjerdh muhabetin;- iron., d.m.th, ta prish terezinë. P.sh, 'Erdhi ky dreq Sale tashti e ky ta pjerdh muhabetin'.

Shet pordhë;- ironi, d.m.th, shet mend sikur kush është dikush. P.sh, 'Po ky Dania sot që po na shet pordhë, sikur nuk e njohim ne se nga vjen?'.

Pordhe vet, fryme vet;- d.m.th, si ta bësh, ashtu do ta gjesh. P.sh, 'Pse flisni ju ashtu xhanëm, nuk e kuptoj, pordhe vet fryme vet është, askush nuk ua ka fajin'.

I shkuan pordhët lug;- d.m.th, pati shumë frikë. P.sh, 'Kur pa Lika ariun, i shkuan pordhët lug'.

Si pordha nëpër brekët;- tall., dikush që vjen vërdallë e nuk mbaron asnjë punë. P.sh, 'Kjo Xherja sot u sjellka si pordha nëpër brekët e send nuk bën'.

Nuk i ngjoshin pordhët;- tall., d.m.th, që ka shumë tangërllik. P.sh, 'Tares nuk i dëgjoheshin pordhët, prandaj u ngrita e ika'.

Pordhë shkove e pordhë mete;- shaka, d.m.th, nuk ka ndryshim aspak. P.sh, 'ti Dullë, pordhë shkove e pordhë mbete, ngeli kjo pune jote'.

Ta shet pordhën tane;- iron., tepër i rrezikshëm në tregti. 'Sala dhe pordhën tënde ta shet, kur i do bytha'.

Rrij pordhës táne përsipër;- iron., d.m.th, shiko punët tua. 'More djalë, nuk e shikon gjendjen, rriji pordhës tënde përsipër e vazhdo punë'.

Pordhë e madhe e krisma e vogël;- iron., d.m.th, mburrje pa qënë nevoja. P.sh, 'Me këtë Dilon kemi gjetur belanë, pordhe madhe e krisme vogël, është me të'.

Kur hyn pordha n 'mes;- tall., d.m.th, kur dikush ta pret fjalën në mes. P.sh, 'Kështu ndodh kur të hyn pordha në mes, do rrish ta presësh se rrugë tjetër ska'.

Plaç-pasthirrmë

Ha e plaç;- iron., d.m.th, dikush që ka gjithçka, por nuk i duket asgjë. P.sh, 'Kjo puna e Dullës është ha e plaç, më duket mua'.

Nuk i tha goja plaç;- d.m.th, njeri i qetë. P.sh, 'Kolës, për sa kohë që ishte këtu, njëherë nuk i tha goja plaç'.

Plaç he derr;- d.m.th, jetë e vështirë. P.sh, 'Mos ardhtë më ajo kohë, se plaç he derr, qe vallahi'.

Plaç të preftë;- mallkim. P.sh, 'Plaç të preftë çfarë ke që bërtet ashtu?'.

Plaçkë,/-a/-at

Me laçka e plaçka;- d.m.th, me krejt. P.sh, 'Ikur nusja nga i shoqi, me laçka e plaçka'.

Plaçkë lufte;- d.m.th, trajtim, jo adekuat. P.sh, 'Mos e trajtoni atë si plaçkë lufte, se dhe ai shpirt ka'.

Ka plaçkën n 'sy;-d.m.th, ka hile. P.sh, 'U pa kush ka plaçkën në sy, se u ngrit vetë e shkoi'.

I kërkoi at 'plaçkën;- shprehje në sintezë, d.m.th, kërkoi të kryenin marrëdhënie seksuale. P.sh, 'Hajdari i kërkoi atë plaçkën gruas së botës, prandaj plasi dajaku'.

Një deng, barrë me plaçka;- d.m.th, një qerre probleme. P.sh, 'Ti paske një deng me plaçka për vete, vete dhe më kritikon mua'.

Bleu plaçkat e nuses;- d.m.th., pajën e së bijës që do dalë nuse. P.sh, 'Isha sot nga Daja se bleu plaçkat e cucës, na i nxori e i pamë'.

Plaçkë n 'sy;- d.m.th, që e urren jashtë mase. P.sh, 'Nokja e ka plaçkë në sy atë Bekien, por s'ka ç't'i bëjë, se ajo ka vëllezërit në polici'.

I ka humb ajo plaçka;- tall., d.m.th, është plakur dhe nuk kryen më kontakt seksual. P.sh, 'Dullës ka kohë që i ka humbur ajo plaçka'.

Plágë,/-a/-ët.

Sa ka zán kua plaga;- d.m.th., ka filluar të shërohet. P.sh, 'Danes sa i kishte zënë kua plaga, e mirë dukej. 2- Sa kishin filluar ta merrnin veten nga ana ekonomike.

Mos m'i lviz plagët;- d.m.th, mos m'i kujto ato kohë. P.sh, 'Të lutem mos m'i lëviz më ato plagë, se nuk mundem ta dëgjoj përsëri'.

Plagë që le tragë;- d.m.th, gjëmë e madhe. P.sh, 'Plagë që le tragë, do mbetet hasmëria e Gjok Kolajve'.

Plak,/-u/pleqtë.

Plak katuni;- d.m.th, kryeplak. P.sh, 'Alushi u zgjodh plak katundi, se di të drejtojë mirë'.

Plak plak, po të bán me gjak;- tall., i fortë seksualisht. P.sh, 'Mos e ngacmo dajën se, plak, plak, ama të bën me gjak'.

Plakut pordhët mos ia dëgjo, llafin po;- P.sh, 'Unë kështu u them, plakut pordhët mos i dëgjo, e fjalët po, se plaku i ka nga jeta ato që thotë'.

Çoi plak;- d.m.th, dërgoi dikën për zgjidhjen e një problemi. P.sh, 'Kola çoi plak për atë problemin e së resë, se vetë nuk ia kishte qejfi'.

Si plaka me karthijet;- d.m.th, hall përmbi hall. P.sh, 'Kështu si po dëgjoj prej teje, po më dukesh si plaka me karthijet. (*Vjen kjo shprehje, se dikur një plakë shkon në pyll e bën një barrë me karthia të thata. Duke ecur rrugës, gjen një karthi të mirë dhe e hedh sipër, e kështu me radhë derisa ngeli e s'mund të ecte më*).

Jalla ju mos plaka, ç'po thotë Selman Daka;- shaka lokale, ç'po i thotë i pari katundit. P.sh, 'Ju mos e bëni tashti, jalla ju moj plaka, ç'po thotë Selman Daka, se ka pari ky vend'.

Si plaka buzë prillit;- tall., d.m.th, dikush që shpenzon më shumë se sa fiton. P.sh, 'Mesa po shoh me ju, po më dukeni si plaka buzë prillit'.

Dita e plakave;- pagane, d.m.th, dita e plakave më të këqija, shpirtzeza. P.sh, 'Sot koha po më duket, Ditë e Plakave'.

Llafe plakash;- shaka, d.m.th, fjalë koti. P.sh, 'Mos u merr me asi sendesh, se llafe plakash janë ato'.

T 'paskan pa plakat tu dhje;- tall., d.m.th, dikush që ankohet se është përherë i sëmurë. P.sh, 'Më duket se të paskan parë plakat duke dhjerë more djalë, që rri gjithnjë duke u ankuar'.

Plas/-a,/ -ur

Plas po deshe;- d.m.th, kur s'ke rrugëdalje. P.sh, 'Kësaj i thonë, plas po deshe, kur tjetri vjen e ti mbyll kufijtë'.

Vjen me plas;- d.m.th, shumë

inat. P.sh, 'Kështu si po e bën ti, më vjen të plas por s'kam ç'të bëj'.

Plaste derrin;- d.m.th, njeri shumë i trashë, i rëndë, njeri dembel. P.sh, 'Gupi plaste derrin po të punoje me të'.

Me plas derri;- d.m.th, shumë vapë. P.sh, 'Sot qënka me plas derri vallahi, pini ujë dhe rrini në hije'.

Plasi turpi, plasi sherri;- d.m.th, kur ikën turpi, fillojnë problemet. P.sh, 'Nuk ke se ç'i bën më kësaj pune, plasi turpi plasi sherri pastaj'.

Ja plasi surratit;- d.m.th, ia tha ndër sy. P.sh, 'Erdhi Kola dhe ia plasi surratit kryetarit dhe shkoj duke folur me veten'.

Si nuk plas;- d.m.th, shprehje habitore, si duron. P.sh, 'Si nuk plas more burrë, nuk e shikon botën se çfarë thonë?!'.

Nuk më plas fare;- d.m.th, nuk çaj kokë. P.sh, 'Le të thonë bota çfarë të duan, mua nuk më plas fare'.

M 'plase buzën;- d.m.th, më mërzitët, më çmendët. P.sh, 'Më plase buzën more bir, çfarë ke që qan kështu pa ndërprerë?'.

E plasi gjarpëri;- d.m.th, e pickoi gjarpri një kafshë. P.sh, 'Lopën e Dajkos e plasi gjarpëri në shullë të shkretën'.

I plasën ujrat;- d.m.th, është në lindje. P.sh, 'Doktor, i plasën ujërat gruas, tashti më thuaj se ç'të bëj?'

Plasi si kokërr krypë;- d.m.th, qan pa ndaluar. P.sh, 'Ky fëmijë plasi si kokërr kripe sot, dërgoje te mjeku ta kontrollojë se mos i dhëmbin veshët'.

Mos plasën depot e Grekut?;- iron., shprehje pyetsore negative, d.m.th., kujtoni se erdhi e mira. P.sh, 'Hë punoni, mos kujtoni se plasën depot e grekut ju?!'

Ha e plas;- d.m.th, pa respekt. P.sh, 'Kështu ha e plas nuk ka, punoni pa të jetoni, u tha Daja djemve të tij'.

Me plas;- d.m.th, me shumicë. P.sh, 'Ke Gjetajt kishte bollëk me plas, por ata vetë ishin dorështrënguar'.

Në kohën e plasjes;- iron., d.m.th, në kohën e monizmit. P.sh, 'Kjo që thua ti ka ndodhur në kohën e plasjes, se në tjetër kohë nuk e mbaj mend'.

Pleh,/-u /rat Baj plehë e hiq plehë;- ironike, d.m.th, që kurrë nuk e kapin veten. P.sh, 'Kjo punë e tyre, mbaj pleh e hiq pleh mbeti tërë jetën, as vetë nuk e kuptoj se si, a tek e qysh'.

Plehe t 'qoftë beku zoti;- ironi, dembel/e. P.sh, 'Të jetë gruaja plehe të 'qoftë beku zoti, si ajo Zyfka nuk kisha parë e as mos pafsha ndonjëherë'.

Si kosh me pleh;- d.m.th, e ngalët. P.sh, 'Si kosh me pleh e paske gjetur këtë grua, nuk e di sa do ta shtysh me të'.

Si e ngarkume me pleh;- tall., që ecën ngadalë. P.sh, 'Pse ecën ashtu, sikur je ngarkuar me pleh, po luaj këmbët, se sot je e re'.

Si qetë n'pleh;- tall., burrat që rrinë shtrirë. P.sh, 'Po ju pse qenkeni shtrirë si qetë në pleh kështu e asnjëri nuk flisni një fjalë?!'

Plesht/- i

Pleshti n 'plehe gjen rahat;- shaka, gjithsekush i bëhet mirë në shtëpinë e tij. P.sh, 'Mos më lutni shumë se pse thonë, që pleshti në plehun e tij gjen rahat'.

Ku e bán pleshti pordhën;- shaka, d.m.th, mirë e më mirë. P.sh, 'Kola kishte rënë atje ku e bën pleshti pordhën e nuk fliste më me gojë'.

Kërkon dhjamë nga pleshti;- d.m.th, koprrac i madh. P.sh, 'Dhe ti tashti më duket se po kërkon dhjamë nga pleshti'.

Hidhet si pleshti n 'prush;- d.m.th, që nevrikoset shpejt. P.sh, 'Rrapi hidhet si pleshti në prush përherë, por ti mos i kthe fjalë fare'.

Nuk ka hajat pa pleshta;- d.m.th, nuk ka njeri pa probleme. P.sh, 'Nuk je ti i vetëm o Salë, sot nuk ka hajat pa pleshta, asgjëkund'.

Kërkon pleshta n 'kashtë;- d.m.th, punon badihava. P.sh, 'Po ti kërkon pleshta në kashtë, që rri akoma te ai?!'.

Si qeni që ha pleshtat e vet;- iron., dikush që grindet me veten. P.sh, 'Ka mjaft ditë që e shoh Rrapin si qeni që ha pleshtat e vet, pleqëria do të bëjë të sajën, këtë e dimë të gjithë'.

I hyri pleshti n 'vesh;- d.m.th, u shqetësua, nuk i vjen mirë. 'Kur e dëgjoi Zyfka lajmin, sikur i hyri pleshti në vesh, u hodh përpjetë e gjora'.

I vë pleshtit brirë, zile;- iron., d.m.th, i stërmadhon sendet. 'Kam qejf me ty Malo, se ti dhe pleshtit i vë brirë kur të do qejfi'.

I ra pleshti n'dhall;- d.m.th, u fut në siklet fort. P.sh, 'Salës, menjëherë i ra pleshti në dhallë, kur dëgjoi se do ta shkarkonin'.

Di bythën e pleshtit;- iron., di gjithçka. P.sh, 'Ky djali yt Sheme, di dhe bythën e pleshtit vallahi'.

E ha pleshti botës;- d.m.th, e ha e kota. P.sh, 'Atë Zalon e gjorë, përherë e ha pleshti i botës fakirin'.

Shtatë pleshta, një i parë;- d.m.th, të gjithë njëlloj. (Ironi). 'Kjo puna juaj është, shtatë pleshta një i parë, u tha Daja djemve, kur rrinin e nuk bën asgjë'.

Pleshtin e mbyti morri;- iron., kur e keqja zhduket nga një e keqe më e madhe. P.sh, 'Mirë janë punët, mirë, kur pleshtin e mbyt morri, do të thotë që hanë kokat e njëri tjetrit'.

Se di pleshti ku e ka furrikun;- d.m.th, një gjendje katrahurë. P.sh, 'Kështu si qenkeni bërë ju dhe pleshti se di ku e ka furrikun, jo më unë'.

Si pleshti n 'lesh arabit;- d.m.th, futet ku nuk ta merr mendja. 'Ky Luli si pleshti në lesh të arabit, e ke kur të duash'.

Mbytet si pleshti n 'dhallë;- d.m.th, i merr gjërat garrumull. P.sh, 'Ngadalë, ngadalë, mos mbyti si pleshti në dhallë, se nuk ka ikur koha'.

Sa një plesht;- dmth, shumë i vogël. P.sh, 'Kishte një bebe të vogël nusja djalit, sa një plesht'.

Plesht, a je plesht, zbrit ti të hyp un;- Shaka, sipas një loje popullore. P.sh, 'Këta që s'janë sot në pushtet bëjnë, o plesht, a je plesht, zbrit ti të hyp unë'.

Luajnë pleshtas;- d.m.th, zbatojnë rotacionin. P.sh, 'Këto partitë e sotme luajnë pleshtas me ne, apo jam gabim?!'

Pleshtas;- luajmë pleshtas, lojë pleshtas, lojë popullore ku dy veta kurriz më kurriz mbajnë herë njërin tjetrin.

Plëndës,/-i/-at/, plonc.

Si macat n'plánsat;- tall., d.m.th, grinden pa shkak. P.sh, 'Po këta çfarë paskan sot kështu që bëkan si macet në plëndës'.

M'u bá planës;- d.m.th, që të jep vështirësi pa qenë nevoja. P.sh, 'M'u bë plëndës ky njeri sot, e nuk ka për t'u larguar'.

Plánës, planës, çuni i nanës;- shaka, që nuk është aq kollaj. P.sh, 'Duhet punë çuna, se plëndës, ti çuni nënës, këtu nuk ka'.

Sikur ene pláns me qenë;- shaka, d.m.th, nuk mban më barku. P.sh, 'Sikur dhe plëndës të jetë, nuk kam ku ta fus më'.

Qen ploncash;- tall., dikush që

sillet vërdallë e shikon për femra. P.sh, 'Po ky ç'ka që sillet si qen plëndësash kështu?!'.

U zunë si qentë në plánca;- tall., d.m.th, që bëjnë zhurmë e grinden.. P.sh, 'Nuk i pe se u zunë, si qentë në plëndësa sot, për një gardh të kalbur'.

I lirë ásht planci;- iron., d.m.th, që kërkon ulje çmimi. P.sh, 'Po deshe më lirë ti zotëri, i lirë është plëndësi, kanë thënë të parët tanë'.

Dava ploncash;- d.m.th, një sherr kot së koti. P.sh, 'U zunë dava plëndësash sot, Meta me Likën'.

Pláns i rrumë;- tall., d.m.th, i qethur me vija. P.sh, 'Si plëndës të rruar të paska bërë berberi sot'.

Hajde plánca me shumicë;- tall., d.m.th, kur ka shumë mall pa vlerë. P.sh, 'Hajde plëndësa me shumicë, u bë kjo puna jonë tashti'.

E ka ngránë plánsin;- tall., d.m.th, e ka bërë atë gabim, që është martuar. P.sh, 'Dika e ka ngrënë plëndësin më tashti, ka ikur ajo punë'.

Biri nánës, a do planës;- tall., d.m.th, kur s'ke asgjë për të ngrënë. P.sh, 'Biri nanës, a do plëndës u bë kjo punë'.

Plug/,-gu/-gjet.

I ka ránë plugu n'butsinë;- shaka, d.m.th, sapo është martuar. P.sh, 'Dikës i ka rënë plugu në butësirë tashti, mos e bezdisni shumë'.

N 'plug t'parë;- d.m.th, në kohën e rinisë, pubertetit. 'Është në plug të parë, prandaj mos e fajësoni shumë djalin'.

Iu çu plugu;- tall., d.m.th, iu ngrit penisi. P.sh, 'Po iu çua plugu këtij, një zot e di pastaj se çdo të ndodhë'.

I ngeci plugu n 'gur;- d.m.th, nuk e realizoi dot një plan që kishte. P.sh, 'Zybos i ngeci plugu në gur, se ndryshe do ta mbaronte punën'.

E ka prehur plugun;- iron., d.m.th, është gati për martesë. P.sh, 'Leka e ka mprehur plugun mirë, po ja që nuk po i del dot fati'.

Plúhur,/-i / -at

Tym e pluhur;- d.m.th, që shkatërrohet komplet. P.sh, 'Ajo miqësia tyre përfundoi tym e pluhur'.

Nuk man pluhur n 'vesh;- d.m.th, nevrik. P.sh, 'Me Salën kini pak kujdes, se nuk mban pluhur në vesh Sala'.

I fryn pluhurit n'dorë;- d.m.th, e mallkon dikë. P.sh, 'E kishte marrë Matia, sa i frynë pluhurit në dorë për të'.

I mallku me pluhur;- d.m.th, i marrë fund si njeri. P.sh, 'Po ti sikur je i mallkuar me pluhur more bir, pse kështu nuk e kuptoj'.

Plumb,-i/- at/, plum

Plum i/e rand;- d.m.th, që peshon jashtë mase. P.sh, 'Po ky djalë qënka plumb i rënë, me çfarë e keni ushqyer kështu?'.

Plum i tretun;- d.m.th, shumë i pashëm, si i bërë me dorë. P.sh, 'Po ç'e kishe atë djalë, plumb i tretur ishte mashallah'.

T'a le plumin n 'lëkurë;- d.m.th, që të ngacmon në fjalë e bende. P.sh, 'Ti Malo, përherë ta le plumbin në lëkurë, dhe nuk ke gajle fare'.

E pret plumin me dorë, (ose n'dorë);- shprehje trimërie, trim i madh. P.sh, 'Po qe për atë punë, Gjini e pret plumbin në dorë vallahi'.

Nuk vihet me një plum;- shaka, nuk vihet në dasmë vetëm. P.sh, 'Sa herë të kam thënë që nuk vihet me një plumb, po ti hiç s'më dëgjove'.

Derri do plum;- iron., d.m.th, të keqit përgjigju me të keqe. P.sh, 'Derri do plumb, se ashtu e kërkon'.

Gjuhen n'pluma;- d.m.th, kapen në fjalë. P.sh, 'Kola me Malon gjuhen në plumba gjithë ditën e nuk ka gjë që i shkatërron'.

Pluma kakërdhie;- iron., d.m.th, fjalë që nuk të bëjnë dëm. P.sh, 'Lika, plumba kakërdhie i ka ato fjalë për Dikën'.

Nuk vihet n' plum;- d.m.th, që nuk rregullohet nga sjellja. P.sh, 'Rrapi nuk vihet në plumb për nder, i kemi folur por nuk vihet në plumb'.

E hángër plumin;- d.m.th, e vranë, e pushkatuan. P.sh, 'Ai e hëngri plumbin nga shokët e vet, e ju flisni tani poshtë e lart'.

Tret pluma;- tall., d.m.th, ka vdekur. P.sh, 'Dulla ka vite që tret plumba e ti na e kujton tani'.

E hangër plumi- dmth, vdiq prej plumbit në përpjekje. 'Merkon e hëngër plumbi në Qafë Kërrabë'.

Poç,/-i/-at

Pirdh n'poç;- iron., d.m.th, punë koti. P.sh, 'Kjo që thua ti Like, është pirdh në poç, se nuk ka mundësi të ndodhë'.

Poçi i kuq;- shaka, d.m.th, mirë me shëndet. P.sh, 'Kështu poç i kuq qënke, mirë mashallah'.

Si ajo me poçat;- d.m.th, që ka frikë nga çdo gjë. (Narracioni vjen nga një bareshë që kishte lënë hapur poçin e dhallit e sa fillon era të fryj, poçi fillon e ulurin dhe kjo, ja jep vrapit në shtëpi, oj nëne Poçi)

Oj náne poçi;- shaka, kur dikush flet pa lidhje. P.sh, 'Kjo puna e Matisë, si oj nëne poçi, më duket mua'.

Tre poça n'majë;- d.m.th, që flet pa mend fare. P.sh, 'Mos fol tre poça në majë, se nuk të ka lezet'. (Kihet parasysh bima kacavjerrëse në kopsht që lidh poça, varur pas gardhit'.

Pojat-/i;- vrugu që u bie bimëve. 'I dogj pojati misrat', 'Sivjet ka patur shumë pojat moti'.

I ka rënë pojati (dikujt);- iron., d.m.th, që ka mbetur pa u zhvilluar. P.sh, 'Ky djalë qënka sikur i ka rënë pojati të gjorit, po kështu qënka shumë humorist'.

Políc,/-i/-ët

Prralla me polic;- d.m.th, jo serioz. P.sh, 'Po ti përralla me polic na tregon neve tani?!'

Qentë e policisë;- shaka, që është zhdukur. P.sh, 'Zybos, qentë e policisë ti vesh pas, hajde gjeje se ku është'.

Pómpë,/-a/-at

Si e fryme me pompë;- tall., dhjamosur shumë. P.sh, 'Bëj pak ushtrime, se si i frymë me pompë dukesh'.

I futi nja tri pompa;- d.m.th, hodhi disa gota raki. P.sh, 'Goni i futi nja tri pompa të mira dhe u nis për punë si djali ri'.

Pópull,/-lli/-jt

Popull hesapi;- d.m.th, çështje e ndërlikuar. P.sh, 'Çfarë të thuash, popull hesapi, njëri e do djeg, tjetri e do pjek'.

Armiku i popullit;- iron., d.m.th, ai që vepron kundër interesit të një vendi, apo populli. P.sh, 'E cilësuan si armiku popullit'.

E di populli;- tall., d.m.th, e di partia. P.sh, 'Pse pyesni mua ju, këtë e di populli', (e thënë ndryshe).

Vende dhe popuj;- shaka, d.m.th, që ka lloj lloj sendesh socialo-shoqërore për t'u përmendur. P.sh, 'Vende dhe popuj, qenka bërë këtu tani, si qe, si u bë'.

Pordhac,/-e

Pordhac burrë;- d.m.th, jo i fjalës e i besës. P.sh, 'Në këtë rast Xhika u tregua shumë pordhac burrë'.

Pordhë/,-a/-ët

E bën për pordhë;- d.m.th, që të shes pak mend. P.sh, 'Këtë Rrapi e bën për pordhë, jo se vërtet mundet'.

U pordh nusja n 'kalë';- d.m.th, u prish plani keqas. P.sh, 'Deri diku nuk qe keq, pastaj u pordh nusja në kalë'.

Ka pjerdhur;- iron., d.m.th, e kanë lënë mentë e kokës. P.sh, 'Më duket ky Sala ka pjerdhur kohët e fundit'.

Pirdh se ç 'fryhesh;- d.m.th, fol ti sa të duash. P.sh, 'Kësaj që thonë ata, i thonë pirdh se ç 'fryhesh'.

Pordhi dreqi belanë;- d.m.th, që nuk ka të ndrequr. P.sh, 'Sula pordhi belanë me nusen e djalit'.

As nuk më pirdhet;- për dikë. P.sh, 'Le të flasë Rrapi sa ti dojë qejfi, mua as që më pirdhet për të fare'.

S'ja pjerdh fare;- d.m.th, nuk do t'ia dijë, nuk e dëgjon. P.sh, 'Ajo Dila më duket s'ia pjerdh fare as të shoqit por dhe prindërve të tij'.

I vë pordhët n'pe;- iron., d.m.th, që do të dijë gjithçka. P.sh, 'Ky Rrapi është i përveçëm, i vë pordhët në pe, e si nuk mërzitet'.

Çun pordhe;- iron., d.m.th, kollovar. P.sh, 'Ka shku çun pordhe, Sala'.

(Narracioni vjen nga një tregim popullor. Një burrë kishte shumë dele por nuk kishte djem. E dëgjuan që kishte thënë po të më jepte Zoti një djalë, gjithë pasurinë time, por dhe vajzën atij do t'ja jepja. Diktuan që bariu pasi numëronte delet në darkë te shtrunga e stanit, kur ato i dilnin tamam, ai ngrinte njërën këmbë përpjetë dhe ia fuste një pordhë të madhe sa ushtonte lugina. Vete një djalë, kopuk, fshihet në disa shkurre dhe pret kur të numërohen dhentë. Si numëron delet çobani- bën avazin e përnatshëm. Në këtë kohë del si vetëtima nga shkurret ky djali, shkon dhe i hidhet në qafë e bërtet. Babë- po ku je babë se kam me vite që të kërkoj?! Në fillim bariu heziton, por kur pa që djali i ngjasonte, u bind që është djali tij. Nga ajo kohë, pasi u martua me të bijën e bariut, i mori dhe tufën e dhenve, u thirr "Çuni i Pordhës'.

Potiskë/-a;- stroma që u vihet qeve në qafë, që të mos i vrasë zgjedha. 'Bëra një potiskë të re', 'Sille pak potiskën'.

Qafë potiskë;- sharje, dikush i

palarë, por dhe budalla. P.sh, 'Sa qafë potiskë që është i shkreti Gupi, po nuk e di'.

Byth potiskë;- sharje, d.m.th, femër dembele. P.sh, 'Shko moj andej, byth potiskë, se nuk ta kemi ngenë?'

Potkë/a- dordolec që vihet mes kopshtit për të trembur zogjtë.

Ngeli si potka n'arë; shaka dikush që ngel vetëm e pa shoqërim. Psh Sala kishte ngelur si potka në arë e askush nuk i shkonte pas.

E mbajnë për potkë- bised., dmth, për t'u ruajtur. Psh, 'Atë Gjeloshin më duken se e mbajnë për potkë ata Kolajt, se si shumë na fryhet kohët e fundit'.

Potk/-ua,-oi/-njtë

Kali ngordhi, ti ruan potkonjtë;- iron., d.m.th, të ka shkuar kryesori, të ikën miell e ti ruan krundet. P.sh, 'Po ty more i shkretë, të ngordhi kali, e ruan potkonjtë'.

Potkua pas qafe;- d.m.th, e godit dikën keq me fjalë. P.sh, 'Ama potkua pas qafe qe e ajo fjalë e Malos sot në mbledhje'.

Xixa potkonjtë;- tall., nevrike/e. P.sh, 'Ama xixa potkonjtë, ishte ajo Dila e Gjelajve, sa kam qeshur kur e pashë'.

Prag,/-u / -gjet

Në prag e përmatanë;- d.m.th, ia vë kufijtë dikujt. P.sh, 'Ati Rrapit, në prag e përmatanë, i thuaj se shumë na ka mërzitur'.

E shau me prag e me derë;-- d.m.th, nuk i la gjë pa përmendur. P.sh, 'Kola e shau me prag e me derë Ibishin, se ia solli shpirtin në majë të hundës'.

Ç'i ma pragu derës;- d.m.th, keq, e shau rëndë dikë. P.sh, 'Atij Gupit i kam thënë unë, ç'i mban pragu derës po më gënjeu përsëri, si radhën e parë'.

Nuk ia shkel pragun;- d.m.th., hasmëri. P.sh, 'Gjelajve nuk ua shkel askush pragun më, se kanë duart me gjak të pafajshëm'.

Prapa;- ndajfolje.

Báni një hap prapa;- d.m.th, u tërhoq në fjalë a bisedime, bëri të mendohej. P.sh, 'Kur iu komunikua ashtu, Bimi bëri një hap prapa'.

Hapa dallapa, e kapa nga prapa;- lojë fëmijësh, që hyri në fjalor si rezultat i ndryshimeve social-kulturor. P.sh, 'Kjo më duket mua është si hapa dallapa, më kape nga prapa'.

Pras,/-i/-ët/, presh

Ia báni këmbët pras;- d.m.th, ia theu keq, e gjakosi. P.sh, 'E kapën duke vjedhur dhe ia bënë këmbët pras'.

Fluturon me pras n 'bythë'- iron., d.m.th, i merr sendet badihava. P.sh, 'Ky Sala më duket fluturon me pras në bythë, apo jam gabim unë?!'.

Rrasi prasin;- keq, d.m.th, mos pirdh. P.sh, 'Ti djalë rrasi prasin, se na qelbe sot me këto pordhë'.

Sa pare i kushton prasi;- shprehje tërheqëse negative. P.sh, 'Mirë thua ti për Kolën, por duhet të dimë sa pare i kushton prasi Kolës se?!'.

E theu si pras;- d.m.th, e vuri përtokë dhe e grushtoi. P.sh, 'Marku e theu si pras kundërshtarin në ringun e boksit'.

Prashit (prashis)/-a,/ -ur

Prashit pa shatë;- tall, d.m.th, flet në erë. P.sh, 'E po të prashitë burri pa shatë, vetëm Likën kam parë?!'

Pres /-va, /-rë

I ka prerë kokën;- d.m.th, që i ngjan kopje dikujt. P.sh, 'Kjo Gjylja i ka prerë kokës nënës vet, si në të ecur, në pamje e në të folur'.

Ishte prerë;- d.m.th, zverdhur në fytyrë. P.sh, 'Kola ishte prerë sot në mëngjes, nuk e di si i kanë punët andej'.

E preu për bukë;- d.m.th, ka uri të madhe. P.sh, 'Djalin e preu për bukë, ti rri e bën muhabet me shoqet'.

Kjo flokë prera;- d.m.th, kjo e turpëruara. P.sh, 'Sa erdhi kjo flokëprera te ne, shtëpia jonë shkoi teposhtë'.

Nuk di të presë thonjtë e vet;- ironike, e ngathët. P.sh, 'Ju ma lëvdoni shumë Ellin, por mesa kam parë unë, ajo nuk di të presë thonjtë e vet'.

Pret e përcjell;- d.m.th, bujar, miqësor. P.sh, 'Ajo shtëpi di vetëm prit e përcjell, lum si ata për vehten e tyre'.

Prift,/-i

Nuk ka për t'u bá prift;- d.m.th, ka për t'u martuar. P.sh, 'Gjejini një nuse djalit, se ky nuk ka për tu bërë prift'.

Pirdh o prift;- d.m.th, kur nuk ka respekt. P.sh, 'Kësaj i thonë pirdh o prift po deshe, me këtë popull të larguar nga rruga e Zotit'.

I qeth, rruan mjekrën priftit;- iron., qan hallet e botës. P.sh, 'Po ti qeth mjekrën e priftit tani me këto shqetësime që thua?!'.

Dhe prifti, hoxha, Zoti, të vijë;- keq., d.m.th, vështirësi e pa imagjinuar. P.sh, 'Kështu si janë bërë këta, dhe prifti të vijë në qoshe kanë për ta demaskuar'.

Nuk ia puth dorën priftit;- d.m.th, nuk kam nevojë për askënd. P.sh, 'Jam i zoti vetvetes dhe nuk ia puth dorën priftit, sa të jem gjallë'.

Si thotë prifti, hoxha, bën, si bën prifti mos bën;- tall., d.m.th, bëj si të thonë, mos bëj sikur bëjnë, ska njeri pa mëkate

Prush,/-i / -et

Prush e flakë;- e shpejtë nga puna, e shkathët nga goja. P.sh, 'E kishte Matia atë nusen e djalit të vogël, mashallah, prush e flakë'.

Fut duart n'prush;- d.m.th, bëj të pamundurën për dikën. P.sh, 'Për ty unë fus duart në prush, më kupton apo jo, sa të dua e respektoj?!'.

Vë bythën n'prush;- d.m.th, shprehje betuese. P.sh, 'Për atë unë vë bythën në prush nëse të ka hile, dhe këtë e bëj me garanti'.

Prushi mbulu;- iron., d.m.th, thëngjill i mbuluar. P.sh, 'Të jetë tjetri prushi mbuluar si Gjoka, sytë s'më kishin parë ndonjëherë'.

Vinin si prush;- shprehje kënaqësie, d.m.th, me shumicë. P.sh, 'Vinin delet si prush nga mali', 'Erdhën krushqit e nuses së djalit si prush e u kënaqëm'.

Pshurr/-ur /-em

Ia pshurri letrat;- shaka, d.m.th, nuk ia var më fare. P.sh, 'Sapo bënë shamatë për diçka fare koti', 'Kola ia pshurri letrat Gupit përgjithmonë'.

Pshurret përpjetë;- tall., d.m.th, që bërtet e flet me të madhe. P.sh, 'Kishte gjysmë dite Dulla që pshurrej përpjetë, po se për çfarë problemi, nuk dihej'.

Të pshurr n'prehër ;- iron., d.m.th, të pabesë. P.sh, 'Dhe shumë besim mos i kini Gupit, ai shpesh herë ka ndodhur që të pshurr në prehër'.

Puhë/a;- fjalë e rrallë, dru lisi ose ahu, blana e të cilit që është e kalbur. P.sh, 'Puha nuk bën për zjarr', 'Hiqi ato puha nga oxhaku, se tym po na bëjnë'.

Púl/ë,-a/ -at

U bë pulë;- d.m.th, u qetësua, u rehatua, nuk i ndjehet zëri gojës më. P.sh, 'Sa erdhi i ati, vajza u bë pulë e pushoj së qari'.

Hángre pulën e botës, bán gati tánden;- d.m.th, bota të respekton dhe ti duhet të bësh të njëjtën'.

Shti nëpër pula;- tall., d.m.th, foli dalë ku të dalë. P.sh, 'Dhe ky shtiu njëherë nëpër pula, në kapi gjë, mirë, ndryshe s'ka problem'.

U ka rán lije pulave;- shaka, d.m.th, janë zhdukur, larguar, vdekur. P.sh, 'Dukej vendi sikur kishte rënë lija e pulave'.

I báhet pulë;- dikujt, d.m.th, nuk i flet fare nga frika. P.sh, 'Kola i bëhet pulë Matisë, kur vjen i pirë në shtëpi, se e di se çfarë e pret'.

Shkon bari me pula;- shaka, d.m.th, nuk bën gjë prej gjëje. P.sh, 'Rrapi, kohët e fundit më duket se shkon bari me pula'.

Púllë,-a/-at

S'ia vë kush n 'pullë;- d.m.th, nuk e respekton kush, ose nga mosha, nga ndonjë gabim i mëparshëm. P.sh, 'Dullës s'ia vë kush më në pullë, prandaj çirret ashtu'.

Pa pullë pa postë. iron, dmth, i çliruar prej çdo obligimi. Psh, 'Kolën e ke pa pullë pa postë tërë ditën, thuaj se ai mund të ndihmojë.

Pullë pas bythe- tall dmth që nuk të shqitet. Psh M'u bëre pullë pas bythe o fmi, një sekondë nuk më le rehat- tha Matia.

Púnë,/-a/-ët

Ka puna punë;-d.m.th, nuk është dhe aq kollaj sa mendohet. P.sh, 'Mos u ngutni ju djem se mesa shoh unë këtë, ka puna punë'.

Pune natës gazi ditës;- shaka, d.m.th, ajo që bëhet me ngut, do të prishet shpejt. P.sh, 'Mos u ngutëni ju djem, se kot nuk thonë që pune natës është gazi ditës'.

Na mbiu puna n'oxhak;- shaka, d.m.th, që s'ka të mbaruar. P.sh, 'Atyre Gjelajve, sikur u kishte mbirë puna në oxhak, nuk pushonin ditë e natë'.

Mson puna punën;- d.m.th, me të parë me të bërë. P.sh, 'Këtu jemi, mëson puna punën e flasim'.

Púpël,/-la/-lat

Kjo pupla;- ironi, d.m.th, kjo budallaçka. P.sh, 'Erdhi kjo pupla tani e do të na ndreqë punë'.

Sikur t'ia shtrosh me pupla;- shprehje jo rehatuese, d.m.th, dhe t'i bësh shumë favore. P.sh, 'Dullës dhe sikur t'ia shtrosh me pupla, nuk pranon të rrijë për darkë'.

E mban nën pupla;- dikën, e

favorizon, e ruan, përkujdeset. P.sh, 'Kolën e mban nën pupla shefi, se ndryshe ka kohë që do të kishte ikur me shokët'.

Mori puplat;- tall., d.m.th, u çmend, apo nuk u ndje rehat. P.sh, 'Po ky ç'pati kështu që mori puplat, ku qe puna?!'.

Pupalesh/em/ ur/ (fjalë e rrallë);- që ftohem dhe ngrihen fijet e qimeve nga faqet. P.sh, 'U pupalesha në atë cikmë', 'Pse qënke pupaleshur kështu?'

Purték/ë,-a/ -at.

Tre hunj, një purtekë;- d.m.th, shkel e shko. P.sh, 'Kështu, tre hunj një purtekë, nuk bën puna, prandaj herën tjetër jo më kështu'.

Purthiverdh;- bimë barishtore në gjendje të egër dhe me lule të verdha, që rritet në vende të thata e shkëmbore. Ngaqë ka kërcell të fortë, nuk e konsumojnë bagëtia. P.sh, 'Paska shumë purthiverdh sivjet këtej nga ju'.

Pus/-i /-et

Ha pus;- **Ironike,** d.m.th, që s'ka asgjë për të ngrënë. P.sh, 'Kësaj i thonë, ha pus po deshe'.

Ishin tas e pus;- d.m.th, asgjë në shtëpi. P.sh, 'Nuk kam parë ashtu ndonjëherë, ishin tas e pus brenda, as shtresë as mbulesë, magjja bosh'. P.sh, 'Mos të lëntë zoti tas e pus dhe zor është për nder'.

Shkoi për kovë pusi;- d.m.th, shkoi kot, pa u marrë vesh, nëpërkëmbë. P.sh, 'Më duket se Dulla kësaj radhe shkoi për kovë pusi'.

Ka ra n 'pus;- shaka, sapo është martuar. P.sh, 'Mos ma ngitni shokun, se mbrëmë ka rënë në pus dhe sot është pak si i lodhur'.

Pushkë,-a /-ët

Derë pushke;- d.m.th, fis apo familje trimash. P.sh, 'Kujdes pak me Gjokajt, se derë pushke janë ata'. 2- Ironike, d.m.th, që lëshon shumë gazra. P.sh, 'Derë pushke e paske këtë burrë, moj Matie'.

Pushkë për pushkë;- d.m.th, flakë për flakë. P.sh, 'Ashtu shkoi muhabeti i tyre, pushkë për pushkë'.

Pushkë që mbushet nga gryka;- Shaka, njeri që nuk mbush fort. P.sh, 'I mirë ishte Sala, po pak pushkë që mbushej nga gryka, m'u duk'.

E fut pushkën n'dhe;- tall., d.m.th, frikacak. P.sh, 'Kur pa ariun Lika, e futi pushkën në dhe menjëherë'.

Mushkë, kamët pushkë;- shaka, d.m.th, femër e madhe, por dhe e shkathët. P.sh, 'Mushkë këmbët pushkë kishin ata Hasejt, atë grua'.

Nuk shtie pushka n'hi;- d.m.th, nuk përzihet në disa gjëra jo të mira. P.sh, 'Sa herë të kemi thënë more bir, që nuk shtie pushka në hi, por ty nuk të mbushet mendja'.

Iu zbraz pushka ndër duar;- tall., d.m.th, doli sekreti. P.sh, 'Kolës iu zbraz pushka ndër duar, e pastaj uli kokën dhe shkoi'. 2- tall., që ejakulon para kohe. 'I thashë mjekut që më zbrazet pushka ndër duar, ai qeshi kur dëgjoi kështu'.

Pykë,-/ -at.

Pyka qit pykën;- d.m.th, i keqi do të keqin. P.sh, 'Ke parë të kështu, që pyka nxjerr pykën nganjëherë.

Me pykë n'dorë;- d.m.th, imoral. P.sh, 'Ky njeri, ngeli me pykë në dorë gjithë kohën'.

Pykë n'dill- tall, d.m.th i iku grua. P.sh, Sala ngeli pyke ne diell, e shoqja kishte kohe qe bente plane.

Pykaxhi/eshë;- njeri që fut pyka e ngatërrestar. 'Sa pykaxhi që je more burri dheut?!'

Pyll,-i/-jet

Nuk ka pyll pa derra;- d.m.th, kudo ka njerëz të trashë. P.sh, 'Sa herë të kam thënë që nuk ka pyll pa derra, tashti e pe vetë'.

Kokën pyll e mendjen fyll;- shaka, d.m.th, i rritur, por budalla. P.sh, 'U rritën djemtë, u rritën, por kokën pyll e mendjen fyll e kanë akoma'.

Shti nëpër pyll;- d.m.th, flet futja katundit. P.sh, 'Ky akoma shti nëpër pyll mbeti'.

-Q-

Qabe-/ja;- vend i shenjtë në Arabinë Saudite ku myslimanet e krejt botës shkojnë dhe vizitojnë Mekën.

Si daci n' qabe;- d.m.th, totalisht i hutuar. P.sh, 'Ec, pse shikon ashtu vërdallë si daci në qabe'.

Ti vijë qabja vërdallë;- d.m.th, ta shohë veten shumë pisk. P.sh, 'Ma lëni mua Dullën ju, që ta bëj t'i vijë qabja vërdallë'.

Nuk shkon daci n' qabe;- ironi. d.m.th, që nuk e bën një punë a diçka me qejf e dëshirë, por me të shtyrë. P.sh, 'Unë u them nuk shkon daci në qafe, ju më thoni sa andej këtej për Kolën'.

Ta bi qaben n' fund shtëpie;- tall., d.m.th, mashtrues i madh. P.sh, 'Po ju a Malon besoni, ai ta bie qaben në fund shtëpie',

Si n' qabe;- d.m.th, shumë mirë. P.sh, 'Si e kalove te miku mbrëmë?! Për nder si në qabe e kemi kaluar, llaf e muhabet e u kënaqëm'.

Qaf/-ë/-a

N' qaf teme;- betim, dm.th, të betohem. 'P.sh, 'Në qafë time po dite gjë ti se nga vjen buka!'

T' paça n'qaf;- bet., d.m.th, ta siguroj unë, jam dëshmitar. P.sh, 'Të paça në qafë unë se di gjë ti se këtu ka ardh taljoni'.

E mori n'qaf;- d.m.th, e keqtrajtoi, e gënjeu, mashtroi. P.sh, 'Djalin ma mori në qafë e shoqja, se shumë shtrigë qe'.

U poqëm m'i qafë;- d.m.th, ramë dakord. P.sh, 'E shikon, u poqëm me një qafë bashkë për punën e duhanit që të dëmton'.

E kaloi qaf'n e Shapkës;- d.m.th, ia hodhi të keqes. P.sh, 'Kipi e kaloi qafën e Shapkës mos mërziti më, kaq qe e keqja'.

E vë qafën n 'trung;- d.m.th, betohem. P.sh, 'Për Malon e ve qafën në trung që në këtë send nuk ka gisht, dorë, hile', etj.

Theu qafën;- ironi, d.m.th, u zhduk. P.sh, 'Shyqyr që theu qafën ai regjim se desh mbaroi populli'.

I dalçin mullaj qafës;- mallkim. P.sh, 'Nuk e di kush ma paska vjedhur kopshtin sonte që i dalçin mullaj qafës i dalçin'.

Ta zántë qafën;- mallkim, vdeksh. 'Pse ma more ashtu bukën, ta zëntë qafën, ta zëntë'.

Zansh qafën;- mall., d.m.th, u mbytsh. P.sh, 'Ma more me të përdhunë grurin që zënsh qafën me të zënç'.

T'u trashtë qafa;- shaka, d.m.th. u trashëgofshi. P.sh, 'Mora vesh që je martuar, t'u trashtë qafa atëherë'.

Nuk ka qafë për at 'këmborë;- jo i zoti. P.sh, 'Kishin vënë Dullën kryeplak, kam frikë se Dulla nuk ka qafë për atë këmborë'.

I rrofsh qafën;- iron., d.m.th, s'ke se çfarë i bën. P.sh, 'Kolës për atë punë, i rrofsh qafën ti'.

E bán qafën kular;- tall., d.m.th, të lutet apo përgjërohet për dikë apo diçka. P.sh, 'Zalo e bën qafën kular, kur ka keq vetë'.

E dhjesin pulat nga qafa;- tall., d.m.th, nuk e pyet njeri. P.sh, 'Po atë e dhjesin pulat nga qafa e ju thoni se është i zoti'.

Ta pshurr qafën;- d.m.th, sikur ta bën fëmija. P.sh, 'Dullës bëri sa të duash ndere, prap ai ta pshurr qafën'.

E ka qafën tan rrudha;- shaka, d.m.th, i dhjamosur. P.sh, 'Nuk e shikon që e ka qafën tërë rrudha!?'.

Qafë Shapkë e Qafë Thanë;- d.m.th, mosmarrëveshje. P.sh, 'Biseda e tyre më së shumë qe, qafë Shapkë e qafë Thanë, a nuk i pe se nuk merreshin vesh fare'.

Qafe Thanës, gopi samës ush gomar prapë;- kjo shprehje është harmonizuar në gjuhën e përditshme nga një tregim i lashtë popullor;- "...Vjen Nastradin Hoxha nga Stambolli për në Çermenikë se shumë ia kishin lavdëruar. Kur ngjitet lart në Qafë Thanë, thonë se rruga qe shumë malore, gjunjët te goja, vështirë e pa vehten. Kur del sipër në breg pyet vendorët si quhet vendi. -Qafë thanë – i thonë. 'Epo qaf e Thanës gopi samës, Çermenikë e Amerikë ush gomar prapë'- tha ai.

Shtro qafën aty;- shprehje dekurajuese. P.sh, 'Kur s'ke ç 'bën, shtro qafën aty dhe ec'.

Koka gabon e qafa harbon;- d.m.th, kur paria e vendit rrëshqet, fajëson popullin.

Qafir-/i/ -ët;- jo njerëzor. 'Erdhi ky qafiri dhe na zhvati me dhunë krejt pasurinë tonë'. 'Sa qafir i tmerrshëm është serbi'.

Qafir bir qafiri;- shprehje urryese. P.sh, 'Qafir bir qafiri paska qënë ky që na solli politikën ruse'.

Dhamb qafiri;- d.m.th, ujku. P.sh, 'Na ra ai dhëmb qafiri sot në tufë dhe na prishi dy dele'.

Qaj/qan.

Ta qan lala piten;- tall., d.m.th, ta rregulloj qefin, do të rrah. P.sh, 'Hajt ti hajt, se ta qan lala piten ty'.

Qanë malin, pse s'ka borë;- shaka, merakoset për diçka të kotë. P.sh', 'Ehu ha, qan malin, pse ska borë ti!?'.

T'qafsha mos shegë;- tall., dikujt për të ardhur keq. P.sh, 'Të qafsha mos shegë, qenka puna e Dullës'.

T'qafsha moj Shegë, se ngeli plonci var;- tall., për ato mend që ke. P.sh, 'U martua Dulla u martua, por, qafsha moj Shegë se ngeli plëndësi var, është puna e Dullës'.

Qan hallin e kalorësit pse i varen kamët;- iron., d.m.th, merakosesh për dikën që i ka punët mirë. P.sh, 'Kësaj i thonë, qan hallin e kalorësit pse i varen këmbët, kur qe fjala e deputetit'.

T'qan shpirti;- d.m.th, të vjen keq. Psh, 'Si qenka bërë ai, të qan shpirti ta shohësh'.

Qante kámën e zogut;- d.m.th, dikush që këndon shumë bukur. P.sh, 'Arifi qante këmbën e zogut, kur fillonte me kënduar'.

Qaje moj Minushe, qaje robërinë;- iron., d.m.th, kur skamja e shtypja arrin kulmin. P.sh, 'Qaje moj Minushe, qaje robërinë, vajti kjo punë tashti'.

Ta qan lalën;- d.m.th, të rreh të ndëshkon, ose e kryen një punë shpejt e mirë. P.sh, 'Ti Malo ia qan lalën kësaj pune, se tjetër jo vallahi'.

Qaj e mos ban za;- iron., d.m.th, ankohu po mos bërtit, mos u ndi. P.sh, 'Qaj e mos bën zë i thonë kësaj pune, kur ta zë rrota bishtin'.

Qar-i/ -et

Qar e qeder janë vllezër;- d.m.th, çdo fitim, ka firon e vet.

Qar e ka;- tall., ironi, d.m.th, e meriton. P.sh, 'Thanë që u ra zjarri Gjelajve, hajt se qar e kanë'.

Qarkoj-/ -óva/-úar

Qarkon llafin;- d.m.th, flet

tërthorazi. P.sh, 'Sa shumë e qarkon llafin ti Malo, do një ditë që t'i dalësh në qosh'.

E mur qarkoren;- d.m.th, të tatëpjetën. P.sh, 'Gupi e mori qarkoren, koka ia bëri'.

Qas-/ -a/-ur (bisedë)

Nuk të qas n' llaf;- d.m.th, i ashpër në fjalë. P.sh, 'Ti Malo nuk të qas fare, prandaj njerëzit të rrinë larg'.

Qeder/-i/ -et

Se ban qefin qeder;- d.m.th, nuk mërzitet. P.sh, 'Dulla se ban qefin qeder fare pse iu dogj shtëpia'.

Qefin/-i/ -ët

I ka ble qefinët;- d.m.th, është buzë vdekjes. P.sh, 'Bimi i ka ble qefinët me kohë, ju thoni andej këtej'.

Me qefinë n'dorë;- d.m.th, diçka e rrezikshme. P.sh, 'The që do ngjitesh majë shpellës, ama me qefin në dorë është ajo punë'.

Bájnë tramtë qefinët;- shaka, ia hedhin fajin njëri tjetrit. P.sh, 'Veç ti dëgjoje Kolën e Malon, kishin dy orë që bënin tramtë qefinët, për vinë e ujit që u shkon mbi shtëpi'.

Qejf,/-i/ -et. Lok, qef.

I u prish qefi;- d.m.th, u sëmur. P.sh, 'Matisë iu prish qejfi aty nga dreka dhe e dërguan në ambulancë'.

Qefi ha hudhra;- ironi, d.m.th, çfarë nuk bën njeriu prej qejfit. P.sh, 'Po, po, qejfi ha hudhra, kanë thënë të vjetrit'.

I a shkon qefi qefit;- d.m.th, ka mirë, por ka dhe më mirë. P.sh, 'Mirë thua ti, por nganjëherë ia kalon qejfi qejfit'.

Ke dere qenefit, bán kokrrën e qefit;- shaka, d.m.th, moskokëçarje. P.sh, 'Dulla, për atë punë, ke dere qenefit, bën kokrrën e qejfit'.

Si t'ma kesh kokrrën e qefit;- ironi, d.m.th, urdhëro po ta mbajti bytha, në grindje. P.sh, 'Si t'ka kesh kokrrën e qejfit, hajde kapemi po ta mbajti bytha'.

2- që bën rehat. P.sh, 'Kola jetonte si t'ma kesh kokrrën e qejfit, e ju flisni poshtë përpjetë'.

T'hyftë vetja n'qef;- ironike, shprehje mallkuese. D.m.th, gjeç belanë. P.sh, 'Po nuk e deshe tjetrin, thuaj të hyftë vetja në qejf, se atëherë e thyen qafën'.

Ia rregulloj qefin- ironi. d.m.th e rrahu se e bëri hak. Psh. Rrapi ia rregulloj qejfin Gupit se i ngacmonte gruan.

Për qefin tand un ha një pulë t'pjekme- shaka. dmth çfarë nuk bëj për ty. Psh Llaf e ke? Unë për qefin tënd ha një pulë të pjekur.

Qelb,/-i

Qelbet nër vete;- iron., d.m.th, dikush që flet keq për ty, apo nuk ta do të mirën. P.sh, 'Po ky çka që qelbet ndër vete kështu!?'.

Qelbi venin;- iron., d.m.th, punë e keqe, veprim i ndyrë. P.sh, 'Po ky na qelbi vendin me këto maskarallëqe xhanëm, si nuk u shporr'.

Ka zán plaga qelb;- shprehje tërthore, d.m.th, u prish puna, fjala, rendi shoqëror. P.sh, 'Si po e shoh unë, kam frikë se ka zënë plaga qelb, e pastaj një zot e di se si do të shkojë puna'.

Qen/-i

Punon si qen;- shprehje krahasuese, d.m.th, nuk i ndahet punës. P.sh, 'Xhevati punon si qen, natë e ditë'.

Turru qen pas gurit;- tallje. nxehet shpejt. P.sh, ' Turru qen pas gurit i thonë kësaj, se atë askush nuk e shau!?'.

Si qen që ha pleshta;- tall., flet kot. P.sh, 'Shikoje Bimin kur flet, si qen që ha pleshta duket'.

Bisht qeni;- d.m.th, i pandreqshëm, ironi. 'E po të jetë burri botës, bisht qeni, si Dulla, s'kam parë'.

Si qeni n 'zinxhir;- d.m.th, gjaknxehtë. P.sh, 'Unë s'të thashë gjë fare, ti vetë m'u hodhe si qeni në zinxhir, e tani fajëson mua'.

Ha mut si qen;- tall., d.m.th, flet rrena. P.sh, 'Ti mos ha mut si qen ashtu, po na thuaj të drejtën'. 2- që shkon pas femrave të botës. P.sh' 'Mos ha mut si qen ashtu, po martoju me njërën dhe mbaro punë'.

Qen pleshtash;- d.m.th, njeri trazovaç. P.sh, 'E po të jetë burri qen pleshtash kështu, s'kam parë kollaj'.

Lëkurë qen;- d.m.th, i poshtër. P.sh, 'Ti mos u bëj lëkur qen, se miqtë i ke njerëz të ndershëm'.

Qenit po si dhe, të ha për duarsh;- d.m.th, mosmirënjohësi. P.sh, 'Kështu ndodh me disa vetë, si qenit po s'i dhe të ha për duarsh'.

Si qentë e stánit;- tall., që flasin një goje apo grinden menjëherë. P.sh, 'Sa hyra në sallë, brenda ushtonte sikur qentë e stanit në pyll'.

Qen stani;- d.m.th, i plogët apo dembel. P.sh, 'Hë re puno aty, qen stani'.

Nuk ha qeni me t'ndërsy;- d.m.th, me të mësuar. 'Kot nuk thonë se nuk ha qeni me të ndërsyer'.

Ndiqen si qentë;- keq., d.m.th, të degjeneruar. P.sh, 'Nuk i sheh që ndiqen si qentë, ç'ndyen gojën me ta!?'

S'e ha qeni qenin;- iron., d.m.th, ruhen. P.sh, 'Sado të grinden ata në parlament.....nuk e ha qenin qenin, kanë thënë të parët'.

S'un dajë dy qen prej një muti- tall. shumë i ngadaltë, i vonuar, që nuk nxjerr pulë nga kopshti. Psh. Dhe unë ku vajta të kërkoj ndihmë, po ai s'mund të ndajë dy qen prej një muti për veten e tij.?

Qethin qent' tallje. D.m.th sillen vërdallë kot e dembela. Psh. E po të qethin qentë si këta njerëz nuk më kanë parë sytë në jetën time?!

Qençe;- ndajfolje, d.m.th, shumë me ngut. Psh, 'Punon qençe', 'Turret qençe', 'Iu vërsul qençe', 'Hante qençe", etj.

U báfsh mut e t'hángshin qent- sharje, thuhet kur dikush zhgënjehet nga dikush tjetër apo diçka relative. Ku vajte dhe u bëre dhe ti kryetar, që u bëfsh mut e të hëngshin qentë- atë të them. Po kush ta pa hairin ty që do ta shohim ne.

Qenár,-i/ -ët

Qosh e qenar;- d.m.th, të gjitha. P.sh, 'E kërkoj shtëpinë qosh e qenar për syzat'.

Me qosh e qenar;- shaka, të gjithëve. P.sh, 'Bëj të fala andej me qosh e qenar'.

Di t'ja marrë qenarin;- d.m.th, është i kujdesshëm, i zoti një pune, ose dikujt.

N' qenar t 'botës;- d.m.th, ku perëndon dielli. P.sh, 'I kishin shkuar fëmijët në qenar të botës'.

S'u shifej qenari- d.m.th. me shumice, e madhe. P.sh Tufes se deleve te Malos s'u shifej qenari.

Qengj,-i/-at

Qengji urtë, pi dy nana;- d.m.th, i miri ka dy herë fitim. P.sh, 'Bravo ty, fitove, kot nuk thonë se qengji mirë pi dy nëna'.

Kur të milen qengjat, shterpat;- tall., d.m.th, kurrë asnjëherë. P.sh, 'Po po, kur të milen qengjat ke për t'u martuar'.

Qenef,/i/et;- sinonim, hale, nevojtore. 'Shkoi në qenef'.

'Mbyll derën e qenefit'.

Te dere e qenefit, báj koqen e qejfit;- Shaka, d.m.th, nuk mërzitem për asgjë. P.sh, 'Unë nuk kam gajle fare, unë te dera e qenefit e bëj koqen e qejfit, e ti mos u mërzit fare'.

Mbylle qenefin;- keq., d.m.th, mbylle gojën. P.sh, 'Mjaft na mërzite, mbylle qenefin tani e shko'.

Qep,/ -a,/ -ur

Qep e shqep;- tall., d.m.th, fol kot, pa lidhje. P.sh, 'Po ti ngele qep e shqep more burrë tërë ditën'.

Qepe halen;- mospërf., d.m.th, gojën. P.sh, 'Hajt qepe halën, se mjaft na shurdhove'.

Të qepet si rrodhe;- d.m.th, të ndjek nga pas. P.sh, 'Ç'më qepeni ashtu si rrodhe more fëmijë, më leni pak rehat!'

Iu qep goja;- d.m.th, nuk mundi të reagojë, harron. P.sh, 'Si m'u qep goja mua e nuk i thashë të rrimë sonte!?'.

Veç qep e qënis;- tall., d.m.th, veç lajka e lustra. P.sh, 'Lika ashtu e ka për herë, veç qep e qëndis me të gjithë'.

Qépë,-a/-ët

Sytë sa një qepë;- d.m.th, u tremb. P.sh, 'Doli ujku nga kaçubet dhe Dulla i hapi sytë sa një qepë'.

Qepën e grij unë lotët të shkojnë ty;- D.m.th, hallin e kam unë e keq të vjen ty. P.sh, 'Çke ti Malo që bën ashtu, qepën e grij unë e lotët të shkojnë ty, sidoqoftë të faleminderit'.

Bukë e qepë;- d.m.th, pak në ushqim. P.sh, 'Bukë e qepë kishin në sofër e asgjë tjetër'.

U bá për qepë e krypë;- d.m.th, lodhur. 'Sot jam bërë për qepë e kripë në punë'.

Qep e krypë e zemre bardhë;- P.sh, 'Hani bukë miq se qepë e krypë e zemre bardhë ka ngel'.

Sa një mestër qepe;- d.m.th, shumë hollë. Në mëngjes herët, kur u çova drita dukej sa një mestër qepe në dritare'.

Unë ngul qepë e ti shkul hudhra;- d.m.th, nuk merremi vesh në fjalë.

E hángri qepën;- shaka, e hëngri gënjeshtrën. P.sh, 'Ne bëmë shaka e Leka e hëngri qepën me gjithë mend'.

Qeprra,/- at

I theu qeprrat;- d.m.th, u

nevrikos. P.sh, 'Dulla ishte mirë nga fillimi, por si u pi pak, i theu qeprrat keq'.

Shalë qeprra;- ironi, d.m.th, kjo budallaqja. P.sh, 'Erdhi kjo shalë qeprra e po na jep mend tashti'.

I ka qeprrat e shkurtra;- d.m.th, nuk i bën mendja qeder. P.sh, 'Gupi për atë punë i ka qeprrat e shkurtra, ndaj ruhuni atij'.

Qerë/-a;-- lëkura e kokës.

I ha qera;- dmth, kërkon të zihet me dikën. Psh, 'Po atij i ha qera më duket që shton llaf'.

Iu nxe qera;- tall., dmth, u nevrikos kot së koti. Psh, 'Për disa çaste ishte mirë Sala, pastaj iu nxe qera e nuk dinte se çfarë fliste'.

U ra qera;- ironi, dmth, vdiqën, ose ngordhën.. Psh, 'Ishin dikur në fuqi e pushtet, por pastaj u ra qera dhe nuk u panë më'.

Mos qoftë kush n'qerën tanë;- ironi, aq i keq je sa askush nuk të do. Psh, 'Kështu si bën ti mos qoftë kush në qeren tënde inshallah'.

Qerhane;- fjalë e rrallë negative, shtëpi publike.

Qerhanexhinj/-u/-njt;- 'Njerëz qerhanexhinj kishin qënë si fis, prandaj shkuan si sëpata pa bisht'.

Qerhanexheshë/-a;- keq., femër e përdalë. Psh, 'Të jetë gruaja e botës aq qerhanexheshë si Timja, s'më kanë parë sytë e ballit'.

Qeros,-i/ -ët O qeros o qeros,/ mile bucën haje kos/. (Përrallë për të qeshur, nga vegjëlia)

E bën qerosin kaçurrel;- d.m.th, mashtrim. P.sh, 'Ky Malo, po qe për atë punë, ta bën qerosin kaçurrel'.

Kërkon morra n'kry t'qerosit;- d.m.th, këmbë për gjemb. P.sh, 'Ky Dulla më duket se kërkon morra në kokë të qerosit, me ato vepra që bën'.

Qershi,/- a/-të

Si qershitë e Kuturmanit;- ironi, d.m.th, dikush që lëpin aty ku pështyn. P.sh, 'Si qershitë e Kuturmanit po ngjan kjo puna e Dullës, po ju mos i flisni se kush e dëgjon pastaj britmën'.

(**Historia** *tregon se niset një burrë kuturmanas për në Pazar të Elbasanit me shit qershi.*

Aso kohe njerëzit ecnin në këmbë, rrallë në kalë. Kuturmansi, me shportën me qershi në kurriz, rruga e gjatë, moti i nxehtë, ndalet në një qafë kodre e fillon të hajë kokërr nga një kokërr. Si mbush barkun mirë, vendosi ti hedhë qershitë. Por më parë vendosi ti përmjerrë. Dhe ashtu bën, i lag të gjitha. Ikën në Pazar, bleu çfarë bleu, pas gjashtë orësh merr rrugën për shtëpi. Uria e kishte grirë. Kur vjen në qafë kodër, qershitë i dalin parasysh. Ulet në bisht e fillon. Kjo qenka e pa lagët tha- dhe e ha, e dyta po ashtu, e treta e derisa i mbaroj të tëra qershitë. Nga kjo ka dalë idioma e sipër treguar).

Qershi mbi tortë;- d.m.th, diçka super e mirë. P.sh, 'Paske marrë dhe çupën me vehte, e kjo është qershi mbi tortë'.

I ha qershitë me gjithë gur;- shaka, llupësi madh. P.sh, 'Dulla ti ha qershitë me gjithë gur po qe për atë punë'.

Qerratá,-/i

Pizeveng qerrata;- d.m.th, njeri i prapë. P.sh, 'Ai Rrapi pizeveng, qerrata burrë u tregua në atë situatë'.

Qerratallarë;- fjalë e rrallë, që janë të hurit e të litarit. P.sh, 'Shumë qerratallarë ishin ata Gjelajt'. Ose, 'Hajt ikni prej këtej, ju qerratallarët e mutit'.

Qérre,/-ja/-et

E ze lepurin me qerre;- d.m.th, specialist në sendet e koklavitura.

Një qerre halle;- d.m.th, shumë i varfër. P.sh, 'Ai Dilo kishte një qerre halle, unë i thosha pse nuk qesh'.

Një qerre fëmijë;- shaka, shumë pasardhës. P.sh, 'Kishin një qerre fëmijë e nuk e di se a munden që t'i ushqejnë'.

I hypi pleshti n' qerre;- shaka, d.m.th, u nevrikos dhe filloi të bërtasë.

Si balga pas qerres;- iron., dm.th, dikush që të ngjitet nga pas e nuk të largohet, por që ti e urren. P.sh, 'Si mu ngjit ky djall Dullë sot ,si muti pas qerres, e nuk m'u largua gjithë ditën'. 'Gupit m 'duket se i hypi pleshti në qerre, që bënte ashtu'.

Do lyer qerrja pa të ecë (ose mos kërcasë);- d.m.th, duhet shpenzuar në diçka që është e nevojshme. P.sh, 'Ti Leka mirë e thua, por ama në disa raste do lyer qerrja mos kërcasë'.

Si konia pas qerres;- tall., d.m.th, që serviloset dikush. P.sh., 'Përherë këtë Zybon si konia pas qerres e sheh nëpër zyra'.

Qerre prej muti;- ironi, d.m.th, një shoqëri apo miqësi bastarde. P.sh, 'Nuk e sheh se janë qerre prej muti, akoma pyet!?'

Qesát,/-i

Qesat e fesat;- d.m.th, kur nuk ka sende ushqimore fillon sherri e shamata. P.sh, 'Thonë të vjetrit, qesat e fesat vjen kur shtohet imoraliteti'.

E ka dorën me qesat;- iron., d.m.th, është koprrac;- P.sh, 'Lika edhe pse është në stan, dorën e ka me qesat'.

I ka fjalët me qesat;- tall, d.m.th, që flet rrallë. P.sh, 'Ky daj Hasani i ka fjalët me qesat, prandaj mos e lini pa e pyetur'.

Qesatllik/-u;- fjalë e rrallë, që merr thatë moti. P.sh, 'Ka marrë qesatllik sivjet, s'ka rënë bulë shiu'. 'Qesatlliku i përcëlloi misrat'.

Qése,/-ja/-t

E ka qesen e shpuar;- d.m.th, nuk kursen, ose që harxhon shumë. P.sh, 'Ky Kola sikur e ka qesen e shpuar xhanëm!?'.

Se di qesja, se ç'ka torba;- iron., se di i vogli se ç'mendon i madhi. P.sh, 'Mirë thua ti ashtu, por se di qesja se çka torba'.

I ka hyrë dreqi n'qese;- iron., d.m.th, parja s'ka duk. P.sh, 'Këtë vit sikur ka hyrë dreqi në qese, send nuk kemi kursyer'.

Qesím-;-batihava

O Qazim mos ki qesim;- tall., d.m.th, vazhdo, vepro. P.sh, 'Tashti u martove dhe o Qazim mos ki qesim, tashti'.

Ja fut qesim;- shaka, të dalë ku të dalë. P.sh, 'Ti Buqe, nganjëherë ia fut qesim vallahi'.

Qesimçe;- fjalë e rrallë, ndajfolje. D.m.th, në tym, në ajër, në hava. 'Flet qesimçe', 'I futi qesimçe', 'Shtiu qesimçe'.

Edhe uku s'ha qesimçe;- d.m.th, kujdes në sendet. P.sh, 'Qesim nuk ha as ujku, prandaj merrni e mos diktohu'

Qesik/u/-ët;- mitan grash, mbushur me pare e dekore sermi. 'Qesiku i nuses'. 'I bëri tre qesikë'.

Qesh/ -a,/ -ur

Qesh kush qesh i fundit;- d.m.th, mos qesh se mund të zhgënjehesh.

Qesh si Shëngjergj;- d.m.th, qesh si i pafajshmi. P.sh, 'Ky fëmijë qeshka si Shëngjergj, mashalla'.

Të qesh i qeshmi;- iron., d.m.th, të qesh ai që është për të qeshur!

Qesh e hap dhëmbët;- d.m.th, i paturpshmi. P.sh, 'Tërë kohën qesh e hap dhëmbët pas dynjasë'.

Mos qesh o llovesh;- d.m.th, mos u zgërdhi kot. P.sh, 'Sa herë të kam thënë që mos qesh o llovesh, po ti nuk më dëgjove'.

Qeth,/-a/-i

Rru e qeth, brisku i berberit;- iron., d.m.th, kur del pa asnjë fitim. P.sh, 'Punova dy javë te Dulla, ama rru e qeth, i brisku berberit, dola me të'.

Kur të qethen bujt;- iron., d.m.th, kurrë. P.sh, 'Borxhin e merr prej Rrapit, tani kur të qethen buajt'.

Qeth pleshta;- tall., d.m.th, dembel, rri papunë. P.sh, 'Gjithë kohën burri i botës qeth pleshta, nuk e kuptoj se ku ha xhanëm!'.

E qethi mirë;- iron., d.m.th, e zhvati. P.sh, 'Ajo nusja Metës, më duket se e qethi mirë të shoqin dhe ikur për gjithë natën'.

Qëndis/-a,/ -ur, lokale- qënis

Ia qënisi letrat;- keq, d.m.th, i preu fletë arrestin. 'Merkos, ia qënisi letrat i vëllai, për nder'.

S'dinte as me qënis;- shaka, paaftësi. Pash, ;Po ku e gjete atë grua more bir, po ajo nuk dinte as me qëndis'.

Qëroj/-óva/ -úar

Ka kush ia qëron arrat;- d.m.th, ka dikën që kujdeset. P.sh, 'Mos e kini shumë merak vajzën e Malos, se ka kush ia qëron arrat asaj'.

E qëruar;- d.m.th, e larë dhe e freskët, në të parë. 'Kishte një pamje të qëruar ajo nuse'.

Ia qëroj kokën;- keq., d.m.th, e vrau në pabesi. P.sh, 'Metit, më duket ia qëroj kokën shoku i vet'.

I do arrat e qërume;- d.m.th, parazit, ose dembel. P.sh, 'Ky yt shoq, ti Mati, i dashka arrat e qëruara përherë'.

Qibar,/-e

Qyl qibar;- iron., përtac dhe lavdërim. P.sh, 'Sula, shumë qyl qibar është'.

Hem qyl, hem qibar;- po aty, qyl qibar. Psh, 'E po të jetë tjetri hem qyl hem qibar si Dulla, s'kam parë ndonjëherë'.

Qibër,/-ra/-rat

Ia theu kokën qibri;- d.m.th, mendjemadhësia. 'Dullës ia theu kokën qibri e asgjë tjetër'.

Qibërllik/u/-qet;- ecte me qibërllik, fliste me qibërllik.

Qibërlliku të thyen kokën;- d.m.th, mendjemadhësia të shkatërron. Shembull;- 'Mosni ashtu djem, se qibërlliku të thyen kokën dikur'.

Qiell,-i,ejt

Kryt n'qill e bythën n'dill;- nga Ali Karamuça. D.m.th, shumë qibar, por ekonomia zero. 'Kryet në qiell e bythën në diell është Sula jonë'.

Nuk vjen nga qielli;- shaka d.m.th. me lutje. P.sh, 'Ju djem e mi, sa herë u kam thënë që nuk vjen nga qielli asgjë po nuk luajte duart'.

Lshon qillin përdhe;-;- iron., magjistar. P.sh, 'Hiqu moj asaj plake, se qiellin përdhe lëshon ajo dreqkë'. 2- kërkon diçka me çdo kusht. P.sh, 'Vajza po lëshon qiellin përdhe për djalin e Malos'.

E vrau qilli;- d.m.th, rrufeja. P.sh, 'Bimin e shkretë dje e kishte vra qielli'.

Kryt n'qill e kokrrat n'dill;- iron., dikush i madh në pamje, e në logjikë zero. 'Zybon ashtu e keni përherë ju, kryet në qiell e kokrra në diell '. 2- bereqetet pa kokë. P.sh, 'Sivjet misrat ishin kryet në qiell e kokrra në diell, se veç shi ka rënë'.

Kur t'puthësh qillin;- iron., d.m.th, kurrë. P.sh, 'Kur të puthësh qiellin, ke për ta marrë cucën e Kolës'.

Kapi qillin me dorë.– shaka dmth u gëzua jashtë mase. Psh. Sa pa që po vinte djali nga emigracioni- kapi qiellin me dorë prej qejfit

Qime,/-ja/-et

Ka një qime derri;- d.m.th, është i pa marrë vesh. P.sh, 'Foli ti sa të duash Dullës, ka një qime derri ai që mos pyet'.

Shkul qimet e postiqes;-1- demel. 2- ska rrugëdalje. P.sh, 'Merko s'ka çfarë të bëjë më, dhe shkul qimet e postiqes'.

Kapet për qimesh;- d.m.th, sende kot. Psh, 'Ti Kolë përherë kapesh për qimesh'.

M'u duk sa një qime;- d.m.th, nga nervozizmi. 'Sula m'u duk sa një qime kur fliste atje para pa lidhje fare'.

Qimëz/-úar;- fjalë e rrallë;- dele apo qingja që janë prekur nga qimëza. 'Na u qimëzuan dhentë'. 'Qënkan qimëzuar shqerrat ndaj kolliten'.

U qimzu muhabeti;- iron., d.m.th, ta prish, merr për ters.

P.sh, 'Vjen dikush dhe përherë ta qimzon muhabetin'.

Qiqër/-ra/-at

Bukë me qiqra;- 1- bukë e mbrume me qiqra që bëhet për Shëngjergj. 2- femër e bukur e shëndoshë. P.sh, 'Si bukë me qiqra, ishte ajo cuce Malos'.

Qiqërohem/- úar;- d.m.th, ngre kokë. 'U qiqëruan hudhrat, qepët'.

Vajzë, grua e qiqëruar;- d.m.th, e shkathët, e mirë, e zgjuar. 'Lola ishte një vajzë e qiqëruar, për merak të zotit'.

Qiqëron sytë;- d.m.th, më mirë nga sëmundja që kishte. P.sh, 'Sa kishte filluar t'i qiqëronte sytë Sala'.

Qitap,-i/ -et

Kështu thotë qitapi;- shaka, d.m.th, kështu janë rregullat, ligjet. P.sh, 'Kështu thotë qitapi, tjetër nuk di se ç'të them'

Qofte/ja

Dashke qofte te daja- shaka dmth, kërkon sebepe, bën naze, qyl e qelepirë. Psh, 'Dashke qofte te daja ti tani, po hajde njëherë merre lopatën se u ngrys'.

Se ha më atë qofte;- dmth nuk e bëj më atë gabim. Psh, 'Njëherë qe ajo punë, tashti nuk e ha më atë qofte'.

Qok/ë,/-a/-a(t)

Burrë me qokë;- d.m.th, i zgjuar, fisnik e trim. P.sh, 'Burrë me qokë është Lala, prandaj ma kini pak kujdes'.

Qorr,/-e

Qorr me sy;- tall., d.m.th, sy ka, po nuk sheh se mendjen se ka aty. P.sh, 'Qorr me sy në ballë si Merko, s'kam parë!?'

E di dhe qorri;- mospërfillje, d.m.th, e dinë te gjithë. P.sh, 'Këtë punë e di dhe qorri e mos ta di unë'.

Plumb qorr;- plumb që vjen nga drejtim i paditur. 'Plumb qorr qe ajo puna e Merkos në mbledhje'.

Mori një plumb qorr;- d.m.th, ndëshkim pa u kuptuar. P.sh, 'Nuk e dimë nga erdhi, ama mori një plumb qorr që ta mbajë mend'.

Më mori qorri;- shaka, më vjen gjumë. P.sh, 'Ika unë, se më mori qorri'.

Nuk do qorri sy?!';- shprehje dëshirore. P.sh, 'Si kujton ti, nuk do qorri sy, kur qe fjala sikur të kishim një shtëpi të re'.

Qorrthi;- fjalë e rrallë, d.m.th, që hyn kudo me ngutje. 'Hyn qorrthi në mbledhje'. 'Turrej qorrthi poshtë fushës'. Po ti ku shkon qorrthi ashtu?!

Qostek,-u/-ët.

Burrë për qostek;- d.m.th, që i kanë hije të gjitha, i pashëm, fjalë urtë etj. 'Daja im, vërtet burrë për qostek ishte'.

Për qostek e për dyfek;- d.m.th, që i bën të gjitha, edhe luftën edhe paqen. P.sh, 'Dullën e ke dhe për qostek dhe për dyfek, po ti vijë puna'.

Qosh/-e,/-ja/-et

Burrë për qoshe;- d.m.th, i moshuar dhe i respektuar. P.sh, 'Ama burrë për qoshe e kishe atë dajën Merko'.

Kokën qoshe qoshe;- iron., d.m.th, i pa marrë vesh. P.sh, 'Si ta kesh kokën qoshe qoshe, s'do mend që do të hash dru'.

Qoshelí,/-je;- që rri anash, dinak/e, që ruan të vjedhë diçka. Burrë qosheli, grua qoshelie, dele ose dhi qoshelie.

Qull/-i

Nuk futet n 'at qull;- d.m.th, ruhet nga e liga. 'Përzien n 'qull thuj', d.m.th, fut hundët kudo.

Qullac/-e;- fjalë e rrallë, d.m.th, e rëndë, e avashtë. Djalë qullac, grua qullace.

Qumësht/-i

Mjaltë e qumësht;- d.m.th, shkojnë shumë mirë. P.sh, 'Ma do djali nusen, mjaltë e qumësht shkojnë bashkë'.

Qumësht blete;- nënprodukt i bletës, që ushqehen bletët e reja. 'Nxori mjaft qumësht blete sivjet'. 'E shet qumështin e bletës'.

Qumësht prej goje;- d.m.th, fjalë ëmbël. P.sh, 'Kishte një nuse Matia, që qumësht prej goje nxirrte'.

Iu thartu qumështi;- shaka, u nxeh, u nevrikos. P.sh, 'Po ky ç 'pati që iu thartua qumështi kështu?'.

As qumësht as travok;- d.m.th, diçka e lënë mënjanë. P.sh, 'Ndaje fjalën, jo kështu as qumësht as travok, se jemi për rrugë'.

Ku u thartu qumështi?;- shprehje pyetësore. D.m.th, ku është problemi?. P.sh, 'Më trego tashti ku u thartua qumështi se më çmende!?'.

Qurra/t. (lokale, qyra).

Nuk fshin dot qurrat e veta;- d.m.th, i/e pa zonja. P.sh, 'Për

Leken, mos më thuaj, se ajo as qurrat e veta s'mund të fshinte'.

T'i hudh qurrat n 'tavan.;- d.m.th. të rreh.. P.sh, 'Mos më bën mua ashtu se për zotin t'i hodha qurrat në tavan t'i hodha.

E lau me lot e qyra;- d.m.th, iu dhimbs shumë. P.sh, 'E lau të shoqin me lot e me qyrra Matia shkretë, shumë iu dhimbs'.

E përdor si shami qyrash;- d.m.th, keqtrajtim. P.sh, 'Ti Merko, pse e përdor tët shoqe si shami qurrash, grua e mirë është ajo'.

Do qyrrën e vet;- iron., d.m.th, secili do të tijën apo të sajën. P.sh' 'Ah more ah! Secili do qyrrën e vet, sado i keq që të jetë'.

Kjo qyra;- iron., kjo budallaçka. P.sh, 'Tashti erdhi kjo qyrra këtu dhe hajt e dëgjoje'.

Qyl,/-iI bie qylit.- Iron., d.m.th, parazit njeri. 'Ti Malo i bie qylit diku vend tjetër, por jo këtu te ne'.

Qyl qibar;- d.m.th, fodull. 'S'ke parë e ndier ti kështu, ti japësh të hajë tjetrit e të tregohet qyl qibar'.

Ha qyl, pi qyl;- sarkazëm. P.sh, 'Këtu nuk gjen ti djalë ha qyl pi qyl, këtu punohet'.

Qylçe;- që e do gati çdo gjë. 'E do qylçe', 'Ha qylçe'.

Qylaf,/-i/ -ë(t)

Dajë dajë, qylafin me majë;- shaka, që nuk ka të ngopur. P.sh, 'Ai e kishte punën, dajë dajë qylafin me majë'.

Qylyk/-e,/-ja/-et

N 'kohë t'qylykes;- shaka, d.m.th. në mesjetë. P.sh, 'Kjo që thua ti, ka ndodhur në kohë të qylykes, ti shoku'.

N 'kry t'qylykes;- iron., d.m.th. në anën e rëndë të punës. P.sh, 'E la djalin në krye të qylykes, vetë bënte sehir'.

Qyp-i/-at.

Bán si qyp nerdeni;- iron., d.m.th, ushton pa qenë nevoja. 'Po ky ç 'paska kështu sot që bëka si qyp nardeni'.

Si mizat n 'qyp;- d.m.th, mos bëni zhurmë. P.sh, 'Pushoni fëmijë, mos bëni si mizat në qyp kështu'.

Qypi vjetër;- d.m.th, ka para të ruajtura. P.sh, 'Aaa, është qypi vjetër Kola, nuk është pa të ai'.

Qyp e kaqyp;- njëra mbi tjetrën. P.sh, 'I hodhi drutë poshtë qyp e kaqyp dhe menjëherë u fut mrena'.

Kaqypi,/-e;- d.m.th, që e ka kokën e gjatë, ose bri të lartë. 'Dash kaqyp', 'Dhi bri kaqype'.

Qyqe,/-ja/-et

N 'qyqet kuqe;- shaka, që kurrë s'jemi parë. P.sh, 'Gabim e ke shoq, në qyqe të kuqe jemi parë bashkë".

Knon si qyqe;- tallje. P.sh, 'Po kjo Matia ç 'paska sot që këndoka si qyqe!?'

Të knoftë qyqja te varri;- mallkim, d.m.th, vdeksh. P.sh' 'Ç'më bëre more njeri që të këndoftë qyqja te varri të këndoftë hëh!'.

Kalë qyqje;- shaka, njeri i mirë por pa sherr. 'E kanë për kalë qyqje, Salën'.

Qyrk,-ku/-qet

Ha qyrk;- shaka, d.m.th, servilizëm. P.sh, 'Kur isha i varfër s'më shihte kush me sy, tashti që u bëra kryeplak, ha qyrk e ka'.

S'ma mban qyrku;- d.m.th, s'ma lejon fisi, edukata. 'Dakord, dakord, të kuptoj, po mua ama nuk ma mban qyrku atë send'.

I kishte mërdhif qyrku;- shaka, d.m.th, kishte mbaruar si njeri. P.sh, 'Ehe, Dullës i kishte mërdhitur qyrku me kohë'.

Ky qyrk shpumi;- shaka, d.m.th, i pangopur. P.sh, 'Bëj pak më shumë bukë sonte se na ka ardhur ky qyrk shpuari'.

Qysqi,-a/- të, (lokale, qysi).

Me levë e qysi;- d.m.th, me të gjitha forcat. P.sh, 'I hyri Merkoj punës me levë e qysqi po shumë me zor doli'.

-R-

Racë,/-a/-at

Ta pjerdh racën;- keq., d.m.th, njeri keqbërës. P.sh, 'Mos i shkon pas shumë Merkos, se ai vallahi ta pjerdh racën'.

Shkon pas racës;- bisedë, d.m.th, gjenetike. P.sh, 'Çdo gjë në botë shkon pas racës'.

Si dash race;- shaka, d.m.th, shëndoshur shumë. P.sh, 'Më qënke bërë si dash race more djalë, çfarë ke ngrënë kështu!?'

Radar,/-i /-ët.

Ka dalë nga radarët;- d.m.th, nga kontrolli, është çmendur fare. P.sh, 'Ti Kolë më duket ke dalë fare nga radarët'– i tha Maria e nxehur.

E futi në radar;- d.m.th, nën kontroll. P.sh, 'Për disa kohë e kërkuan vajzën, pastaj e futi në radar se ku ndodhej'.

S'ia kapin radarët;- shaka, d.m.th, nuk e kupton. P.sh, 'Foli ti sa të duash Dullës, atij s'ia kapin radarët fare'.

Si t'ia kapin radarët;- d.m.th, si t'ia marrë mendja. P.sh, 'Foli ti Sa të duash Merkos, ati si t'ia kapin radarët është puna'.

Radhë,/-a / -ët

Qoftë me radhë;- përdoret në raste vdekjeje. 'Ngushëllime për Nënën, qoftë me radhë (kjo nënkupton që shkofshin të vjetrit më parë)

Pret radhën'- iron., d.m.th, pret vdekjen. P.sh, 'Ka ngelur i shkreti Rrapi, pret radhën se gjë tjetër s'ka çfarë bën'.

Rahmet- Fjalë fetare.

Për ti dhënë rahmet;- d.m.th, shumë të mirë. P.sh, 'Kishte një babë ky që për t'i dhënë rahmet. 2- kohë, periudhë, situatë. P.sh, 'Ka qënë një kohë ajo për t'i dhënë rahmet'.

Asaj pune jepi rahmet;- d.m.th, ka ikur e nuk kthehet më. P.sh, 'Mirë e ke ti që thua ashtu, por asaj pune jepi rahmet'.

Rahmet pastë;- d.m.th, qoftë i begatuar nga ana e Perëndisë. P.sh, 'Thoshte baba, rahmet pastë që sa dita vjen, më afër kiametit shkojmë.

Rahmeti Zotit;- d.m.th, kur bie shi i butë dhe i ngrohtë. P.sh, 'Rahmeti i Zotit na kujtoi sivjet, ka rënë goxha shi'.

U bë për rahmet;- d.m.th, që ka vdekur. P.sh, 'Baba u bë për rahmet'.

Ti japësh rahmet me të gjallë;- d.m.th, që ka bërë një vepër të mirë, apo fjalë të qëlluar. P.sh, 'Aliut t'i japësh rahmet me të gjallë, se e gjeti me atë fjalë'.

Nuk iu pa rahmeti;- d.m.th, e mira, apo selameti. P.sh, 'Këtij njeriu kurrë nuk iu pa rahmeti ndonjëherë'.

Rahmetli/ u/ a;- njeriu që ka vdekur. P.sh, 'Rahmetli baba thoshte përherë, që rrini bashkë e mos u përçani'. Ose, 'ajo rahmetilja nanë e di se si na ka rritur'.

Raki,/-a

E ze rakia pa pimë;- d.m.th, nxehet menjëherë. P.sh, 'Po ty të ze rakia pa pirë more Zybo, nuk e dimë se si do të shkojë halli me ty'.

E ka zanë rakia esëll;- tall., flet kot. P.sh, 'Po ky qe mirë deri tani, apo thuaj e ka zënë rakia esëll'.

I doli rakia;- tall., d.m.th, tashti po flet si duhet. P.sh, 'Dullës tashti i doli rakia, shikoni sa mirë po flet!?'

Raki e duhan;-d.m.th, shkon pas qejfesh. P.sh, 'Malo e Kola, raki e duhan tërë ditën, ku rafsha mos u vrafsha'.

Lahet n'raki;- d.m.th, që pi jashtë mase. P.sh, 'Mos i jepni raki atij majmuni, se ai nuk e pi, ai lahet me të'.

E pi rakinë me opingë;- d.m.th, pijanec. P.sh, 'Po ky dreq e pika rakinë me opingë, si nuk u deh xhanëm'.

Ramazan;- sipas kalendarit hënor është muaji i agjërimit të myslimanëve, si njëri nga kushtet themelore të fesë. 'Ka hyrë ramazani', ose, 'Hasani mban ramazan'. Është e ramazan;- shaka, d.m.th, është me nerva. 'E ka zënë ramazani', d.m.th, është me nerva ngaqë i pihet duhan.

Sa tridhjetë dit' e ramazanit;- d.m.th, aq shumë të kam deshtë.

'M'u dukëm sa tridhjetë ditët e ramazanit këto ditë që nuk të shihja'.

Rast,/-i

Përfiton nga rasti;- d.m.th, nga situata. P.sh, 'Ti mos përfito nga rasti se kjo dynja është, sot ti nesër unë'.

Me ç' rast;- d.m.th. meqë na u dha rasti. P.sh, 'Sot do t'u flasim për Gjeçovin, me ç' rast është dhe ditëlindja e tij'.

Rashë, Bie.

Kur rashë i pashë;- d.m.th, nuk i kam kuptuar më parë. P.sh, 'Tashti që rashë, i pashë se kush janë Gjelajt'.

Rashë në krahun e djathtë;- d.m.th, u shtriva në gjumë pa merak. P.sh, 'Mbarova punë shpejt e shpejt e rashë në krahun e djathtë, e bëra një gjumë si qengj'.

M' fal se t'rashë;- d.m.th, që të lë të kuptosh sikur është penduar. P.sh, 'Po po, tani që mbarove punë ti ashtu thua, më fal se të rashë'.

Më mbani se rashë;- d.m.th, gjasme kërkon ndihmë, kur është tepër vonë. P.sh, 'Kjo që thua ti tani është më mbani se rashë'.

As t'rashë, as t'pashë;- d.m.th, bashkë nuk kemi përse ti kërkojmë falje njëri tjetrit, as të rashë e as të pashë.

Reja,/-të

E vrau reja;- d.m.th, që ka vdekur nga goditja e rrufesë. P.sh, 'Bimin e shkretë e vrau reja javën që shkoi'.

Si retë që kapin malin;- d.m.th, nevrikosje. P.sh, 'Sapo e dëgjoi lajmin e keq, retë kapën malin, dhe hajt ta ndaloje më cucën së qari'.

Sikur ka kap retë, (qiellin) me dorë;- ironi, mbahet me të madh, qibar. P.sh, 'Ky Dulla sikur ka kapur retë, oj t'ëmën'.

Fluturon sipër reve;- d.m.th, ja fut kot, flet fantazi, shaka. P.sh, 'Merko përherë fluturon sipër reve, nuk ndryshon kollaj'.

M'u bá re;- ironi, d.m.th, që të mërzit. P.sh, 'Kjo vjehrra mu bë re sot para syve, nuk më la asgjëkund të dal'.

Kaloj reja hyri tenja;- shaka, d.m.th, iku e keqja, por erdhi një e keqe daha më e madhe.

Sikur e përpinë (pinë) retë;- d.m.th, u zhduk vetëtimthi. P.sh, 'Nga vajti ky njeri kështu, sikur e përpinë retë!?;

T'kalojë kjo re e zezë;- d.m.th, ky sistem, kjo diktaturë, ky regjim. P.sh, 'Mos u ngutni djemthoshte nëna çdo ditë, sa të kalojë kjo re, më mirë do të bëhet puna'.

Rebel,/-i / -ët

Rebel me arsye;- d.m.th, që rebelon me të drejtë. P.sh, 'Ju e fajësoni Kolën pse rebeloj ashtu, kur është momenti njeriu bëhet rebel me arsye'

Regj/ -a,/ -ur

Si spec i regj;- d.m.th, tharë e dobësuar nga sëmundja, shaka. 'Po ky i shkreti në tym ka qënë varur, se qenka bërë si spec i regjur'.

T' regjsha lëkurën me krypë;- d.m.th, vdeksh. P.sh, 'Ku vajte moj murrë (lopa), të regjsha lëkurën me krypë të regjsha'.

U regja me ty, (ose dikën);- iron., d.m.th, të njoha se kish ishe. P.sh, 'U regja me ty, mjaft më, mos më gënje ashtu'.

Rehat,/-i/-im.

Vdiq rehat;- d.m.th, ndërroi jetë pa dhimbje e vuajtje. P.sh, 'Vuajti sa vuajti, por të paktën në kohën e shpirtit, vdiq rehat'.

Dynja pa rehat;-d.m.th, duhet punë pa të jetohet mirë. 'Dynja pa rehat qënka kjo, edhe pse Dulla ka dalë në pension, akoma punon'.

Mbase rri dreqi rehat;- d.m.th, i pandreqshëm. P.sh, 'Ma mërziti ky fëmijë, mbase rri dreqi rehat, aq pushon ky'.

Vdiq rehat, kokën poshtë e bythën lart;- ironike, d.m.th, vdiq për ibreti. 'Aha, Dulla vdiq rehat, kokën poshtë e bythën lart'.

Rahatllëk/u sh qet;- i trashur nga rehatllëku. 'Mos ia përmend rehatllëqet e atëhershme, se i bie pika'.

Dynja pa rehatllëk;- d.m.th, e lodhshme. P.sh, 'Çfarë të bësh, dynja pa rehatllëk është kjo e shkretë'.

Shpëtim nga vdekja dhe rehatllëk në dynja mos kërko;- d.m.th, ka gjëra që janë fikse.

Retër,/-ra/ -rat (Llastik i prere me gershere)

E hángri retrën qafës;- d.m.th, e rrahu. P.sh, 'Mirë ia bëri, e kërkoj vetë ta hante retrën qafës'.

Kapet pas retrash;- pas sendeve të kota. P.sh, 'Kola kështu e ka përherë, kapet pas retrash'.

Zgjate retrën sa mos kputet;-

d.m.th, mëshoi diçka, derisa mos prishet. P.sh, 'Ti me kujdes o djalë, zgjate retrën sa mos këputet, e mbaro punë'.

Reze/-ja/ -et

I ka ván rezen;- iron., d.m.th, që nuk mund të lindë, grua sterile. P.sh, 'I vu rezen ajo më, s'lindi që s'lindi'.

I kanë rezet e forta;-d.m.th, lidhjet pushtetare. P.sh, 'Gjelajt i kanë rezet e forta, se janë qysh herët'.

Shtrëngoju, ja pas rezes ja pas tezes;- shaka, d.m.th, bëj njërën, ja andej, ja këtej.

I vu rezen derës;- vdiq pa lënë pasardhës. 'Dulla qe i fundit, ky i vuri rezen derës'

Rezervë,/-a/ -at.

Flet me rezerva;- d.m.th, nuk hapet në bisedë. P.sh, 'Fliste me shumë rezerva Dilo, prandaj nuk shkoi biseda aq mirë'.

Rezhdë,/-a /-at

Kjo byth rezhda;- d.m.th, kjo e pa pastruara, kjo llafazania. P.sh, 'Sapo erdhi kjo bythrezhda në shtëpinë tonë, sikur i ra flaka shtëpisë'.

Na u bá si rrezhdë e vjetër;- iron., nuk na u hoq nga pas. P.sh, 'Kjo flamë qeveri na u bë si rezhdë e vjetër, e nuk po na hiqet'.

I ka rán të randët;- d.m.th, sëmundja e tokës. P.sh, 'Zyles i ka rëndë të rëndët dhe e dërguan në spital'.

Mos i ardhtë Zotit randë;- d.m.th, mos qoftë mëkat. P.sh, 'Mos i ardhtë zotit randë, ra një shi i madh, sa desh e na këputi', (këtu nën thuhet që njeriu nuk duhet të përzihet në çështje të Zotit).

Risk,/-ku ;- fat,

Risk Allah;- d.m.th, ç'të ketë thënë Zoti. P.sh, 'Risk, Allah për verën tjetër'.

Ç'të jetë risk;- d.m.th, ç'të jetë e mundur prej Zotit. P.sh, 'Nuk themi asgjë, ç'të jetë risk prej Zotit, mirë se ardhtë'.

Risk prerë;- mb., d.m.th, ia pa fat, pa kurorë. P.sh, 'Sa risk prerë paske qënë moj motër'.

Risk shuar;- mb., d.m.th, që ka lindur pa fat. P.sh, 'Ka lindur risk shuar, ske çfarë t'i bësh'.

Risk shumë-me;- po aty, risk shuar.

Rixha,/-ja/ -të.

Mos i ban rixha;- d.m.th, vazhdo, mos e lut. P.sh, 'I ke thënë disa herë, tani mos i bën rixha më'.

Rixhaxhi/je;- fjalë e rrallë, d.m.th, personi që bën rixha. 'Dërgoj rixhaxhi Kola për pajtesë', 'Shumë rixhaxhije e mirë ishte Matia'.

Riza/ja sh, të, fetare;- pushtet, fuqi, energji. 'Rizanë e madhe e kishte ai njeri'. 'Nga rizaja e tij, u qetësua krejt fshati'.

Për riza t'Zotit;- d.m.th, për hatrin, fuqinë apo pushtetin e Zotit. 'Po të lutem për riza të Zotit', ose, ;po e bëj nijet të falem, për riza të Zotit'.

Rob/-i /-ërit

U bá rob;- d.m.th, u lodh shumë. P.sh, 'Ajo punë e rëndë e bëri rob djalin e, tani është sëmurë'.

Punë robi;- ironi, d.m.th, shkel e shko. P.sh, 'E shoh që është bërë gabim, por punë robi më'.

E shau me robt e shpisë;- d.m.th, e shau rëndë. P.sh, 'Nuk e di se si u kapën Dulla me Merkon, ama u shanë me rob shtëpie'.

Rob Zoti;- d.m.th, njeri shumë i mirë. P.sh, 'Malo rob zoti është vallahi, nuk prish qejf me asnjeri'. 2- Krijesë e Zotit, d.m.th, person jo aq shumë inteligjent. P.sh, 'Mos e shani Matinë, se rob zoti është'.

Ku je robo;- shaka, d.m.th, si të kam me shëndet. P.sh, 'Ku je robo, çar bone, mirë ke qenë?!'

Robt ku ti kesh;- keq, sharje. P.sh, 'Po robt ku ti kesh pra, meqë vetë nuk po më ndahesh'.

Rójë,/-a/ -et

Oficer roje;- ushtaraku që kishte shërbimin e natës. P.sh, 'Hysa është oficer roje sonte'.

Nuk i bana roje!?;- d.m.th, nuk i ndenja nga afër, se çfarë bëri. P.sh, 'Pse pyet mua ti për Zalon, unë nuk i bëra roje atij!?'

Rosë,/-a / -at

Lahen si rosat;- d.m.th, fëmijët në gjol. P.sh, 'Dilni prej ujit e mos lahi si rosat ashtu, se do të merrni ndonjë të ftohtë'.

Si rosat n 'gjol;- d.m.th, që futen njëra pas tjetrës. P.sh, 'Aq qe keq, sa u nis njëra, pastaj të tjerat si rosat gjol', (analogji kur delet i futen një lumi a përroi me kapërcyer matanë).

Rudë/-a/- at

Si ruda n' rrodhe;- shaka, d.m.th, që i ngjiten punët njëra pas tjetrës. P.sh, 'Sot unë pësova njësoj si ruda në rrodhe, mazallah se më lëshoi puna'.

Qumësht rudash;- ironi, d.m.th, do akoma më mirë. P.sh, 'Mos do qumësht rudash që qan ashtu!?'

Aq i kushtojnë rudat;- d.m.th, aq i bën. P.sh, 'Dullës aq i kushtojnë rudat, e ju flisni sa andej këtej'.

Si qerosi me rudat;- ironi, d.m.th, kur dikush vete të fitojë, humb dhe ato që ka. *(Sipas një tregimi popullor, qerosin vendosin ta martojnë, po ai nuk dëgjonte. Kështu fshati vendosi që ta hidhte në lumë. Kur po e çonin në lumë futur në*

thes, *qerosi hem qante, hem tregonte hallin. E dëgjon një çoban dhe thotë;- Më martoni mua, ky që është në thes le të marrë dhentë. Çobanin në thes ata burrat e hodhën drejt e në lumë. Pas disa ditësh, e shohin qerosin me pesqind krerë dele përpara, me qen e ogiçë, ndalen dhe e pyesin;- - Pa dale njëherë, si është kjo punë kështu!? Ty të hodhën në lumë, tashti je me një tufë delesh!? -I gjeta në lumë- shton qerosi. Sa më thellë të hyje aq më shumë ruda kishte.*

Aq qe fjala, e merr vesh fshati;-i pari thotë hoxha do të hyj unë, por u thotë;- Po ua bëra me dorë që hajdeni se ka ruda, ju mos përtoni po hidhuni në lumë menjëherë. Dhe ashtu u bë. Hidhet hoxha në lumë, i jep dy tre herë vërdallë, çallma rrotull mbi ujë, ua bën me dorë që hajdeni më shpëtoni se u mbyta.

Aq qe puna. Pllum njëri e pllum tjetri, krejt burrat e fshatit u mbytën e qerosi u bë pasanik, vetë i parë vetë i pram.

-RR-

Rrab-ose Rrabi;- emër i Zotit, i cili në rrënjë vjen nga fjala Rrabaame tre specifika të veçanta. d.m.th, Zoti vetë, Poseduesi i Universeve, dhe Mjeshtri i tyre. 'Ja Rrabi, na ruaj nga sendet e liga'.

Rradák/-e,-ja / -et

Aq ia pret rradakja;- shaka, aq mend ka. P.sh, 'Mos i vë re Salës, se aq i pret rradakja aq bën'.

Je në rradake ti?!;- d.m.th, je në mend,je ne terezi?. P.sh, 'Ore je në rradake ti, apo jo xhanëm ?!

Nuk i mbushet rradakja;- d.m.th, nuk nxe mend. P.sh, 'I kam thënë disa herë por mezallah se i mbushet rradakja'

Rrafsh,/-i

Ta bán rafsh;- d.m.th;- 1- nuk të le të mërzitesh. P.sh, 'Mirë e ka Diloj që nganjëherë ta bën rrafsh'. -2- Nuk të tregon të vërtetën. P.sh, 'Zor ti besosh Malos, se nganjëherë ta bën rafsh'.

Mbushe rrafsh;- shaka, d.m.th, vazhdo, mos ndalo. P.sh, 'Mos ndalo hiç, mbushe rrafsh se po të dëgjojmë'.

Sikur kodrat të básh rrafsh;- d.m.th, sikur të pamundurën. P.sh, 'Sikur kodrat të bësh rrafsh, nuk të besoj më'.

Á bá rrafsh;- shaka, pirë e bërë kërcu. P.sh, 'Dulla ishte bërë rrafsh mbrëmë dhe nuk dinte se ç'fliste'.

Rrafsh me tokën;- shaka, d.m.th, e vogël. P.sh, 'Kishte marrë një nuse Kola rrafsh me tokën, ama shumë punëtore ishte'.

Rrafsh e për tokë;- d.m.th, njeri shumë i shtruar. P.sh, 'Ku gjen si Malo ti, rrafsh e përtokë e ke përherë'.

Rrafsh e top;- d.m.th, shkurt e qartë. 'Mos e zgjat shumë me të, thuaja rrafsh e top e vazhdo'.

Rrah,/-u, lok, rraha.

Ishin rraha;- d.m.th, sëmurë. P.sh, 'Ata Gjelajt sot ishin bërë rraha nga gripi'. 2- te gjithe budallenj. P.sh. Po ata ishin rraha te gjithe, dhe une vete i pyes per mend.

Rraha nga mendja;- d.m.th, që nuk mendon fare. P.sh, 'E po të jetë burri rraha kështu s'kam parë?!'

Ta bán misrin rraha;- d.m.th, nevrikoset. P.sh, ' Ti Matia, kij pak kujdes Kolën, se po u nxe ai ta bën misrin rraha'.

Si rrahu shpuar;- d.m.th, që nuk ka përqendrim. P.sh, 'Ti mos më rri si rrahu shpuar ashtu, se s'kam kohë shumë'.

Rrah,/ -a, /-ur

Dy të ngrána s'të bájn keq, dy të rrafme të bájn keq;- shaka. Kur e lut të ulet në bukë, dhe ai thotë që jam i ngopur. P.sh, 'Hajt more burrë fut një kafshatë me ne në sofër, dy të ngrëna nuk të bëjnë keq, dy të rrafme të bëjnë keq'.

Sikur të rrafsh malin;- d.m.th, sikur copa të bëhesh. P.sh, 'Sikur ti të rrahësh malin, kjo punë nuk bëhet'

Pimë nga i rrahuri;- shaka, d.m.th, pimë dhallë. P.sh, 'Ishim nga tezja sot e pimë diçka nga i rrahuri në mti'.

Rrahëm sa mbarë prapë;- d.m.th, diskutuam një problem madhor. P.sh, 'E rrahëm sa mbarë prapë, e mirë na doli'.

Rrahmanë;- njëri nga nëntëdhjetë e nëntë emrat e Zotit. D.m.th, 'Mirëbërës, Sureje Rrahmanë'. Ose 'Ja rrahmanë ja rrahimë'

Rrahimë;- njëri nga nëntëdhjetë e nëntë emrat e Zotit. D.m.th, 'I Mrekullueshmi'.

Rrallë (i, e)

Kanë mbirë rrallë;- shaka, që i kanë fëmijët larg a larg me vite. P.sh, 'Këta fëmijët e mi kanë mbirë pak rrallë, po gjene shyqyr Zotit që i kam'.

Rrallë e përmallë;- d.m.th, larg njëri prej tjetrit, në hapësirë. P.sh, 'Rrallë e përmallë është kjo puna jonë tashti'.

Rrallój kal.,/-óva /-úar

Është rralluar bredhishta;- shaka, d.m.th, firuar nga mentë e kokës. P.sh, 'Plakut i është rralluar shumë bredhishta kohët e fundit'.

Ia janë rralluar dhitë;- shaka, d.m.th, e ka kapur skleroza. P.sh, 'Mos ia vini shumë re tim shoqi, se i janë rralluar dhitë'-tha Matia.

Rramthi- bamthi;- jetë me copa, ose as mirë, as keq. P.sh, 'Kola i a çon rramthi- bamthi me punë'.

2-'Gjetëm një rrugë e për gjithë natën rramthi-bamthi derisa arritëm në katund'.

Rrangáll/-ë,/-a

I bie po rrangallës;- shaka, njeri që të bezdis me fjalë kot. P.sh, 'Ti Merko i bie po rrangallës përherë'.

I ngarkoi rrangallet;- ironi, d.m.th, shkoi e vdiq. P.sh, 'Dulla i dha sa i dha, më në fund i ngarkoj rrangallet'.

Dynja rrangalle- mosperf. Bote koti, e pakenaqur. P.sh. Dynja rrangalle eshte kjo mos u merzit aq shume.

Rrap,/-i /-et.

Nxirë e bá rrap;- d.m.th, shumë i vuajtur. P.sh, 'Merko ishte nxirë e bërë rrap kur erdhi nga burgu'. 2- Mish i nxirë e i pa zier. P.sh, 'Nxirë e bërë rrap qënka bërë ky mish këtu në qivur'.

Shnoje n'rrapt;- d.m.th, merr e mos jep. P.sh, 'Kjo puna me ty Kolë, është, shënoje në rrap, se ti kurrë nuk e lan borxhin që merr'.

U bán rrap e degë;- d.m.th, u shpërndanë nëpër botë. P.sh, 'Këta fëmijët e sotëm u bënë rrap e degë të gjorët'.

Si ata te rrapi komqepekut;- tall., d.m.th, si arixhinjtë. P.sh, 'Ç'kanë që bërtasin ashtu, si ata te rrapi komqepekut'.

Rrofsh sa një rrap;- shaka, bisedë, d.m.th, paç jetën e gjatë sa rrapi. P.sh, 'Hajër bëfsh babës, rrofsh sa një rrap'.

Shet gogla rrapi;- d.m.th, nuk bën gjë prej gjëje. P.sh, 'Ky burri im shet gogla rrapi- tha Matia duke qeshur. 2-flet dokrra. 'Si shet burri botës gogla rrapi tërë ditën kështu nuk më kanë parë sytë'.

Rrapísht/-ë,/-a

Si ata t'rrapishtës;- shaka, d.m.th, si jevgjit ose arixhinjtë. P.sh, 'Ishin bërë njerëzit këmbë këmbë si ata të rrapishtës'.

N'bisht t'rrapishtës;- keq, d.m.th, e pushkatuan. 'Më duken, Kajron e çuan mbrëmë në bisht të rrapishtës'.

Rraqe

I ngarkoi rraqet;- d.m.th, vdiq e shkoi. 'Sala i ngarkoi rraqet, i gjori'

Si rraqe pas bythe;- d.m.th, më mërzite. P.sh, 'O fëmi, m'u bëre sot si rraqe pas bythe'.

U prishën n'rraqe;- d.m.th, në

pajën e nuses. P.sh, 'Në fillim ishin mirë, pastaj më duket se u prishën n'rraqe'.

Dolën rraqet jashtë;- shaka, organet gjenitale. P.sh, 'Qeshi aq shumë sa i dolën rraqet jashtë'.

Rras,/ -a,/ -ur

Nuk e ka me të rrasur;- d.m.th, me hile. P.sh, 'Kjo punë nuk e ka me të rrasur, unë po të flas nga del shpirti'.

Rras e plas;- d.m.th, shumë ngushtë e shumë keq shkonin. P.sh, Isha pak nga Malo sot, rras e plas i kishin punët'.

Nuk ia rras kush;- ironi, d.m.th, nuk e pyet askush.. P.sh, ' Rrapit nuk ia rras kush më, e ti vete më tregon jo po andej, jo po këtej'.

Rrásë,/-at

Kam shtëpinë me rrasa,/ Nám pak ujë se plasa./ (këngë e vjetër grash).

Një rrasë mbi krye;- d.m.th, dobët nga gjendja ekonomike. P.sh, 'Një rrasë mbi krye nuk kishin,por kështu ishin mirë nga shëndeti'.

Kur e gjeti rrasa vorbën?!;- ironi, d.m.th, ku e gjeti fjalën. P.sh, 'Ndenji sa ndenji, po më thuaj ti pastaj ku e gjeti rrasa vorbën, sa bukur ia ktheu'.

Si i lami n'rrasë, (n'drrasë);- d.m.th, dobët nga shëndeti. P.sh, 'Skendo ishte bërë si i lami në rrasë, kur e pashë në fillim'.

Rráthë(-t)

Iu lëruan rrathët;- tall., d.m.th, lëshon gazra jashtë mase. P.sh, 'Po këtij, iu lëruan rrathët keq sot më duket'.

I futi nja dy rrathë;- shaka, hëngri jashtë mase. P.sh, 'Ishte Dilo sot këtej, i futi nja dy rrathë dhe iku'.

Ka vajtur për rrathë shoshe;- tall., d.m.th, ka vdekur. P.sh, 'Dulla ka vajtur për rrathë shoshe ka dy vjet e, ti akoma flet'.

Rráxh/-ë

Kaq e mban rraxha;- d.m.th, kaq është e lejuar. P.sh, 'Ti djalë, sot kaq e mban rraxha, nesër duku prap'.

I vu rraxhën;- d.m.th, e preu diçka. P.sh, 'Dulla i vu rraxhën bukës qysh pas shtrimit në spital'.

Mos e mbush rraxhën;- shaka, d.m.th, mos u bëj për dajak. P.sh, 'Mos e mbush rraxhën o djalë, se të erdha atje dhe të nxiva'.

Rreckë/-a, leckë.

Me rrecka me pecka- shaka;- d.m.th;-me krejt. P.sh, 'Erdhi nusja me rrecka e kleçka'.

I ngriti rreckat;- iron., d.m.th, shkoj e vdiq. P.sh, 'Dulla i ngriti rreckat para dy netësh'.

E bánë rreckë;- d.m.th, e demaskuan keq. P.sh, 'Gupin e bënë rreckë në mbledhjen e partisë'.

S'dihet çka nën rrecka;- d.m.th, diçka e pa ditur, mos u nxitoni, mos u eksitoni. P.sh, 'Kujdes ju djem se nuk dihet se çka nën rrecka kjo punë'.

Rrej,/-ta,/-tur.

Rren të vdekurin;- iron., d.m.th, shumë mashtruesi madh. P.sh, 'Ik ore andej, se ti rren të vdekurin po të vijë puna'.

Dynja e rrejshme;- d.m.th, e përkohshme. P.sh, 'Po dynja e rrejshme është kjo more bir'- tha nëna.

Rren veten;- shaka, kënaqet me pak. P.sh, 'Ti mos rrej veten me aq pak mollë sa more, se ka sa të duash'.

Sille me të rrejtur;- d.m.th, preje pak pjerrtas, apo lakuar. P.sh, 'Merri gërshërët dhe sille pak me të rrejtur sa tu dalë prehri'.

Rren Zotin;- d.m.th, mashtrues i jashtëzakonshëm. P.sh, 'Mos rri me Rrapin, se ai rren zotin kur ka interes.'

Rrek,/ -a/ -ur

Na rreku n'muhabet (në fjalë);- P.sh, 'Ishim mbrëmë nga daja e na rreku në muhabetet'.

Si fik i rrekur;- d.m.th, plakur e tharë. P.sh, 'Takova Fajen sot, ama si fik i rrekur dukej i gjori.'

Rrem- degëzim

Rrem kuçedre;- e vjet fetare, një stuhi, shi, apo kërcitje të detit. P.sh, 'Rrem kuçedre është kjo po keni kujdes'. 2- një pushtet që vepron ashpër mbi njerëzit nën vete. P.sh, 'U sollën si rrem kuçedre me popullin, po shyqyr thyen qafën'.

Vinte deti rrema rrema,/ Pyste nusja se çka mrena,/ At se di as vetë deti., Vjen bandilli nga kurbeti(Këngë e moçme).

Rreshk,/ -a/ -ur

U rreshkën pleqtë;- shaka, d.m.th, mbahen mirë e për qejf. P.sh, 'Mirë janë, u rreshkën të dy së bashku'.

Na u rreshk goja;- shaka, d.m.th, koha për kafe. P.sh, 'Matie ku je ti, se na u rresh goja për një kafe'.

Rresht,/-i/-at

Të mban në rresht;- d.m.th, t'i mbledh gjalmat. P.sh, 'Ai baba im të mban në rresht, po nuk ia mbarove punën'.

Rreth,/-i

I ve rreth kokës;- d.m.th, i hyn një pune që nuk është e tij. P.sh, 'Mos i ve rreth kokës kot, se nuk është punë për ty'.

I dhanë rreth'n e daulles;- ironi, d.m.th, asgjë. P.sh, 'Kur u ndanë djemtë, të voglit i dhanë rrethin e daulles'.

Vajt për n'rreth daulles;- d.m.th, për dhjamë qeni. P.sh, 'Dhe kjo punë vajt për në rreth daulles'.

Rréze,/-ja /-et

S'ka një rreze imani;- keq., d.m.th, njeri paburrëri. P.sh, 'Se s'ka burri një rreze imani, vetëm Merkon kam parë'. 2- bylmet pa yndyrë. P.sh, 'Ky qumësht nuk paska rreze imani për qumësht'.

S'ka rreze për burrë;- d.m.th, i pabesë,. P.sh, 'Isha me Rrapin sot në punë, por pashë së s'kishte rreze për burrë'.

Rrëfej/-eva

U rrëfye prifti;-Ironi, d.m.th, spiunoi në degën e policisë. 'Sot pashë Dullën që u rrëfye te prifti'

Mos m'rrëfe përralla;- iron., d.m.th, trego të vërtetën. 'Ti mos më rrëfe përralla mua, por më trego si qe puna'.

I rrëfen babës kufijtë;- d.m.th, jep mend. P.sh, 'Ti i rrëfen babës kufijtë tashti me këtë fjalë.?!'

Ishte bá si i rrëfyer;- d.m.th, i trembur. P.sh, 'Pse Kola sot dukej si i rrëfyer?!'

Rrëké,/-ja/-të

Di ti presë rrëketë e veta;- d.m.th, i zoti vetes. P.sh, 'Malos mos ia qani hallin se ai di ti presë rrëketë e veta'.

Niset rrëke e del zall;- d.m.th, nga e vogla del e madhja. P.sh, 'Mos rreni shumë se niset rrëke e në fund del zall'.

Rrëmbéj/-éva,/ -ýer (rrëmej)

Si shi i rrëmbyer;- shaka, dikush me ngutje. P.sh, 'Po ky ç'na vjen kështu si shi i rrëmbyer.?!'

I rrmyer në fëtyrë;- d.m.th, i sëmurë. P.sh, 'Sala u gdhi i rrëmbyer në fëtyrë dhe e nisën urgjent për spital'.

Rrënjë,/-a₁ -ët

Sikur ke zán (shti) rránj;- iron., d.m.th, që nuk lëviz nga vendi. P.sh, 'Po hë more bir, bëj diçka, jo kështu sikur ke zënë rrënjë'.

Me rránj e me degë;- d.m.th, të gjithë. P.sh, 'Erdhën miqtë e ri me rrënjë e me degë'.

Si rránj te hithrit;- tall., d.m.th, që shtohen pa ndalim. 'Këta Gjelajt shtohet si rrënjët e hithrës, mos i keni merak shumë'.

Rrësk,/-u/-risk

Rrësk Allah;- d.m.th, në dashtë Zoti. P.sh, 'Rrisk Allah është kjo punë'.

Në gjurmë i shkel, në rrisk jo;- d.m.th, secili ka fatin e tij të dhënë nga Zoti, askush nuk mund ta përvetësojë.

Mos e paçim rrisk;- lutje, d.m.th, një e keqe. P.sh, 'Mos e paçim rrisk nga Zoti të kemi luftë'.

Si rriskun si qefinin;- d.m.th, e pa tjetërsueshme. P.sh, 'Njeriu, si rriskun, si qefinin do ta marrë'.

Rrëshqet.

Të rrëshqet nëpër duar;- shaka, d.m.th, të fshihet, i shkathët, pizeveng. P.sh, 'Kujdes Malon, se të rrëshqet nëpër duar e ti nuk e merr vesh fare'.

Rrëshqiti në t'thatë;- tall., d.m.th, gaboi. P.sh, 'Aty ti Kolë rrëshqite në të thatë, po ne nuk të thamë gjë'.

Rrëzë,/-a₁ -at

Nuk la rrázë e qosh;- shaka, kërkoj kudo. P.sh, 'Ku je more djalë se jot ëmë nuk la rrëzë e qosh pa të kërkuar'.

N'rrazë veshit e ka;- shaka, d.m.th, s'ka ngelur hak pa marrë e gjak pa larë. P.sh, 'Mos u mërzitni se dhe Dulla në rrëzë të veshit e ka të tijën'.

Rríc-ë,/-a / -at

E ka rricë;- d.m.th, e ka keq punën. P.sh, 'Sala e ka rricë këtë herë, le të shohim se si do t'ia dalë?'

Ia bëri rricë;- d.m.th, ia mblodhi keq, e ngushtoi punën. P.sh, 'Nusja ia bëri rricë djalit deri sa u ndanë'

U bë rricë;- shaka, d.m.th, u mblodh lëmsh nga frika. P.sh, 'Sa i bërtiti nusja, djali u bë rricë e doli jashtë'.

Rricë më rricë;- d.m.th, buzë më buzë. P.sh, 'ç'e ke mbushur këtë gotë rricë më rricë more bir?!'

Ia vuni rricë;- d.m.th, me

këmbëngulje. 'Djali ia vuri rricë s'ëmës për qumësht'.

Rrip,/-i /-a-/ at, rryp.

U bá si rryp daulleje;- iron., d.m.th, u deh keq. P.sh, 'Rrapi mbrëmë u bë rryp daullje e s'dinte ç'fliste'.

Iu këput rrypi i pallës;- mospërf., d.m.th, i ngeli hatri. P.sh, 'Po këtij ku iu këput rripi pallës tashti?!'

Rryp sanalli;- d.m.th, njeri kot, i pa bereqetshëm. P.sh, 'Sillet si rryp sandalli rrugëve tërë ditën'.

Ia lshoj rrypin qafës;- d.m.th, i foli me fjalë e sharje. P.sh, 'Aq qe puna, sa ia lëshoj rrypin qafës, menjëherë filloi sherri'.

Ksaj i thonë shtrëngo rrypin; dmth, lajmi është se bukë nuk ka. Psh, 'Po ti thuaje drejt shoku deputet, po kësaj i thonë që të shtrëngosh rrypin, se rrugë tjetër ska'.

Rrëmoqe/ -ja/-et, lokalerimorkio.

M'u bá rrëmoqe prapa;- d.m.th, që nuk të hiqet. P.sh, 'Kjo grua m'u bë rrëmoqe prapa'.

Rrëmoqe pas bythe;- d.m.th, që të bezdis. P.sh, 'ik more fëmijë njëherë se m'u bëre rrëmoqe pas bythe sot'.

Merr dhe rrëmoqen;- shaka, d.m.th, merr dhe gruan. P.sh, 'Kur të vini te ne, ti Kolë merr dhe rrëmoqen me vete'.

Rroskop;- iron., d.m.th, i vjetër, i de modë, i vjetërsuar, sahat rroskop, njeri rroskop.

Rrok kal., /-a, /-ur

Rroket për qimesh, ;- d.m.th, shtie sebep për asgjë. P.sh, 'Ti mos u rrok për qimesh tashti, hajde flasim si njerëz'.

I rroku gruan, vajzën;- dikujt, d.m.th, ia çnderoi moralisht. 'Dulla i rroku gruan Merkos, e vajti puna me gjyq'.

Rroken pleshtas;- d.m.th, grinden kot. P.sh, 'Kola me Malon, tërë ditën rroken pleshtas për asgjë'.

M'rroku djalli, dreqi;- ironike, d.m.th, m'u mbyll goja, m'u mshel. P.sh, 'Po si mua më rroku dreqi e nuk ia ktheva përgjigjen sikur e donte'.

Me t'rrok dridhmat;- d.m.th, gjendje e mjerueshme. P.sh, 'Kur i pashë në fillim pas tërmetit, ishte me të rrokur dridhmat'.

Grua e rrokme;- keq., d.m.th,

seksualisht e përdhunuar. P.sh, 'Ta paramendosh veten tënde si grua e rrokme, është tmerr'.

Aq ia rroku rradakja;- iron., d.m.th, aq ia preu mendja. P.sh, ' Kolës aq ia rroku rradakja aq bëri'.

Rrok e plas;- d.m.th, me nerva, i nxehur. 'Kola filloi rrok e plas për tokë, sa u detyruam të ikim'.

Rrokamë;- tallje, rrëmujë. 'Ishte bërë vendi rrokamë prej stuhisë.'

Rrokullimë/ë,-a f sh -at.

I dha rrokullimën;- d.m.th, e ndau, e përzuri e dëboi. 'Dulla i dha rrokullimën gruas parë'.

Rrokullis,/- ur

Me t'rrokullisur;- d.m.th, jetë copë copë. P.sh, 'Ja ashtu, me të rrokullisur po e kalojmë di qysh'.

Rrokulliset me t'venë;- d.m.th, e kalon mirë, s'ka ankesa. P.sh, 'Dada rrokulliset me të venë e gjora, ç'të bësh!'

Rrokullisi nja tre gota;- d.m.th, piu raki. P.sh, 'Ishte Kola këtej mbrëmë, i rrokullisi nja tre gota shpejt e shpejt dhe iku'.

Rrotë,/-a-/-at

Rrot kaishi;- tall., d.m.th, budalla. P.sh, 'Ik re andej, rrotë kaishi'.

Bota me rrota;- d.m.th, ç'ka shkon, vjen. P.sh, 'Botë me rrota është kjo, sot ti nesër unë'. (në të gjitha nivelet shoqërore).

S'ecën rrota po s'u lye;- shaka, d.m.th, pa dhënë diçka nën dorë, nuk mbaron punë. P.sh, ' Sa herë të kam thënë që nuk ecën rrota po s'u lye, po ti nuk më dëgjon mua!?'

Si rrot tundsi;- tall., d.m.th, pa pushim. P.sh, 'Si rrotë tundsi shkon Matia- e asnjëherë nuk ulet të pushojë'.

Rrotull

Qark e rrotull;- d.m.th, pa ndaluar fare. P.sh, 'Gjithë ditën qark e rrotull mbeta e asgjë në vijë'.

Si rrotull gjepi;- d.m.th, tmerruar. P.sh, 'Vinte cuca si rrotull gjepi, trembur prej disa qenve në rrugë'.

Rruar, -rróva.

T'rrun në t'thatë;- d.m.th, gënjen sy për sy. P.sh, 'Të rruan në të thatë ky njeri, po larg prej tij'.

M'rrove t'rrova brisku berberit;- d.m.th, as fitim as humbje. P.sh, 'Kështu dolëm sot, më rrove të rrova brisku berberit'.

I rroi lesht e Marikës;- iron., nuk i bëri dot asgjë. P.sh, 'U vërtit shumë por rroj lesht e Marikës, asgjë nuk bëri'.

Rruazë,/-a/ -at, (rruzë)

Shti rruza;- tall., d.m.th, nuk bën asgjë. 'Im shoq shti rruza tërë ditën- tha Matia duke qeshur'.

Ia theu rruzat;- d.m.th, e çnderoi. P.sh, 'Ai arixhiu më duket se ia theu rruazat sot arixhofkës.'

Rrufe,/-ja/-të

Rrufe t'báftë Zoti;- d.m.th, shumë e shpejtë' Kishin marrë një nuse Gjelajt rrufe të bëftë zoti'.

Nuk shti rrufeja n'hale;- iron., të keqin nuk e gjen gjë. P.sh, 'Mos e kini aq merak Dullën, sc nuk shtie rrufeja në hale ndonjëherë'.

E pret rrufenë n'dorë;- d.m.th, aq i zoti apo e zonja. P.sh, 'Kishte një grua ai Kola që vallahi rrufenë n'dorë e priste'.

Rrugë,/-a/ -ët

Rruga pamuk;- urim, d.m.th, të shkoftë mbarë. P.sh, 'Rruga pambuk të shkoftë o mik'.

Çfarë s'bie rruga!?;- d.m.th, ka të papritura. P.sh, 'Pse çuditesh, çfarë s'bie rruga'.

Rrukthi;-fjalë e rrallë, rrokullimas. 'Vinte rrukthi', 'ecte rrukthi', d.m.th, këmbadoras.

Rrukthi dukthi;- d.m.th, duke u përplasur. 'Vinte Sala poshtë rrukthi dukthi'.

Rrumb,/-i/-at. Lokale, rrum.

Futi rrumin;- shaka d.m.th, mos pirdh. P.sh, 'O shoq, futi rrumbin se na qelbe'.

Rrum bredhi;- shaka, njeri trup shkurtër, por i lidhur në muskuj. 'Si rrumb bredhi e kishe djalin, Mashallah'.

Rrúmbull,/-i/-jt. Lokale, rrumull

E bëri barkun rrumull;- d.m.th, u ngop. P.sh, 'Ishte Malo këtej, e bëri barkun rrumbull e iku se kishte pak punë'. 2- për bagëtitë. 'E paskan bërë delet barkun rrumbull sot'.

Rrumull e brumull;- d.m.th, dehur. P.sh, 'Merko me Rrapin u bënë rrumbull e brumbull mbrëmë sa rrugën se gjenin'.

E kishte gruan brumull;- d.m.th, ,shtatzënë. P.sh, 'Djali sivjet e ka nusen rrumull mashallah'.

Rrumbullak,/-e. Lokale, **rrumullak**

Ia bëri rrumullak;- d.m.th, ia ngushtoi punët. 'P.sh, 'Matisë ia bëri i shoqi rrumbullak, sa ajo nuk duroi më'.

Ta bën rrumullak;-, shaka, d.m.th, ta bën rrafsh. P.sh, 'Po ky Faja përherë rrumbullak ta bën dhe hajde merre vesh'

Mori një rrumullake;- shaka, d.m.th, një valle. P.sh, 'Kola ishte në dasmë sa mori një rrumbullake e iku shpejt'.

Rrumullon sytë;- shaka, d.m.th, sheh vërdallë si i hutuar. P.sh, 'Po ky çka tani që i rrumbullon sytë kështu!?'

Rrumullon sytë si dhia shytë;- tall., d.m.th, huton por dhe budalla. P.sh, 'Rrapi rrumbullonte sytë si dhia shytë kur u martua e bija'.

Rrungajë,/-a/-at

I hudhi rrungajat kurrizit;- d.m.th, e qortoi. P.sh, 'Matia ia hodhi rrungajat kurrizit Kolës kur i erdhi në shtëpi i dehur'.

Bámë rrungajë;- d.m.th, dehur tapë. P.sh, 'Pinë sa pinë, sa u bënë rrungajë pastaj nuk dinin se çfarë flisnin'.

T'i heq rrungajat;- d.m.th, pengesat. P.sh, 'Malo po desh t'i heq rrungajat, se ka problem!'.

Flinte nër rrungaja;- d.m.th, jetonte keq. P.sh, 'Se si flinte Rrapi ndër rrungaja në atë shtëpi të vjetër, nuk e kuptoj'.

Rrush/-i

Në gusht kur të piqen rrusht;- tall., d.m.th, kurrë më, që se lan borxhin. P.sh, 'Me paratë në gusht kur të piqen rrusht piqesh'.

E báni syrin rrush;- d.m.th, fjeti u kënaq. P.sh, 'e bëri syrin rrush djali e tani po ha bukë'.

-S-

Sabáh,/-u, - mëngjesi.

Ia bári sytë sabah;- d.m.th, e qëlloi me pëllëmbë. P.sh, 'Nuk dëgjoi çfarë i tha i ati, por u desh që t'ia bënte sytë sabah atëherë'.

Në sabah t'parë;- d.m.th, shumë herët. P.sh, 'Djali me nusen dolën në sabah të parë, se rrugën e kanë të largët.

Saç,/-i/-/et

I vuri saçin;- d.m.th, mori shumë nxehtë e thatë. P.sh, 'I vuri saçin, qoftë bekuar sivjet e po na thahen misrat'.

Sáçm/-e/-et

Saçme për derr;- d.m.th, i foli rëndë. P.sh, 'Ama saçme për derr, i fole shokut tënd sot?'.

I ka si saçme;- d.m.th, që lëshon gazra pa ndaluar. P.sh, 'Po ky njeri sot, i paska si saçme pordhët'.

Sáde- dmth pa perzier.

Qënke sade;- tall.,, d.m.th, i pa pirë, që flet normal. P.sh, 'Sot qenke sade, jo dje, hajde fol tashti'.

Kafe sade- shaka, ngjarje e re. P.sh A ka ndonje kafe sade andej nga ju apo jo?!

Sáf/-ë,/-a/-et;- radhët e faljeve në xhami nga besimtarët myslimanë. 'Safe e parë', 'Safe e dytë', 'Rregulloni safat' etj.

Shkonte vallja safë safë;- d.m.th, dallgë dallgë. P.sh, 'Në dasmën e nipit, shkonte vallja safë safë'.

Sahán,/-i/-at

Ngrán me një sahan;- d.m.th, rritur bashkë. P.sh, 'Me Hasanin kemi ngrënë me një sahan, prandaj e njoh mirë'.

T'i thyen sahanët;- shaka, d.m.th, nevrikoset shpejt. P.sh, 'Sa shpejt ti Malo t'i thyen sahanët?'

Sahat,-i/-et.

Nuk di sa është sahati'- iron., d.m.th, punëtor i madh. P.sh,

'Kur shkon Sela në punë ,nuk e di fare sa është sahati'.

Ç'e bi dekiku, se bi sahati;- d.m.th, ngjarjet ndryshojnë kohë pas kohe shumë shpejt. P.sh, 'Kujdes ju bir, se si kanë ardhur kohët, çfarë e sjell dekiku nuk e sjell sahati'.

Si sahat rroskop;- tall., d.m.th, njëherë punon njëherë jo. P.sh, 'Ti Dullë përherë si sahat rroskop ngele o burri dheut'.

Qëlloi n'sahat t'lig;- d.m.th, jo në orë të mirë, të mbarë. P.sh, 'Kur ia kërkuam cucën Kolës, më duket se qëlloi në sahat të lig, prandaj nuk u bë ajo punë'.

Sajój/-óva, /-úar

Sajoj djalin, vajzën;- d.m.th, fejoi apo dhe i martoj. P.sh, 'Duhet të pimë një kafe nga Malo, se ka sajuar vajzën, dëgjuam'.

M'a sajoi;- d.m.th, më kapi në kohën më delikate. P.sh, 'Ku vajti dhe ma sajoj, kur isha duke bërë dush'.

Sakat,/-i/-e

Mos e le sakat;- d.m.th, përgjysmë. P.sh, 'Shko punoje kopshtin dhe mos e le sakat, se nuk ka kush e punon tjetër'.

Saksalem;- fjalë e rrallë, d.m.th, i pa përdorur, i saktë, i shëndoshë, i mbajtur. P.sh, 'Erdhi djali saksalem nga ushtria'. 'Ky kalë qenka saksalem, bleje'.

Selamet/-i/-et;- d.m.th, të mirat. Theksi, tek germa 'e' e fundit.

Na nxori në selamet;- d.m.th, na shpëtoi, na ndihmoi. P.sh, 'Kjo makina që bleve tashti, na nxori në selamet. 2- Ironi. P.sh, 'Po si, na nxori në selamet kjo mushka juaj?!'

Salép,/-i, (lok., selep).

Brek' selep;- shaka, d.m.th, i palarë. P.sh, 'Ik re andej, brekë selep, se të rashë syve' (për fëmijët, me shaka).

Selep e pite, po të dogj qite;- shaka, që kërkon naze, kërkon të lutur. P.sh, 'Dashke selep e pite, po të dogj qite, ti'.

I shkon selepi nalt;- iron., d.m.th, i vlerësohen broçkullat. P.sh, 'I ka ardhur koha dhe Dullës, nuk e sheh që i shkon selepi nalt përherë'.

Ta shet selepin shtrenjt;- d.m.th, koprrac. P.sh, 'Hiqu more Dullës, se ta shet selepin shtrenjtë ai'.

Në shekullin e selepit;- tall., d.m.th, në kohë koti. P.sh, 'Nuk e shikon që jemi në shekullin e selepit, ku çdo gjë pa vlerë shitet si me vlerë'.

Shesin vetëm selep;- tall., d.m.th, si familje janë budallenj. P.sh, 'Për Gjelajt mos pyet, shesin vetëm selep'.

Sall;- enkas. P.sh, 'Unë erdha sall për ty', 'Ai fliste sall për mua'.

Sallaháne;- fjalë e rrallë, vërdallis, rri kot. 'Ky njeri, sallahane ngeli përherë', 'Njeri sallahane'.

Sakllam,;- fetare, me të vërtetë, ekzakt, i mirë, i mbajtur. 'Ky viç qenka sakllam', d.m.th, i shëndoshë', ose, 'Me sakllam e ke ti apo tallesh', 'Djalë sakllam', 'I ka fjalët sakllam' etj.

Sallataç/- ët;- fjalë e rrallë, quhet vendi ku vendoset xhenazja për ta falur, nga pjesëmarrësit tek varrezat.

Mos fli mbi sallataç;- d.m.th, bëhu i gjallë. P.sh, 'Lëviz more bir pak, e mos fli kështu mbi sallataç, se na mbyti varfëria'.

Sallátë,/-a/-at

U bánë sallatë;- d.m.th, u grindën, u zunë, ose u rrahën. P.sh, 'Gjelajt mbrëmë u bënë sallatë, por nuk e dimë se ku qe arsyeja'.

Hani sallatë, sa t'kalojë kjo natë;- d.m.th, nuk e merr vesh qeni të zonë. P.sh, 'Kjo është tamam, hani sallatë sa të kalojë kjo natë'.

Grin sallatë;- tall., d.m.th, flet pa lidhje. P.sh, 'Ky njeri di vetëm të grijë sallatë e asgjë tjetër'.

Samár,/-i/-ët

I ndërruan samarët;- shaka, u grindën. P.sh, 'Kola dhe Malo i ndërruan samarët, thjesht për pikë të qejfit'.

Iu bá samar sipër;- keq., e përdhunoi. P.sh, 'Kur e pamë ne, ai iu bë samar sipër'.

U bá dru samari;- tall., njeri i shtrembët. P.sh, 'Nuk e pe se u bë dru samari njaty e, nuk lëvizte nga vendi'.

Veç samarët kanë mangët;- d.m.th, shumë të trashë. P.sh, 'Mos më fol për ta, se veç samarët kanë mangët'.

Shkelmon samarin e vet;- d.m.th, budalla që shan fisin dhe familjen e vet. P.sh, 'S'kam parë njeri si Dulla, që ta shkelmojnë samarin e vet'.

Ku të vret samari;- shprehje pyetësorë, u të intereson, ku e ke hallin. P.sh, 'Po ty ku të vret samari kaq shumë për njerëzit e Dullës?'.

I bie samarit, të ngjojë gomari;- d.m.th, flet në parantezë. P.sh, 'Nuk e sheh si flet ai, i bie samarit të dëgjojë gomari'.

Ashtu ia do drutë samari;- iron., ashtu e ka qejf. P.sh, 'Ti mos u mërzit, se Merkos ashtu ia do drutë samari'.

Ha kashtën e samarit;- iron., d.m.th, rron keq. P.sh, 'Të thamë që mos e lësho punën, tashti ha kashtën e samarit'.

I flet samari;- tall., dëgjon personin që nuk duhet dëgjuar. P.sh, 'Rrapit i flet samari përherë'.

Me samar nër bark;- d.m.th, keq nga vakti. P.sh, 'Po ti more bir ngele po me samar nën bark, si është puna me ty kështu?'.

Sapllák/-e,/-ja/-et

Kokë sapllakë;- d.m.th, i pa marrë vesh. P.sh, 'Sa kokë sapllakë paske qënë, o burri dheut'.

S'mushet deti me sapllakë;- Mospërfillje, d.m.th, kur të kap varfëria. P.sh, 'Mirë e ke ti dajë, po nuk mbushet deti me sapllakë, kanë thënë të parët'.

Sa një sapllakë;- shaka, d.m.th, e vogël. 'Cucë sa një sapllake paske o Salë, por e bukur qënka'.

Sapun,/-i/ -ët

Shkojnë sapun;- d.m.th, shumë mirë, kanë shkim. P.sh, 'Nusja me djalin shkojnë sapun, sa qejf me i pa'.

Shkel n'sapun;- iron., gabon. P.sh, 'Sa herë të kemi thënë mos shkel në sapun, ja tashti ç'të ndodhi'.

Satelít,/-i/-ët

Nuk ia kap sateliti;- tall., d.m.th, nuk kupton aq mirë. P.sh, 'Kolës nuk ia kap sateliti aq mirë, andej duhet t'ia përsërisësh dy herë'.

Ngeli si satelit;- tallje, sa andej këtej. P.sh, 'Dulla ngeli si satelit e nuk e di se cilën anë të mbajë'.

Saze/-ja/-et

Ia kurdisin sazet;- iron., keq, d.m.th, dikush e ve nën këmbë. P.sh, 'Kolës ia kurdisin sazet, se ne e njohim mirë'.

Sebep,/-i/-et

Shti, (gjen) sebep;- d.m.th, ngul këmbë në diçka, gjen kleçka. P.sh, 'Ne i thamë Dullës, por ai shti sebep se nuk mundet'. Ose Gjen sebep e s'do me ardhur.

Ardhur me sebep;- d.m.th, me

ëmbëlsirë për lindjen e një fëmije. P.sh, 'Kanë ardhur njerëzit e nuses së djalit me sebep'.

Rroftë sebepi dhe sebepçiu;- shaka, falënderime dy palëve. P.sh, 'Rroftë sebepi dhe sebepçiu, që na mblodhën njëherë'.

E lemja sebep e vdeka n 'prag;- kosovare, d.m.th. çdo gjë është nga Zoti. Psh, 'Mos u mërzitini për babën që u ka vdekë se e lemja sebep e vdeka n 'prag kanë thënë të moçmit'.

Sebepçi-u/të;- fjalë e rrallë, d.m.th, ai që bëhet shkak për diçka. 'Rroftë sebepçiu'.

Sebepçie;- që flet për të mirë. 'Kjo është sebepçija për nusen e Kolës'.

Sédër,/-a

As me sedër, as me vedër;- shaka pa asgjë, totalisht kot. P.sh, 'S'kam parë njeri si Merko, as me sedër e as me vedër'.

Plum n'sedër;- d.m.th, fjalë shumë e rëndë. P.sh, 'Nuk e more vesh ti, plumb në sedër shtiu Dulla mbrëmë'.

Sefte;- ndajfolje

Nuse, dhanërr sefte;- shaka, që martohen për herë të parë. P.sh, 'Dhëndër sefte e kemi djalin, kështu që mos bëhi merak'.

S'e ka bá sefte;- shaka, d.m.th, nuk e ka provuar martesën. P.sh, 'Ti pse e ngacmon djalin, ai se ka bërë sefte'.

Sejmen,/-i/-ët

Tri nuse nji sejmen;- d.m.th, kur urdhërojnë të paditurit. P.sh, 'Tri nuse një sejmen, ishte ajo puna e tyre'.

Kur shtohen sejmenët, thyhen enët;- iron, d.m.th, kur bëhen të gjithë të parë, asgjë nuk mbaron si duhet.

Selam,/ i /et;- fjalë e rrallë, përshëndetje fetare. 'Keni selam nga Dada', 'Baba u bën selam', 'Ia priti selamet'.

Selam alejkum;- fjalë e rrallë, shprehje fetare myslimane. P.sh, 'Selam alejkum të gjithëve'.

Seri;- fjalë e rrallë, habi, ndodhi, diçka jo normale. P.sh, 'Fliste si për seri', 'Ecte si për seri', 'Puna tij qe seri'.

Serim;- fjalë e rrallë, fllad. 'Frynte një serim, me të kënaq shpirtin'.

Sevap,/-i /-et

Bërë për sevap;- d.m.th, në gjendje të dobët ekonomike.

'Pashë Dullën sot, ishte bërë për sevap i gjori'.

Bëj sevap;- d.m.th, ndihmo. P.sh, 'Bën një sevap nënës dhe më sill këtë shtambën nga kroi'.

Sënduk,/-u/-ët

Për ta mbajtur në një snduk pa fund;- d.m.th, shumë me vlerë, e bukur. P.sh, 'Kishte një vajzë ai Malo, për ta mbajtur në një sënduk pa fund'.

Sënduku i ngushtë;- ironi., d.m.th, zemra e ngushtë. P.sh, 'Po, ai është problemi, sënduku i ngushtë'.

Sëpatë/ë-a (lok.,- spatë).

Fjalën spate;- d.m.th, fjalë ashpër. P.sh, 'P.sh, 'Po ti ç'e paske atë fjalë sëpatë more djalë, pak më urtë'.

Kapën spatat;- d.m.th, u grindën keq. P.sh, 'Aq qe puna, sa kapën sëpatat, pastaj fut e bjer njëri tjetrit'.

Spata pret dhe bisht 'n e vet;- d.m.th, e keqja vjen dhe nga brenda. P.sh, 'Nganjëherë sëpata pret dhe bishtin e vet, prandaj mos u çudisni'.

Ta kalit spatën;- d.m.th, të bërtet, të flet. P.sh, 'Malo ta kalit sëpatën mirë, po vazhdove kështu'.

Prefin spatat;- shaka, grinden për qejf. P.sh, 'Veç ti shihje Kolën dhe Matinë sot, mprihnin sëpatat mirë'.

I bie spatës në një vend;- shaka, d.m.th, flet apo përsërit të njëjtën gjë. P.sh, 'Dulla i bie sëpatës në një vend, e mos ia merrni shumë për të madhe'.

Gojën spatë (shpatë), bythën thatë;- d.m.th, flet shumë, punë hiç. P.sh, 'Kjo Matia gojën sëpatë e bythën thatë, ngeli përherë'.

Kalit spata;- shaka, d.m.th, flet kot, si për pasnesër. P.sh, 'Ti Merko ngele vetëm duke kalit sëpata, o burrit dheut?!'.

Sitë/-a/, setë

E di daj Meta, çka seta;- shaka, vetëm ai e di. P.sh, 'E di daj Meta, se çfarë ka seta, prandaj mos lodhni kot'.

Ka setën e rrallë;- iron., d.m.th, që nuk i shikon fjalët, flet këput e hidh. P.sh, 'Matia ka setën e rrallë, mos i vini shumë re, dhe u mplak tashti'.

Skërfe/ ja;- brendia e hundës. 'Më dogjën skërfetë e hundës', 'Më djeg pak skërfeja e djathtë'. 2-Dru zjarri e thatë në oxhak. 'Vlonin skërfetat e thata në oxhak', 'U ndez si skërfe dëllinje'.

Iu çanë skërfetë;- tall., dmth, i pihet duhan tmerrësisht. P.sh, 'I u çanë skërfetë për duhan, prandaj bën ashtu'.

Skoroloq;- fjalë e rrallë, mbiemër që rri kot, vërdallë. 'Pse rri ashtu skoroloq e nuk bën diçka, çfarë të mungon?'.
Skoroloq/-i emër tallë. 'Erdhi ky skoroloqi tashti dhe na mëson ç'të bëjmë'.
Punë skoroloqësh;- shaka, punë koti, pa prokopi. Psh, 'Punë skoroloqësh qe ajo punë, po hajde më, si unë që do të dëgjoja djemtë'.

Skunij/-i;sh.njte- fjalë e rrallë, ndërresat e brendshme të një bebeje të vogël. 'Skunit e fëmijëve'. 'Lau skunit'. 'Po thante skunit'.
Pa dalë nga skunit;- ironi, dmth, që martohen herët. Psh, 'Po ata akoma s'kanë dalë nga skunit, nga shkojnë e martohen'.
I dhjeu skunit;- tall., kur dikush tmerrohet keq nga diçka. Psh, 'Ama sa pa arushën, i dhjeu djali skunit'.

Sofër/-a/-at
Si macja nër sofër;- d.m.th, dikush që rri vetëm duke u qarë e ankuar. P.sh, 'Po ky djall Dullë, ngeli si macja nën sofër'.
Nuk shtron sofër;- d.m.th, koprrac. P.sh, 'Dashke drekë te Rrapi ti, ai kurrë nuk shtron sofër'.
Të pjerdh sofrën;- d.m.th, bukëshkalë. P.sh, 'Sillo të pjerdh sofrën ti djalë, atë natyrë i ka dhenë zoti'.
Ngre sofra e ul sofra;- d.m.th, punë pa pushim. P.sh, 'Unë ngela si ai që, nge sofra e ul sofra, gjithë ditën'.

Sop,/-i,/-at.
I báni buzët sop;- d.m.th, u zemërua. P.sh, 'Nika i bëri buzët sop, se i foli i ati'.
I bán bythët sop;- d.m.th, dembel i madh. P.sh, 'Gupi i bën bythët sop e atë punë nuk e bën'.
Vajti sop em sop;- d.m.th, kryengulthi. P.sh, 'Po kjo ç'pati kështu, që vajti sop e m'sop, kush e shtyu?!'
Sorr;- fjalë e rrallë, që të mërzit, të bezdis. 'Ma sorri ky fëmijë sot' 'Ia sorra Dadës dhe ajo më bërtiti'.

Sórr /-ë,/-a /-at
Gjuan për sorra;- tall, dembel.

P.sh, 'Kola ka vite që gjuan për sorra, nuk e di ti?!'. 2- Shef për femra të liga, 'Paske dalë me gjuajt sorra, më duket ëh?!'.

Kujto pulën e ha sorrën;- d.m.th, kur s'ke mundësi tjetër. P.sh, 'Në disa raste ashtu vjen puna, do kujtosh pulën e do të hash sorrën'.

Kur s'ke pulën, do hash sorrën;- d.m.th, do të gjesh një alternativë nga e keqja. 'Tani kështu janë disa gjëra, kur s'ke pulën do të hash sorrën'.

Ia ka nxjerrë sorra sytë;- d.m.th, është marrosur, është lodhur, mërzitur. P.sh, 'Mos i vini faj të shkretës Mati, se ashtu ndodh kur të nxjerr sorra sytë'.

Të bajtshin sorrat;- shaka, në formë mallkimi, u çmendsh. P.sh, 'Po ku shkove moj bijë, që të mbajtshin sorrat të mbajtshin'.

Sorrë majë qarrit;- tall., person i mërzitshëm. P.sh, 'Dulla, sorrë majë qarrit ngeli për ne, e nuk na u hoq syve'.

Valle, varg sorrash;- d.m.th, gra që të mërzitin me llafe koti. P.sh, 'Po nga na u shpif ky varg sorrash tashti, ishim rehat'.

Mos të mallkofshin sorrat;- shaka, d.m.th, mos rafsh keq ndonjëherë. P.sh, 'Kështu vjen puna nganjëherë, mos të mallkofshin sorrat, kur i thonë fjalës'.

Spathi,/-u/-njtë

Si fanti spathi;- tall., d.m.th, në vend të papërshtatshëm. P.sh, 'Vajti dhe u ul si fanti spathi dhe as që e bënte mendje qeder'.

D'e pagush si fonti spathi'- d.m.th, patjetër. P.sh, 'Mos kujto se do të ikësh kollaj, do ta paguash si fanti spathi'.

Spec,/-i/-at

I dogj speci;- d.m.th, e kuptoi të keqen. P.sh, 'Kur i thamë se kishte gabuar, atëherë Kolës i dogj speci'.

Si specat n'varg;- tall., të parregullt. 'Vinin krushqit e Dilos si specat në varg, veç ti shikoje për të qeshur'.

I hyri speci n'mëth;- tall., mori super xhiro. P.sh, 'Po këtij, ku i hyri speci n'byth tashti, ku është problemi?!'.

Turi spec;- keq., sharje, d.m.th, trazovaç'. P.sh, 'Sa turi spec ishte ai djalë, sa sytë s'më kanë parë'.

U kap me speca, presh;- d.m.th, u zu gafil duke vjedhur. P.sh, 'Gupi u kap me speca, prandaj e hëngri telin e arixhiut'.

Spíc/-ë,/-a/-at

Vajti spicë;- d.m.th, shumë mirë. P.sh, 'Dasma vajti spicë, njerëzit kënduan e kërcyen sa deshën'.

Mori spicë;- d.m.th, mori të çarë, mori krismë, miqësia, shoqëria, muhabeti. P.sh, 'Nuk e morëm vesh gabimin, por puna mori spicë dhe zor se rregullohet'.

Fut, shtie spica;- keq., fut sherr, grindje, fitne. P.sh, 'Ky njeri, ditka vetëm të fusë spica e asgjë tjetër'.

I rrinin rrobat, fustani, spicë'- d.m.th, shumë bukur pas trupit. P.sh, 'Nuses i rrinte velloja spicë, dukej si yll'.

Spicë n'sy;- d.m.th, nuk e duroj dot, dikën. P.sh, 'Merkon e kam spicë në sy, sepse flet me kunja'.

Spinaq,/-i

Turi spinaq/- iron., d.m.th, llafazan. P.sh, 'Ik re andej, turi spinaq, se na çave veshët na çave'.

Spirrë/-ë,/-a/sh;- dhallë i holluar me ujë e kripë. P.sh, 'E paske bërë këtë dhallë, spirrë'.

Kjo sy spirra;- tall., d.m.th, kjo që ngatërron botën. P.sh, 'Sa erdhi kjo sy spirra në shtëpinë tonë, u prish rendi shtëpisë'.

Të ipte spirrën;- d.m.th, koprrac. P.sh, 'Dulla qe çoban shumë kohë, ama kur shtronte bukën, spirrën të epte'.

Sqepar,/-i/-ët

Mos zbardh sqeparët;- iron., d.m.th, dhëmbët. P.sh, 'Ik re andej mos zbardh sqeparët me ne, se nuk ta kemi vaktin'.

Shkul gozhdë pa sqepar;- d.m.th, flet kot më kot. P.sh, 'Ky Rrapi tërë jetën kështu ngeli, shkul gozhdë pa sqepar'.

Një sqepar vend;- d.m.th, një copë tokë. P.sh, 'Kishin blerë një sqepar vend dhe kishin ndërtuar shtëpinë mbi të'.

I krehën sqeparët;- d.m.th, dhëmbët, por u grindën. P.sh, 'Dulla dhe Rrapi i krehën sqeparët një copë herë sot, para se të shkonin në Pazar'.

Oj kamare, plot sqeparë;- iron., për një gojë që flet pa ndaluar. P.sh, 'Pusho i kemi thënë disa herë oj kamare plot sqeparë, se tërbove fshatin'.

Sqétull,/-a/-at

Si dy kunguj nën një sqetull;- iron., d.m.th, që nuk shkojnë bashkë. P.sh, 'Dulla me Matinë, si dy kunguj nën një sqetull janë, sa ngre njërin bie tjetri'.

I ngre, ngriti sqetullat;- d.m.th, u kurdis, u ngrit në pozitë. P.sh, 'Po këtij, kush ia ngriti sqetullat tashti?'

Stan,/-i/ -et.

E ngriti stanin;- d.m.th, shkoi e vdiq. 'Dulla mirë bëri, e ngriti stanin, një vdekë do e marrë njeriu'.

E ruan stanin pa qen;- d.m.th, i zoti, i shkathët, e ruan familjen e vet.

Bërë koka sa një qen stani;- tall., dhjamosur e shëmtuar. P.sh, 'Gupit i ishte bërë koka sa një qen stani duke ngrënë e duke pirë vërdallë'.

Stan pa bylmet;- iron., d.m.th, pa prokopi, jo e pëlqyer. P.sh, 'Gjelajt, mot e jetë si stan pa bylmet kanë qënë'.

Njerí stani;- shaka, njeri i mirë, por jo shumë i zhvilluar. P.sh, 'Rakipi njeri stani është, dhe ju shumë ia vini veshin'.

Stap,/-i /-et/-ínjtë;- lok., zdap.

I vu stapin;- d.m.th, e dëboi, e përzunë, e ndoqën. 'E mbajtën disa kohë në punë, pastaj i vunë zdapin se nuk bënte'.

Rri si zdap;- d.m.th, sillet vërdallë pa bërë asgjë. P.sh, 'Gjithë ky djalë rri si zdap, e nuk ze send me dorë'.

E hángri zdapin;- iron., u martua. P.sh, 'Mjaft u soll vërdallë, tani e hëngre zdapin, rri rehat'.

Brekët majë zdapit;- iron., d.m.th, të ngacmon seksualisht. 'Mos u merr shumë me Merkon, se ai vallahi, brekët majë zdapit ti vë'.. 2- që nuk bën asgjë, e turret pas femrash. 'Sala brekët majë zdapit i ka përherë, nuk ndryshon'.

Stela/ë,/-a, -at

Me cule e me stela;- tall., d.m.th, me gjithçka. P.sh, 'I erdhëm miqtë e ri me cule me stela'. 2- 'U ngritën e ikën Arixhinjtë ikën me cule e me stela e nuk u pamë më këtej, për një copë kohe të gjatë'.

Si stelë samari;- tall., dikush i papastër. P.sh, 'Ma paske bërë atë qafë si stelë samari, shko shpejt në dush e lahu'.

Nuk i shkon kush n'stelë;- iron., d.m.th, ka vështirësi martesore. P.sh, 'Rrapit nuk i shkon kush në stelë, se namin e lig e ka'.

Stela e madhe, pordha e vogël;- tall', dikush që di vetëm të lëvdohet. P.sh, 'Përherë ashtu e ke me Gjelajt, stela e madhe e pordhe vogël është me ta'.

Stërkalë/-ë,/-a
Bythë stërkalë;- iron., d.m.th, nuk ia mban të punojë. P.sh, 'Puno o byth stërkalë, se nuk jetohet me lloqe Kavaje'.
I shkonte stërkalë;- shaka, d.m.th, kishte shumë frikë. P.sh, 'Kur pa arushën, filloi t'i shkonte stërkalë nga pas'.

Súkull,-/i /-jt
Sukull nëpër shtëpi;- d.m.th, pa ndaluar një sekondë. P.sh, 'Ta shihje plakën time, sukull nëpër shtëpi, zotit i vinte gjynah'.
I ve sukllin gojës;- d.m.th, nuk flet. P.sh, 'Nusja kur e sheh që plaka flet, ajo i ve sukullin gojën e bën sikur s'ka veshë'.
Sukullinë,/a, /at;- fjalë e rrallë, femër jo e zhvilluar. 'Sillet si sukullinë', 'qënka sukullinë e gjora'.

Sumbull,/-a/ sumëll.
S'ia mban sumlla;- iron, d.m.th, ka frikë. P.sh, 'Hë, nuk ta mban sumbulla të hidhesh poshtë'.
Sumëll fildishi;- d.m.th, nuse shumë e bukur. P.sh, 'Kishte marrë ajo Matia një nuse për djalin, sumbull fildishi ishte'.
Po s'ta mbajti sumlla, shko e ha kumlla;- shaka, d.m.th, ik andej, lërja vendin dikujt tjetër. P.sh, 'Ti djalë, kështu është puna, po s'ta mbajti sumbulla, shko e ha kumbulla, turp nuk është'.

Surb/-a,/ -ur
Të surb gjallë;- d.m.th, i vështirë si njeri. P.sh, 'Se si u martove me atë njeri moj bijë, po ai të surb gjallë, nuk e sheh?!'
Surb vendin;- d.m.th, i pangopur. P.sh, 'Ti nuk mundesh me surb vendin, se jemi pjesëtarë të gjithë'.

Surbull
Jam surbull e turbull;- d.m.th, me dhimbje koke. P.sh, 'Sot qenkësh surbull e turbull, më duket gripi më ka zënë'.
Ve surbull'- shaka, femër jo e zonja. 'Kjo Matia si ve surbull qënka e gjora, por e urtë të paktën'.
Surbullinë;- fjalë e rrallë, që është e butë, tokë surbullinë. Figurative; 'Grua surbullinë!'.

Surrupatë/-a;- fjalë e rrallë, fytyra, rraca. P.sh, 'Gjithë kjo surrupata e tyre', 'Njerëz pa surrupatë'.
Të humbtë surrupata;- mallk.,

d.m.th, u turpërofsh. P.sh, 'Të humbtë surrupata të humbtë, ç'na bëre?!'

Sy,/-ri/-të

Nam sy të shof;- d.m.th, shumë e bukur. P.sh, 'Kishin Gjelajt një nuse, nëm sy të shoh'.

Ka pa botë me sy;- d.m.th, ka kërkuar botën, ka edukatë të zgjeruar. 'Kipja ka parë botë me sy, andaj dëgjojeni'.

E ka syrin në det;- d.m.th, i pangopur. P.sh, 'Kola ka syrin në det, po qe për ato punë'.

Nuk i bën syri tërrt;- d.m.th, trimi madh. 'Malos nuk i bën syri tërrt, ju thoni sa andej këtej'.

E ka marrë më sysh;- d.m.th, e kanë magjepsur. P.sh, 'Ajo qe mirë shumë kohë, por më duket se e kanë marrë më sysh, ngaqë është shumë e bukur'.

Një sy qorr e një vesh shurdh;- d.m.th, bëj sikur s'ke parë asgjë. P.sh, 'Biro, dëgjo dadën ti, një sy qorr e një vesh shurdh, e dil në derë'.

Nuk iu panë sytë;- d.m.th, shumë e turpshme. P.sh, 'Kishin në cucë ata Gjelajt, sa kurrë nuk iu panë sytë'.

Shkoi nga sytë kamët;- d.m.th, rrokapjekthi. P.sh, 'I gjori Gupi, shkoi nga sytë këmbët tërë jetën'.

Plas i ke sytë?!;- Shprehje qortuese. P.sh, 'Ku e ke mendjen', 'Po ti plas i pate sytë, që vajte dhe more këtë vajzë, (djalë) dembel'.

I kullojnë sytë;- d.m.th, e do diçka me çdo kusht. P.sh, 'Po këtij çka që i kullojnë sytë kështu?', ose, 'Dullës i kullojnë sytë, kur ia kujton partinë e punës'.

Syfyr,-i/ et.

Pordhë syfyri;- tall., d.m.th, rrena, dëngla. P.sh, 'Po ky pordhë syfyri na tregon tashti?!'

Syreta;- që është sa për sy e faqe të botës. Psh, 'Qe sa për syreta për vizitë, por ne e dimë se sa na do ai'.

E tha për syreta;- dmth, një ftesë jo me gjithë zemër. Psh, 'Ishte Rrapi këtej e tha për syreta që të na urdhëroni për darkë'.

2- ashtu kot së koti. 'Matia e tha sa për syreta atë fjalë, pa ditur që do të shkaktonte tërë atë zemërim'.

-SH-

Shabë/-a;- fjalë e rrallë, mospërfillje, femër e vogël, barkfryrë. P.sh, 'Sa shabë paska ngelur', 'E mirë, por kishte ngelur shabë'.

Shabaraq/ e/;- fjalë e rrallë. Që ka trupin e vogël por të mbushur. 'Sa shabaraqe paska ngelur ky qengj', 'Një farë shabaraqje vogël, por e mirë'.

Shafrán,-i /-ët

Shafran nga goja;- d.m.th, i ashpër. P.sh, 'Merko ishte shafran nga goja, prandaj mos e mërzitni shumë'.

I dilte shafran nga shpirti;- d.m.th, njerí shumë i poshtër. P.sh, 'Kur fliste për Kolën, shafran i dilte nga shpirti'.

Shaka/-ja/;- Pa shaka vallahi, d.m.th, është e vërtetë. P.sh, 'Pa shaka vallahi, do të vish sonte apo gënjen?!'

Shákull,-i.

Pordha shakull;- erë e fortë që rrotullohet e ngre përpjetë pluhur e borë. P.sh, 'Fryri një pordhë shakull bore e, desh na mbyti'.

E la shakull përdhe;- d.m.th, e rrahu keq, ose, e vrau një egërsirë. P.sh, 'Shtiu Sala dhe e la shakull derrin'.

Shalarok;- fjalë e rrallë;- Që i ka shalët e gjata ;-pelë, lopë, grua shalaroke, cjap, djalë, kalë shalarok.

Shál,/-a/-ët

Nuk pillet me shalë mbyllur;- iron., d.m.th, duhet mund e djersë që të arrihet diçka e mirë. Psh, 'Që të shkosh majë malit midis dimrit e dëborës, është si ajo shprehja që thuhet se nuk pillet me shalë mbyllur'.

Hem i shalës, hem i samarit;- d.m.th, i qetë. kokulur. P.sh, 'Malon e keni dhe të shalës dhe të samarit po qe për ato punë'.

Shalur/-i/-ët -shalavar

Lun n'shalur;- d.m.th, jo i fjalës dhe i besës, të hedh sa andej këtej. P.sh, 'Fola pak me Merkon, por më duket me luan në shalur me mua'.

Do lujt (përkund) n'shalur;- tall., d.m.th, do lutur për diçka. P.sh, 'Ti do luajtur në shalur, por unë s'kam kohë'.

Shargë/a emër dele lesh thinjur. Psh. Mile shargën mirë. Leshin e shargës e mbajmë për çorape. 2- lakër e kripur turshi. Kripa shumë sharga sivjet. Lëng shage. Na sill disa sharga nga kadja e madhe.

Shanërr; mbiemër. Lodhur, dërrmuar, i këputur. P.sh Sala kishte rënë nga kali poshtë e ishte bërë shanërr. Sot qenkam shanërr nga një sherr gripi. I ra derrit me çifte dhe e la shanërr përtokë. Ose. Mbylle gojën se të erdha atje e ti bëra dhëmbët shanërr ti bëra.

Sharrój /-óva,/ -úar

Sharron në t'thatë;- tall., d.m.th, flet në tym. P.sh, 'Dulla sharron në të thatë gjithë ditën e nuk mërzitet'.

Sharron qepra;- shaka, d.m.th, flet jerm. P.sh, 'E po të sharrojë qepra burri botës, ashtu s'kam parë ndonjëherë'.

Shejtán,/ -i/-ët

I ka lidh shejtanët;- shaka, d.m.th, është me të mirat. P.sh, 'Sala i paska lidh shejtanët sot, e po flet butë'.

Shejtan me brirë;- iron., d.m.th, shumë i djallëzuar. P.sh, 'S'ke parë ti kështu, shejtan me brirë, që mos rrijë një sekondë rehat'.

Shejtani fle, ti shkon e zgjon;- iron., d.m.th, lëre të keqen sikur është, mos e lëviz se më keq bëhet'.

Shelég,-/u/-ët

Avash avash, u bë shelegu dash;- tall., d.m.th, pak nga pak, mori formë e bukuri. P.sh, 'Mos e shani Xhiken, se i thonë fjalës, avash avash, bëhet shelegu dash'.

Sheleg byth përpurth;- d.m.th, njeri zhytaraq, që nuk kujdeset kurrë për vehten. P.sh, 'Sa sheleg byth përpurth qënke more ditëzi, vete dhe na shet mend'.

Kur t'milen shelegët;- shaka, kurrë. P.sh, 'Paret e Dullës, ia merr ti kur të milen sheleget tashti'.

Qeth si sheleg;- tall., d.m.th, qethur me rroska. P.sh, 'Ama të paska qeth daj Meta, si sheleg të paska bërë'.

Shémër-a/-ra/-at
Shkojnë si shemrat;- d.m.th, grinden keq. P.sh, 'Maloj me Kolës shkojnë si shemrat, nuk e dihet arsyeja'.
M'u bá si shemër;- d.m.th, na mërziti, na fut sherr e shamatë. P.sh, 'Ama dhe ti Merko, m'je bërë si shemër këto ditë vallahi'.
Shemër me dorën n'zemër;- shaka, d.m.th, e vështirë por e mirë. P.sh, 'Kjo Matia nganjëherë të bëhet si shemër me dorën në zemër, prandaj e dua shumë'.

Shénjë,/-a/-at
Njeri me shenjë;- d.m.th, që ka diçka të veçantë. P.sh, 'Njeri me shenjë është daj hoxha, prandaj respektojeni'.
Sa i bán shenjë;- d.m.th, shumë pak. P.sh, 'Hëngri bakllava, sa i bëri shenjë e shkoi burri botës'.

Sheqér,/-i
Më ngriti sheqerin;- d.m.th, të merakos, të tremb. P.sh, 'Po ku vajte more burrë se më ngrite sheqerin më ngrite?!'.
Mjaltë e sheqer;- d.m.th, në vaj. P.sh, 'Djali me nusen, mjaltë e sheqer shkojnë, e shumë jam e gëzuar'.
U tret si sheqeri;- d.m.th, u zhduk. P.sh, 'Po ky ku vajti kështu, që na u tret si sheqeri para syve. 2-U bë verem për diçka. P.sh, 'Djali mu tret si sheqeri për atë cucën e Gjelajve'.

Sherr,/-i
Nana e sherrit;- iron., d.m.th, që vetëm kërkojnë sebepe për grindje. P.sh, 'E po të jetë tjetri nëna e sherrit si këta Gjelajt, nuk më kanë pare sytë'.
Do ia shohësh sherrin;- d.m.th, të keqen. P.sh, 'Mos e bëj këtë kështu, se kam frikë që do t'ia shohësh sherrin'.
Ta sill sherrin me torbë;- d.m.th, ta gjen belanë m'u atje ku s'është. P.sh, 'Ky Dulla, për nder, me torbë ta sjell sherrin, ruhuni pret tij'.
Sherr budalla;- d.m.th, të keqen ta bën, pastaj tregon. 'Shumë sherr budalla ishte ky njerí, prandaj kini kujdes'.
Sherri do nge, davaja do pare;- d.m.th., të ndjekësh një drejtë, merr kohë dhe shpenzime. P.sh, 'Mirë e ke ti që thua ashtu, por kot nuk kanë thënë që, sherri do

nge e davaja do pare'.

Na polli sherri;- d.m.th, na gjeti belaja. P.sh, 'Na polli sherri me këtë fëmijë, mezallah se ndreqet'.

Sherret/i;- fjalë e rrallë, d.m.th, që është shumë i djallëzuar. 'Djalë sherret', 'Ku vajti ai sherreti'.

Sherret/e;- fjalë e rrallë, vajzë sherrete. 'Sa sherrete paska qenë'.

Shesh,/-i/-et

Shesh besh;- d.m.th, në barazim. P.sh, 'Shesh besh dolën, vajtën shesh besh'.

Gjen shesh, bën përshesh;- iron., d.m.th, prish gjithçka. P.sh, 'Mirë ua bëri që e votuat, ai gjen shesh e bën përshesh'.

T'a nxjerr n'shesh;- d.m.th, ta thotë ndër sy. P.sh, 'Me Malon ashtu e ke, ai ta nxjerr në shesh atë që ka për ta thënë".

Shëndét,/-i

Shëndet e bytht' e forta;-tall, d.m.th, të rrosh vetë po ajo që iku, iku. P.sh, 'Kësaj, ti djalë, i thonë shëndet e bythët e forta'.

Ra shneti, vdiq mreti;- shaka, d.m.th, po u mplake, nuk bëhesh më për grua. P.sh, 'Mirë e ke ti more djalë, po i thonë fjalës, ra shëndeti, vdiq mbreti'.

Shi

Se lag shiu;- d.m.th, i ka krahët e ngrohtë. P.sh, 'Dullën s'e lag shiu, prandaj i jep gojës ashtu'.

Shi, shi babashi,/ Ç'báni plaka në mulli,/ Poqi tre kuleçë në hi,/ Një e poq, një e dogj,/ Tjetrin e hëngri me gjithë zogj. (Përrallë e moçme).

Shirk,/-u;- një nga mëkatet më të mëdha, sipas fesë islame. 'T'i bësh Zotit shok apo birësim, është shirk'. 'Ta paragjykosh tjetrin është shirk'.

Shishe,/-ja/ -et

Ka pjerdh n'shishe;- d.m.th, ka gjetur belanë. P.sh, 'Më duket se Dulla ka pjerdhur në shishe me ata të vetët'.

Shkalafaq;- fjalë e rrallë, d.m.th. që është shumë i dobët, apo shumë i lodhur. P.sh, 'Shumë shkalafaq qenkam sot'. 'Mu shkalafaq fare trupi sot, në atë faqe dielli'.

Shkel/ -a

Shkel bishtin e qenit;- d.m.th, pickon dikën në vend të gabuar. P.sh, 'Po ti mos ke shkel bishtin e qenit që të janë vënë pas ashtu?!'.

Ka shkelur;- d.m.th, është me xhinde. P.sh, 'Mos të ka shkelur djali moj Matia, që sillet kështu?!'.

Nuk shkel n'at' dërrasë;- d.m.th, është i kujdesshëm. P.sh, 'Nuk shkel Malo në atë dërrasë, ua garantoj unë'.

Tak se shkela nji mut;- mospërf., d.m.th, qe gabim im. P.sh, 'Ah po, ke të drejtë, tak se shkela një mut sot'.

Ia ka shkelur rrota bishtin;- d.m.th, është në gjendje të pazgjidhur. P.sh, 'Dullës, për momentin, ia ka shkelur rrota bishtin'.

I kam shkelur;- d.m.th, i kam parë, vizituar. P.sh, 'I kam shkelur ato vende disa herë'.

Mos t'shkeltë nëpër oborr;- iron., d.m.th, aq i fëlliqtë është. P.sh, 'Zot na ruaj, vetëm ai mos të shkeltë nëpër oborr'.

Ku iu shkel mushka?!;- mospërf., d.m.th, ku i ngeli hatri. P.sh, 'Po asaj tashti ku iu shkel mushka, që nuk na flet me gojë!'.

Ku shkel topi, s'le gjurmë pushka;- iron., d.m.th, ku bëhet gjëma madhe, të voglat s'janë asgjë. P.sh, 'Mos u mërzit ti çuni i dajës, se ku shkel topi s'le gjurmë pushka, kanë thënë pleqtë'.

Shkëmb,-i/-ínjtë/ -shkám

I doli shkam;- shaka, d.m.th, hasi në vështirësi. P.sh, 'Kolës i doli shkëmb sot me Dullën dhe ishte i mërzitur'.

Ta heq shkámin;- ironi., d.m.th, të vret, të zhduk' (supozohet heqja e karriges kur ekzekutohet një person me varje). P.sh, 'Dulla ta heq shkëmbin për nder dhe, hiç nuk i bëhet vonë'.

Prashit nëpër shkám;- shaka, d.m.th, ia fut kot. P.sh, 'Ti mos prashit nëpër shkëmb ashtu, se nuk ka kuptim'.

Shkám i gjallë;- d.m.th, shumë i fortë. P.sh, 'Vajta në arë me prashit, por ishte shkëmbi gjallë', Ose, 'Kjo bukë qenka tharë e bërë shkëmbi i gjallë'.

Të hedh nga shkámi dhe t'pret poshtë;- të tallë, të vret dhe të qan. P.sh, 'Ore mu hiquni qafe me gjithë Merko, se ai të hedh nga shkëmbi dhe të pret poshtë pastaj'.

Shkollavan;- që është i pamësuar, që pretendon se di gjithçka. P.sh, 'Nuk ke se çfarë mëson prej atij shkollavani'.

Shkopí/-njtë.

Tharë e bá si shkop;- d.m.th, dobësuar. 'Më erdhi keq kur e pashë Dadën, që ishte tharë e bërë shkop'.

Shkopin kurrizit;- mospërf.,

dëboje nga aty dembelin. P.sh, 'Pse pret, shkopin kurrizit dhe bjer rehat'.

Të shkopit ene të trajsës;- d.m.th, fukarenj e rrugëve. P.sh, 'Sa hyri komunizmi, e bëri popullin të shkopit e të trajsës'.

Si ato n'shkop;- me kuptim negativ, d.m.th, si kërcimtare e klubeve të natës. P.sh, 'Po kjo ç' qenka bërë kështu, si ato në shkop'.

U bá shkopi shejtanit;- d.m.th, shumë i prapë. P.sh, 'Pse do të bëhej Dulla shkopi shejtanit kështu, mendja kurrë nuk ma merrte'.

Ta jep bukën majë shkopit;- d.m.th, shumë koprrac, ose, shumë i dhunshëm. P.sh, 'Ma ka bezdisur Dulla, se bukën majë shkopit ta jep'.

Shkop prej muti;- keq., d.m.th, njeri trazovaç. P.sh, 'Sa shkop prej muti që ishte Gupi more burra, a e patë!?'

Shkoq.

Nuk shkoq dy qen, prej nji muti;- shaka, d.m.th, shumë i paaftë. P.sh, 'Habitem si e zgjodhët kryeplak, po ai nuk shkoq dy qen prej një muti more njerëz!'

Si pare e shkoqme;- d.m.th, humb pa nam e nishan. P.sh, 'Puna e Dullës shkoj si pare shkoqur, kurrë nuk iu pa hairi'.

Shkreh/ -a,/ -urAs të ngreh, as të shkreh;- iron., d.m.th, person pa vlerë. P.sh, 'Mos u merr me Dullën kot, se ai as ta ngreh e as ta shkref'.

Gjej shkrehur;- d.m.th, pa përgatitur. P.sh, 'Ti më gjete shkrehur, më jep pak kohë sa të bëhem gati'.

Nipi shkreh për dajën;- d.m.th, sipas zakonit të hershëm, nipërit ishin të detyruar nga zakoni që në çdo rast rreziku, duhej që t'i dilte zot dajës. P.sh, 'Kështu e do zakoni që nipi shkreh për dajën'.

Shkrep/a,/ -ur

Si t'i shkrepet;- d.m.th, si t'ja jap mendja. P.sh, 'Mos i beso shumë Dullës, se si ti shkrepet e ka ai'.

Nuk ia shkrepi fare;- d.m.th, që nuk ka lindur asnjë fëmijë. P.sh, 'Shumë u munduan për një fëmijë, por nuk ia shkrepi fare, s'desh Zoti'.

Shkresë/,-a/ -at

Do nji shkresë hoxhe;- iron., d.m.th, ka rrëshqitur nga mendtë. P.sh, 'Më duket se do një shkresë hoxhe ti, se ke ca kohë që sillesh pak habitshëm'.

Shkesi-/-ët;- fjalë e rrallë, personi që ndërhynte për një vajzë, apo, për një djalë që të martoheshin bashkë. 'Po vjen shkesi', 'Dulla ka qenë shkes për Kolën, kur u martua'.

Martuar me shkresi;- d.m.th., me ndërmjetës. 'Matia është martuar me shkresi'.

Nuk te ikin shkeset; dmth nuk behet qameti. P.sh. Po ti pse ngrihesh kaq shpejt se nuk te ikin shkeset po te rrime sonte.

Shkrétë (i, e)

I shkretë, mos qoftë as dreqi;- d.m.th, askënd mos e lëntë Zoti vetëm.. P.sh, 'I shkretë mos qoftë as dreqi, se kështu nuk rrohet'.

Na la shkret;- d.m.th, na la shumë keq. P.sh, 'Vdiq nëna e na la shkret, mezi po e marrim vehten, tha ai djali'.

Shkri/- j/ -va, /-rë

E shkrive qemanen;- tall., d.m.th, e katranose fare. P.sh, 'Ama e shkrive qemanen me atë këngë o Qifo'.

Ngrij shkrij;- d.m.th, gjithë kohën në merak. P.sh, 'Pasi pushoi tërmeti, ne akoma ngrij shkrij, se mos binte tjetri'.

Shkrúaj /-óva,/ -úar

Á e shkrume;- d.m.th, caktim nga Perëndia. P.sh, 'Kështu është e shkruar nga Zoti, veç durim të keni'.

Të shkroftë hoxha;- d.m.th, u çmendsh. P.sh, 'Ç'na bëre more burrë, që të shkroftë hoxha të shkroftë'.

Shkruj e hudh;- shaka, punë pa rendiment. P.sh, 'Ngela shkruaj e hidh gjithë ditën e, asgjë për së mbari'.

Shkul/-a

Ngul e shkul;- iron., d.m.th, asgjë në dritë. P.sh, 'Dhe kjo puna jote, ngul e shkul ngeli përherë'.

Ti shkul dhámët;- d.m.th, shumë i egër. P.sh, 'Ky Dulla nganjëherë t'i shkul dhëmbët, por kijeni pak kujdes'.

Ka vajt me shkul qepë;- tall., d.m.th, ka vdekur. P.sh, 'Merko ka shkuar me shkulur qepë ka dy vjet, ti e kujton sivjet'.

Shkúmë,/-a

Shkuma buzës;- d.m.th. shumë vështirë. P.sh, 'Sot shkuma buzës na shkoi gjithë ditë te autokombajna, se duhej shirë gruri'.

Na nxori shkumën;- d.m.th, na lodhi për kot. P.sh, 'Ky shefi na e nxori shkumën gjithë ditën sot në zbor'.

Shkumaq;- fjalë e rrallë, mospërf., d.m.th, që ka shumë shkumë, dhallë shkumaq. Nga na e solle këtë shkumaq, se na thartoi krejt'.

Kos shkumaq;- d.m.th, njeri shumë i thartë. Psh, 'Hidhet përpjetë si kos shkumaq e asgjë në trastë'.

Shkund/ -a, /-ur

I shkun deri ku s'bán;- d.m.th, shumë i varfër. P.sh, 'Si u vdiq dhe i ati, ngelën të shkund deri ku nuk mban më'.

Shufër që shkun arrat;- shaka, femër trup gjatë dhe e hollë. P.sh, 'E paske këtë cucë oj Mati, si shufër që shkund arrat'.

Xhaketë shkunur;- d.m.th, shumë i varfër. P.sh, 'Sot për sot është xhaketën e shkundur, çfarë bie nesërmja, një Zot e di'.

Ka kush ia shkun arrat;- mospërf., është dikush që ia bën atë punën. P.sh, 'Kësaj gruaje, është dikush që ia shkund arrat,

po s'mund po e gjejmë'.

Postiqe shkunur;- iron., njeri i lig. P.sh, 'Sa postiqe shkundur ishte i varfri, kujtonte se e kishim frikë'.

Ia shkuni kurrizin- tall. d.m.th e rrahu dikë. Psh. Gupit ia shkundën kurrizin se e kërkoj.

Shkurt;- ndajfolje.

I ka fjalët shkurt;-d.m.th, nuk ta përton shumë. P.sh, 'Kola i ka fjalët shkurt po e ngacmove'.

Shkurt e pikë;- d.m.th, si përfundim. P.sh, 'Shkurt e pikë, kjo punë kështu duhet të bëhet'.

I ra për shkurt;- tall., d.m.th, për krye. P.sh, 'Matia u ra për shkurt punëve, se do të shkonte në dasmë'.

Rrugë e shkurtme, del e mutme;- d.m.th, ngutja, nganjëherë nuk del mirë. P.sh, 'Sa herë të kam thënë more birë, që rruga e shkurtme del e mutme'.

Shkurtój/ -óva

Shkurtoj ditë; dmth pres vaden e nuses. P.sh, 'Malo shkurtoj ditë, e nesër është mirë që t'i shkojmë për hajërli'.

Shkurtoja drutë;- d.m.th, thuaja troç, futi një dru. P.sh, 'Ti shkurtoja drutë njëherë dhe, nuk e sheh më vërdallë'.

U shkurtu dita, u shkurtu jeta;- shaka. 'Kështu e ka kjo punë, u shkurtua dita u shkurtua jeta, tha daj Meta'.

Shllegë,/-a;- fjalë e rrallë, d.m.th, që është djegur apo ka hapur plagë nga diçka. 'Lëkurën shllegë', 'Ky lëngu i fikut, ma bëri dorën shllegë'.

Short

Si t'bjerë shorti;- d.m.th, si ta kesh fatin. P.sh, 'Ti s'ke pse ankohesh, se si të bjerë shorti është kjo punë'.

E bán me short;- d.m.th, kujt ti bjerë, ose si t'i bjerë. P.sh, 'Kur u ndanë djemtë, e bënë me short'.

Mos t'raftë ai short;- d.m.th, mos paç atë fat. P.sh, 'Mos të raftë ai short thuaj, se ske ç'bën'.

Shóshë,/-a/ -at

Bá shoshë;- d.m.th, shpuar gjithandej. P.sh, 'E kishte bërë ujku delen shoshë me dhëmbë'.

Byth shoshë;- tall., dikush që lëshon gazra pa ndalim. P.sh, 'Ik ore andej, byth shoshë paske qenë'.

Groshë, ta bán bythën shoshë;- iron., dikush që flet pa ndalim dhe ta mërzit. P.sh, 'Groshë që ta bën bythën shoshë, qenka ky njeri'.

Si ato me shoshat;- tall., d.m.th, si arixhofkat. P.sh, 'Ç'qënkeni bërë si ato me shoshat, këtë se kuptoj!?'.

Një shoshë krunde;- iron., d.m.th, krejt të pavlerë. P.sh, 'Një shoshë krunde qenkeni të gjithë'. Ose, 'Një shoshë krunde foli ai njeri, një copë herë'.

Krundja ngel mbi shoshë;- iron., d.m.th, ai që mburret, duket se është fyshk nga mendja.. P.sh, 'A të kam thënë o Malo, krundja ngel mbi shoshë, a e pe sot Gupin?'

Një shoshë e gjysëm burra;- shaka., d.m.th, të mençur. P.sh, 'Pse si na di ti neve, jemi dhe ne një shoshë e gjysmë burra'.

Shpátë,/-a/ -at

Gojën shpatë, bythën thatë;- tall., llafe shumë e punë hiç. P.sh, 'Zyken ashtu e ke përherë, gojën shpatë e bythën thatë, kudo që shkon'.

I krefën shpata;- shaka, d.m.th., u grindën. P.sh, 'Kola me Matinë më duket se i krehën mirë shpata sot!'.

N'për teh t'shpatës;- d.m.th, që shpëton shumë hollë. 'Merko nëpër teh të shpatës kaloi, por ja hodhi dhe këtë herë'.

T'rrun me shpatë;- tall., d.m.th, të gënjen. P.sh, 'Po nuk e dini që ai të rruan me shpatë përherë!?'

Shpátull,/-a/ -at.

E priti me bisht e shpatull;- d.m.th, me gjithë të mirat. P.sh, 'Malo e priti me bisht e shpatull mikun e ri'. (Sipas traditës së vjetër shpatulla ose bishti deri në veshka i bagëtisë së therur, pasi piqej i jepej mikut më me rëndësi.)

T'merr krahun me gjithë shpatull;- iron., dikush shumë tamahqar për vete. P.sh, 'Për atë punë, Dulla krahun me gjithë shpatull ta merr'.

Nuk bie macja me shpatull;- iron., d.m.th, dikush që nuk pranon asnjë gabim tijin. P.sh, 'Sa herë u kam thënë që nuk bie macja me shpatull, ashtu është Merko'.

Thikë në dy shpatullat;- iron., i pabesë. P.sh, 'Ajo që bëri Dulla, thikë në dy shpatullat qe për Kolën'.

Na nxori shpatullat;- d.m.th, na lodhi tmerrësisht. P.sh, 'Kjo puna me kosë tërë ditën, na nxori shpatullat nga vendi'.

Dorën n'shpatulla, gishtin pas;- d.m.th, të lan e të lyen e nga pas të vret. P.sh, 'Ky Merko përherë dorën në shpatulla e gishtin në mëth ta bën'.

Shpéllë,/-a /-at

Hap gojën shpellë;- shaka, d.m.th, qan me të madhe. P.sh, 'Ç'ka ky fëmijë që ka hap gojën shpellë kështu e qan me të madhe!?'

Sa për t'ia mbyllur shpellën;- d.m.th, sa për t'i zënë gojën. P.sh, 'I dhashë pak para sa për të mbyllur shpellën, se kush e duronte'.

Si ata t'shpellës;- tall., d.m.th, si xhind. P.sh, 'Po ky ç'paska që bëka sot kështu si ata të shpellës!?'.

Shpëlá/-n/-j/-va

T'i shplan sahanët;- tall., d.m.th, që t'i bën të gjitha. P.sh, 'Me Malon mos u kapbi, se ai vallahi ti shplan sahanët po i hypi inati e, nuk i bëhet vonë fare'.

Si e shplame;- tall., d.m.th, jo aq e pashme. P.sh, 'Kishin një cucë ata Gjelajt, si e shpëlarë dukej e shkreta'.

E shplau mortja;- mospërf.,

d.m.th. vdiq. P.sh, 'Merkon e shpëlau mortja dhe shpëtuam'.

Të shplaftë mortja ime;- shaka, d.m.th, vdeksh. P.sh, 'Ty të shpëlaftë mortja ime inshalla ndonjë ditë'.

Laj e shplaj e send n'gardh;- d.m.th, punë shumë e duk hiç. P.sh, 'Sot ngela laj e shplaj e send në gardh, kur i thonë fjalës'.

Shpërdhikës/-e;- që është i lëvizshëm, i shkathët. P.sh, 'Sa shpërdhikës qënka ky fëmi'. 'Grua shpërdhikëse'.

Shpifarak-u /ët;- i keq në të parë. 'Nga na e sollën këtë shpifarak xhanëm në brigadë'. 'Sa shpifarak që ishte Gubi'.

Shpirraq/e;- fjalë e rrallë, që mezi mbushet me frymë, tekanjoz. P.sh, 'Mac shpirraq', 'Grua shpirraqe'.

Shpínë,/-a/ -at

Ia di shpina;- shaka, d.m.th, e di vetë se çka hequr. P.sh, 'Kolës vetë ia di shpina se çka hequr, derisa doli nga burgu'.

Iu kru shpina;- iron., d.m.th, vetë e kërkoi. P.sh, 'Pse mërziteni ju, atij vetë iu krua shpina'.

E solli (pruri) shpinën;- iron., d.m.th, erdhi përsëri. P.sh, 'U zhduk për disa kohë, por prap e solli shpinën'.

Përherë me shpinë;- d.m.th, pa kujdesje. P.sh, 'E lashë të kujdesej për kopshtin, por përherë me shpinë i bën gjërat'.

Sa fryn era, ta kthen shpinën;- iron., d.m.th, person interesaxhi. P.sh, 'Merko sa fryn era ta ka kthen shpinën'.

Shpirt,/-i/ -rat

I ra shpirti rehat;- d.m.th, vdiq e shkoi. P.sh, 'Baba vuajti shumë kohët e fundit e tashti, i ra shpirti rehat'.

Ta ban shpirtin bostan;- d.m.th, të mërzit jashtë mase. P.sh, 'Ma bëri shpirtin bostan ky njeri, a ka kush të ma largojë'.

Shpirti është plak;- shaka, d.m.th, kur fëmijët nganjëherë flasin fjalë të habitshme. P.sh, 'Shpirti është plak, pavarësisht se ai është fëmijë'.

Shpirtin e kam për vete;- d.m.th, nuk mund të shtoj apo gënjej, kjo është e vërteta. P.sh, 'Të tregova sikur e pashë, shpirtin e kam për vete, nuk mund të gënjej, se më vret Zoti'.

Për shpirt t'nanës;- shprehje betimi. P.sh, 'O djali im, mos bën ashtu se për shpirt të nënës, do të rrah'.

I doli shpirti si qen;- d.m.th, vuajti se qe mizor. P.sh, 'Dullës i doli shpirti si qen, e askush se derdhi një lot'.

Me gjysmë shpirti;- d.m.th, gati në të vdekur. P.sh, 'Me gjysmë shpirti e gjeta nanën, të paktën u hallashtisa'. ' Erdhi për të ardhur, ama me gjysmë shpirti'. (ose nga lodhja, sëmundja apo pleqëria.)

Si macja me dy shpirtra;- ironi. P.sh, 'Unë nuk jam si macja me dy shpirtra, por dhe unë kam nevojë për diçka'.

Ja ka dhán shpirtin dreqit;- tall., që bën prapsira. P.sh, 'Hiquni prej atij, se ai shpirtin dreqit ja ka dhënë'.

Ja shpirt e dil;- d.m.th, vështirë, një gjendje e pakalueshme. P.sh, 'Patëm një punë sot, ja shpirt e dil'. 'Kola ia mërziti Matisë ja shpirt e dil'. 2- Merre shtruar një punë. P.sh, '. Mos u nxito, se nuk e ka kjo punë ja shpirt e dil'.

Shpoj/-óv.

E shpoi n'plánc;- tall., d.m.th, e prishi një punë a diçka. P.sh, 'Çdo gjë qe mirë në fillim, pastaj erdhi Dulla dhe e shpoi në planc'.

Të shpon me thumb;- d.m.th, të nget me fjalë. P.sh, 'Me ty Malo nuk rrihet, se ti përherë të shpon me thumb'.

Shportë/ -at.

Fjalën e mirë e gurin n'shportë;- iron., që nuk të mbaron punë. P.sh, 'Kola përherë fjalën e mirë e gurin në shportë e ka me këdo'.

Shpuar;- ndajfolje

I doli e shpuar;- iron, d.m.th, e përdorme gruaja. P.sh, 'Thanë që i doli e shpuar, prandaj e përzuri nusen;.

Vari një gur t'shpuar;- iron., mbroje nga syri lig. P.sh, 'Paske nuse të mirë o Kolë, po vari një gur të shpuar'.

Shpuzë/,-a

Shpuzë e mbulume;- iron., d.m.th, që ta bën të keqen fshehurazi. P.sh, 'Si shpuzë e mbuluar paske qënë o Dullë, haram e paç'.

Si me mbajt shpuzën n'dor;- diçka, vështirë për ta ruajtur. P.sh, 'Këto vajzat sot ja si me mbajt shpuzë në dorë'.

Shpuzë t'baftë zoti;- d.m.th, femër shumë e shkathët. P.sh, 'Kishte një gocë ai Kola, shpuzë të báftë zoti, ishte'.

Si me puth n'shpuzë;- tall., diçka e lakmueshme, por e rrezikshme pastaj. P.sh, 'Si me puth në shpuzë, qe anëtarësimi tij në parti'.

Shqep/-a/ -ur

Qep e shqep;- iron., d.m.th, fol pa lidhje. P.sh, 'Isha njaty me Matinë, qep e shqep me të, tërë ditën'.

Shqeto.

E do shqeto;- d.m.th, pa sheqer e qumësht. 2-E do që t'ia thuash troç. P.sh Po ti e do shqeto tashti apo si e ke punen?!

Shtámbë/-a/ -at

E do pa e thyer shtamën;- d.m.th, duhet me kohë çdo gjë. 'Mos i bërtit tashti djalit, kjo punë e do pa e thyer shtamën'.

Sa një shtamë n'kám;- d.m.th, shumë e vogël. Kishte gjetur djali një nuse, sa një shtambë në këmbë, por shumë e dashme'.

Si ai me shtamat;- tall., d.m.th, frikësohet kot. P.sh, 'Ti më duket mësove si ai me shtambat, që era fryj, shtama vërshëlle e ai me vrap tek shtëpia se më hëngri vdekja!'.

Ia theu shtamat;- d.m.th, i bërtiti keq. P.sh, 'Më duket Rrapi ia theu shtamat së shoqes sot'.

Të çon në krua, e të sjell shtamat bosh;- iron., d.m.th, i djallëzuar. P.sh, 'Malo kështu e ka me të gjithë, të çon në krua e të sjell me shtamba bosh'.

Shan shtama shtambaxhinë;- tall., d.m.th, shan i biri t'anë. P.sh, 'E po kjo është kulmi, shan shtama shtamaxhinë'.

Shtambaxhi/-u (fjalë e rrallë);- mjeshtri që bën shtama. 'Punonte si shtamaxhi', 'Po vjen shtamaxhiu, po dilni përpara'.

Shtátë,/ (i / e)

U vramë e u shumë, qemë shtatë e u bëm tetë;- shaka, d.m.th, lakmuam të rrallohemi, e u shtuam në lindje. P.sh, 'Jalla moj plaka, jalla, u vramë e u shuam, ishim shtatë e u bëmë tetë', tha Matia duke qeshur në oborr.

Shtatë i shkojnë e tetë i vinë;- tall., d.m.th, frikacak në kulm. P.sh, 'A për Dullën e keni fjalën ju, Dullës shtatë i shkojnë e tetë i vijnë, po qe për atë punë'.

Në të shtatat;- d.m.th, rit fetar që bëhet një vakt bukë për personin që ka ndërruar jetë. P.sh, 'Ishin nga Sala se kishte të shtatat e së nënës së tij'.

Shtatë i vret e tetë i fal;- shaka, d.m.th, njeri me shpirt të gjerë.

P.sh, 'A për Kolën e keni ju fjalën, po Kola, shtatë i vret e tetë i fal, nuk e keni parë'.

I shkonin nga shtatë në qase;- d.m.th, shumë frikë e madhe. P.sh, 'Sa pa Malo arushën, i shkonin nga shtatë në qase të shkretit'.

Si në shtatë qiejt;- d.m.th, shumë larg. P.sh, 'Je vonuar sikur ishe në shtatë qiej, moj bijë'.

Shteg,/-u

Ka kush ia mbyll shtigjet;- d.m.th, ka dikën që e ndihmon Lushi ka kush ia mbyll shtigjet, e mos bëhi shumë merak ju'.

E priti si derrin n'shteg;- iron., d.m.th, shumë keq, me fjalë e sharje. P.sh, 'Sa doli Merko në konak të burrave, Dulla e priti si derrin në shteg e nuk i la llaf pa thënë'.

Nuk le shteg;- d.m.th, i kryen të gjitha punët me radhë. P.sh, 'Malo nuk le shteg te ne, pa qenë. 2- radhë në të folur. P.sh, 'Ti Skeno nuk le shteg për ne fare, si është kjo punë me ty?!'

Meqë ma solle n'shteg;- d.m.th, meqë ra fjala, rasti. P.sh, 'Meqë ma solle në shteg, më lër të tregoj diçka tjetër akoma më interesante'.

Mos e lër shtegun hapur;- shaka, d.m.th, kujdesu për gruan tënde. P.sh, 'O djalë, tha babai- mos e lër shtegun hapur,- se vijnë viçat e mëhallës e ta hanë kopshtin'.

Njëherë e harroj nána shtegun hapur;- tall., d.m.th, njëherë u bë gabimi. P.sh, 'Qe njëherë ajo që e harroi nëna shtegun hapur, tashti po gjetët ju, u lumtë'.

Shteg më shteg;- shaka, d.m.th, s'le vend pa bredhur. P.sh, 'Dullën shteg më shteg e ke gjithnjë'.

Breg e m'shteg;- tall., d.m.th, flet pa lidhje, të dalë ku të dalë. P.sh, 'Nuk e sheh që flet breg e më shteg, si për pasnesër'.

Shterp,/-ë

Mjel shterpat;- shaka, d.m.th, nuk bën gjë prej gjëje. P.sh, 'Xhema sot po mjel shterpat, meqë më pyetët'.

Na rrofsh shterpat;- sharje, d.m.th, lesht. P.sh, 'Na rrofsh shterpat dhe ti me gjithë ato budallallëqe që flet'.

Shtëpí,/-a/të/, shpi.

Shpi e zánme;- d.m.th, shtëpi me mall e pasur. P.sh, 'Shtëpi e zënë janë Gjelajt, e dinë të gjithë'.

Bën shpi kudo që shkon;- d.m.th, zë miq e shokë. P.sh,

'Malon mos e keni merak, se ai bën shtëpi kudo që shkon'.

Ja qëron vijat shpisë'- d.m.th, kujdeset për çdo gjë, sheh hallin e vet. P.sh, 'Kola ia qëron vijat vetë shtëpisë tij, mos ia qani hallin fare'.

Shtíe/shtiva/shtënë

Kanë shti dhitë;- dmth kanë bëgárë. P.sh, 'Nga moti i dobët, shumë dhi na shtinë sivjet'.

Shti si dreqi n'hi;- d.m.th, flet një fjalë e pastaj fshihet. P.sh, 'Kujdes me ato Merkon, se si ai shti si dreqi në hi'.

Mos të shtifsha n'dorë;- d.m.th, po të zura do të zhdëp në dru. P.sh, 'Dëgjo këtu more djalë, mos të shtifsha në dorë, se pastaj e di vetë ti?!'.

Nuk shtiva fall?!;- D.m.th, nuk e dija. P.sh, 'Unë nuk shtiva fall se do të binte shi, po pastaj faji im është?!'

Të shtifsha ku mo dalç;- mallk., d.m.th, vdeksh. 'Po ku vajte more fëmijë, që të shtifsha ku mos dalsh, se më tmerrove'.

Të shtifsha n'shishe;- shaka, d.m.th, ta bëfsha belanë. P.sh, 'Ç'më bëre more dreq, të shtifsha në shishe të shtifsha'.

Shti rrufeja nëpër dill;- d.m.th, kini kujdes. P.sh, 'O djem, shti rrufeja nëpër diell, ruhuni sa të keni mundësi, se trazirë është puna akoma'.

Shtiu me tahmin;- d.m.th, tha një fjalë të dalë ku të dalë. P.sh, 'Matia shtiu me tahmin, por ama ja qëlloi'.

Të shti n'gropë;- d.m.th, të vjen shumë keq, ta dërmon zemrën. P.sh, 'Ai fëmijë thotë ca fjalë që të shtie në gropë kur flet'.

Sikur i ka shti huta;- d.m.th, symbyllur. P.sh, 'Po ti pse ecën ashtu sikur të ka shti huta, nuk e sheh që rruga ka gropa'.

Shti sebep;- d.m.th, nuk i rregullohet buza. P.sh, 'Ku fëmijë ka gjithë ditën që shtie sebep sot, ndoshta i dhemb diçka'

Shtrembër,/ i, e

Druja e shtremër, të prish barrën;- d.m.th, një person negativ, prish krejt. P.sh, 'Nuk u kam thënë unë që druri shtrembër prish barrën, ç'e deshën Ferkon me vete?!'.

Rri shtremër, fol drejt;- d.m.th, fol si duhet. P.sh, 'Të rrimë shtrembër e të flasim drejt, Sala në këtë pikë ka të drejtë'.

Shtrésë/-a/-at

Me shtresë e mbulesë;- d.m.th, me krejt çfarë pati shtëpia. d.m.th, i bëri pajën nusen Kola me shtresa e mbulesa.

Sa ka zán shtresë;- shaka, d.m.th, sa ke filluar ta marrë pak veten.. P.sh, 'I gjori Kolë, sa ka zënë shtresë, vete dhe i bie zjarri dhe e djeg me shtresë e mbulesë'.

Shtrëng/ój/ óva, /úar

Ia shtrëngoj litarët;- d.m.th, i tërhoqi vërejtje. P.sh, 'Shtrëngoja pak djalit litarët- tha Matia Kolës, se po na del djali duarve'.

Shtrëngoje baqin sa mos kputet;- shaka, d.m.th, bëj terezi në ushqimin e ditës. P.sh, 'Ti shtrëngoje baqin sa mos këputet, se moti thatë ka marrë e frikë është uria'.

Shtrigë,/-a/-at

I ka hy shtriga n'bark;- d.m.th, nuk ka të ngopur. P.sh, 'Gupit i kishte hy shtriga në bark sot, nuk ngrihej nga sofra'.

Martohen shtrigat;- kur bie shi, por ka dhe diell. P.sh, 'Sot martohen shtrigat- thonin të parët'.

Shtrij/-va,/ -rë

Ha shtri;- tall., d.m.th, demel i madh. P.sh, 'Çou përpjetë, mos ha shtri si lopë ashtu'.

Shtrój/-óva,/ -úar

Aq shtron e mbulon;- d.m.th, aq di, aq flet. P.sh, 'Rrapit mos ia vini veshin shumë se, aq shtron aq mbulon Rrapi'.

Shtruar e pa mbuluar;- d.m.th, copa copa, jetën. P.sh, 'Se si të kaloj kjo jetë more vëlla, shtruar e pa mbuluar ngele'.

Trokën shtrojë e qilli mlojë;- d.m.th, në qiell të hapur. P.sh, 'Trokën shtrojë e qielli mbulojë, u kishte mbetur pas tërmetit'.

Shtrung/ë,/-a /-at

I shkojnë vetë dhentë n'shtrungë;- shaka, që i ka punët mirë. P.sh, 'Malos i shkojnë vetë dhentë në shtrungë, flisni ju gjithë ditën'.

Shtuf,/-i

Fut shtuf;- iron., d.m.th, njeri që fut ngatërresa. P.sh, 'Ti rri veç fut shtuf o burri i dheut!'.

I doli shtuf;- tall., d.m.th, jo sipas planesh. P.sh, 'Me atë vajzën e Gjelajve doli shtuf puna, ishte fejuar me një tjetër'.

Shtyj/ -va,/ -rë

E ka me t'shtyrë;- tall., d.m.th, me kaluar kohën, me zor. P.sh, 'Nuk e ka me të shtyrë kjo punë'.

Shtyje n'qaf trashë;- iron., d.m.th, kur s'ke rrugë tjetër. P.sh, 'Kur ta ze rrota bishtin, shtyje në qafë të trashë pastaj'.

E shtyn me dit;- d.m.th, shumë sëmurë. P.sh, 'Ehe, Sala e shtyn me ditë, veç frymë sa merrte'.

Hec mo shtyje;- d.m.th, të bëhet si të bëhet, si ti vijë momenti. P.sh, 'Unë bërë çmos, po tashti hec shtyje mo'.

Shtyp/-a,/ -ur

T'ja shtypësh kryt me hudhra shaka;- d.m.th, që bën humor.. P.sh, "Ky djalë qënka t'ja shtypësh kryet me hudhra, sa na kënaqi'.

Shuka shuka;- d.m.th, copa copa,. P.sh, 'Më shkoj buka poshtë, shuka shuka'.

Shulas-pjerrtas.

Shulas;- fjalë e rrallë, që ecën sa andej këtej rrugës, nuk mban drejtqëndrim. P.sh, 'Mos ec shulas se na rrëzove'.

I bie shulas;- tall., d.m.th, pa u menduar më parë. P.sh, 'Kola i bie shulas fjalës e hajde kuptoje po qe burrë'.

Shul/-i.

Hyri shul e doli shul;- tall., nuk mësoi asgjë. P.sh, 'E çova djalin në shkollë, po shul hyri e shul doli vallahi'.

Shul hyri, fishek doli;- tall., dikush që i ikën nusja qysh natën e parë. P.sh, 'O Xhevo, shul hyre fishek dole m'gjanë'.

Ngeli si shul pushke;- tall., i habitur, ngrirë në këmbë. P.sh, 'Po ky çka që ngeli si shul pushke kështu!?'

Ik shul;- ik tutje, largohu, m'u hiq sysh. P.sh, 'Ik re shul se më mërzite'.

Ban shul;- lëviz më matanë, bën pak vend. Shprehje karakteristike dragostunjase.

Lëro ma shul;- d.m.th, shko më andej. P.sh, 'Lëro më shul, të ulemi të gjithë'.

Shullë/- ri;- faqe kodre e lëmuar.

Shullá nga kryt;- shaka, d.m.th, dikush që ska fort mend. P.sh Nuk e sheh që është shulla nga kryet dhe ti shkon e pyet si ta bëj?

E vu n'shullá shaka dmth e vuri përpara në debat. Psh Aq qe puna sa e vu Dulla në shullë Sala u tërhoq.

Moj Alore a do mo/ Të kam thon mos ec n'shullá. (A. Karamuça).

Shupall/i/e;- d.m.th, i trashë. 'Erdhi ky shupalli', 'O shupall. i humbe lopët'. *Moj Alore moj shupalle, Merri gratë e hy në valle-* (A. Karamuça).

Shurdh,/-e
Nuk do shurdhi veshë?;- shprehje pyetsore. P.sh, 'Llaf e ke?- nuk do shurdhi veshë!?'.

Një vesh shurdh, një sy qorr;- d.m.th, mbaro punë. P.sh, 'Bota le të flasin si donë, ti bëj një vesh shurdh e një sy qorr dhe kalo'.

Shurdhër (i, e)
Si gjizë e shurdhume;- d.m.th, pa shije. 'Kam njohur një vajzë njëherë, por përherë si gjizë e shurdhër më paraqitej'.

Shurrë,/-a
Shurrë mjezi;- tall., d.m.th, jo i zoti. P.sh, 'Shurrë mëngjesi qenke o djalë, asgjë nuk nxore me krye'.

I bëri shurrën;- d.m.th, e la dhe iku. P.sh, 'Kishim dikë në punë, por dhe ai ia bëri shurrën si të tjerët'.

S'lahet bytha me shurrë;- d.m.th, nuk shlyhet e keqja me të keqe. P.sh, 'Ashtu si thua ti Rrapi, është si lash bythën me shurrë'.

Shurrë uthlla;- ironi, sharje, d.m.th, kjo e poshtra. 'Erdhi kjo shurrë uthulla tani e po na mëson ç'të bëjmë'.

Shyqyr.
Zotit shyqyr;- d.m.th, falënderimi i takon Zotit. P.sh, 'Zotit shyqyr me kaq, se mund të ndodhte më keq'.

Shyqyr Elhamdulilah;- d.m.th, i falënderuar qofsh o Zot. P.sh, 'Ti bëjmë zotit shyqyr elhamdulilah që na ruajti nga aksidenti'.

Eh shyqyr;- pasthirrmë negative, eh shyqyr dhe ti tani ku ma gjete?!. Kur të thyhet diçka papritmas, ose të bien ndore, derdhet qumështi... Eh shyqyr që re në zjarr?!.

Shyqyr báfsh- dmth, edhe ti paç të mira. P.sh Shyqyr që shpëtove o Sal- ndërsa ai iu përgjigj. Shyqyr bëfsh dhe ti.

Shyt,/-ë
Ásht cap shyt;- iron., d.m.th, që nuk merresh vesh me të. P.sh, 'Merko është cjap shyt ,po qe për ato punë.

I bán sytë si dhia shytë;- shaka, d.m.th, shikon i habitur. P.sh, 'Po ky ç'paska që i bëka sytë si dhia sytë kështu?!.

-T-

Tabán,/-i/-ët

Burrë me taban;- d.m.th, i fjalës dhe i besës. P.sh, 'Mos u tremb nda Malo, se burrë me taban është ai'.

Shtëpi pa taban;- d.m.th, rrëmujë, pa rregulla e tradita. P.sh, 'Fort si shtëpi pa taban duken, po nejse më'.

Tabél/-ë,/-a/-at

E bënë tabelë qitjeje;- d.m.th, e vunë në shënjestër. P.sh, 'Merkon e bënë tabelë qitjeje, sa për t'u trembur të tjerët'.

Shtiu drejt e në tabelë;- shaka, lindi fëmijë sapo u martuan. P.sh, 'Dulla doli i fortë, shtiu drejt e në tabelë'.

Me tabelë pas bythe;- keq, d.m.th, njeri me probleme morale.. P.sh, 'Mos u bëfsh me tabelë pas bythe thuaj, se ky popull nuk të le rehat'.

Nuk i respekton tabelat;- shaka, d.m.th, nuk do rregulla e ligje. P.sh, 'Merko nuk i respekton tabelat, ndaj nuk e do asnjë'.

Tabiat,/-i/-et

I ka ngelur si tabiat;- d.m.th, si huq, si zakon. P.sh, 'Dullës i ka ngelur si tabiat, që kur flet, kollet më parë'.

Fshat e zanat, katun e tabiat;- d.m.th, kudo që të shkosh, gjen rregulla tjera. P.sh, 'Kjo punë kështu e ka, fshat e zanat, katund e tabiat'.

Tabut,/-i/et

Si i vdekmi n' tabut;- d.m.th, shumë sëmurë. 'Kur e pashë Dullën fillimisht. m'u duk si i vdekuri në tabut'.

Me tabut nër kry;- d.m.th, afër vdekjes. P.sh, 'Mos pyet, me tabut ndër kokë e gjeta të shkretin babë'.

Tagji/-a

Ku di dhia, ç'është tagjia;- iron., nuk ia di vlerën dikujt apo diçkaje. P.sh, 'Mirë e thua ti, po ku di dhia se ç'është tagjia se!?'.

E ha tagjinë;- tall., d.m.th, akoma mbahet fort (për një të moshuar). P.sh, 'Përderisa akoma e ha tagjinë, mirë do themi që është'.

Ia preu tagjinë;- d.m.th, e largoi prej pune, ose ndihmën që i jepte. P.sh, 'Dullës ia prenë tagjinë, prandaj bërtet ashtu'.

S'i jep kush tagji;- ironi, d.m.th, nuk ia vë kush mendjen. P.sh, 'Po kush i jep tagji Merkos, akoma atë pyetni ju!?'

Tahmin;- që flet apo gjykon me hamendje. P.sh, 'Me tahmin e them, se ashtu duhet të jetë'.

Tahminah;- fjalë e rrallë;-flet në ajër, si pa vetëdije, në hava, ja fut në tym. Flet tahminah, ecën tahminah, ha tahminah.

Takát,/-i.

Sa t'ia kesh takatin;- d.m.th, sa të mundesh. P.sh, 'Ti mos u sforco shumë, sa t'ia kesh takatin është kjo punë'.

E lshoi takati;- d.m.th, nuk ndihet mirë. P.sh, 'Gupi qe mirë dje, po sot dëgjuam se e ka lëshuar takati'.

Aq takat ka;- d.m.th, aq e ka buxhetin, mundësinë. P.sh, 'Pse i idhnoheni ju Kolës, po aq e ka takatin, aq bëri'.

Takíje,/-a/ -et

Lart e mbi takije;- d.m.th, mirënjohje dhe respekt. P.sh, 'E mbanin babën lart e mbi takije'.

I shkonte takija gjërrokull;- shaka, d.m.th, ishte në siklet, apo shumë i zënë me punë. P.sh, 'E pamë Dullën që i shkonte takija gjërrokull në dasmën e djalit'.

Taks;- bisedë (në vend se, ta zëmë se, në vend që, sikurse, etj).

Taks se pordha;- d.m.th, fjalë që se dëgjon kush. P.sh, 'Unë u fola djemve, po taks se pordha qe ajo punë'.

Taks se e hëngri qeni;- d.m.th, pa mirënjohje dhe falënderim. P.sh, 'I dhashë bukë Dullës, po taks se e hëngri qeni shkoj ajo bukë'.

Taks se, nuk e pata;- d.m.th, nuk mendoj më për atë, njeri apo send qoftë. P.sh, 'Më humbi kali, po taks se nuk e pata'.

Taks se hëngra, piva, etj;- d.m.th, quaje të mbaruar. P.sh, 'Mos më lutni më, taks se hëngra ta quash, ose taks se ta piva kafen' etj.

Taksirat,/-i

Doktori vdekën s'ta ndal, po taksiratin ta heq;- d.m.th, mirënjohje për mjekësinë.

Zot na ruj nga taksirati;- Lutje, d.m.th, nga e keqja, e papritura. 'Zot na ruaj nga taksirati thuaj, se mund të kishte dhe më keq'.

Taksirat për ta vujtur;- d.m.th, e caktuar nga Zoti. P.sh, 'S'ke ç'i bën, taksirat për të vuajtur ishte dhe mbaroj puna'.

Taksiratli/-je;- që e kalon apo do ta kalojë një të keqe. 'Sa taksiratlije kishte qenë', d.m.th, me halle e probleme. 'Mos qofsh taksiratli', d.m.th, mos të rëntë e keqja.

Talukat/-i/ -et

Bijmë, jemi talUkat;- d.m.th, jemi farë e fis, të njëri tjetrit. P.sh, 'Më duket se bimë talukat bashkë'.

Me miq e talukat;- p.sh, 'Ishin një natë këtej nga ne me miq e talukat'.

Tall/ -a,/-ur

Tall bythën;- d.m.th, nuk e merr seriozisht punën. P.sh, 'Mos tall bythën tani, po vazhdo se u ngrys'.

Tall lesht;- e merr me tallje, nuk e merr me gjithë mend, një fjalë punë apo diçka tjetër. P.sh, 'Hajt mos tall lesht tani, se seriozisht e kam'.

Tall kanaçet;- shaka, d.m.th, bën lojëra. P.sh, 'Mos tall kanaçet tashti, po ec këtej'.

Táll/ë,/-a/-at

E zu talla arën;- d.m.th, me shumë vonesë. P.sh, 'Deri sa të vijë Malo, e zuri talla arën'.

T'fut nëpër tallë;- d.m.th, të tall, të hedh sa nga njëra anë të tjetrën. P.sh, 'Kujdes, se ai të fut nëpër tallë për nder dhe ti nuk e kupton fare'.

Tamám

Ama me tamam;- bised, d.m.th, me siguri. P.sh, 'Ama me tamam e kam, do të vish apo jo?'.

Zuri me tamam;- d.m.th, shkoi sikur duhej. P.sh, 'Ajo ardhja jote mbrëmë, zuri me tamam'.

E ke për tamam;- shaka, d.m.th, sinqerisht. P.sh, 'E ke për tamam ti ,apo tall kanaçet'.

Tambura-/ja (lok., tamërr).

Ma báni kokën tamërr;- d.m.th, më çmendi me fjalë kot. P.sh, 'Ky Dulla sot ma bëri kokën tamërr, nuk ndaloi një sekondë së foluri. 2- Kur frynë erë dhe acar. P.sh, 'Kjo era sot na e bëri kokën tamërr'.

Nuk i ndalon tamrra;- shaka, d.m.th, goja. 'Mos i thuaj gjë gruas, se nuk i ndalon tamrra deri në darkë'.

I bi tamrrës me një tel;- shaka, flet pa lidhje. P.sh, 'Kola përherë i bie tamrrës me një tel, mos ia veni shumë veshin'.

Tangërlliks/e;- fjalë e rrallë, person që mbahet me të madhe. P.sh, 'Sa tangërlliks që hiqej i shkreti'. 'Shumë tangërllikse mbahej kjo grua. po kini kujdes'.

Lopë tangërllikse;- shaka, lopë që është e vështirë për t'u mjelë. 2-Figurë, 'Po kjo lopa tangërllikse ku e ka fjalën tashti?!'

Táp/-ë,/-a/-at

Veni tapën;- tall., d.m.th, mos pirdh. P.sh, 'O ti djalë, veri tapën se na çmende'.

U bán tapë;- d.m.th, u dehën. P.sh, 'Në fillim ishin mirë, por pastaj u bënë tapë e nuk dinin se çfarë flisnin'.

I ka ik tapa;- shaka, d.m.th, flet kot. P.sh, 'Po këtij i ka ikur tapa që flet kështu?'.

Taponxhë/-a/-at;- organi gjenital i kafshëve të trasha. 'Iu ngrit taponxha kalit'.

U bá taponxhë;- iron., shkoi e vdiq. P.sh, 'Rroi sa rroi Dulla, pastaj u bë taponxhë'.

I báni kamët taponxhë;- ironi, d.m.th, vdiq. P.sh, 'Merko i bëri këmbët taponxhë, sot i shkreti'.

Ashtu ia do taponxha;- tall., d.m.th, qefi. P.sh, 'Çfarë t'i bësh, ashtu ia do taponxha, ashtu le të rrijë'.

Taraf,/-i/-et

Shkon pas tarafit;- d.m.th, kujdeset për miqtë dhe farefisin. P.sh, 'Malo shikon shumë tarafin e vet'.

S'është me taraf;- d.m.th, me hatër. P.sh, 'Nuk është me taraf kjo punë, kështu është e drejta'.

Sipas tarafit të nuses;- shaka, d.m.th, sipas interesit personal. P.sh, 'Ti flet sipas tarafit nuses tashti, apo si është puna jote?'.

Tarafçi/je;- fjalë e rrallë, person që anon shumë pas anës vet. P.sh, 'Sa tarafçi që je more burrë', 'Grua tarafçije si Matia, rrallë se gjen'.

Tárbë,/ torbë;- tarba e bukës. 'Mori tarbën', 'Qepi tarbën'.

E mban si tarbë (dikë);- shaka, d.m.th, nga pas kudo që vete. 'Dulla e mban Nevrijen si tarbë pas'.

M'u bëre si tarbë;- d.m.th, më mërzite. P.sh, 'M'u hiq njëherë andej more fëmi, se mu bëre si tarbë sot'.

Si pordha n'tarbë;- shaka, që nguret. P.sh, 'Po ky pse u hedhka sot si pordha në tarbë, ku e ka hallin?!'.

I hyn breshkat n'tarbë;- d.m.th, i/e pa zonja. P.sh, 'Matisë i hynin breshkat në tarbë të shkretës. 2- Shtatvogël. 'Çetit i hynin breshkat në tarbë'.

Si tarbë e shpumë;- d.m.th, flet pa pushim. P.sh, 'Na çmendi sot kjo Matia, si tarbë e shpume gjithë ditën e gjatë'.

Kap e fut n'tarbë;- d.m.th, i ngutur në fjalë e punë. P.sh, 'Po jo kështu, kap e fut në tarbë nuk bën'.

Qep tarba;- iron., d.m.th, pa punë. P.sh, 'Mjaft qepe tarba, po dil e kërko diçka se nuk rrihet kot'.

Tarbaxhik/u;- fjalë e rrallë, tarba e lëkurës. 'Kishte një tarbaxhik të ri', 'Tarbaxhik lëkure'.

Kos tarbaxhiku;- d.m.th, qumësht vjeshte delesh, i zënë me rranë djathi të butë, që lihet në lëkurë berri për disa kohë dhe hapet para dimri'. P.sh, 'Hëngrëm kos tarbaxhiku', 'Kishin bërë shumë kos tarbaxhiku sivjet'.

E humbi tarbaxhikun;- shaka, e humbi mendjen. P.sh, 'Më duket se Dulla e humbi tarbaxhikun, kur i thanë që kosi i tarbaxhikut u mbarua'.

Tárg-ë,/-a/-at

Sa për ti lán targën;- tall., d.m.th, sa për ta njollosur. P.sh, 'Kaq qe pune Dullës, sa për t'i lën targën, pastaj zhduket'. 2- Pak, fare pak. P.sh, 'Ti hëngre mish sa për t'i lënë targën'.

Vjen me targa t'huja;- tall., na hiqet e kapardiset. P.sh, 'Ky djali që shihni ju sot, vjen me targa të huaja, prandaj mos u çuditni'.

Ja vu targat;- shaka, d.m.th, e bëri për vete një femër. P.sh, 'Aq pati keq, sa ja vu targat, tashti nuk mërzitet'.

Tarik;- fjalë e rrallë, në ngjasim, pamje. P.sh, 'Ky djalë në tarik më duket se është i Malos'. 'Çdo gjë shkon sipas tarikut të vet'.

Tarikat,/-i/- et

S'i ngjan tarikati tarikatit;- d.m.th, kanë ndryshim sendet. P.sh, 'Mirë e thua ti, ashtu mund të jetë, por si ngjan tarikati tarikatit në këtë mesele'.

Ka marrë dorë n'tarikat;- d.m.th, ka të tjera rregulla e zakone fetare. P.sh, 'Rrapi ka marr dorë në tarikat, mos e lutni shumë'.

Tarikatçi/je;- fjalë e rrallë, person që i takon një tarikati fetar. P.sh, 'Qamili është tarikatçi', 'Grua tarikatçije'.

Tarikatli/je;- fjalë e rrallë, person i një tarikati të caktuar fetar'. 'Liria është tarikatlije e mirë'.

Tarkáç/-e/-ja Fryrë barkun si tarkaç;- shaka, i dhjamosur. P.sh, 'Vinte poshtë fryrë barkun si tarkaç e nuk na foli me gojë'.

I frynte tarkaçit;- d.m.th, gajdes. P.sh, 'I fryke mirë tarkaçit, hajde ndonjë natë të kërcejmë pak'.

Ia frynë tarkaçin;- d.m.th, e lanë shtatzënë. P.sh, 'Cucës së Gjelajve ia frynë tarkaçin dhe nuk u kap njeri'.

Tartakút,/-i

Tartakut njeri;- d.m.th, i prapë, mizor, mistrec. P.sh, 'Tartakut njeri u soll sa qe këtej, e si iku nuk e dimë'.

Të fuste tartakutën;- d.m.th, të trembte. P.sh, 'Si ishte bërë Dulla, të fuste tartakutën'.

Tas,-i/-et

E bán tas;- d.m.th, e hëngrën të gjithë. P.sh, 'Ranë delet në jonxhë dhe për dy minuta, e bën tas'.

Tas e pus;- iron., që nuk ka asgjë. P.sh, 'Sa erdhi komunizmi, na bëri tas e pus të gjithëve'. Ose, 'Ishin tas e pus në shtëpi'. 3- I nxirë në fytyrë. P.sh, 'Pse qenke bërë tas e pus ashtu sot?!'

Tasqebáp/-i/-ët.

Tasqebap me loqe viçi;- d.m.th, asgjë, hiç, e pavërtetë. P.sh, 'Kjo që thua ti, tasqebap me loqe viçi është'.

Tavë,/- a/-at

Ia bëri kryt tavë;- d.m.th, e rrahu keq. P.sh, 'Dulla e kërkoi që ia bënë kryet tavë, se njeri kot nuk të nguc'.

Teferiç/-i

Ngelën teferiç;- d.m.th, në diell. P.sh, 'U ra zjarri e ngelën teferiç'.

Tegel,/-i/ -at

I futi një tegel;- d.m.th. një të rrahur. P.sh'. I futën një tegel të mirë, e tashti nuk e sheh më këtej rrotull'.

Tek,/-e
Si derr tek;- d.m.th, i rrezikshëm. P.sh, 'Ruajuni Merkos, se si derr tek është ai njeri'
Tek qoftë veç dreqi;- d.m.th, mos qoftë kush i vetmuar. P.sh, 'Jo mos thuaj ashtu, tek qoftë veç dreqi i mallkuar'.
Teke/e/-ja/et;- fjalë e rrallë. Psh. 'Xhezve teke'.

Tel,/-i
Tharë e bám tel;- d.m.th, dobësuar. P.sh, 'Po ti ç'qënke tharë e bërë tel kështu?!'
Do telin n 'hundë;- d.m.th, i keq. P.sh, 'Po ai donte telin në hundë, nuk e kuptoj pse rrini me të'.
Ngrimë n'tel'- d.m.th, pajë të shkëlqyeshme për nusen. P.sh, 'E kishte ngrirë nusen në tel, Kola'.

Tellall,/-i/ -ët
Mos do tellallin;- shaka, d.m.th, mos e do me të bërtitur. P.sh, 'Unë po të flas ti nuk përgjigjesh, mos do tellallin ti?!'.
Tellall qoftë beku zoti;- iron., d.m.th, që çirret kot së koti. P.sh, 'Na shurdhoi ky fëmijë, tellall qoftë bekuar zoti paska qenë'.

Temin,/-i/ -at
I ndrisnin sytë si temin;- d.m.th, sapo i dalë nga një sëmundje. P.sh, 'Merkos i ndritnin sytë si teminë, por mirë që ia hodhi dhe kësaj here'.
Jari nina nina, gusha me temina;- një fragment kënge popullore nga zona. P.sh, 'Nuk e ka kjo punë jari nina nina gusha me temina, po duhet shtrënguar hesapi se u bë vonë'.

Teneqe/-ja/-et
Vari teneqet;- d.m.th, mos çaj kokë. P.sh, 'Vari teneqet Dullës, kush po pyet më për të'.
Bjeri Xhevo teneqesë;- ironi., d.m.th, fol ti fol, se askush nuk ta var. P.sh, 'Bjeri Xhevo teneqesë është kjo punë tashti'.
I vunë teneqenë;- tall., berihanë. P.sh, 'Rrapit i vunë teneqen, se ashtu ia desh koka'.
Iu shemën teneqet?;- ironi, ç'pati, ku qe puna. P.sh, 'Po këtij, ku iu shembën teneqet tashti?'
Ku e rref teneqen;- d.m.th, ku e ka hallin?, ku i vret samari.? P.sh,

'Po ky ku e rreh teneqen tashti?'.

Tepsi/-a /të

T'i thyen tepsitë;- d.m.th, të bërtet, bën zhurmë. P.sh, 'Mos e mërzit shumë Salën, se ai ti thyen tepsitë për hiçgjë'.

Ta jep tepsinë n'dorë;- shaka, llupësi madh. P.sh, 'Rrapi po qe për atë punë, ta jep tepsinë në dorë xhanëm?'

Erdhën me bukë e tepsi;- d.m.th, me byrek, për lindjen e një fëmije. P.sh, 'Miqtë erdhëm mbrëmë me bukë e tepsi'.

Një tepsi burra;- shaka, d.m.th, një shumicë. P.sh, 'Për atë punë nuk ua qaj hallin fare unë, se ju jeni një tepsi burra'.

Turren pas tepsisë;- d.m.th, llupësa të mëdhenj. P.sh, 'Në punë hiç e kështu, turren pas tepsisë'.

Teqe,/-ja/-të

Nuk jemi teqe;- d.m.th, nuk mbajmë njerëz dembelë. P.sh, 'Këtu punohet ti djalë, teqe nuk jemi ne'.

Gjete teqe, xhami, kishë, të falesh;- ironi., d.m.th, gjete vend ku të lutesh. P.sh, 'Dhe ti gjete teqe të falesh tashti, nuk i njeh ti Gjelajt se kush janë?!'

Nuk mbyll derë teqeje;- d.m.th, njeri i dashur, i mirë. P.sh, 'Kola nuk mbyll derë teqeje kurrë, atë e di mirë unë'.

Terezi,/-a/ të.

Terezinë njëqind okë;- shaka, d.m.th, përherë një qëndrim. P.sh, 'Nuk e njihni ju Malon?! Terezinë njëqind okë e ka'.

Sipas terezisë;- d.m.th, sipas gjasave. P.sh, 'Mesa shoh unë, sipas terezive ai nuk do ta japë vajzën për djalin tënd'.

Terezit,/-a/-ur

Terezit, pra mat e pre;- d.m.th, mendohu mirë për një gjë, kur ta thuash. P.sh, 'Unë kështu të them, terezit, pra mat e pre'.

Ta terezit kryt;- iron., d.m.th, koprrac i madh. 'Sala do mendohet njëqind here si ta terezit kryet, atëherë ndoshta bën gjë'.

Ters,/-e

Ka lind ters;- shaka, d.m.th, nuk i shkojnë punët mbarë. P.sh, 'Ç'faj kam unë që ke lind ters ti?!'.

I lidh mushkat ters;- shaka, d.m.th, që nuk merresh vesh me të. P.sh, 'Gupi i lidh mushkat ters, prandaj bëhet kjo'.

Tespihe,/-t/-të.

E tha tespi;- d.m.th, rrjedhshëm. P.sh, 'E tha vajza vjershën tespi e për bukuri'.

Numron tespitë;- shaka, d.m.th, ka dalë në pension. P.sh, 'Kola numëron tespitë se punën e vuri në qosh'.

Tevabi,/ -ja/ -të;- fjalë e rrallë, njerëzit, fisi, gjinia, grup politik, tevabija juaj. 'Më pëlqen tevabija juaj', d.m.th, fisi.

Erdhën si tevabi;- ironi, d.m.th, pa rregull e disiplinë. P.sh, 'Miqtë erdhën si tevabi, nuk e shihte i pari dytin'.

Shkon pas tevabisë;- tall., d.m.th, kot, pas zhurmës e berihasë. P.sh, 'Ti mos u hidh ashtu pas tevabisë, se kam frikë e do ta hedhin'.

Teveqel,/-e

Teveqel burrë;- sharje, d.m.th, njeri pa moral. P.sh, 'Pse je kaq teveqel burrë, këtë nuk e kuptoj?'

Tërkuzë,/-a/-at

Ti kput tërkuzat;- tall., të bërtet. P.sh, 'Kujdes Salës, se ti këput tërkuzat Sala'.

Tërkuzë e lagët;- shaka, d.m.th, nuk mban llaf. P.sh, 'Sa tërkuzë e lagët që je more burri dheut?'.

Si ujku me tërkuzën e dhirtë;- Tall., dëmin e bën dikush, fajin ia ngarkojnë njërit që është kapur më parë duke vjedhur.

(Kjo shprehje vjen kështu pasi thonë që dikur një kohë, pati dalë një ujk tek që hante bagëtitë. Të gjithë e kishin në shënjestër dhe një ditë e vrasin. Kur ia hapin barkun ta shohin, gjejnë një tërkuzë të dhirtë. D.m.th, ujku kishte ngordhur nga uria, e dëmin e bënin ujq të tjerë.)

Bán tërkuza;- iron., d.m.th, ka vdekur. P.sh, 'Dulla ka vite që bën tërkuza, e ti e përmend sot'.

Tërrci vërrci;- fjalë e rrallë, shaka, s'ka andej këtej, bjeri drejt se e ka shkurt'. P.sh, 'S'ka tërrci vërrci, duhet punë jo llafe'.

Tërrt mërrt;- shaka, që s'ja mban më për asgjë. P.sh, 'S'ka tërrt mërrt, duhet mbaruar këtë punë, se pa mbaruar këtë, bukë s'ka'- u tha plaku djemve duke qeshur.

Tërrti vërrti;- d.m.th, poshtë e përpjetë. P.sh, 'S'ka tërrti vërrti, bëj punën, më jep hakun'.

Timtakërr;- fjalë e rrallë, mbiemër. Që është bosh nga mendtë, timtakërr nga koka; që ikin me vrap. P.sh, 'U bënë lopët timtakërr nëpër pyll, se i pickoi zegali'.

Tír/ë,/-a;- fjalë e rrallë, mugëtira që marrin rrobat e bardha nga mos larja e mirë. P.sh, 'U ka hyrë tira çarçafëve', ;Paskan tirë të keqe këto ndërresa', 'I futi në finjë, se kishin marrë tirë'.

Na fute tirën;- iron., d.m.th, na çmende. P.sh, 'Mos bërtit ashtu, se na fute tirën na fute'.

Ka sytë me tirë;- shprehje pyetësore, d.m.th, mos je qorruar. P.sh, 'Po ti ke sytë me tirë që nuk e pe?!'

Travok/-u;- gjizë e njomë, e sapo e kulluar. 'Bëj travok'. 'U kullua travok'. 'E bëj qumështin travok'.

Nuk iu prish travoku;- dmth, nuk iu bë shumë vonë për dikë apo diçka. Psh, 'Kolës nuk iu prish shumë travoku, se i bërtiti Hila'.

Turk,/-u/-qit

Ha bukë po qe turk;- shprehje lutëse. P.sh, 'O Salë, ha bukë po qe turk', ose me lutje të formës negative.

Kjo nuk e ka 'ha bukë po qe turk' po t'u hëngër ha, po nuk t'u hëngër thuaj. (Fjala 'turk' ka pas qenë konsideruar si fe' apo besim fetar Mysliman, shumë kohë të shkuara. Togfjalëshit, ha po qe turk, rri po qe turk, pi po qe turk, hajde një nate po qe turk, do të rrimë po qe turk e shumë të tjera, ishtin mbi bazën e besimit fetar mysliman. Të krishterëve nuk u thuhej kjo shprehje.

Si turk Shámi;- d.m.th, turk i Sirisë, i paepur, trim, i mençur. 'Luftoi si turk Shami', 'Mirë ja bëri, si turk Shami e tha fjalën'.

Do turk Shámi;- d.m.th, do një njeri të fortë fizikisht. P.sh, 'Kjo lloj pune, do një turk Shámi se ndryshe nuk çahet'. 2-Iron., që është e fortë seksualisht. P.sh, 'Me atë grua që kishte ai, vetëm një turk Shámi ia del'.

Turqini/a;- besim apo emocion mbi bazën e të qenët "turk". P.sh, 'Për turqininë tánde, hajde një natë për darkë'.

E vuri në turqini;- d.m.th, e detyroi të betohet, ose lutje e sforcuar. P.sh, 'Sala e vuri në turqini burrin e botës kot së koti'. Ose, 'Më vuri në turqini që të ha se të ha bukë'.

Turp,/-i/ -et.

Nuk ngjit turpi n'gardh;- ironi , d.m.th, nuk i bëjnë përshtypje sendet e padenja.

Kush e humbi turpin, ta gjej ai!?;- iron., d.m.th, person i dalë duarsh. P.sh, 'Mirë thua ti, po kush e humbi turpin që ta gjej ai se?!'.

Turpi nuk vjen me kalë;- iron., d.m.th, mospasja kujdes nga çdo gjë, sado e vogël qoftë. P.sh, 'Ku ngjit send te Gjelajt, pse thonë të vjetrit që turpi nuk vjen me kalë'.

Tym,/-i/ -ra(t)

Tym e kahar;- d.m.th, zhdukur fare. P.sh, 'U ra zjarri dhe u bënë tym e kahar, të shkretët'.

Tym e gjym;- shaka, d.m.th, shumë mirë. P.sh, 'Ishim nga Kola mbrëmë dhe e kaluam tym e gjym'.

Do t'ia shohësh tymin;- d.m.th, ke për ta parë se si kam për t'ia bërë'.

Shtij nëpër tym;- d.m.th, hodhi një fjalë, dalë ku të dalë'.

I shkon tymi stërmug;- d.m.th, që e pi duhanin pa ndërprerë. P.sh, 'Malos i shkon tymi stërmug e nuk do t'ia dijë për të tjerët'.

Oxhaku pak i shtremët, po tymin e heqka mirë, drejt;- d.m.th, nusja pak çalamane, por punët e shtëpisë i bën shumë mirë.

Tym për fishnjarë;- tall., d.m.th, mbushur dhoma plot tym. P.sh, 'Ama tym për fishnjarrë e paskeni bërë dhomën sot o fëmijë'.

-TH-

Tha/j kal.,/ -va,/ -rë

T'than n'rrena;- tall., d.m.th, gënjen jashtë mase. P.sh, 'Ama ai Merko të than në rrena për ditë'.

Ia thanë xhepin;-d.m.th, e vodhën. P.sh, 'Kolës sot në pazar ia thanë xhepin ca çuna'.

T'than n'kanar;- d.m.th, bën hile në peshë. P.sh, 'Kujdes atij se të than në kandar për nder'.

Ta than xhepin;- shaka, d.m.th, t'i harxhon krejt fitimet. P.sh, 'Ajo grua që kishte marrë Dani, ta thante xhepin për zotin'.

Thánë,-a/ -at

Do bajnë thanat sivjet, tha ariu;- ironi, kur dikush lakmon diçka të parealizueshme. P.sh, 'Po po, mos ki merak ti, do bëjnë thanat sivjet tha ariu'.

Kufirin te thana;- iron., d.m.th., mos përto, largoje dikën menjëherë. P.sh, 'Dullës, menjëherë kufirin te thana dhe largo sherr prej dere'.

Dhe ariu i ka qejf thanat'- tall., d.m.th, që lakmon diçka. P.sh, 'I shkreti ti dhe ariu i ka qejf thanat po nuk mundet'.

Si ama e Zeqos majë thanës;- tall., d.m.th, flet përçart. P.sh, 'Mos fol dhe ti tashti si e ama Zeqos majë thanës, por qartësohu'.

Sikur thana kumull t'báhet;- iron., d.m.th, sikur të puqet qiell e tokë. P.sh, 'Sikur thana kumbull të bëhet, kështu si vepron ti, askush nuk të jep nuse'.

I ka shku mendja për thana;- tall., d.m.th, bën naze, kërkon bende. P.sh, 'Ty Kolë më duket se të ka shkuar mendja për thana- i tha Matia të shoqit'.

Thartak,/ u/e;- fjalë e rrallë, veprimi sipas emrit, që është pak i athët, bylmet apo ndonjë lëng i tharët. 'Piu pak thartak dhe iku', 'Ku është thartaku!? 2- fig., nevrik. burrë thartak, grua thartake

I thatë/2;- lok çiban i doli një i

thatë në shpatull, e shpoj të thatin me gjilpëre.

Si i thati m'brinjë;- d.m.th, që të mërzit shumë. P.sh, 'Ama si i thati në brinjë m'u bëre, në ditsh Zot largohu'.

Nuk e ha thatë;- tall., që mbahet qibar. P.sh, 'Dulla nuk e ha thatë, prandaj mos e ngisni. 2- I zoti. P.sh, 'Mirë, po gjete ti, Kola se ha thatë kollaj'.

E kurdis mullirin n'thatë;- shaka, d.m.th, llomotit kot. P.sh, 'Merko e kurdis mullirin në të thatë dhe, hajt e dëgjoje po pate nerva'.

Si grep i thatë;- bised., fëmijë i dobët nga shëndeti. P.sh, 'Po ti qënke si grep i thatë more bir!?

Barkun thatë e gojën shpatë;- iron., që lëvdohet kot. P.sh, 'Hajt se e njohim atë, barkun thatë e gojën shpatë është përherë'.

Digjet bari njomi nëpër t'thatin;- d.m.th, shkon dëm, i miri prej të ligut. P.sh, 'Në këto raste, digjet bari njomë nëpër të thatin'

Nuk shkoj (nuk doli) thatë;- shaka, d.m.th, përfitoi diçka. P.sh, 'Mos ia qani hallin Matisë ju jo, se nuk doli thatë ajo'.

Përcillet në t'thatë;- tall., d.m.th, ia ka ënda diçka, por nuk e kap dot. P.sh, 'Hajt mos u përcill në t'thatë dhe ti tani!'

Ngeli bark thatë;- d.m.th, që nuk ka fëmijë. P.sh, 'Sa gjynah, ngeli bark thatë e zeza grua'.

S'e ha thatë;- shaka, d.m.th, i shkathët. P.sh, 'Atë se kam merak fare unë, se ai nuk e ha thatë xhanëm?!'

Thek,/- a/- ur

Të thek n'rrena;- tall., d.m.th, që gënjen pa ndalim. P.sh, 'Mos rri shumë me Latën, se Latja të thek në rrena'

Thekur e rrekur;- shaka, mplakur shumë. P.sh, 'Sa qenke thekur e rrekur moj Matia.?!'

Ja thek lala;- iron., d.m.th., ia punoi qindin. P.sh, 'Ma lër mua tani Rrapin, se ia qeth lala atij si t'ma ketë koqen e qejfit'.

Thékër,/-a/ -rat.

Mos na fut nëpër thekër;- d.m.th, mos na ngatërro. P.sh, 'Dhe ti Malo mos na fut nëpër thekër tashti, se nuk ia kemi ngenë'.

Si daci n'thekër;- tall., që i ka punët në vijë. P.sh, 'Kola rri si daci në thekër tashti që doli në pension'.

Si qeni n'thekër;- d.m.th, në hall e problem të madh. 'Mos më pyet se si qeni në thekër, i kam punët me këtë ndarjen e fundit'.

Shti n'për thekër;- d.m.th, flet, të dalë ku të dalë. P.sh, 'Dhe ti Malo veç shti nëpër thekër tashti, besoj se dhe vetë e di sa punë e ngatërruar që është'.

Theks,-i m sh -at.

Theksi bie de!;- d.m.th, fjala vjen. P.sh, 'dakord, të kuptova, po theksi bie de?!'

Thelb/-i

I merr senet me thelb;- d.m.th, me seriozitet. P.sh, 'Kam qef me Malon, se i merr sendet me thelb'.

Thelbi i thelbit;- d.m.th, tek e fundit. P.sh, 'Po qe puna ashtu sikur thua, thelbi i thelbit, ne veprojmë ndryshe'.

Thélë,/-a/ -at (lok..-fela)

Do veç fela;- tall., do përherë më të lehtën. P.sh, 'Ashtu veç thela nuk ka, i thuaj Nokes'.

Felën e madhe haje, fjalën e madhe mbaje;- d.m.th, ki rezerva në bisedë. P.sh, 'Kanë thënë të vjetërit, ti djalë, që thelën e madhe haje, e fjalën e madhe mbaje, se nuk i dihet punës'.

E ka o felën o pelën;- d.m.th, njërën nga të dyja. P.sh, 'Kemi rënë ngushtë me Dullën, ai e ka o felën o pelën'

S'ka fela pa eshtra;- iron., nuk ka gjë të lehtë pa pasur anën e saj të vështirë. P.sh, 'Kjo është jeta ti djali im, s'ka fela pa eshtra, ka thënë i vjetri'.

Thellë (i, e) mb lok. Fellë.

E fut lugën fellë;- iron., d.m.th, lakmitar i madh. P.sh, 'Dulla e fut lugën thellë, por kësaj radhe iu këput bishti nga lakmia'.

Shti fellë si n'shpellë;- tall., gjuan me fjalë pa pushim. P.sh, 'Kujdes me Malon, se ai shti thellë si në shpellë vallahi'.

Sa me fellë, aq ma shumë ruda;- ironi, kur dikush bëhet lakmitar i madh dhe në fund i humb të gjitha. P.sh, 'Merko thotë sa më thellë aq më shumë ruda, por nganjëherë nuk del ashtu'. *Historia qerosit me dele treguar më sipër)*.

Fellë fellë;- d.m.th, në thelb. P.sh, 'Po ta dish ti thellë thellë, ata erdhën që t'ia grabitnin kalin e tij sonte, por kur e panë thellë thellë çështjen, ikën nga kishin ardhur'.

I themi, kur thonë, tha aj, (për ai), po thonë

—Janë disa shprehje frazeologjike tip togfjalëshi që disave u ka ngel si ves nga një gjendje e tyre emocionale, e cila vendoset prej folësve në mënyrë të çrregullt, gjë që e bën bisedën e tyre më interesante.

I themi

P.sh: Po mirë i themi, tashti unë kam dalë në pension i themi, hala duhet të punoj unë i themi, për një kafshatë bukë i themi, prandaj ju lutem i themi që këtë punë i themi, duhet ta shihni më mirë ju të pushtetit i themi.

Kur thonë

P.sh: Kur thonë, ti çuni dajës, isha dje në qytet dhe në kalim e sipër kur thonë takova;-kur thonë djalin e Sheremetit, kur thonë ishte bërë djali kur thonë burrë.

Tha aj;- P.sh,: Dje tha aj, sapo dola në zabel tha aj, filluan qentë të lehin tha aj, del një lepur tha aj, sa një gomar tha aj, mirëpo çe do tha aj, pushkë me vete hiç tha aj, iku lepuri tha aj në pyll tha aj.

Po thonë;- Psh: Lexova po thonë një libër, po thonë shumë interesant po thonë, fliste po thonë për etnogjenezën e fillimit të universit po thonë, dhe shumë po thonë më ka bërë kureshtar po thonë.

Thémbër,/-ra/ -rat. (Lokale, themër).

Më dogj në themër;- d.m.th;- më erdhi shumë keq. 'Ama sa dëgjova se ka rënë tërmeti dhe u ka prishur shtëpitë, më dogji në thembër më dogji'.

Gur n'themër;- d.m.th, dikush që shti me fjalë të rënda. P.sh, 'Ama gur në themër ma the dje atë fjalë, dhe gur në thembër m'u bë gjithë ditën'.

Si vjen as te themra;- d.m.th, nuk i ngjan, s'i afrohet aspak. P.sh, 'Takona Akilin, ama ke thembra nuk i vinte të jatit'.

Themel,/-i / -et

Ia lujti nanën me themel;- d.m.th, e shkatërroi fare. P.sh, 'Ra një tërmet dhe ia luajti nënën me themel'.

Me gur e themel;- d.m.th, me gjithçka, me çfarë t'i rrokte dora. P.sh, 'kur e pa se kush janë shkitë, u gjuajt atyre përmas me gur e me themel, veç me i largu prej aty'.

Thes,/-i /- thasë

Derr n'thes;- d.m.th, rrëmujë. P.sh, 'Askush nuk e dëshironte atë gjendje, se derr në thes vajtën punët'.

Bërë si thumb thesi;- tall.,

holluar e dobësuar. P.sh, 'Po ky djalë i Merkos, ç'qënka bërë si thumb thesi i varfri'.

Ha thes e pi thes;- d.m.th, se merr vesh qeni të zonë. P.sh, 'Nuk e mendonim kështu, ha thes e pi thes, po tani s'keni dhe ne se ç'të bëjmë'.

Në thes të s'ëmës;- iron,. P.sh, 'Kështu si vajtën gjërat në thes të sëmës, askush nuk merr më përgjegjësi'.

Ha e pi n'thes t'katunit;- shaka, d.m.th, pa përgjegjësi në asgjë. P.sh, 'Ha e pi në thes të katundit nuk do të vejë kjo gjë, se kështu nuk bën'- tha xha Vani tek shatërvani.

Thëllëza/-ë,-/   -at.   Thllaza, lokale.

Atje ku pijnë ujë thllazat;- d.m.th, në vend apo shtëpi shumë të mirë. P.sh, 'Cuca e Malos ishte martuar atje ku pijnë ujë thëllëzat, e ju që flisni keq, i marrshi të ligat e kurrizit'.

Sa një ve thllaze;- tall., d.m.th, habitje. P.sh, 'Unë do të shkoj atje me patjetër, e ti sa një ve thëllëze po deshe hapi sytë'.

Ku të pijnë thllazat ujë;- d.m.th, sipas një bestytnie, ku të uleshin fllazat me pirë ujë, ai vend është i begatë. P.sh, '*Të pafsha atje ku të pijnë thëllëzat ujë moj bije nënës që sa shumë të dua*'. Ti moj fllazë që m'vjen te dera,/ Po ti merr baluket era,/ E ti mos fllazë që knon te dardha,/ Vesh e mbath me lule t'bardha.

(Këngë e moçme).

Thëngjill,-li/   -jtë/,   (lok., thënjill)

Lyen bythën me thënjill;- tall., d.m.th, tenton që t'i ikë së vërtetës. P.sh, '. P.sh, 'Sikur të Merko ta lyesh bythën me thëngjill, tashti të dimë se çfarë burri je'.

Sikur ta vesh bythën n'thënjill'- d.m.th, nuk të besojmë më. P.sh, 'A dëgjove ti Rrapi, sikur bythën ta vesh në thëngjill, nuk e merr më vlerën tënde'.

Thërijë/ë,-a/-at

Iu ngjallën thërijat;- iron., d.m.th., u ngjall, belbëzoi. P.sh, 'Po ty nga tu ngjallën thërijat tashti, ç'pate?!'

I lëvizën thërijat;- shaka, d.m.th, kërkon të fejohet. P.sh, 'O Malo, më duket se po i lëvizin djalit thërijat, po martoje'.

Shtyp (vret) thërija (morra);-

tall., d.m.th, dembel. P.sh, 'Po pyete për Merkon, Merko veç shtyp thërija për ditë'.

Thikë/,-a / -at

Thikën, (biçakun) ngrehur;- d.m.th, veç kërkon për sherr e shamata.. P.sh, 'Ama dhe ai Lika, thikën po ngrehur orë e çast o burri dheut'

Si thikë e zezë;- tall., d.m.th, jo e pashme. P.sh, 'Po ku e paske gjetur këtë thikë të zezë për grua more djalë?!'

Kërcen vallen e thikave;- d.m.th, loz vallen popullore dyshe, me të këmbyer e thyer. Vallja e thikave është shumë popullore....

Në thikë të shpinës;- tall., d.m.th., shtrirë prapët. P.sh, 'Po ky ç'qënka shtrirë në thikë të shpinës, kështu si kalë'.

Thinj kal.,/ -a, /-ur

Ti nxjerr thinjat;- iron., d.m.th, të vonon tmerrësisht. P.sh, 'Ama dhe ky Zalo të nxjerr thinjat me atë viran punë'.

Thinja është urtësi;- d.m.th, ku sheh person me thinja dëgjoje se ai di diçka më shumë se të tjerët.

Shkul thinjat;- shaka, d.m.th, flet pa ndalur. P.sh, 'Ama dhe ti ngele duke shkul thinja o burri dheut'.

Thinjat nuk të bëjnë burrë;- bisedë. P.sh, 'Mirë se është burri vjetër po thinjat nuk të bëjnë burrë, ky është problemi'.

Ta thinj mjekrën;- d.m.th, të mërzit jashtë mase. P.sh, 'Ama dhe ti ta thinj mjekrën o burri dheut.'

Thúa, thoi, thonjtë

Ra n'thu;- tall., d.m.th, u zemërua, i ngeli hatri. P.sh, 'Merko ra në thua menjëherë sa i thanë që ke qënë njëmijë e dyqinsh'.

E mori n'thua;- d.m.th, për të keq, përpjekas.. P.sh, 'Vjehrra e mori në thua nusen e djalit, por nusja qe burrëreshë dhe i qëndroi vjehrrës'.

Me thonjtë paprerë. d.m.th. në gjendje mizerabël. P.sh, 'E morën me thonjtë pa prerë dhe sot bërtet se është dikush'.

Thumb,/-i / -at

Si thumb thesi;- shaka, d.m.th, që futet kudo, si vjedull. P.sh, 'Po ky kështu që futet si thumb thesi, e ka një problem'.

Thum e rrum;- d.m.th, pirë e bërë tapë. P.sh, 'Gupi e Rrapi ishin bërë thumb e rrumb, e mbanin njëri tjetrin për dore'.

Thúndër,/-a/-at

Flet me thundra;- iron., d.m.th, shumë nevrik-. P.sh, 'Po ky ç'na flaska me thundra kështu sot?!'

Nuk bie n'thundër;- d.m.th, i shkathët, i zoti. P.sh, 'Merko është si qoftëlargu, mezallah se bie në thundër'.

Ra n'thundër;- tall., d.m.th, u pengua. P.sh, 'I dha sa i dha Sala, pastaj ra në thundër se u mbush koha e tij'.

Thupa thupa;- person që flet majë gjuhë. 'Flet thupa thupa, shqipton thupa thupa'

Thupaq/e mb, njeriu që flet majë gjuhe me shqiptim të cekët Qënka thupaq në të folur Cucë thupaqe.

Thúp/ër,-ra / -rat

Buzë thupër- iron., d.m.th, që flet shumë. P.sh, 'Si nuk pushoi njëherë kjo buzë thupra'.

Thur,/ -a,/ -ur

Thure si ta thurësh;- d.m.th, bëje si ta bësh, gjeja anën e mënyrën. P.sh, 'Thure si ta thurësh, e kërkoja cucën për djalin tonë'.

Di si ta thur gardhin;- d.m.th, është i zoti për gjërat e veta. P.sh, 'Për Kolën mos u mërzitni fort, se Kola di si ta thur gardhin e vet'.

Ia thuri letrat;- d.m.th, e arrestuan. 'E kërkoi, Gupi ndaj ia thurën letrat'.

Thur e mos thur;- d.m.th, shkel e shko. P.sh, 'Thur e mos thur qe ajo puna me Rrapin sot në brigadë'.

Thyej

E theu n'dysh;- tall., d.m.th, nuk bëri asgjë. 'Dulla më duket se e theu në dysh sot atje te stallat'.

Thyeje havanë;- tall., d.m.th, ndërro muhabet. P.sh, 'O Kolë thyeje havanë se ata vunë berihanë çunat'.

Në t'thymet hana;- d.m.th, sa fillon e bie hëna. P.sh, 'Hajde në të thymet hëna se atëherë është më mirë'.

Thyn shkarpa;- tall., d.m.th, flet futja katundit. P.sh, 'Ama dhe ky ngeli vetëm duke thyer shkarpa përherë'

-U-

Udhë,/-a /-ët

Udha, (rruga) pamuk;- d.m.th. të qoftë rruga e mbarë. P.sh, 'Rruga pambuk inshallah e, dukeni prap'.

E solli udha;- d.m.th., meqë ra fjala. P.sh, 'Nuk kisha bërë mend që ta thosha, por meqë e solli udha po ta tregoj 2- d.m.th, erdhi rastësisht jo se e kish marrë malli. P.sh, 'Malon e solli udha këtej sot, e patë ju apo jo?!'

Si udhë pa krye;- d.m.th, si punë e kotë. P.sh, 'Mua më dukct si udhë (rrugë) pa krye, ti fundja bën si të duash'.

Marsh udhët;- mallkim. D.m.th., u çmendsh. P.sh, 'Hej marrsh udhët o bir ç'më bëre'.

E gjeti të udhës;- d.m.th, e pa të arsyeshme. P.sh., 'Gjatë fjalimit Merko e gjeti të udhës të përmendte dhe punën e shefit të tij'.

Udhë të mesme s'ka;- mospërfillje. P.sh, 'Mirë thua ti, por udhë të mesme nuk ka'.

Të gjitha udhët t'çojnë n'Stamoll;- shaka. D.m.th, kryefjala është e njëjtë. P.sh, 'Fol ti sa të duash, por në këtë kontest të gjitha rrugët të çojnë në Stamboll'.

Nuk është e udhës;- d.m.th, nuk është e logjikshme apo e nevojshme. P.sh, 'Mos i tregoni gjë Nikut se nuk është e udhës'

Si i mledh udhve;- tallje, njeri haram. P.sh, 'Nuk e kuptoj Rrapin që nganjëherë sillet si i mbledhur udhëve', (koncepti është negativ, d.m.th, kopil)

Shkoftë udha, mos pushoftë;- ironi, d.m.th, nuk ia vlen. P.sh, 'Në këtë kohë që kemi arritur, shkoftë udha e mos pushoftë, kanë thënë pleqtë.'

Ugar,/-i /-ët

E bëri ugar fare;- d.m.th, e prishi një bisedë, apo punë. P.sh, 'Hyri Hysa brenda dhe e bëri ugar fare, duke treguar një histori të kotë që dikujt nuk i erdhi fort mirë'.

T'i le qetë n'ugar;- d.m.th, nevrikoset apo zemërohet shpejt. P.sh, 'Kini pak kujdes me Kolës se ai vallahi ti le qetë në ugar e nuk mërzitet fare'.

S'i ka ardh vlaga ugarit;- d.m.th, ka dhe pak kohë. P.sh, 'Mos u ngut në fejesën e djalit se nuk i shkoi koha, s'i ka ardhur vlaga ugarit hala'.

Ujdi,-a/-të';- bisedë

Kalë që s'bi n'ujdi;- ironi, njeri kokëfortë. P.sh, 'Po ti nuk e njeh Gupin sa kalë që s'bie në ujdi që është?'

Ujdis,/-a,/ -ur

I ujdisën qetë;- tallëse, d.m.th, u shtruan në bisedë pas një zënke. P.sh, 'Eh tani po, kur ujdisen qetë ka lezet shpirti'.

S'u ujdisen mushkat;- tallëse, d.m.th, nuk ka marrëveshje. P.sh, 'Kam dy nuse djemsh në shtëpi, po mezallah se u ujdisen mushkat'.

O Idris, a e ke ujdis?;- shaka, d.m.th, a ke vënë gjë për terezi. P.sh, 'Martohu, pse nuk martohesh, mos të pyesin bota përherë, o Idris a e ke ujdis, se nuk bën'.

Ujem,/-i

Bluan me ujem;- tall., d.m.th, flet rrallë. 'Mos e mërzitni shumë Merkon, se Merkoj bluan me ujem'.

Lart e mban ujemin;- d.m.th, mendjemadh. P.sh, 'Ky Rrapi si lart e mban ujemin, keni venë re ju apo jo?!'

Rash n'ujem tij;- d.m.th, në bukën dhe kujdesin e tij. P.sh, 'E pastaj si u martova rashë në ujem të tim shoqi, dhe shumë mirë e kalova derisa ndërroi jetë'.

Mos i përzi n'ujem;- d.m.th, mos i fut hundët, vend e pa vend. P.sh, 'S'ke pse ankohesh, ti mos i përzi në ujem të tij, dhe mirë do ti keshë punët'.

Ujë,/-i

Nuk kishte kush i jep ujë;- d.m.th, i vetëm në shtëpi. P.sh, 'Rrapi aq keq e kishte gjendjen sa nuk kishte një njeri që ti jap një gotë ujë'.

Ka pjerdh n'ujë;- d.m.th, ka gjetur belanë, është në siklet. P.sh, 'Merko me atë nusen e djalit, më duket se ka pjerdhur në ujë'

Si uji që s'lëviz;- tall., d.m.th, derdimen njeri. P.sh, 'Mos u sill ashtu si ujë që nuk lëviz, se bota është e zorshme, dil e puno'.

I plasën ujrat;- d.m.th, ka

ardhur koha e lindjes. P.sh, 'Erdhi ambulanca menjëherë, se nuses djalit i plasën ujrat'.

Mytet në dy gisht ujë;- ironi. Nxehet fare shpejt për kot. P.sh, 'Mos e cytni shumë plakun, se me mbytet me dy gisht ujë, kthehet e u thotë ndonjë fjalë jo të mirë'.

E dinte ujë;- d.m.th, rrjedhshëm. P.sh, 'Vajza e dinte ujë mësimin prandaj kishte marrë notën dhjetë'.

Mos t'u gjindtë ujë n'sahat pram;, mallk., d.m.th., në vdekje. P.sh, 'Mos tu gjindtë ujë në sahat të pram, çfarë më bëre more njeri'.

Gjaku s'bëhet ujë;- d.m.th, e keqja nuk harrohet. P.sh, 'Mirë thua ti djalë, por gjaku nuk bëhet ujë kur vjen tjetri e të çnderon familjen'.

Sikur ka ujët n'misër;- d.m.th, me ngutje të madhe. P.sh, 'Ishte Kola pak sot këtej, ama sikur kishte ujët në misër erdhi e shkoi'.

Ta pret ujët në gurmaz;- d.m.th, të le pa hise. P.sh, 'Mirë thua ti, ashtu mund të jetë, jam dakord, por ama ta pret ujët në gurmaz, e ti çfarë do të bësh pastaj?'

Ujk,/-u, ujqit. (uk, lokale)

Qeni keq ta sjell ukun n'terishtë, (n'vathë);- sarkazëm, d.m.th, udhëheqsia e dobët të dëmton vendin.

Uku i vjetër;- d.m.th, njeri me përvojë. P.sh, 'Mos e ki merak ti Malon, se ujk i vjetër është Maloj'.

Uk pa dhám;- tall., d.m.th, që nuk i shkon më fjala. P.sh, 'Gupi ujk pa dhëmbë është tashti, mos ia keni frikën hiç'.

Si uku Kuturmanit;- d.m.th, e pëson keq, kur dëmin e bëjnë të tjerët. P.sh, 'Më duket se Sala e pësoi si ujku Kuturmanit, që kur e vranë, gjetën një litar të dhirtë në bark, e dhitë i hanin ujqërit tjerë'.

S'e ha uku ukun;- d.m.th, qeni qenin Ironi. P.sh, 'Sa do që flasin e bërtasin në parlament, kurrë se ha ujku ujkun'.

Ulurin si uk marsi;- keq., d.m.th., ngre zërin që të ndihet, (sikur ndiqen ujqërit). P.sh, 'Po ky Merko ç'paska sot që ulurin si ujk marsi!?'

Fend si uk;- tall., d.m.th, dikush që qelb vendin. P.sh, 'Mos fend si ujk dhe ti djalë tani, përndryshe dil jashtë'.

I shkojnë fenët si uk;- d.m.th, që ka frikë të madhe. P.sh, 'Mos

Ulluk,/-u/-qet

Nuk ia mban ulluku;- (d.m.th, bytha), iron., nuk ka këllqe. P.sh, 'Rrapit nuk ia mban ulluku se punë e rëndë është ajo'.

Ia pret ulluqet shpisë;- d.m.th, kujdestar. P.sh, 'Malo di si t'ia presë ulluqet shtëpisë, prandaj nuk e kam shumë merak'.

Po mos i shkonte ulluk;- d.m.th, (lagej në brekë nga frika). P.sh, 'Mirë do të ishte ashtu po mos i shkonte ulluk kur pa arushën'.

Mbushe ullukun;- iron., d.m.th, ngjishe fytin. P.sh, 'Mbushe ullukun, ha bukë e mos fol kot'.

Urë,/-a

Ke urë e Bezistanit;- shaka, d.m.th, larg në bisedë e mendime. P.sh, 'Ohu ha, ti hala je te ura e Bezistanit'.

U bá urë;- d.m.th., bëri durim, apo qëndroi në heshtje për një moment të caktuar. P.sh, 'Matia po të mos ishte bërë urë, nuk do të kishte qenë më aty ku është'.

Si gomarët n'urë;- d.m.th, nuk kanë konsensus me njëri tjetrin. P.sh, 'Kanë dy ditë që shkojnë si gomarët në urë, dhe mezallah se gjejnë rrugëdalje'.

Unë të them ura, ti thua lumi;- shaka, d.m.th, fol si kodra pas bregut. P.sh, 'Kam gjetur belanë me ty, unë të them ura, kurse ti thua jo lumi'.

Merr urën n'krahë;- d.m.th, i nxituar jashtë mase. P.sh, 'Prit, mos e merr urën në krah kështu se nuk është mirë'.

Urë t'báftë Zoti;- d.m.th, durim. P.sh, 'Si mos i dëgjohet njëherë zëri asaj gruaja, urë të báftë Zoti kishte qenë?!'.

Ngeli po ke tre urat;- d.m.th, po i njëjti avaz. P.sh, 'Po te tre urat ngeli ky njeri, kurrë nuk u fut në hulli me tjerët'.

Urë,-a/-ët;- copë druri e ndezur.

Cyt urët;- iron., d.m.th, ngacmon vend e pa vend. P.sh, 'Ky njeri ngeli vetëm duke cyt urët, sa e mbaj mend unë'.

U bë urë e zezë;- d.m.th, ngeli në qoshe, nuk lëviz e nuk flet. P.sh, 'Kishim Merkon mbrëmë për darkë, e u bë urë në qoshe e nuk tha një fjalë'.

I vu urët bythëve;- d.m.th, e dëboj një person të padëshiruar.

P.sh, 'Pa ç'pa, u ngrit lala dhe i vu urët bythëve, kur e pa që ai po e provokonte'.

I çukën urët;- d.m.th, bënë fjalë. P.sh, 'Matia me Kolës i çukën pak urët mbrëmë, por qoftë pa qeder'.

S'i kam ndejtur me urë n'dorë;- mospërf., d.m.th., nuk i kam ndenjur pranë, nuk di gjë. P.sh, 'Po pastaj, unë s'i kam ndenjur me urë në dorë Salës se çfarë bëri me Salijen.'

Urtë/-i,/- e.

Qengji urtë pi dy nana;- d.m.th, kush nuk bën fjalë, fiton. P.sh, 'Pse thonë që qengji urtë pi dy nëna- ashtu është im bir'.

Qengjit urtë i kihet nana;- iron., d.m.th., në disa raste nga urtësia e tepërt, e pëson keq. P.sh, 'Mirë e thua ti Kolë, po nganjëherë qengjit urtë i kihet nëna, këtë e di ti apo jo?!'

Urra

Urra para e urra prapa;- iron., d.m.th, dhe flet dhe ka frikë. P.sh, 'Ky shefi jonë më duket se urra para e urra prapa e ka punën'.

Urra burra;- shaka, d.m.th, nuk ka shtytje. P.sh, 'Ne nuk e kemi urra burra, po presim radhën'.

Usta,-i *m*

O usta Murat;- tall., d.m.th., me ngadalë e me radhë sendet. P.sh, 'Kjo punë nuk e ka o usta Murat, por me durim e kujdes '.

Puna do usta;- d.m.th, çdo gjë do të venë. P.sh, 'Nuk është për ty kjo gjë, puna do usta, e kam frikë se e prish më keq nga çështë'.

Ka rán n'usta- d.m.th në dorë të fortë. P.sh Tashti kali ka rënë në usta qysh kur e mori djali.

Ushkur,/-i.

Sikur e ka pas ushkuri;- tall., d.m.th., të keqen. P.sh, 'Po kjo e bekuara plakë, sikur e ka pas ushkuri, vetëm këtë e kap gripi, asnjë tjetër'.

Mbahet për ushkuri;- tall., d.m.th, kapet pas gjërave koti. P.sh, 'Ti mos u mbaj për ushkuri tani se nuk ia vlen'.

Durët tek ushkuri;- tall., keq., imoral. P.sh, 'E po kështu duart te ushkur, doemos që një ditë do ta pësosh'.

Si pleshti, morri, n'ushkur;- mospërf., d.m.th., një person që nuk të ndahet kudo që vete. P.sh, 'M'u bë si pleshti në ushkur aj Gupi, e nuk e di, më duket se do të përfundojmë jo mirë'.

Uthull,/-a

Uthull t'báftë Zoti;- d.m.th, një person shumë nevrik. P.sh, 'Po ku e paske gjetur këtë nuse more bir, po kjo qenka uthull të báftë Zoti'.

Ta shet uthullën për pekmez;- shaka, d.m.th, mashtrues. P.sh, 'Hala ti Merko ua shet njerëzve uthullën për pekmez?'.

Pi uthull se t'shëron;- shaka, kur dikush vuan nga egoizmi. P.sh, 'O Salë, pi uthull se të shëron-kanë thënë.

–V–

Va,/-u

Jo çdo va të qit n' breg;- d.m.th, duhet kujdes. P.sh, 'Mirë e thua ti, por kanë thënë të vjetërit jo çdo va të nxjerr në breg.'

E mori vau me vete;- d.m.th, e përfshiu rrëmuja. P.sh, 'Sa i kujdesshëm tregohej Dulla por dhe atë e mori vau me vete'.

S'ja gjen vanë;- d.m.th, nuk ia di mendjen. P.sh, 'Kam disa kohë që flas me të, por mezallah se ia gjen vanë'.

Sa nër va, mi va;- d.m.th, i pazënë vend, i pakapshëm dhe në fjalë, i lëvizshëm. P.sh;- Nuk e shet si bën ai, sa ndër va mbi vë, ka burrë nëne që rri me të.'

Vadhë/,-at. Lok., uadhë.

Ta bán uadhë;- d.m.th, ta vështirëson gjendjen emocionale. P.sh., 'Vëlla e kam, ama që të bën vadhë si ai, nuk gjen kollaj në treqind troje'.

Të ngec si uadha n'fyt;- d.m.th., fjalë apo veprim shumë i dobët. P.sh, 'Një fjalë që Merko të thotë, si o burri dheut të ngec si vadha në fyt ëh?!'

S'i ha lala ato uadha;- d.m.th, ato proçka. P.sh, 'Shko e thuaja dikujt tjetër ti, se s'i ha lala ato uadha'.

M'ka çu nana me mledh uadha;- tall., d.m.th., të rri pa punë. P.sh, 'Dulla ka vite që thotë më ka çuar nëna të mbledh vadha, e ju flisni poshtë e përpjetë'.

Dhe ariu i do uadhat, (gorricat, dardhat), e buta;- d.m.th, gjithkush e lakmon të mirën. P.sh, 'Nuk do mend ajo, dhe ariu i do vadhat e buta'.

Vaj,/-i Vaj po n'lakra;- d.m.th, përfitimi është po brenda. P.sh, 'Tregtia kështu e ka, jep e merr, vaji po në lakra mbetet'.

Do vaj rrota pra t'ecë;- d.m.th, duhet dhënë diçka që të ecin punët. P.sh, 'Mos jini aq të shtrënguar ju djem, rrota do vaj pra të ecë'.

Vakëf,/-i/-et. Lok., vakuf Ka ngránë mall vakuf;- fet., d.m.th., prandaj nuk i ecën mbarë. P.sh, 'Merko ka ngrënë mall vakëf denbabaden, prandaj u ngordhin pulat'.

Vakt,/-i / -et Njëherë e nji vakt;- d.m.th, kohë. P.sh, 'Ne njëherë e një vakt shkonim shpesh te dajat në fshat'.

S'ia kam vaktin;- d.m.th, kohën. P.sh, 'Nuk ia kam vaktin Malos për momentin, por thuaj se flasim nesër'.

Vakti akshamit- d.m.th koha e faljes. Ka hyre vakti akshamit e shkojme e falemi njehere.

Válë,/-a

Sikur i ra vala;- d.m.th, shumë u hidhërua. P.sh, 'Kur i thanë Gupit se fëmijët kanë bërë aksident me makinë, atij sikur i ra vala'.

Ka marrë valë;- d.m.th, e di gjithë bota. P.sh, 'Ka marrë valë se Dulla ra nga kali'.

Vallahi;- betim, fjalë që përmendet në trajtë betimi, d.m.th, në emër të Zotit, sipas fesë myslimane. P.sh, 'Vallahi të dua shumë', 'Vallahi në zemër të kam' 'Vallahi nuk të gënjej' 'Vallahi nuk di ç'të them për të (send apo frymor)'

Vallahi bilahi;- betim. 'Vallahi bilahi, që nanën e dua shumë', 'Vallahi bilahi të kam shumë shok' etj.

Hem vallahi, hem bilahi;- për të siguruar dikë, për t'iu garantuar, besën apo fjalën e dhënë. P.sh, 'Po ta them me hem vallahi hem bilahi, që kjo punë ka marrë fund'.

Vallahi bilahi tallahi;- po aty, të siguroj. P.sh, 'Ta them me vallahi bilahi tallahi, që kështu qëndron puna.'

Valle,/-ja

I ka hyrë asaj vallje;- d.m.th., asaj pune. P.sh, 'Ju mos u ngatërroni fare, i ka hyrë vetë Rrapi asaj valleje, lëreni atë ta nxjerrë më qosh'.

Ku xhindet bëjnë valle;- iron., d.m.th, ku ha pula gur. P.sh, 'E kishte dhënë Matia atë cucë atje ku xhindet bënin valle.'

T'kërcesh valle me një kâm;- d.m.th., të ushtron presion. P.sh, 'Mos u merr me Gjelajt se ata për zotin për pak që s'u vjen mirë, të bëjnë të kërcesh valle me një këmbë'.

Nam pes grosh të hy në valle, të jap dhjetë më qit prej saj;- d.m.th., kur shkon viktimë në diçka'.

Valle prej muti;- miqësi apo shoqëri në bazë interesash. P.sh, 'Keni për t'ua parë sehirin, valle prej muti ka për të qenë'.

Si valle xhindesh;- tall., d.m.th, si të çmendur, të tërbuar. P.sh, 'Po këta ç'u hedhkan kështu si valle xhindesh'.

Mos qofsha n'vallen tuj;- d.m.th, mos qofsha rraca apo soji juaj. P.sh, 'Kështu si bëni ju, për zotin mos qofsha në vallen tuaj'.

Si prifti n'valle prej belasë;- d.m.th, nga e keqja. P.sh, 'Po, po këta që janë tashti ta bëjnë si priftin në valle prej belasë'.

Var,/ -a, /-ur

Në shpinë e t'varmit s'përmendet litari;- d.m.th., aty ku ka ndodhur një e keqe duhet kujdes shprehja. 'Sa herë i pata thënë djalit që në shtëpinë të varurit nuk përmendet litari, ai m'u aty vete shkon'.

Ndenjur var;- d.m.th., i mërzitur. P.sh, 'Ndenji Leka për darkë, ndenji, apo ka ndenjur var, veç prej hatrit tim'.

Si i varmi n'tym;- d.m.th, si pastërma, shumë i dobësuar nga shëndeti. P.sh, 'Po ky djalë pse qënka bërë i gjori si i varuri në tym'.

Kam varur krrabën;- d.m.th, jam mbështetur në dikë. P.sh, 'E kam varur kërrabën në ty, prandaj mos më zhgënje'.

Vari hejbetë';- iron., d.m.th, mos u shqetëso, mos iu bind. P.sh, 'Hë mo vari hejbetë Merkos, fundja ç'do të bëjë'.

T'qafsha ty moj Shegë, se ngeli planci var;- ironike. D.m.th., për kokën tënde, për mentë që ke. P.sh, 'Kështu si e bëre ti, qënka t'qafsha ty mos Shegë, se ngeli plëndësi var'.

Vare diku kërrabën;- shaka, d.m.th, gjeje një cucë, apo një burrë. P.sh, 'Hë mo dhe ti mjaft ndenje beqar, vare kërrabën dikur dhe mbaro punë'.

Vara vara;- ndajf., d.m.th, duke u tërhequr rrëshqanthi. P.sh, 'Mos ecni ashtu vara vara, se na zuri nata'. 'Puna nuk bëhet me vara vara'

Vari teneqen;- iron., d.m.th, mos çaj kokë. P.sh, 'Mos çaj kokë, vari teneqen Rrapit, se ke mua këtu'.

Varg,/-u

Varg e n'vi;- d.m.th, jemi akoma gjallë. P.sh, 'Pyetja;-Si jeni andej, si shkoni?! Përgjigja;- Mirë jemi njëherë, varg e në vi'.

Ia theu vargjet;- keq., d.m.th, i mori nderin një femre. P.sh, 'Hamdiu më duket ia theu vargjet filanes për shembull'.

Varr,-i m (lok., vorr)

Ishte bërë varr;- d.m.th, shumë dobësuar. P.sh, Isha nga Dulla sot për vizitë, ama varr ishte bërë prej asaj sëmundjeje të keqe'.

Të bâfsha vorrin;- mallk., d.m.th, vdeksh. P.sh, 'Të bëfsha varrin të bëfsha ç'më bëre'.

Me një kâm n'vorr;- d.m.th., buzë vdekjes. P.sh, 'Po erdhi pleqëria, do të thotë përditë je me një këmbë në varr'.

Si vorr arixhiu;- d.m.th, u zhdukën. P.sh, 'Ata nuk u pamë më këtej, u zhdukën si varr arixhiu, e askush nuk e di nga shkuan'.

Dhe në vorr s'të le rehat;-shaka., d.m.th., që bën shumë shaka. P.sh, 'Ky Cekja dhe në varr nuk të le rehat, le më gjallë'.

Ta pshurr drrasën e vorrit;- d.m.th, njeri shumë i lig. P.sh, 'Hiquni bre atij, se soji tij ta Pshurr dërrasën e varrit'.

Vorri mirë;- besim fet., d.m.th, ka vdekur dikush i shenjtë. P.sh, 'Isha sot me tatën te një vorr i mirë.'

T'u báftë vorri gropë;- d.m.th, mos bëfsh hajër. P.sh, 'Ç'më bërë kështu more njeri, që t'u bëftë varri gropë t'u bëftë'.

Sikur ka fjetur n'vorr;- d.m.th, duket si i çmendur. P.sh, 'Po ky pse bëka sot kështu, sikur ka fjetur në varre'.

Ka shkelur n'vorr;- d.m.th., është i molepsur, nuk vepron normalisht. P.sh, 'Ky i bekuar qënka sikur ka shkelur në varr, i varfri'.

Hapu vorr e futu;- d.m.th, shumë keq. P.sh, 'Si u bë kjo punë tashti, është hapu varr e futu, se më turp s'ka ku të vejë'.

Hyfsha un n'vorrin tand;- d.m.th., aq shumë të dua. P.sh, 'E inshallah hyfsha unë në varrin tënd, çështë ajo fjalë.'

Vath,-i, vëth, (lok., vothë)Nuk do nona voth;- ironi. P.sh, 'Më jep atë që kam nevojë sot, se po u plaka, nuk do nëna vëthë më.'

Iu bá voth;- d.m.th, 'nuk iu nda pas cuce e Kolës, iu bë vëth tim biri, derisa ja mbushi mendjen.'

Váthë,/-at

Ruje ukun pa hy n'vathë;- d.m.th., kujdesohu para se të ndodhë. P.sh, 'Kanë thënë të vjetërit se ruaje ujkun pa hyrë në vathë, se pastaj ia sheh dëmin'.

T'a ruan vathën;- d.m.th, shumë besnik. P.sh, 'Kam gjetur një mik që vërtet ta ruan vathën.'

Vdekë,/-a/-at

Vdekjen e dita;- bisedë, d.m.th., kur ka zhgënjim. P.sh, 'Vdekjen e dija, po se do të ma bëje këtë prapësi, kurrë nuk ma merrte mendja'.

Hall me rru e keq me vdekë;- shaka, d.m.th, katastrofë. P.sh, 'Si më vdiq gruaja, kishte qënë hall me rrojtur e keq me vdekur'.

Çou i vdek e ha mish t'pjek;- shaka, d.m.th, shumë të mirë. P.sh, 'Sala kishte bërë një bukë që çou i vdekur e ha mish të pjekur'.

Hángër fiq e vdiq;- tall., d.m.th, ka shkuar ajo kohë. P.sh, 'Aha Dulla hëngri fiq e vdiq, mos e kujto më'.

Védër,/-a

Kryt sa një vedër;- tall., d.m.th, i pa marrë vesh. P.sh, 'E po ta ketë tjetri kryet sa një vedër, s'kam parë kollaj'.

T'i vije vedrën;- tall., d.m.th, ta mjelësh, me gji të mëdhenj. P.sh, 'Kishte marrë një grua ai Dulla, që vedrën ti vije'.

Një vedër burrë;- shaka, njeri i vogël por i rrumbullakët. P.sh, 'Po ti një vedër burrë je, kush nuk të do ty?!'

Për rrathë vedre;- d.m.th, shkoi dëm. P.sh, 'Gjithë ajo punë që bëre o burri dheut, të shkoj për rrathë vedre, nuk më besohet!'

Vegjë,/-a,/ ët;- doreza e një ene. 'E kapi për vegje'. 'Kujdes se ia thyen vegjën'.

Gjeti vegjë ku t'kapet;- d.m.th, gjeti sebep në diçka. P.sh, 'Mirë thua ti, por ai gjeti vegjë ku të kapet prandaj nuk lëshon pe' 2- mospërf;- gjeti shkak;-'Ama dhe ti gjete vegjë ku të kapesh tashti dhe na bën numra?!'

Bëhet vegjë;- iron., d.m.th, i lëpihet, i serviloset. P.sh, 'Nuk e shikon Merkon si i bëhet vegjë shefit të tij.?!'

Vémje,/-a

Sikur i ra vemja;- d.m.th, thatësirë e madhe. P.sh, 'ishte bërë vendi sikur i kishte rënë vemja e asnjë bereqet nuk ishte për së mbari'. 2- fig., ikur, larguar. 'Ishte bërë vendi sikur i ra vemja, nuk shihej këmbë njeriu gjallë'.

T'bëhet vemje;- ironi., d.m.th., që të bezdis, pa shkak e arsye. P.sh, 'E po të bëhet burri botës vemje pas bythe, ashtu s'kam parë me sy'.

Vend,/-i

Sikur e ha vendi- d.m.th, nuk ka rehat. P.sh, 'Po ty sikur të ha vendi more bir, një sekondë nuk rri rehat'.

Tundu vendit- mospërf., d.m.th, mos fol gjepura. P.sh, 'Tundu vendit e mos fol si e ëma Zeqos majë thanës.

Një byth vend;- d.m.th, shumë pak. P.sh, 'Kishin blerë një byth vend, e aty mendonin të ngrinin një shtëpi'. 2- tall., P.sh, 'Bëri një byth vend e u fut në administratë'.

Mos qofsha n'venin e tij;- ironi, mos e paça atë fëtyrë. P.sh, 'Dulla e bën atë gjë, e unë mos qofsha në vendin e tij se kurrë s'e kisha bërë'.

I ka bërë vend vetes;- d.m.th, është i sjellshëm. P.sh, 'Malo i ka bërë vend vetes, prandaj mos flisni kot'

Verém,/-i

Nuk báhem verem;- ironi, d.m.th, nuk mërzitem shumë.
P.sh, 'Posi, posi, nuk bëhem verem fare se i kemi dalë hakut Rrapit kushedi sa herë'.

Veremli/je;- fjalë e rrallë, person që e ka zënë veremi. 'U bë veremli djali', ose 'Sa veremlije që je moj bijë?'

Verë,/-a.

Mos të zántë vera;- mallk., d.m.th., vdeksh. P.sh, 'Hej ty mos të zëntë vera, mos të zëntë ç'më bëre'.

Ta bën dimrin verë;- shaka. D.m.th., të argëton, të bën të qeshësh. P.sh, 'Ke qef ta dëgjosh Malon se ta bën dimrin verë ta bën. 2- keq, d.m.th, ta bën rrafsh. P.sh, 'Ty kurrë nuk të gjendet meseleja, se ta bën dimrin verë dhe ne nuk e marrim vesh'.

Vesh,/-i

Pre një vesh e hyj ndër shokë;- d.m.th., bëj si të tjerët. P.sh, 'Martohu more bir, pre një vesh e hy ndër shokë'.

Vesh llapush;- tall., d.m.th, i pa marrë vesh. P.sh, 'Ku vete kështu ti more vesh llapush'.

Vajti për brirë e la veshët;- d.m.th, vajti për më mirë dhe e pësoj keq. P.sh, 'Ajo puna e Salës qe si puna e dhisë, që vajti për brirë dhe la veshët'.

Pjerdhin m'i vesh;- d.m.th, janë soji njëri-tjetrit. P.sh, 'Nuk i sheh se pjerdhin me një vesh, si njëri si tjetri'.

Ja t'hjoqën veshët;- d.m.th, e kritikuan. P.sh, 'Gupit ia tërhoqën keq veshët mirë mbrëmë'.

Një vesh shtron e një vesh mbulon;- d.m.th., shumë i trashë dhe kokëfortë. P.sh, 'I dhamë sa nuk mundej me Salën, por ai mesa pamë ne, një vesh shtonte, një vesh mbulonte'.

Véte, /-ja

Je në vete?;- shprehje pyetsore. P.sh, 'Je në vete ti apo si i ke punët?'

S'e desh veten;- d.m.th, aq shumë u pendua, apo i erdhi inat. P.sh, 'Kur e kapën me presh në dorë, Dulla se desh më veten'.

Merre veten me të mirë;- shaka., d.m.th., mos u grind, mos u merakos. P.sh, 'Dëgjo lalën ti, merre veten me të mirë, se kjo botë kurrë s'ka rehat'.

T'i duket vetja qenef;- d.m.th, ta mallkojë veten. P.sh, 'Mos ki merak ti, se ka për të ardhur një kohë që t'i duket vetja qenef' (hale).

Ka rene nen vete- d.m.th eshte demtuar nga herdhjet. Sala ka rene nen vete e ka shkuar te mjeeku.

Vetëtímë, lok., vetimë/-a

T'i báj sytë vetimë;- shprehje kërcënuese, d.m.th., të bie me shuplakë syve. P.sh, 'Ik andej se po të erdha atje, t'i bëra sytë vetëtimë t'i bëra'.

E vrau vetima;- d.m.th, rrufeja. P.sh, 'Ishte me dele në mal, dhe atje e vrau vetëtima'.

Numron vetimat;- tall., d.m.th., ka frikë të tmerrshme. P.sh, 'Salën s'ka burrë nëne që e nxjerr përjashta, ai i numëron vetëtimat;. Ose, 'Me qenë mos i numëroj vetëtimat ai'

Vetimë t'báft Zoti;- d.m.th, shumë e shkathët dhe e shpejtë. P.sh, 'Kishin marrë ata Gjelajt një nuse, vetëtimë të bëftë Zoti'.

I vetinin sytë;- shaka, d.m.th, që e dëshiron diçka shumë. P.sh, 'Kur i thanë djalit se do të martojmë, atij menjëherë i vetëtinë sytë'. 2- D.m.th, shumë i dobët nga sëmundja. P.sh, 'Doli baba nga spitali, ama i vetëtinin sytë'.

Vetull, /-a

I bán vetllat, si maci n'petllat;-

shaka, kur dikush ka oreks të madh. P.sh, 'Kola i bën vetullat si maci në petullat kur fillon e ha bakllava'.

Sheh nër vetlla;- d.m.th, i bërë nervoz, ose që ka xhelozi. P.sh, 'Po ti ç'ke që na sheh ndër vetulla ashtu sikur të kemi ngrënë bukën?!'

E mur nër vetlla;- d.m.th, e mori inat. P.sh, 'Aq qe puna, sa e mori ndër vetulla, filloj sherri derisa u ndanë'.

Ve vetlla;- tall d.m.th., që rri vetëm para pasqyrës. P.sh, 'Mjaft vure vetulla moj grua, hajde dalim tashti se na zuri nata'.

Vézë,/-a (Lokale, ue, ve)

Ta ndan venë përgjysmë;- d.m.th, aq koprrac është. P.sh, 'Xha Meta ta ndan vezën për gjysmë vallahi, te ai nuk shkohet'. 2- Qëllon drejt në shenjë. P.sh, 'Vela ta ndan vezën përgjysmë po qe për pushkë'.

Nuk bán ve t'kuqe;- iron., d.m.th, nuk bën hatanë. P.sh, 'Pse e mbani ashtu atë djalë aq afër, ai nuk bën vezë të kuqe?!'

Si e ngarkume me ve;- d.m.th, e ngadaltë, frikë mos të thyhen. P.sh, 'Ec shpejt, mos ec ashtu si e ngarkuar me ve'

A pula bën venë, a veja bën pulën;- mospërf., d.m.th., shkoqite fjalën, jo kështu, a pula bën vezën a veza bën pulën.

Ka rán n've;- shaka. (kllukë). dembel. P.sh, 'Kola ka rënë në vezë më duket, prandaj nuk është parë vërdallë'.

Ta shet vezën sa një pulë;- d.m.th, i shtrenjtë në pazar. P.sh, 'Vallahi ai Merko ta shet vezën sa një pulë, zor se bëhet pazar me të'.

Më mirë një ve sot, se sa një pulë mot;- d.m.th, përfito nga e pakta sot, se e nesërmja nuk i dihet. P.sh, 'Kështu ti djali im janë këto punë, ka thënë i moçmi, më mirë një ve sot se sa nji pulë mot'.

Nuk shkel venë;- d.m.th, aq njeriu i kujdesshëm është. P.sh, 'Lika nuk shkel vezën, çfarë janë këto llafe që i ngjisni?'.

Bán mullar me ve;- tall., d.m.th, gënjen tmerrësisht. P.sh, 'Ky njeri bëka mullar me ve, në mënyrën më të fortë'.

Ta thyn venë me kry;- d.m.th, nuk merr gjë parasysh. P.sh, 'Pak kujdes me Gupin, se ai nganjëherë ta thyen vezën me krye'.

Llufit si bolla venë;- d.m.th, që e ha menjëherë'. 'I shtruam bukë Rrapit e ai filloi ta llufisë si bolla vezën nga uria'.

Vëllá,/-i

Vlla vlla, po qesja nda;- shaka, d.m.th, duhemi, por dashja ka kufi.. P.sh, "Vëlla vëlla por qesja nda ka thënë i pari katundit, prandaj mos u habit'.

Vëlla, (vlla);- Në **traditën e zonës**, nuset e ardhura, u thirrnin kunetërve apo dhe kushërinjve të burrit, vëlla. P.sh, 'Vllaj Hasan', 'Vllaj Selim', 'Si u gdhive ti vllaj Zyber', 'Po vjen vllaj Maliq për vizitë' etj.

Vërdume/-ja;- fjalë e rrallë, bisedë, shprehet në raste nxitimi, ashpërsimi. Psh, 'I vuri vërdumen kalit dhe iku me vrap'. 'I vuri vërdumen burrit dhe e nxori jashtë'. Ose, 'Donte vërdumen, pa të lëvizte nga vendi'.

Viç,/-i.

E ka lëpirë lopa viçin;- tall., d.m.th, që është krehur e pispilluar. P.sh, 'Më duket se sot e paska lëpirë lopa viçin'.

Viç viç, bisht kërriç;- tall., d.m.th, dikush që nuk i ndreqet buza kurrë. P.sh, 'Kjo puna me Merkon ngeli, viç, viç, bisht kërriç, përherë'.

Shtrirë si viçi n'kashtë;- tall., d.m.th, pa pikë meraku e qederi. P.sh, 'Pashë Rrapin sot që ishte shtrirë si viçi në kashtë, i fola e nuk m'u përgjigj'

Viç viç e lop hiç;- tall., d.m.th., që të shkon koha kot pas ndonjë sendi të pavlerë. P.sh, 'Sot se di as vetë, viç viç e lopë hiç më shkoj dita'.

Vídhë/-a, (lok., vidë)

Je në vida ti?;- Shprehje pyetsore ironike, je në mend apo jo. P.sh, 'Çfarë bën ashtu, je në vida ti apo të kanë lënë mentë'.

Vi/g,/-u

I báni kamët vig;- mospërf., vdiq e shkoi. P.sh, 'I dha sa i dha, më në fund i bëri këmbët vig'.

Mos u bán për vig;- d.m.th., për r'u rrahur. P.sh, 'Unë të them mos u bën për vig, kaq di me të thënë'.

Víjë,/-a .

E ka n'vijë;- d.m.th, në plan. P.sh, 'Djali e ka në vijë të fejohet sivjet. 2- d.m.th., në mbarësi. P.sh, 'Sala e ka në vijë të tijën, ju nuk jeni në vijë'.

Aq ia mban vija;- d.m.th., aq kapacitet ka. P.sh, 'Malos aq ia mban vija, ju pse e detyroni më?'.

T'a turbullon vinë;- d.m.th, ta prish planin, punën, fjalën. P.sh,

'Mos ia turbullo vinë Kolës, se do t'u flasë keq'.

Hudh gur n'vi;- tall., d.m.th, ngacmon me fjalë. P.sh, 'Ti shih punën tënde, mos hidh gurë në vi ashtu, se nuk është mirë'.

E do, kthen vinë nga vetiu;- iron., d.m.th, që do gjithçka për vete. P.sh, 'Lika e kthen nga vetiu po qe për atë punë'.

Vjell

I volli ato që hángri;- d.m.th, e pagoi shtrenjtë në dëmshpërblim. P.sh, 'Për disa kohë vodhi e nuk e pa kush, ama kur e kapën i volli ato që hëngri'.

I vjellç gjak;- mallkim, e pagofsh rëndë. P.sh, 'I vjelltë gjak inshalla kush ma paska vjedhur kopshtin'.

Vlagë,/-a

Nuk ka vlagë fare;- d.m.th, i dobët nga ekonomia. P.sh, 'I bir punon natë e ditë, ama kështu nuk ka vlagë fare, se nga shkojnë paratë nuk e di'. 2- Nuk mban shakatë. P.sh, 'Bëra pak shaka me Merkon, por shpejt pashë që nuk kishte vlagë fare'. Është në vlagë të vet;- d.m.th., në moshën e vet. P.sh, 'Mos i fol djalit shumë, se është në vlagët vet e nuk ka faj'.

Vlláj;- fjalë rrallë, mb., d.m.th, që ngrihet lart në qiell. 'U ndez zjarri vllaj'. 'Shkonte tymi vllaj përpjetë'.

Vllájsa;- fjalë e rrallë, ndajf., dmth, të hershëm, të lashtë, speca vllajsa, qepë, hudhra vllajsa.

Vórbë,/-a

Si miza në vorbë, n'qyp;- tall dikë që flet mbytur. P.sh, 'Pse bën ashtu si miza në vorbë, po shqiptoje llafin'.

Gjen rrasa vorbën;- sin. tenxherja kapakun. P.sh, 'Mos u mërzitni fare, gjen rrasa vorbën dhe mbaron kjo punë'.

Ta nxjerr pláncin nga vorba;- d.m.th, shumë i shkathët, por dhe dinak. P.sh, 'Malo ta nxirr plëndësin nga vorba vallahi, por hapni sytë'.

Vlon si vorba n'prush;- tall., d.m.th, që flet pa pushim. P.sh, 'Kjo gruaja Tomës vlonte si vorba në prush, ama kështu zemrën fildish e kishte'.

E di vorba se çka mrena;- d.m.th., gjithsecili i di vetë hallet e tij. P.sh, 'Mirë thua ti, ashtu mund të jetë, por e di vorba se çka brenda, ka thënë një plak në katund tonë'.

Vragë,/-a

Ra n 'vragë;- d.m.th, e kuptoi çështjen. P.sh, 'U desh ca kohë që t'i flisje, por më në fund ra në vragë'.

Vragë dhish;- d.m.th, e teproi në diçka. P.sh, 'E bëre si vragë dhishë, për natë te vjehrra për darkë'.

Kam kaluar asaj vrage;- d.m.th, e kam bërë më parë. P.sh, 'Mirë e ke ti, po unë kam kaluar asaj vrage, kështu që mos u lodh të më gënjesh'.

E bën vragë;- d.m.th, që nuk ka farë terezie. P.sh, 'Ama Merko vragë e bëre me atë duhan që nuk e fik fare'.

Vramuz/-ur/-em, folje;- rri zemëruar. Psh, 'Pse rri ashtu vramuzur sot?-, 'Sa i flas gruas, ajo vramuzet'. 'Vramuzem, se më flet kot prandaj'.

Vramuzllik/-qet (emër);- të qenët vramuz. Psh, 'Na e mërzite me ato vramuzlliqe ti burrë, tha Matia'. 'Nuk i hiqen vramuzlliqet, se ka ngjarë nga i ati'.

Vramuzkë/-a, (mbiemër);- që rri tërë nerva. 'Erdhi kjo vramuzka'. 'Sa vramuzkë je moj e gjorë'.

Vras/-va,/ -rë

Vret e pret;- tall., d.m.th, që flet kot. P.sh, 'Po ky Dulla pse vret e pret kështu sot, a dini gjë?!'

Se vret barra;- d.m.th, nuk e ha meraku. P.sh, 'Matinë fare se vret barra pse po thahet kopshti'.

Nuk më vret samari;- d.m.th, s'kam gajle. P.sh, 'Për Merkon nuk më vret shumë samari, se disa herë i thashë që je gabim'.

Ku më vret mua, ku më shtie ti;- tall., d.m.th, mosmarrëveshje. P.sh, 'E hu ha ku më vret mua e ku më shtie ti, pse kam gajle unë apo si?!'

Vret e pret si hajmedet;- iron., sillet ashpër. P.sh, 'Po ky Dulla pse vret e pret si hajmedet sot, a dini gjë?!'

Brenda të vret, e jashtë të fal;- d.m.th, në shoqëri të kritikon e shan rëndë, jashtë vjen e të kërkon falje. P.sh, 'Dhe kështu nuk kisha parë që brenda të vret e jashtë të fal, kjo është një dukuri shumë e rrezikshme'.

Vrímë,/-a

Gjij vrimë e futu;- shprehje kërcënuese, d.m.th., mendohu mirë. P.sh, 'Po nuk e bëre këtë punë, gjej vrimë e futu prej tyt eti'.

Ta zántë vrimën;- mallk., d.m.th, vdeksh. P.sh, 'Mos i bjerë bukës me këmbë që ta zëntë vrimën ta zëntë'.

Sa me zánë vrimën;- shaka, d.m.th, shumë pak. 'Na nxori pak bukë Merko për drekë, sa me zënë vrimën'.

Të fus në vrimën ka ke dalë;- shprehje kërcënuese. P.sh, 'E di ç'të bëj apo jo, të fus në vrimën nga ke dalë'.

S'ja ve kush n'vrimë;- iron., d.m.th, nuk e pyet kush. P.sh, 'Dullës s'ja ve kush në vrimë, prandaj çirret e bërtet ashtu'.

Vulë,/- a

T'humtë vula t'humtë;- shprehje mallkuese, d.m.th. vdeksh, marrç malet. P.sh, 'Ku ke qënë moj bijë të humbtë vula të humbtë'.

Është me vulë;- d.m.th, i damkosur. 'Dulla është me vulë prandaj e thërresin kulak'.

Sa mban vulën;- mospërfillje, d.m.th., sa për sy qe faqe. P.sh, 'Merko sa mban vulën, se punën e bën Kola'.

E dorzoj vulën;- shaka, d.m.th, e la punën, doli në pension. P.sh, 'Malo sot përfundimisht e dorëzoj vulën'.

-X-

Xeba/-a /-at;- emër dhie që vjen pak ngjyrë kafe nga barku dhe gusha. 'Merre pak xebën', 'Ku është xeba?'

Qeth xebat e kuqe;- tall., d.m.th, demel. P.sh, 'Më pyete ku është Merko, është duke qeth xebat e kuqe'.

Si xeba n'vjeshtë;- ironi, d.m.th, që kërkon për burrë. P.sh, 'Pse hidhesh si xeba në vjeshtë, po gjeje një aty e martohu'.

Nuk i dalin xebat;- tall., d.m.th, nuk i del ashtu sikur e paramendonte. P.sh, 'Mirë e ke ti, po atij nuk i dalin xebat mirë se!?'

Erdhi kjo xeba;- ironi, d.m.th, një femër që shet tangërllik. P.sh, 'Tashti që erdhi kjo xeba ka për t'u mbaruar punë'.

M'rri si xeba pa brirë;- tall., d.m.th, që nuk shoqërohet me askënd. P.sh, 'Po ti mos rri ashtu si xeba pa brirë, prandaj tallen me ty'.

Xebë nga mentë;-tall., d.m.th, e trashë,. P.sh, 'E po të jetë gruaja xebë nga mentë si ajo, s'kam parë'.

Xikë-ash atʒ;- emër keci i gjinisë femërore. 'Kemi një xikë të vogël', 'Janë të gjitha xika sivjet'.

Xik xeba;- emër dhie që ka ngjyrën e kaftë nga barku e veshët. 'Mile pak xikxebën', 'Ku është xik xeba'.

Si plaka me xikxebën;- shaka, d.m.th, që i bën sendet pa mend në kokë. P.sh, 'Po ti hapi sytë, mos ia bëj si plaka me xikxebën'.

(Sipas një tregimi mitologjik, plaka tha;- hej moj xik xeba, çeli deg mulleza, e kur e dëgjoj prilli tha;- Mars o im vëlla, më jep tri ditë hua, ta thaj plakën me gjithë çka! Dhe, e thau).

Xíxë,/-a

Është xixa n'top;- d.m.th, situata shumë e nxehtë. P.sh, 'Mos e ngre shumë zërin, nuk e sheh që është xixa në top, d.m.th, gati të plasë lufta'.

I ban sytë xixë;- shaka, d.m.th, që e dëshiron diçka marrëzisht. P.sh, 'Kur i thamë djalit se do të blejmë një makinë lojërash, i bëri sytë xixë nga gëzimi'.

Ia báni sytë xixa;- keq., d.m.th, i ra me shuplakë syve. P.sh, 'Dulla u nxe keq dhe ia bëri sytë xixa së shoqes pa asnjë shkak'.

Shet e blen xixa;- tall., d.m.th, veç lavdërohet. P.sh, 'Kjo Matia veç shit e bli xixa ngeli'.

Për xixë t'thoit;- d.m.th, për pak. P.sh, 'Shpëtoi për xixë të thoit, se desh u mbyt në lumë'.

Xixëllonjë,/-a

Turret pas xixëllonjash;- shaka, d.m.th, nuk kupton gjë fare ku është fjala. P.sh, 'Nuk e pe Merkon që turrej pas xixëllonjash kur flisnim'

U ka hy xixëllonja n'magje;- d.m.th, prandaj kanë mbarësi. 'Gjelajve u ka hy xixëllonja në magje prandaj nuk u soset buka'
(Sipas një besimi pagan po të hynte xixëllonja në shtëpi sillte mbarësi në atë shtëpi.)

Ia ngriti xixëllonjat;- shaka;- d.m.th., e nevrikosi kot. P.sh, 'Nuk e shikon djalin se ia ngriti xixëllonjat cucës, andaj ajo qan'.

I ban sytë xixëllonjë;- d.m.th, ka dashuri e mall. P.sh, 'Erdhi mbesa këtej dhe i bënte sytë xixëllonjë prej qejfit'.

Xurxull

Tapë e xurxull;- tall., i dehur jashtë mase. P.sh, 'Nuk e sheh si janë bërë tapë e xurxull të sy'.

-XH-

Xhaba xhaba;- ndaj, copa copa. 'Punon xhaba xhaba', 'Ecën xhaba xhaba', 'Flet xhaba xhaba'.

Xhadé,/-ja
Ta bën xhade;- d.m.th, fushë me lule. P.sh, 'Sala ta bën xhade pastaj thotë nuk e kam ditur'.

Xham,-i m.
Ngjit n'xham;- d.m.th, shumë i shkathët, por dhe i prapë. 'Merko po qe për atë punë ngjit në xham'.
Xhamxhim;- mbiemër. D.m.th, bosh, pa asnjeri. 'Ishte vendi xhamxhim'. 'Të merrte frika, xhamxhim'. 'Po ju ç'u bëtë xhamxhim kështu?' (D.m.th, ku vajtët, ku u zhdukët).

Xhami,/-a
Ke hap nji derë xhamie;- d.m.th, më ke bërë një nder të madh. P.sh, 'Ke hapur një derë xhamie që më solle dhe fëmijët me vete, t'i shoh e të çmallem'.

S'ka qiri në shpi, vete e ndez n'xhami;- d.m.th., shet mend e tangërllik. P.sh, 'Ky njeri ska qiri në shtëpi e shkon e ndez në xhami, kanë thënë të moçmit'.
Mysliman s'të ban xhamia;- d.m.th, po pate vese të liga, nuk je besimtar. P.sh, 'Pse e shihni Rrapin në xhami, nuk do të thotë që musliman të bën xhamia'.
Qenit kur i vjen ngordhja, shkon e pshurr n'derë xhamie;- tall., d.m.th, kur e pëson për shkak të asaj se çke bërë'.

Xhenaze,/-e/-ja
Ishte bá xhenaze;- d.m.th, ligur e dobësuar. P.sh, 'Isha pak nga baba, por ishte bá xhenaze i shkreti'.
Si i lami n'xhenaze;- d.m.th, shumë i pashëndetshëm. P.sh, 'Po ti qënke bërë si i lami në xhenaze more bir!?'

Xhenet,/-i
Si hyri xheneti;- d.m.th, shumë

e bukur. P.sh, 'Kishte gjetur djali një nuse, që si hyri xheneti ishte e bekuara'.

Qënka si n'xhenet;- shprehje superlative, shumë bukur. P.sh, 'Ky vend qënka si në xhenet, me plot këto bukuri'.

Vaftë shpirti n'xhenet gomarve;- ironi, d.m.th, në djall shkoftë. P.sh, 'Ç'na bëri ky Dulla që i vaftë shpirti në xhenet të gomarëve i vaftë'.

Xhep,/-i /at

Do ta mbaj n'xhep;- d.m.th, nuk do ta harroj kurrë (për keq është fjala). 'Mos ki merak, në xhep do ta mbaj'.

Me duar n'xhepa;- d.m.th, nuk bën asgjë. P.sh, 'Si rri burri me duar në xhepa gjithë ditën e gjatë, nuk e kuptoj!?'

Lakuriq me duar n'xhepa;- tall., d.m.th, nuk ka e lavdërohet. P.sh, 'Nuk e shikon që është lakuriq me duar në xhepa!?'

Një xhep vend;- d.m.th, një pakicë toke. P.sh, 'Kishin ble një xhep vend dhe me atë kënaqeshin'.

Hajdut xhepash;- d.m.th, ai që vjedh nëpër xhepa të njerëzve. P.sh, 'Kujdes se ky vend ka hajdutë xhepash'.

Xhepist;- fjalë e rrallë, që vjedh nëpër xhepa. 'Është një xhepist i keq', 'S'e la huqin e xhepistit'.

Nuk mban gjë n'xhep;- d.m.th, t'i thotë të gjitha parasysh. P.sh, 'Malo nuk mban gjë në xhep, prandaj mos i bëni hile'.

Aq ia rrinë xhepi;- d.m.th, aq fuqi ekonomike ka. P.sh, 'Mirë, atij aq ia arrinë xhepi, ju s'keni pse të zemëroheni.'

Xhind,-i

Kur t'i zbresin xhint;- d.m.th, inati. P.sh, 'Mos e ngucni tani, kur t'i zbresin xhindet atëherë po'.

E zunë xhint e Çervenakës;- shaka, d.m.th, ata xhindet më të këqij në botë. 'Mushkën e zunë xhindet e Çervenakës, e i theu me kosha e samar'.

U bá xhin;- d.m.th, u nevrikos jashtë mase. P.sh, 'Sa i foli Matia cucës, ajo u bë xhind e nga inati'.

Xhuli/-a

Ia prenë mirë xhulinë;- d.m.th, e dënuan gjatë. P.sh, 'Siç duket Gupit ia prenë mirë xhulinë se nuk e kemi parë vërdallë'

Xhuma,/-ja

E fal xhumanë për t'shtunë;- shaka, d.m.th, si t'i vijë interesi.

P.sh, 'Dulla po qe për atë punë, e fal xhumanë për të shtunë'.

Ka le ditën e xhuma;- d.m.th, është me fat e mbarësi. P.sh, 'Sa mirë të shkojnë punët, sikur ke lindur ditën e xhuma duket'.

Xhuma m'xhuma;- shaka, d.m.th, në të rrallë. P.sh, 'Dulla shkon në punë xhuma më xhuma'.

-Y-

Yfël;- mbiemër. Pa mend, pa tru, pa rend e vijë. Psh, 'Të jetë gruaja yfël kështu, nuk më kanë parë sytë'. 'Sa yfël ishte e shkreta'.

Yfël t'báftë zoti. Ironi dmth totalisht mendjelehtë. Psh Kishte ai Sala një grua që yfël të bëftë zoti ishte.

Yfël/la. Emër.d.m.th karabush nga mendja. Psh Erdhi kjo yfla.

Yll/- i, yje, (lokale ysë, ysët)

Pa dalë ysët;- d.m.th, shumë herët. Psh, 'Iku djali pa dalë ysët në punë e vjen këmset pas dite'.

Ti shofësh ysët përmys;- shprehje kërcënuese. Psh, 'Të erdha atje e të bëra t'i shohësh ysët përmbys'

Numëron ysë;- d.m.th, demel, hap sytë nga qielli. Psh, 'Nuk rri burri numëron ysët se kemi shtëpi e familje për të mbajtur '.

Ymër-/jetë

E paç me ymër;- tall., ta la kopilin në prehër, ta hodhi. P.sh, ' Ehe Dullë, e paç me ymër tashti, ske nga shkon'.

Ymrin e di Zoti;- fetare. P.sh, ' Mos fol ashtu ti djalë, se ymrin e di Zoti'.

Ymërgjatë/ -i

Ymërgjati nuk bëhet ymërshkurtër;- dmth, janë caktime të Zotit. P.sh, 'Pse thonë që ymërgjati nuk bëhet ymërshkurtër, të dy bashkë ishin, ra rrufeja, njëri vdiq tjetri jeton dhe sot për bukuri'.

Ymërshkurtër;- mbaresë. P.sh, 'Punët e zotit ishin këto, qe ymërshkurtër dhe mbaroi puna'.

Yndýrë,/-a

Lenia yndyrën mrena;- d.m.th, shijen, lezetin, fjalës. P.sh, 'Kur të flasësh, lëria yndyrën brenda që të kujtohesh'.

S'del yndyrë, dhjamë, nga pleshti;- iron., d.m.th, mos u ban kaq koprrac. P.sh, 'Luaje pak dorën Malo, se nuk del yndyrë nga pleshti po vazhdove kështu'.

Si gjellë pa yndyrë;- tall., një femër e papastër. P.sh, 'Po ajo ç'ishte ashtu si gjellë pa yndyrë!'

Yzengji,-a. (Lokale, zeji)

I ka kamët n' zenji;- d.m.th, shpatullat ngrohtë. P.sh, 'Mos u bën merak shumë për Kolën, se Kola i ka këmbët në yzengji'.

Me zenji nër kam;- d.m.th, të ikura, që janë për derë të huaj. P.sh, 'Cucat janë me yzengji ndër këmbë, biri im.

-Z-

Zabel,/-i

Sikur flet mat zabel;- d.m.th, i pa marrë vesh. P.sh, 'Me Dullën është sikur flet mat zabeli'.

Ia punoj zabelin;- për keq, d.m.th, nuk e mbaroj një punë, fjalë, amanet. 'Ama më duket se Dulla ia punoj zabelin keq Salës'.

I rrofsh zabelin- dmth i marrsh të ligat. Psh Djalit m'i rrofsh zabelin ti se e kam si pëllumb.

I fëshllen zabeli;- tallje. D.m.th, ka frikë shumë. P.sh, 'Mirë thua ti, po mos i fërshëllej zabeli me qenë'.

Bá si zabel;- d.m.th, pa rruar. P.sh, 'Qenke bërë si zabel, shko e rruhu te berberi'.

Se rrun zabelin; dmth nuk çan kokë fare, nuk. Psh Malo po qe për atë punë nuk e rruan zabelin fare.

Mos t'kaloftë n'për zabel;- dmth aq i poshtër është. Psh Rrapi mos të kaloftë për zabel se pa ta bërë një të keqe nuk rri. *Ma kishe shtëpinë,/ Mu në rrëzë zabelit,/ Moj goce berberit,/ Ma kishe dashninë,/ Si topi sheqerit,/ Moj goce berberit.* (Këngë me iso nga fshati).

Zahmet/-i

Nuk ta qit zahmetin;- dmth nuk të jep aq se mendohet, ia kalon shpenzimi fitimit. 'E kemi mbjellë këtë arë çdo vit, ama nuk ta qit zahmetin fare'.

Zahmet e ke;- thuhet në raste lutje kur i kërkon dikujt të bëjë diçka për ty. P.sh, 'Zahmet e ke, më jep pak ujë meqë je në këmbë'. 'Zahmet e ke, hidhe këtë letër në kosh të mbeturinave'.

Zahmetli/-e;- mbiemër. 'Botë zahmetlije', 'Njeri zahmetli[, - dmth, jo komunikativ.

Zagar,/-i

Zagari ham, pushka bam;- tallëse. D.m.th. kur është puna e vështirë. (Në parantezë zagari sillet si vegla e punës, kazma lopata qysqia, ndërsa pushka sillet si prapanica kur lëshon gazra).

Di zagari ku fle lepri;- mospërfillje, mos u hajë meraku për dikën. P.sh, 'Rrini aty shihni hallin tuaj, se di zagari ku fle lepuri'.

Zakon/-i

E do, e kërkon zakoni;- d.m.th., është e domosdoshme. P.sh, 'E do zakoni që kur pjek mish, të kesh dhe bakllavë në fund'.

Është me zakone- dmth, me të përmuajshmet. 'Shkoi te mjeku, se është me zakone dhe ka dhimbje'.

Zall,/-i

E báni zall;- d.m.th, e vaditi arën derisa i doli ujët sipër. P.sh, 'Vadita sa u bë ara zall'.

Çfarë s'bie zalli;- ironi. D.m.th., çdo mund të ndodhë. P.sh, 'Në demokraci, çfarë s'bie zalli o burri dheut'.

Si peshku n'zall;- d.m.th., në pikë të hallit. P.sh, 'Dulla kishte mbetur si peshku në zall, e diçka duhet ta ndihmojmë'.

Moj fëllanxë që vije zallit,/ Me ja pru nji selam djalit,/ Nji selam o me ja pru,/ Se në të qe dashuru…!

Zallëm;- fjalë e rrallë, njeri i shkathët dhe i gëzuar. P.sh, 'Zallëm burrë', 'Sa zallëm ishte'.

Zaman,/-i

Burrë zamani;- d.m.th, njeri shumë i shtruar. P.sh, 'Sa burrë zamani që ishte Sherifi, ju nuk u besohet'.

Dëften vetë zamani;- d.m.th, koha ndryshon. P.sh, 'Dëften vetë zamani, s'kemi ne asnjë mënyrë që ta ndryshojmë'.

Zamandan;- fjalë e rrallë, ndajfolje. D.m.th., përherë, gjithnjë. P.sh, 'Zamandan, ne kështu kemi gatuar bukën', 'Zamandan ka qënë cucë e turpshëm me Matian'.

Zámër-/ra;- dmth, pasditja.

Na zuri zámra;- dmth, u vonuam. P.sh, ' Shpejt se na zuri zamra këtu'.

Fle deri n'zámër;- dmth, dembel. P.sh, 'Posi … si të flesh deri në zamër kështu ndodh, ngel pa martuar'.

Po flete deri n'zámër, kryet e ke támërr;- fjalë e urtë, d.m.th, kush ngrihet vonë në mëngjes punët nuk i shkojnë mbarë.

Zanát,/-i

Pa zanat (i, e);- që endet kot dhe

bën kot. Psh, 'Sa pa zanat që je o burri dheut?'.

Si t'jeshë pa zanat;- d.m.th, shprehje plotësuese, si s'ke punë medeomos që do të bësh kotësira. P.sh, 'Si t'jeshë pa zanat doemos, këtu të çon puna ti Hajdar'.

Fshat e zanat, qytet e adet;- d.m.th, secili ka rregullat e veta. P.sh, 'Kudo që shkon, fshat e zanat, qytet e adet, e ke nga anët tona'.

Ia knoj zanatin;- d.m.th, kreu marrëdhënie seksuale. P.sh, 'Më duket se Rrapi ia këndoj zanatin sot'.

Zanati ha bukë;- mjeshtëria nuk të le bosh asnjëherë. P.sh, 'Shko në shkollë e mësoje një zanat, se zanati ha bukë sot'.

Nuk i ha bukë zanati;- d.m.th, pa prokopi, nuk i ecin sendet. P.sh, 'Këtij Merkos, mezallah se i ha bukë zanati'.

Zarar,/-i

Sa për zarar;- shaka, d.m.th, shumë pak. P.sh, 'Ti hëngre bukë sa për zarar, kështu ha përherë ti!?'

I vogël, i vogël, po zararin e madh;- shaka. P.sh, 'Kjo pistoleta e vogël e vogël, po zararin e madh ta bën ama'.

Zbath

Ku iu zbath kali?, mushka, pela;- tallëse, d.m.th, ç'pati, ku është problemi!?. P.sh, 'Po ky ç'pati, tashti, ku iu zbath mushka?'

T'kam kërku zbath;- d.m.th, qiell e tokë, se të dua shumë. P.sh, 'Po ku je more shok, se zbath të kam kërkuar'.

U zbath kali nuses;- ironi, d.m.th, duhet që të paguash për diçka. P.sh, 'I dha sa i dha Sala, pastaj u zbath kali nuses e nuk pati rrugë tjetër'. (Kjo vjen nga një zakon i hershëm popullor, që kur merrej nusja me kalë, fisi nuses, ta sillnin nusen pas krushqve, dhe sa herë fisi nuses ndalonte thonin;- U zbath kali, nusja nuk mund të ecë! Krushqit ishin të detyruar të hidhnin pare te fisi nuses, që gjasme të mbathej kali e të vazhdonin rrugë.

Zbëterrë;- formë e të hequrit e barkut. 'Më shkoka barku sot zbëterrë'. 'Më lau një zbëterrë e keqe'. 'Dhentë paskan zbëterrë sot nga bari njomë'.

Më shtiu zbëterrën;- shaka, d.m.th, trembje jashtë mase. P.sh, 'Më doli një ari në rrugë dhe më shtiu zbëterrën'.

Të shplaftë zbëterra;- shaka në

formë mallkimi. D.m.th, vdeksh. P.sh, 'Ç'më bëre moj bijë që të shpëlaftë zbëterra të shpëlaftë'.

Zbraz/-a/-ur

E zbrazi koshin;- d.m.th, hallet, problemet. P.sh, ' Erdhi te unë Kola dhe e zbrazi koshin, se nuk shkonte mirë me të shoqen'.

E zbrazi mullanin;- d.m.th, të keqen nga barku. P.sh, 'Malo se nga ishte fryrë me Dullën dhe erdhi këtu dhe e zbrazi mullërin'.

Sa zbrazi gomarin;- tallë, kreu marrëdhënie seksuale. P.sh, 'Rrapi vajti në shtëpi sa zbrazi gomarin dhe iku menjëherë'.

Zbraz e mush;- shaka, d.m.th, asgjë me krye. 'Gjithë natën folëm për punën e cucës, zbraz e mbush e mezallah se ramë dakord'.

Mu zbraz kraharori;- d.m.th, ndjeva shumë keqardhje. 'Kur dëgjova që ka ndërruar jetë, mu zbraz kraharori keq'.

M'rri zbrazët;- d.m.th, mënjanë, nuk më afrohet. P.sh, 'Nuk e kuptoj, ka disa kohë që Dulla më rri zbrazët, e nuk e di arsyen'.

Pushkë, (allti) e zbrazmë;- iron., d.m.th, i pa vlerë. P.sh, 'Mos ma lëvdoni shumë Nolin, se pushkë e zbrazme është'.

M'u zbraz;- d.m.th, mu drejtua me fjalë të rënda. P.sh, 'Erdhi shefi këtej dhe m'u zbraz mua pa pikë turpi'.

Nuk i zbraz pushka;- tallëse, d.m.th, nuk i shkon fjala. P.sh, 'Ishte kur ishte ajo punë, tashti Rrapit nuk i zbraz më pushka'.

Zbres. zbrita, zbritur

Ka zbritur nga ai kalë;- tallëse, ka rënë nga ai post. P.sh, 'Gupi ka vite që ka zbritur nga ai kalë'.

Nuk i zbresin xhindet;- d.m.th, përherë me nerva. P.sh, 'Nuk e shihni që nuk i zbresin xhindet, pse shkoni dhe e ngacmoni'.

Sikur ka zbrit nga qielli;- tallëse, d.m.th, që mbahet qibar. P.sh, 'Po ky ç'na bën kështu sikur ka zbritur nga qielli'.

Nuk i zbret nusja nga kali;- d.m.th, inatçi, qëndron në të tijën. P.sh, 'Mirë thua ti, po ti zbresë nusja nga kali me qenë'.

Zbut (zbus)

Qyli zbut derrin;- shaka, d.m.th, e dhëna përherë ka hapur rrugë. P.sh, 'Qyli zbut derrin re, jo Dullën që ska problem. Ia zbuti kurrizin keq në dru'.

Ha mut se t 'zbut- ironike, d.m.th., kur flet e s'të merr vesh njeri. P.sh, 'Dhe unë që flas me ju, ha mut se të zbut i thonë kësaj pune'.

E zbuti kërthizën;- d.m.th., u ngop me bukë. P.sh, 'I dhashë djalit përshesh e kos dhe e zbuti kërthizën mirë'.

Zgrap/et,/-ur, (folje kal.);- hap sytë me habi. 'Pse zgrab sytë ashtu?'. 'Ngela duke zgrabur sytë'.

Zin/-i;- fjalë e rrallë, dëshirë, merak, qejf për diçka. P.sh, 'Ky djalë ka zin të madh për të mësuar'.
'I hyri zini, sa pa shokët që punonin'. 'Djali nuk më ka zin fare, nuk e di se ç'e gjeti'.

Ziná/-ja;- fjalë për keq, fjalë e rrallë, që kryen veprime të turpshme. P.sh, seksuale, kurvë ose kurvar. P.sh, 'Merret me ziná', 'Ziná është e dënuar nga Perëndia', 'Zinaja ta nxin jetën'.

Biná e ziná;- një shprehje teologjike. 'Kur të shtohet Zinaja dhe binaja, është afër fundi botës'. Ose, 'Nuk dinin gjë tjetër, veçse bina e ziná', 'S'ka më bereqet. se biná e ziná, u mbush bota.

Zustër/ra femër e përdalë.. Qënka si zustër. Largoju nga zustra.

Bán zustra- shaka bën naze, bën sikur nuk do. Psh. Hë hajde ha bukë tani, mos bëj zustra ashtu.

-ZH-

Zhábë,/-aSi zhabat në t'thatë;- d.m.th, tallje, që llomotit kot. P.sh, 'Hë moj mos na shurdho veshët, se ngele si ato zhabat në të thatë'.

E hodhi si zhabë;- d.m.th, fizikisht e largoi me dhunë. P.sh, 'Merko u nxeh keq dhe e hodhi Matien tutje si zhabë'.

Ja kalon bretkosa zhabës;- ironi, d.m.th. kur bërtasin gjithë një goje. 'Ama ashtu si vajti puna, m'u duk sikur ia kaloj bretkosa zhabës'.

Gjuan për zhaba;- tall sheh për prostituta. P.sh, 'Dulla ka dalë e gjuan për zhaba këtë pasdite, mos e ngucni fort'.

Zhabaq/-i,/- e;- fjalë e rrallë, që është i pazhvilluar, por me bark të fryrë. 'Fëmijë zhabaq', 'Dele zhabaqe'.

Zhamagut;- që është pa rregull e sistem. 'Ma zhamaguti këmishën në kanistër'. Sa i zhamagutur që je në punë mor djalë'. 2- Që rras me forcë- 'E zhamaguti bukën në torbë e iku'.

Ia zhamaguti;- për keq, d.m.th, e përdori seksualisht me pa dashje. P.sh, 'Hamdiu ia zhamaguti arixhofkës te çadrat'.

Zhele,/-ja

E kapi për zhelesh;- d.m.th, e tërhoqi zvarrë. P.sh, 'Erdhi Dulla këtej, e gjeti djalin të dehur dhe e kapi për zhelesh si sheleg'.

Kapet për zhelesh;- d.m.th, pas gjërave koti. P.sh, 'Ama dhe ti tashti, kapesh për zhelesh, si nuk të vjen turp'.

E bëri zhele mele;- d.m.th, e shau rëndë, e bëri për pesë para. 'Shefi e bëri zhele mele, kuzhinierin sepse theu një pjatë'.

Zhív/-ë,/-a.

Ishte zhivë;- d.m.th, shumë e shkathtë dhe e mirë. P.sh, 'Kishte ai Kola një vajzë, zhivë ishte për punët e shtëpisë'.

Si me ta shti zhivën n'sy;- d.m.th., shumë i keq si person. P.sh, 'Po ai ishte si me ta shtirë zhivën në sy more njerëz, nuk e kuptoj se nga nisi ju që e besoni aq shumë'.

Zhivaq/e- fjalë e rrallë, send apo njeri që nuk duhet për asgjë. P.sh, 'ç'e do këtë zhivaqe lopë që nuk bën asnjë litër qumësht'. 'Ma mërziti ky zhivaq njeri te koka tërë ditën'.

Trokë u báfsh more zhivaq;- mallkim, mos tu paftë e mira jote. P.sh, 'Trokë u bëfsh more zhivaq kalë, ku humbe?'

Zhúrmë,/-a Shumë zhurmë për asgja;- shaka, d.m.th, kur lëvdohet dikush që nuk e meriton. P.sh, 'Shumë zhurmë për asgjë qe ajo puna me Salën'.

Zhyt,/-i

I drejti zhytet, por s'mbytet;- d.m.th, del dikur e drejta. P.sh, 'Kot nuk kanë thënë që i drejti zhytet por nuk mbytet'.

Sa për t'zhytur buzët;- shaka, d.m.th, shumë pak. P.sh, ' Unë të thashë më sill pak bakllava, ndërsa ti vërtet më solle sa për të zhytur buzët'.

Zhytaraq,/-e;- d.m.th, që është i ndotur këmbë e krye. 'Sa zhytaraq që je more bir?!'. 'Je bërë si zhytaraqe moj bijë, shko e laj sytë në çezmë'.

Zhytaq/-e;- shaka. P.sh, 'Sa zhytaq që je, nuk ruhesh fare'. 'Fëmi zhytaq', 'Lopë zhytaqe'.

RETH AUTORIT

Mr. Ruzhdi Gurra ka lindur në fshatin Dragostunjë të Librazhdit, në një familje të persekutuar nga regjimi monist. Ai ka përfunduar arsimin fillor dhe të mesëm në vendlindje dhe më pas ka vazhduar studimet në SHBA. Qysh në vegjëli, z. Gurra shquhej për zellin e tij ndaj diturisë, duke lexuar libra të ndryshëm, qoftë fetarë apo artistikë. Gjatë shkollës së mesme, ai filloi të mblidhte këngë të moçme, fjalë dhe idioma të ndryshme, të cilat u botuan në një Revistë Gjuhësore në vitin 1985. Pas vlerësimit shkencor nga Instituti i Gjuhës dhe Historisë, z. Gurra filloi të skedonte fjalët e rralla dhe njësitë frazeologjike. Në vitin 1990, ai u largua nga atdheu për në Amerikë, ku vazhdoi karrierën si përkthyes dhe kontribuoi në Ushtrinë Amerikane në Kosovë.

Mr. Gurra botoi librin e tij të parë, një vëllim poetik të titulluar "Zoti im po të rrëfehem," në vitin 2016. Ai është anëtar aktiv i Klubit Poetik 'Revista Kuvendi' në Detroit dhe ka botuar "Fjalor Shprehjesh të Rralla Shqipe." Jeton në Filadelfia me familjen e tij dhe ka katër fëmijë të shkolluar dhe me grada shkencore në mjekësi. Mr. Gurra është religjioz praktikant dhe lexon rrjedhshëm Kur'anin në arabisht, duke ruajtur gjithmonë lidhjen me vendlindjen e tij të dashur. Mr. Gurra jeton në ShBA me familjen e tij.

MR. RUZHDI GURRA

TITUJ TJERË NGA CRESCENT BOOKS

Berke Khan of the Golden Horde nga Flamur Vehapi, 2024

When My Absence Becomes a Moon nga Laureta Rexha, 2024

Grains of Destiny nga Brandon Mayfield, 2024

The World According to Sami Frashëri nga Flamur Vehapi, 2024

The Spectacular Escape nga Burhan Al-Din Fili, 2023

Atheism Versus Belief nga Brandon Mayfield, 2023

Kosovo: A Brief Chronology nga Flamur Vehapi, 2023

Verses of the Heart: Poems nga Flamur Vehapi, 2021

Ertugrul Ghazi: A Very Short Biography nga Flamur Vehapi, 2021

Për tituj në shqip, shih www.thecrescentbooks.com

www.ingramcontent.com/pod-product-compliance
Lightning Source LLC
LaVergne TN
LVHW041653060526
838201LV00043B/420